OCÉANO

ATLÁNTICO

Estrecho de la Florida

LAS BAHAMAS

La Habana
⊛ • Matanzas

ar del Río •

al de Yucatán

mel

Cienfuegos • CUBA

Camagüey •

Guantánamo
•

Santiago
de Cuba

Kingston
⊛

JAMAICA

REPÚBLICA
DOMINICANA

HAITÍ

Port-au-
Prince ⊛

⊛ Santo
Domingo

San
Juan
⊛

Mayagüez •
• Ponce

PUERTO
RICO

Islas
Vírgenes

Antillas Menores

Antigua

Guadalupe

Dominica

Martinica
Santa Lucía

Barbados

San Vicente

Granada

Trinidad y
Tobago

Mar Caribe

DURAS

igalpa

NICARAGUA

Managua •
L. de Nicaragua

arenas •

COSTA
RICA ⊛

San José •

Canal de
Panamá

Colón
•

PANAMÁ

⊛ Panamá

Golfo
de
Panamá

Curaçao

Aruba

Bonaire

Isla
Margarita

⊛
Caracas

Río Orinoco

Río Magdalena

COLOMBIA

• Bogotá
⊛

VENEZUELA

GUYANA

B R A S I L

ECUADOR

PERÚ

Annotated Instructor's Edition

¡ARRIBA!

Comunicación y cultura

Fourth Edition

Eduardo Zayas-Bazán
East Tennessee State University

Susan M. Bacon
University of Cincinnati

PEARSON

Prentice Hall

Upper Saddle River, New Jersey 07458

Sr. Acquisitions Editor: *Bob Hemmer*
Editorial Assistant: *Pete Ramsey*
Sr. Director of Market Development: *Kristine Suárez*
Sr. Development Editor: *Julia Caballero*
Composition/Full-Service Project Management: *Natalie Hansen and Sue Katkus, PreMediaONE*
Project Manager: *Claudia Dukeshire*
Assistant Director of Production: *Mary Rottino*
Assistant Editor: *Meriel Martínez Moctezuma*
Media Editor: *Samantha Alducin*
Media Production Manager: *Roberto Fernández*

Prepress and Manufacturing Buyer: *Brian Mackey*
Prepress and Manufacturing Assistant Manager: *Mary Ann Gloriande*
Interior and Cover Design: *PreMediaONE*
Director, Image Resource Center: *Melinda Reo*
Interior Image Specialist: *Beth Boyd Brenzel*
Manager, Rights and Permissions IRC: *Zina Arabia*
Photo Research: *Elaine Soares*
Executive Marketing Manager: *Eileen Bernadette Moran*
Publisher: *Phil Miller*

This book was set in 10/12 Meridian Roman by PreMediaONE, a Black Dot Group Company, and was printed and bound by R.R. Donnelley, Willard. The cover was printed by Lehigh Press.

© 2004, 2001, 1997, 1993 by Pearson Education, Inc.
Upper Saddle River, New Jersey 07458

Printed in the United States of America

10 9 8 7 6 5 4 3 2 1

Student Text, Regular Edition: ISBN 0-13-117529-7
Annotated Instructor's Edition: ISBN 0-13-117530-0
Student Text, Brief Edition: ISBN 0-13-117528-9

Pearson Education LTD., London
Pearson Education Australia PTY, Limited, Sydney
Pearson Education Singapore, Pte. Ltd.
Pearson Education North Asia Ltd., Hong Kong
Pearson Education Canada, Ltd., Toronto
Pearson Educación de México, S.A. de C.V.
Pearson Educación-Japan, Tokyo
Pearson Education Malaysia, Pte. Ltd.
Pearson Education Upper Saddle River, New Jersey

*Dedicado a Mabel J. Cameron
Cuyo amor es constante y
cuyo afán de aprender
sigue brillante.*

*Y a Manuel Eduardo Zayas-Bazán
recio (1912–1991)*

*"Y aunque la vida murió, nos dejó harto
consuelo su memoria"*

—JORGE MANRIQUE

Brief Contents

| SCOPE & SEQUENCE | Objetivos comunicativos | Vocabulario |

Estructuras

Cultura

SCOPE & SEQUENCE

Objetivos comunicativos

Vocabulario

Estructuras

Cultura

SCOPE & SEQUENCE	Objetivos comunicativos	Vocabulario

Estructuras

Cultura

Estructuras

Cultura

SINCE it was first published more than a decade ago, *¡Arriba! Comunicación y cultura* has been used successfully by **thousands** of instructors and **hundreds of thousands** of students throughout North America. Originally conceived to address the need for an elementary Spanish text that went beyond grammar drill to develop cultural insight and communication skills, it has come to be known as a **highly flexible** program—one that can be used effectively in a wide range of academic settings and by instructors with a variety of different teaching styles. Adopters have consistently praised it for its **clarity** and for providing materials that are both **motivating** and **easy to use** in the classroom.

Highlights of the Fourth Edition

Drawing on the success of previous editions, the fourth edition of *¡Arriba!* has been carefully crafted to educate another generation of students. Like its predecessors, the new edition has been designed as an eclectic and flexible text that is clear, easy to use, and motivating to students.

But while the goals remain the same, many changes and refinements have been made as a result of extensive feedback from over a hundred reviewers. A new design enhances the clarity of the chapter structure, while other changes to the student text make it even more appealing and relevant to today's students. The comprehensive array of supplemental materials has also been carefully reviewed and revised, and several new items have been added to the program. Specific changes include the following:

The chapter opening spread now serves as an **advance organizer** for the chapter as a whole, explicitly introducing the chapter's target country or region through photos, a locator map, and a proverb, in addition to providing an outline and identifying communicative objectives for the chapter.

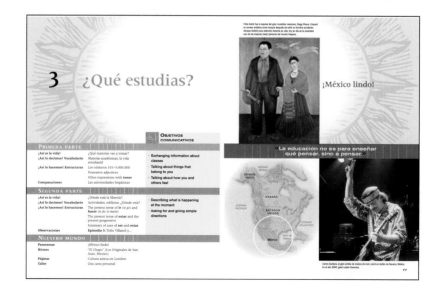

The vocabulary lists of **Así lo decimos** have been streamlined, with visuals added to provide context and motivate learning.

The **Aplicación** vocabulary and grammar *activities* now move more systematically from guided to open-ended activities. The new organization allows a gradual progression from receptive to guided productive to open-ended communicative activities, building student competence in steady increments.

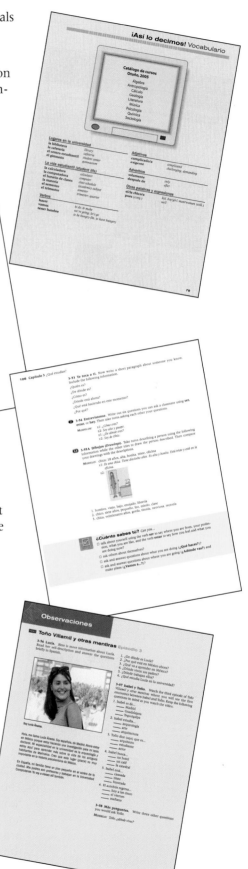

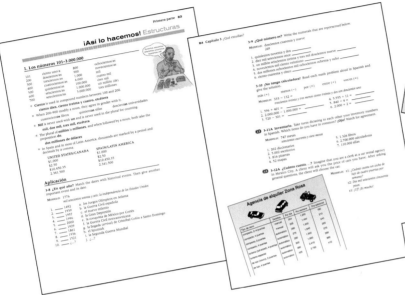

¿Cuánto sabes tú? self-assessment boxes at the end of each of the first two parts of each chapter remind students of the objectives set out in the chapter opener and assist students in determining how well they have mastered the material.

The **Comparaciones** section, now at the end of the first part of each chapter, has been organized into two sets of activities: a *pre-reading activity,* **En tu experiencia,** in which students draw on their own experiences and a *post-reading activity,* **En tu opinión,** in which students express their opinions.

A *new video section,* entitled **Observaciones**, appears at the end of the second part of each chapter. It enables students to integrate what they have learned both in the chapter and in the video through a series of pre-viewing, viewing, and post-viewing activities.

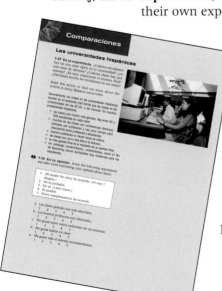

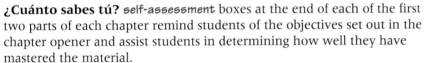

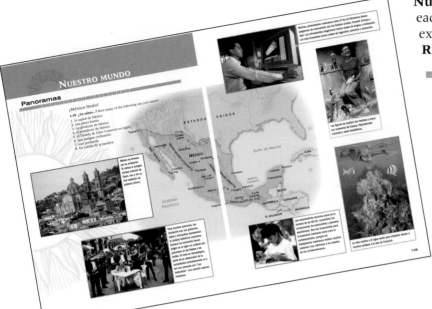

Nuestro mundo, the third major part of each chapter, has been reorganized and expanded to include **Panoramas, Ritmos, Páginas**, and **Taller**.

■ **Panoramas**: a visually stimulating presentation of the chapter's featured country or region, accompanied by activities that foster student engagement with the material.

■ **Ritmos**: lyrics and listening activities to accompany a culturally relevant musical selection, with music available to instructors on a special CD entitled *Ritmos de nuestro mundo*.

■ **Páginas**: authentic readings, building in l ength and complexity throughout the text and accompanied by pre-reading, reading, and post-reading activities.

■ **Taller**: realistic writing assignments in a process-oriented framework.

New annotations (*Vínculos*) in the **Annotated Instructor's Edition** correlate appropriate sections of supplementary materials with the activities in the student text. New annotations containing Teaching tips effectively provide lesson plans for each of the chapter's major sections.

In addition...

The *Scope and Sequence* has been revised to create more balance between semesters. Specific changes include the following:

■ The familiar and formal commands have been moved from Chapters 4 and 6 to Chapters 11 and 12 in order to address them shortly after the subjunctive.

■ The preterit and imperfect tenses are introduced earlier in order to allow coverage during the first semester.

- The conditional is now introduced in Chapter 12, allowing users of the brief edition to cover the conditional in the first year.
- Contextualized grammar presentations are drawn from the preceding conversations and are recycled throughout the text.

Two different types of listening activities are now included in the **¡Así lo decimos!** sections of each chapter, the first focused on global understanding, the second on listening for details.

Internet activities are now integrated into each chapter to encourage students to explore and research Hispanic culture outside the classroom.

The illustration program has been extensively revised to reflect diversity of gender, ethnicity, age, physical ability, and socioeconomic and civil status.

The Instructor's Resource Manual has been expanded to include a general introduction to the *¡Arriba!* program, an explanation of the North American educational system, and lesson plans for all 15 chapters.

A new Instructor's Resource Center on CD brings the Instructor's Resource Manual, Testing Program, and Image Resource CD together on one convenient CD.

Testing content is now available in Test Gen format, allowing instructors to create, rearrange, and customize multiple versions of their exams from an extensive question bank.

OneKey A new integrated online resource, known as the *¡Arriba!* OneKey, brings a wide array of supplemental resources together in one convenient place. It includes the online versions of the Workbook/Lab manual, the complete audio program, the complete video program, and a gradebook feature—as well as many other valuable tools and resources.

Organization and Pedagogy

¡Arriba!, fourth edition, consists of fifteen topically organized chapters. The first twelve chapters present essential communicative functions and structures, along with basic cultural information about the countries that make up the Hispanic world. The last three chapters present more advanced structures together with thematically focused cultural material. (A brief version of the text, consisting of the first twelve chapters only, is also available.)

All chapters have the same basic organizational structure, with content presented in three major sections. The language material that forms the core of each chapter is divided into two distinct instructional units, **Primera parte** and **Segunda parte.** The third, **Nuestro mundo** is a synthesizing section that presents cultural information on a target country or region, along with activities designed to develop students' reading and writing skills.

Primera parte

The **Primera parte** opens with a section called **¡Así es la vida!,** which uses a combination of lively conversations, drawings, photos, realia, and/or readings to set the stage for the communicative functions and culture to be presented more formally later.

Vocabulary is presented and practiced in the **¡Así lo decimos!** section. The revised and streamlined vocabulary lists are grouped functionally and practically, with illustrations to provide context. A wide range of practice activities follows, ranging from more guided to more open-ended activities. One of these is a listening comprehension activity, building on the language sample in the **¡Así es la vida!** section.

Grammatical topics are presented and practiced in the **¡Así lo hacemos!** section. Grammatical explanations are clear and concise; many include helpful illustrations. Study tips assist students with structures that non-native speakers of Spanish often find difficult, and some structures are elaborated a step further in **Expansión** boxes. A wide variety of practice activities are provided for each grammar topic, moving from form-focused to meaning-focused to more open-ended communicative activities. A **¿Cuánto sabes tú?** self-assessment box toward the end of the **Primera parte** reminds students of the objectives set out in the chapter opener and assists them in determining how well they have mastered the material.

The final section of the **Primera parte,** entitled **Comparaciones,** presents information about the Spanish-speaking world as a whole, then asks students to compare what they have learned with aspects of their own culture. The **En tu experiencia** questions invite students to reflect on their experiences of their own culture, while the **En tu opinión** activities encourage students to discuss the topic in small groups.

Segunda parte

The organization of the **Segunda parte** is largely parallel to that of the **Primera parte.** It also presents additional vocabulary and grammatical topics through sections entitled **¡Así es la vida!, ¡Así lo decimos!** and **¡Así lo hacemos!** Instead of **Comparaciones,** however, this section of the chapter offers a video-based section entitled **Observaciones.** The video comprehension activities offered here are based on the corresponding episode of the video filmed specifically to accompany *¡Arriba!, Toño Villamil y otras mentiras.* The pre-viewing, viewing, and post-viewing activities are designed to help students follow the plot of the story.

Nuestro mundo

The synthesizing third part of each chapter begins with **Panoramas,** a visually and textually panoramic presentation of the targeted country or region of the Hispanic world. The material is supported by activities that encourage students to discuss the regions and topics, do additional research on the Web, and make comparisons.

Students get an additional and highly motivating look at the target country's culture through the **Ritmos** section, which features a musical selection from the targeted country or region, together with pre-listening, listening, and post-listening activities. (Musical selections are available to instructors on an accompanying audio CD.)

Reading skills are the focus of the **Páginas** section. Many of the readings in the fourth edition are new, and include a wider variety of genres and male and female authors. The readings include excerpts from magazine and newspaper articles, a fable, poems, short stories, and excerpts from novels and plays by contemporary Hispanic writers from various parts of the Spanish-speaking world, including the United States. All the readings are supported by pre- and post-reading activities.

The **Taller** section provides guided writing activities that incorporate the vocabulary, structures, and themes covered in the chapter. Writing assignments include such items as personal and business letters and fables, and each is presented in a process-oriented manner, encouraging students to follow a carefully planned series of steps, including self-monitoring and peer editing.

Program Components

Instructor Resources

ANNOTATED INSTRUCTOR'S EDITION (0-13-117530-0)

The *¡Arriba!* AIE has two-color annotations organized into two types:

- **Vínculos** which correlate appropriate sections of supplementary materials (e.g., Workbook/Lab Manual, Gramática viva, Image resource CD, and so on) with the activities in the student text, and
- Annotations that provide detailed information, suggestions, and explanations on how to teach with the *¡Arriba!* program.

Marginal notations in the AIE include information about the content of the activities, teaching tips, and hints on effective classroom techniques. Additional notations include notes for expanding on in-class activities. Answers to activities are printed in the appropriate blank within the activity itself, or in the margin of the text.

INSTRUCTOR'S RESOURCE MANUAL (0-13-117557-2)

The IRM is a one-stop resource manual that instructors can use for a variety of purposes. Contents include:

- An introduction that discusses the philosophy behind the *¡Arriba!* program, a guide to using the text's features, and a guide to other program components
- Pointers for new instructors, including lesson planning, classroom management, warm-ups, error correction, first day of class, quizzes/tests, and other teaching resources
- An explanation of the North American educational system, written (in Spanish) for instructors who may be unfamiliar with it.
- Sample syllabi showing how the program can be used in different educational settings (three or four contact hours per week; use of the text over two or three semesters)
- Two sets of lesson plans for all 15 chapters, one designed for a two-semester syllabus, the other for a three-semester syllabus.
- A testing program includes two versions of tests for each of the 15 chapters, plus midterms and final exams
- A video manual that includes the videoscript and pre-viewing, viewing, and post-viewing activities that may be photocopied and used in class.
- The Lab Manual Audioscript

VHS VIDEOCASSETTE (0-13-117568-8)

This 60-minute video supports each chapter of the text with a segment consisting of two main parts:

- The first part of the video is a dramatic story (*telenovela*) that follows the experiences of three young Spanish speakers as they explore regional and cultural elements of Mexico.
- The second part of the video features interviews with native speakers from the country or region featured in each chapter of the text. Interview questions are related to each chapter theme.

INSTRUCTOR'S RESOURCE CENTER ON CD (0-13-117558-0)

This new supplement brings the Instructor's Resource Manual and Image Resource CD together on one convenient CD. All line art, realia, maps, and grammar boxes from the textbook are included as well as the Word files for the entire Instructor's Resource Manual.

MUSIC CD: RITMOS DE NUESTRO MUNDO (0-13-117565-3)
New to this edition, the Music CD contains all of the songs from the *Ritmos* sections of the text. Each song represents a different musical genre and style based on the country featured in each chapter.

TESTING PROGRAM AUDIO ON CD (0-13-189866-3)
This CD contains the recordings to accompany the listening activities in the Testing Program.

TEST GEN (0-13-117560-2)
Testing software that allows you to easily create, rearrange, and customize multiple versions of your exams from an extensive question bank. Exams can be printed or administered online.

Student Resources

WORKBOOK/LAB MANUAL (0-13-117551-3)
The Workbook and Lab Manual are combined chapter by chapter for ease of use, providing additional practice for all of the vocabulary and grammar points in the textbook. Each chapter includes a **Nuestro mundo** and a **¿Cuánto sabes tú?** section. The Lab Manual activities also review vocabulary and grammar structures while focusing on listening and pronunciation.

ANSWER KEY TO ACCOMPANY THE WORKBOOK/LAB MANUAL (0-13-117561-0)
The key contains answers to the Workbook and Lab Manual activities.

AUDIO CDS TO ACCOMPANY LAB MANUAL (0-13-146661-5)
CD recordings correspond to each activity in the Lab Manual.

AUDIO CDS TO ACCOMPANY TEXT (0-13-117555-6)
CD recordings correspond to each listening activity in the textbook as well as the **¡Así es la vida!** dialogs and the **¡Así lo decimos!** vocabulary words.

STUDENT VIDEO CD-ROM (0-13-117552-1)
This CD-ROM features the complete original, dramatic story-line video and cultural interviews that accompany the textbook as well as comprehension-based activities derived from the story-line that develop listening skills. The video is displayed using the Divace® media player developed by Sanako—the only media player on the market that was designed specifically for the language learner.

SUPPLEMENTARY ACTIVITIES (0-13-146660-7)
This supplement (new to this edition) provides additional activities to be used in class to increase student interest and motivation. With games, crossword puzzles, fill-in-the blank activities, and paired activities, it is a rich resource for the classroom experience.

Online Resources

COMPANION WEBSITE™
The open-access Companion Website™ features the complete audio program to accompany the text and Lab Manual; Web resources such as cultural activities and links; and comprehensive chapter review materials. These include self-grading vocabulary and grammar exercises with detailed feedback, as well as an interactive soccer game and flash-card module. Finally, sample chapter tests are included to enhance self-study.

ONEKEY
The *¡Arriba!* **OneKey** (new to this edition) is an integrated online resource that brings a wide array of supplemental resources together in one convenient place.

OneKey features everything you and your students need for out-of-class work, conveniently organized to match your syllabus. An online version of the Workbook and Lab manual is included, along with the complete audio program and an automated gradebook for instructors. Testing materials and other instructor resources are available in a separate section that can be accessed by instructors only.

The *¡Arriba!* **OneKey** content is available in three different platforms. A nationally hosted version is available in the reliable, easy-to-use CourseCompass™ platform. The same content is also available for download to locally hosted versions of BlackBoard™ and WebCT™.

Acknowledgments

The fourth edition of *¡Arriba!* is the result of careful planning between ourselves and our publisher and ongoing collaboration with students and you—our colleagues—who have been using the first, second and third editions. We look forward to continuing this dialog and sincerely appreciate your input. We owe special thanks to the many members of the Spanish-teaching community whose comments and suggestions helped shape the pages of every chapter. We gratefully acknowledge and thank in particular our reviewers for this fourth edition:

Kathleen Aguilar, Fort Lewis College
Javier Alcaraz, Pima Community College–Downtown Campus
Sandra Alzate, University of Cincinnati
Mary Jo Arns-Radaj, Normandale Community College
Alan Bell, University of Maryland, Baltimore County
Judy Brandon, Clovis Community College
Herbert Brant, Indiana University Perdue Indianapolis
Valerie Budig-Markin, Humboldt State University
María-Cristina Burgueño, Marshall University
Lisa Calvin, Indiana State University
Carmen Carracelas-Juncal, Amherst College
Edy Carro, University of Cincinnati
Ana Castro, University of South Florida
Maritza Chinea-Thornberry, University of Southern Florida
Donna Clark, Northern Virginia Community College–Woodbridge Campus
Luis Clay-Méndez, Eastern Illinois University
Octavio de la Suarée, William Paterson University
Jesús De León, El Paso Community College
Conxita Domènech, Front Range Community College–Westminster Campus
Colleen Ebacher, Towson State University
Rosalba Esparragoza, University of North Carolina at Charlotte
April Fisher, Oregon State University
Richard Ford, University of Texas at El Paso
Diego García, University of Cincinnati
Ricardo García, San Jacinto College South
Virginia Gibbs, Luther College
Jorge Giró, Towson University
Yolanda González, Valencia Community College
Mike Hammer, San Francisco State University
Jim Heinrich, Humboldt State University
Hildegart Hoquee, The San Jacinto College District–Central Campus
Patricia Houston, Pima Community College
Amy Huseman, University of Cincinnati
Carolina Ibáñez-Murphy, Pima Community College–Downtown Campus

Alfonso Illingworth-Rico, Eastern Michigan University
Anne Kelly-Glasoe, South Puget Sound Community College
David Knutson, Xavier University
Linda Lane, East Central Community College
Maria Lightner-Ferrer, Pacific Lutheran University
Gary Ljungquist, Salem College
Oswaldo A. López, Miami Dade Community College
Ignacio López-Calvo, California State University at Los Angeles
Lucrecia Maclachlan, North Carolina Central University
Maria Mahaffey, University of North Carolina at Charlotte
Martha Manier, Humboldt State University
José María Mantero, Xavier University
Tom Manzo, San Antonio College
Paloma Martínez-Carbajo, Pacific Lutheran University
Ingrid Martínez-Rico, Florida Gulf Coast University
Sonia Maruenda, University of Wisconsin–Green Bay
Ornella Mazzuca, Dutchess Community College
Robert McCaw, University of Wisconsin–Milwaukee
Tim McGovern, University of California at Santa Barbara
Chris Miles, University of Cincinnati
Edward Miller, Calvin College
Nancy Minguez, Old Dominion University
Deborah Mistron, Mid Tennessee State University
Lisa Nalbone, University of Central Florida
Eric Narváez, Normandale Community College
Holly Nibert, Western Michigan
William Nichols, Texas A&M International University
Trista Nicosia, Cape Fear Community College
Milagros Ojermark, Diablo Valley College
Joanne Olson-Biglieri, Lexington Community College
Lola Orellano-Pérez, Texas A & M International University
Hilda Otaño-Benítez, Amherst College
Jeana Paul-Ureña, Stephen F Austin State University
Ariel Pérez, University of California at Santa Cruz
Teresa Pérez-Gamboa, University of Georgia
Stacy Powell, Auburn University
Anne Prucha, University of Central Florida
April Reyes, University of South Dakota
Fanny Roncal, Luther College
L. Louise Rozwell, Monroe Community College–Brighton Campus
María-Cristina Saavedra, University of Pittsburgh at Johnstown
Verónica Saunero-Ward, New Mexico Highlands University
Carmen Schlig, Georgia State University
Teresa Sears, University of North Carolina at Greensboro
Juan-Antonio Sempere-Martínez, San José State University
Laure Shaw, Mount Saint Mary College
Roger Simpson, Clemson University
Ruth Smith, University of Louisiana at Monroe
María Spero, Fort Lewis College
Wayne Steely, Saint Joseph College
Christine Swoap, Warren Wilson College
Jesus Tafoya, Sul Ross State University
David Towles, Liberty University
Diana Valencia, Saint Joseph College
Julián Vásquez, University of Cincinnati
Nora Vera-Godwin, Southeastern Community College
Rina Villars, Old Dominion University

Susan Walter, University of Denver
Susan Wehling, Valdosta State University
Tanya Wilder, Washington State Community College
Bruce Williams, William Paterson University
Sonia Wohlmuth, University of South Florida
Maríablanca Wortham, University of Louisiana at Monroe
Horacio Xaubet, North Carolina Central University
Bridget Yaden, Pacific Lutheran University
Katie Yates, NorthEast State Technical Community College
Christine Young, Kutztown University

We owe many thanks to Pepe Fernández, a longtime contributor and friend, to Enric Figueras for the Workbook and to Lisa Nalbone for the Lab Manual. Special thanks are due to Meghan and Marguerite Barnes for the *Vínculos* in the Annotated Instructor's Edition; Kerry Kautzman for many of the annotations in the AIE; Héctor Torres for his knowledge and connections in helping us choose the music and his tenacity in obtaining permissions for the **Ritmos;** and Anne Prucha, for creating the **Ritmos** activities in the text. Thank you also to José Cruz for his work on the activities for the Student Video CD-ROM, and to Pamela Ranallo for the development of the web site to accompany the new edition.

We wish to express our gratitude and appreciation to the many people at Prentice Hall who contributed their ideas, tireless efforts, and publishing experience to the fourth edition of *¡Arriba!* We are especially indebted to Julia Caballero, Sr. Development Editor, for helping to shape the fourth edition in every detail; and Claudia Dukeshire, our Production Liaison, for all her hard work and dedication to the text.

We would like to sincerely thank Bob Hemmer, Sr. Acquisitions Editor, and Phil Miller, Publisher, for their support and commitment to the success of the text. Many thanks are also due to Mary Rottino, Assistant Director of Production, who oversaw the production process; Guy Ruggiero, Line Art Manager; Diana Góngora, Photo Researcher; Andrew Lange, Scott Baker, and Rolin Graphics for clever illustrations; and Mirella Signoretto for the creative reproductions of the realia. For creating the exciting new CD-ROM and Companion Website, thanks are due to Samantha Alducin, Media Editor, and Roberto Fernández, Media Project Manager, for their creativity, constant dedication, and attention to detail. We would like to thank Meriel Martínez Moctezuma, Assistant Editor, for her efficient and meticulous work in managing the preparation of the Workbook/ Lab Manual, and other supplements; Pete Ramsey, Editorial Assistant, for his hard work and efficiency in obtaining reviews and attending to many administrative details; Kristine Suárez, Sr. Director of Market Development; Eileen Bernadette Moran, Executive Marketing Manager; and Claudia Fernandes, Publishing Coordinator, for their creativity and efforts in coordinating marketing and promotion for the new edition.

We thank our partners at PreMediaONE for their careful and professional editing services, design and project management.

Finally, our love and deepest appreciation to our families: Lourdes, Cindy, Eddy, and Lindsey, Elena, Ed, Lauren, and Will; Wayne, Alexis and Sandro, Camille, Chris and Eleanor.

Eduardo Zayas-Bazán

Susan M. Bacon

1 Hola, ¿qué tal?

General introduction. Each *capítulo* contains three distinct parts: *Primera parte*, *Segunda parte*, and a final music, reading, writing, and culture section (*Nuestro mundo*). Each *capítulo* begins with a list of objectives and an overview of the chapter.

 OBJETIVOS COMUNICATIVOS

- **Introducing yourself**
- **Greeting and saying good-bye to friends**
- **Spelling your name**
- **Performing simple math problems**
- **Talking about the calendar and dates**

- **Describing your classroom**
- **Responding to classroom instructions**
- **Talking about yourself and others**
- **Identifying colors and talking about your favorite color**

El descubrimiento de América por Cristóbal Colón, Salvador Dalí, 1958.

El mundo hispano

EUROPA

AMÉRICA
DEL NORTE

OCÉANO
ATLÁNTICO

ÁFRICA

OCÉANO
PACÍFICO

AMÉRICA
DEL SUR

ANTÁRTIDA

Lucha entre aztecas y españoles. Diego Rivera, 1929–1930.

Refrán: If your life is happy, you are rich.

3

PRIMERA PARTE

¡Así es la vida!¹

Saludos y despedidas

Teaching tips
There are several ways to present a dialog.
- Have students look at the photographs while you read the lines to them.
- Act them out as if you were two people, changing your tone of voice for each actor.
- Draw and label stick figures on the board. Point to each one as you say each figure's lines.
- Once you are confident students understand the meaning, act out the dialogs with one or more members of the class.
- Use the dialogs and monologs to test listening comprehension. For example, *¿Quién es la profesora? ¿Quiénes son estudiantes?*

En la cola²

Elena:	¡Buenos días! ¿Cómo te llamas?
Juan Carlos:	¡Hola! Me llamo Juan Carlos Fernández. ¿Y tú?
Elena:	Soy Elena Acosta. Mucho gusto.
Juan Carlos:	El gusto es mío.

En clase

Prof. López:	Hola, buenas tardes. ¿Cómo se llama usted?
María Luisa:	Me llamo María Luisa Gómez.
Prof. López:	Mucho gusto. Soy la profesora López.
María Luisa:	Encantada.

En el pasillo³

Jorge:	Hola, Rosa. ¿Qué tal? ¿Cómo estás?
Rosa:	Muy bien, Jorge, ¿y tú?
Jorge:	Eh...regular...

En la biblioteca⁴

José Manuel:	Buenas noches, señora Peñalver, ¿cómo está?
Sra. Peñalver:	Bastante bien, José Manuel. ¿Y tú? ¿Cómo estás?
José Manuel:	No muy bien.
Sra. Peñalver:	¿De verdad? Lo siento, José Manuel.

En el parque

Eduardo:	¡Hasta mañana, Raúl!
Raúl:	¡Adiós, Eduardo!

---

¹That's life!
²line, queue
³hallway
⁴library

Warm-up for ¡Así es la vida! Encourage students to skim the text and look for accents and differences in punctuation (inverted exclamation points and question marks). Read the text aloud while students follow along. Have students comment on pronunciation; they may notice trilled *rr*, crisp vowels, silent *h*, etc.

Expansion for ¡Así es la vida! Contrast the informal *¿Cómo te llamas?* and the formal *¿Cómo se llama?* Have students look for cues in the conversation to deduce the difference in usage of these expressions. Have them pay special attention to the relationship between the speakers in the dialog.

Saludos (Greetings)

Otros saludos	Other greetings
¿Qué pasa?	What's happening? What's up? (inf.)
¿Qué tal?	What's up? How's it going? (inf.)
¿Cómo está usted?	How are you? (form.)
¿Cómo estás?	How are you? (inf.)

Respuestas	Answers
Bastante bien.	Pretty well.
De nada.	You're welcome.
¿De verdad?	Really?
Lo siento.	I'm sorry.
(Muy) Bien, gracias.	Fine (Great), thank you.
(Muy) Mal.	(Very) Bad.
Más o menos.	So, so.
(Muchas) Gracias.	Thanks (a lot).
Regular.	So, so.
¿Y tú/usted?	And you? (inf./form.)

Otras despedidas	Other farewells
Hasta luego.	See you later.
Hasta pronto.	See you soon.

Otras presentaciones	Other introductions
¿Cómo se llama usted?	What's your name? (form.)
¿Cómo te llamas?	What's your name? (inf.)
Me llamo...	My name is...
Mi nombre es...	
Soy...	I am...
Encantado/a.	Delighted.
El gusto es mío.	The pleasure is mine.
Igualmente.	Likewise.

Otros títulos	Other titles
el/la profesor/a	professor
el señor (Sr.)	Mr.
la señora (Sra.)	Mrs.
la señorita (Srta.)	Miss

Otras palabras y expresiones	Other words and expressions
con	with
mi/mis	my
o	or
tu/tus	your (inf.)
y	and

Vínculos

Use the following instructional resources to practice *saludos y presentaciones.*

- Companion Website: Chapter 1, Review, Activity: Rev 1-1
- IRCD: pp. 5 and 6

Teaching tips

Use this vocabulary as a reference section and to vary your minidialogs with students. Have students stand up, introduce themselves, and create their own short dialogs. The activities in this section progress from receptive to productive, with the last ones the most open ended. Build student confidence by building slowly toward the more creative activities. The pronunciation sections in the text provide some basic rules and practice, but most of the explanations and practice are in the lab program.

[1]That's how we say it!

Audioscript for 1-2

1. María: Buenos días, Jorge. ¿Qué tal? ¿Cómo estás?

Juan: Muy bien, María, ¿y tú?

María: Bastante bien.

2. Prof. Sánchez: Hola. ¿Cómo se llama usted?

Juana González: Mi nombre es Juana González.

Prof. Sánchez: Mucho gusto. Soy el profesor Sánchez.

Juana González: Encantada.

3. Adriana: ¡Hola! ¿Cómo te llamas?

Marimar: ¡Hola! Me llamo Marimar Fernández.

Adriana: Soy Adriana Escobar. Mucho gusto.

Marimar: El gusto es mío.

4. Marianela: Buenas noches, señora Ruiz. ¿Cómo le va?

Sra. Ruiz: Bastante bien, Marianela. ¿Cómo estás?

Marianela: No muy bien.

Sra. Ruiz: ¿De verdad? ¿Qué pasa, Marianela?

5. José: Hasta luego, Roberto.

Roberto: Adiós, José.

Expansion for 1-2. Have students repeat the activity, assuming that the same people meet again one month later.

Additional activity for 1-2. Have students imagine that they are librarians. Ask them how they would greet the following people. 1. Prof. Raimundo Menocal, 3:00 P.M. 2. Srta. Martínez, 9:15 P.M. 3. Sra. Pérez, 9:00 A.M. 4. José Antonio, 10:00 A.M. 5. Mrs. Sheldon, 5:00 P.M. 6. Prof. Alberto Fernández, 8:00 P.M. 7. Lauren, 8:00 A.M. 8. Sr. García, 11:30 A.M.

Suggestion for 1-3. Have students role play their conversations in class. Encourage them to be dramatic and creative. Students may wish to vote on the best-executed performance.

Aplicación

1-1 ¿Qué tal? If you heard the statements or questions on the left, how would you respond? Choose from the list of options on the right.

MODELO: Adiós.
Hasta luego.

1. Hola, ¿qué tal?
2. Gracias.
3. ¿Cómo se llama usted?
4. Mucho gusto.
5. ¿Cómo estás?
6. Buenas tardes, Tomás.
7. Adiós.
8. Estoy muy mal.

a. __3__ Me llamo Pedro Guillén.
b. __1__ Muy bien, ¿y tú?
c. __6__ Buenas tardes, profesora.
d. __7__ Hasta mañana.
e. __8__ Lo siento.
f. __2__ De nada.
g. __4__ Igualmente.
h. __5__ Estoy regular.

1-2 ¿Quiénes son? (*Who are they?*) Listen to the short conversations on your *¡Arriba!* audio program or as read by your instructor. Write the number of each conversation next to the corresponding situation below.

__5__ two friends saying good-bye

__2__ a teacher and student introducing themselves

__4__ a young person greeting an older person

__1__ two friends greeting each other

__3__ two students introducing themselves

1-3 ¡Hola! The following people are meeting for the first time. What would they say to each other?

MODELO: PROF. SOLAR: *Buenas tardes. Soy el profesor Solar.*
ESTER: *Buenas tardes, profesor Solar. Soy Ester Muñoz.*
PROF. SOLAR: *Mucho gusto.*
ESTER: *Igualmente.*

el profesor Solar,
Ester Muñoz

la Sra. Aldo,
la Sra. García

Patricia, Marcos

Eduardo, Manuel

María, ¿cómo estás?

1-4 Saludos. How do you greet people you're meeting for the first time? How do you greet relatives? Friends? Does the age of the person you are greeting make a difference? When do people embrace, hug, or kiss each other on the cheek in the U.S. and Canada? Read about greetings in Latin America or Spain and think about how you would react and why.

> Many Spanish speakers use nonverbal signs when interacting with each other. These signs will vary, depending on the social situation and on the relationship between the speakers. In general, people who meet each other for the first time shake hands (*dar la mano*) both when greeting and when saying good-bye to each other. Relatives and friends, however, are usually more physically expressive. Men who know each other well often greet each other with an *abrazo*, or hug, and pats on the back. Women tend to greet each other and their male friends with one (Latin America) or two (Spain) light kisses on the cheeks.

G **1-5 Presentaciones.** Introduce yourself to five of your classmates. Shake hands or kiss lightly on the cheek as you ask them their names and how they are doing. Then say good-bye.

AB **1-6A ¿Cómo está usted?** (*When you see the A/B icon, one of you will assume the **A** role given in the text; the other, the **B** role in Appendix 1 for **B Activities**.*) Assume the role of instructor—Sr./Sra. Pérez. Your partner is your student. Greet each other and ask how things are. Use the following information about yourself and the day.

- It's morning.
- You feel great today.
- You don't know this student's name.

¡Así lo hacemos! Estructuras

Vínculos

Use the following instructional resources to practice *The Spanish Alphabet.*
- WB/LM–OneKey: Activities: 1-6, 1-50, and 1-51
- Companion Website: Chapter 1, Review, Activity: Rev 1-2
- IRCD: p. 8

Teaching tips
The grammar explanations are always written in English so that students can read them at home in preparation for class. Briefly present a new grammar point during the last fifteen minutes of class as a preview for the next class period. Have students do one receptive activity in class, read the explanation, and do an additional 1–2 activities for homework in preparation for the next class period. With this type of preparation, your class will move very smoothly.

Suggestion for *The Spanish alphabet.*
Pronounce the letters and have students repeat. Provide a few examples for each letter. Aim for comprehension first. Dictate the spelling of several Spanish names while students write. Then have students spell their own name to a classmate.

1. The Spanish alphabet

The Spanish alphabet contains twenty seven letters, including one that does not appear in the English alphabet: **ñ.**[1]

Letra	Nombre	Ejemplos
(letter)	(name)	(examples)
a	a	Ana
b	be (grande)	Bárbara
c	ce	Carlos; Cecilia
d	de	Dios; Pedro
e	e	Ernesto
f	efe	Fernando
g	ge	gato; Germán
h	hache	Hernán; hola
i	i	Inés
j	jota	José
k	ka	kilómetro
l	ele	Luis
m	eme	María
n	ene	Nora; nachos
ñ	eñe	niño
o	o	Óscar
p	pe	Pepe
q	cu	Quique; química
r	ere	Laura
s	ese	Sara
t	te	Tomás
u	u	usted; Úrsula
v	be (chica) or uve	Venus; vamos
w	doble be (or uve doble)	Washington
x	equis	excelente; México
y	y griega	Yolanda; soy
z	zeta	Zorro

---

[1]Until mid-1994 the Spanish alphabet had three additional letters: **ch, ll,** and **rr.**

- The letter names are feminine: **la be, la jota,** etc.[1]
- The letters **b** and **v** are pronounced exactly alike, as a **b.**
- The letters **k** and **w** are not common, and appear only in borrowed words, such as **karate** and **whisky.**
- At the beginning of a word, **r** is always pronounced as a trilled **rr,** for example, **Ramón, Rosa, reloj.**
- Depending on its position, the letter **y** can be a semivowel as in the English words *boy* and *toy:* **Paraguay, voy.** It can also be a consonant as in the English words *yard* and *yesterday:* **yo, maya.**
- The letter **c** is pronounced like **s** before **e** or **i: cero, cita.** It sounds like the English **k** before **a, o,** or **u: casa, Colombia, Cuba.**
- The letter **z** is voiceless in Spanish and is pronounced like the English *s:* **gazpacho, zona, lápiz.**
- In most of Spain, **c** before **e** and **i,** and **z** are pronounced like the English *th,* as in **zapato** or **cielo.**
- The letter **g** is pronounced like the Spanish **j** (or hard English **h**) before **e** or **i: Germán, gitano.** The combinations **ga, go, gu, gue,** or **gui** are pronounced like the English *g* in *gate:* **gato, Gómez, Gutiérrez, guerra, guía.**
- When a letter carries an accent, say **con acento** after saying the name of the letter: **eme - a - ere - i con acento - a (María).**

Note for *The Spanish alphabet.* Until mid-1994 the Spanish alphabet had three additional letters, *ch, ll* oand *rr.* If students use a dictionary published before 1995, they will find sections for words beginning with *ch* and *ll.* The diagraph rr never appears at the beginning of a word.
Expansion for *The Spanish alphabet: The letter r.* Point out that the same trilled *rr* occurs when the letter *r* follows *n* or *l,* as in *alrededor, Enrique.*

Aplicación

1-7 ¿Qué vocal falta? What vowels are missing from the following names of famous people?

Modelo: S⎯⎯nt⎯⎯n⎯⎯
      Santana

1. J_e_nn_i_f_e_r   L_ó_p_e_z   (actriz y cantante)
2. C_a_m_e_r_o_n   D_í__a_z   (actriz)
3. R_o_b_e_rt_o_   Cl_e_m_e_nt_e_   (beisbolista)
4. _Ó_sc_a_r d_e_ l_a_ H_o_y_a_   (boxeador)
5. P_a_bl_o_ P_i_c_a_ss_o_   (pintor)

1-8 ¿Qué letra falta? What consonants are missing from these place names in the Spanish-speaking world?

Modelo: Mé⎯⎯i⎯⎯o
      x (equis), c

1. Ar_g_e_n_ti_n_a
2. Bo_l_i_v_ia
3. _P_e_r_ú
4. E_c_ua_d_or
5. Ve_n_e_z_ue_l_a
6. El Sa_l__v_ado_r_
7. Re_p_ública Do_m_ini_c_ana
8. Co_s__t_a _R_ica
9. Para_g_ua_y_
10. Espa_ñ_a

Suggestion for 1-7. You may wish to point out the terms *mayúscula* (capital) and *minúscula* (lowercase).

Follow-up for 1-7, 1-8. Have students repeat the full spelling of the words, and then pronounce the name. Help students with pronunciation.

---

[1]Gender of nouns is explained in this lesson beginning on p. 22.

Alternate for 1–9. Spell the names out loud, then have students match what they hear with a country from the list.

Note. The numeral **2** that precedes each activity means that students need to work in pairs.

Follow-up for 1–11A. Make sure students pronounce the words correctly after they transcribe them. Assist students with pronunciation.

Note for 1–11A. Some students may not be familiar with the following personalities mentioned in the activity. Jimmy Smits: an actor of Puerto Rican heritage who appeared in the TV series "NYPD Blue." Selena: a Mexican-American singer who was murdered by her manager. Jennifer López became famous playing her part in *Selena*. Jennifer López: actress and singer of Puerto Rican origin.

Vínculos

Use the following instructional resources to practice the numbers 0-100.
- WB/LM–OneKey: Activities: 1-7, 1-8, 1-9, and 1-52
- *Gramática viva:* Grammar Points 25-26, Numbers 1-20 and Numbers 20-100
- Companion Website: Chapter 1, Review, Activity: Rev 1-3
- IRCD: pp. 11 and 12

1-9 ¿Cómo se escribe? Take turns spelling these Spanish names out loud.

MODELO: México
eme - e con acento - equis - i - ce - o

1. Cuba
2. California
3. Honduras
4. Tijuana
5. Nevada
6. Panamá
7. Colombia
8. Chile

1-10 ¿Quién soy yo? (*Who am I?*) Take turns dictating your full name to each other. Then check to see if your spelling is correct.

1-11A Otra vez, por favor (*please*). Take turns spelling out your words to each other. Be sure to say what category they are in. If you need to hear the spelling again, ask your partner to repeat by saying, **Otra vez, por favor.**

MODELO: cosa (*thing*) (enchilada)
e- ene - ce - hache - i - ele - a - de - a

YOU SPELL ...
1. persona famosa (Jimmy Smits)
2. ciudad (Lima)
3. cosa (banana)
4. ciudad (Taos)

YOU WRITE ...
1. persona famosa: _____
2. ciudad (*city*): _____
3. cosa: _____
4. ciudad: _____

2. The numbers 0–100

0–9	10–19	20–29	30–39
cero	diez	veinte	treinta
uno	once	veintiuno	treinta y uno
dos	doce	veintidós	treinta y dos
tres	trece	veintitrés	treinta y tres
cuatro	catorce	veinticuatro	treinta y cuatro
cinco	quince	veinticinco	treinta y cinco
seis	dieciséis	veintiséis	treinta y seis
siete	diecisiete	veintisiete	treinta y siete
ocho	dieciocho	veintiocho	treinta y ocho
nueve	diecinueve	veintinueve	treinta y nueve

40–49: cuarenta, cuarenta y uno, cuarenta y dos, cuarenta y tres...

50–59: cincuenta, cincuenta y uno, cincuenta y dos, cincuenta y tres...

60–69: sesenta, sesenta y uno, sesenta y dos, sesenta y tres...

70–79: setenta, setenta y uno, setenta y dos, setenta y tres...

80–89: ochenta, ochenta y uno, ochenta y dos, ochenta y tres...

90–99: noventa, noventa y uno, noventa y dos, noventa y tres...

100–109: cien, ciento uno, ciento dos, ciento tres...

- **Uno** becomes **un** before a masculine singular noun and **una** before a feminine singular noun.

| **un** libro | *one book* | **una** mesa | *one table* |
| **un** profesor | *one professor (male)* | **una** profesora | *one professor (female)* |

- In compound numbers, **-uno** becomes **-ún** before a masculine noun and **-una** before a feminine noun.

| **veintiún** libros | *twenty-one books* |
| **veintiuna** profesoras | *twenty-one professors* |

- The numbers **dieciséis** through **diecinueve** (16–19) and **veintiuno** through **veintinueve** (21–29) are generally written as one word. The condensed spelling is not used after 30.
- **Cien** is used when it precedes a noun or when counting the number 100 in sequence.

  cien estudiantes   *one hundred students*
  noventa y ocho, noventa y nueve, cien
- **Ciento** is used in compound numbers from 101 and 199.

  ciento uno   **ciento cuarenta y cinco**
  ciento diez   **ciento noventa y nueve**

Aplicación

1-12 Problemas de matemáticas. Solve the following math problems in Spanish.

MODELO: 2 + 3 = *cinco*

más (+)	menos (−)	por (×)	entre (÷)	son (=)

1. 5 × 5 = _____
2. 15 + 2 = _____
3. 9 − 3 = _____
4. 44 ÷ 11 = _____
5. 6 × 10 = _____
6. 50 + 50 = _____
7. 100 − 23 = _____
8. 30 ÷ 10 = _____
9. 20 × 4 = _____
10. 62 + 3 = _____
11. 5 + 20 = _____
12. 90 ÷ 45 = _____

1-13 ¿Qué número falta? Complete the following sequences with the logical number in Spanish.

MODELO: uno, *tres*, cinco, *siete*, nueve

1. dos, _____, seis, ocho, _____, doce, _____
2. _____, _____, cinco, siete, _____, once
3. uno, cinco, _____, _____, diecisiete
4. cinco, diez, _____, veinte, veinticinco, _____, _____
5. treinta, cuarenta, _____, _____, setenta, _____, _____
6. _____, veintidós, _____, cuarenta y cuatro, _____, _____, setenta y siete, _____
7. veintiuno, veintitrés, _____, veintisiete, veintinueve
8. noventa y cinco, setenta y dos, _____, veintiséis, _____

1-14 Te toca a ti (*It's your turn*). Challenge a classmate with an original sequence of numbers. See the previous activity for models.

1-15 ¿Cuál (*What*) es tu número de teléfono? Write your telephone numbers, including the area code, and take turns dictating them to each other.

MODELO: E1: *¿Cuál es tu número de teléfono?*
         E2: (5 13) 5 56 22 40: *cinco, trece, cinco, cincuenta y seis, veintidós, cuarenta*

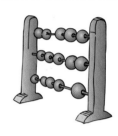
¿Cuál es tu número favorito?

001 11 21 22 36 43 **29**
002 14 28 37 38 44 **28**
001 16 29 32 45 52 **09**

Practice for *The numbers 0–100*. Play a counting game: say a number between 1 and 100, then begin to count backwards. Choose a student to give the next number in the sequence, with the student behind him/her following the cue, and so on. Begin a new sequence after every five students.

Answers for 1–12. 1. veinticinco 2. diecisiete 3. seis 4. cuatro 5. sesenta 6. cien 7. setenta y siete 8. tres 9. ochenta 10. sesenta y cinco 11. veinticinco 12. dos

Answers for 1–13. 1. cuatro, diez, catorce 2. uno, tres, nueve 3. nueve, trece 4. quince, treinta, treinta y cinco 5. cincuenta, sesenta, ochenta, noventa 6. once, treinta y tres, cincuenta y cinco, sesenta y seis, ochenta y ocho 7. veinticinco 8. cuarenta y nueve, tres

Suggestion for 1–15. Students may wish to give out fake telephone numbers or choose one from the phone book page in the text.

Suggestion for 1–15. Although telephone numbers are usually given in pairs of digits, this exercise encourages students to incorporate the very practical function of exchanging telephone numbers with a classmate.

Note for 1–15. Point out the words *número* and *teléfono* in the exercise. These words have not been formally presented, but students should recognize them as cognates. Review pronunciation with students before doing the exercise.

Alternate for 1–15. Use as a listening/speaking exercise by saying the first three numbers of the sequence then having students say the rest.

1-16 ¿Qué hacer en Madrid? On what page of the tourist guide can you find information about what to do in Madrid?

En Madrid

La **Semana Santa** en Madrid ofrece un buen número de procesiones.

El primer domingo de abril se corre la famosa **Mapoma** (Maratón Popular de Madrid).

El 23 de abril se celebra el **Día del libro** para conmemorar la muerte de Miguel de Cervantes. Se ofrece una gran variedad de libros por todo el centro de la ciudad.

El teléfono turístico 902 202 202. La línea turística proporciona amplia información sobre hoteles, restaurantes, camping, hostales, etcétera, las mejores ofertas para viajar, dónde y cómo reservar.

010 Teléfono del consumidor. Toda la información cultural y de servicios del Ayuntamiento de Madrid.

ABRIL - 2005 Nº 158

Ballet	.13	Fiestas	.20
Conciertos	.12	Miscelánea	.23
Congresos	.18	Música	.20
Datos útiles	.26	Niños	.22
Deportes	.14	Ópera	.14
Exposiciones	.4	Paseo del arte	.31
Ferias	.14	Puntos de interés	.27

EDITA Patronato Municipal de Turismo Mayor, 69, 28013
Madrid. Tel. 91 588 29 00
El p.m.t. no se responsabiliza de los cambios de última hora.

MODELO: música
  en la página veinte

1. _27_ puntos de interés
2. _26_ datos útiles
3. _18_ congresos
4. _22_ niños
5. _12_ conciertos
6. _13_ ballet
7. _31_ paseo del arte
8. _14_ deportes
9. _20_ fiestas
10. _14_ ópera

3. The days of the week, the months, and the seasons

Los días de la semana

- The days of the week in Spanish are not capitalized and are all masculine.
- Calendars begin the week with Monday, not Sunday.
- The definite article is not used after **es** when telling what day of the week it is.

  Hoy **es jueves.** *Today is Thursday.*

- On Monday . . . , on Tuesday, . . . etc., is expressed by using the definite article, **el** or **los**.

  El examen es **el lunes.** *The exam is on Monday.*

septiembre 2005						
lunes	martes	miércoles	jueves	viernes	sábado	domingo
			1	2	3	4
5	6	7	⑧	9	10	11
12	13	14	15	16	17	18
19	20	21	22	23	24	25
26	27	28	29	30		

¿Qué día es hoy?   Es jueves, 8 de septiembre.

¿Y mañana?   Es viernes, 9 de septiembre.

¿Y pasado mañana?   Es sábado, 10 de septiembre.

■ Days that end in **-s** have the same form in the singular and the plural.

el lunes   **los lunes**

■ In the plural, the days of the week express the idea of doing something regularly.

La clase de filosofía es **los lunes,**   *Philosophy class is on Mondays,*
los miércoles y **los viernes.**   *Wednesdays, and Fridays.*
Los sábados voy al gimnasio.   *I go to the gym on Saturdays.*

Los meses del año

—¡Mi cumpleaños es el 10 de **abril**!

—¡Felicitaciones!

—¿Y tu cumpleaños?

—¡Es hoy!

■ Months are not capitalized in Spanish.

Mi cumpleaños es en **noviembre.**   *My birthday is in November.*

Hay veintiocho días en **febrero.**   *There are twenty-eight days in February.*

Suggestion for *Los meses* and *Las estaciones del año.* Practice recognition of the months of the year by asking who has a birthday for each each month and then ask the season for certain months.

L	M	M	J	V	S	D
		agosto				
	1	2	3	4	5	6
7	8	9	10	11	12	13
14	15	16	17	18	19	20
21	22	23	24	25	26	27
28	29	30	31			

Las estaciones del año

el invierno   la primavera

el verano   el otoño

- The definite article is normally used with seasons. Seasons are not capitalized.

¿Cómo es **la primavera** aquí?   *What is spring like here?*

Aplicación

1-17 Fechas importantes en los Estados Unidos y Canadá. Tell the date of the following celebrations.

MODELO:  *el diecisiete de marzo*

1.

2.

3.

4.

1-18 Fiestas importantes en el mundo hispano. Refer to the calendar on page 13 and match the dates with the probable event.

MODELO: El día de la independencia de México es en el otoño.
El 16 de septiembre es el día de la independencia de México.

1. Se celebra la batalla de Puebla en la primavera.
2. El día de la Raza (o el día de Colón) es en el otoño.
3. La fiesta de la Virgen de Guadalupe es en el invierno.
4. El día festivo (*holiday*) para los trabajadores es en la primavera.
5. En México, el día de las madres también es en la primavera.
6. En Pamplona, España, se celebran los sanfermines por nueve días en el verano.

Note for 1–18. Provide the dates for the following Spanish holidays.

La batalla de Puebla	el 5 de mayo
El día de la raza	el 12 de octubre
La fiesta de la Virgen de Guadalupe	el 12 de diciembre
El día de los trabajadores	el primero de mayo
El día de las madres (en México)	el 10 de mayo
Los sanfermines	del 6 al 14 de julio

Ernest Hemingway escribió sobre las fiestas de San Fermín.

1-19 Los meses y las estaciones. Write the season in which each month falls in the northern hemisphere. Then do the same with the southern hemisphere.

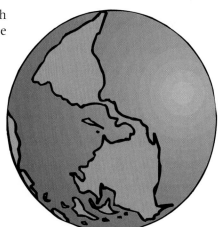

	HEMISFERIO NORTE	HEMISFERIO SUR
1. agosto	verano	invierno
2. julio	verano	invierno
3. diciembre	invierno	verano
4. marzo	primavera	otoño
5. octubre	otoño	primavera
6. septiembre	otoño	primavera
7. enero	invierno	verano
8. abril	primavera	otoño

Note for 1–19. Explain to students that the seasons in northern and southern hemispheres are inverted. Therefore, where March marks the beginning of spring in the northern hemisphere, it marks the beginning of fall in the southern hemisphere.

Expansion for 1–20. Have students think of a month and describe it to a classmate, who will guess which month it is, e.g., *Tiene 31 días y es en el otoño (octubre).*

AB **1-20A Trivia.** Take turns asking each other questions. One of you will use this page; the other will use the corresponding activity **1-20B** in the Appendix.

MODELO: E1: *un mes con veintiocho días*
E2: *febrero*

1. los días en que no hay clases
2. los meses de la primavera
3. un mes con treinta y un días
4. un mes del otoño
5. un día malo (*bad*)
6. el mes de tu cumpleaños (*birthday*)

2 **1-21 Las clases.** Make a chart indicating what classes you have each day of the week. Then compare schedules.

MODELO: E1: *Tengo* (I have) *física los lunes. ¿Y tú?*
E2: *Tengo francés y álgebra los lunes.*

ALGUNAS MATERIAS

arte	geografía	gimnasia	matemáticas
biología	español	historia	inglés
ciencias políticas	filosofía	música	sociología

G **1-22 ¿Cuándo es tu cumpleaños?** Take turns reporting your birthdays. Have one person fill in the information on a twelve-month graph, like the one below, for the class.

1. *¿Cuál* (Which) *es el mes más* (most) *común?*
2. *¿Cuál es el mes menos* (least) *común?*

Número de estudiantes																				
enero	X	X	X	X	X	X	X	X	X	X	X	X	X	X	X	X				
febrero	X	X	X	X	X	X	X	X	X	X	X	X	X							
marzo	X	X	X	X	X	X	X	X	X	X	X									
abril	X	X	X	X	X	X	X	X	X	X										
mayo	X	X	X	X	X	X	X	X	X	X	X	X								
junio	X	X	X	X	X	X	X	X	X											
julio	X	X	X	X	X	X	X	X												
agosto	X	X	X	X	X	X	X	X	X											
septiembre	X	X	X	X	X	X	X	X	X	X	X	X	X	X	X	X	X			
octubre	X	X	X	X	X	X	X	X	X	X	X	X	X	X						
noviembre	X	X	X	X	X	X	X	X	X	X	X	X	X							
diciembre	X	X	X	X	X	X	X	X	X											

¿Cuánto sabes tú? *How much do you know? Can you...*

☐ introduce yourself to your teacher? to a classmate? to a person at a party?

☐ greet and say good-bye to friends from class? use the Hispanic ways of greeting?

☐ spell your name in Spanish? write down a classmate's name when it is dictated?

☐ perform simple math problems, such as **tres por quince son...; veinte más cincuenta son...; cien entre veinticinco son...; setenta y tres menos treinta y tres son...?**

☐ talk about the calendar and dates: say when your birthday is? ask when a friend's birthday is? say which days you have class? say which months you're in school? give today's date?

Comparaciones

El mundo hispano

1-23 En tu experiencia. How many countries can you name whose official language is English? Can you think of differences in accents or in expressions that people use in regions of the U.S., and other English-speaking countries? As you read about the Spanish-speaking world, think about how geography influences language and culture.

There are over 375 million Spanish speakers in the world today. Spanish is the official language of Spain, Mexico, much of Central and South America, and much of the Caribbean. Spanish is spoken in some Asian countries, such as the Philippines, and by a portion of the population in Equatorial Guinea and Morocco in Africa. The U.S. has over 37 million people who are of Hispanic heritage (which is 13% of its population!). With some 22 million people who speak Spanish at home, the U.S. is the fifth largest Spanish-speaking country in the world. Today, only Spain, Mexico, Argentina, and Colombia have more Spanish speakers than the U.S. By the year 2010, one in every four U.S. citizens will be Hispanic.

The enormous diversity among Spanish speakers results in differences in pronunciation and vocabulary, similar to differences in expressions and accents in English. Different neighbors and ethnic groups influenced the words and accents of each country. Below are some examples.

 1-24 En tu opinión. Take turns telling each other in which country you are, based on what you need.

MODELO: E1: *Necesito un coche.*
E2: *Estás en España.*

	Spain	Colombia	Mexico	Argentina
car	coche	carro	carro	auto
apartment	piso	apartamento	departamento	departamento
bus	autobús	bus	camión	ómnibus
sandwich	bocadillo	sándwich	sándwich, torta	sándwich, bocadillo

Vínculos
- Companion Website: Chapter 1, Web Resources, *Comparaciones: El mundo hispano*

Teaching tips
In the first few chapters, the *Comparaciones* are in English to allow students to gain confidence in reading to learn more about the Spanish-speaking world. Use the *En tu experiencia* as a warm-up or advance organizer to help them anticipate what the reading is about. *En tu opinión* is a pair or small group activity where students comment on what they have read.

Warm-up for *Comparaciones*. Have students try to list as many Spanish-speaking countries as they can think of in three minutes. Then review the list in class and check for correct responses. Have students work together using the map in the book to locate the countries they mentioned, including Equatorial Guinea, an African Spanish-speaking country.

¡Así es la vida!

En la clase

1. el estudiante
2. la estudiante
3. el mapa
4. la silla
5. el cuaderno
6. los libros
7. el papel
8. la pizarra
9. la profesora
10. el bolígrafo
11. el lápiz
12. la puerta
13. la mochila
14. el reloj
15. la mesa
16. el diccionario
17. la tiza

Introduction to *Segunda parte*. The structure of the *Segunda parte* is identical to that of the *Primera parte* in each lesson. Specific ideas for varying presentation, expanding practice, and using ancillaries appear in the annotations for each lesson.

Teaching tips

In this section, students will learn to identify objects and people in the classroom. Point to an object and have students identify which of two options it is: *¿Es un libro o es una mesa?* Then have students point to an object or person: *¿Dónde está la pizarra?* Some classes enjoy acting out commands: *Toca la pizarra. Toca la mesa.* Once students are comfortable identifying objects, have them take turns challenging the class.

Suggestion for *¡Así es la vida!* You can give students alternatives for some words, such as *pluma (bolígrafo)*, *pizarrón (pizarra)*, and *gis (tiza)*.

¡Así lo decimos! Vocabulario

Los colores

Suggestion for *Los colores.* Colors such as brown and purple have more than one Spanish equivalent. You can offer alternatives such as *pardo, color café, púrpura,* and *color violeta.* For tan, use *de color marrón claro,* and for taupe, use *gris pardo.*

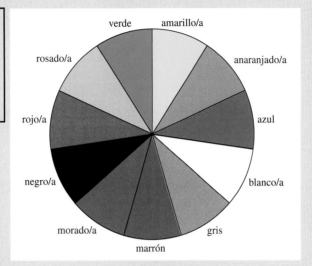

Suggestion for *¡Así lo decimos!* Bring in large pieces of colored paper and attach them to the board. Say, *Mi color favorito es...* and point to the paper of that color. Then ask students what their favorite color is, prompting them with *yes/no* questions and pointing to the paper: *¿Cuál es tu color favorito? ¿Es el azul / el rojo / el marrón?* Finally have students circulate and ask classmates their favorite colors.

Preguntas

¿Cómo es?	*What is (it) like?*
¿Cuántos(as)?	*How many?*
¿Cuánto cuesta(n)...?	*How much is (are)...?*
¿De qué color es...?	*What color is...?*
¿Necesitas...?	*Do you need...?*
¿Qué hay en...?	*What is/are there in...?*
¿Qué es esto?	*What's this?*
¿Tienes...?	*Do you have...?*

Respuestas

Cuesta(n)...	*It costs... / They cost...*
Es.../Son...	*It is... / They are...*
Hay un/a (unos/as)...	*There is a (are some)...*
Necesito...	*I need...*
Tengo...	*I have...*

Adjetivos

aburrido/a	*boring*
barato/a	*cheap, inexpensive*
bueno/a	*good*
caro/a	*expensive*
extrovertido/a	*outgoing*
fascinante	*fascinating*
grande	*big*
inteligente	*intelligent*
interesante	*interesting*
malo/a	*bad*
pequeño/a	*small*
simpático/a	*nice*
tímido/a	*shy, timid*
trabajador/a	*hard-working*

Adverbios

allí	*there, over there*
aquí	*here*
mucho	*a lot*
poco	*a little*

Expresiones para la clase[1]

Abre (Abran) el libro.	*Open your book(s).*
Cierra (Cierren) el libro.	*Close the book.*
Contesta (Contesten) en español.	*Answer in Spanish.*
Escribe (Escriban) en la pizarra.	*Write on the board.*
Escucha. (Escuchen.)	*Listen.*
Estudia. (Estudien.)	*Study.*
Lee (Lean) el diálogo.	*Read the dialog.*
Repite. (Repitan.)	*Repeat.*
Ve (Vayan) a la pizarra.	*Go to the board.*

Teaching tips

In this section you have several short formulas that students can use to communicate simple needs. Have students guess what you have in your "bag of tricks": *¿Qué hay en la bolsa? Hay un bolígrafo. No, no tengo un bolígrafo. Hay un lápiz, etc.* The commands are presented here to allow you to use more Spanish in your teaching. Students will learn to recognize them if you act them out each time you use them during the first couple of weeks.

---

[1]These commands are for one student. Commands for the whole class are given in parentheses.

Aplicación

1-25 ¿Qué hay en la clase? Take inventory of your classroom. Indicate how many of each item there are.

MODELO: Hay veinte estudiantes.

_____ pizarra(s)   _____ cuaderno(s)

_____ bolígrafo(s)   _____ silla(s)

_____ mesa(s)   _____ reloj(es)

_____ mapa(s)   _____ libro(s)

1-26 Un sondeo (*survey*) de tu clase. Take a class survey to find out the favorite colors. Record them below according to women (*mujeres*) and men (*hombres*).

Color	Número de mujeres	Número de hombres

1-27 Ellos, ellas y los colores. This reading comes from *Vanidades,* a popular magazine throughout Latin America. The reading contains surveys about different human interests. This particular survey compares men and women and their color preferences. Skim the reading. Don't try to understand every word. Read for general meaning to answer the questions below.

1. Where did the study take place?
2. Who were the subjects interviewed?
3. What percentage of men are referred to?
4. What colors are mentioned?
5. Now read the article more carefully and react to its findings below.

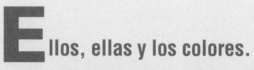

Ellos, ellas y los colores.

En un hospital de París se desarrolló un estudio en el que se les pidió a pacientes adultos, hombres y mujeres, que pintaran acuarelas con sus colores favoritos. En los resultados se observó que el 85% de los hombres prefirió usar los tonos verdes y los azules, mientras que la mayoría de las mujeres escogió los rojos y los amarillos, mostrando así —una vez más— las marcadas diferencias que en cuanto a preferencias de colores existen entre los dos sexos.

Vanidades, 34 (20), p. 16.

1-27 Reacción. Now compare your class with the subjects in the article.

Los hombres del estudio son como (*are like*)
    los hombres de la clase.   sí   no
Las mujeres del estudio son como
    las mujeres de la clase.   sí   no

2 **1-28 ¿Es mucho o poco?** Take turns saying how much an item in your classroom costs, and asking whether it costs a lot or a little. Your partner will respond to your question.

Modelo: lápiz/10 dólares
       E1: *El lápiz cuesta 10 dólares. ¿Es mucho o es poco?*
       E2: *Es mucho.*

1. mesa/50 dólares   5. libro/85 dólares
2. papel/50 centavos   6. cuaderno/21 dólares
3. bolígrafo/2 dólares   7. mapa/39 dólares
4. silla/59 dólares   8. escritorio/99 dólares

AUDIO **1-29 ¿Qué haces cuando...?** (*What do you do when... ?*) Listen to a Spanish teacher make various requests in the classroom, and write the number of each request by your corresponding reaction.

  _5_ I answer in Spanish.   _1_ I close the book.
  _4_ I open my book.   _6_ I listen to the music.
  _7_ I read the dialog.   _3_ I repeat the month.
  _2_ I write the phrase.   _8_ I go to the board.

Audioscript for 1–29
1. Cierra el libro, por favor.
2. Escribe la frase, por favor.
3. Repite el mes, por favor.
4. Abre el libro, por favor.
5. Contesta en español, por favor.
6. Escucha la música, por favor.
7. Lee el diálogo, por favor.
8. Ve a la pizarra, por favor.

G **1-30 Te toca a ti.** (*It's your turn.*) In a group of three to four students, take turns acting out each other's instructions.

AB **1-31A Necesito...** Below is a list of items you need. Tell a classmate what you need and ask if he/she has them. Mark the items your classmate has. When you finish, compare your lists.

Modelo: E1: *Necesito un bolígrafo. ¿Tienes?*
       E2: *Sí, tengo.*
       E1: *Necesito treinta y tres libros. ¿Tienes?*
       E2: *Sólo* (only) *veintidós.*

Necesito...

_____ 1 puerta	_____ 14 cuadernos	_____ 11 mesas
_____ 10 sillas	_____ 80 bolígrafos	_____ 20 diccionarios
_____ 100 papeles	_____ 17 lápices	_____ 75 pizarras
_____ 16 mochilas	_____ 95 mapas	_____ 33 libros

2 **1-32 Veo algo...** (*I see something...*) Describe an object to see if your classmate can guess what it is. Use colors and adjectives from **¡Así lo decimos!**

Modelo: E1: *Veo algo verde y grande.*
       E2: *¿Es la pizarra?*

1-33 De compras (*Shopping*). You are responsible for buying supplies for an academic department. Figure out how many of the following items you need to order. (Be sure to show your calculation.)

Hay nueve profesores y dos secretarias. Cada (*each*) profesor necesita una mesa. Tres profesores necesitan un cuaderno y diez bolígrafos cada uno. Tres profesores necesitan ocho lápices y una silla cada uno. Dos profesores necesitan veinticinco cuadernos y una pizarra cada uno. Un profesor necesita cuatro diccionarios, dos borradores y dos cuadernos. Las secretarias necesitan quince bolígrafos, una computadora, veinte lápices, quince borradores y una mochila.

MODELO: *9 mesas* (9 × 1 = 9)

1. cuadernos _____
2. computadoras _____
3. lápices _____
4. pizarras _____
5. mochilas _____
6. bolígrafos _____
7. borradores _____
8. diccionarios _____

¡Así lo hacemos! Estructuras

4. Nouns and articles

Words that identify persons, places, or objects are called nouns. Spanish nouns—even those denoting nonliving things—are either masculine or feminine in gender. Note how the definite article (*the*) must agree with the noun.

Masculine		Feminine	
SINGULAR	PLURAL	SINGULAR	PLURAL
el hombre	los hombres	la mujer	las mujeres
el muchacho	los muchachos	la muchacha	las muchachas
el libro	los libros	la mesa	las mesas
el profesor	los profesores	la profesora	las profesoras
el lápiz	los lápices	la clase	las clases
el mapa	los mapas	la universidad	las universidades

There are many clues that will help you identify the gender of a noun.

- Most nouns ending in **-o** or those denoting male persons are masculine: **el libro, el hombre.** Most nouns ending in **-a** or those denoting female persons are feminine: **la mesa, la mujer.** Some common exceptions are: **el día** (*day*) and **el mapa,** which are masculine.
- Many person nouns have corresponding masculine **-o** and feminine **-a** forms.

  el muchacho/la muchacha   **el niño/la niña** (*boy / girl*)

- Most masculine nouns ending in a consonant simply add **-a** to form the feminine.

  el profesor/la profesora   **el francés/la francesa**

- Certain person nouns use the same form for masculine and feminine, but the article used will show the gender.

  el estudiante/la estudiante   (*male/female student*)

- If it is provided, the article will tell you what the gender of the noun is.

  la clase   **el lápiz**

- Most nouns ending in **-ad** and **-ión** are feminine.

  la universidad   **la nación**

- Most nouns ending in **-ema** are masculine.

  el problema   **el poema**

- Use the definite article with titles when talking about someone, but not when addressing the person directly.

  El profesor Gómez habla español.   *Professor Gómez speaks Spanish.*
  ¡Buenos días, profesor Gómez!   *Good morning, Professor Gómez!*

- Nouns that end in a vowel form the plural by adding **-s.**

  mesa → mesas

- Nouns that end in a consonant or a stressed vowel add **-es.**

  mujer → mujeres   **israelí → israelíes**

- Nouns that end in a **-z** change the **z** to **c,** and add **-es.**

  lápiz → lápices

- When the last syllable of a word that ends in a consonant has an accent mark, the accent is no longer needed in the plural.

  lección → lecciones

Suggestions for *Nouns and articles*. Write several vocabulary words or cognates on colored sheets of paper, using the same color for all words that follow the same rule for gender, i.e., blue for all words that end in *–ción*. Make sure to include a group of words that does not correspond to any rule. In class, make two columns on the board and label them *masculinas* and *femeninas*. Hold up the words and ask students to place them in the correct column. Then ask students to explain the common feature of all the words of the same color, thereby deducing the hints for remembering the gender of words. Explain the arbitrary nature of gender, illustrating that one cannot predict gender on the basis of meaning.

	Masculine		Feminine	
Singular	**un** bolígrafo	*a pen*	**una** silla	*a chair*
Plural	**unos** bolígrafos	*some pens*	**unas** sillas	*some chairs*

- Indefinite articles (*a, an, some*) also agree with the noun they modify. **Un** and **una** are equivalent to *a* or *an*. **Unos** and **unas** are equivalent to *some* (or *a few*).
- In Spanish, the indefinite article is omitted when telling someone's profession, unless you qualify the person (good, bad, hard-working, etc.).

    Lorena es profesora de matemáticas. *Lorena is a mathematics professor.*
    Lorena es **una** profesora buena. *Lorena is a good professor.*

Aplicación

1-34 ¿Masculino o femenino? Say which of the following words are masculine (M) or feminine (F).

1. __M__ libro
2. __F__ universidad
3. __F__ mesa

4. __M__ muchacho
5. __F__ mujer
6. __M__ problema

7. __M__ lápiz
8. __F__ silla
9. __M__ poema

1-35 ¿Qué necesita? Say what the following people or places need. Use the indefinite article.

MODELO: ¿Qué necesita un profesor de informática (*computer science*)?
una computadora,...

bolígrafos	cuaderno	mapas	papeles	lápices
diccionario	mesa	reloj	sillas	computadora
calculadora	estudiantes	microscopio	puerta	libros

¿Qué necesita...

1. un profesor de historia?
2. un científico?
3. una profesora de biología?
4. un matemático?
5. una profesora de ingeniería?
6. un estudiante?

1-36 ¿Qué son? Identify the people and objects in the classroom. Use the definite article.

MODELO: El número uno
Es la estudiante.

1. female student   la estudiante
2. professor   el profesor
3. door   la puerta
4. clock   el reloj
5. pencil   el lápiz
6. chalkboard   la pizarra
7. map   el mapa
8. table   la mesa

1-37 Más de uno. Give the plural form of each of these nouns.

MODELO: el libro
los libros

1. la profesora
2. el lápiz
3. la lección
4. la puerta
5. el reloj
6. el día
7. el mapa
8. la mujer

1-38 En la clase de español. Complete the paragraph about a Spanish class using the correct form of the definite or indefinite article in each blank.

En (1) __la__ clase de español, hay (2) __un__ mapa, (3) __una__ pizarra, (4) __una__ mesa y (5) __unas__ sillas. (6) __Los__ estudiantes son (*are*) muy inteligentes. (7) __El/La__ profesor/profesora es (8) __un/una__ señor/señora/señorita... Todos (*Every*) (9) __los__ días, estudiamos (*we study*) (10) __la__ lección y hablamos (*we speak*) mucho.

AB **1-39A ¿Qué hay en la clase?** Ask your classmate questions about your classroom. Then respond to questions he/she asks you.

MODELO: E1: *¿Cuántos estudiantes hay en la clase?*
E2: *Hay veinticuatro.*

1. ¿Cuántos estudiantes hay en la clase?
2. ¿Qué hay en la pizarra?
3. ¿Hay un mapa?
4. ¿Cuántas puertas hay?
5. ¿Cuántas sillas hay?
6. ¿Qué más hay (*anything else*)?

2 **1-40 Desafío.** Challenge each other to change nouns from the singular to the plural, or the plural to the singular.

MODELO: E1: *el papel*
E2: *los papeles*

Note for 1–35. Before beginning student practice, review the cognates presented in the activity: *mapa, profesor, clase.*

Expansion for 1–35. Have students write a list of items in the classroom, using the verb *hay* and the indefinite article.

Warm-up for 1–36. Have students provide the correct form of the definite article and the indefinite article for each of the following words, e.g., *sillas > las sillas; unas sillas.* 1. sillas 2. relojes 3. lápiz 4. mujeres 5. pizarra 6. días 7. mesa 8. cuaderno 9. mapas 10. libro 11. ciudad 12. puerta 13. bolígrafos 14. hombre 15. lápices 16. lección 17. mapa.

Review the names of the classroom objects. Point to different objects and ask *either/or* questions, e.g., *¿Es un lápiz o un bolígrafo?*

Expansion for 1–37. Have students challenge each other to change nouns they know from singular to plural forms and vice versa.

Answers for 1–37. 1. las profesoras 2. los lápices 3. las lecciones 4. las ventanas 5. los relojes 6. los días 7. los mapas 8. las mujeres

Warm-up for 1–39. Begin describing the classroom by having students complete a sentence, *En la clase hay...*

Vínculos

Use the following instructional resources to practice adjective form, position, and agreement
- WB/LM–OneKey: Activities: 1-27, 1-28, 1-29, 1-30, and 1-66.
- *Gramática viva:* Grammar Points 2-3, Adjectives (gender and number) and Adjectives of nationality
- Companion Website: Chapter 1, Review, Activity: Rev 1-7
- IRCD: pp. 26 and 27

Suggestion for *Adjective form, position, and agreement.* Draw a four-column chart on the board with the headings *masculino singular, femenino singular, masculino plural, femenino plural.* Choose an adjective to describe a student, such as *norteamericano.* Point to a male student and say *El estudiante es norteamericano;* then write the adjective in the corresponding column. Repeat with a female student, then two males, then two females. Continue with different adjectives.

5. Adjective form, position, and agreement

■ Descriptive adjectives, such as those denoting size, color, and shape, describe and give additional information about objects and people.

un libro **fascinante**	*a fascinating book*
una clase **grande**	*a big class*
un cuaderno **rosado**	*a pink notebook*

■ Descriptive adjectives agree in gender and number with the noun they modify, and they generally follow the noun. Note that adjectives of nationality are not capitalized in Spanish.

el profesor **colombiano**	*the Colombian professor*
la señora **mexicana**	*the Mexican woman*
los estudiantes **españoles**	*the Spanish students*

■ Adjectives whose masculine form ends in **-o** have a feminine form that ends in **-a.**

el profesor **argentino**	*the Argentine professor* (male)
la profesora **argentina**	*the Argentine professor* (female)

■ Adjectives ending in a consonant or **-e** have the same masculine and feminine forms.

un coche **azul**	*a blue car*
una silla **azul**	*a blue chair*
un libro **grande**	*a big book*
una clase **grande**	*a big class*

■ Adjectives of nationality that end in a consonant, and adjectives that end in **-dor,** add **-a** to form the feminine. If the masculine has an accented final syllable, the accent is dropped in the feminine and the plural forms.

el profesor **español**	*the Spanish professor*
la estudiante **española**	*the Spanish student*
un libro **francés**	*a French book*
una mujer **francesa**	*a French woman*
unos libros **franceses**	*some French books*
un señor **trabajador**	*a hardworking man*
una profesora **trabajadora**	*a hardworking professor*

■ Adjectives generally form the plural like nouns.

Singular	Plural
mexicano	mexicanos
española	españolas
inteligente	inteligentes
trabajador	trabajadores

Aplicación

1-41 Parejas. Match the following objects with the colors.

1. las mesas   __3__ amarillos
2. el bolígrafo   __4__ blanca
3. los relojes   __1__ rojas
4. la silla   __2__ negro

1-42 ¿De qué color? Look at the following items in your classroom and say what color they are.

MODELO: la pizarra
La pizarra es negra.

1. el mapa
2. el lápiz
3. el libro
4. los cuadernos
5. las sillas
6. la puerta
7. los papeles

1-43 ¿Cómo es? ¿Cómo son? Combine nouns and adjectives to make logical sentences in Spanish. Remember that articles, nouns, and adjectives agree in gender and number.

MODELO: los estudiantes
Los estudiantes son buenos.

el libro de español		fascinante
los profesores		interesante
las sillas		simpático
la clase		inteligente
los estudiantes		bueno/malo
la pizarra	es/son	norteamericano/español, etcétera
el libro de inglés		rojo/anaranjado/amarillo/negro, etcétera
el bolígrafo		barato/caro
la universidad		grande/pequeño
los cuadernos		trabajador

1-44 ¿Cómo es? Describe your Spanish professor and one or more students in the class. Use at least two descriptive words for each person.

MODELO: *Cristina es inteligente y trabajadora.*

1. El profesor (La profesora) es _____
2. (nombre de un/a estudiante) es _____

1-45 Palifruta. Answer these questions based on the ad.

1. ¿De qué color es el palifruta de limón?   amarillo
2. ¿De qué color es el palifruta de grosella?   naranja
3. ¿Son buenos o malos los palifrutas? ¿Por qué?   *Answers will vary.*

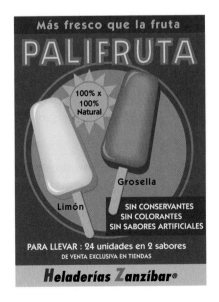

Más fresco que la fruta
PALIFRUTA
100% x 100% Natural
Grosella
Limón
SIN CONSERVANTES
SIN COLORANTES
SIN SABORES ARTIFICIALES
PARA LLEVAR : 24 unidades en 2 sabores
DE VENTA EXCLUSIVA EN TIENDAS
Heladerías Zanzíbar®

6. Subject pronouns and the present tense of *ser* (to be)

In Spanish, subject pronouns refer to people (*I, you, he*, etc.).[1] Just like the verb *to be* in English, the verb **ser** in Spanish has irregular forms. You have already used several of them. Here are all of the forms along with the subject pronouns.

ser (*to be*)			
Singular		**Plural**	
yo **soy**	*I am*	nosotros/as **somos**	*we are*
tú **eres**	*you are* (inf.)	vosotros/as **sois**	*you are* (inf.)
él, ella, Ud. **es**	*he/she is, you are* (for.)	ellos/as, Uds. **son**	*they are, you are* (for.)

- Because the verb form indicates the subject of a sentence, subject pronouns are usually omitted unless they are needed for clarification or emphasis.

¿Eres de Puerto Rico?	*Are you from Puerto Rico?*
Sí, soy de Puerto Rico.	*Yes, I'm from Puerto Rico.*
Yo no, pero **ellos** sí son de Puerto Rico.	*I'm not, but they're from Puerto Rico.*

- There are four ways to express *you*: **tú, usted, vosotros/as,** and **ustedes. Tú** and **usted** are the singular forms. **Tú** is used in informal situations, that is, to address friends, family members, and pets. **Usted** denotes formality or respect and is used to address someone with whom you are not well acquainted or a person in a position of authority (e.g., a supervisor, teacher, or older person).[2]

- **Vosotros/as** and **ustedes** are the plural counterparts of **tú** and **usted,** but in most of Latin America, **ustedes** is used for both the familiar and formal plural *you*. **Vosotros/as** is used in Spain to address more than one person in a familiar context (e.g., a group of friends or children).[3]

- The pronouns **usted** and **ustedes** are commonly abbreviated as **Ud.** and **Uds.** or **Vd.** and **Vds.**

- **Ser** is used to express origin, occupation, or inherent qualities.

¿De dónde **eres**?	*Where are you from?*
Soy de Toronto.	*I am from Toronto.*
Mi madre **es** profesora.	*My mother is a professor.*
Ustedes **son** muy pacientes.	*You are very patient.*

Vínculos

Use the following instructional resources to practice subject pronouns and the present tense of *ser* (to be).
- WB/LM–OneKey: Activities: 1-31, 1-32, 1-33, 1-34, 1-35, 1-67, 1-68, and 1-69.
- *Gramática viva:* Grammar Points 49-50, *Ser* and Subject Pronouns
- Companion Website: Chapter 1, Review, Activity: Rev 1-8
- IRCD: p. 28

Suggestion for *Subject pronouns*. Ask students which subject pronouns they would use to address the following people. Have students decide if the addressees are *tú, usted, vosotros/as,* or *ustedes.* 1. dos amigos de la universidad 2. una profesora distinguida 3. un grupo de estudiantes en la cafetería 4. los estudiantes de la clase de español 5. tus padres 6. una señora anciana 7. un hombre en el autobús 8. tu mejor amigo/a 9. unos chicos jóvenes en la calle 10. dos policías

Note for *Subject pronouns*. In some parts of Latin America, including Costa Rica, Argentina, Uruguay, and parts of Colombia, the pronoun *vos* is commonly used instead of *tú.* Its corresponding verb forms differ as well. The *vos* form is not taught in this book.

---

[1]Subject pronouns are not generally used for inanimate objects or animals (except when addressing pets).

[2]In the families of some Hispanic countries, children use **usted** and **ustedes** to address their parents as a sign of respect.

[3]*¡Arriba!* uses **ustedes** as the plural of **tú** except where cultural context would require otherwise.

Suggestion for *Present tense of ser*. When you formally introduce *ser*, you might want to review instances of the verb that students have already seen in *¡Así es la vida!* and *¡Así lo decimos!: ¿Cómo eres? ¿De dónde eres? ¿Quién eres?*

Aplicación

1-46 Dos artistas importantes. Read the description of the two artists below and underline the uses of **ser.** Then answer the questions that follow.

Salvador Dalí y Diego Rivera son dos de los artistas más famosos del mundo. Sus pinturas son admiradas por expertos y por estudiantes de arte. Los dos son del siglo xx, pero sus experiencias y sus estilos son muy diferentes. Salvador Dalí es español. Es de Figueras, un pueblo cerca de Barcelona. Dalí es famoso no sólo por su arte surrealista, sino también por su apariencia extravagante. *El descubrimiento de América por Cristóbal Colón* conmemora el famoso viaje de Colón en 1492. La muerte de Dalí es en 1989 a la edad de 84 años.

Diego Rivera es mexicano. Es de Guanajuato, una ciudad colonial al norte de la Ciudad de México. La fecha de su nacimiento es 1886 y la fecha de su muerte es 1957. Rivera es famoso por sus murales que describen (*depict*) la historia de México, especialmente la conquista de México por los españoles. *Lucha entre aztecas y españoles* es un mural muy grande. Su estilo es realista.

Now answer in Spanish.

MODELO: What do Rivera and Dalí have in common?
Son artistas.

1. What else do they have in common?
2. How do they differ?

G **1-47 Una encuesta.** Take a survey of class members to find out what they consider to be the ideal qualities of the following people, places, and things. Respond with your own opinions as well. You may wish to refer to the list of adjectives in activity **1-43** on page 27.

MODELO: E1: *¿Cómo es la clase ideal?*
E2: *La clase ideal es pequeña.*
E1: *La clase ideal es interesante.*

1. ¿Cómo es la clase ideal?
2. ¿Cómo es el/la profesor/a ideal?
3. ¿Cómo es el/la amigo/a ideal?
4. ¿Cómo es el libro ideal?
5. ¿Cómo es la universidad ideal?

AB **1-48A En la celebración de los Grammy.**
Identify the following people at the Grammy
Award celebration. Use adjectives from this lesson
and those below. Be sure to make adjectives agree
with the noun they modify.

MODELO: E1: *¿Cómo es Jimmy Smits?*
E2: *Es un hombre muy activo y alto. Es de*
Puerto Rico.

alto/bajo	*tall/short*
delgado/gordo	*thin/fat*
rubio/moreno	*blond/dark*
bonito/feo	*pretty/ugly*
joven/viejo	*young/old*
gracioso	*funny*
misterioso/exótico	
extrovertido/introvertido	
romántico	
idealista/realista/pesimista	
paciente/impaciente	

1. Gloria Estefan

2. Ricky Martin

3. Enrique Iglesias

4. Daisy Fuentes

2 **1-49 Yo soy...** Introduce and describe yourself to a classmate, then ask what
he/she is like. Follow the model.

MODELO: Me llamo... Soy..., ... y... (adjectives). *¿Cómo eres tú?*

¿Cuánto sabes tú? *How much do you know? Can you...*
☐ identify the objects in your classroon?
☐ follow your teacher's instructions in Spanish?
☐ describe yourself using several adjectives?
☐ describe items using colors and other adjectives?

Observaciones

Toño Villamil y otras mentiras (*deceptions*) Episodio 1

Toño Villamil y otras mentiras is an on-going *telenovela* that takes place in the small Mexican town of Malinalco.

1-50 ¿Cómo es Malinalco? Read the description below about where the town is located and answer in English the questions that follow.

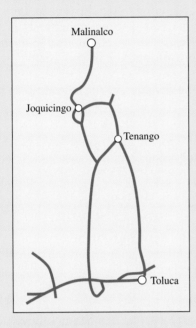

Malinalco está (*is located*) a 115 kms. de la Ciudad de México, en la parte central de la República de México. En coche, el viaje de la Ciudad de México a Malinalco dura (*lasts*) una hora y 35 minutos. En autobús desde la Ciudad de México hay dos salidas (*departures*) diarias desde la estación de Observatorio a las 3:00 y a las 5:00 de la tarde en la línea "Estrella Blanca". El viaje en autobús es de la Ciudad de México a Toluca, de Toluca a Tenango y de Tenango a Joquicingo. En Joquicingo es necesario tomar un taxi por 20 kms. hasta Malinalco.

1. How far is Malinalco from Mexico City?
2. How long does it take to get there by car?
3. What bus line can also take you most of the way?
4. How many buses go each day?
5. What is the name of the town where the bus stops last?
6. How do you get the last few miles to Malinalco?
7. Judging from the location, do you think Malinalco receives many tourists? Why, or why not?

Answers for 1–50. 1. 115 kms. 2. una hora y 35 minutos 3. "Estrella Blanca" 4. dos 5. Joquicingo 6. en taxi 7. *Answers will vary.*

1-51 Lucía, Isabel y Toño. Watch the first episode of *Toño Villamil y otras mentiras*. The three main characters are Lucía, Isabel and Toño. Judging from the title and the genre, what do you think it will be about? Keep this question in mind as you watch the video. Then answer the following.

1. La maleta de Lucía es...
   _____ roja
   __X__ negra
   _____ amarilla
2. La mochila (*backpack*) de Isabel es...
   _____ azul
   _____ blanca
   __X__ roja
3. El chofer (*driver*) lleva (*is wearing*) unos pantalones...
   __X__ grises
   _____ marrones
   _____ azules
4. Lucía tiene el pelo (*hair*)...
   __X__ moreno (*dark*)
   _____ rojo
   _____ negro
5. Los trajes de los dos niños son de color blanco y...
   _____ rojo
   _____ azul
   __X__ negro

WWW

1-52 Malinalco. Connect with the *¡Arriba!* Web site (**www.prenhall.com/arriba**) to see photographs of Malinalco and write three adjectives to describe it.

MODELO: Malinalco es un pueblo...

Vínculos
Student Video CD-ROM/VHS cassette, *Episodio 1: Toño Villamil y otras mentiras*

Teaching tips
Follow the same general cycle for all video activities. Use the pre-viewing activities as advance organizers to give students an idea of what they will see; have students view the episode and do the comprehension activity as homework; review the episode and do a more open-ended activity in class.

NUESTRO MUNDO

Panoramas

Vínculos

- Student Video CD-ROM/VHS cassette, *Capítulo 1: Entrevistas de nuestro mundo*
- Companion Website: Chapter 1, Web Resources, *Panoramas, El mundo hispano*

Teaching tips

Panoramas presents a visual glimpse of the Spanish-speaking world and encourages students to investigate it further. Use *¿Ya sabes?* as an advance organizer. In some cases students will know the answers. In others, they will find the answers in *Nuestro mundo*. Occasionally, the answers will have appeared in the context of the chapter. The Internet activities provide more images and information about what is presented in these few pages.

El mundo hispano

You will soon see that our world (*nuestro mundo*) is full of diversity and surprises. Throughout *¡Arriba!* we hope to emphasize that the Hispanic world is one of many cultures with the Spanish language tying it together across five continents. As you make these discoveries, we hope that you remember and appreciate the diversity. To begin, what do you already know about the Spanish-speaking world? Supply as much of the following information as you can.

1-53 ¿Ya sabes? (*Do you already know?*) How many of the following can you name?

1. the names of some countries
2. a coffee-producing country
3. the number of independent Spanish-speaking countries
4. states in the U.S. where Spanish is an important language
5. a petroleum-producing country
6. a country with many volcanoes
7. a tropical zone

On the next two pages, you will find the answers to some of these questions, as well as other information about the Spanish-speaking world. Use the images and your guessing skills to understand the text, then test your comprehension with the activities that follow.

Los yacimientos arqueológicos, como el de Tulum, México, son testigos (*witnesses*) de las civilizaciones precolombinas.

AMÉRICA DEL NORTE

OCÉANO ATLÁNTICO ES

HONDURAS
CUBA
REPÚBLICA DOMINICANA
MÉXICO
GUATEMALA
EL SALVADOR
NICARAGUA
PUERTO RICO
COSTA RICA
VENEZUELA
PANAMÁ
COLOMBIA
ECUADOR
AMÉRICA DEL SUR
ECUA
PERÚ

OCÉANO PACÍFICO

BOLIVIA
CHILE
PARAGUAY
ARGENTINA
URUGUAY

Muchas capitales suramericanas son metrópolis grandes y modernas con sus rascacielos (*skyscrapers*), su comercio, su gente (*people*) y su contaminación (*pollution*).

Santa Fe de Bogotá, la capital de Colombia, incluye un nombre con origen indígena (Bogotá) y español (Santa Fe).

Answers for 1–53. *Answers will vary.*

La topografía, el clima y la economía de Suramérica varían de región en región. La majestuosa cordillera de los Andes, donde hace mucho frío (*it's very cold*) y donde hay poca vegetación, contrasta con la rica y calurosa (*warm*) zona del Amazonas.

Algunas de las plantas de esta región tienen valor medicinal.

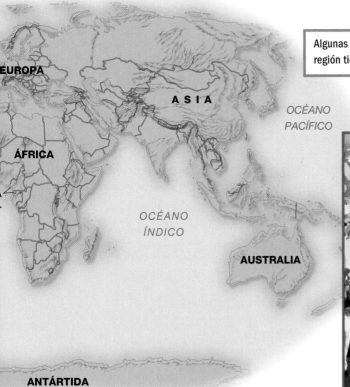

EUROPA

ASIA

OCÉANO PACÍFICO

ÁFRICA

OCÉANO ÍNDICO

AUSTRALIA

ANTÁRTIDA

La presencia de los hispanos en los EE.UU. (*U.S.*) se nota en muchas partes, especialmente en las grandes ciudades y en el sur del país. Este desfile en febrero es parte de la celebración del Carnaval de la Calle Ocho de Miami donde muchas personas son de origen hispano.

1-54 ¿Cierto o falso? Say whether the following statements are true or false. Correct any false statement.

MODELO: Bogotá es la capital de Chile.
Falso. Es la capital de Colombia.

1. Hay muchos hispanos en Miami.   C
2. Los Andes están en Norteamérica.   F
3. Tulum está en la costa de Guatemala.   F
4. El Carnaval en Miami es en el otoño.   F
5. Algunas plantas de los Andes tienen valor medicinal.   F
6. La capital de Colombia es pequeña.   F

2 **1-55 ¿Cómo es?** Working with a classmate, name the capital, and describe and locate these places. Choose from the items in the chart below.

MODELO: *Cuba*
La Habana
una isla
el Caribe

País	Capital	Descripción	Lugar
España	Caracas	una península	el Caribe
Colombia	La Ciudad de México, Distrito federal	una isla	Centroamérica
Argentina	Santo Domingo	grande	Europa
Venezuela	San José	pequeño	Suramérica
México	Madrid	árido	Norteamérica
El Salvador	Bogotá	moderno	
La República Dominicana	Buenos Aires	lluvioso (rainy)	
Costa Rica	San Salvador	montañoso	
		tropical	
		volcánico	

WWW **1-56 Conexiones.** Connect with the *¡Arriba!* Web site (**www.prenhall.com/arriba**) to find out the following information about the Spanish-speaking world.

1. a Central American country where English is the official language
2. the five smallest countries
3. the three longest rivers
4. the name of an active volcano
5. three important mountain ranges
6. the highest navigable lake
7. a city in the U.S. with a large Spanish-speaking population

2 **1-57 ¡Vamos!** Work with another student to choose three Spanish-speaking countries you are going to visit. Once you choose the countries, connect to the Internet and print information about them. Be prepared to justify why you chose the three countries.

MODELO: *Vamos a Chile, a Bolivia y a la Argentina.*

Ritmos

"Huracán" (Natalia Oreiro, Uruguay)

This contemporary song (from Uruguay) displays different Spanish and Latin American musical influences such as flamenco, salsa, and tropical and incorporates them into a dance-pop rhythm.

Antes de escuchar (*Pre-listening*)

1-58 El qué dirán. Many countries have expressions and sayings that are commonly used in colloquial speech. In "Huracán" the narrator says she does not care about **el qué dirán.** Roughly translated, this means *what people say* and refers to gossip or hearsay. What sayings from your country or the region where you live can you think of? How do they compare with those of your classmates?

1-59 La canción. With a classmate skim the lyrics to the chorus of "Huracán" below and then look at the list of possible themes: **el amor, la independencia, la política, la vida, el tiempo, la escuela.**

What do you think this song is about? Why do you think the narrator calls herself *un* **huracán?**

Aunque digan lo que digan	Aunque digan lo que digan
No me importa el qué dirán	No me importa el qué dirán
Sólo basta una mirada	No me importa qué murmuran
Y desato un huracán	Porque soy un huracán

A escuchar (*Listening*)

1-60   Huracán. Here are some of the words in the song. Try to match them with their meaning. Then practice changing the definite articles to their plural forms; change the nouns to the plural form as well. What would be the correct singular and plural forms of the indefinite article for these terms?

1. el sol   _4_ a. *hurricane*
2. el cielo   _5_ b. *water*
3. la mirada   _1_ c. *sun*
4. el huracán   _7_ d. *salt*
5. el agua   _6_ e. *wind*
6. el viento   _8_ f. *soul*
7. la sal   _3_ g. *glance*
8. el alma   _2_ h. *heaven*

Después de escuchar (*Post-listening*)

1-61 ¿Cuál es tu opinión? Now that you are familiar with the song "Huracán," indicate in the spaces below which of the following statements describe the narrator (**N**) and/or the song (**S**) itself.

_____ Es extrovertida.	_____ Tiene un ritmo bueno.
_____ Es emocionante.	_____ Es aburrida.
_____ Es inteligente.	_____ Es buena.
_____ Tiene una letra poética.	_____ Es señorita.
_____ Es interesante.	_____ Es inteligente.

1-62 Tus amigos y tú. Which of these statements apply to you? To your classmates? To your friends and family? Use the verb **ser** to write sentences that describe yourself, your classmates, and your friends and family.

Vínculos

- Instructor's Music CD: *Capítulo 1: Ritmos de nuestro mundo*
- Companion Website: Chapter 1, Web Resources, *Ritmos: Natalia Oreiro (Uruguay)*

Teaching tips
Ritmos are musical selections that present students with a wide variety of rhythms and types of music. Each selection is representative of the cultural focus of the chapter. Encourage students to tap their feet, sing along, dance, draw, or simply listen. They will learn a little more about the wide variety of Hispanic culture.

Suggestions for 1-59
Recommend that students use a bilingual dictionary to look up the meaning of some words. This would be a good opportunity to discuss how to use a bilingual dictionary.

Note for 1-60. Point out to students the exceptions to the rule for gender of nouns: **el agua, el alma.**

Páginas

Versos sencillos, "XXXIX" (José Martí, Cuba)

The readings that you will find in the reading section, **Páginas,** come from the Spanish-speaking world and were written for native Spanish speakers. Remember that you do not have to comprehend every word in order to understand the passage and glean essential information. The related activities will help you develop reading comprehension strategies.

José Martí (1853–95) was an artist, intellectual, and patriot. Besides being known for his struggle to gain Cuba's independence from Spain, he is famous for his poetry, some of which has been popularized through song (*"Guantanamera"*). This selection comes from a series of short poems entitled *Versos sencillos* and discusses how the poet treats both his friends and his enemies.

Antes de leer (*Pre-reading*)

1-63 Los cognados. Spanish and English share many cognates, words or expressions that are identical or similar in two languages,—for example, **profesor**/*professor* and **universidad**/*university.* When you read Spanish, cognates will help you understand the selection. Skim the selection and list the cognates you see. Then for each cognate, guess the meaning of the phrase in which it appears.

A leer (*Reading*)

1-64 Un poema.

"XXXIX"

Cultivo una rosa blanca,
En julio como en enero,
Para el amigo sincero
Que me da (*gives*) su mano (*hand*) franca.
Y para el cruel que me arranca (*yanks out*)
El corazón (*heart*) con que vivo,
Cardo (*thistle*) ni ortiga (*nettle; a prickly plant*) cultivo:
Cultivo una rosa blanca.

Después de leer (*Post-reading*)

1-65 ¿Comprendiste? (*Did you understand?*) Which of the following seem to describe the poet from what he writes?

1. Es blanco.
2. Es optimista.
3. Tiene amigos.
4. Tiene enemigos.
5. Es generoso.
6. Es vindicativo.
7. Su mes favorito es julio.

1-66 Los símbolos. We often use colors as symbols for other things. Match these colors with what you believe they could symbolize. What else do they symbolize for you?

1. _d_ el rojo
2. _e_ el amarillo
3. _a_ el blanco
4. _c_ el verde
5. _b_ el negro

a. la pureza
b. el misterio
c. la juventud (*youth*)
d. la pasión
e. la cobardía (*cowardice*)

Taller

1-67 Una carta de presentación.
When you write a letter of introduction, you want to tell something about your physical and personal characteristics and something about your life. In this first introduction, think of information you would share with a potential roommate. Follow the steps below to write five sentences in Spanish to include with a housing application.

Antes de escribir (Pre-writing)

- Write a list of adjectives that you identify with yourself.
- Write a list of adjectives to describe your classes and your professors.

A escribir (Writing)

- Introduce yourself.
- Using adjectives from your list, describe what you are like. Use the connector **y** (and) to connect thoughts.
- Describe your classes and your professors.
- Say what your favorite color is.
- Add any other personal detail about yourself (your birthday, favorite day of the week, etc.)

Después de escribir (Post-writing)

- **Revisar** (Review)
  - ☐ Go back and make sure all of your adjectives agree with the nouns they modify.
  - ☐ Check your use of the verb **ser.**

- **Intercambiar** (Exchange)
  Exchange your description with a classmate's. Then make suggestions and corrections, and add a comment about the description.

- **Entregar** (Turn in)
  Rewrite your letter, incorporating your classmate's suggestions. Then turn in the letter to your instructor.

Vínculos

- Assessment: TestGen or paper test in the IRM

Teaching tips

Taller follows the theme of the chapter and requires students to synthesize in writing what they have learned. Brainstorm some ideas and opening sentences in class. Have students share their work with a partner and practice peer editing. In the first writing assignments, students follow formulas that they have practiced all through the chapter. Since this is process writing, it is helpful to give a preliminary grade, then allow them to revise and resubmit for a final grade. Point out, but do not correct errors. Students will benefit from discovering and correcting their own mistakes.

Santa Clara, CA
25 de septiembre de 2005

¡Hola!

Me llamo Susanita. Soy extrovertida y simpática. Tengo clases muy interesantes y fascinantes. Mi profesora de español es la señora Carro. Es muy inteligente y trabajadora. Mi cumpleaños es el 10 de abril. Mi color favorito es el amarillo. . .

¡Hasta pronto!

Susanita

2 ¿De dónde eres?

OBJETIVOS COMUNICATIVOS

- Describing yourself, other people, and things
- Asking and responding to simple questions
- Asking and telling time

- Talking about what you like to do (*Me gusta/Te gusta*)
- Talking about what you have and what you have to do

Pablo Picasso, pintor prolífico, nació en Málaga.
Esta obra es una de sus más famosas.

PICASSO
Don Quichotte
1955

Bienvenidos a España

NORUEGA
ESTONIA
SUECIA
LETONIA
RUSIA
LITUANIA
IRLANDA
REINO
UNIDO
BELARÚS
POLONIA
ALEMANIA
UCRANIA
OCÉANO
ATLÁNTICO
FRANCIA
AUSTRIA
HUNGRÍA
RUMANÍA
Mar
Negro
PORTUGAL
ITALIA
TURQUÍA
ESPAÑA
GRECIA
TÚNEZ
Mar Mediterráneo
ARGELIA
EGIPTO
LIBIA

Note: El 19 de septiembre de 1991, Bielorrusia informó a las Naciones Unidas de que había cambiado su nombre por el de Belarús.

Refrán: Good deeds are worth more than good excuses. (*Actions speak louder than words.*)

Miguel Induráin, de Navarra, España, ha ganado cinco Tours de Francia.

PRIMERA PARTE

¡Así es la vida!

Note for *Capítulo 2.* As you plan this lesson, keep in mind the following structures that are recycled in *¡Así es la vida!* and activities throughout the lesson: numbers, adjective-noun agreement, noun plurals, definite and indefinite articles, subject pronouns, and the present tense of the verb *ser.*

Teaching tips
Beginning with this lesson, each chapter has both a thematic and a cultural focus. Although Chapter 2 focuses on Spain, feel free to personalize your examples with people and places you know.

Before beginning the new lesson, do a five-minute review of some of the important aspects of the previous lesson. This encourages students to build on what they know, rather than learning by chapter.

Follow-up for *¡Así es la vida!* Have students indicate which of the speakers is being described. *1. Es un madrileño alto y delgado. (Daniel) 2. Es una sevillana simpática, inteligente y trabajadora. (Isabel) 3. Tiene clases a las diez todos los días. (José) 4. Los padres son de Barcelona. (María) 5. Es de Santander. (Paco)*

En la Universidad de Salamanca, España...[1]

¿Quién soy?

¡Hola! Me llamo José Ortiz. Soy estudiante en la Universidad de Salamanca, pero soy de Algeciras, un puerto en el mar Mediterráneo. Tengo clases a las diez y a las once todos los días.

La muchacha morena se llama Isabel Rojas Lagos. Es de Sevilla. Es muy inteligente y muy trabajadora. También es muy simpática.

El muchacho rubio se llama Daniel Gómez Mansur. Es de Madrid, la capital de España. Es alto y delgado.

Los otros son Paco y María.

Paco:	¿De dónde eres tú, María?
María:	Soy de Bilbao, en el norte de España, pero mis padres son de Barcelona. Y tú, ¿de dónde eres?
Paco:	Soy de Santander.
María:	¿Cuándo son tus clases, por la mañana o por la tarde?
Paco:	Mis clases son por la mañana.
María:	Oye, ¿qué hora es?
Paco:	Son las nueve de la mañana.
María:	¡Ay! ¡Mi clase de álgebra es a las nueve!

---

[1]La Universidad de Salamanca, founded in 1218, is the oldest university in Spain. Students from around the world come to study here in special programs as well as in the regular curriculum.

¡Así lo decimos! Vocabulario

Adjetivos de nacionalidad.[1]

canadiense

español/a

norteamericano/a*

mexicano/a
cubano/a
dominicano/a
guatemalteco/a
puertorriqueño/a
hondureño/a
panameño/a
salvadoreño/a
venezolano/a
nicaragüense
colombiano/a
costarricense
ecuatoriano/a
peruano/a
boliviano/a
paraguayo/a
chileno/a
uruguayo/a
argentino/a

*The term **estadounidense** also refers to someone from the United States. The term **americano**, referring to an American citizen, can identify anyone born in the Americas, not just someone from the United States.

Palabras interrogativas

¿Cuándo?	*When?*
¿De dónde?	*Where from?*
¿Qué?	*What?*
¿Quién?	*Who?*
¿Cómo?	*What? How?*

Los lugares

la capital	*capital city*
la ciudad	*city*
el país	*country*

Vínculos

Use the following instructional resources to practice *preguntas*, *descripciones*, and *nacionalidades*.
- Companion Website: Chapter 2, Review, Activity: Rev 2-1
- IRCD: pp. 41, 42, and 44

Las personas

el/la amigo/a	*friend*
la madre	*mother*
el/la muchacho/a	*boy/girl*
el/la novio/a	*boyfriend/girlfriend; fiancé/fiancée*
el padre	*father*
los padres	*parents*

Teaching tips
The vocabulary in this section introduces students to nationalities and other adjectives. It is not meant to be an exhaustive list, and you may want to introduce other nationalities of interest to your students. The activities use some personalities students may have read or heard about. Use the in-text visuals to help students visualize who they are.

Suggestions for ¡Así lo decimos! Bring in photos of international celebrities. Ask *¿Quién es?, ¿Cómo es?,* and *¿De dónde es?*, providing a model response after each question for the first picture. Then have students provide short answers for questions about other photos. Remind students of previously learned adjectives such as *simpático/a, bueno/a, malo/a, trabajador/a, tímido/a*. Introduce the adjectives *aburrido/a, emocionante* (boring, exciting). Add the following nationalities: *panameño/a, puertorriqueño/a, venezolano/a, francés/francesa, inglés/inglesa*.

---

[1]Adjectives of nationality are not capitalized in Spanish.

Más adjetivos descriptivos

alta/bajo
rica/pobre
morena/rubia
vieja
joven
bonita
delgado/gordito
nuevo
feo/guapo
flaco/gordo

Expresiones adverbiales

ahora (mismo)	*(right) now*
muy	*very*
también	*also*
tarde	*late*
temprano	*early*

Conjunciones

pero	*but*
porque	*because*

Otras palabras y expresiones

mi/ mis	*my*[1]
¡Oye!	*Hey!*
tu/tus	*your*[1] (fam.)

---

[1]A detailed presentation of possessive adjectives appears in *Capítulo 3*.

Aplicación

Audioscript for 2-1.

1. Soy española, de Sevilla. [Isabel]
2. Hola, soy de Algeciras, una ciudad portuaria en el mar Mediterráneo. [José]
3. Soy español, de la capital. [Daniel]
4. Soy española también. Vivo en Bilbao. [María]
5. Soy español, de Santander, una ciudad en el norte de España. [Paco]

AUDIO **2-1 ¿Quién eres tú?** Listen to José and his friends on your *¡Arriba!* audio program or as read by your instructor. Based on the information in **¡Así es la vida!,** write the number of each monologue next to the corresponding name.

MODELO: Mis padres son de Barcelona.
   María

___1___ Isabel   ___4___ María   ___5___ Paco   ___3___ Daniel   ___2___ José

2-2 Asociaciones. What do you associate with the following people and places? Choose terms in the two right columns that you associate with the people and places in the left column.

MODELO: Madrid—*ciudad, grande*

Cameron Díaz	**argentino/a**	**moreno/a**
Barcelona	**bonito/a**	**norteamericano/a**
Bogotá	**capital**	**país**
Bolivia	**ciudad**	**pequeño/a**
Buenos Aires	**colombiano/a**	**peruano/a**
Alejandro Sanz	**delgado/a**	**pobre**
Penélope Cruz	**español/a**	**puertorriqueño/a**
Lima	**joven**	**rico/a**
Los Ángeles	**mexicano/a**	**rubio/rubia**
Madrid	**ecuatoriano/a**	**viejo/a**
México		**grande**
Paraguay		
Salma Hayek		
San Juan		

2-3 ¿Cierto o falso? Indicate whether the following statements are true (**cierto**) or false (**falso**) for you. Correct any false statements.

MODELO: Soy alto/a.
   Falso. Soy bajo/a.

1. Soy joven.
2. Mis padres son ricos.
3. Mi amigo es rubio.
4. Mi amiga es bonita.
5. Mi universidad es grande.
6. Mi madre es baja.
7. Mis padres son trabajadores.
8. Mi coche es pequeño.
9. Mi ciudad es grande.
10. Mi país es feo.

2-4 En una fiesta en Salamanca. Complete the conversation with words and expressions from the following list.

amiga   aquí   capital   cómo
dominicano   dónde   española   me llamo

—¡Hola! Soy Juan Luis Ruiz. ¿(1) ___Cómo___ te llamas?

—(2) ___Me llamo___ Marisol. ¿De (3) ___dónde___ eres, Juan?

—Soy (4) ___dominicano___.

Mi ___amiga___ Ana es de Córdoba, en el sur de España.

—Yo no soy de Madrid, la (6) ___capital___. Soy de Zaragoza. ¿De dónde eres?

—Ay, yo soy (7) ___española___. Soy de (8) ___aquí___, de Salamanca.

La Universidad de Salamanca, fundada en 1218, es la más antigua de España.

2 **2-5 ¿Cómo son?** Use adjectives you have learned in *Capítulos 1* and *2* to describe the people working out at the gym.

MODELO: *Eugenio es alto,...*

1. Eugenio	5. Gonzalo
2. María Eugenia	6. Virginia
3. Antonio	7. Alicia
4. María Antonia	8. Juan Manuel

2-6 Miguel Induráin. Read the description about Miguel Induráin, then answer the questions that follow.

Miguel Induráin es uno de los ciclistas más famosos del mundo. Es de España, de la provincia de Navarra. Su primer año como profesional es en 1984. Ha ganado cinco veces el Tour de Francia. El Tour es una carrera en bicicleta que va de Francia hasta España y atraviesa (*it crosses*) los Pirineos. En estos momentos, Induráin no compite, pero todavía es considerado un gran campeón. Para él, lo más importante ahora es su familia.

1. ¿De dónde es Induráin?   Es de España, de la comunidad de Navarra.
2. ¿Cuál es su nacionalidad?   Es español.
3. ¿Por qué es famoso?   Ha ganado cinco veces el Tour de Francia. Es un campeón.
4. ¿Qué es importante en su vida ahora?   su familia
5. ¿Cómo se llama el ciclista norteamericano que es también campeón del Tour de Francia?   Lance Armstrong

2 **2-7 ¿Cómo son?** Take turns describing these people, places, and things to see if you agree with each other. When you agree, say: **Sí, es cierto.** When you disagree, offer your own opinion. Choose from the adjectives in the three right columns, taking care to make them agree with the noun they modify.

MODELO: universidad
       E1: *La universidad es pequeña.*
       E2: *Sí, es cierto. (No, es grande.)*

1. la ciudad de...	**alto/a**	**grande**	**pequeño/a**
2. el/la profesor/a	**bajo/a**	**guapo/a**	**pobre**
3. Frida Kahlo	**bonito/a**	**joven**	**puertorriqueño/a**
4. la clase	**delgado/a**	**mexicano/a**	**rico/a**
5. un estudiante	**español/a**	**moreno/a**	**rubio/a**
de la clase	**feo/a**	**norteamericano/a**	**simpático/a**
6. una estudiante	**gordito/a**	**nuevo/a**	**trabajador/a**
de la clase	**gordo/a**	**panameño/a**	**viejo/a**
7. Antonio			
Banderas			
8. España			

Suggestion for 2-8. Bring in photos of famous Spanish/Latin American politicians, actors, musicians, and sports figures commonly known in the U.S. Have students guess where they are from: *¿Quién es? ¿Cuál es la nacionalidad de él/ella?*

2 **2-8 ¿Cuál es su (*his/her*) nacionalidad?** Give the name of the country where the following people are from and their nationality.

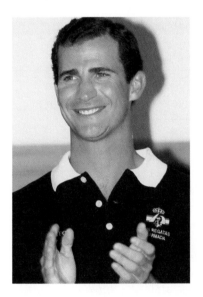  

MODELO: Felipe de Borbón / España
       E1: *¿De dónde es Felipe de Borbón?*
       E2: *Es de España. Es español.*

1. Juanes / Colombia
2. Juan Carlos de Borbón y Pedro Almodóvar / España
3. Gloria Estefan / Cuba
4. Rubén Blades / Panamá
5. Salma Hayek / México
6. Conchita Martínez / Argentina
7. Yo...
8. Nosotros...

2 **2-9 Yo soy...** Take turns introducing yourselves, saying where you are from and what you are like.

MODELO: *Hola, soy _____. Soy de _____. Soy _____ y _____. No soy _____.*

Alternate for 2-8. To convert into a listening activity, read the nationalities and have students tell who is being described.

Expansion 2-8. Ask students why these people are famous.

G **2-10 ¿Quién es...?** In groups of three, describe five famous people in as much detail as possible. Then challenge another group to guess who your personalities are. A list of professions and adjectives appear below.

MODELO: E1: *Es alta y elegante. Es de Bolivia. Es actriz.*
E2: *Es Raquel Welch.*

PROFESIÓN	DESCRIPCIÓN	
actor / actriz	brillante	idealista
agente secreto/a	cínico/a	intelectual
atleta	cómico/a	nervioso/a
boxeador/a	conservador/a	liberal
dictador/a	creativo/a	realista
doctor/a	demócrata	republicano/a
poeta	dramático/a	ridículo/a
político/a	elegante	socialista
presidente	estupendo/a	tradicional

New words for 2-10. Many of the words in this activity have not yet been formally introduced. Remind students that they should recognize many Spanish words as cognates, and encourage them to associate the spelling with English words when possible to try to establish meaning. Be sure to model pronunciation of cognates, placing attention on the vowels.

¡Así lo hacemos! Estructuras

Vínculos

Use the following instructional resources to practice telling time.
- WB/LM–OneKey: Activities: 2-8, 2-9, and 2-39
- *Gramática viva:* Grammar Point 11, Expressions of time and location.
- Companion Website: Chapter 2, Review, Activity: Rev 2-2
- IRCD: pp. 46, 47, 49, and 50

1. Telling time

¿Qué hora es?

Teaching tips

In these sections, students practice telling time, asking and responding to questions. When presenting and practicing these grammar points, use real-world examples. Even before students can form questions, they will recognize your questions by your intonation and gestures. If you ask students the time several times during class, they will associate the question with something that is important to them, that is the end of class.

■ The verb **ser** is used to express the time of the day in Spanish. Use **Es la** with **una** (singular for one hour). With all other hours use **Son las.**

Es la una.	*It's one o'clock.*
Son las dos de la tarde.	*It's two o'clock in the afternoon.*
Son las siete.	*It's seven o'clock.*

■ To express minutes *past* or *after* an hour, use **y.** To express minutes before an hour (*to* or *till*) use **menos.**[1]

Son las tres **y** veinte.	*It's twenty past three. (It's three twenty.)*
Son las siete **menos** diez.	*It's ten to (till) seven.*

---

[1]This is how time is traditionally told. It is now common to use **y** for :01 to :59. 3:40 = **Son las tres y cuarenta.**

- The terms **cuarto** and **media** are equivalent to the English expressions *quarter* (fifteen minutes) and *half* (thirty minutes). The numbers **quince** and **treinta** are interchangeable with **cuarto** and **media.**

  Son las cinco menos **cuarto (quince).**   *It's quarter to five. (It's five fifteen.)*
  Son las cuatro y **media (treinta).**   *It's half past four. (It's four thirty.)*

- For *noon* and *midnight* use **(el) mediodía** and **(la) medianoche.**

  Es **mediodía.**   *It's noon (midday).*
  Es **medianoche.**   *It's midnight.*

- To ask at what time an event takes place, use **¿A qué hora...?** To answer, use **a las** + *time*.

  ¿A qué hora es la clase?   *(At) What time is the class?*
  Es **a las** ocho y media.   *It is at half past eight.*

- The expressions **de la mañana, de la tarde,** or **de la noche** are used when telling specific times. **En punto** means *on the dot* or *sharp*.

  La fiesta es a las ocho **de la noche.**   *The party is at eight o'clock in the evening.*

  El partido de fútbol es a las nueve **en punto.**   *The football game is at nine sharp.*

- The expressions **por la mañana, por la tarde,** and **por la noche** are used as a general reference to *in the morning, in the afternoon,* and *in the evening*.

  No tengo clases **por la mañana.**   *I don't have classes in the morning.*

■ In many Spanish-speaking countries, the 24-hour clock is used for schedules and official timekeeping. The zero hour is equivalent to midnight, and 12:00 is noon. 13:00–24:00 are the P.M. hours. To convert from the 24-hour clock, substract twelve hours from hours 13:00 and above.

> 21:00 (or 21,00)[1] = **las nueve de la noche**
> 16:30 (or 16,30) = **las cuatro y media de la tarde**

Suggestion for *Learning to tell time in Spanish*. Point out that in the Hispanic world, the 24-hour clock is used for making appointments and schedules (e.g., movie, T.V., bus, plane, train).

◎ STUDY TIPS

Learning to tell time in Spanish

1. To become proficient in telling time in Spanish, you'll need to make sure you have learned Spanish numbers well. Practice counting by fives to thirty: **cinco, diez, quince, veinte, veinticinco, treinta.**

2. Think about and say aloud times that are important to you: **Tengo clases a las 9, a las 10, ..., Hay una fiesta a las ...,** etc.

3. Every time you look at your watch, say the time in Spanish.

Aplicación

2-11 Miguel y sus actividades. You already know about Miguel Induráin, the famous Spanish cyclist. Write an X next to the activities you think he normally does.

_____ Se levanta (*gets up*) a las 12:00 (mediodía).

_____ Monta en bicicleta por 3 horas.

_____ Lee (*reads*) poemas.

_____ Juega (*plays*) con su hijo.

_____ Se acuesta (*goes to bed*) a las 11:30 de la noche.

_____ A las 11:00 de la mañana está en el gimnasio.

_____ A las 2:00 de la tarde está en casa.

2-12 La vida diaria de Miguel Induráin. Read about Miguel Induráin's daily schedule, then answer the questions that follow in Spanish.

Miguel Induráin, el famoso ciclista español tiene un día muy activo. A las siete de la mañana, está en el gimnasio. A las ocho de la mañana, está en su bicicleta. A las once y media de la mañana, está en casa con su familia. A la una y cuarto de la tarde, está en la universidad. A las cinco de la tarde, está en un restaurante. A las nueve de la noche, está otra vez en casa con su familia. Ahora, son las once y media de la noche y Miguel está leyendo una novela. Mañana es otro día.

1. ¿A qué hora está en la universidad?   a la una y cuarto (y quince) de la tarde
2. ¿Dónde está a las cinco?   Está en un restaurante.
3. ¿A qué hora está en casa con su familia?   a las nueve de la noche
4. ¿Qué hora es ahora?   Son las once y media de la noche.
5. Y tú, ¿dónde estás a las siete y media de la mañana?   *Answers will vary.*

---

[1]The punctuation used in giving the time varies from country to country. You might see periods or commas as well as the colon used in English.

mediodía   12:00   12.00   12,00

2-13 ¿Qué hora es? Look at the clocks and say whether the following statements are **cierto** or **falso.** Correct any false statements.

MODELO: Son las dos y cuarto de la tarde.
            Falso, son las dos y media de la tarde.

1.

Son las dos y cuarto de la noche.

2.

Son las siete menos quince de la mañana.

3.

Son las ocho menos veinte de la noche.

4.

Son las cuatro menos cuarto de la mañana.

5.

Son las doce menos diez de la noche.

6.
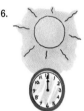
Es medianoche.

2-14 ¿Qué hora es en...? Determine what time it is in the cities shown in the chart below. Notice that the chart uses the 24-hour clock. Be sure to use **de la mañana, de la tarde,** etc.

MODELO: E1: *Son las cinco de la tarde en San Francisco. ¿Qué hora es en Asunción?*
            E2: *Son las nueve de la noche.*

Juneau	Nome	16:00
San Francisco	Seattle	17:00
Santa Fe	Boise	18:00
Houston	Tegucigalpa	19:00
Miami	San Juan	20:00
Caracas	Asunción	21:00
Buenos Aires	Montevideo	22:00
Madrid	Bilbao	2:00

2-15 Vuelos a Sevilla. Look at the airline schedule showing the days, flights, and departure and arrival times of various cities in Spain. With a classmate, take turns giving flight information and guessing where the flight originated. Note that schedules use a 24-hour clock, which means that the time **13,00** is **a la una de la tarde.**

MODELO: E1: *Todos los días* (Everyday). *Salida a las once y cinco. Llegada a mediodía.*
            E2: *De Alicante.*

VUELOS A SEVILLA DESDE:
VALIDEZ: HASTA 24 DE OCTUBRE 2005

	DÍAS	VUELO	SALIDA	LLEGADA
ALICANTE	DIARIO	AO 463.1	11,05	12,00
ALMERÍA	L X V D	AX 111	11,15	12,20
ARRECIFE DE LANZAROTE	L X V D	AX 143	21,45	22,50
	X D	AO 522.0	17,50	20,45
BARCELONA	DIARIO	IB 1102	07,30	08,55
	LMXJV	IB 1104	12,15	13,40
	DIARIO	IB 1108	17,00	18,25
	LMXJV(*)	IB 1112	20,10	21,35
	DIARIO	IB 1114	22,55	00,20
BILBAO	L X V D	IB 5206	10,30	11,45
	M J S	IB 5662	10,30	11,45
FUERTEVENTURA	D	AO 154.0	12,25	15,20
LAS PALMAS DE GRAN C.	DIARIO	IB 2960	09,20	12,20
	DIARIO(**)	IB 2840	23,55	02,55
MADRID	DIARIO	IB 0104	06,25	07,20
	DIARIO	IB 0118	08,40	09,35
	D	AO 153.0	09,05	10,00
	M J(*)	IB 0108	10,45	11,40
	L X V	IB 0108	10,45	11,40
	D	IB 0132	10,45	11,40
	L X V(*)	IB 0132	10,45	11,40
	M J S	IB 0132	11,55	12,50
	LMXJV(*)	IB 0122	11,55	12,50
	DIARIO	IB 0112	14,05	15,00
	DIARIO	IB 0114	16,40	17,35
	DIARIO	IB 0134	19,45	20,40
	LMXJV	IB 0134	21,00	21,55
	DIARIO	IB 0128	22,25	23,20
	DIARIO	IB 0102	23,25	00,20
MÁLAGA	L X V D	AX 702	08,30	09,15
PALMA DE MALLORCA	L X V D	AX 742	19,00	19,45
	M X J S D	AO 461.0	14,15	15,30
	L V	AO 461.0	18,00	19,15
SANTIAGO DE C.	DIARIO	IB 2961	20,00	21,10
SANTA CRUZ DE TENERIFE	DIARIO	IB 2860	09,55	13,00
	DIARIO(**)	IB 2862	22,35	0140

AB **2-16A El horario** (*schedule*) **de Gracia Roldán.** Complete Gracia's schedule by asking each other for the missing information. Once you've completed her schedule, ask each other the questions that follow.

MODELO: E1: *¿Qué clase tiene Gracia a las nueve?*
E2: *Tiene inglés a las nueve. ¿A qué hora es la clase de...?*
E1: *Es a la(s)...*

	————	9:00 A.M.
química		————
matemáticas	1:10 P.M.
español	3:30 P.M.
biología	4:45 P.M.
	7:15 P.M.

1. ¿Qué clases tiene Gracia por la mañana?
2. ¿Qué clase tiene por la noche?

AB **2-17A ¿A qué hora?** Complete your calendar by asking your partner when events with times missing take place.

MODELO: la fiesta (20:30)
E1: *¿A qué hora es la fiesta?*
E2: *Es a las ocho y media de la noche.*

Expansion 2-17. Have students tell each other where they are so that the partner can guess what time it is. For example, *Estoy en clase. Son las nueve de la mañana. Es cierto.* Write the following places on the board: *en casa, con* (with) *la familia, en la biblioteca, en la librería, con amigos, en el trabajo* (at work), *en la cafetería, en la cama* (in bed).

Hora	Actividad
	la clase
11:30	la conferencia (*lecture*)
	la reunión
13:45	el examen
	el partido de fútbol
19:00	el programa "Amigos" en la televisión
20:30	la fiesta

Vínculos

Use the following instructional resources to practice the formation of yes/no questions and negation.
- WB/LM–OneKey: Activities: 2-10, 2-11, 2-12, 2-40, and 2-41
- *Gramática viva:* Grammar Point 24, Negatives
- Companion Website: Chapter 2, Review, Activity: Rev 2-3
- IRCD: p. 51

2. Formation of yes/no questions and negation

La formación de preguntas *sí/no*

- A yes/no question can be formed by inverting the position of the subject and the verb in a declarative sentence or by modifying the intonation pattern. Note that an inverted question mark (¿) is used at the beginning of the question, and the standard question mark (?) closes the question.

Inversion: Tú eres de Andalucía.

          →¿Eres tú de Andalucía?

Intonation: Ellos son de la Comunidad Valenciana.

          →¿Ellos son de la Comunidad Valenciana?

■ A yes/no question can also be formed by adding a tag word or phrase at the end of a statement.

Juan Carlos es de Madrid, **¿verdad?**   *Juan Carlos is from Madrid, right?*

La profesora es de Málaga, **¿no?**   *The professor is from Malaga, isn't she?*

Negation

Suggestion for tag words. Have students ask you any question, and react to your answers with ¿*De veras?*, ¿*De verdad?*, or ¡*No!*

■ To make a sentence negative, simply place **no** before the verb.

Tú **no** eres de Portugal.   *You're not from Portugal.*
Nosotros **no** somos de España.   *We're not from Spain.*

■ When answering a question in the negative, the word **no** followed by a comma also precedes the verb phrase.

¿Son Elena y Ramón de Segovia?   *Are Elena and Ramón from Segovia?*
No, no son de Segovia.   *No, they're not from Segovia.*

Aplicación

2-18 ¿Verdad? Ask each other questions based upon the following statements by inverting the subject and the verb, or using a tag question. Respond to your partner's questions in a truthful manner.

MODELO: Cervantes es autor.
      E1: *¿Es autor Cervantes? (Cervantes es autor, ¿verdad?)*
      E2: *Sí, Cervantes es autor.*

1. Penélope Cruz es baja y fea.
2. Pedro Almodóvar es director de cine.
3. Pablo Picasso es pintor.
4. Antonio Gaudí es de Barcelona.
5. Arantxa Sánchez Vicario es perezosa.
6. Miguel Induráin es ciclista.
7. Antonio Banderas y Melanie Griffith son poetas.
8. El SEAT es un automóvil americano.

(AB) **2-19A ¿Es verdad?** Take turns asking and answering yes/no questions. Comment on the truthfulness of each other's responses.

> **MODELO:** E1: *¿Eres norteamericano/a?*
> E2: *No, no soy norteamericano/a.*
> E1: *¿De verdad?*
> E2: *Sí, de verdad. Soy de Francia.*

1. ¿Eres canadiense?
2. ¿Son profesores tus padres?
3. Tus amigos son trabajadores, ¿no?
4. ¿Eres de San Francisco?
5. Tu familia es rica, ¿verdad?
6. ¿...?

¿Quién eres tú?

3. Interrogative words

■ Interrogative words are often used at the beginning of a sentence to form questions. The most frequently used are:

¿Cómo...?	*How...? What...?*
¿Cuál(es)...?	*Which (one/ones)...?*
¿Cuándo...?	*When...?*
¿Cuánto/a(s)?	*How much (many)...?*
¿Dónde...?	*Where...?*
¿De dónde...?	*From where...?*
¿Adónde...?	*(To) Where...?*
¿Por qué...?	*Why...?*
¿Qué...?	*What...?*
¿Quién(es)...?	*Who...?*
¿De quién(es)...?	*Whose...?*

¿Quién es el profesor Suárez?	*Who is Professor Suárez?*
¿De quién es el bolígrafo azul?	*Whose is the blue pen?*
¿Por qué no hay clase hoy?	*Why is there no class today?*

■ When you ask a question using an interrogative word, your intonation will fall.

¿Cómo se llama el profesor?

Vínculos

Use the following instructional resources to practice Interrogative words.
- WB/LM–OneKey: Activities: 2-13, 2-14, 2-15, and 2-42
- *Gramática viva:* Grammar Point 22, Interrogatives
- Companion Website: Chapter 2, Review, Activity: Rev 2-4
- IRCD: pp. 52 and 54

Aplicación

2-20 Los sanfermines. Read the description of one of Spain's most famous festivals and match the questions that follow with their responses

La fiesta de San Fermín en España es muy famosa. Siempre es en Pamplona, en el norte de España. El primer día es el 6 de julio y el último día es el 14 de julio. Durante nueve días sueltan (*turn loose*) los toros que corren (*run*) por las calles. Los jóvenes corren delante (*in front*) de los toros. Es muy peligroso, pero también muy emocionante. El novelista norteamericano Ernest Hemingway, famoso por *The Sun Also Rises*, describió muy bien la fiesta de los *sanfermines*.

1. __d__ ¿Dónde es la fiesta?
2. __c__ ¿Cuándo es el primer día de la fiesta?
3. __f__ ¿Cuál es el último día de la fiesta?
4. __e__ ¿Quiénes corren por las calles?
5. __b__ ¿Cómo es la fiesta?
6. __a__ ¿Quién es el autor norteamericano que se asocia con esta fiesta?

a. Ernest Hemingway
b. emocionante
c. el 6 de julio
d. en Pamplona, España
e. los toros y los jóvenes
f. el 14 de julio

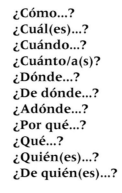

2-21 ¿Quién eres? Use interrogative words to complete the following exchanges between Carmen and Jesús.

Jesús: Hola, 1. ¿___Cómo___ te llamas?

Carmen: Me llamo Carmen Domínguez. ¿Y tú?

Jesús: Soy Jesús Sánchez. 2. ¿___De dónde___ eres, Carmen?

Carmen: Soy de Bilbao, España.

Jesús: 3. ¿___Qué___ estudias (*do you study*) en la universidad?

Carmen: Estudio (*I study*) matemáticas y física.

Jesús: 4. ¿___Por qué___ estudias matemáticas?

Carmen: ¡Porque la clase es muy interesante!

Jesús: 5. ¿___Quién___ es tu profesor?

Carmen: Es el profesor Sánchez Mejías.

Jesús: 6. ¿___Cómo___ es?

Carmen: Es joven y muy inteligente.

Jesús: 7. ¿___Cuándo___ es la clase?

Carmen: ¡Ay, Dios mío! ¡Es ahora mismo!

EXPANSIÓN   More on structure and usage

¿Qué...? versus ¿Cuál(es)...?

The interrogatives **qué** and **cuál** may cause some confusion for English speakers learning Spanish because each may be translated as *what* or *which* in different contexts. Generally, **¿qué?** is used to request a definition and/or explanation and is translated as *what?*

¿Qué tienes?	*What do you have?*
¿Qué es la vida?	*What is life?*

When followed by a noun, **¿qué?** means *which?*

¿Qué clase necesita?	*Which class does he/she need?*
¿Qué área de estudios prefieres?	*Which (What) field of study do you prefer?*

¿Cuál? also means *which?* but is generally not followed by a noun. In some cases, it can be translated as *what?*, but it always implies a choice indicating *which one(s)?*. Use the plural **cuáles** when that choice includes more than one person or thing.

¿Cuál de las clases necesita?	*Which (of the) classes does he/she need?*
¿Cuál prefieres?	*Which (one) do you prefer?*
¿Cuáles son tus amigos?	*Which (of those people) are your friends?*
¿Cuál es la fecha de hoy?	*What is today's date?*
¿Cuáles son las capitales de España y Cuba?	*What are the capitals of Spain and Cuba?*

2-22 ¿Qué? o ¿Cuál? Complete the questions with **qué** or **cuál(es)** depending on the context. Then answer the questions.

MODELO: ¿<u>Cuál</u> es la fecha de hoy? *Es el dos de octubre.*

1. ¿<u>Qué</u> hora es?
2. ¿<u>Cuál</u> es tu clase favorita?
3. ¿<u>Cuál</u> es tu cuaderno?
4. ¿<u>Qué</u> día es hoy?
5. ¿A <u>qué</u> hora es la clase de español?
6. ¿<u>Cuál</u> es la fecha de tu cumpleaños?

2 2-23 ¿Quiénes son? ¿Cómo son? Ask each other questions about the people depicted on the I.D. cards.

MODELO: E1: *¿Dónde estudia Luisa?*
E2: *Estudia en la Universidad Nacional.*

2 2-24 ¿Qué estudias? Look at the flyer advertising educational opportunities. Answer the questions based on the information it contains and your own interests.

1. ¿Cómo se llama la academia? Progreso musical de Madrid
2. ¿Qué tipos de clases hay? de música y gimnasia
3. ¿Tiene clases elementales? sí
4. ¿Son grandes las clases? No, son grupos reducidos.
5. ¿Son caras las lecciones? No, son baratas.
6. ¿Hay exámenes de música en la academia? Sí, hay exámenes oficiales.

2 **2-25 Una entrevista.** Interview each other to complete the biographical information.

MODELO: Nombre
       E1: *¿Cómo te llamas?*
       E2: *Me llamo Ramón.*

Nombre: _____

Nacionalidad: _____

Domicilio: _____

Descripción física: _____

Clase favorita: _____

Nombres de amigos/as: _____

2-26 Profesor/a,... Ask your teacher any question and then react with **¿De verdad?, ¿Es cierto?,** or **¡No!**

MODELO: E: *Profesor/a, ¿de dónde es usted?*
       P: *Soy de Bolivia.*
       E: *¿De verdad?*

¿Cuánto sabes tú? *Can you...*

☐ describe yourself and others using the verb **ser** and descriptive adjectives, including nationality?

☐ find out information from others by asking questions using inversion and interrogative words?

☐ tell time and say what time events happen?

Comparaciones

Vínculos

- Companion Website: Chapter 2, Web Resources, *Comparaciones: Nombres, apellidos y apodos*

Nombres, apellidos y apodos (*nicknames*)

2-27 En tu experiencia. How does a name reflect a person's heritage? When do women in the United States and Canada keep their maiden name after marriage? Are there instances when married women use both their maiden and their married names? Do you have a nickname? Who uses it? Under what circumstances? Do you prefer to be called by your nickname? This reading explains the naming patterns used in the Spanish-speaking world. As you read it, think about what your complete name is.

People with Hispanic backgrounds generally use both their paternal surname (**el apellido paterno**) and maternal surname (**el apellido materno**). For example, María Fernández Ulloa takes her first surname, Fernández, from her father and her second, Ulloa, from her mother. Many Hispanic women keep their paternal surname when they marry. They may attach their husband's paternal surname using the preposition **de.** For example, if María Fernández Ulloa marries Carlos Alvarado Gómez, her married name could be María Fernández de Alvarado. Many would refer to her as **la señora de Alvarado,** and to the couple as **los Alvarado,** although María would be known as **María Fernández,** as well.

The use of a nickname (**apodo**) in place of a person's first name also is very common in Hispanic countries. A person's nickname is often a diminutive form of his/her given first name formed using the suffix **-ito** for men or **-ita** for women. For example, **Clara** becomes **Clarita.** As in English, there are also conventional nicknames like those listed to the right.

Male		Female	
Alejandro	Alex, Alejo	Ana	Anita
Antonio	Tony, Toño	Carmen	Menchu
Enrique	Quique, Quiqui[1]	Concepción	Concha
Francisco	Paco, Pancho[1]	Dolores	Lola
Guillermo	Memo, Guille	Graciela	Chela
José	Pepe, Chepe, Cheo	Guadalupe	Lupe
Ignacio	Nacho	María Isabel	Maribel, Mabel
Luis	Lucho	María Luisa	Marilú
Manuel	Manolo	Mercedes	Mencha, Meche, Merche
Ramón	Mongo	Rosario	Charo, Chayo
Roberto	Beto	Teresa	Tere

[1]Not all nicknames are used in every country. For example, **Quique** is used in Spain; **Quiqui** in Cuba. **Paco** is used in Spain; **Pancho** in Mexico. Some nicknames, like **Chema** combine the first and second names, **José María.**

Carmen Herrera Sáenz
INGENIERA DE SISTEMAS
TVA. ARQUITECTO – 72
C/José Cadalso
Teléfono 965-26 54 48
Salamanca 37008

Josefina Beatriz Reyes
ABOGADA

Plaza Mane y Flaquer, 14 bajos
08006 Barcelona, España

Ceferino García González
c/Vizcaya 14, 3ro Izdo
28032 Madrid
España
Teléfono 91-859-95-94

Juan Carlos Etchart
Mirta M.C. Torres
de Etchart

Consultores

Avenida Joséé C. Paz 1665
48013 Bilbao, España

Nombre: Francisco
Apellidos: Betancourt Sánchez
Domicilio: c/ Lope de Vega n°1
Alicante, España
Universidad: Salamanca

 G

2-28 En tu opinión. Take turns asking and answering the following questions.

1. ¿Cuál es el apellido paterno de Josefina? ¿de Ceferino?
2. ¿Cual es el apellido materno de Carmen?
3. ¿Cuál es la nacionalidad de Josefina? ¿de Francisco?
4. ¿Dónde estudia (*study*) Francisco Betancourt? ¿Cuál es su (*his*) apodo?
5. ¿Cuál es tu apellido materno? ¿tu apellido paterno?
6. ¿Cuál es tu apodo?

Teaching tips

Learning about the Spanish system of names is a wonderful opportunity to connect language and culture. The evidence of one's heritage is much more evident in Spanish than in English. However, today in Canada and the U.S. more than ever, women are keeping their maiden names after marriage, a custom that keeps her family's heritage at hand.

¡Así es la vida!

¿Qué haces? ¿Qué te gusta hacer?

Celia Cifuentes Bernal, 24 años, Toledo

Hablo español y francés. Estudio medicina en la Universidad Complutense de Madrid. Hoy tengo que estudiar mucho porque mañana hay examen de biología a las dos de la tarde. Los exámenes de mi profesora no son fáciles, pero leo mucho y comprendo bien la materia.

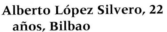

Alberto López Silvero, 22 años, Bilbao

Hablo español y un poco de inglés. Estudio derecho en la Universidad de Navarra en Pamplona. Por la tarde trabajo en una librería y llego a casa muy tarde. Esta noche asisto a un concierto de jazz.

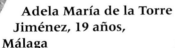

Adela María de la Torre Jiménez, 19 años, Málaga

Estudio ingeniería en la Universidad de Granada. Trabajo y estudio mucho, pero los sábados por la noche mis amigos y yo bailamos en una discoteca. Escribo cartas a mi familia los domingos por la mañana.

Rogelio Miranda Suárez, 21 años, León

Estudio matemáticas en la Universidad de Valencia. Mis clases son difíciles pero interesantes. Estudio y tomo café con varios amigos los lunes, miércoles y viernes por la noche. Debo practicar tenis esta tarde porque mañana hay un partido importante.

Teaching tips
Use these short monologues for reading comprehension before reading them aloud. Ask students to identify the men and women by their physical characteristics. Use *cierto/falso* statements to test their understanding. Act out your statements to help students guess the meaning of new vocabulary. You may have students read the text aloud after you are confident they understand the meaning.

Suggestion for *¡Así es la vida!* Help students with the conjugated forms of the verbs. Write the verbs on the board and have students associate them with the *Actividades* listed in *¡Así lo decimos!* To establish meaning: *1. hablo 2. estudio 3. trabajo 4. leo 5. comprendo 6. escribo*

¡Así lo decimos! Vocabulario

¿Qué estudias?

CATÁLOGO DE CURSOS, PRIMAVERA, 2005

Administración de empresas	business administration
Arte	
Biología	
Ciencias (físicas)	
Ciencias políticas	
Ciencias sociales	
Comunicaciones	
Derecho	law
Educación física	
Filosofía y letras	humanities/liberal arts
Geografía	
Historia	
Idiomas (extranjeros)	(foreign) languages
Informática	computer science
Ingeniería	engineering
Matemáticas	
Medicina	
Pedagogía	education

¿Qué haces?

asistir (a)	to attend
bailar	to dance
comprender	to understand
deber	should; ought to
escribir	to write
estudiar	to study
hablar	to talk
leer	to read
llegar	to arrive
practicar	to practice; to play (a sport)
tener	to have
tengo	I have
tener que (+ inf.)	to have to (+ inf.)
tomar	to take; to drink
trabajar	to work

¿Qué deportes practicas?

(el) baloncesto	basketball
(el) béisbol	baseball
(el) fútbol	soccer
(la) natación	swimming
(el) tenis	tennis

Adjetivos

difícil	difficult
fácil	easy

Sustantivos

el examen	exam
la librería	bookstore

Otras palabras y expresiones

¿Qué te gusta hacer?	What do you like to do?
Me gusta (+ inf.)	I like (+ inf.)

Los idiomas

(el) alemán	German
(el) chino	Chinese
(el) coreano	Korean
(el) francés	French
(el) inglés	English
(el) italiano	Italian
(el) japonés	Japanese
(el) portugués	Portuguese
(el) ruso	Russian

Aplicación

2-29 ¿Quién es? Refer to **¡Así es la vida!** on page 57 and identify the speaker of each statement below.

C: Celia   **A**: Alberto   **AM**: Adela María   **R**: Rogelio

1. __R__ Me gusta practicar tenis.
2. __AM__ Bailo mucho con mis amigos.
3. __A__ Me gusta la música.
4. __C__ La biología es muy importante para mis estudios.
5. __AM__ Escribo cartas a mis padres.
6. __R__ Estudio con mis amigos.
7. __R__ Soy muy activo en los deportes.
8. __C__ Leo mucho para mi clase.

2-30 En la universidad. What field of study would you pursue if you were interested in the following things?

MODELO: novelas y poemas
filosofía y letras

comercio	ciencias políticas	historia
medicina	veterinaria	derecho
educación física	química	
pedagogía	psicología	

1. los niños (*children*)
2. los experimentos químicos
3. las ventas (*sales*) y los comerciales
4. estudios internacionales
5. deportes
6. las familias con problemas
7. la salud (*health*)
8. los animales

Audioscript for 2-31.
1. Nosotros practicamos fútbol. (5)
2. Pablo trabaja en una librería. (4)
3. Los amigos leen en la biblioteca. (2)
4. Ana mira una telenovela en la televisión. (6)
5. Hablo francés. (3)
6. Jorge y Teresa toman café y conversan mucho. (1)

AUDIO **2-31 ¿Qué pasa?** Listen to your *¡Arriba!* audio program or your instructor to hear a description of what is happening. Match each drawing with the corresponding statement you hear.

   6   3   5   2   1   4

2-32 Tu experiencia. Guess what fields of study or sport the following people take based on their comments. *Answers will vary.*

MODELO: E1: *Trabajo mucho.*
E2: *Estudias ciencias (idiomas).*

1. Hablo mucho en esta lengua.   Estudias inglés.
2. Practico mucho en el gimnasio.   Practicas baloncesto.
3. Me gusta la pintura.   Estudias arte.
4. Tengo muchas novelas.   Estudias literatura.
5. Tengo muchos mapas.   Estudias geografía
6. La computadora es muy importante.   Estudias informática.
7. Tengo un microscopio.   Estudias ciencias.
8. Deseo administrar una industria grande.   Estudias administración de empresas.
9. Tengo una calculadora.   Estudias matemáticas.
10. Me gustan los niños.   Estudias pedagogía.

Expansion 2-33. Students may write a paragraph about their classmates using the information they learned from the activity.

② 2-33 ¿Qué te gusta? Tell a classmate the names of three activities that you like and three that you don't like. Do you have any interests in common?

MODELO: *Me gusta practicar fútbol. No me gusta leer novelas.*

② 2-34 Materias fáciles; materias difíciles. Discuss your classes and indicate whether you find them easy or difficult.

MODELO: E1: *La clase de matemáticas es difícil.*
E2: *No es cierto. Es fácil.*

Materia	Difícil		Fácil	
	Para mí	Para mi compañero/a	Para mí	Para mi compañero/a
matemáticas	X			X

¡Así lo hacemos! Estructuras

Vínculos

Use the following instructional resources to practice the present tense of regular **-ar, -er,** and **-ir verbs.**

• WB/LM–OneKey: Activities: 2-19, 2-20, 2-21, 2-22, 2-47, 2-48, 2-49, 2-50, and 2-51
• *Gramática viva:* Grammar Points 34 and 37, Present of regular verbs in -ar, and Present tense of regular -er, -ir verbs
• Companion Website: Chapter 2, Review, Activity Rev 2-6
• IRCD: pp. 60, 61, and 63

Teaching tips

Students should be able to recognize one or two of the forms receptively after working with *¡Así es la vida* and *¡Así lo decimos!* Now they will see the entire conjugation. Create a context for presenting the conjugations that will be meaningful to students. You may want to create a *persona* for yourself, which you can build on as you go along. For example, talk as if you were a famous person with several famous friends, or compare your life with that of a famous person.

4. The present tense of regular -ar, -er, and -ir verbs

Spanish verbs are classified into three groups according to their infinitive ending **(-ar, -er,** or **-ir).** Each of the three groups uses different endings to produce verb forms (conjugations) in the various tenses.

■ The present tense endings of **–ar** verbs are as follows.

Note: Mention that the abbreviation for **usted** is **Ud.** and for **ustedes** is **Uds.**

	hablar (to speak)	
yo	habl + o	→ habl**o**
tú	habl + as	→ habl**as**
él, ella, Ud.	habl + a	→ habl**a**
nosotros/as	habl + amos	→ habl**amos**
vosotros/as	habl + áis	→ habl**áis**
ellos/as, Uds.	habl + an	→ habl**an**

Suggestion for *The present tense of regular -ar verbs.* As you present the *-ar* verbs, practice all forms within situational contexts, engaging students in conversation with the different verbs. Use the *yo* form as a model and point of departure. *Yo no bailo. ¿Y tú? ¿Bailas? ¿Bailas con amigos? ¿Dónde bailan ustedes? Mis amigos y yo no bailamos en una discoteca, pero conversamos mucho. ¿Dónde conversas con amigos?*

■ The present tense endings of **-er** and **-ir** verbs are identical except for the **nosotros** and **vosotros** forms.

	comer (to eat)	**vivir (to live)**
yo	com**o**	viv**o**
tú	com**es**	viv**es**
él, ella, Ud.	com**e**	viv**e**
nosotros/as	com**emos**	viv**imos**
vosotros/as	com**éis**	viv**ís**
ellos/as, Uds.	com**en**	viv**en**

Suggestion for *The present tense of regular -er and -ir verbs.* Highlight the difference between the second and the third conjugations in the *nosotros* and *vosotros* forms.

■ Other common regular verbs

-ar		**-er**		**-ir**	
ayudar	*to help*	**aprender a**	*to learn to*	**abrir**	*to open*
bailar	*to dance*	**beber**	*to drink*	**asistir a**	*to attend*
caminar	*to walk*	**comer**	*to eat*	**decidir**	*to decide*
estudiar	*to study*	**comprender**	*to understand*	**escribir**	*to write*
enseñar	*to teach*	**creer**	*to believe*	**recibir**	*to receive*
llegar	*to arrive*	**deber**	*ought to; should*		
mirar	*to look at*	**vender**	*to sell*		
nadar	*to swim*				
regresar	*to return*				
tomar	*to take; to drink*				
trabajar	*to work*				

Suggestions for *The present tense of regular -er and -ir verbs.* Practice conjugations of the verbs within a situational context. *Yo vivo en un apartamento. ¿Y tú? ¿Vives en una residencia de la universidad? ¿Cuándo comes en la cafetería? No como en la cafetería.*

■ **Ver** (*to see, to look*) is an **-er** verb with an irregular **yo** form. Also note that the **vosotros/as** form has no accent because it is only one syllable.

	ver (to see)		
yo	**veo**	nosotros/as	**vemos**
tú	**ves**	vosotros/as	**veis**
él, ella, Ud.	**ve**	ellos/as, Uds.	**ven**

The Spanish present indicative tense has several equivalents in English. In addition to the simple present, it can express on-going actions and even the future tense. Note the following examples.

Estudio ingeniería.
{ *I study engineering.*
{ *I am studying engineering.*

Comemos con Ana mañana.
We will eat with Marta tomorrow.

◎ STUDY TIPS

Learning regular verb conjugations

1. The first step in learning regular verb conjugations is being able to recognize the infinitive stem: the part of the verb before the ending.

INFINITIVE			STEM
hablar	hablar	→	habl
comer	comer	→	com
escribir	escribir	→	escrib

2. Practice conjugating several verbs in writing first. Identify the stem, then write the various verb forms by adding the present tense endings listed on the previous page. Once you have done this, say the forms you have written out loud several times.

3. Next you will need to practice verb conjugations orally. Create two sets of index cards. On one, write down the subject pronouns listed on the previous page (one per card). On the other set, write some of the regular verbs you have learned. Select one card from each set and conjugate the verb with the selected pronoun.

4. Think about how each verb action relates to your own experience by putting verbs into a meaningful context. For example, think about what you and each of your friends study: **Estudio matemáticas. Veo la televisión todos los días,** etc.

Aplicación

2-35 Me gusta, no me gusta. Choose from the activities below to say what you like and do not like to do.

MODELO: *Me gusta jugar al fútbol.*
 No me gusta nadar.

Me gusta... bailar con mis amigos   preparar comida mexicana
 leer el periódico   practicar golf
 comer en un restaurante mexicano   escribir cartas
 caminar por el parque   aprender idiomas
 comprar chocolate   tomar café
 ganar dinero   trabajar por la noche
 ver la televisión

2 **2-36 Preguntas y respuestas.** With a classmate, take turns matching the following questions with logical responses.

1. __e__ ¿Qué compras en la librería?   a. En una residencia.
2. __d__ ¿Quién enseña literatura española?   b. Una calculadora.
3. __b__ ¿Qué necesitas para la clase de matemáticas? c. Mi padre.
4. __a__ ¿Dónde vives?   d. La profesora Rodríguez.
5. __h__ ¿Qué instrumento musical practicas?   e. Libros y lápices.
6. __c__ ¿Quién prepara la comida en tu casa?   f. Por la noche en mi
7. __g__ ¿Ganas (*Do you earn*) mucho dinero en tu   dormitorio.
 trabajo?   g. No. Muy poco.
8. __f__ ¿Cuándo y dónde escuchas música?   h. El trombón.

2-37 ¿Qué hacen? Match each drawing with an activity listed below, then create a sentence based on the information you have.

MODELO: practicar tenis
Eugenia practica tenis.

1. __j__ bailar en una fiesta
2. __b__ ver la televisión
3. __i__ leer en la biblioteca
4. __g__ preparar una pizza
5. __f__ hablar por teléfono
6. __e__ caminar por la tarde
7. __c__ comer el almuerzo
8. __h__ nadar mucho
9. __a__ escuchar música
10. __d__ trabajar en el laboratorio

EUGENIA

Suggestions for 2-37. Have students write sentences in the first-person about their routine using the cues provided in the exercise, e.g., *Yo escucho música en el coche.*

a.
JACINTO

b.
ARTURO
ABUELA

c.
JORGE CARLOS GLAUCO

d.
ELEONORA

e.
LUCY
MEMO

f.
SONIA

g.
RAMONA

h.
PEDRO

i.
KATIA GISELLE

j.
VÍCTOR CATALINA

2-38 Una semana típica. Complete the following paragraph about a typical week at the university for Sarita by filling in the blanks. Use the correct form of a logical verb from the list.

Expansion for 2-38. Ask simple questions about the narrative to check comprehension.

asistir	escuchar	practicar	ver
bailar	estudiar	tomar	
comer	mirar	trabajar	

(1. Yo) ___estudio___ ingeniería en la Universidad Complutense de Madrid. (2. Yo) ___asisto___ a mis clases por la mañana donde (3) ___veo___ a mis amigos. Mi novio Antonio y yo (4) ___trabajamos___ en la cafetería de la universidad. Yo (5) ___trabajo___ los lunes y miércoles. Antonio (6) ___trabaja___ los miércoles y jueves. Los sábados Antonio y su amigo Luis (7) ___practican___ tenis por la mañana. (8. Yo) ___veo___ un poco de televisión o (9) ___escucho___ música. Por la noche, Antonio y yo (10) ___bailamos___ en la discoteca Kapital con amigos.

2-39 Las actividades de los estudiantes. Combine a word or phrase from each column to form at least six complete, logical sentences in Spanish. Be sure to conjugate the verbs.

MODELO: *Mi amigo trabaja en la librería.*

Yo	asistir (a)	clase
Los amigos	escuchar	con la tarea
Tú	bailar	fútbol (natación, tenis)
El profesor	**trabajar (en)**	la pizarra
La profesora	comer	por teléfono
Mi amigo	practicar	español (francés,...)
Mi amiga	hablar	**la librería**
Mis compañeros y yo	aprender	mucho (poco)
Los profesores de la universidad	tomar	el piano
Mis padres	preparar	café
Carlos	enseñar	la radio
El estudiante	ver	la lección
¿...?	escribir	la televisión

2-40 Maribel y la doctora Recio. Use the following information to write short news articles.

Maribel:
estudiante, inteligente
simpática, ciencias políticas
Universidad Complutense de Madrid
España
francés y japonés
fútbol y natación

La doctora Recio:
profesora, informática
elegante, alta, Universidad del País Vasco
Bilbao, inglés y alemán, bailar, música clásica

2 **2-41 ¿Qué hacen?** Take turns using the verbs listed below to describe the scene in the photograph: what is there, who the people are, what they are like, what they are doing.

MODELO: *Hay siete estudiantes.*

abrir	escribir	hay	ser
asistir (a)	escuchar	leer	ver
comprender	estudiar	mirar	vivir
deber	hablar		

2 **2-42 Pablo Picasso.** Read the description of Pablo Picasso to a classmate and ask him/her three questions that you can respond to with either **sí** or **no**.

Pablo Picasso es uno de los artistas más importantes del siglo xx. Es de Málaga, España, pero vive gran parte de su vida en Francia. Su padre es profesor de arte. Su nombre original es Pablo Ruiz, pero usa el apellido de su madre, Picasso. Estudia en Barcelona y en Madrid. Después vive en París. Es famoso por sus períodos "azul", "rosa" y también por el estilo que se llama "cubismo". Una de sus obras más impresionantes se llama *Guernica*, un cuadro que representa los horrores de la Guerra Civil española y que pinta en 1937. El cuadro ahora está en el Museo Reina Sofía de Madrid.

2-43A Entrevistas. Ask each other questions to obtain information. Be prepared to report back to the class.

AB

MODELO: E1: *¿Qué estudias en la universidad?*
E2: *Estudio español,...*

1. ¿Qué estudias en la universidad?
2. ¿Qué idiomas hablas bien?
3. ¿Lees el periódico?
4. ¿Dónde comes el almuerzo?
5. ¿Siempre asistes a clase?
6. ¿Qué deportes practicas?

2-44 ¿Y tú? Write a short paragraph in which you discuss your activities using verbs that end in **-ar, -er,** and **-ir.** Connect your thoughts by using the expressions **pero, y,** and **también.**

MODELO: *Estudio dos idiomas: inglés y español. También estudio ciencias y administración de empresas. Trabajo en la librería. Me gusta escribir poesía y asistir a conciertos de música rock.*

Vínculos

Use the following instructional resources to practice the present tense of the verb *tener*.
- WB/LM–OneKey: Activities: 2-23, 2-24, 2-25, 2-52, and 2-53
- *Gramática viva:* Grammar Point 56, *Tener, tener que*
- Companion Website: Chapter 2, Review, Activity Rev 2-7
- IRCD: p. 66

5. The present tense of *tener* (to have) and the expression *tener que* (to have to)

- The Spanish verb **tener** is irregular. As in English, **tener** is used to show possession.

Tengo tres clases y un laboratorio.	*I have three classes and a laboratory.*
¿**Tienes** un bolígrafo?	*Do you have a pen?*

tener (*to have*)

yo	**tengo**	nosotros/as	**tenemos**
tú	**tienes**	vosotros/as	**tenéis**
él, ella, Ud.	**tiene**	ellos/as, Uds.	**tienen**

Suggestions for *The present tense of tener.* Point out that when *tener* is used to express possession, the indefinite article is usually omitted before a noun in the negative: *Tengo una clase,* but *No tengo clase.*

- **Tener** is used in many idiomatic expressions, including **tener que** + *infinitive* (to have to [do something]).

Mañana **tengo que** asistir a clase.	*Tomorrow I have to attend class.*
¿**Tienes que** leer una biografía de Picasso?	*Do you have to read a biography about Picasso?*

Aplicación

2-45 ¿Qué tiene la universidad? Decide if your university has the features listed below. Check off the appropriate boxes.

MODELO: muchas clases
E1: *¿Tiene muchas clases la universidad?*
E2: *Sí, tiene. (No, no tiene.)*

¿Tiene...?	Sí, tiene...	No, no tiene...
un/a rector/a (president)	☐	☐
buenos profesores	☐	☐
un bar	☐	☐
un estadio de fútbol	☐	☐
muchas residencias estudiantiles (dorms)	☐	☐
clases pequeñas	☐	☐
una librería buena	☐	☐
edificios (buildings) grandes	☐	☐
clases interesantes	☐	☐
una buena cafetería	☐	☐
muchos campos de estudio (fields of study)	☐	☐

2-46 Mi tarea. Check off the activities you need to do today.

Tengo que

☐ asistir a clase.

☐ estudiar la lección.

☐ comprar comida.

☐ escribir una composición.

☐ ir a la biblioteca.

☐ hablar con el/la profesor/a.

☐ bailar en la discoteca.

☐ escuchar música.

☐ ayudar a mi amiga.

2 **2-47 ¿Qué tienes que hacer?** Discuss what you do and do not have to do tomorrow.

MODELO: E1: *¿Qué tienes que hacer mañana?*
E2: *Mañana tengo que practicar tenis y tengo que hablar con el profesor. No tengo que estudiar. ¿Y tú?*

2-48 ¿Qué tienen en común? Write eight sentences in Spanish, saying what various people have in common. Use verbs that end in **-ar,** as well as **ser** and **tener.**

MODELO: *Whitney Houston y Gloria Estefan son bonitas. Tienen muchos amigos. Cantan bien.*

George W. Bush
Christina Aguilera
Tom Hanks
Penélope Cruz
Yo
Bill Gates
Michael Jordan
Venus Williams

Michael Jackson
El rey Juan Carlos de España
Gloria Estefan
Enrique Iglesias
Pedro Almodóvar
Tú
Mel Gibson

Jennifer López
Julio Iglesias
Jesse Jackson
Whitney Houston
Danny Glover
Bart Simpson
Benjamin Bratt

 2-49A ¿Tienes? Take turns asking each other if you have the items on your list. If your partner has the item you want, you make a pair. The first person who has five pairs of items wins.

MODELO: E1: *¿Tienes un libro de historia?*
E2: *Sí, tengo. (No, no tengo.)*

_____ un libro de geografía

_____ una pintura de Picasso

_____ un examen fácil

_____ un cuaderno rojo

_____ un lápiz azul

_____ una mochila negra

_____ una novela de Hemingway

_____ un reloj grande

_____ un buen amigo

_____ una profesora inteligente

¿Cuánto sabes tú? *Can you...*

☐ describe your activities: what you do, what you like to do, when, where and with whom?

☐ say what you and others have?

☐ say what you and others have to do?

Observaciones

Vínculos

• Student Video CD-ROM/VHS cassette *Episodio 2: Toño Villamil y otras mentiras*

VIDEO Toño Villamil y otras mentiras Episodio 2

La pirámide cerca de Malinalco es un sitio arqueológico importante.

Answers for 2-50. 1. pequeño 2. colonial española 3. colores brillantes 4. autobuses, burros, caballos, coches, bicicletas y motocicletas 5. Es pequeño pero bien conservado. 6. Hay esculturas de jaguares, águilas y serpientes.

2-50 La pirámide. Here is more information about Malinalco. Read the description and respond to the questions briefly in Spanish.

Malinalco es un pueblo pequeño, pero importante en la historia de México. Su arquitectura colonial española es muy pintoresca. Las casas tienen colores brillantes. Por las calles hay autobuses, perros, caballos, burros, coches, bicicletas y motocicletas. Cerca del (*Close to the*) pueblo, hay un yacimiento arqueológico (*site*) azteca, pequeño, pero bien conservado. Es una pirámide religiosa porque tiene esculturas de jaguares, águilas (*eagles*) y serpientes, todos símbolos religiosos aztecas.

1. ¿Es grande o pequeño Malinalco?
2. ¿Qué tipo de arquitectura tiene?
3. ¿Qué colores tienen las casas?
4. ¿Qué medios de transporte hay?
5. ¿Cómo es el sitio arqueológico?
6. ¿Qué esculturas hay en la piramide?

2-51 Lucía y Toño. Watch the second episode of *Toño Villamil y otras mentiras*. Here you will see Lucía and Toño meet for the first time. Why do you think Lucía is in Malinalco?

Keep these questions in mind as you watch the video. Then answer the following.

1. Toño tiene...
   _____ un coche rojo
   __X__ un accidente
   _____ que ayudar a Lucía

2. Lucía estudia...
   _____ medicina
   __X__ antropología
   _____ historia

3. Toño es...
   _____ profesor
   __X__ estudiante
   _____ actor

4. Lucía visita...
   __X__ el sitio arqueológico
   _____ la catedral
   _____ el bar de la universidad

5. Lucía es española y Toño es...
   _____ estadounidense
   __X__ mexicano
   _____ español

6. "Toño" es un...
   _____ apellido materno
   _____ apellido paterno
   __X__ apodo

2-52 El próximo episodio. Write three questions that you would like more information about for the next episode.

MODELO: *¿Dónde bailan Lucía y Toño?*

Teaching tips

Encourage students to avoid translating when they see a reading selection. They can use the questions that follow the reading as advance organizers for what they will read in the text. Ask other questions that do not appear in the text, for example, *¿Malinalco está en México o en España?* Do the pre-viewing passage and comprehension in class; viewing and comprehension as homework; follow-up in the next class period.

Panoramas

Teaching tips

In this section, students will see a brief overview of the great variety of Spain. In the *¿Ya sabes...?* section, ask them to give North American examples of the same people and things, for example, *la capital del Canadá, el rey de los Estados Unidos (¡No tiene rey!)*. Do the pre-reading and reading activities in class, comprehension activities as homework, follow-up in class, and more open-ended activities as home-work.

España: Tierra de Don Quijote

2-53 ¿Ya sabes...?   How many of the following can you name?

1. la capital de España
2. una famosa obra literaria (*literary work*) de España
3. un autor español famoso
4. el nombre del rey de España
5. un producto importante de España
6. el nombre de uno de los mares (*seas*) de España
7. el nombre del otro país que ocupa la Península Ibérica
8. dónde están las Islas Canarias

La industria automovilística española es importante en España por el número de automóviles que produce cada (*each*) año. Este coche es un SEAT, un auto pequeño y económico muy popular.

Vínculos

- Student Video CD-ROM/VHS cassette, *Capítulo 2: Entrevistas de nuestro mundo*
- Companion Website: Chapter 2, Web Resources, *Panoramas, España: Tierra de Don Quijote*

El clima de Andalucía en el sur de España es perfecto para el cultivo de las aceitunas (*olives*). De ellas se produce el aceite de oliva y muchas variedades de aceitunas deliciosas para comer.

Map labels: Mar Cantábrico · Santander · CANTABRIA · Oviedo · ASTURIAS · La Coruña · GALICIA · Burgos · Valladolid · CASTILLA-LE · Río Duero · Segovia · Salamanca · Madrid · MADRID · OCÉANO ATLÁNTICO · PORTUGAL · Río Tajo · Toledo · EXTREMADURA · ESPAÑA · Lisboa · Badajoz · Río Guadalquivir · Córdoba · ANDALUC · Sevilla · Málaga · Cádiz · Gibraltar · Ceuta (Esp.) · Á

Teaching tips

Introduce this section by playing a geography game. See how quickly students can locate cities and other features on a map of Spain. The winner of each round gets to challenge the class on the next round.

En las largas y ricas costas de España, la pesca (*fishing*) es maravillosa. La gastronomía española es famosa por sus (*its*) excelentes platos.

El clima agradable del sur de España, particularmente en la Costa del Sol, atrae a millones de turistas de todo el mundo.

FRANCIA

San Sebastián

Pamplona

ANDORRA

NAVARRA

PIRINEOS

Río Ebro

OJA

CATALUÑA

Zaragoza

ARAGÓN

Barcelona

Menorca

Palma de Mallorca

VALENCIA

Mallorca

Valencia

ILLA NCHA

Ibiza

ISLAS BALEARES

Alicante

Mar Mediterráneo

MURCIA

Santa Cruz de la Palma

La Palma

Lanzarote

Santa Cruz

Arrecife

Gomera

Puerto del Rosario

Tenerife

Las Palmas

Fuerteventura

Hierro

Gran Canaria

ISLAS CANARIAS (ESPAÑA)

ÁFRICA

OCÉANO ATLÁNTICO

Melilla (Esp.)

CA

Pedro Almodóvar es el director de cine español más prestigioso. Entre sus (*his*) notables películas se incluyen *Mujeres al borde de un ataque de nervios*, *Todo sobre mi madre* y *Hable con ella*. Almodóvar recibió un Oscar por las dos últimas.

El Museo Guggenheim situado en Bilbao fue diseñado por el arquitecto norteamericano, Frank Gehry.

2-54 ¿Dónde? Identify a place on the map where you might find the following.

1. playas
2. montañas
3. arquitectura interesante
4. el gobierno
5. buena gastronomía
6. un museo de arte diseñado por un arquitecto norteamericano
7. la producción de aceite de oliva
8. la fabricación de automóviles

 2-55 Conexiones. Connect with the *¡Arriba!* Web site **www.prenhall.com/ arriba** to find out the following information about Spain.

1. el nombre de tres pintores españoles famosos   *Answers will vary.*
2. el nombre del rey (*king*) de España   Juan Carlos
3. el año de los Juegos Olímpicos de Barcelona   1992
4. el idioma del País Vasco   vasco (euskera o vascuence)
5. el nombre de un/a tenista profesional famoso/a   *Answers will vary.*
6. una comida (*meal*) popular de España   *Answers will vary.*

2-56 Guía turística. Complete this description of Spain with the correct form of the appropriate adjectives from the list below. Refer to the reading and photos in **Nuestro mundo.**

MODELO: *España tiene playas bonitas.*

España tiene una gastronomía _____, un director de cine _____, arquitectura _____, fábricas _____, aceitunas _____, automóviles _____ y una costa _____.

bonito	delicioso	económico	excelente
famoso	grande	hermoso	importante
largo	moderno	prestigioso	popular

 **Ritmos**

Vínculos

- Instructor's Music CD: *Capítulo 2: Ritmos de nuestro mundo*
- Companion Website: Chapter 2, Web Resources, *Ritmos: Tachú (España)*

Teaching tips
After students complete and understand the meaning of the first stanza, have them act it out with you while you read it aloud.

"Cuéntame alegrías" (Tachú, España)

The guitar rhythms and singing style of "Cuéntame alegrías" are reminiscent of Spanish flamenco music, which originated in southern Spain and was greatly influenced by the gypsies in the middle of the nineteenth century.

Antes de escuchar

2-57 La letra. Skim the lyrics of the following stanza with a partner and list any words that are cognates or that you recognize.

Cuéntame alegrías
Cuéntame alegrías mi vida
Y dáme tu amor
Dáme una caricia, sonrisa
Dáme el corazón
Tienes en mi alma, caramba,
Hay para ti un rincón
Siempre presente en mi mente
Te mantengo yo

A escuchar

2-58 **¿Qué letra falta?** As you listen to the song, supply the missing letters for the following key words that appear in the lyrics and then, where possible, give the definition of each word.

1. v i d a
2. a m o r
3. c a r i c i a
4. s o n r i s a
5. c o r a z ó n
6. a l m a
7. f l o r e s
8. c i e l o
9. c a r i ñ o

Based on the meanings of these words, what do you think is the song's theme?

Suggestion for 2-58. Recommend that students use a bilingual dictionary to look up the definitions of these words. This would be a good opportunity to discuss how to use a bilingual dictionary.

Después de escuchar

2-59 **Comprensión.** Answer the following questions with a complete sentence in Spanish.

1. ¿Cuál es el título de la canción?   "Cuéntame alegrías"
2. ¿Cómo se llama el grupo musical?   Tachú
3. ¿De dónde es el grupo?   de España
4. ¿Quién canta, una mujer o un hombre?   una mujer
5. ¿Cómo es la canción en tu opinión? (alegre, triste, cómica, seria, melancólica, etcétera)   *Answers will vary.*
6. ¿Te gusta este tipo de música? ¿Por qué?   *Answers will vary.*

Páginas

¿Cuál es el perfume más caro del mundo?

Antes de leer

2-60 **Pistas extratextuales.** Look at the following illustration and guess what the reading is about.

2-61 **Busca los cognados.** Underline the cognates in the text. Do they coincide with your guess about what the text is about?

Teaching tips
Introduce the reading with examples students will recognize, such as, *¿perfume para hombre o para mujer? Chanel número 5; Brut; Diamantes blancos; Armani.* Then ask students to scan the reading for the name of the perfume and why it is special. Students can do the reading and comprehension questions as homework; the follow-up and communicative activity can be done in the next class period.

2-62 El perfume más caro. Now read the text to learn about this expensive perfume.

¿Cuál es el perfume más caro del mundo?

El perfume Clive Christian Número 1, que se vende en el Corte Inglés* por 56 euros por mililitro, es el más caro del mundo. Ahora ofrece su exquisita esencia en un frasco (*flask*) de cristal y diamantes, hecho especialmente para quien ofrezca 46.300 euros. Para la reina Isabel II de Inglaterra, Clive Christian diseñó su esencia aromática en un frasco montado en una corona. El que pidió Elton John tiene forma de un piano.

*A major Spanish department store.

Después de leer

2-63 Haz las preguntas. Complete the questions with the most appropriate interrogative word. Use the answers in Spanish to help you form the questions.

1. ¿____Cuál____ es el perfume más caro del mundo? (Clive Christian Número 1)
2. ¿____Cuánto____ cuesta por mililitro? (56 euros)
3. ¿____De qué____ es el frasco? (de cristal y diamantes)
4. ¿____Quién____ tiene el frasco en forma de corona? (la reina Isabel II)
5. ¿____Qué____ forma tiene el frasco de Elton John? (un piano)
6. ¿____Cómo____ es el perfume? (caro y exquisito)

2-64 ¿Qué opinas tú? Respond to the following statements to express your opinions.

1. Me gusta el perfume.
   a. Sí, mucho.　　　b. Un poco.　　　c. No me gusta nada (*at all*).

2. Compro perfume caro.
   a. Siempre.　　　b. De vez en cuando.　　　c. Nunca.

3. Me gustan los diamantes.
   a. Sí, mucho.　　　　b. Un poco.　　　　c. No me gustan nada.

4. Me gusta Elton John.
   a. Sí, mucho.　　　　b. Un poco.　　　　c. No me gusta nada.

5. Tengo 46.300 euros para comprar el perfume Clive Christian Numero 1.
   a. Sí.　　　　b. Es posible.　　　　c. Es imposible.

6. Compro un frasco en forma de...
   a. elefante grande.　　b. coche rojo.　　c. reloj bonito.

Taller

2-65　Una entrevista y un sumario.

Vínculos

• Assessment: TestGen or paper test in the IRM

Antes de escribir

■ Write questions you'd like to ask a famous Spaniard if you could interview him/her (for example, Pedro Almodóvar, Antonio Banderas, Penélope Cruz, Felipe de Borbón, Picasso, Salvador Dalí, Miguel Induráin; you may log onto **www.prenhall.com/arriba** to see some famous people in the Spanish-speaking world). Use the following interrogatives:

¿Cómo...?	¿Dónde...?	¿Qué...?	¿Cuándo...?
¿Por qué...?	¿Cuál(es)...?	¿Quién(es)...?	¿De dónde...?

■ Write at least one question using the verb **tener**.
■ **Entrevista.** Interview a classmate who will role-play as a famous Spaniard, then write up the responses.

Teaching tips
This *Taller* requires students to both speak and write. Have students prepare their interview questions as homework, then ask each other their questions in class; have them begin their writing in class to finish up as homework. Be sure that students write their summary in paragraph form, rather than as a list of statements.

A escribir

■ Summarize the information for an article in *Hola*, a Spanish magazine that depicts the lives of the rich and the famous. Use connecting words such as **y, pero** (*but*), and **por eso** (*therefore*).
■ Write at least six sentences about your famous person.

Después de escribir

■ **Revisar.**　Review your summary to assure the following:
   ☐ agreement of nouns, articles, and adjectives
   ☐ agreement of subjects and verbs
   ☐ correct spelling, including accents

■ **Intercambiar**

   Exchange your summary with a classmate's; make suggestions and corrections.

■ **Entregar**

   Rewrite your summary, incorporating your classmate's suggestions. Then turn in the summary to your instructor.

¡HOLA!

Inteligente, culta, decidida y atractiva
ASÍ ES
LETIZIA ORTIZ
LA PROMETIDA DEL PRÍNCIPE FELIPE

3 ¿Qué estudias?

OBJETIVOS COMUNICATIVOS

- **Exchanging information about classes**
- **Talking about things that belong to you**
- **Talking about how you and others feel**

- **Describing what is happening at the moment**
- **Asking for and giving simple directions**

Suggestion for *Capítulo 3*. As you plan this lesson, you may recycle content from the first two lessons.

Frida Kahlo fue la esposa del gran muralista mexicano, Diego Rivera. Empezó su carrera artística como terapia después de sufrir un horrible accidente. Aunque recibió poca atención durante su vida, hoy en día se le considera una de las mejores (*best*) pintoras del mundo hispano.

¡México lindo!

«La educación no es para enseñar qué pensar, sino a pensar.»

Refrán: Education serves not to teach what to think, rather to think.

Carlos Santana, el gran artista de música de rock, nació en Autlán de Navarro, México. En el año 2000, ganó cuatro Grammys.

PRIMERA PARTE

¡Así es la vida!

Teaching tips
Before beginning this lesson, spot review material from the previous lesson by asking students to say at what time they have their classes; to name different activities they do or do not do; to give information about Spain they have learned.

You will note that the opening dialogue recycles information from the previous lessons. This helps give students confidence that they are learning. After testing their comprehension of the dialogues, have students act them out with you or each other.

Expansion ¡Así es la vida! Questions may be used as a prereading activity that encourages students to scan for information or as a comprehension activity after reading. Questions may also be expanded and personalized for your students. *¿Cuántas materias toma Eduardo? ¿Cuáles son las materias? ¿Es trabajador? ¿Quién en nuestra clase toma... inglés? ¿Cuántos pesos necesita Luisa? ¿Por qué necesita los pesos? ¿A qué hora es la clase de biología? ¿Por qué tiene prisa Carmen? ¿Cómo está Roberto? ¿Con quién necesita hablar? ¿Va a ser intérprete o arquitecto?*

¿Qué materias vas a tomar?

Eduardo: ¡Oye, Pedro! Ya tienes tu horario de clase, ¿verdad?

Pedro: Sí, ¿y tú? ¿Qué materias tomas?

Eduardo: Mi horario es bastante complicado. Tengo cinco materias: álgebra, química, historia, inglés y computación.

Pedro: ¡Estás loco! Yo solamente tengo que tomar cuatro materias este semestre... ¡Y eso ya es mucho!

Luisa: Carmen, ¿tienes veinte pesos? Tengo mucha hambre y quiero comer algo.

Carmen: Sí, sí, tengo. Aquí tienes para comprar un refresco, también.

Luisa: Tienes que asistir a tu clase de biología ahora, ¿no?

Carmen: ¿Qué hora es?

Luisa: Ya son las nueve. La clase es en cinco minutos.

Carmen: ¡Tienes razón! ¡Vamos!

Ana: ¡Hola, Roberto! ¿Qué tal?

Roberto: ¡Muy bien, Ana! ¿Y tú?

Ana: Bien. ¿Qué haces aquí?

Roberto: Tengo que hablar con mi profesor de francés.

Ana: Tú estudias muchos idiomas, ¿no?

Roberto: Pues, sí. Estudio francés, alemán y portugués.

**Catálogo de cursos
Otoño, 2005**

Álgebra
Antropología
Cálculo
Geología
Literatura
Música
Psicología
Química
Sociología

Lugares en la universidad

la biblioteca	*library*
la cafetería	*cafeteria*
el centro estudiantil	*student center*
el gimnasio	*gymnasium*

La vida estudiantil (*student life*)

la calculadora	*calculator*
la computadora	*computer*
el horario de clases	*class schedule*
la materia	*(academic) subject*
el semestre	*semester*
el trimestre	*trimester; quarter*

Verbos

hacer	*to do; to make*
vamos	*we're going; let's go*
tener hambre	*to be hungry* (lit. *to have hunger*)

Adjetivos

complicado/a	*complicated*
exigente	*challenging, demanding*

Adverbios

solamente	*only*
después de	*after*

Otras palabras y expresiones

el/la chico/a	*kid, boy/girl; man/woman* (coll.)
pues (conj.)	*well*

Vínculos

Use the following instructional resources to practice *materias académicas y la vida estudiantil.*

- Companion Website: Chapter 3, Review, Activity: Rev 3-1
- IRCD: pp. 79, 81, and 82

Teaching tips

The subjects presented in this lesson build on those from the previous lesson. Have students categorize the kinds of subjects important for different majors, for general education requirements at the university, or for a liberal arts education.

EXPANSIÓN   More on structure and usage

Todo is used in many expressions in Spanish, with the equivalent *every* and *all* in English.

todo (pron)	*everything, all*
todo/a (adj.)	*all (of)*
todo el día	*all day*
todos/as; todo el mundo	*everyone, everybody*
todas las noches	*every night*
todos los días	*every day*
Todos asisten a **todas** sus clases **todos** los días.	*Everyone attends all of their classes every day.*

Aplicación

Expansion 3-1. Review then personalize for students. *Luisa necesita dinero. ¿Quién en la clase de español necesita dinero? ¿Cuánto necesitan Uds. para comprar un refresco? ¿Quién en la clase no tiene reloj?*

3-1 ¿Quién es? Identify the person described from **¡Así es la vida!**

A: Ana	**C:** Carmen	**E:** Eduardo
L: Luisa	**P:** Pedro	**R:** Roberto

1. __R__ Estudia idiomas.
2. __P__ Solamente necesita tomar cuatro materias.
3. __L__ Compra comida y un refresco.
4. __E__ Tiene que estudiar mucho porque tiene cinco materias.
5. __L__ Tiene reloj.
6. __R__ Tiene que hablar con su profesor.
7. __L__ Necesita dinero.

Suggestion for 3-2. As a wrap-up, a student may tally class results on the board or transparency. *¿Cuántos estudiantes toman biología?*

3-2 Y tú, ¿qué estudias? Check off the subjects you have this term. Compare your list with another student.

MODELO: *Estudio cálculo, biología, español y química.*

☐ administración de empresas	☐ coreano	☐ inglés
☐ alemán	☐ chino	☐ japonés
☐ álgebra	☐ derecho	☐ literatura
☐ antropología	☐ educación física	☐ matemáticas
☐ árabe	☐ español	☐ medicina
☐ arte	☐ filosofía y letras	☐ música
☐ biología	☐ francés	☐ pedagogía
☐ cálculo	☐ geografía	☐ portugués
☐ ciencias (físicas)	☐ geología	☐ psicología
☐ ciencias políticas	☐ historia	☐ química
☐ ciencias sociales	☐ informática	☐ ruso
☐ comunicaciones	☐ ingeniería	☐ sociología

Expansion 3-3. Have students show some of their own textbooks and school supplies. Have the class guess what subjects the students study.

3-3 Tengo. Say what you have and what you study, based on the item.

MODELO: un libro de Milton Friedman
Tengo un libro de Milton Friedman. Estudio economía.

TENGO:	ESTUDIO:
1. __f__ el drama *Romeo y Julieta*	a. español
2. __c__ un mapa	b. biología
3. __d__ un libro de los aztecas	c. geografía
4. __h__ un piano	d. historia
5. __b__ un microscopio	e. informática
6. __e__ una computadora	f. literatura
7. __a__ un diccionario bilingüe	g. matemáticas
8. __g__ una calculadora	h. música

3-4 Campus Querétaro. El Instituto Tecnológico de Estudios Superiores de Monterrey (Tecnológico de Monterrey), popularly known as El Tec, has campuses all over Mexico, each with a particular academic strength. Here you have a brief description of the Campus Querétaro. Read the selection and then answer briefly the questions that follow.

TECNOLÓGICO DE MONTERREY.

El Tec de Monterrey, Campus Querétaro, empezó a construirse el 14 de agosto de 1974.

Las clases comenzaron en agosto de 1975 con 344 alumnos: 174 en preparatoria y 170 en profesional. Hoy en día, cuenta con unos 3.000 estudiantes.

Las carreras profesionales que se ofrecieron en un principio fueron:

- Ingeniería en Agronomía
- Ingeniería de Sistemas Computacionales
- Licenciatura en Administración de Empresas

Actualmente (*Currently*) el Campus Querétaro tiene 17 carreras completas además de la preparatoria. Algunas de las carreras que se ofrecen son:

- Arquitectura
- Veterinaria
- Ingeniería Industrial y de Sistemas
- Ingeniería en Mecánica y Administración
- Ingeniería en Agronomía
- Licenciatura en Administración de Empresas
- Licenciatura en Ciencias de Comunicación
- Licenciatura en Contaduría y Finanzas
- Licenciatura en Diseño Industrial

1. ¿Cuántos años tiene el Campus Querétaro?
2. ¿Cuántos estudiantes había (*were there*) en el primer año?
3. ¿Cuántos estudiantes tiene hoy en día?
4. Si te gusta el arte y el diseño (*design*), ¿qué carrera(s) estudias?
5. Si te gusta el comercio, ¿qué estudias?
6. Si te gustan los animales, ¿qué estudias?
7. En tu opinión, ¿cuál es la especialidad académica del Tec?

Warm-up for 3-5. Encourage students to predict each other's schedules. *¿Qué materias necesita tomar un estudiante de negocios internacionales?* Prepare a list on the board and compare with the text.

Expansion 3-5. Prepare questions about classes. *¿Es posible tomar la clase de derecho privado y la de psicología avanzada? ¿Por qué? ¿Cuál es la materia más difícil/interesante/aburrida de la lista?*

3-5 Materias. Here is a schedule of classes for students in international business at El Tec. Ask each other what you are going to study and when each class meets.

MODELO: ¿Qué vas a estudiar?
Administración de empresas
¿Cuándo?
los lunes y los miércoles a las 8:30

Curso	Días	Hora
Administración de empresas	lunes y miércoles	8:30–10:00
Análisis de información	lunes y miércoles	10:30–12:00
Contabilidad financiera I	viernes	16:00–19:00
Derecho privado	lunes y miércoles	8:30–10:00
Japonés II	martes y jueves	15:00–17:00
Derecho público	viernes	16:00–19:00
Matemáticas II	lunes y miércoles	10:30–12:00
Psicología avanzada	lunes y miércoles	8:30–10:00
Estadística administrativa	martes y jueves	15:00–17:00
Principios de microeconomía	martes y jueves	15:00–17:00
Recursos humanos	lunes y miércoles	8:30–10:00
Negocios internacionales	martes y jueves	15:00–17:00
Principios de macroeconomía	lunes y miércoles	8:30–10:00

Audioscript for 3-6   AUDIO

Alberto: Hola, Carmen. ¿Qué tal?

Carmen: Eh, bastante bien. Pero tengo prisa porque tengo clase en cinco minutos.

Alberto: ¿Qué clase?

Carmen: Matemáticas. La materia es difícil y el profesor es muy exigente. ¿Qué vas a hacer ahora?

Alberto: Tengo que estudiar para un examen de química. El examen es esta tarde a las 4:30. Tengo que llegar temprano porque voy a hablar con el profesor. ¿Vas a la fiesta de Chema esta noche?

Carmen: Sí, voy. ¿Vas tú también?

Alberto: No, no voy. Tengo que trabajar.

Carmen: Bueno, es tarde. Voy a clase. Adiós.

3-6 El horario de Alberto y Carmen. Listen to Alberto and Carmen talk about their schedules on your *¡Arriba!* audio program or as read by your instructor. Then indicate the statements that apply to each of them.

1. Estudia matemáticas.	Alberto	<u>Carmen</u>
2. Estudia química.	<u>Alberto</u>	Carmen
3. Tiene examen hoy.	<u>Alberto</u>	Carmen
4. Tiene que hablar con el profesor.	<u>Alberto</u>	Carmen
5. Trabaja esta noche.	<u>Alberto</u>	Carmen
6. Va a una fiesta esta noche.	Alberto	<u>Carmen</u>
7. Tiene una clase difícil.	Alberto	<u>Carmen</u>
8. Tiene un profesor exigente.	Alberto	<u>Carmen</u>

3-7 ¿Cuántas? In a group of 5-6 students ask each other what you are studying this semester and what times the classes meet. Which class is the most common among you? What time is the most popular? Which class is the most difficult? Use these questions to guide you and complete the chart below.

1. ¿Qué estudias este semestre (trimestre)?
2. ¿A qué hora es la clase?
3. ¿Es difícil o fácil?

Nombre	Materia	Hora	Fácil	Difícil

¡Así lo hacemos! Estructuras

1. Los números 101–3.000.000

Quinientos, seiscientos, setecientos, ochocientos, novecientos, ¡mil!

101	ciento uno/a	800	ochocientos/as
200	doscientos/as	900	novecientos/as
300	trescientos/as	1.000	mil
400	cuatrocientos/as	4.000	cuatro mil
500	quinientos/as	100.000	cien mil
600	seiscientos/as	1.000.000	un millón (de)
700	setecientos/as	3.000.000	tres millones

- **Ciento** is used in compound numbers between 100 and 200.

    ciento diez, ciento treinta y cuatro, etcétera

- When 200–900 modify a noun, they agree in gender with it.

    cuatrocient**os** libros   quinient**as** sillas   doscient**as** universidades

- **Mil** is never used with **un** and is never used in the plural for counting.

    mil, dos mil, tres mil, etcétera

- The plural of **millón** is **millones**, and when followed by a noun, both take the preposition **de**.

    dos millones de dólares

- In Spain and in most of Latin America, thousands are marked by a period and decimals by a comma.

UNITED STATES/CANADA	SPAIN/LATIN AMERICA
$1,000	$1.000
$2.50	$2,50
$10,450.35	$10.450,35
2,341,500	2.341.500

Aplicación

3-8 ¿En qué año? Match the dates with historical events. Then give another important event and its date.

MODELO: 1776

mil setecientos setenta y seis; la independencia de los Estados Unidos

1. __g__ 1492   a. los Juegos Olímpicos en Atlanta
2. __i__ 1939   b. la Guerra Civil española
3. __h__ 1957   c. el nuevo milenio
4. __a__ 1996   d. la Gran Depresión
5. __c__ 2000   e. la conquista de México por Cortés
6. __d__ 1929   f. la Guerra Civil norteamericana
7. __f__ 1861   g. la llegada (*arrival*) de Cristóbal Colón a Santo Domingo
8. __b__ 1936   h. el Sputnik
9. __e__ 1521   i. la Segunda Guerra Mundial
10. _____ ¿...?   j. ¿...?

Teaching tips
Students may seem daunted by having to learn so many numbers. Practice recognition before production by having students match dates with events; prices with items to buy; population in different countries. Once they are confident recognizing numbers, have them challenge each other with dates they know, such as the last time the Yankees won the World Series or the year women earned the right to vote in the United States.

Suggestion for ¡Así lo hacemos! Bring in currency from Hispanic countries and have students practice numbers by counting the money. Point out that the gender of the unit of money will be reflected in the numbers 200–900, e.g. *doscientos pesos*.

Warm-up for ¡Así lo hacemos! Design a bookstore ad with your university logo and include some typical items and exaggerated prices. First tell students what you can spend and have them identify what you can buy. Then tell students what you bought and ask them to produce the numbers.

Expansion 3-9. Have students do the following activity.

El millonario. Follow the pattern to complete the calculation.

Modelo: ochocientos, novecientos, mil
mil cien

1. mil, novecientos noventa, ochocientos ochenta, <u>setecientos setenta</u>

2. quinientos, cuatrocientos, seiscientos, <u>trescientos</u>

3. cien, doscientos, quinientos, seiscientos, <u>mil</u>

4. un millón, quinientos mil, doscientos cincuenta mil, <u>ciento veinticinco mil</u>

5. cinco millones, cuatro millones, tres millones, dos millones, <u>un millón</u>

3-9 ¿Qué número es? Write the numerals that are represented below.

Modelo: doscientos cuarenta y nueve
249

1. quinientos noventa y dos <u>592</u>
2. diez mil setecientos once <u>10.711</u>
3. un millón seiscientos treinta y tres mil doscientos nueve <u>1.633.209</u>
4. novecientos mil ciento veintiuno <u>900.121</u>
5. dos millones ochocientos mil ochocientos ochenta y ocho <u>2.800.888</u>
6. ciento cuarenta y cinco <u>145</u>

3-10 ¡No tengo calculadora! Read each math problem aloud in Spanish and give the solution.

más (+)   menos (−)   por (×)   entre (÷)   son/es (=)

Modelo: 333 − 132 =
trescientos treinta y tres menos ciento treinta y dos son doscientos uno

1. 596 + 401 = <u>997</u>
2. 2.000.000 − 1.000.000 = <u>1.000.000</u>
3. 720 − 301 = <u>419</u>
4. 5.555 ÷ 11 = <u>505</u>
5. 840 ÷ 4 = <u>210</u>
6. 2.000 + 2 = <u>2.002</u>

AB **3-11A Inventario.** Take turns dictating to each other your inventory numbers in Spanish. Which items do you have in common? **¡Ojo!** Watch for agreement.

Modelo: 747 mesas
setecientas cuarenta y siete mesas

1. 202 diccionarios
2. 5.002 escritorios
3. 816 pizarras
4. 52 mapas

5. 1.326 libros
6. 2.700.000 calculadoras
7. 110.000 sillas

AB **3-12A ¿Cuánto cuesta. . .?** Imagine that you are a clerk at a car rental agency in Mexico City. A client will ask you the price of cars you have. After asking general questions, the client will choose the car.

Modelo: E1: *¿Cuánto cuesta un coche de lujo de cuatro puertas por semana?*
E2: *Dos mil setecientos cincuenta pesos.*
E1: *¡Uf! ¡Es mucho!*

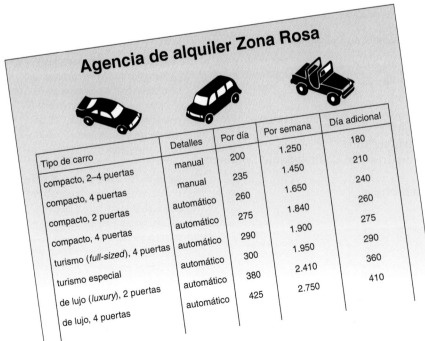

Agencia de alquiler Zona Rosa

Tipo de carro	Detalles	Por día	Por semana	Día adicional
compacto, 2–4 puertas	manual	200	1.250	180
compacto, 4 puertas	manual	235	1.450	210
compacto, 2 puertas	automático	260	1.650	240
compacto, 4 puertas	automático	275	1.840	260
turismo (*full-sized*), 4 puertas	automático	290	1.900	275
turismo especial	automático	300	1.950	290
de lujo (*luxury*), 2 puertas	automático	380	2.410	360
de lujo, 4 puertas	automático	425	2.750	410

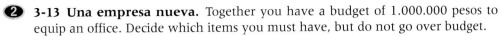

3-13 Una empresa nueva. Together you have a budget of 1.000.000 pesos to equip an office. Decide which items you must have, but do not go over budget.

MODELO: E1: *Necesitamos comprar dos escritorios ejecutivos por $20.000.*
E2: *No, necesitamos comprar un ejecutivo y un pequeño por $11.000.*

PRESUPUESTO (*BUDGET*) $1.000.000 (PESOS)

escritorio ejecutivo	$10.000	escritorio pequeño	$1.000
carro económico	$120.000	carro lujoso	$320.000
silla de plástico	$250	sillón	$3.000
computadora	$15.000	refrigerador	$2.500
microondas	$1.500	papel, bolígrafos	$1.000
fotocopiadora	$10.000	estante (*bookshelf*)	$1.200
mesa pequeña	$800	mesa grande	$2.500
fax	$1.500	miscelánea	¿...?

2. Possessive adjectives

Vínculos

Use the following instructional resources to practice Possessive Adjectives.
- WB/LM–OneKey: Activities: 3-9, 3-10, 3-11, 3-45, and 3-46
- *Gramática viva:* Grammar Point 31, Possessives
- Companion Website: Chapter 3, Review, Activity Rev 3-3
- IRCD: p. 85

Subject pronoun	Singular	Plural	
yo	**mi**	**mis**	*my*
tú	**tu**	**tus**	*your* (inf.)
él, ella, Ud.	**su**	**sus**	*your* (form.), *his, her*
nosotros/as	**nuestro/a**	**nuestros/as**	*our*
vosotros/as	**vuestro/a**	**vuestras/as**	*your* (inf.)
ellos/as, Uds.	**su**	**sus**	*your* (form.), *their*

- Possessive adjectives agree in number with the nouns they modify. Note that **nuestro/a** and **vuestro/a** are the only possessive adjectives that show both gender and number agreement.

- In Spanish, possessive adjectives are always placed before the noun they modify.

Mis clases son grandes.   *My classes are big.*
Nuestros amigos llegan a las ocho.   *Our friends arrive at eight o'clock.*

Warm-up for *Possessive adjectives*. Ask students in class for random items one at a time: *una calculadora, un teléfono celular, un café, una tarjeta de crédito.* Move around the class asking to whom each item belongs. *Necesito 5 dólares. ¿Quién tiene 5 dólares? Gracias.* (take $) *Clase, ¿es mi dinero? ¿De quién es? ¿No es de* (name of other student)?

■ In Spanish, the construction **de** + *noun* can also be used to indicate possession. It is equivalent to the English apostrophe *s*.

El libro **de Raúl** es interesante.   *Raul's book is interesting.*
La hermana **de Laura** estudia derecho.   *Laura's sister studies law.*

■ When the preposition **de**[1] is followed by the definite article **el**, it contracts to **del: de + el = del.**

Los libros **del** profesor son difíciles.   *The professor's books are difficult.*
No es mi cuaderno, es **de él.**   *It's not my workbook, it's his.*

EXPANSIÓN   More on structure and usage

Su and *sus*

The possessive adjectives **su** and **sus** can have different meanings (*your, his, her, their*). The context in which they are used indicates who the possessor is.

María lee **su** libro.   *María reads her book.*
Ramón y José hablan con **sus** amigos.   *Ramón and José speak with their friends.*

When the identity of the possessor is not clear, the construction **de** + *noun* or **de** + *prepositional pronoun* can be used for clarification.

¿**De quién** es el libro?   *Whose book is it?*
Es **su** libro. Es el libro **de Paco.**   *It's his book. It's Paco's book.*
¿Son **sus** amigas?   *Are they her friends?*
Sí, son las amigas **de ella.**   *Yes, they're her friends.*

With the exception of first and second person singular (**yo** and **tú**), prepositional and subject pronouns are the same: **de él, de usted, de nosotros/as, de ellos/as.** The prepositional pronouns for **yo** and **tú** are **mí** and **ti.** The preposition **con** has special forms with **yo** and **tú: conmigo** and **contigo.**

Aplicación

Warm-up for 3-14. Preview reading with scanning questions for students. *¿Cómo se llama? ¿Dónde estudia? ¿Cuándo trabaja?*

3-14 José Antonio. Read about a Mexican student named José Antonio. Underline all of the possessive adjectives.

Soy José Antonio O'Farrill, estudiante del Tec de Monterrey. Mi carrera es la ingeniería eléctrica. Tengo clases durante la mañana y trabajo por la tarde. Vivo en un apartamento cerca de la universidad, pero voy a mi casa los fines de semana. Mi familia vive en Guanajuato. Mis clases más difíciles son informática y estadística. El profesor de estadística tiene su doctorado de una universidad norteamericana. Este año voy a ser estudiante de intercambio en Canadá donde voy a estudiar francés, también. Mi novia es de Quebec.

Suggestion for 3-15. Personalize for your students. Ask them José Antonio's questions. Then ask other classmates about each individual student's answers.

Answers to 3-15. 1. tu carrera; mi carrera 2. tus cursos; mis cursos 3. tu familia; mi familia 4. su doctorado, tu professor; mi professor, su doctorado 5. tu novia; mi novia

3-15 Habla José Antonio. Now complete the questions for José Antonio with logical possessive adjectives. Then respond to the questions as if you were José Antonio.

MODELO: *¿Cuál es tu nombre? Mi nombre es José Antonio.*

1. ¿Cuál es _____ carrera en la universidad?
2. ¿Cuáles son _____ cursos más difíciles?
3. ¿Dónde vive _____ familia?
4. ¿De dónde tiene _____ doctorado _____ profesor de estadística?
5. ¿De dónde es _____ novia?

---

[1]The preposition **de** does not contract with the subject pronoun **él.**

3-16 ¿De quién es? Indicate to whom or to what the following items belong. Use your imagination.

Modelo: calculadora
La calculadora es del profesor de matemáticas.
cuadernos
Los cuadernos son de la profesora de español.

sillas	la biblioteca
ventanas	el/la doctor/a...
cafetería	el/la señor/a...
examen	el centro estudiantil
diccionario	el/la profesor/a de...
mapas	la universidad
horario de clases	la clase de...
libros	el/la rector/a (*the president*)
¿...?	¿...?

Expansion 3-16. Have students take turns asking each other questions about items in the activity and in the classroom. *¿De qué color es tu mochila? Mi mochila es azul. ¿Cómo son las sillas de la biblioteca?* 1. tus cuadernos 2. nuestra mesa 3. el bolígrafo de... 4. tus lápices 5. nuestras sillas 6. el libro del/de la profesor/a 7. mi escritorio 8. el mapa de la clase

3-17 ¿Cómo es? Take turns telling each other what the following things and people are like.

Modelo: clase
E1: *¿Cómo es tu clase de inglés?*
E2: *Mi clase es buena. ¿Cómo es tu clase de matemáticas?*

1. amigos
2. apartamento
3. libros
4. universidad
5. profesora de...
6. familia
7. trabajo
8. clases

3-18A En el aeropuerto. Complete the following immigration document. Ask each other questions to get the missing information. **¡Ojo!** To indicate possession, use **de** in the questions. Use a possessive adjective in your answers.

Modelo: E1: *¿Cuál es el lugar de nacimiento de Pedro?*
E2: *Su lugar de nacimiento es España.*

Suggestion for 3-18A/B. Help students brainstorm the formation of the questions they will ask each other, such as *¿Cuál es la nacionalidad de...? ¿Cuál es el apellido paterno de...? ¿Qué edad tiene...?*

Profesión	Nombre	Apellido paterno	Edad	Lugar de nacimiento
presidente	Pedro		63	
profesora	Isabel			México
doctor		Amado		
	Carlos			Portugal
		Cortés	26	

3-19 ¿Dónde? Take turns asking where each other's class takes place and what the professor is like. Use the following questions as a guide.

1. ¿Dónde es tu clase de...?
2. ¿Cómo es tu profesor/a de...?

Suggestions for *Other expressions with tener.* Introduce *tener vergüenza*. Note that the negative of *tener cuidado* means "not to worry." The opposite of *tener razón* is often expressed as *estar equivocado/a.*

Suggestions for *Other expressions with tener.* Explain that the words that follow *tener* in most of these expressions are nouns and therefore must be modified with adjectives, not adverbs. Contrast "I am very hungry" (adjective) with *Tengo mucha sed* (noun).

3. Other expressions with *tener*

¡Maribel tiene miedo!

You have used **tener** to show possession and to say you *have to* (*do something*).

Tengo muchos amigos.	*I have many friends.*
Tienes que asistir a clase.	*You have to attend class.*

- There are other common expressions that use **tener** where English uses the verb *to be*. Note that many of these refer to things we might feel (hunger, thirst, cold, etc.)

¿Tienes hambre?	*Are you hungry?*
No, pero tengo frío.	*No, but I'm cold.*
Tenemos prisa.	*We're in a hurry.*

- Use the verb **tener** also to express age.

tener... años	*to be . . . years old*
¿Cuántos años **tienes**?	*How old are you?*

tener calor · tener hambre · tener miedo · tener cuidado · tener razón

tener frío · tener sed · tener sueño · tener prisa · no tener razón

Aplicación

3-20 En el camerino (*dressing room*) de Carlos Santana. Read the conversation between Carlos Santana and his agent, and underline all of the expressions with **tener.**

Agente: El concierto es en media hora. ¿Necesita algo?

Santana: Sí, tengo mucha sed. Pero si tomo mucha agua, tengo frío.

Agente: ¿Por qué no toma café?

Santana: ¡Pero luego tengo calor! Y si tomo café descafeinado, tengo sueño durante el concierto.

Agente: Tengo una idea. Ud. debe tomar un poco de té ahora y comer algo para tener energía durante el concierto.

Santana: Tomo un poquito de té ahora, pero no como porque tengo prisa. Tengo que vestirme (*get dressed*).

Agente: Tiene razón. Vamos a comer después del concierto. ¡A las once de la noche vamos a tener mucha hambre!

3-21 ¿Qué tiene Santana? Answer the questions using an expresión with *tener.*

1. ¿Qué toma cuando tiene sed?
2. ¿Qué no toma? ¿Por qué?
3. ¿Por qué tiene prisa?
4. ¿Quién tiene razón?
5. ¿Cuándo van a tener hambre?

Expansion 3-21. For the activity following each paragraph, expand with personalized questions. *¿Qué toman Uds. cuando tienen sed?*

3-22 ¿Y tú...? Match these statements to say when you feel the following. If none of the choices fit, supply a new one.

1. Tengo frío...
2. Tengo calor...
3. Tengo hambre...
4. Tengo sed...
5. Tengo razón...
6. Tengo cuidado...
7. Tengo sueño...
8. Tengo miedo...
9. Tengo prisa...

a. en el gimnasio.
b. en clase.
c. en un examen.
d. a las dos de la mañana.
e. en el invierno.
f. en una película de horror.
g. en un buen restaurante.
h. cuando tengo que llegar a tiempo (*on time*).
i. en el verano.

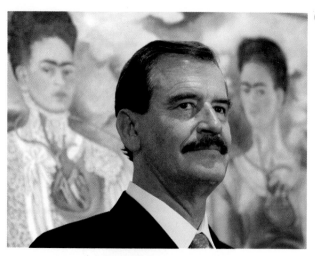

¿Cuántos años tiene Vicente Fox?

 3-23 ¿Cuántos años tienen? You may be familiar with these famous Mexicans. Take turns saying how old they are.

MODELO: Vicente Fox, presidente de México (1942)
           Tiene... años.

1. Frida Kahlo, pintora (1910)
2. Diego Rivera, muralista, esposo de Frida (1886)
3. Alfonso Cuarón, director de cine, *Y tu mamá también* (1961)
4. Carlos Santana, músico (1947)
5. Salma Hayek, actriz (1966)
6. Carlos Contreras, deportista de NASCAR (1970)
7. Laura Esquivel, novelista, *Como agua para chocolate* (1951)
8. Alejandro González Inarritu, director de cine, *Amores perros* (1963)

AB **3-24A ¿Tienes...?** Following the model, create questions with **tener** to ask each other. Try to find out additional information as well.

MODELO: sed en clase
           E1: *¿Tienes sed en clase?*
           E2: *Sí, tengo sed en clase.*
           E1: *¿Por qué?*
           E2: *Porque tengo que hablar mucho.*

1. sed en clase
2. sueño en la biblioteca
3. calor ahora
4. razón
5. prisa
6. treinta y dos años

¿Cuánto sabes tú? *Can you...*

☐ talk about your classes; say what you are studying; ask other students about their classes?

☐ talk about to whom things belong using possessive adjectives? **(¿De quién es el libro? No es mi libro, es de Antonio.)**

☐ talk about how you feel using expressions with **tener**? **(Tengo hambre cuando...)**

Comparaciones

Teaching tips
Despite the larger class size, it is common for students in many Mexican universities to participate in collaborative group work, similar to assignments in U.S. and Canadian universities. Ask students whether they prefer lectures or small group work in their classes. Use this reading as a segue to ¡Así es la vida!

Las universidades hispánicas

3-25 En tu experiencia. ¿Cuántos estudiantes hay en una clase típica en tu universidad? ¿en una clase de idiomas? ¿Cuántas clases hay por semana? ¿Es muy importante el examen final? ¿Participan mucho los estudiantes en tus clases?

Read this article to find out more about the system in many Hispanic universities.

Generalmente, las clases en las universidades hispánicas ocurren en un ambiente más formal que las clases en las universidades de los EE.UU. y del Canadá. En muchas universidades hispánicas

- las clases son mucho más grandes. Hay entre 50 y 200 estudiantes en cada clase.
- muchas de las clases son conferencias (*lectures*) dictadas por profesores y hay poco tiempo para intercambio entre profesores y estudiantes.
- muchos profesores no tienen horas de oficina.
- las clases son uno o dos días a la semana.
- la nota (*grade*) final es el resultado de un examen final.
- sin embargo (*nevertheless*), universidades, como El Tec de Monterrey, tienen facilidades muy modernas para los estudiantes.

Vínculos
• Companion Website: Chapter 3, Web Resources, *Comparaciones: Las universidades hispánicas*

3-26 En tu opinión. Read the following statements and take turns expressing your opinion about them.

1. ¡Ni modo! No estoy de acuerdo. (*No way! I disagree.*)
2. No es probable.
3. No sé. (*I don't know.*)
4. Es posible.
5. Estoy completamente de acuerdo.

a. Las clases grandes son más aburridas.
   1   2   3   4   5
b. Los buenos profesores son informales.
   1   2   3   4   5
c. Me gusta tener varios exámenes en un semestre.
   1   2   3   4   5
d. Me gusta hablar en clase.
   1   2   3   4   5
e. Me gusta más el sistema norteamericano.
   1   2   3   4   5

SEGUNDA PARTE

¡Así es la vida!

¿Dónde está la librería?

Son las once y media de la mañana. Ana Rosa y su amigo Luis están hablando después de clase.

Luis: Ana Rosa, ¿qué vas a hacer después del almuerzo?

Ana Rosa: Pues, debo ir a la librería para comprar un diccionario de inglés-español. Tengo que escribir una composición para mañana.

Luis: ¿Dónde está la librería? Tengo que ir mañana.

Ana Rosa: Está detrás de la Facultad de Ingeniería. ¿Por qué no vamos juntos ahora?

Luis: No, gracias, Ana Rosa. Necesito terminar una biografía sobre Frida Kahlo. Estoy nervioso, porque su vida es muy complicada y tiene muchas pinturas.

Ana Rosa: Debes llamar a Marisa. Ella lee mucho y su especialidad es el arte mexicano.

Luis: ¿Dónde vive Marisa?

Ana Rosa: Marisa vive cerca de aquí, con sus padres en Coyoacán, pero sólo asiste a clase los martes y jueves.

Edificios universitarios

Teaching tips
Here students will identify places in the university. To reinforce the meaning of the place, associate typical activities with each, for example, *Comemos en la cafetería; estudiamos en...*

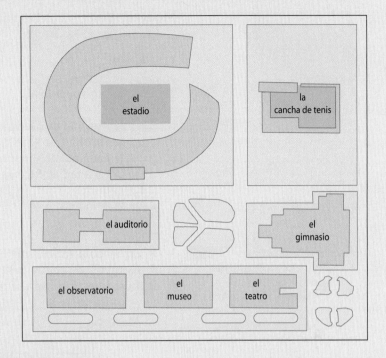

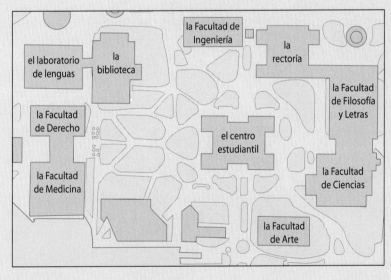

Expansion ¡Así lo decimos! Ask where the university buildings are in relation to the classroom. Then ask students what activities they associate with those university locations.

Para comer y beber

el agua mineral	*mineral water*
el almuerzo	*lunch*
el bocadillo/ sándwich	*sandwich*
la comida	*meal; dinner; lunch* (España)
la ensalada	*salad*
la hamburguesa	*hamburger*
el refresco	*soft drink, soda*

Adverbios

siempre	*always*
sólo	*only*

¿Dónde está?

a la derecha	*to (on) the right*
a la izquierda	*to (on) the left*
al lado (de)	*next to*
cerca (de)	*nearby (close to)*
delante (de)	*in front of*
detrás (de)	*behind*
enfrente (de)	*facing, across from*
entre	*between*
junto a	*next to*
lejos (de)	*far (from)*

Aplicación

3-27 ¿Dónde está...? Give the location of the buildings on the map.

MODELO: Está cerca del estadio.
la cancha de tenis

LUGARES

a. __5__ el estadio
b. __7__ la cancha de tenis

c. __6__ la Facultad de Medicina
d. __1__ la Facultad de Arte
e. __2__ la Facultad de Ciencias
f. __4__ la Facultad de Ingeniería
g. __3__ el museo
h. __8__ la biblioteca

DIRECCIONES

1. Está al lado de la Facultad de Ciencias.
2. Está entre la Facultad de Filosofía y Letras y la Facultad de Arte.
3. Está entre el Observatorio y el Teatro.
4. Está a la derecha de la Rectoría.
5. Está a la izquierda de la cancha de tenis.
6. Está al lado de la Facultad de Derecho.
7. Está a la derecha del estadio.
8. Está a la derecha del laboratorio de Lenguas.

AUDIO **3-28 En la cola (*Standing in line*).** Listen to your *¡Arriba!* audio program or your instructor to hear a description of where the people are standing in line. Place the numeral in front of the name of each person.

——— Marcela ——— Pepe ———Paula
——— Mercedes ——— Adrián

3-29 ¿Dónde están? Where are the people in the following drawings? Remember to use the definite article to indicate location.

MODELO: El profesor Romero está en un laboratorio de...
la Facultad de Ciencias.

Profesor Romero

1. Lisa está en una clase de...

2. Arcadio está en...

3. Ana y Germán están en...

4. Catalina y Jacobo están en...

5. Gabriela Estrada es profesora de...

3-30 La Universidad Nacional Autónoma de México. Read about the most important university in Mexico. Indicate whether the statements are **cierto** or **falso** based on the following text.

1. __c__ La UNAM es una universidad importante de México.
2. __c__ Muchos estudiantes mexicanos asisten a la UNAM.
3. __f__ Si tienes hambre, no es posible comer en la universidad.
4. __c__ Hay muchos eventos culturales: conciertos, obras de teatro, etc.
5. __f__ Es difícil practicar deportes en la UNAM.
6. __f__ La tecnología es bastante anticuada.
7. __f__ Es difícil hacer investigación porque hay pocos libros en las bibliotecas.
8. __c/f__ La UNAM es más grande que mi universidad.

La comunidad de la UNAM se compone de estudiantes, profesores, otro personal de apoyo (*support*) y egresados (*alumni*). En total, la población activa es más de 300.000 personas; 137.000 de ellas son estudiantes subgraduados. El recinto de la Universidad es enorme. Tiene aproximadamente 1.700.000 metros cuadrados con 997 edificios, y casi todos son edificios académicos.

La infraestructura de la Universidad también es importante. Hay 143 bibliotecas con más de 4.000.000 de libros; 19 librerías; 28 clínicas, dos jardines botánicos, dos observatorios, una supercomputadora, además de más de 15.000 computadoras personales. Tiene también gran riqueza cultural con muchos edificios históricos importantes, grandes murales, esculturas y pinturas. Además, tiene salones para concierto, teatros, acuarios y museos. Para los que practican deportes, hay dos estadios, siete piscinas y otras áreas para hacer 39 deportes diferentes. Finalmente, la UNAM tiene 24 comedores, 35 cafeterías y tres supermercados.

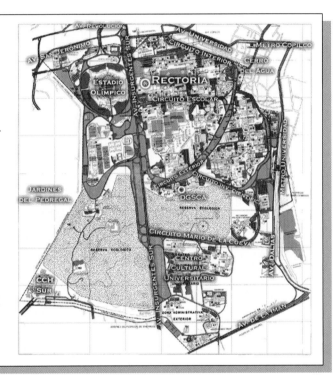

3-31 Tu universidad. Draw and label in Spanish a map of your university. Include at least five important buildings. Then tell a classmate where the buildings are located in relation to each other.

MODELO: *La biblioteca está cerca del estadio.*

Expansion 3-31. Have a student go to the board and ask classmates where the campus buildings are. The class gives instructions while the student draws a map.

3-32A Las materias, la hora, el lugar. Take turns asking and answering questions in order to complete the missing information on your class schedules.

MODELOS: E1: *¿A qué hora es la clase de...?*
E2: *¿Qué clase es a...?*
E1: *¿Dónde es la clase de...?*
E2: *¿Quién es el/la profesor/a de...?*

Suggestion for 3-32A/B. Point out that many Spanish speakers use a period when writing the time rather than a colon as in English.

Hora	Clase	Lugar	Profesor/a
	cálculo		María Gómez García
	diseño		Ramón Sánchez Guillón
10:00	biología		Julia Gómez Salazar
12:00			Juan Ramón Jiménez
	física		Carlos Santos Pérez

¡Así lo hacemos! Estructuras

Vínculos

Use the following instructional resources to practice the present tense of *ir* (to go) and *hacer* (to do; to make).

- WB/LM–OneKey: Activities: 3-17, 3-18, 3-19, 3-20, 3-52, 3-53, and 3-54
- *Gramática viva:* Grammar Points 23 and 33, *ir a* + infinitive, and Present irregular: *hacer, saber, dormir, volver, dar,* and *ir*
- Companion Website: Chapter 3, Review, Activity: Rev 3-6
- IRCD: pp. 96, 97, and 98

Teaching tips

Contextualize these new verbs by presenting a typical day for you or someone the students will know. Then ask students to respond whether certain activities are part of a typical day. Have students write and then share their own typical days, compared with someone else they know.

4. The present indicative tense of *ir* (to go) and *hacer* (to do; to make)

	Singular			Plural	
	ir	**hacer**		**ir**	**hacer**
yo	**voy**	**hago**	nosotros/as	**vamos**	**hacemos**
tú	**vas**	**haces**	vosotros/as	**vais**	**hacéis**
él, ella, Ud.	**va**	**hace**	ellos/as, Uds.	**van**	**hacen**

◼ The Spanish verbs **ir** and **hacer** are irregular. **Hacer** is only irregular in the first-person singular: **hago.**

> **Hago** la tarea por las noches.   *I do homework at night.*

◼ **Ir** is always followed by the preposition **a.** When the definite article **el** follows the preposition **a,** they contract to **al: a + el = al.**

> Luis y Ernesto **van al** centro estudiantil.   *Luis and Ernesto are going to the student center.*

◼ The construction **ir a** + *infinitive* is used in Spanish to express future action. It is equivalent to the English construction *to be going to + infinitive.*

> ¿Qué **vas a hacer** esta noche?   *What are you going to do tonight?*
> **Voy a estudiar** en la biblioteca.   *I'm going to study in the library.*

◼ When you are asked a question using **hacer,** you usually respond with another verb.

> Ricardo, ¿qué **haces** aquí?   *Ricardo, what are you doing here?*
> **Busco** un libro para mi clase.   *I'm looking for a book for my class.*

Aplicación

3-33 La familia de Santana. Read the following newspaper article about what Santana and his family are going to do. Underline all forms of the verb **ir**.

LAS NOTICIAS

Después de ganar los cuatro Grammys, Carlos Santana anuncia que va a dedicar su tiempo a su familia y a sus obras de caridad (*charity*). Su esposa Deborah (desde 1974) y sus tres hijos, Salvador, Stella y Angélica, van a vivir en su casa en Santa Ana, California. Santana y su esposa van a pasar mucho tiempo trabajando en su Fundación Milagro que ayuda a mejorar la educación, la salud y la vivienda (*housing*) de los niños pobres del mundo. Toda la familia va a trabajar también con Buster Brown, la empresa que fabrica zapatos (*shoes*) que llevan el nombre del artista. Buster Brown va a vender los zapatos "Carlos" en Macy's y otros almacenes importantes. Santana va a donar sus ganancias a la Fundación Milagro. Deborah también tiene mucho talento. Este año ella va a hacer su autobiografía.

NOTICIAS

3-34 Preguntas para Santana. Now write questions based on the previous article. You can begin the questions as indicated.

MODELO: *¿Quién va a escribir su autobiografía?*

1. ¿Dónde...?
2. ¿Cuándo...?
3. ¿Qué...?

4. ¿Quiénes...?
5. ¿Por qué...?
6. ¿Cómo...?

3-35 ¿Qué planes tienen? Say what the following people are going to do this weekend. Some possible activities are in the right-hand column.

MODELO: Salma Hayek es de México.
Va a visitar a su familia en la ciudad de México.

1. Vicente Fox es el presidente de México.
2. Enrique Iglesias es cantante.
3. Loretta y Linda Sánchez son congresistas de California.
4. Ray Suárez es reportero en la radio pública.
5. Óscar de la Hoya es boxeador.
6. Yo soy...
7. Mis amigos y yo somos...

bailar
comer en un restaurante mexicano
dar un concierto
hacer ejercicio
hacer una película
ir a Washington
preparar la tarea
preparar un informe
trabajar por la tarde
visitar al presidente

Suggestion for 3-36. This type of activity may be used to create an in-class presentation of the verb *hacer* on the board or a transparency:
En la biblioteca yo **hago** *la tarea / ejercicio.*
En el gimnasio yo _____ *la tarea / ejercicio.*

3-36 ¿Qué hacen? Guess what the following people are doing according to where they are and what they have.

(la) comida   (el) ejercicio   (la) lección   (la) tarea   (el) trabajo

1. En la biblioteca, yo _____.
2. En casa, mi padre _____.
3. En clase, nosotros _____.
4. En el gimnasio, tú _____.
5. En la oficina, los secretarios _____.
6. En el restaurante, la señora _____.

(AB) 3-37A El fin de semana. Explain your schedules to each other. What activities will you do together?

MODELO: E1: *A las ocho de la mañana, voy a clase de informática. ¿Qué vas a hacer tú?*
E2: *Voy a la clase de biología.*

LA HORA	YO	MI COMPAÑERO/A
8:00	clase de informática	_____
9:30	laboratorio	_____
11:00	cafetería	_____
11:30	biblioteca	_____
1:15	clase de inglés	_____
3:00	oficina del/de la profesor/a de...	_____
5:00	...	_____

Warm-up for 3-38. Have students scan for answers to questions. ¿Cuáles son los deportes que es posible ver en la tele? ¿Cuál es el deporte más popular? ¿Por qué?

(2) 3-38 En la tele. Read the TV sports schedule and tell each other what you are going to watch and at what time. Be prepared to share the information with the class.

MODELO: *El lunes voy a ver volibol a las once y media de la noche (23:30).*

TELEVISA PRESENTA
Deportes

lunes	martes	miércoles	jueves	viernes
19:00 Lucha lunes	19:00 Boxeo	19:00 Béisbol del invierno	19:00 Béisbol del invierno	19:00
19:30 Béisbol del invierno	19:30	19:30	19:30	19:30 Patinaje
20:00 Béisbol del invierno	20:00	20:00	20:00	20:00
20:30 Fútbol Mundial	20:30 Fútbol Mexicano: Necaxa vs. Toluca	20:30 En el gimnasio	20:30 En el gimnasio	20:30 Fútbol mundial
21:00 La Jugada	21:00 Boxeo	21:00	21:00	21:00
21:30	21:30	21:30	21:30	21:30
22:00 ECO Deportes	22:00 ECO Deportes	22:00 ECO Deportes	22:00 ECO Deportes	22:00 Fútbol a Fondo
22:30 Béisbol del invierno	22:30 Béisbol del invierno	22:30 Béisbol del invierno	22:30	22:30
23:00	23:00 Básquetbol	23:00 Básquetbol	23:00 Básquetbol	23:00
23:30 La Playa: Volibol	23:30	23:30	23:30	23:30 La Playa: Volibol
24:00 Fútbol a Fondo	24:00	24:00	24:00	24:00

(G) 3-39 Los planes. Make plans to take a trip. Use the following questions to guide you.

MODELO: ¿Adónde van?
Vamos a Puerto Vallarta con nuestros amigos de la clase de español.

1. ¿Con quiénes van?
2. ¿Adónde van?
3. ¿Por cuánto tiempo van?
4. ¿A qué hora van?
5. ¿Qué van a hacer?
6. ¿Qué no van a hacer?
7. ¿Qué van a comprar?
8. ¿Cuándo van a regresar?

5. The present tense of *estar* (to be) and the present progressive

Vínculos

Use the following instructional resources to practice the present tense of *estar* and the present progressive.

- WB/LM–OneKey: Activities: 3-21, 3-22, 3-23, 3-24, 3-55, 3-56, 3-57, and 3-58
- *Gramática viva:* Grammar Points 11, 15, and 42, Expressions of time and location, *Hay/está*, and Progressive forms (*estar* + *gerund*)
- Companion Website: Chapter 3, Review, Activity: Rev 3-7
- IRCD: pp. 99, 100, and 102

Estar

The English verb *to be* has two equivalents in Spanish, **ser** and **estar.** You have already learned the verb **ser** in *Capítulo 1,* and you have used some forms of **estar** to say how you feel, to ask how someone else feels, and to say where things and places are. The chart shows the present tense forms of **estar.**

estar (*to be*)			
yo	**estoy**	nosotros/as	**estamos**
tú	**estás**	vosotros/as	**estáis**
él, ella, Ud.	**está**	ellos/as, Uds.	**están**

- **Estar** is used to indicate the location of specific objects, people, and places.

  Ana Rosa y Carmen **están** en la cafetería.
  Ana Rosa and Carmen are in the cafeteria.

  La cafetería **está** en el centro estudiantil.
  The cafeteria is in the student center.

- **Estar** is also used to express a condition or state, such as how someone is feeling.

  ¡Hola, Luis! ¿Cómo **estás**?
  Hi, Luis! How are you?

  ¡Hola, Carmen! **Estoy** apurado.
  Hi, Carmen! I'm in a hurry.

  Elena **está** enferma.
  Elena is sick.

- Adjectives that describe physical, mental, and emotional conditions are used with **estar.**

aburrido/a	*bored*	**enfadado/a**	*angry* (España)
apurado/a	*in a hurry*	**enfermo/a**	*sick*
cansado/a	*tired*	**enojado/a**	*angry*
casado/a con	*married*	**ocupado/a**	*busy*
contento/a	*happy*	**perdido/a**	*lost*
divorciado/a	*divorced*	**preocupado/a**	*worried*
enamorado/a de	*in love with*	**triste**	*sad*

Carlos y Deborah Santana **están casados.**

Carlos and Deborah Santana are married.

El profesor Martínez **está divorciado.**

Professor Martínez is divorced.

Alicia **está enamorada** del novio de Ursula.

Alicia is in love with Ursula's boyfriend.

El presente progresivo

■ The present progressive tense describes an action that is in progress at the time the statement is made. It is formed using the present indicative of **estar** as an auxiliary verb and the present participle (the **-ando** form) of the main verb. The present participle is invariable regardless of the subject. It never changes its ending. Only **estar** is conjugated when using the present progressive forms.

Present progressive of *hablar*

yo	**estoy hablando**	nosotros/as	**estamos hablando**
tú	**estás hablando**	vosotros/as	**estáis hablando**
él, ella, Ud.	**está hablando**	ellos/as, Uds.	**están hablando**

■ To form the present participle of regular **-ar** verbs, add **-ando** to the verb stem: hablar + -ando → **hablando.**

Los niños **están bailando** en el patio.　　*The children are dancing on the patio.*

■ To form the present participle of **-er** and **-ir** verbs, add **-iendo** to the verb stem:

comer + -iendo → **comiendo**　　　escribir + -iendo → **escribiendo**

El profesor **está comiendo** en la cafetería.

The professor is eating in the cafeteria.

Estoy escribiendo la composición.

I'm writing the composition.

■ **Leer** has an irregular present participle. The **i** from **–iendo** changes to **y.**

leer + iendo → **leyendo**

EXPANSIÓN　　More on structure and usage

Para expresar el futuro

Unlike English, the Spanish present progressive is not used to express future. Spanish uses the present indicative or, as you have already seen, **ir + a +** *infinitive*.

Vamos al cine el próximo domingo.　　*We are going to the movies next Sunday.*

Regreso a la universidad el lunes.　　*I am returning to the university on Monday.*

Voy a comprar un libro mañana.　　*I'm going to buy a book tomorrow.*

Aplicación

3-40 Frida y Diego. Read the description of Frida Kahlo and Diego Rivera in 1950 and underline the uses of **estar.**

Frida y Diego están casados y viven en la Ciudad de México. Su casa está en la colonia (*neighborhood*) de Coyoacán, un barrio bonito que está cerca de la UNAM. La casa está pintada de azul, un color favorito de Frida. En este momento, Frida está pintando uno de sus cuadros famosos, con colores muy vivos, frutas y animales. Diego no está, porque está viajando por California. Frida está triste. Está enferma y extraña (*she misses*) a Diego.

La casa de Frida Kahlo

3-41 ¿Cómo está Frida? Answer the questions based on what you read in Activity 3-40.

1. ¿Dónde está la casa de Frida y Diego?
2. ¿De qué color está pintada la casa?
3. ¿Qué está haciendo Frida ahora?
4. ¿Por qué no está con Diego?
5. ¿Cómo está Frida? ¿Por qué?

3-42 Una conversación telefónica. Complete the telephone conversation between Mar and Pepe with the correct forms of the verb **estar.**

Pepe: ¿Bueno?

Mar: Pepe, habla Mar. ¿Cómo (1) ___estás___ tú?

Pepe: Muy bien, ¿y tú?

Mar: Yo (2) ___estoy___ bastante bien, gracias. ¡Oye!, ¿dónde (3) ___estás___ tú ahora?

Pepe: (4) ___Estoy___ en la cafetería.

Mar: ¿(5) ___Están___ Raúl y Roberto allí?

Pepe: No, ellos (6) ___están___ en la residencia estudiantil.

Mar: ¿(7) ___Están___ enfermos?

Pepe: No, (8) ___están___ cansados. Y, ¿dónde (9) ___está___ María Aurora?

Mar: (10) ___Está___ en la biblioteca porque (11) ___está___ muy ocupada.

Pepe: Nosotros también (12) ___estamos___ muy ocupados. Tenemos que terminar el proyecto para la clase de química.

Mar: Bueno, tienes que trabajar. Hablamos después. Hasta luego.

Pepe: Adiós.

3-43 ¿Dónde están? Say where the following people are based on the information given. Choose from the following places.

el banco	la clase
la biblioteca	el laboratorio de lenguas
la cafetería	el museo
la casa	el parque

MODELO: Nosotras compramos libros y cuadernos para la clase.
Estamos en la librería.

1. Javier busca un libro, y Alicia y Rebeca estudian en una mesa.
2. Comes el almuerzo y hablas con amigos.
3. Veo la televisión y bebo un refresco.
4. Ignacio camina con el perro (*dog*), y Estela corre cinco millas (*miles*).
5. Yolanda escribe un cheque por cuatro mil pesos.
6. Los estudiantes escuchan a la profesora.
7. Vemos esculturas de un artista famoso.
8. Escucho diálogos en español del manual de actividades.

3-44 ¿Qué están haciendo? ¿Dónde están? Say what the following people are doing and where they are.

MODELO: Mis amigos —— para un examen de biología.
Mis amigos están estudiando para una examen de biología. Están en el laboratorio de biología.

1. Yo <u>estoy bebiendo</u> un refresco. <u>Estoy</u> en la cafetería.
2. Mi padre <u>está</u> en el sofá. <u>Está</u> en casa.
3. Nosotros <u>estamos viendo</u> la televisión. <u>Estamos</u> en casa.
4. Ramón <u>está</u> en Guadalajara. <u>Está</u> en México.
5. Tú <u>estás comiendo</u> un bocadillo. <u>Estás</u> en la cafetería.
6. Samuel <u>está jugando</u> fútbol. <u>Está</u> en el estadio/parque.
7. El joven <u>está leyendo</u> una novela. <u>Está</u> en la biblioteca.
8. Mis amigos <u>están bailando</u> tango. <u>Están</u> en la disco.

❷ 3-45 En la cafetería. Say how these people feel and why. Work together to write a conversation between two people and write a description of another person in the drawing. Use **estar** with adjectives and expressions with **tener.**

apurado/a	enfermo/a
cansado/a	nervioso/a
contento/a	ocupado/a
enamorado/a	preocupado/a

MODELO: *Pedro está enfermo. Tiene mucho frío. Necesita regresar a casa.*

3-46 ¡Imagínate! Imagine what these people are doing right now.

MODELO: el presidente de México
El presidente de México está visitando Monterrey.

asistir a una fiesta	1. Chef Emeril
cantar	2. Carlos Santana
dormir	3. Salma Hayek
escribir una novela	4. Penélope Cruz y Tom Cruise
hablar con...	5. Pedro Almodóvar
hacer una película	6. Carlos Fuentes (autor)
jugar al béisbol	7. Ricky Martin y Shakira
preparar una comida	8. el vicepresidente

② 3-47 ¿Cómo estás? Imagine that you are in the following situations. Say how you feel using the verb **estar** and the appropriate adjectives.

Expansion 3-47. Develop questions based on student responses. *¿Qué hacen Uds. a la medianoche? ¿Adónde van a la medianoche los viernes? ¿Por qué?*

MODELO: en una fiesta
Estoy contento/a.

aburrido/a	contento/a	enojado/a	perdido/a
apurado/a	enamorado/a de	ocupado/a	triste
cansado/a	enfermo/a	preocupado/a	

1. a la medianoche
2. en clase
3. después de un examen
4. cuando hay mucho trabajo
5. en el hospital
6. en la playa
7. con una persona especial
8. con una persona importante
9. en una ciudad grande
10. en el gimnasio
11. después de un examen
12. lejos de mi familia

② 3-48 Lo siento, no está aquí. Take turns inventing excuses for why a friend can't come to the telephone.

MODELO: E1: *Hola, está Carlos?*
E2: *Lo siento, Carlos está ocupado ahora. Está haciendo su tarea.*

AB 3-49A ¿Qué estoy haciendo? Take turns acting out your situations while your partner tries to guess what you are doing.

MODELO: ver la televisión
E1: (act out watching TV) *¿Qué estoy haciendo?*
E2: *Estás viendo la televisión.*

1. bailar con una persona especial
2. dormir en clase
3. ver un partido (*game*) muy bueno
4. caminar sólo/a por la noche
5. ¿...?

Vínculos

Use the following instructional resources to practice the uses of *ser* and *estar*.

- WB/LM–OneKey: Activities: 3-25, 3-26, 3-27, 3-28, 3-59, and 3-60
- *Gramática viva:* Grammar Points 11, 15, 42, and 49, Expressions of time and location, *Hay/está,* Progressive forms (*estar* + *gerund*), and *Ser*
- Companion Website: Chapter 3, Review, Activity: Rev 3-8
- IRCD: p. 103, 104, and 106

6. Summary of uses of *ser* and *estar*

Ser is used

■ with the preposition **de** to indicate origin, possession, and to tell what material something is made of.

Frida y Carlos **son** de México. — *Frida and Carlos are from Mexico.*

Las pinturas **son** de Diego. — *The paintings are Diego's.*

La mesa **es** de plástico. — *The table is (made of) plastic.*

Bob es de California.

■ with adjectives to express characteristics of the subject, such as size, color, shape, religion, and nationality.

Nuestra clase **es** grande. — *Our class is large.*

El carro de Raúl **es** azul. — *Raúl's car is blue.*

Tomás **es** alto y delgado. — *Tomás is tall and thin.*

Los jóvenes **son** católicos. — *The young men are Catholic.*

Somos mexicanos. — *We are Mexican.*

■ with the subject of a sentence when followed by a noun or noun phrase that restates the subject.

Mi hermana **es** abogada. — *My sister is a lawyer.*

Juan Ramón y Lucía **son** mis padres. — *Juan Ramón and Lucía are my parents.*

■ to express dates, days of the week, months, and seasons of the year.

Es primavera.	*It's spring.*
Es el 10 de octubre.	*It's October 10.*

■ to express time.

Son las cinco de la tarde.	*It's five o'clock in the afternoon.*
Es la una de la mañana.	*It's one in the morning.*

■ with the preposition **para** to tell for whom or for what something is intended or to express a deadline.

¿**Para** quién **es** esa hamburguesa?	*For whom is that hamburger?*
La hamburguesa **es para** mi novio.	*The hamburger is for my boyfriend.*
La composición **es para** el viernes.	*The composition is for (is due) Friday.*

■ with impersonal expressions.

Es importante ir al laboratorio.	*It's important to go to the laboratory.*
Es fascinante estudiar la cultura hispana.	*It's fascinating to study Hispanic culture.*

■ to indicate where and when events take place.

La fiesta **es** en mi casa.	*The party is at my house.*
El concierto **es** a las ocho.	*The concert is at eight.*

Estar is used

La oficina de correos está allí a la derecha.

■ to indicate the location of persons and objects.

La librería **está** cerca.	*The bookstore is nearby.*
Guadalajara **está** en México.	*Guadalajara is in Mexico.*

■ with adjectives to describe the state or condition of the subject.

Las chicas **están** contentas.	*The girls are happy.*
Pedro **está** enfermo.	*Pedro is sick.*

■ with descriptive adjectives (or adjectives normally used with **ser**) to indicate that something is exceptional or unusual. This structure is often used this way when complimenting someone and in English is sometimes expressed with *look*.

Carlitos, tienes ocho años; ¡**estás** muy grande!	*Carlitos, you're eight years old; you are (look) so big!*
Señora Rubiales, usted **está** muy elegante esta noche.	*Mrs. Rubiales, you are (look) especially elegant tonight.*

Aplicación

Expansion 3-50. Draw a family tree on the board according to the paragraph. Prepare a second tree inserting a student's name as a child. Ask questions, e.g., ¿*Cómo se llaman sus padres? ¿De dónde eres? ¿Dónde está* (place)? ¿*Dónde está su padre ahora? ¿Cómo es?*

3-50 La familia de la Mora. Read the description of the de la Mora family and underline all the uses of **ser** and **estar**.

La familia de la Mora es una familia mexicana que vive en Guadalajara. Guadalajara está cerca de la costa Pacífica de México. Guillermo, el papá, es muy trabajador. Olga Marta, la mamá, es de la Ciudad de México y es muy simpática. Ellos tienen tres hijos: Billy, Martita y Erica. Billy es muy responsable. Ahora está en Alemania donde estudia ingeniería. Martita es muy inteligente. Ahora está en la capital donde visita a sus abuelos. Erica es muy alta y delgada. Además, es muy trabajadora como su papá. Ella está en la biblioteca donde está haciendo su tarea. Esta noche la familia está muy contenta porque están planeando una fiesta para el aniversario de Guillermo y Olga Marta. La fiesta es el sábado a las nueve de la noche. Es importante invitar a toda la familia y a todos los amigos.

EXPANSIÓN More on structure and usage

Changes in meaning with *ser* and *estar*

Some adjectives have different meanings depending on whether they are used with **ser** or **estar.**

ADJECTIVE	WITH *SER*	WITH *ESTAR*
aburrido/a	*to be boring*	*to be bored*
bonito/a	*to be pretty*	*to look pretty*
feo/a	*to be ugly*	*to look ugly*
guapo/a	*to be handsome*	*to look handsome*
listo/a	*to be clever*	*to be ready*
malo/a	*to be bad, evil*	*to be ill*
verde	*to be green (color)*	*to be green (not ripe)*
vivo/a	*to be smart, cunning*	*to be alive*

Recuerda: To locate an entity or event modified by an indefinite article, or a quantifier (such as **mucho, poco,** or a number), use **hay.**

Esta noche **hay** una fiesta en mi casa.	*There's a party tonight at my house.*
Hay más de 35.000.000 de hispanos en los EE. UU.	*There are more than 35,000,000 Hispanics in the U.S.*
Hay muchos jóvenes en la discoteca.	*There are many young people at the disco.*

3-51 Preguntas para la familia de la Mora. Write questions that you could ask the de la Mora family.

MODELO: *¿Dónde está Guadalajara?*

1. ¿Cómo...?
2. ¿Por qué...?
3. ¿Cuándo...?
4. ¿Quién...?
5. ¿Por qué...?

3-52 En mi casa esta noche. Complete Ana's description of her family and what is happening tonight using the correct forms of **ser** or **estar,** or the verb **hay.**

Mi familia (1) ___es___ grande, (2) ___hay___ quince personas. Mi casa (3) ___es___ pequeña. (4) ___Está___ en la calle (*street*) Florida que (5) ___está___ en el centro de la ciudad. Esta noche (6) ___hay___ una fiesta en mi casa. La fiesta (7) ___es___ a las ocho de la noche. Mis tíos llegan temprano y ahora (8) ___están___ en la sala con mi mamá. Mi tío Alfredo (9) ___es___ alto y guapo. (10) ___Es___ dentista. Mi tía Julia (11) ___es___ baja y simpática. Ella (12) ___es___ psicóloga. Mis hermanas (13) ___están___ en el patio con mi papá, pero mi hermano, Rafa, no, porque (14) ___está___ enfermo. Rafa (15) ___está___ en cama (*bed*). (16) ___Son___ las ocho y quince de la noche y (17) ___hay___ muchas personas en mi casa y veinte carros enfrente de la casa. Carlos (18) ___es___ el chico alto y guapo; Saúl (19) ___es___ el joven bajo y fuerte (*strong*). (20) ___Son___ argentinos, de Buenos Aires, la capital. ¡Bienvenidos, amigos! ¡(21) ___Hay___ música, refrescos y comida. ¡Todo (22)___es___ para nosotros!

Expansion 3-53. Bring in 5–7 celebrity photos (the names included in Activity 3-48 for example). Have a student mentally choose a photo and answer classmates' questions until they can guess which person the student has selected. You may also put names on slips of paper and a master list on the board or transparency. Students assume the celebrity's identity and answer partner's questions accordingly.

3-53 Te toca a ti. Now write a short paragraph about someone you know. Include the following information.

¿Quién es?

¿De dónde es?

¿Cómo es?

¿Dónde está ahora?

¿Qué está haciendo en este momento?

¿Por qué?

❷ 3-54 Entrevístense. Write out six questions you can ask a classmate using **ser, estar,** or **hay.** Then take turns asking each other your questions.

MODELOS: E1: *¿Cómo eres?*
E2: *Soy alto y guapo.*
E1: *¿De dónde eres?*
E2: *Soy de Ohio.*

 3-55A Dibujos (*Drawings*). Take turns describing a person using the following information while the other tries to draw the person described. Then compare your drawings with the descriptions.

MODELO: chica: 18 años, alta, bonita, triste, oficina
E1: *Es una chica. Tiene dieciocho años. Es alta y bonita. Está triste y está en la oficina.*
E2:

1. hombre, viejo, bajo, enojado, librería
2. chico, siete años, pequeño, feo, miedo, clase
3. chica, veinticuatro años, gorda, tímida, nerviosa, rectoría

¿Cuánto sabes tú? *Can you...*

☐ talk about yourself using the verb **ser** to say where you are from, your profession, what you are like, and the verb **estar** to say how you feel and what you are doing now?

☐ ask others about themselves?

☐ ask and answer questions about what you are doing (**¿Qué haces?**)?

☐ ask and answer questions about where you are going (**¿Adónde vas?**) and make plans (**¿Vamos a...?**)?

Observaciones

VIDEO Toño Villamil y otras mentiras Episodio 3

3-56 Lucía. Here is more information about Lucía. Read her self-description and answer the questions briefly in Spanish.

Soy Lucía Álvarez.

Hola, me llamo Lucía Álvarez. Soy española, de Madrid. Ahora estoy en México porque estoy haciendo una investigación para mi tesis doctoral. Mi especialidad en la universidad es la arqueología y estoy aquí para aprender más sobre la vida de los antiguos habitantes de Malinalco. Creo que este lugar (*place*) es muy importante en la historia precolombina de México.

En España, mi familia tiene un piso pequeño en el centro de la ciudad. Mis padres son profesores y trabajan en la Universidad Complutense. Yo voy a clases allí también.

Vínculos
• Student Video CD-ROM/VHS cassette, *Episodio 3: Toño Villamil y otras mentiras*

Answers to 3-56. 1. Es de Madrid. 2. Porque está haciendo una investigación para su tesis doctoral. 3. Va aprender sobre los antiguos habitantes de Malinalco. 4. en España 5. en la Universidad Complutense 6. la arqueología

1. ¿De dónde es Lucía?
2. ¿Por qué está en México ahora?
3. ¿Qué va a aprender en México?
4. ¿Dónde viven sus padres?
5. ¿Dónde trabajan ellos?
6. ¿Qué estudia Lucía en la universidad?

3-57 Isabel y Toño. Watch the third episode of *Toño Villamil y otras mentiras* where you will see the first encounter between Isabel and Toño. Keep the following questions in mind as you watch the video.

1. Isabel es de...
   _____ Madrid
   __X__ Guadalajara
   _____ Tegucigalpa

2. Isabel estudia...
   _____ arqueología
   _____ arte
   __X__ arquitectura

3. Toño dice (*says*) que es...
   _____ arquitecto
   _____ estudiante
   __X__ actor

4. Isabel busca...
   __X__ un hotel
   _____ un café
   _____ la catedral

5. Isabel está...
   _____ cansada
   _____ triste
   __X__ frustrada

6. El autobús regresa...
   _____ hoy a las cinco
   __X__ el viernes
   _____ mañana

3-58 Más preguntas. Write three other questions you would ask Toño.

MODELO: *Toño, ¿dónde vives?*

Panoramas

Teaching tips
Reinforce the verbs from this chapter by discussing activities that you can do in Mexico, for example, *En junio, voy a visitar la Ciudad de México. La capital está en el centro del país. Es muy grande. Tiene más de veinte millones de habitantes. Allí, voy a comer en un buen restaurante; voy a visitar el museo de Frida Kahlo...*

Teaching tips
Have students identify some of the places and things in *¿Ya sabes?* in the U.S. or Canada, as well as in Mexico. These images are meant to show some of the many facets of Mexico, which, like any country, has its social and economic difficulties as well as its charm.

¡México lindo!

3-59 ¿Ya sabes...? How many of the following can you name?

1. la capital de México
2. una playa bonita
3. un producto de México
4. el presidente de México
5. el Tratado de Libre Comercio en inglés
6. una antigua civilización
7. una península
8. los colores de la bandera

México es famoso por su artesanía. Si visitas la antigua ciudad colonial de Taxco, vas a ver su rica tradición de platería (*silver*).

Vínculos
- Student Video CD-ROM/VHS cassette, *Capítulo 3: Entrevistas de nuestro mundo*
- Companion Website: Chapter 3, Web Resources, *Panoramas, ¡México lindo!*

Warm-up for 3-59. Have students list things they associate with Mexico. Prompt them with broad categories such as *geografía, cultura, gente política, problemas*.

Expansion 3-59. Ask how many students have visited Mexico and encourage them to share some experiences with the class.

Para muchas personas, los mariachis con sus guitarras, bajos y trompetas representan la música folklórica mexicana. Aunque los mariachis tienen origen en el siglo XVII, todavía son populares en las fiestas y las bodas. Si vives en Guadalajara, parte de la celebración de tu cumpleaños probablemente va a ser una serenata con "Las mañanitas": una canción popular mexicana.

Muchas universidades mexicanas como El Tec de Monterrey tienen programas de intercambio con los Estados Unidos, Canadá, Europa y Asia. Los principiantes (*beginners*) toman clases de lengua y civilización. Los más avanzados toman clases de ingeniería, comercio y economía.

Las figuras de madera son hechas a mano por artesanos de Oaxaca. Representan animales y seres fantásticos.

UNIDOS

Golfo de México

CUBA

Tampico

Mérida • Cancún

Bahía de Campeche

ORIENTAL • Campeche

Puebla • Veracruz

Oaxaca Tuxtla Gutiérrez BELICE

SIERRA MADRE DEL SUR

GUATEMALA HONDURAS

EL SALVADOR NICARAGUA

Las maquiladoras situadas cerca de la frontera de los EE.UU. ensamblan los componentes de automóviles y aparatos electrónicos. Son tan importantes para la economía mexicana como para la norteamericana, aunque los trabajadores mexicanos reciben sueldos (*salaries*) muy inferiores a los sueldos de los norteamericanos.

La vida marina y el agua verde azul cristalina atraen a muchos turistas a la Isla de Cozumel.

3-60 ¿Dónde? Identify a place on the map on page 108-109 where you might find the following.

1. playas
2. ruinas arqueológicas
3. música folklórica
4. la casa de Frida Kahlo y Diego Rivera
5. coral y peces (*fishes*) bonitos
6. figuras de madera

3-61 ¿Cómo es México? Complete each statement logically.

1. México es nuestro vecino del...
   a. norte   (b.) sur   c. este

2. La isla de Cozumel es popular entre...
   a. los artistas   (b.) los turistas   c. los diplomáticos

3. Los mariachis se originaron en...
   (a.) la ciudad de Guadalajara
   b. la frontera con los Estados Unidos
   c. la costa del Caribe

4. Los mariachis cantan...
   a. jazz y rock   (b.) música folklórica   c. música espiritual

5. Los trabajadores de las maquiladoras son...
   a. aztecas   b. estadounidenses   (c.) mexicanos

6. Frida Kahlo...
   a. vive en la capital   (b.) es famosa por sus pinturas   c. es actriz

7. En cada región de México hay...
   (a.) artesanía   b. maquiladoras   c. pirámides

8. En muchas universidades mexicanas hay...
   a. programas de ensamblar automóviles
   b. programas de música folklórica
   (c.) estudiantes de intercambio

WWW **3-62 Investigar.** Connect with the *¡Arriba!* Web site **www.prenhall.com/arriba** to see more images by Frida Kahlo and Diego Rivera. Choose one picture or mural that you like and write a brief description. Use these questions as a guide.

1. ¿Cómo se llama la pintura? ¿Quién es el artista?
2. ¿Hay personas? ¿Cuántas? ¿Cómo son?
3. ¿Hay objetos? ¿Qué son?
4. ¿Hay animales? ¿Cómo son?
5. ¿Qué colores predominan?
6. ¿Te gusta la pintura?

Vínculos
• Instructor's Music CD: *Capítulo 3: Ritmos de nuestro mundo*
• Companion Website: Chapter 3, Web Resources, *Ritmos: Los Originales de San Juan (México)*

Ritmos

"El Chapo" (Los Originales de San Juan, Mexico)

This song is a Mexican **corrido,** a form of folk ballad that typically expresses aspects of Mexican life, in lyric, epic, or narrative form. Common themes can be an event, a folk hero, or an economic or political situation. This **corrido** tells the story of **El Chapo,** a local character from Michoacán.

Antes de escuchar

3-63 Lugares mexicanos. If you look at a map of Mexico you will find that many of the place names are of Mayan and Aztec (indigenous) origin, not Spanish. Skim the lyrics of "El Chapo" (on page 111) and list the Mexican place names that are mentioned.

A escuchar

3-64 Un personaje mexicano. As you listen to "El Chapo", choose *a, b,* or *c,* to complete the sentences. Refer to the partial lyrics below as you do this exercise.

1. El Chapo creció en...
   a. el mar.   b. la capital.   c. los montes.

2. "El Chapo" es un...
   a. apellido.   b. apodo.   c. insecto.

3. Él es de gente...
   a. tímida.   b. brava.   c. antipática.

4. Su hermano sabe usar...
   a. una pistola.   b. el dinero.   c. los billetes.

5. El Chapo nació en...
   a. Michoacán.   b. Antúnez.   c. Jalisco.

El chapo

1. Nació y creció entre los montes
   Nunca lo podrá olvidar
   Él es de merito Antúnez
   Muy cerca de Apatzingán
   Por su apodo conocido
   El Chapo de Michoacán
   ...

2. Desciende de gente brava
   De los famosos Arriola
   Su hermano, el manchado es gallo
   Que sabe usar la pistola
   ...

3. El Chapo sí que merece
   Que le cante su corrido
   El Chapo nació en Jalisco
   Pero se crió en Michoacán
   ...

Después de escuchar

3-65 Comprensión. After you listen to "El Chapo" complete the following sentences with the correct form of **ser** or **estar** based on what you hear and read in the lyrics.

1. El Chapo _____es_____ de Jalisco originalmente.
2. Jalisco y Michoacán _____están_____ en México.
3. La gente de El Chapo _____es_____ brava.
4. Su gente _____está_____ en Antúnez.

3-66 Entrevista con El Chapo. Now imagine that you are going to interview El Chapo or a well-known person from Mexico that you have learned about in this chapter. Using these verbs listed below, write five questions that you would ask this person to find out more about his or her daily life and culture in Mexico. With a classmate take turns asking and answering each other's questions.

ser   estar   ir   hacer   tener

Teaching tips
Students are likely to be familiar with *mariachi* music. According to legend, but probably untrue, the name originated from the time of the French occupation of Mexico beginning in 1861. The marriage ceremony between two French aristocrats was about to begin when the father of the bride discovered the French musicians he had contracted had not appeared. He went running down the street shouting *marriage* in French. A group of Mexican folk musicians with typical instruments responded to the cry with *sí, mariachi,* and thus began the tradition of mariachis performing at weddings and other festivities in Mexico. Maximilian, the emperor of Mexico installed by Napoleon, was executed in 1867, thus ending French rule.

Páginas

Cultura azteca en Londres

Antes de leer

3-67 Una hipótesis. Use the text format, title, and other visual clues or background knowledge to get an idea of what the text is about. As you read, test your hypothesis to see if your initial guesses were correct. Sometimes, you will have to revise your hypothesis as you read.

3-68 Formular una hipótesis. Answer these questions before reading to formulate a hypothesis about its content.

1. ¿Dónde?   2. ¿Quiénes?   3. ¿Cuándo?

A leer

3-69 Cultura azteca. Read the following text to discover more about the Aztec culture.

Cultura azteca en Londres

La Real Academia de Arte de Londres abre su exhibición titulada *Aztec*, que representa una de las colecciones más impresionantes de arte y arqueología azteca jamás vista fuera (*never seen outside*) de México. Desde esculturas de tamaño humano, máscaras y hermosas (*beautiful*) obras de arte, hasta joyas (*jewels*) de oro y turquesas, los visitantes disfrutan con estas reliquias de la cultura de una de las civilizaciones más complejas e importantes en la historia de la humanidad.

La Ciudad de México fue construida encima de (*on top of*) la ciudad azteca, Tenochtitlán.

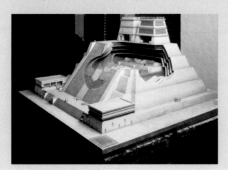

Con más de 300 piezas y la más alta tecnología en realidad virtual, la exhibición sin precedentes transporta a los visitantes a la era precolombina con la recreación de la capital azteca y el magnífico templo de Tenochtitlán, considerados el centro físico y simbólico de esta legendaria civilización.

Después de leer

3-70 ¿Comprendiste? Complete each statement logically.

1. La exhibición es en...
   a. México.   b. Inglaterra.   c. los Estados Unidos.
2. La colección incluye...
   a. figuras grandes.   b. pinturas de los años 1950.   c. animales exóticos.
3. En total, hay más de... piezas.
   a. tres mil   b. trescientas   c. trece mil
4. La capital azteca se llama...
   a. Londres.   b. Tenochtitlán.   c. México, D.F.
5. Hoy en día la Ciudad de México es...
   a. una ruina.
   b. una ciudad encima de (*on top of*) un sitio arqueológico.
   c. una civilización legendaria.

WWW **3-71 El Museo de Antropología.** Connect with the *¡Arriba!* Web site **www.prenhall.com/arriba** to visit this renowned museum in Mexico City. Look for the following information.

1. el costo de admisión (NP: pesos mexicanos)
2. las horas cuando está abierto
3. los días cuando está cerrado
4. quiénes entran gratis
5. una pieza interesante

❷ **3-72 En mi opinión.** Compare your opinions with a classmate's by responding to the following statements.

Sí, seguramente...   Sí, probablemente...   No...

1. Voy a visitar México algún día.
2. Voy a visitar el Museo de Antropología.
3. Voy a visitar Londres.
4. Me gusta la arqueología.
5. Me gusta el arte.

Taller

3-73 Una carta personal.

Antes de escribir

■ Respond to these questions before writing a letter to a friend or family member about your student experience.

¿Dónde estás?
¿A qué hora son tus clases?
¿Recibes buenas notas (*grades*)?
¿Dónde comes?
¿Te gusta la universidad?
¿Qué vas a hacer mañana?
¿Cuál es la fecha de hoy?

¿Qué estudias este semestre (trimestre/año)?
¿Cómo son los profesores?
¿Con quién asistes a tus clases?
¿Adónde vas por la noche?
¿...?

Teaching tips
The *Antes de escribir* section can be done in class in pairs or individually. Remind students of their audience, that is, someone will read and respond to their letter.

A escribir

■ Use the letter format that follows, beginning with the place, date, and a greeting.
■ Incorporate your answers to the previous questions in the letter. Connect your ideas with words such as **y, pero,** and **porque.**
■ Ask your addressee for a reply to your letter.
■ Close the letter with a farewell: **Un abrazo de...**

Después de escribir

■ **Revisar.** Review the following elements of your letter:
  ☐ use of **ir, hacer,** and other **-er** and **-ir** verbs
  ☐ use of **ser** and **estar**
  ☐ agreement of subjects and verbs
  ☐ agreement of nouns and adjectives
  ☐ correct spelling, including accents

■ **Intercambiar**
  Exchange your letter with a classmate's; make grammatical corrections and content suggestions. Then, respond to the letter.

■ **Entregar**
  Rewrite your original letter, incorporating your classmate's suggestions. Then, turn in your revised letter and the response from your classmate to your instructor.

Querida Raquel:

Monterrey, 14 de octubre de 2005

Hoy es el 14 de octubre y estoy aquí en la biblioteca del Tec...

Un abrazo de...

Vínculos
• Assessment: TestGen or paper test in the IRM

4 ¿Cómo es tu familia?

OBJETIVOS COMUNICATIVOS

Rigoberta Menchú recibió el Premio Nóbel por su lucha por los derechos humanos de los indígenas de Guatemala.

La América Central I: Guatemala, El Salvador, Honduras

«Al hombre mayor, dale honor.»

La civilización maya era (*was*) una de las más avanzadas de las Américas.

Refrán: Respect your elders.

PRIMERA PARTE

¡Así es la vida!

Un correo electrónico

Juan Antonio recibe un correo electrónico de su buena amiga Ana María Pérez, una joven guatemalteca que estudia en la universidad con él. Juan Antonio es costarricense y vive en San José. Ana María pasa las vacaciones de verano con su familia.

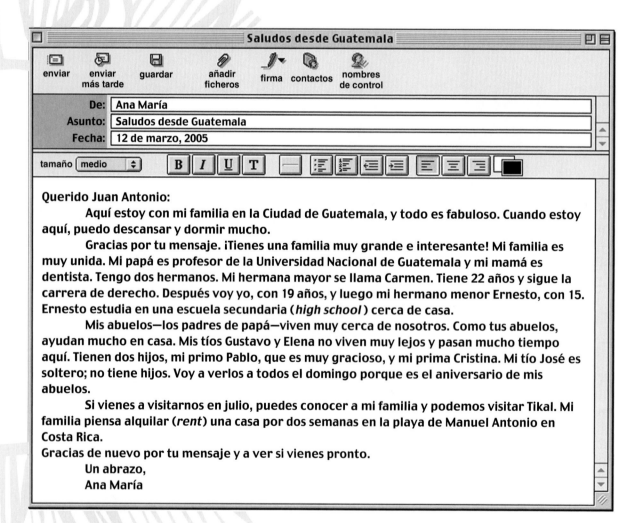

Saludos desde Guatemala

enviar   enviar más tarde   guardar   añadir ficheros   firma   contactos   nombres de control

De: Ana María
Asunto: Saludos desde Guatemala
Fecha: 12 de marzo, 2005

tamaño medio   B I U T

Querido Juan Antonio:

Aquí estoy con mi familia en la Ciudad de Guatemala, y todo es fabuloso. Cuando estoy aquí, puedo descansar y dormir mucho.

Gracias por tu mensaje. ¡Tienes una familia muy grande e interesante! Mi familia es muy unida. Mi papá es profesor de la Universidad Nacional de Guatemala y mi mamá es dentista. Tengo dos hermanos. Mi hermana mayor se llama Carmen. Tiene 22 años y sigue la carrera de derecho. Después voy yo, con 19 años, y luego mi hermano menor Ernesto, con 15. Ernesto estudia en una escuela secundaria (*high school*) cerca de casa.

Mis abuelos—los padres de papá—viven muy cerca de nosotros. Como tus abuelos, ayudan mucho en casa. Mis tíos Gustavo y Elena no viven muy lejos y pasan mucho tiempo aquí. Tienen dos hijos, mi primo Pablo, que es muy gracioso, y mi prima Cristina. Mi tío José es soltero; no tiene hijos. Voy a verlos a todos el domingo porque es el aniversario de mis abuelos.

Si vienes a visitarnos en julio, puedes conocer a mi familia y podemos visitar Tikal. Mi familia piensa alquilar (*rent*) una casa por dos semanas en la playa de Manuel Antonio en Costa Rica.

Gracias de nuevo por tu mensaje y a ver si vienes pronto.

Un abrazo,
Ana María

Expansion *¡Así es la vida!* Read the following questions about the e-mail and have students answer orally. *¿Quién escribe el correo electrónico? ¿Quién recibe el correo electrónico? ¿Dónde vive Ana María? ¿Cómo es su familia? ¿Quiénes viven en casa? ¿Quiénes viven cerca? ¿Dónde va a pasar sus vacaciones Ana María? ¿Qué le invita a hacer a Juan Antonio?*

Teaching tips

Take 5–10 minutes to warm up and review information from the previous lesson by having students take turns dictating each other numbers and dates. Ask students what they do in various buildings on campus, where they are going after class, and where buildings are located.

Introduce this lesson by talking about your "famous" family made up of celebrities students will know. Ask students to silently read the e-mail message to identify members of the family that Ana María mentions.

Miembros de la familia

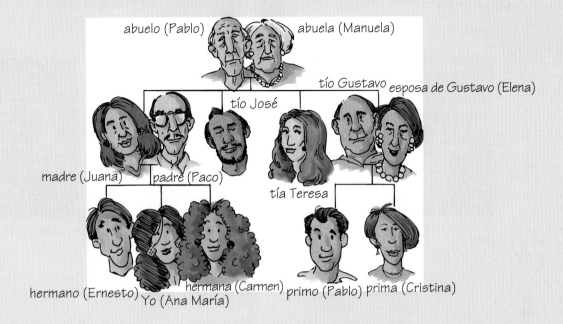

abuelo (Pablo) · abuela (Manuela)

tío Gustavo · esposa de Gustavo (Elena)

tío José

madre (Juana) · padre (Paco)

tía Teresa

hermano (Ernesto) · Yo (Ana María) · hermana (Carmen) · primo (Pablo) · prima (Cristina)

Otros miembros de la familia

el/la hermanastro/a	*stepbrother / stepsister*
el/la hijo/a	*son / daughter*
la madrastra	*stepmother*
el/la nieto/a	*grandson / granddaughter*
el/la novio/a	*boyfriend / girlfriend; groom / bride*
el padrastro	*stepfather*
el/la sobrino/a	*nephew / niece*

La familia política (*in-laws*)

el/la suegro/a	*father-in-law / mother-in-law*
el yerno	*son-in-law*
la nuera	*daughter-in-law*
el/la cuñado/a	*brother-in-law / sister-in-law*

Verbos

dormir (ue)	*to sleep*
pasar	*to spend (time)*
pensar (ie)	*to think; intend (to do something)*
poder (ue)	*to be able, may, or can*
seguir (i)	*to follow; to continue*
venir (ie)	*to come*

Adjetivos

gracioso/a	*funny, witty*
mayor	*older*
menor	*younger*
soltero/a	*single, unmarried*
unido/a	*close, close-knit*

Vínculos

Use the following instructional resources to practice *miembros de la familia*.
- Companion Website: Chapter 4, Review, Activity: Rev 4-1
- IRCD: pp. 117, 118, and 119

Teaching tips

The verbs in *¡Así lo decimos!* will be presented in detail in this lesson. Use some of them in context to aid comprehension, but do not try to force production of more than the *yo* form until later.

Suggestion for *¡Así lo decimos!* Have students create a real or fictitious family tree using photographs of their family or from a celebrity magazine. They can describe their family to another class member who will report the information to the class or write a summary of the information, e.g., *En la familia de... hay cinco personas: sus padres, su hermana, su hermanastro y él.* As the second class member reports, begin to ask the rest of the class to compare reports, e.g., *John dice que hay cinco personas en la familia de... ¿Es más grande su familia que la familia de...? ¿Quién tiene más hermanos?*

Suggestion for *¡Así lo decimos!* Have students play charades with these actions and other class members guess the infinitive of the verbs.

Expansion 4-2. Have students imagine that they are grandparents bragging about their families. Write the following words on the board or on a transparency and have students take turns forming sentences. For example, *nieto/Tito/paciente→Nuestro nieto Tito es muy paciente.* 1. nieta/Isabel/inteligente 2. hija/Rosaura/bueno 3. hijo/Humberto/alegre 4. nietos/Joaquín y José/guapo 5. sobrinas/Ramona y Meche/simpático 6. nieta/Andrea/trabajador 7. hijas/Mabel y Susana/bonito 8. sobrino/José Miguel/responsable

Suggestion 4-2. Ask students additional questions based on these items, e.g., *En tu familia, ¿quién es una persona rica? ¿Quién es alegre?*

Aplicación

4-1 ¿Quién es mayor? Match the photos of four famous people with their nationality and date of birth, then answer the questions below.

MODELO: *Edward James Olmos es méxicoamericano. La fecha de su nacimiento es 1947.*

1. Edward James Olmos

2. Shakira

3. Raquel Welch

4. Enrique Iglesias

colombiano/a _____ 1977
boliviano/a _____ 1940
español/a _____ 1975
méxicoamericano/a _____ 1947

¿Quién es el/la mayor?   Raquel Welch es la mayor.
¿Quién es el/la menor?   Shakira es la menor.
¿Cuál es tu favorito/a?

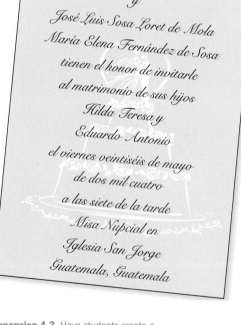

Joaquín Beléndez Buenahora
Hilda Ferrero Bravo
y
José Luis Sosa Loret de Mola
María Elena Fernández de Sosa
tienen el honor de invitarle
al matrimonio de sus hijos
Hilda Teresa y
Eduardo Antonio
el viernes veintiséis de mayo
de dos mil cuatro
a las siete de la tarde
Misa Nupcial en
Iglesia San Jorge
Guatemala, Guatemala

4-2 ¿Quiénes son? Identify people or families that meet the following descriptions.

MODELO: una persona mayor que tú
Mi hermano es mayor que yo.

1. una familia unida
2. un chico gracioso
3. un hombre soltero
4. una persona rica
5. una persona menor que tú

4-3 La boda de Hilda y Eduardo. Answer the questions based on the following wedding invitation.

1. ¿Quiénes son los novios?
2. ¿Cómo se llama el padre del novio?
3. ¿Cómo se llama la madre?
4. ¿Quiénes son los padres de la novia?
5. ¿Cuál es el nombre completo de Hilda antes de casarse (*getting married*)?[1]
6. ¿Cuál es el nombre completo de Hilda después de casarse?[1]
7. ¿Dónde es la ceremonia?
8. ¿En qué fecha y a qué hora es la ceremonia?
9. ¿En qué estación del año es la boda?

Expansion 4-3. Have students create a wedding invitation for themselves or for a couple they know. Make a list of the guests and their relationship to the couple.

---

[1] See **Comparaciones: Nombres, apellidos y apodos** in *Capítulo 2* for information on Hispanic last names.

Answers 4-3. 1. Hilda Teresa y Eduardo Antonio 2. José Luis Sosa Loret de Mola 3. María Elena Fernández de Sosa 4. Joaquín Beléndez Buenahora y Hilda Ferrero Bravo 5. Hilda Teresa Beléndez Ferrero 6. Hilda Teresa Beléndez de Sosa 7. en la Iglesia San Jorge, Guatemala 8. el 26 de mayo de 2004 a las siete de la tarde 9. en la primavera

❷ 4-4 La familia de Hilda y Eduardo. Look at the photo and take turns pointing out the following people in Hilda's family.

1. su padre
2. sus sobrinos
3. su hermano
4. su hermana
5. sus primos
6. su abuela

AUDIO **4-5 Entre familia.** Listen to Roberto Guillén describe his family to his friend Tomás. As he talks, complete Roberto's family tree, writing in the names of the three generations of family members.

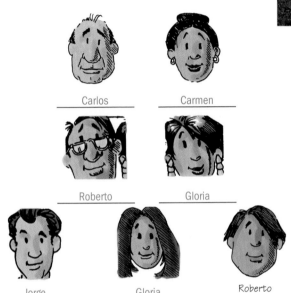

Carlos   Carmen

Roberto   Gloria

Jorge   Gloria   Roberto

4-6 ¿Quién es quién? Look again at the family tree of Ana María (on p. 117) and give the relationships for each of these people.

MODELO: *Juana es la esposa de Paco y la madre de Ernesto, Ana María y Carmen.*
Answers will vary. Some possible answers are:

1. Carmen   Carmen es la hermana de Ernesto y de Ana María.
2. Pablo   Pablo es el esposo de Manuela y el padre de Paco.
3. Elena   Elena es la esposa de Gustavo y la madre de Pablo y Cristina.
4. Gustavo   Gustavo es el esposo de Elena y el padre de Pablo y Cristina.
5. Cristina   Cristina es la hermana de Pablo y la hija de Gustavo y Elena.
6. Manuela   Manuela es la abuela de Ernesto, Ana María y Carmen.
7. Ernesto   Ernesto es el hermano de Ana María y Carmen.
8. Paco   Paco es el padre de Ernesto, Ana María y Carmen y el esposo de Juana.

❷ 4-7 Tu árbol genealógico. Draw your family tree, or an imaginary one. Then tell each other about the family based on the tree.

Expansion 4-4. Ask students to elaborate with more information about the photo. *¿Es una familia tradicional? ¿Cuántas personas hay en la familia? ¿Por qué sacan la foto? ¿Cuántos años tiene...? ¿Qué les gusta hacer a los primos?*

Audioscript for 4-5.
Tomás, te voy a hablar de mi familia. Somos siete en casa, mis padres, mis dos abuelos, mis dos hermanos y yo. Mi padre se llama Roberto. Por eso, yo soy Roberto Guillén, hijo. Mi mamá es Gloria, y mi hermana menor tiene el nombre de mi mamá. Mi hermana Gloria tiene 8 años. Mi hermano Jorge tiene 21 años. Los padres de mi madre viven con nosotros también. Mi abuelo Carlos tiene 70 años. Mi abuela Carmen tiene 72 años. ¿Qué te parece?

Warm-up for 4-5. To facilitate students' comprehension ask questions before beginning the activity. *¿Cuántos hermanos tiene Roberto? ¿Están divorciados sus padres? ¿Cuántos hermanos tienen Uds.?*

Expansion 4-6. Have students describe the people, e.g., *Pablo es viejo.*

Warm-up for 4-9. Have students brainstorm the questions for each category: *¿Cuántas personas hay en la familia? ¿Cuál es el parentesco (relationship) con usted? ¿Es su madre? ¿Cómo se llaman? ¿Cuántos años tienen? ¿Cuál es su profesión? ¿Dónde trabajan?*

Teaching tips

Invent a context in which you use some of the stem-changing verbs to talk about your family. Then test comprehension by asking students to identify a person for each action, e.g., *Tengo una familia pequeña: mi mama, mis dos hermanos y mi perro. En casa, mi mamá prefiere ver la televisión; mi hermano mayor siempre quiere estar con sus amigos. Me hermana menor prefiere leer una novela. Mi perro siempre quiere salir y jugar con los otros perros. Yo prefiero dormir porque trabajo mucho y estoy muy cansado/a. ¿Quién...?* You can repeat the same context when you introduce the direct object pronouns so that students become accustomed to the names, e.g., *En casa, veo a mi mamá → la veo. No veo a mi hermano porque está con sus amigos → no lo veo.*

(AB) 4-8A ¿Cómo es tu familia? With a classmate, take turns asking and answering questions about your families.

MODELO: E1: *¿Viven tus abuelos con tu familia?*
 E2: *Sí, viven con nosotros. ¿Y tus abuelos?*
 E1: *No, mis abuelos no viven con nosotros.*

1. Tu familia ¿es grande o pequeña?
2. ¿Tienes hermanastros?
3. ¿Cómo son tus padres?
4. ¿De dónde son tus padres?
5. ¿Cuántos tíos tienes?
6. ¿...?

4-9 El censo. Imagine that you work for the Census Bureau. Ask a classmate for the information you need to complete the census form. Use the following questions as a guide.

1. ¿Cuántas personas hay en su familia?
2. ¿Cómo se llaman?
3. ¿Cuántos años tienen?
4. ¿Cuál es su profesión?
5. ¿Cuál es su relación con usted?

número de personas:	_____			
nombre:	_____	_____	_____	_____
edad:	_____	_____	_____	_____
profesión:	_____	_____	_____	_____
relación:	_____	_____	_____	_____

¡Así lo hacemos! Estructuras

Vínculos

Use the following instructional resources to practice the present tense of stem-changing verbs: e → ie, e → i, and o → ue.
- WB/LM-OneKey: Activities: 4-4, 4-5, 4-6, 4-7, 4-38, 4-39, 4-40, 4-41, and 4-42
- *Gramática viva:* Grammar Point 59, Verbs with stem changes
- Companion Website: Chapter 4, Review, Activity Rev 4-2
- IRCD: pp. 120, 121, 122, and 124

1. The present tense of stem-changing verbs: e → ie, e → i, o → ue

You have already learned how to form regular **-ar**, **-er**, and **-ir** verbs and a few irregular verbs. This group of verbs, including **querer**, requires a change in the stem vowel[1] of the present indicative forms, except **nosotros/as** and **vosotros/as**.

querer (*to want, to love*)			
yo	qu**ie**ro	nosotros/as	queremos
tú	qu**ie**res	vosotros/as	queréis
él, ella, Ud.	qu**ie**re	ellos/as, Uds.	qu**ie**ren

El cambio e → ie

empezar	*to begin*
entender	*to understand*
pensar *(+ inf.)*	*to think; to plan (to do something)*
perder	*to lose*
preferir	*to prefer*

Te **quiero**, mi amor.	*I love you, my love.*
Pensamos mucho en nuestro abuelo.	*We think about our grandfather a lot.*
Pienso ver una película esta noche.	*I plan to see a movie tonight.*
¿A qué hora **empieza** la función?	*At what time does the show start?*

---

[1]In these forms the stem contains the stressed syllable.

Suggestion for ¡Así lo hacemos! Point out that the diphthong occurs in a stressed syllable, which precludes the *nosotros* and the *vosotros* forms. Have students challenge each other by saying a subject and have another student supply the verb form.

- Some common **e → ie** verbs, like **tener** (which you learned in *Capítulo 2*) and **venir** (*to come*), have an additional irregularity in the first person singular.

Suggestion for ¡Así lo hacemos! Remind students that *pedir* means "to ask for" in contrast to *preguntar*, which means to "ask a question." Model the following questions: *¿Qué preguntas en clase? ¿Qué pides en un restaurante?*

	tener	venir
yo	**tengo**	**vengo**
tú	**tienes**	**vienes**
él, ella, Ud.	**tiene**	**viene**
nosotros/as	**tenemos**	**venimos**
vosotros/as	**tenéis**	**venís**
ellos/as, Uds.	**tienen**	**vienen**

Tengo que pasar por mi novia a las ocho.

Si Ester y Juancho **vienen** el viernes, **vengo** también.

*I have to stop by for my girlfriend .
at eight*

*If Ester and Juancho come Friday,
I'll come too.*

El cambio e → i

Another stem-changing pattern changes the stressed **e** of the stem to **i** in all forms except the first- and second-person informal plural.

¡Repito! ¡No estoy enojada contigo!

pedir (*to ask for, to request*)			
yo	pido	nosotros/as	pedimos
tú	pides	vosotros/as	pedís
él, ella, Ud.	pide	ellos/as, Uds.	piden

- All **e → i** stem-changing verbs have the **-ir** ending. The following are some other common **e → i** verbs.

repetir *to repeat; to have a second helping*

seguir *to follow*

servir *to serve*

- Note that **seguir** drops the **u** in the first person: **sigo.**

Yo **sigo** el programa exactamente.
La instructora **repite** las oraciones sólo una vez.
¿**Servimos** la sopa primero?

I follow the program exactly.
The instructor only repeats the sentences one time.
Do we serve the soup first?

Ella siempre sueña que está en la playa.

Suggestion for ¡Así lo hacemos! Have students help you complete the following paragraph. Ask volunteers to give the infinitive for each verb and explain the difference between the *yo, ella,* and *nosotros/as* forms. Expand on this activity by asking related questions to students, e.g., *¿Cuántas horas duerme Ud.?*

Mi hermana Rosalía y yo somos muy diferentes. Ella duerme ocho horas todas las noches. Yo no duermo más de seis. Ella almuerza sola; yo _____ con mis amigos. Ella puede trabajar hasta las siete; yo _____ trabajar hasta las seis. Ella vuelve a casa tarde; yo _____ temprano. Rosalía siempre recuerda qué día es; yo sólo _____ si es sábado. Ella puede cantar muy bien; yo _____ tocar el piano. Somos muy diferentes, pero nos queremos mucho también.

Expansion 4-10. Personalize questions to the class. *¿A qué hora empieza la clase? ¿Quieres agua o un refresco cuando tienes sed? ¿Cuándo vuelves a la residencia estudiantil hoy? Necesito hablar contigo; ¿cuándo vienes a mi despacho?*

El cambio o → ue

volver (*to return, to come back*)

yo	**vuelvo**	nosotros/as	**volvemos**
tú	**vuelves**	vosotros/as	**volvéis**
él, ella, Ud.	**vuelve**	ellos/as, Uds.	**vuelven**

■ Another category of stem-changing verbs is one in which the stressed **o** changes to **ue.** As with **e → ie** and **e → i,** there is no stem change in the **nosotros/as** and **vosotros/as** forms.

■ Other commonly used **o → ue** stem-changing verbs are:

almorzar	*to have lunch*
costar[1]	*to cost*
dormir	*to sleep*
encontrar	*to find*
jugar[2] **a**	*to play*
poder	*to be able, can*
recordar	*to remember*
soñar (con)	*to dream (about)*

Mañana **juego** al tenis con mi tía.	*Tomorrow I'm playing tennis with my aunt.*
Almorzamos en el club todos los sábados.	*We have lunch at the club every Saturday.*
¿Sueñas con ser rico algún día?	*Do you dream about being rich one day?*
No **recuerdo** a mi abuela muy bien.	*I don't remember my grandmother very well.*

Aplicación

4-10 ¿Quién dice qué? At family functions people often seem to all be talking at once. Match the questions and statements on the left with logical rejoinders on the right.

1. Oye, Pancho, ¿cuándo vuelves a casa esta noche?
2. Sarita, ¿quieres agua o un refresco?
3. Tomás, ¿a qué hora vienes mañana?
4. Abuelita, ¿puedes jugar con los niños?
5. Papá, ¿vas a dormir todo el día?
6. Toño, son las 8:30. ¿Cuándo empieza la fiesta?
7. Pedro, ¿quiénes juegan en la serie mundial?
8. Tía, ¿quién sirve los refrescos?

a. __2__ Prefiero café, por favor.
b. __5__ Es que no duermo bien por la noche.
c. __1__ Vuelvo antes de la medianoche.
d. __6__ Empieza a las 9:30.
e. __7__ Seguramente los Yankis.
f. __8__ Yo sirvo el café; tu tío sirve la limonada.
g. __3__ Vengo a las 5:30.
h. __4__ Ahora, no. Juego con ellos más tarde.

---

[1]**Costar** is conjugated only in the third person of singular and plural.

[2]**Jugar** follows the same pattern as **o → ue** verbs, but the change is **u → ue.**

4-11 Una entrevista con Rigoberta Menchú. Rigoberta Menchú received the Nobel Peace Prize in in 1992 for her work with the indigenous peoples of Guatemala. Read the interview with her, and underline all of the stem-changing verbs.

Reportera: Señora, usted es famosa por su trabajo con los indígenas de Guatemala. ¿Qué piensa hacer ahora?

Rigoberta: Pienso seguir trabajando por los derechos humanos para todos los guatemaltecos.

Reportera: ¿Viene a Washington este año?

Rigoberta: No, pero sirvo en un comité de las Naciones Unidas. Por eso, pienso ir a Nueva York.

Reportera: ¿Recuerda bien la ceremonia de los Premios Nóbel?

Rigoberta: Sí, recuerdo muy bien la ceremonia, pero no puedo recordar los nombres de toda la gente. Algún día voy a volver a Estocolmo para visitar también los museos.

Reportera: ¿Con qué sueña usted, señora?

Rigoberta: Sueño con la paz en el mundo.

4-12 ¿Comprendes? Answer the following questions based on the interview.

1. ¿Por qué es famosa Rigoberta Menchú?
2. ¿Qué piensa hacer este año?
3. ¿Por qué va a Nueva York?
4. ¿Qué no recuerda bien de su tiempo en Estocolmo?
5. ¿Por qué quiere volver?
6. ¿Con qué sueña ella ahora?

4-13 María Rosa y David. María Rosa and her boyfriend, David, are trying to make plans for this Friday in San Salvador. Complete her explanation with a logical verb from the list. (In some cases you have a choice of more than one verb.)

cuestan	juego	piensa	pierde	queremos
entiende	pensamos	prefiero	puede	quiere

Mi novio y yo (1) __queremos__ hacer planes para el viernes. Nosotros (2) __pensamos__ ir al cine. David (3) __quiere__ ver una película (*movie*) de acción pero para mí no son interesantes. Yo (4) __prefiero__ las películas francesas pero David no (5) __entiende__ francés. Mi madre (6) __piensa__ que debemos jugar al tenis. David (7) __puede__ jugar tenis, pero yo no (8) __juego__ muy bien. A David no le gusta jugar conmigo porque siempre (9) __pierde__. También hay un concierto el viernes, pero los boletos (*tickets*) (10) __cuestan__ mucho. ¡Es mejor pasar el viernes mirando de la televisión!

❷ 4-14 ¿Y tu familia? Use the following information to form at least six sentences in Spanish that describe your activities and those of your friends and family. Add other words as necessary.

MODELO: *Almuerzo con mis amigos en la cafetería.*

yo	**almorzar**	temprano (tarde)
tú	pedir	**cafetería**
mis padres	pensar	fútbol (tenis, béisbol...)
mi abuelo/a	dormir	casa (restaurante...)
tú y yo	soñar (con)	la carrera de...
mi hermano/a	jugar (al)	cantar (bailar...)
mi mejor amigo/a	recordar	dinero (su novio/a)
mis primos	seguir	planes para...
mis tíos	volver (a)	todos los días (mañana...)
¿...?		mucho (poco)
		México (casa, la biblioteca...)
		estudiar mucho

Suggestion for 4-11. Bring in a map for students to help them locate Stockholm. Ask students to identify other recipients of the Nobel Peace Prize. (2003 Shirin Ebadi, 2002 Jimmy Carter Jr., 2001 Kofi Annan and the United Nations)

Answers to 4-12. 1. Es famosa porque ganó el Premio Nóbel de la Paz. 2. Piensa ir a Nueva York. 3. Sirve en un comité de las Naciones Unidas. 4. No puede recordar los nombres de toda la gente. 5. Quiere volver para visitar los museos. 6. Sueña con paz en el mundo.

Suggestion for 4-15. This activity may be turned into a race. Set an egg timer or bring a bell to class. The pair/group with the most correctly written sentences wins.

Warm-up for 4-18. Begin with general discussion of movie preferences of the class or in general, e.g., *Los estereotipos... ¿Es un estereotipo? ¿Cierto o falso?* _____ 1. *Las mujeres prefieren las películas sentimentales.* _____ 2. *Los jóvenes prefieren las películas humorísticas.* _____ 3. *Los mayores de 50 años quieren ver películas de misterio.* _____ 4. *Los hombres siempre ven las películas de acción.* _____ 5. *Las parejas quieren ver las películas románticas.*

Suggestion for 4-18. Brainstorm questions about preferences with students. *¿Qué película quiere ver Usted? ¿Por qué? ¿Qué prefieren ver Ustedes?*

4-15 La fiesta de cumpleaños. You are organizing a surprise birthday party for a relative. Pair up to discuss your plans and take turns responding to these questions.

Modelo: ¿Quién tiene un cumpleaños?
Mi abuelo tiene un cumpleaños.

1. ¿Cuántos años tiene?
2. ¿Qué día piensas hacer la fiesta?
3. ¿Qué parientes van a estar?
4. ¿Cuántos amigos quieres invitar?
5. ¿A qué hora comienza la fiesta?
6. ¿Cuánto cuestan las bebidas y comidas que piensas servir?
7. ¿Qué música prefieres para la fiesta?
8. ¿Qué juegos (*games*) podemos tener para los niños?

(AB) 4-16A El/La curioso/a. Take turns asking each other about your family. Use the following questions to get started.

1. ¿Cuándo almuerzan ustedes con la familia?
2. ¿Prefieren comer en casa o en un restaurante?
3. ¿Qué sirven en una cena especial?
4. Después de una cena especial, ¿duermen o ven la televisión?
5. ¿Dónde prefieres vivir, en casa con tu familia o en un apartamento? ¿Por qué?

(G) 4-17 ¡Sean creativos! Write a story, poem, dialog, or rap verse using the following verbs from the list. Be prepared to present it orally to the class.

almorzar	empezar	pedir	poder	servir
costar	encontrar	pensar	preferir	soñar
dormir	jugar	perder	recordar	volver

En el cine

Amores perros ★★★★
Ciudad de México, un fatal accidente automovilístico. Tres vidas chocan entre sí y nos revelan lo perro (*feo*) de la naturaleza humana. Jamás una película refleja con tanto realismo y crudeza, el caos de la ciudad más grande y poblada del mundo.

Piñero ★★★
Esta película narra la vida trágica y tempestuosa de Miguel Piñero, un poeta, dramaturgo y actor nuyorican cuyo trabajo se considera precursor de la música "rap". Piñero murió a los 42 años de SIDA.

Hable con ella ★★★★
Una película de Almodóvar con diálogos increíbles: Benigno, un enfermero, lleva años cuidando a Alicia, una bailarina comatosa. Marco, novio de una mujer torera (*bullfighter*), ahora enfrenta el mismo problema. La tragedia une a esos dos hombres…

El mismo amor, la misma lluvia (*rain*) ★★★
A los 28 años, Jorge vive de los cuentos que escribe para una revista (*magazine*). Una noche Jorge conoce a Laura, una camarera que espera el regreso de su novio, un artista de quien no tiene noticias hace meses. Película argentina que se narra con amor, ironía y humor.

Y tu mamá también ★★★
Las vidas de Julio y Tenoch, dos íntimos amigos mexicanos de 17 años que sufren las tribulaciones de los jóvenes de esa edad, están bellamente pintadas por el director Alfonso Cuarón. En una boda en la Ciudad de México, conocen a Luisa, una joven mayor que ellos casada con un pariente. La invitan a una playa remota con el nombre de Boca del Cielo (*Heaven's Mouth*). El trío sale en un auto…

(G)

4-18 Las películas. A popular Hispanic magazine published reviews of the following movies. Read the reviews, then decide which of the movies is more popular among your group and why. Here are some of the types of movies.

películas
- de acción
- sentimentales
- románticas
- de misterio
- trágicas
- humorísticas
- del director español Almodóvar
- realistas
- mexicanas/argentinas/españolas

Modelo: *Quiero ver* Hable con ella *porque prefiero las películas sentimentales.*

Expansion 4-18. Create endings for the listed movies and have students connect to each movie. Then have students make up other possible endings. *El público entiende mejor la vida del D.F. El esposo de la joven sigue a los tres en su viaje. Una profesora pide que sus estudiantes lean su poesía. Por fin el novio vuelve y el protagonista está triste y solo. Los hombres piensan salir del hospital con sus novias en estado de coma.*

2. Direct objects, the personal *a*, and direct object pronouns

Los complementos directos

■ A direct object is the noun that generally follows, and receives the action of, the verb. The direct object is identified by asking *whom* or *what* about the verb. Note that the direct object can either be an inanimate object (**un carro**) or a person (**Luis**).

Pablo va a comprar **un carro**.	*Pablo is going to buy a car.*
Anita está llamando **a su amigo Luis**.	*Anita is calling her friend Luis.*

La *a* personal

■ When the direct object is a definite person or persons, an **a** precedes the noun in Spanish. This is known as the personal **a**. However, the personal **a** is omitted after the verb **tener** when it means *to have* or *possess*.

Veo **a** Pablo todos los días.	*I see Paul every day.*
Quiero mucho **a** mi papá.	*I love my father a lot.*
Julia y Ricardo tienen un hijo.	*Julia and Ricardo have a son.*

■ The personal **a** is not used with a direct object that is an unspecified or indefinite person.

Ana quiere un novio inteligente.	*Ana wants an intelligent boyfriend.*

■ The preposition **a** followed by the definite article **el** contracts to form **al**.

Llaman **al** médico.	*They are calling the doctor.*
Alicia visita **al** abuelo.	*Alice visits her grandfather.*

■ When the interrogative **quién(es)** requests information about the direct object, the personal **a** precedes it.

¿**A** quién llama Elisa?	*Whom is Elisa calling?*

■ The personal **a** is required before every specific human direct object in a series.

Visito **a** Emilio y **a** Lola.	*I'm visiting Emilio and Lola.*

Los pronombres de complemento directo

A direct object noun is often replaced by a direct object pronoun. The chart below shows the forms of the direct object pronouns.

Singular		Plural	
me	*me*	**nos**	*us*
te	*you* (inf.)	**os**	*you* (inf.)
lo	*him, you, it* (masc.)	**los**	*you, them* (masc.)
la	*her, you, it* (fem.)	**las**	*you, them* (fem.)

■ Direct object pronouns are generally placed directly before the conjugated verb. If the sentence is negative, the direct object pronoun goes between **no** and the verb.

Te quiero, cariño.	*I love you, dear.*
¿**Me** esperas?	*Will you wait for me?*
No, no **te** espero.	*No, I won't wait for you.*

Vínculos

Use the following instructional resources to practice direct objects and the personal *a*; direct object pronouns.
- WB/LM-OneKey: Activities: 4-8, 4-9, 4-10, 4-11, 4-43, 4-44, 4-45, 4-46, 4-47, and 4-48
- *Gramática viva:* Grammar Points 9 and 28, Direct object pronouns, Personal *a*
- Companion Website: Chapter 4, Review, Activity Rev 4-3
- IRCD: pp. 125 and 128

■ Third-person direct object pronouns agree in gender and number with the noun they replace.

Quiero **el dinero.** → **Lo** quiero.
Necesitamos **los cuadernos.** → **Los** necesitamos.
Llamo **a Mirta.** → **La** llamo.
Buscamos **a las chicas.** → **Las** buscamos.

■ Direct object pronouns are commonly used in conversation when the object is established or known. When the conversation involves first and second persons (*me, we, you*), remember to make the proper transitions.

¿Dónde ves **a Jorge** y **a Adela**?	*Where do you see Jorge and Adela?*
Los veo en clase.	*I see them in class.*
¿Visitas **a tu abuela** con frecuencia?	*Do you visit your grandmother often?*
Sí, **la** visito mucho.	*Yes, I visit her a lot.*
¿**Me** llamas esta noche?	*Will you call me tonight?*
Sí, **te** llamo a las nueve.	*Yes, I'll call you at nine.*

In constructions that use the infinitive or the present progressive forms, direct object pronouns may either precede the conjugated verb or be attached to the infinitive or the present participle (**-ndo**). Note that when you attach the direct object pronoun to the **-ndo** form, a written accent is used on the vowel before **-ando.**

Adolfo va a llamar **a Ana.** — *Adolfo is going to call Ana.*
Adolfo va a llamar**la.** } *Adolfo is going to call her.*
Adolfo **la** va a llamar.
Julia está buscando **las instrucciones.** *Julia is looking for the instructions.*
Julia **las** está buscando. } *Julia is looking for them.*
Julia está buscándo**las.**

■ In negative sentences, the direct object pronoun is placed between **no** and the conjugated verb. The object pronoun may also be attached to the infinitive or to the present participle in negative sentences.

Adolfo no **la** va a llamar. } *Adolfo is not going to call her.*
Adolfo no va a llamar**la.**

Aplicación

4-19 Planes para hacer un viaje a Centroamérica. Match each question with the corresponding response.

_d_ 1. ¿Dónde compramos los boletos (*tickets*)?
_e_ 2. ¿Tienes mi pasaporte?
_b_ 3. ¿A qué hora te busco en el areopuerto?
_f_ 4. ¿Vamos a visitar el Museo Popol Vuh?
_c_ 5. ¿Es necesario cambiar dinero?
_a_ 6. ¿Quieres invitar a tu hermana también?

a. Sí, ¿quieres llamarla para ver si puede ir?
b. A las 7:00 de la mañana.
c. Sí, lo podemos cambiar en el aeropuerto.
d. Los podemos comprar en una agencia de viajes.
e. No, no lo tengo.
f. Sí, vamos a visitarlo el primer día.

4-20 Una visita al Museo Popol Vuh. This museum houses an impressive collection of art and artifacts. Read about the museum and underline all direct objects.

El Museo Popol Vuh reúne una de las mejores colecciones de arte prehispánico y colonial de Guatemala. La colección incluye obras maestras del arte maya elaboradas en cerámica, piedra (*stone*) y otros materiales. Además, posee un notable conjunto (*group*) de obras de platería e imaginería (*statuary*) colonial.

El museo está en el Campus Central de la Universidad Francisco Marroquín, ciudad de Guatemala. Este museo ofrece <u>una oportunidad</u> sin igual para apreciar la historia y cultura de Guatemala.

- *Dirección:* Avenida La Reforma, 8-60, Zona 9, 6to Piso
- *Horario:* lunes a sábado de 9:00 a 16:30 hrs.

4-21 ¿Cómo es el museo? Now answer questions based on what you have read about the museum.

1. ¿Dónde está el museo?
2. ¿Qué colecciones tiene?
3. ¿Por qué es importante?
4. ¿Cuándo está abierto?
5. ¿Lo quieres visitar algún (*some*) día?

4-22 En la universidad Francisco Marroquín. Read the conversation between Ana and Carlos, and write the personal **a** (or **al**) wherever necessary.

Ana: Oye, Carlos. ¿(1) __A__ quién ves todos los días?

Carlos: Yo siempre veo (2) __a__ Tomás en la universidad. Tomamos (3) ____ café todas las tardes.

Ana: ¿Ven (4) __a__ muchos amigos allí?

Carlos: Sí, claro. Siempre vemos (5) __a__ Elisabet y (6) __a__ Gustavo. A veces (*Sometimes*) sus compañeros de cuarto toman (7) ____ un refresco con nosotros también.

Ana: ¿Son interesantes sus compañeros de cuarto?

Carlos: Tomás y Gustavo tienen (8) ____ un compañero de cuarto muy simpático y la compañera de cuarto de Elisabet es muy sociable. Esta noche todos menos Gustavo vamos a ver (9) ____ una película muy buena. Gustavo no puede ir porque él tiene que visitar (10) __a__ la familia de su novia.

Ana: ¿Invitas (11) __a__ mi amigo Héctor también?

Carlos: ¡Claro que sí!

4-23 Carlos en Tegucigalpa. Complete the exchanges between Carlos and his tour guide in Honduras. Use a direct object pronoun in each answer. *Answers may vary.*

Modelo: GUÍA: ¿Tiene usted su pasaporte?
CARLOS: *Sí, lo tengo.*

Guía: ¿Estudia usted arquitectura colonial? Es muy bonita.

Carlos: ___Sí, la estudio.___

Guía: ¿Quiere usted ver el baile folklórico?

Carlos: ___Sí quiero verlo.___

Guía: ¿Tiene usted sus binoculares?

Carlos: ___Sí, los tengo.___

Guía: ¿Ve usted el daño (*damage*) del huracán Mitch?

Carlos: ___Sí lo veo.___

Guía: ¿Desea visitar las ruinas arqueológicas?

Carlos: ___Sí las deseo visitar.___

Guía: ¿Cuándo quieres visitar las montañas?

Carlos: ___Sí, quiero visitar las mañana.___

Guía: ¿Me llama usted esta noche?

Carlos: ___Sí lo llamo.___

Expansion 4-20. Student groups or pairs may make plans for a visit to the museum. *¿A qué hora piensan ir? ¿Prefieren ver el arte colonial o el maya? ¿Cuánto cuesta una entrada, en su opinión?*

Answers to 4-21. 1. Está en la ciudad de Guatemala. 2. Tiene una colección de arte maya y colonial. 3. Es importante porque representa la historia y cultura de Guatemala. 4. Está abierto de lunes a sábado, 9.00 a 16.30 hrs. 5. *Answers may vary.*

Suggestion for 4-23. This activity may be done orally. Student pairs may role play or the instructor may ask individual students.

La Iglesia de Nuestra Señora de Los Dolores, Tegucigalpa, Honduras

AB **4-24A Una entrevista para** *Prensa Libre*. *Prensa Libre* is an independent newspaper from Guatemala. Role play a reporter to ask your partner—a member of a famous family—questions about the following activities. Your partner will also ask you questions.

MODELO: E1: *¿Practica usted fútbol?*
E2: *No, no lo practico. Y usted, ¿escribe artículos en inglés también?*
E1: *Sí, los escribo. (No, no los escribo.)*

ACTIVIDADES

leer el periódico todos los días

llamar a su esposo/a todas las noches

preferir la comida guatemalteca

querer mucho a sus hijos

recibir dinero del gobierno

tener muchos parientes en otros países

visitar al presidente de Guatemala

¿...?

RICKY LOZA vuelve con el Festival de Jazz

El buen jazz vuelve este 16 y 17 de junio con la presentación del músico salvadoreño y un grupo de excelentes profesionales en este campo

Ricky Loza está en El Salvador para presentar nuevamente sus especiales de jazz, junto con músicos invitados. El objetivo de este festival es presentar, a los jóvenes interesados en el jazz, la esencia de este estilo musical. Tanto los fanáticos del buen jazz como aquéllos que quieren conocer este género musical podrán disfrutar del blues, la música brasileña y el latin jazz, entre otros.

La Luna
Casa y Arte
16 y 17 de junio
8:30 P.M.

Entrada: 100 colones (un día) y 150 colones (las dos noches)

4-25 El fin de semana. Read the concert poster and answer the questions that follow.
1. ¿Quién es el artista?
2. ¿De dónde es?
3. ¿Qué tipo de música toca?
4. ¿Cuándo es el concierto?
5. ¿Dónde es?
6. ¿Cuánto cuestan los boletos?
7. ¿Quieres verlo también? ¿Por qué?

G

4-26 El concierto de Ricky Loza. Imagine that you are a family making plans to attend the Ricky Loza jazz concert this weekend. Ask each other questions to determine who is to be responsible for each task.

MODELO: E1: *¿Quién prepara el coche?*
E2: *Miguel lo prepara.*

Warm-up for 4-25. Discuss general music preferences before beginning the activity. *¿Qué tipo de música prefieres? ¿Qué tipo de persona escucha jazz?¿Qué tipo de música es más popular que el jazz?¿Sueñas con conocer a un músico famoso? ¿A quién? ¿Piensas ir a un concierto este verano/invierno?*

Answers to 4-25. 1. Es Ricky Loza. 2. Es de El Salvador. 3. Toca jazz. 4. Es el 16 y el 17 de junio. 5. Es en La Luna. 6. Cuestan 100 colones (un día) 150 colones (las dos noches). 7. *Answers will vary.*

ALGUNAS RESPONSABILIDADES

buscar la cámara

buscar la ruta en el mapa

comprar el programa

comprar entradas

comprar la gasolina

invitar al/a la profesor/a

llevar los binoculares

llevar los refrescos

poner la comida en al coche

tener el mapa

preparar los sándwiches

3. The present tense of *poner, salir,* and *traer*

You have already learned some Spanish verbs that are irregular only in the first-person singular form of the present indicative tense (**hacer → hago; ver → veo**). With these verbs, all other forms follow the regular conjugation patterns.

¿Traes la comida ahora?

Sí, la pongo en la mesa en un momento.

	poner	salir	traer
yo	**pongo**	**salgo**	**traigo**
tú	pones	sales	traes
él, ella, Ud.	pone	sale	trae
nosotros/as	ponemos	salimos	traemos
vosotros/as	ponéis	salís	traéis
ellos/as, Uds.	ponen	salen	traen

Si **traes** tu libro, te ayudo con la tarea.

If you bring your book, I'll help you with your homework.

Siempre **salgo** a las ocho y veo a mis amigos allí.

I always go out at eight and see my friends there.

Vínculos

Use the following instructional resources to practice the present tense of *poner, salir,* and *traer.*
- WB/LM-OneKey: Activities: 4-12, 4-13, 4-49, 4-50, and 4-51
- Companion Website: Chapter 4, Review, Activity: Rev 4-4
- IRCD: pp. 129 and 130

EXPANSIÓN   More on structure and usage

Salir

Each of the following expressions with **salir** has its own meaning.

salir de: *to leave a place, to leave on a trip*

Salgo de casa a las siete.
I leave home at seven.

Salimos de viaje esta noche.
We leave on a trip tonight.

salir para: *to leave for (a place), to depart*

Mañana **salen para** Tegucigalpa.
Tomorrow they leave for Tegucigalpa.

¿**Sales para** las montañas ahora?
Are you leaving for the mountains now?

salir con: *to go out with, to date*

Silvia **sale con** Jorge.
Silvia goes out with Jorge.

Lucía **sale con** sus amigas esta tarde.
Lucía is going out with her friends this afternoon.

salir a (+ infinitive): *to go out (to do something)*

Salen a cenar los sábados.
They go out to have dinner on Saturdays.

¿**Sales a** caminar por la mañana?
Do you go out walking in the morning?

Suggestion for ¡Así lo hacemos! Prepare the following dialog on the board or a transparency. Choose an extrovert of the class to talk about. Complete the dialog with the students. Ask them: *¿Qué tienen en común la forma "yo" de estos verbos?* You may even illustrate with stick people.

E1: *¿Adónde sales este viernes?*
E2: *Salgo al bar/la discoteca* (put in local name).
E1: *¿Qué traes al bar?*
E2: *Trai _____ mi dinero.*
E1: *¿Dónde pones el dinero cuando bailas?*
E2: *Lo _____ en el bolsillo.*

E1: *¿Vienes a mi casa antes de ir al bar?*
E2: *Sí, _____ a tu casa y luego pasamos por* (name).
E1: *Nos vemos a las diez, entonces.*
E2: *Sí, te _____ a las 10.30.*
E1: *¿Qué dices?*
E2: *_____ ... a las 10.*

Suggestion for *Expansión.* Have students complete the following paragraph with *salir* and the appropriate preposition. *Mi hermano Rafa _____ _____ una muchacha muy simpática que se llama Cecilia. Una vez a la semana, ellos _____ _____ la casa de nuestros padres. Todos _____ _____ comer a un restaurante en el centro. Después, _____ _____ el parque donde pasan la tarde jugando al dominó.*

Aplicación

4-27 Un viaje a San Salvador. Complete the following paragraph using the correct form of a logical verb from the list below.

pone salgo salir traigo
pongo salimos trae veo

Esta tarde mi esposo y yo (1) ___salimos___ para la capital de El Salvador. Antes de (2)___salir___, (yo) (3)___pongo___ la guía turística en mi maleta (*suitcase*). Después, (4)___veo___ las noticias en la televisión para ver el pronóstico meteorológico para la capital. En mi oficina, mi secretaria me (5)___trae___ el itinerario para el viaje. Ella (6)___pone___ todos mis papeles en el maletín (*briefcase*). Ahora todo está en orden para el viaje. Mi esposo y yo vamos al aeropuerto dos horas antes del vuelo. Desafortunadamente, cuando quiero pagar al taxista, veo que no (7)___traigo___ dinero. Afortunadamente, mi esposo tiene dinero, y yo después (8)___salgo___ a buscar un cajero automático.

4-28 En una fiesta familiar. Combine subjects and complements to say what people will do to get ready for the family gathering tonight.

MODELO: *Nosotros ponemos el estéreo en el patio.*

yo	salir a comprar refrescos
nosotros/as	poner la mesa
mis tíos	traer comida
tú	salir a invitar a todos
nuestros padres	poner la casa en orden
mi abuela	hacer los sándwiches
mi primo	traer música
mi amigo	salir a buscar más sillas
¿...?	ver que todo está listo para la fiesta

Expansion 4-29. Personalize questions to your group. *¿Qué van a hacer Uds. este sábado? ¿Qué planes tienes para el fin de semana? ¿Qué traen cuando van a una fiesta en casa de una amiga? Cuando bailas en una discoteca, ¿dónde pones tu bebida?*

Tegucigalpa
18 de agosto de 2005

Querida Graciela:

El sábado tu padre y yo salimos con los señores Ramírez para visitar a tus abuelos en Copán. Tu tía Carlota va a preparar un pícnic y yo compro los platos y los refrescos. Tu papá va a ponerlo todo en el coche. Salimos de casa a las ocho de la mañana y vamos a volver a las seis de la tarde. Como siempre, veo que tenemos muchos refrescos, pero poca comida. Por eso, por la noche todos vamos a salir a un restaurante. Va a ser un día muy agradable.

Un beso y un abrazo,

–Mamá

4-29 Una carta de mamá. Read the letter that Graciela received from her mother and respond to the questions that follow.

En tu opinión...

1. ¿Dónde viven los padres de Graciela?
2. ¿Dónde viven sus abuelos?
3. ¿Adónde van esa noche?
4. ¿Cómo va a ser el día?

Answers to 4-29. 1. Viven en Tegucigalpo. 2. Viven en Copán. 3. Van a un restaurante. 4. Va a ser muy agradable.

❷ **4-30 ¿Con quién sale...?** Take turns asking each other who the following people are dating; you can also add some names. Take note of the responses. Then ask for additional information, such as where they are going, what time they are leaving, and why they are going.

Expansion 4-30. Vicente Fox (President of Mexico), Batman (comic book hero), Robin (comic book hero), Enrique Iglesias (singer), Gloria Estefan (singer), Christina Aguilera (singer), Sammy Sosa (baseball player)

MODELO: Tom Cruise
> E1: *¿Con quién sale Tom?*
> E2: *Sale con Penélope Cruz.*
> E1: *¿Adónde van?*
> E2: *Van a España.*
> E1: *¿A qué hora salen? ¿Por qué van?*
> E2: *Salen a la medianoche. Van porque quieren hablar con sus padres.*

tú	Sammy Sosa	el presidente de Guatemala
Vicente Fox	Christina Aguilera	Enrique Iglesias
Gloria Estefan	ustedes	su esposo/a
nosotros	Rigoberta Menchú	el ministro de cultura de El Salvador
Batman	Robin	la esposa del presidente de Honduras
...		

❷ **4-31 Planes.** Take turns finding out about each other's plans.

MODELO: *¿A qué hora salir/tú para...?*
> E1: *¿A qué hora sales para la casa de tu familia?*
> E2: *Salgo para la casa a las diez de la mañana.*

1. ¿A qué hora salir/tú para...?
2. ¿Con quiénes ir/tú a...?
3. ¿Quién hacer...?
4. ¿Dónde poner/tú...?
5. ¿Quién traer...?
6. ¿Qué ver/tú...?
7. ¿A qué hora salir/ustedes de...?

¿Cuánto sabes tú? *Can you...*

☐ talk about your family?

☐ ask others about their families?

☐ say what you want to do and make plans?

☐ talk about activities that you and others do using a variety of verbs?

☐ ask and respond to questions using direct objects and direct object pronouns?

Comparaciones

La familia hispana

4-32 En tu experiencia. ¿A quiénes consideras tu núcleo familiar? ¿Cuántos miembros de tu familia viven en tu casa? ¿Dónde viven los otros miembros de tu familia? ¿Y tú, ¿vives en una residencia estudiantil, en tu casa o en un apartamento? ¿Por qué? En las familias que conoces (*you know*), ¿quién cuida a los niños cuando los padres no están en casa? ¿Quién ayuda a los padres con los quehaceres (*chores*) de la casa? Lee el siguiente (*following*) artículo con esta pregunta en mente: ¿En qué consiste el concepto de familia para muchas personas del mundo hispano?

En los Estados Unidos, el núcleo familiar generalmente incluye sólo a los padres y a los hijos. Pero, el concepto hispano de familia puede incluir también a los abuelos, a los tíos y a los primos. Los miembros de una familia hispana suelen (*tend to*) vivir juntos más tiempo que los miembros de una familia estadounidense o canadiense. Los hijos solteros (*single*) generalmente viven en casa, aun (*even*) cuando trabajan o asisten a la universidad. En muchas casas hispanas, los padres, los hijos y un abuelo, tío o primo viven juntos. Las familias son muy unidas y forman un sistema de apoyo (*support*). Por ejemplo, un abuelo o abuela puede cuidar a los niños de la casa mientras los padres trabajan. Un tío soltero o una tía viuda (*widowed*) ayuda en la casa y forma parte de la familia y el hogar (*home*). Aunque (*Although*) la situación está cambiando poco a poco, los miembros de la familia que viven fuera de casa (*outside the home*) en muchos casos viven cerca —en la misma ciudad y a menudo (*often*) en el mismo barrio.

4-33 En tu opinión. Take turns reacting to each of the following statements.

MODELO: Me gusta vivir en casa de mis padres.
Estoy de acuerdo (I agree). / *No estoy de acuerdo.* / *No sé* (I don't know).

1. Para mí, el núcleo familiar consiste en los padres, los hijos y los abuelos y toda la familia política.
2. Me gusta vivir cerca de mi familia.
3. Es bueno tener muchos hijos.
4. Tengo una buena relación con mis primos.
5. Los suegros deben vivir lejos de los recién casados (*newlyweds*).
6. Me gusta ir de fiesta con mis padres.
7. Me gusta la idea de vivir con abuelos, tíos y primos.
8. Me gusta vivir en casa de mis padres.

Vínculos
• Companion Website: Chapter 4, Web Resources, *Comparaciones: La familia hispana*

Teaching tips

It is a common misconception that Hispanic families have many children. Spain, for example, has the lowest birthrate in the world with only 1.15 children per woman. Several cultural and economic factors may explain the fall in birthrates. As women have entered the labor force in greater numbers over the past 25 years, they have delayed the average age at which they marry and, consequently, the age at which they start having children. As countries in Latin America become more industrialized, the birthrates in those countries will likely fall, as well.

¡Así es la vida!

Una invitación

Laura: Aló.

Raúl: Sí, con Laura, por favor.

Laura: Habla Laura.

Raúl: Laura, es Raúl. ¿Cómo estás?... Pues, te llamo para ver si quieres ir al cine esta noche.

Laura: ¿Sabes qué película ponen?

Raúl: Sí, en el Cine Rialto pasan una película española, *Abre los ojos*.[1]

Laura: ¡Qué bueno! ¡Quiero verla! ¿A qué hora es?

Raúl: Empieza a las siete. A las seis y media paso por ti. Te invito.

Laura: ¡Gracias, Raúl! Te veo esta noche.

Teaching tips
In this section, students will practice the function of inviting someone to do something with them. Encourage them to practice ways of inviting, as well as ways of declining an invitation.

En una fiesta

Expansion ¡Así es la vida! Use the following questions to check comprehension. *Una invitación:* ¿Quiénes son las dos personas? ¿Qué están haciendo ellos? ¿Por qué llama Raúl? ¿Cómo se llama la película? ¿A qué hora es? ¿Quién paga las entradas? *En una fiesta:* ¿Dónde están las personas? ¿Qué hacen ellos? ¿Qué no hacen?

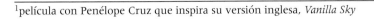

[1]película con Penélope Cruz que inspira su versión inglesa, *Vanilla Sky*

133

¡Así lo decimos! Vocabulario

Lugares de ocio[1]

café al aire libre

el teatro

el cine

el centro

el parque

Palabras relacionadas

el concierto	*concert*
la entrada	*admission ticket*
la función	*show*
la orquesta	*orchestra*
el parque	*park*
el partido	*game*
la película	*movie*

Actividades

conocer	*to know (someone); to be familiar with (something)*
conozco	*I know*
pasar una película	*to show a movie*
pasear	*to take a walk*
saber	*to know (how to do) something*
sé	*I know*

Hacer una invitación

¿Quieres ir a...?	*Do you want to go to...?*
¿Vamos a...?	*Should we go...?*
¿Te gustaría (+ inf.)...?	*Would you like (+ inf.)...?*

Aceptar una invitación

Sí, claro.	*Yes, of course.*
Me encantaría.	*I would love to.*
De acuerdo.	*Fine with me.; Okay.*
Paso por ti.	*I'll come by for you.*
¡Vamos!	*Let's go!*

Rechazar una invitación

Gracias, pero no puedo...	*Thanks, but I can't...*
Lo siento, tengo que...	*I'm sorry, I have to...*
Estoy muy ocupado/a.	*I'm very busy.*

Vínculos

Use the following instructional resources to practice *Actividades.*
- Companion Website: Chapter 4, Review, Activity: 4-5
- IRCD: pp. 134, 135, and 136

Teaching tips

The activities progress from simple recognition of people and events to the much more complex functions of inviting, refusing or accepting invitations, and making plans to do something together. Encourage students to make plans that make sense in their situation, whether it is to attend a game or a party or see a movie.

Suggestion for *¡Así lo decimos!* Ask students the following questions: *¿Qué actividades prefieren hacer los novios? ¿los amigos? ¿los mayores de 65 años? ¿los padres? ¿los hermanos?*

[1]places for leisure time

EXPANSIÓN | More on structure and usage

En el teléfono

Aló
Bueno (Mexico) ⎫
Diga (Spain) ⎭ *Hello* (answering the telephone)

Aplicación

Una Cordial Invitación

4-34 ¡Así es la vida!
Una invitación. Say whether each statement is **cierto** o **falso,** based on the conversation between Laura and Raúl in **¡Así es la vida!** Correct any false statements.

1. Raúl invita a Laura al cine.   cierto
2. Laura prefiere ver *Hable con ella.*   falso
3. La película es a las seis y media.   falso
4. Laura pasa por la casa de Raúl.   falso
5. Raúl paga las entradas.   cierto

En una fiesta. Describe as many activities in the drawing as you can.

MODELO: *Un hombre y una mujer están bailando.*

4-35 Otras actividades. Say what each person does by completing the sentences with logical words or expressions from **¡Así lo decimos!**

1. Voy al _____cine_____ para ver una película.
2. Yo camino todos los días por ____el parque____.
3. Ana y Pedro toman refrescos en un café al ____aire libre____.
4. Si quieres ir al cine, necesitas ____una entrada____.
5. La música que toca la ____orquesta____ es maravillosa.
6. ____Quiero____ ir al teatro, mi amor. Me gusta ver a los actores en directo.

Te invito a …

AUDIO 4-36 Una invitación. Listen as Marilú and José talk on the telephone. Then complete each statement based on their conversation.

1. Marilú invita a José a __b__.
   a. bailar   b. comer   c. pasear por el parque
2. José acepta la invitación para __b__.
   a. esta noche   b. mañana   c. las tres de la tarde
3. Los chicos también van a ver __b__.
   a. un partido   b. una película   c. un programa de televisión
4. Es evidente que los chicos son __b__.
   a. hermanos   b. novios   c. amigos
5. Marilú y José no tienen que estudiar porque __a__.
   a. mañana no hay clases   b. su clase es fácil   c. no hay tarea para mañana

❷ 4-37 Ahora tú. Take turns inviting each other to do something together. Ask what day, where, what time, etc. Follow the model and complete the following phrases in your conversation.

MODELO: —*Oye, _____. ¿Quieres ir _____?*
—*No sé. ¿A qué hora?*
—*A las...*
—*...*
—*Paso por ti a las...*
—*...*

Audioscript 4-36.
Marilú: Hola, José. Es Marilú... ¿Qué tal?
José: Marilú, ¡qué sorpresa! ¿Qué pasa?
Marilú: Pues, quiero invitarte a comer en mi casa mañana. ¿Quieres?
José: ¿Con tu familia? ¡Me encantaría! ¿A qué hora?
Marilú: A las siete. Y después vamos al cine a ver esa película nueva de Almodóvar. ¿Está bien?
José: Perfecto. Como es viernes y no hay clases el sábado, podemos ir a bailar después.
Marilú: ¡Buena idea! Te veo mañana, mi amor.
José: Hasta luego, cariño.

AB **4-38A ¡Estoy aburrido/a!** Tell a classmate that you are bored so that he/she will invite you to do something. Accept the invitation, or reject it, making excuses.

> MODELO: E1: *Estoy aburrido/a.*
> E2: *¿Quieres ir a bailar?*
> E1: *Me encantaría. ¡Vamos! / Gracias, pero no puedo. No tengo dinero.*

ALGUNAS EXCUSAS

estar cansado/a	no tener carro	no tener dinero
tener novio/a	no tener tiempo	tener mucho trabajo

Suggestion for 4-39. Have the class judge the most boring and the most interesting plans.

G **4-39 El fin de semana.** Make plans for this weekend. Use the questions as a guide to your conversation. Prepare a summary for the class.

> MODELO: *Vamos a un partido de fútbol el sábado a la una de la tarde. Después vamos a pasear por el centro y ver a nuestros amigos. Los invitamos a tomar un refresco en el Café Luna. Luego, volvemos a casa en autobús. Llegamos a casa a las siete y media.*

¿Adónde quieren ir?	¿Qué necesitan?	¿Con quiénes van?
¿Qué quieren hacer?	¿Qué día?	¿Quién paga?
¿Cómo es?	¿A qué hora empieza?	¿A qué hora vuelven a casa?

2 **4-40 Una película.** Read the following review that appeared with the release of a movie in 2003. Take turns answering the questions based on the review.

La casa de los babys

Dirección y guión: John Sayles

Intérpretes: Marcia Gay Harden   Maggie Gyllenhaal
Rita Moreno   Vanessa Martínez
Daryl Hannah   Lili Taylor
Susan Lynch   Mary Steenburgen

Rita Moreno (1931) actriz puertorriqueña

Nacionalidad: EE.UU. 2003

Idioma: Español e inglés

La película

Seis mujeres norteamericanas viajan a un país latinoamericano, cada una esperando adoptar a un bebé. Por razones legales, las seis están obligadas a ser residentes del lugar y a vivir entre la gente mientras esperan a la burocracia local. El drama narra las historias de las seis y también su interacción con la muy original dueña del hotel, la señora Muñoz (Rita Moreno).

El director

John Sayles es uno de los más apreciados directores americanos de cine independiente. Entre sus obras más destacadas incluyen *Passion Fish* (1992) y *Lone Star* (1996) por las que recibe nominaciones al Óscar por mejor guión (*script*) original y *Hombres armados* (1997), que tiene lugar en un país centroamericano.

Answers to 4-40. 1. *La casa de los babys* 2. en un país latinoamericano 3. de los EE.UU. 4. porque tienen que ser residentes 5. por la burocracia local 6. *Answers may vary.* Es sentimental. 7. *Passion Fish* (1992), *Lone Star* (1996), *Hombres armados* (1997) 8. *Answers may vary.*

1. ¿Cómo se llama la película?
2. ¿En qué parte del mundo se produce?
3. ¿De dónde son las seis mujeres?
4. ¿Por qué están en el hotel?
5. ¿Por qué tienen que esperar?
6. ¿Cómo caracterizas la película? ¿sentimental? ¿trágica? ¿de acción? ¿de detectives?
7. ¿Puedes recordar otras películas de este director? ¿Cuáles?
8. ¿Quieres ver la película? ¿Por qué?

¡Así lo hacemos! Estructuras

4. Demonstrative adjectives and pronouns

Vínculos

Use the following instructional resources to practice demonstrative adjectives and pronouns.

- WB/LM–OneKey: Activities: 4-17, 4-18, 4-19, 4-58, and 4-59
- *Gramática viva:* Grammar Points 7-8, Demonstrative Adjectives and Demonstrative Pronouns
- Companion Website: Chapter 4, Review, Activity: Rev 4-6
- IRCD: pp. 137, 138, and 139

Teaching tips
Students already will recognize the neuter demonstratives from your questions, such as *¿Qué es esto?* or *¿Qué es eso?* Build on what they already know by following up with *¿Qué es aquello?* and pointing to something farther away. Move from the neuter to the masculine and feminine singular and plural forms when you identify specific objects, people, etc.

Suggest these mnemonic devices for the verbs *conocer* and *saber. Conocer* sounds like "acquaint." *Saber* sounds like "scholarly" (savant, a knower).

Suggestion for ¡Así lo hacemos! Bring in or ask students for three of any item: sweaters, drinks, shoes, cell phones. Stand with the group. Place the items at different distances: one just outside the classroom door, one on the blackboard shelf in the center of the room, and one next to you in the group. Ask students their preferences. *¿Qué zapatos prefieres? ¿Éstos, ésos o aquéllos?*

	Singular	Plural			Related adverbs
masculine	**este**	**estos**	}	*this/these (close to me)*	aquí (*here*)
feminine	**esta**	**estas**			
masculine	**ese**	**esos**	}	*that/those (close to you)*	allí (*there*)
feminine	**esa**	**esas**			
masculine	**aquel**	**aquellos**	}	*that /those (over there;*	allá (*over there*)
feminine	**aquella**	**aquellas**		*away from both of us)*	

Demonstrative adjectives

- Demonstrative adjectives point out people and objects and the relative position and distance between the speaker and the object or person modified.
- Demonstrative adjectives are usually placed before the modified noun and agree with it in number and gender.

> ¿De quién son **esos** refrescos?　*To whom do those soft drinks belong?*
> **Esos** refrescos son de Dulce.　*Those soft drinks belong to Dulce.*

- Note that the **ese/esos** and **aquel/aquellos** forms, as well as their feminine counterparts, are equivalent to the English *that/those.* In normal, day-to-day usage, these forms are interchangeable, but the **aquel** forms are preferred to point out objects and people that are relatively farther away than others.

> Yo voy a comprar **esa** guitarra　*I am going to buy that guitar and that*
> y **aquel** trombón.　*trombone (over there).*

- Demonstrative adjectives are usually repeated before each noun in a series.

> **Esta** película y **estos** actores　*This movie and these actors are my*
> son mis favoritos.　*favorites.*

Demonstrative pronouns

- Note that when you omit the noun, the adjective becomes a pronoun and carries a written accent.

¿Ves a ese hombre alto y misterioso?	*Do you see that tall, mysterious man?*
¿Cuál? ¿**Ése** o **aquél**?	*Which one? That one (closer) or that one (farther away)?*

- The neuter forms **esto, eso,** and **aquello** do not take a written accent nor do they have plural forms. They are used to point out ideas, actions, or concepts, or to refer to unspecified objects or things.

Aquello no me gusta.	*I don't like that.*
No dije **eso**.	*I didn't say that.*
Esto está mal.	*This is wrong.*

- These forms are also used to ask for a definition of something.

¿Qué es **eso**?	*What's that?*
Es un volcán.	*It's a volcano.*
¿Qué es **esto**?	*What's this?*
Es una pirámide.	*It's a pyramid.*

Aplicación

4-41 De compras en la librería. Read the conversation between Gabriela and Tomás and underline the demonstrative adjectives and pronouns.

Gabriela:	¿Qué es esto? ¿Un teléfono?
Tomás:	Sí, señorita. Éste es un nuevo modelo de teléfono celular. ¿Lo quiere ver?
Gabriela:	No, prefiero ver aquél, cerca de la ventana.
Tomás:	¿Aquél? Es muy caro.
Gabriela:	Ah, pues entonces voy a comprar estos cuadernos de aquí, en esta mesa. ¿Cuánto cuestan?
Tomás:	¿Ésos? Son baratos, pero no son muy bonitos. Quizás (*Perhaps*) usted quiere comprar uno más atractivo con el logo de la universidad, ¿no?
Gabriela:	Bueno, tengo que comprar una calculadora. Quiero ésa que tiene usted.
Tomás:	Lo siento, no puede comprar ésta, porque es mía.

4-42 ¿Dónde están? Now draw the objects mentioned in Activity 4-41 where you would expect to find them in the illustration.

4-43 En un mercado en Tegucigalpa. Use demonstrative adjectives and pronouns to complete the conversation between Carlos, the vendor and Amanda. Note that the currency used in Honduras is the *lempira*.($1.00 ~ 18 HNL)

Carlos: Buenas tardes, señorita. ¿Qué desea?

Amanda: Hmmm... No sé. Quiero un suéter... ¿Es de buena calidad (1) ____este____ suéter azul? ¿O es mejor (2) ____éste____ de color rojo?

Carlos: ¡Todos (3) ____estos____ suéteres son buenos! ¿Quiere usted probarse (*try on*) (4) ____éste____ de aquí?

Amanda: No, no es para mí. Es para mi amiga. ¿Cuánto cuesta?

Carlos: Para usted, 180 lempiras.

Amanda: ¡Es mucho! A ver... Las camisas (*shirts*) de colores allá. Quiero ver una de (5) ____aquéllas____ medianas.

Carlos: Sí, las camisas son de primera calidad.

Amanda: Y, ¿cuánto cuesta (6) ____ésta____ que tengo aquí?

Carlos: (7) ____Ésa____ que tiene usted allí... 170 lempiras.

Amanda: ¡Uf! Es mucho también. ¿Qué tal si le doy 300 lempiras por todo (8) ____esto____ que tengo aquí?

Carlos: ¡Ay, señorita! Pero, ¡la calidad, los colores...! Pero bueno, como usted es tan amable, le puedo dejar todo (9) ____eso____ que tiene allí en 320 lempiras.

Amanda: Perfecto. ¡Muchas gracias!

4-44 ¿Qué vas a comprar? Imagine that one of you is a vendor and the other a buyer in the same market in Tegucigalpa. Use the drawing in Activity 4-44 to ask and respond to questions about the merchandise.

MODELO: E1: *¿Vas a comprar esa camisa mediana?*
E2: *No, voy a comprar aquel suéter grande.*

4-45 ¿Qué es esto? Take turns asking each other to identify classroom objects.

MODELO: E1: (point to table) *¿Qué es esto?*
E2: *Es una mesa. ¿Y esto?*
E1: *Es...*

4-46 Tu familia. Bring in a photo of your family or make a drawing of an imaginary family. Take turns asking about each of the family members.

MODELO: E1: *¿Quién es esa mujer?*
E2: *Ésta es mi madre. Es alta y delgada. Tiene... años.*

Suggestion for 4-46. Bring some magazine photos to class, in case students forget, or students can draw pictures of their families.

5. *Saber* and *conocer*

Vínculos

Use the following resources to practice *saber* and *conocer*.
- WB/LM–OneKey: Activities: 4-20, 4-21, 4-22, 4-60, and 4-61
- *Gramática viva:* Grammar Point 47, *Saber* vs. *concer*
- Companion Website: Chapter 4, Review, Activity: Rev 4-7
- IRCD: p. 140

Although the verbs **saber** and **conocer** can both mean *to know,* they are not interchangeable.

	saber (*to know*)	conocer (*to know*)
yo	**sé**	**conozco**
tú	**sabes**	**conoces**
él, ella, Ud.	**sabe**	**conoce**
nosotros/as	**sabemos**	**conocemos**
vosotros/as	**sabéis**	**conocéis**
ellos/as, Uds.	**saben**	**conocen**

- The verb **saber** means *to know a fact* or to have knowledge or information about someone or something.

¿Sabes dónde está el cine?	*Do you know where the movie theater is?*
No **sé**.	*I don't know.*

- With an infinitive, the verb **saber** means *to know how to do something.*

Sabemos bailar el tango.	*We know how to dance the tango.*
La tía Berta **sabe** escribir bien.	*Aunt Berta knows how to write well.*

- **Conocer** means *to be acquainted* or *to be familiar* with a person, thing, or place.

Tina **conoce** a mis abuelos.	*Tina knows my grandparents.*
Conozco San Salvador.	*I know (am acquainted with) San Salvador.*

- Use the personal **a** with **conocer** to express that *you know a specific person.*

  | La profesora **conoce a** mis tíos. | *The professor knows my uncles.* |

⊙ STUDY TIPS

Un resumen de *saber* y *conocer*

Saber

knowing a fact, skill
knowing how to do something
knowing information
may be followed by an infinitive

Conocer

knowing people
knowing a place
meeting someone for the first time
may *not* be followed by an infinitive

Suggestion for ¡Así lo hacemos! Bring in several related photos of famous people (Enrique Iglesias and his dad; the Bush family; Shakira and her boyfriend; Tom Cruise, Penélope Cruz, and Nicole Kidman). Ask students what they know about them. *¿Saben ustedes quién es? ¿Saben ustedes quién es su ex-esposa? ¿Conoce a su novia? ¿Conoce a Tom Cruise alguien de nuestra clase?*

Aplicación

4-47 Una chica extraordinaria. Read the article about Julia and answer the questions that follow.

1. ¿Dónde vive Julia?
2. ¿Cómo es?
3. ¿Qué sabe hacer?
4. ¿Cuántas canciones sabe?
5. ¿La puedes escuchar en tu ciudad?
6. ¿Quieres conocerla algún día? ¿Por qué?

Julia Catalina Flores: La charanguista más joven de Progreso

Julia Catalina Flores Ramírez sabe tocar la guitarra y desde la edad de 6 años toca en la banda de su papá. (Photo por Suyapa Carias)

¿Conoces a Julia? Pues si la ves en el grupo de su padre, vas a saber que es una chica extraordinaria. Aunque es pequeña y tímida, es una experta tocando el *charango*, un instrumento similar a la guitarra. Es de una madera hondureña muy rara y especial. Ella dice que conoce su charango como a un miembro de su familia.

Julia vive en el pueblo de El Progreso en el norte de Honduras. Cuando las personas la escuchan tocar, están maravilladas por su talento. Ella quiere tocar con su familia y hacer feliz a la gente. Ya sabe tocar más de 200 canciones. Si la quieres escuchar, el grupo cobra unas 25 lempiras por canción. Pero tienes que viajar a Honduras, porque ella es muy joven para salir de viaje como música profesional.

Answers to 4-47. 1. Vive en El Progreso, Honduras. 2. Es pequeña y tímida. 3. Sabe tocar el *charango*. 4. Sabe más de 200 canciones. 5. No, porque es joven. 6. *Answers may vary.*

4-48 Una amiga. Complete the following conversation between Marcela and Carmiña with the correct form of **saber** or **conocer**.

MODELO: *Yo **conozco** a Lucía Gómez.*

Marcela: ¿(1. tú) ___Conoces___ a Lucía también?

Carmiña: No, yo no la (2) ___conozco___ personalmente pero (3) ___sé___ que ella es salvadoreña.

Marcela: Luis (4) ___sabe___ que ella está en su clase de química, pero no habla con ella.

Carmiña: Ramona (5) ___sabe___ que Lucía vive en San Salvador.

Marcela: Sí, es verdad. Su familia es muy famosa. Julio y Ramona (6) ___conocen___ a sus padres, pero no (7) ___saben___ dónde viven.

Carmiña: Roberto quiere invitarla a una fiesta, pero (8) ___sabe___ que Lucía tiene novio. ¿(9. tú) ___Conoces___ a su novio?

Marcela: Sí, (10) ___conozco___ al novio, pero no (11) ___sé___ su apellido.

Carmiña: ¿(12. tú) ___Sabes___ cuántos años tiene?

Marcela: No (13) ___sé___. Pero (14) ___sé___ que es poeta y escribe mucho.

(AB) 4-49A Entrevista. Read the following profile, and answer your partner's questions using that information. Then ask your partner the questions below. Write down his/her answers.

MODELO: E1: *¿Conoces a alguna (any) persona famosa?*
E2: *Sí, conozco a Ricky Martin. Soy amigo/a de él.*

Soy intérprete personal del presidente de Honduras.

Juego muy bien al tenis.

Viajo mucho a El Salvador y a Honduras y muy poco a los EE.UU.

Soy amigo del actor francés Gérard Depardieu.

Hablo inglés y francés también.

Estudio la política y el gobierno de Francia.

---

1. ¿Sabes hablar otros idiomas?
2. ¿Conoces las ruinas de Tikal?
3. ¿Qué instrumento sabes tocar?
4. ¿Sabes jugar bien al béisbol?
5. ¿Conoces a una persona famosa de Guatemala?
6. ¿Qué ciudades centroamericanas conoces?

(G) 4-50 ¿Quién? Ask as many classmates as possible questions about the following. Write the name of each person on the chart, noting his/her answer (**sí** or **no**).

MODELO: la fecha
E1: *¿Sabes la fecha de hoy?*
E2: *Sí, la sé. Es el 15 de noviembre.*

la fecha de hoy	una persona hispana	un restaurante español	cantar en español
jugar al béisbol	preparar café	bailar bien	el número de teléfono del/de la profesor/a
un restaurante salvadoreño	una persona de Centroamérica	cuándo hay examen	dónde vive el presidente de Guatemala
la capital de Honduras	una ciudad interesante	un autor	mi nombre

¿Cuánto sabes tú?

Can you...

☐ invite a friend to do something with you?

☐ point out objects that are near, farther away, and very far away using demonstrative adjectives and pronouns?

☐ talk about people and places you know, information you know, and things you know how to do using **saber** and **conocer**?

4-51 Lo que sé. Individually, make a list of five things you know or know how to do and then another list of five people and places you know. Later, compare your list to find out what you have in common.

MODELO: *Sé nadar.*   *Conozco al presidente de IBM.*

Observaciones

Teaching tips
As a transition to *Observaciones* ask students to answer these questions about Toño: *¿Qué sabe hacer? ¿A quién conoce? ¿Qué lugar en México conoce?*

VIDEO **Toño Villamil y otras mentiras** Episodio 4

4-52   Toño Villamil. Toño has supplied us with more information. Read his self-description and answer the questions briefly in Spanish.

Soy Toño Villamil.

Hola, me llamo Toño Villamil. Soy mexicano, originalmente de Guadalajara donde mi padre tiene un negocio. Sin embargo (*Nevertheless*), pasamos los fines de semana en nuestro rancho cerca de Malinalco. En el rancho tenemos una casa grande con muchas habitaciones. La necesitamos porque somos muchos en mi familia: mis padres, mis dos hermanas mayores, mi abuela (la mamá de mi mamá), un perro (que se llama Chavo) y yo. Cuando estoy en Guadalajara, estudio en la universidad. En mi tiempo libre, me gusta pasear en moto por las calles de Malinalco. A veces, conozco a gente que visita el sitio arqueológico. Vienen de todas partes del mundo para admirar y estudiar las ruinas de la antigua civilización. Personalmente, prefiero ir al teatro. Después, voy a un café y tomo un refresco con mis amigos. Mañana, espero ver a Lucía, una chica española que está aquí para conocer la pirámide. Es muy bonita y quiero impresionarla. Vamos a ver...

1. ¿Cómo es la familia de Toño?
2. ¿Quién es Chavo?
3. ¿Dónde pasan los fines de semana?
4. ¿Qué hace en su tiempo libre?
5. ¿Qué prefiere hacer en Malinalco?
6. ¿A quién quiere impresionar?
7. En tu opinion, ¿cómo va a tratar de impresionarla?

Vínculos

- Student Video CD-ROM/VHS cassette, *Episodio 4: Toño Villamil y otras mentiras*

4-53   Lucía, Isabel y Toño. Watch the fourth episode of *Toño Villamil y otras mentiras* in which you will see Isabel and Lucía meet at the hotel. Keep the following questions in mind as you watch the video.

1. Isabel necesita...
   - _____ un taxi
   - __X__ una habitación
   - _____ dinero

2. Lucía la invita a...
   - __X__ compartir su habitación
   - _____ cenar
   - _____ explorar la pirámide

3. El día siguiente, Lucía visita la pirámide mientras Isabel...
   - __X__ duerme
   - _____ busca el autobús
   - _____ conoce a Toño

4. Algún día, Lucía quiere tener...
   - _____ un perro y un gato
   - __X__ una familia grande
   - _____ una casa pequeña en Malinalco

5. Toño dice que...
   - __X__ vive en la casa grande con su familia
   - _____ trabaja en el rancho en el valle
   - _____ quiere presentarle a Lucía a su familia

6. El hotel de Malinalco tiene...
   - _____ un gimnasio para los visitantes
   - _____ habitaciones muy pequeñas
   - __X__ todas las habitaciones ocupadas

WWW

4-54   Los hoteles de Malinalco. Connect with the *¡Arriba!* Web site (**www.prenhall.com/arriba**) to see images of places to stay in Malinalco. Which one do you prefer, and why?

4-55   Más preguntas. Lucía says she would like to have many children. Write a paragraph describing her family ten years from now. Use these questions to guide you.

- ¿Quién es su esposo? ¿Cuál es su profesión?
- ¿Dónde viven?
- ¿Cuántos hijos tienen?
- ¿Quién más vive con ellos?
- ¿Tiene animales? ¿Cuántos? ¿Cómo se llaman?

Answers to 4-52. 1. Su familia es grande. 2. Es su perro. 3. Los pasan en el rancho cerca de Malinalco. 4. Le gusta pasear en moto por las calles de Malinalco. 5. Prefiere ir al teatro y después ir al café para tomar un refresco con sus amigos. 6. Quiere impresionar a Lucía. 7. *Answers may vary.*

Panoramas

Vínculos
- Student Video CD-ROM/VHS cassette, *Capítulo 4: Entrevistas de nuestro mundo*
- Companion Website: Chapter 4, Web Resources, *Panoramas, La América Central (1): Guatemala, El Salvador, Honduras*

La América Central I: Guatemala, El Salvador, Honduras

4-56 ¿Ya sabes...? How many of the following can you name or answer?

1. las capitales de estos tres países   la Ciudad de Guatemala, San Salvador, Tegucigalpa
2. el país que tiene frontera con México   Guatemala
3. ¿Por qué es famosa Rigoberta Menchú?   Ganó el Premio Nóbel de la Paz.
4. un producto agrícola   el café
5. el país más pequeño de los tres   El Salvador
6. una civilización antigua   la civilización maya

Estos niños indígenas llevan ropa que refleja las antiguas tradiciones artesanales de los tejidos (*woven goods*) guatemaltecos. Los tejidos son también muy populares entre los turistas.

Teaching tips

The three countries depicted on these pages are among those that have suffered the most strife and hardship in Latin America. Some of your students may have studied the political or economic history of the region. Draw on their knowledge to round out your discussion.

Golfo de Tehuantepec

MÉXICO

Paxbán

Tikal

Lago Petén

Cobán   Iz

GUATEMALA

Chichicastenango

Guatem

Quetzaltenango

Antigua

Acajutla

OCÉANO PACÍFICO

Teaching tips

At this point return to the lesson opener to remind students of the context of the lesson. Ask questions that review lesson structures, such as *¿Quién es esta persona? ¿De dónde es? ¿La conoces?¿Cuál es el origen de este jeroglífico? ¿Lo conoces?*

La economía de estos países depende mucho de la agricultura. El café, un producto importante en toda la región, es especialmente susceptible a los cambios climáticos, como (*like*) los huracanes.

Después de muchos años de graves problemas militares, políticos y económicos, los gobiernos centroamericanos entran en un período de paz y unificación política con el establecimiento de la democracia. Este mural conmemora el alto el fuego (*ceasefire*) de 1992 en El Salvador.

En el interior de El Salvador, donde el clima es más fresco que en la costa, el ecoturismo es una buena manera de conocer el país. En Cerro Verde, por ejemplo, puedes observar una gran variedad de flora y fauna, además del volcán El Izalco, cuyo (*whose*) cráter se distingue fácilmente. El volcán está activo desde 1722, y en la época de la colonización, los indígenas lo denominaron "el infierno de los españoles".

La ciudad de Tikal es la más grande y antigua de las ruinas mayas excavadas hasta ahora. Además de algunas de las más impresionantes edificaciones de la arquitectura maya, el turista puede admirar el maravilloso sistema de canales para usar el agua de lluvia (*rain*) que consumían los 40.000 indios mayas que vivían allí.

El terreno selvático y montañoso de gran parte de Centroamérica dificulta la implementación de programas y servicios de salud (*health*). Sin embargo, los gobiernos centroamericanos y organizaciones internacionales como *Hombro a hombro (Shoulder to Shoulder)* están haciendo grandes esfuerzos para hacer llegar al pueblo los avances de la medicina.

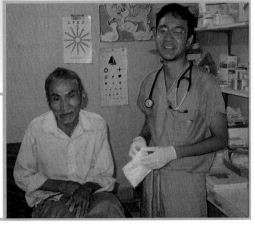

4-57 ¿Cómo son? Complete these statements based on the previous information.

1. Los tres países tienen...
   a. industria
   b. desiertos
   ⓒ costas
2. La artesanía incluye...
   a. platería
   ⓑ tejidos multicolores
   c. suéteres
3. Tikal es...
   ⓐ una ruina arqueológica
   b. una maquiladora
   c. un centro comercial
4. El sistema del gobierno de los tres países es...
   a. una dictadura
   b. comunista
   ⓒ democrático
5. Una de las industrias más importantes es...
   a. la minería
   b. los automóviles
   ⓒ la agricultura
6. Uno de los desafíos (*challenges*) más grandes para los gobiernos es...
   ⓐ llevar los servicios de salud a la gente
   b. establecer una democracia
   c. excavar los sitios arqueológicos
7. Muchas ruinas de la antigua civilización de los mayas se encuentran en...
   a. El Salvador
   b. Honduras
   ⓒ Guatemala
8. De los tres países, El Salvador es el más...
   ⓐ pequeño
   b. rico
   c. montañoso

 4-58 El mapa. Look at the map of Central America and indicate where the following are located.

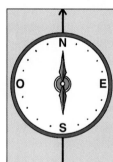

MODELO: Copán
        Copán está en Honduras, cerca de la frontera de Guatemala.

al este de...   al norte de...   al oeste de...   al sur de...

en el centro   en la costa del golfo de México

en la costa del Caribe   en la costa del Pacífico   en las montañas

1. Belice
2. San Salvador
3. Tegucigalpa
4. Tikal
5. La Ciudad de Guatemala
6. Quezaltenango

 4-59 Investigar. Connect with the *¡Arriba!* Web site (**www.prenhall.com/arriba**) to see more images of one of these countries. Choose one and respond to the following questions.

1. ¿Qué es?
2. ¿Dónde está?
3. ¿Cómo es?
4. ¿Lo/La quieres visitar o ver algún día? ¿Por qué?

Ritmos

"Marimba con punta" (Los profesionales, Honduras)

"Marimba con punta" combines the marimba, a xylophone-like instrument derived from West Africa, with *punta rock*, a regional dance music that is popular in Central America. Originally, *punta* music was played at wakes by the Garífunas, descendants of West African people.

Vínculos

- Instructor's Music CD: *Capítulo 4: Ritmos de nuestro mundo*
- Companion Website: Chapter 4, Web Resources, *Ritmos: Los Profesionales (Honduras)*

Antes de escuchar

4-60 Bailar punta. Complete the following sentences that refer to the song by conjugating the stem-changing verbs in parentheses. Then rewrite the sentences using the appropriate direct object pronouns.

MODELO: Todo el mundo _____ (poder) bailar punta.
Todo el mundo __puede__ bailar punta.
Todo el mundo __la__ puede bailar.

1. También yo _____ (querer) bailar punta.
2. Los cantantes (*singers*) _____ (repetir) el coro muchas veces.
3. Uds. _____ (preferir) esta música alegre.
4. _____ (tú entender) las palabras de la canción.

Teaching tips
The east coast of Central America enjoys the cultural blending of indigenous, Spanish, and African heritages. This is evident in its music.

Answers to 4-60: 1. quiero, la quiero bailar 2. repiten, lo repiten 3. prefieren, la prefieren 4. entiendes, las entiendes

A escuchar

4-61 Los amantes de punta rock. What types of people do you think like *punta rock* music? Supply the missing adjectives for the following stanza with the correct word from the list as you listen to the song.

Note: In *Capítulo 2* you learned about diminutives with names (**-ito/-ita**). Diminutives can also be used with adjectives like those listed below: **bajitos** and **gorditos.**

bajitos / altos / gorditos / ricos / pobres

Suggestion for 4-61: Point out the *c* → *qu* spelling change in adjectives like *flaco* → *flaquito.*

Marimba con punta
Marimba con punta
Éste es un ritmo sabroso
Que el mundo lo baila ya.
Éste es un ritmo sabroso
Que el mundo entero lo baila ya.
Lo bailan los cocineros,
_____ricos_____ y _____pobres_____, ¡qué rico está!
Bailamos flacos, _____gorditos_____,
_____altos_____, _____bajitos_____, ¡oye mamá!

Después de escuchar

4-62 Mis amiguitos. What diminutives would you use to describe your family members? Your friends? Using the adjectives in Activity 4-61, and others that you know, write five complete sentences describing them.

Páginas

Teaching tips
Have students compare this letter with others they have seen in the newspaper or in magazines. *¿Cuándo escribimos una carta a una revista o un periódico? ¿Cuántos años tiene esta persona?* Have students read the letter until they can identify the problem. Students should complete the reading as homework, along with the comprehension questions. Follow-up on the reading and do the pair activity the next day in class.

"Querida Dolores"

Antes de leer

4-63 Pistas extratextuales (*Extra-textual clues*). The publication in which you find an article often gives away its content. Think of what you expect from the financial or sports pages of the newspaper, a handwritten letter on perfumed paper, or a traffic citation left on your windshield. The following selection comes from a bilingual magazine called *Latina*. Think about these clues before you read the selection.

1. ¿Quiénes crees que leen *Latina*?
2. En tu opinión, ¿cuáles de estas secciones **no** aparecen en *Latina*?

moda (*fashion*)   deportes   cocina (*cuisine*)   horóscopo

A leer

4-64 Los consejos (*advice*) sentimentales. Read the following letters from *Latina*.

Querida Dolores:

Soy un hombre de 27 años y hace unos siete años que tengo una relación con una mujer. Tenemos dos hijos pero no estamos casados. No he deseado (*I haven't wanted*) dar ese paso porque mis sentimientos han cambiado en los últimos dos años y no estoy seguro de que la amo suficientemente para casarme con ella. Discutimos todo el tiempo y raramente cocina o limpia. Nos llevamos bien (*we get along*) mientras no le mencione ninguna de esas cosas. No quiero dejarla porque no quiero herirla (*hurt her*) o a mis hijos. ¿Qué crees que debo hacer?
—Frustrado.

Querido frustrado:

Mi hijo, si quieres una sirvienta, pon un anuncio en la sección de clasificados de tu periódico local. Si quieres una esposa, comparte los quehaceres (*chores*) de la casa y no asumas que cocinar (*to cook*) y limpiar (*to clean*) es el deber de las mujeres. Eso pasó de moda con el hula hoop.
—Y no discutan más, D.

Después de leer

4-65 ¿Comprendiste? Complete the following statements logically according to what you have read.

1. El hombre que escribe la carta está...
   a. contento.
   b. desilusionado.
   c. casado.

2. Él y su novia están...
   a. separados.
   b. divorciados.
   c. viviendo juntos.

3. Él cree que los quehaceres de la casa son para...
   a. las mujeres.
   b. los hombres.
   c. los niños mayores.

4. Ella...
   a. es de la misma opinión.
   b. no está de acuerdo.
   c. lo deja (*leaves*) por otro.

5. Dolores responde que en una relación...
   a. la mujer debe tener sirvienta para ayudarla.
   b. el hombre es el rey de la casa.
   c. tanto los hombres como las mujeres participan.

4-66 En su opinión. Work together to express your opinion about these family issues. Use the following in your discussion.

Estoy de acuerdo.	No tengo opinión.	No estoy de acuerdo.

1. El hombre y la mujer deben compartir (*share*) los quehaceres de la casa.
2. Si la mujer trabaja fuera de la casa, necesita tener ayuda doméstica.
3. La mujer que no trabaja fuera de la casa no necesita ayuda de su pareja (*partner*).
4. Los hijos y las hijas deben ayudar con los quehaceres de la casa.
5. En una familia, la mujer generalmente trabaja más.
6. En mi casa, yo soy la persona que trabaja más.

Taller

Teaching tips
Students may wish to address their letter to a classmate, a famous person, or someone they have read about in this chapter. Have them begin their letter in class so that you can check the opening mechanics, and then have them complete it as homework. As an alternative, the class can begin writing as a full-class activity, then write their own variation as homework.

4-67 Una invitación. In this activity, you will write a short letter to invite a friend to spend the weekend with you. Follow the steps below and see also the *Ampliación* for useful expressions in your letter.

Ampliación

Saludos	Greetings
Mi(s) querido/a(s) amigo/a(s)	My dear friend(s)
Queridísima familia	Dearest family
Querido/a(s)...	Dear...
Despedidas	Closings
Responde pronto.	Respond soon.
Un abrazo (de)	A hug (from)
Un beso (de)	A kiss (from)
Cariñosamente	Love, Affectionately
Con todo (el) cariño	With all my love

Antes de escribir

- Make a list based on the following information.

lugar, fecha	algunas actividades	¿Por qué?
saludo	¿Con quienes?	despedida
presentación	¿Cuándo?	
invitación a hacer algo	¿Por cuánto tiempo?	

A escribir

- **Saludo.** Use the format of the sample letter on page 151, beginning with the place, date, and greeting.
- **Carta.** Incorporate the information from your list above. Use words such as **y, pero**, and **porque** to link your ideas.
- **Respuesta.** Ask for a reply to your letter.
- **Despedida.** Close the letter with a farewell (e.g., **un abrazo de...** or **con todo cariño...**)

Vínculos

- Assessment: TestGen or paper test in the IRM

Después de escribir

■ **Revisar.** Review the following elements in your letter:

☐ use of stem-changing verbs, **poner**, **salir,** and **traer**

☐ use of **saber** and **conocer** and the personal **a**

☐ use of direct objects and direct object pronouns

☐ use of demonstratives (**este, ese, aquel**, etc.)

☐ correct spelling, including accents

■ **Intercambiar**

Exchange your letter with a classmate's; make grammatical corrections and content suggestions. Then respond to the letter.

■ **Entregar**

Rewrite your original letter, incorporating your classmate's suggestions. Then turn in your original letter and the response from your classmate to your instructor.

San José, 30 de marzo de 2005

Querida Pilar:

Hola, ¿cómo estás? Estoy aquí en San José para pasar las vacaciones con mi familia. Conoces a mi amigo, Pancho, ¿verdad? Pues, el 27 de junio es su cumpleaños y quiero invitarte a cenar a mi casa...

5 ¿Cómo pasas el día?

Note for *Capítulo 5.* Beginning in *Capítulo 5,* directions will appear in Spanish. Help students learn to read and understand these by having them explain the activities in English after reading the directions silently.

El mono aullador (*howler*) se conoce por sus gritos. La especie vive en los árboles altos de los bosques de la América Central.

La América Central II: Costa Rica, Nicaragua, Panamá

«Un lugar para cada cosa y cada cosa en su lugar.»

ESTADOS UNIDOS

OCÉANO ATLÁNTICO

Golfo de California

Golfo de México

MÉXICO

Bahía de Campeche

CUBA

REPÚBLICA DOMINICANA

PUERTO RICO

GUATEMALA

HONDURAS

Mar Caribe

NICARAGUA

EL SALVADOR

PANAMÁ

COSTA RICA

OCÉANO PACÍFICO

AMÉRICA DEL SUR

Uno de los cantantes más famosos de salsa es Rubén Blades. No sólo se le conoce por su música y por ser un buen actor, sino también por su activismo social y político.

Refrán: A place for everything and everything in its place.

¡Así es la vida!

Teaching tips

Los quehaceres domésticos

Antonio
    sacudir el polvo de los muebles
    pasar la aspiradora
Cristina
    lavar la ropa
    doblar y quardar la ropa
    limpiar los baños
    barrer la terraza
Rosa
    poner la mesa
    hacer las compras
    comprar el pastel
    hacer las camas

La familia Pérez Zamora vive en Ciudad Panamá. Esta noche tienen una fiesta y la señora Pérez les pide ayuda a sus hijos Antonio, Cristina y Rosa.

Sra. Pérez: Antonio, tú vas a sacudir los muebles de la sala y pasar la aspiradora por toda la casa.

Antonio: Pero, mamita, ¡no me gusta limpiar!

Sra. Pérez: ¡Qué perezoso eres! Todo el mundo tiene que trabajar. Cristina, tú tienes que lavar y secar la ropa sucia.

Cristina: Pero mamá, ¡hay mucha!

Sra. Pérez: También necesitas limpiar los baños y barrer el patio.

Rosa: Mamá, ¿y yo? ¿Salgo a comprar el pastel de cumpleaños ahora?

Sra. Pérez: No, Rosa. Primero tienes que poner la mesa y revisar el refrigerador para ver si tenemos suficiente comida para la fiesta. Vamos a hacer una lista y te doy dinero para ir al mercado y hacer todas las compras.

Antonio: ¿Y eso es todo lo que va a hacer Rosa? ¿No le vas a dar más quehaceres?

Sra. Pérez: Rosa, también necesitas hacer las camas y ordenar los dormitorios.

Rosa: Pues, Antonio, si te gusta o no, tienes que ayudarnos.

Sra. Pérez: ¡Caramba, muchachos! Aquí falta cooperación. ¿No les parece que si trabajamos todos, vamos a terminar más rápido?

Los quehaceres domésticos (*household chores*)

	Accesorios y muebles	Quehaceres		Accesorios y muebles	Quehaceres
	la escoba	barrer el piso		el basurero	sacar la basura
	la lavadora	lavar la ropa		los muebles	sacudir el polvo de los muebles
	la mesa	poner la mesa/ quitar la mesa		el lavaplatos	lavar los platos
	la plancha	planchar		la aspiradora	pasar la aspiradora
	la cama	hacer la cama		la casa	limpiar/ordenar la casa
	la secadora	secar la ropa			

Más muebles y accesorios

la cómoda	*dresser*
el cuadro	*painting*
la lámpara	*lamp*
el librero/ la estantería	*bookcase*
la mesa de noche	*nightstand*
el sillón	*armchair, overstuffed chair*
el sofá	*sofa*

Verbos

poner[1]	*to put*

Preposiciones de lugar

arriba de	*above*
contra	*against*
debajo de	*under*
dentro de	*within; inside of*
sobre	*on*

Vínculos

Use the following instructional resources to practice *los quehaceres domésticos; la casa y los muebles; los accesorios; preposiciones de lugar*.
- Companion Website: Chapter 5, Review, Activity: Rev 5-1
- IRCD: pp. 155, 157, and 158

Las partes de una casa

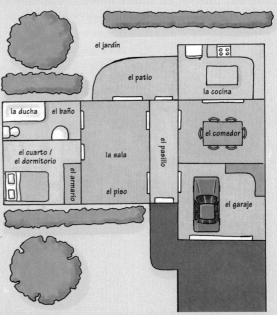

el jardín
el patio
la cocina
la ducha
el baño
el comedor
el cuarto / el dormitorio
la sala
el pasillo
el armario
el piso
el garaje

Teaching tips

Many of the parts of the home are cognates with English, but the pronunciation is quite different. Have students point to the rooms on the plan as you say the names in Spanish. Then have them repeat the Spanish names. The activities begin as receptive, and progress to more productive. Even when students respond with a word or two, encourage them to personalize the vocabulary so that it describes their experience, in this case, their house.

Suggestions for ¡Así lo decimos!

Have students answer these questions about the *quehaceres domésticos* individually, then graph their responses to see if there is a pattern in your class. *¿Cuáles de estos quehaceres domésticos haces con regularidad? ¿Cuáles no haces nunca? ¿Cuáles detestas?*

---

[1]pongo, pones, pone...

Use the following questions to personalize the house vocabulary. *¿Cómo es tu casa o apartamento? ¿Cuáles de estas partes tiene?*

Use the following questions to personalize the vocabulary. *¿Qué necesitas para estar cómoda/o en tu casa? ¿Qué quieres tener algún día? ¿Qué no necesitas nunca?*

Aplicación

5-1 En casa de la familia Pérez Zamora. Responde si es **cierto** o **falso**, según la información de **¡Así es la vida!** Corrige las frases falsas.

MODELO: La familia Pérez Zamora vive en San José.
Falso. Vive en Ciudad Panamá.

1. Hay tres hijos en la familia.   cierto
2. Esta noche tienen una fiesta de aniversario de bodas.   falso
3. La Sra. Pérez hace todo el trabajo sola.   falso
4. Antonio no tiene que ayudar porque es su cumpleaños.   falso
5. No es necesario ir al mercado porque el refrigerador está lleno (*full*) de comida.   falso
6. Van a servir mucha comida y también pastel.   cierto

5-2 ¡Emparejar! ¿Dónde lo encuentras?

MODELO: el coche
El coche está en el garaje.

_b_ 1. la lámpara	a. el comedor
_d_ 2. el sofá	b. la mesa
_e_ 3. la ropa	c. el jardín
_g_ 4. la cama	d. la sala
_c_ 5. las flores	e. la cómoda
_h_ 6. la ducha	f. el garaje
_a_ 7. la mesa y las sillas	g. el dormitorio
_f_ 8. la bicicleta	h. el baño

❷ **5-3 ¿Qué asocias con...?** Túrnense para decir qué asocian con las siguientes cosas.

MODELO: la ropa
lavar, la lavadora, secar, la secadora, planchar, la plancha, la cómoda, etcétera

1. la comida
2. el dormitorio
3. el estéreo
4. la terraza

5-4 ¿Quién lo hace en tu casa? Di quién hace estos quehaceres en tu casa.

MODELO: lavar los platos
Mi hermano los lava.

1. pasar la aspiradora
2. hacer las compras
3. sacudir el polvo de los muebles
4. barrer la cocina
5. sacar la basura
6. hacer las camas
7. lavar la ropa
8. preparar la cena

◎ STUDY TIPS

Vez

The noun **vez** is used in several adverbial expressions.

a veces	*sometimes; at times*
de vez en cuando	*from time to time*
dos (tres, cuatro...)	*two (three, four...)*
veces (a la semana)	*times (per week)*
otra vez	*again*
una vez	*one time; once*

AUDIO **5-5 ¡Todo lo que necesita para la casa!** Escucha el siguiente anuncio de radio sobre los productos para la casa. Escribe el nombre y el precio de cada producto debajo del dibujo correspondiente.

MODELO: Una escoba: $11.50

1.

aspiradora : $250

5.

cubo : $7.50

2.

lavadora/secadora : $1,100

6.

basurero : $19.95

3.

lámpara : $24

7.

plancha : $31

4.

escoba : $11.50

8.

lavaplatos : $430

5-6 En tu casa. Ustedes tienen un presupuesto (*budget*) de 600 balboas panameños ($1.00 = 1,00 PAB). Decidan cuáles de los productos de la Actividad 5-5 van a comprar y expliquen por qué.

ESTRUCTURA: Madera y ladrillo

VENTANAS: Doble, tipo Climalit

CALEFACCIÓN: Centralizada, producción de aqua caliente centralizada

PISOS: Mármol y parquet

COCINA: Totalmente amueblada

VARIOS: Ascensor, antena TV, FM, piscina, parque de tecreo para los niños

2 **5-7 En casa.** Usen las preposiciones de lugar lógicas para organizar este apartamento.

MODELO: E1: Y esta alfombra, ¿dónde la ponemos?
E2: *Vamos a ponerla en el comedor, debajo de la mesa.*

el librero	en...
la bicicleta (*bicycle*)	contra...
la cómoda	encima de...
el reloj	debajo de...
la mesa de noche	cerca de...
el cuadro de Picasso	entre...
el sillón	sobre...
las sillas	cerca de...
la mesa	lejos de...
el sofá	arriba de...

AB **5-8A ¡Ésta es su casa!** Imagínate que eres un/a agente inmobiliario/a (*realtor*) con las casas descritas en el anuncio a continuación. Trata de venderle una de las casas a tu compañero/a.

WWW **5-9 Se vende casa.** Conéctate con la página electrónica de *¡Arriba!* (**www.prenhall.com/arriba**) y busca una casa o un apartamento que se venda en Costa Rica, Panamá o Nicaragua. Escribe esta información.

Su ubicación (*location*): _____

El número de habitaciones: _____

Los metros cuadrados (o pies cuadrados): _____

El número de baños: _____

¿Tiene algo especial? _____

El precio: _____

❷ **5-10 División de trabajo.** Imagínense que son compañeros/as de casa y necesitan ponerse de acuerdo (*to agree*) sobre los quehaceres domésticos de la casa. Hablen de cómo van a dividir la labor.

MODELO: poner la mesa
E1: *¿Quieres poner la mesa?*
E2: *Está bien. Pongo la mesa si tú preparas la cena.*
E1: *De acuerdo. Yo preparo la cena si tú...*

barrer el piso	lavar la ropa	planchar la ropa
cocinar la carne	lavar los platos	sacar la basura
comprar la comida	ordenar el cuarto	sacudir el polvo de los muebles
hacer la cama	pasar la aspiradora	secar la ropa

¡Así lo hacemos! Estructuras

1. The verbs *decir* and *dar*, indirect objects, and indirect object pronouns

Decir y dar

Te doy mi pelota si me das tu sándwich.

¿Qué dices?

■ **Decir** is an **e → i** stem-changing verb with an irregular first-person singular form (like **tener** and **venir**).

decir (*to say*)			
yo	di**g**o	nosotros/as	decimos
tú	dices	vosotros/as	decís
él, ella, Ud.	dice	ellos/as, Uds.	dicen

Vínculos

Use the following instructional resources to practice the verbs *decir* and *dar*, and the indirect objects and indirect object pronouns.

• WB/LM–OneKey: Activities: 5-6, 5-7, 5-8, 5-9, 5-45, 5-46, 5-47, and 5-48
• *Gramática viva:* Grammar Points 19 and 33, Indirect object pronouns and Present irregular: *hacer, saber, dormir, volver, dar, ir*
• Companion Website: Chapter 5, Review, Activity: Rev 5-2
• IRCD: pp. 159 and 160

Teaching tips

You have been using the expressions *me gusta* and *te gusta* to express likes and dislikes. In the following sections, you will formally present indirect object pronouns and verbs that use them, including those similar to *gustar*. Warm-up the presentation by talking about yourself and why you feel lucky to have so many generous and kind friends who are constantly giving you gifts and saying nice things to you. Of course, your friends are also celebrities that you have used as models in the past, for example, *Hoy es mi cumpleaños. Mi amigo Denzel Washington me dice, "¡Feliz cumpleaños!"*

■ **Dar** has an irregular first-person singular form like **ser** and **estar**.

dar (to give)

yo	d**oy**	nosotros/as	damos
tú	das	vosotros/as	dais
él, ella, Ud.	da	ellos/as, Uds.	dan

The verbs **decir** and **dar** often require indirect object pronouns.

¿Me puede mostrar los modelos más económicos?

Warm-up for ¡Así lo hacemos! Bring in a chocolate bar or ask a student for some cash. Prepare the board or a transparency before class. Then, ask questions using students' names. ¿Somos generosos? ..., [name,] tienes todo el chocolate/dinero.

¿A quién le da Ud.   Sí/No, le doy el
el chocolate?   chocolate a...
¿Les das el chocolate   Sí/No, les doy el
a... y a...?   chocolate a... y a...
¿Nos das el chocolate   Sí/No, les doy el
a mí y a...?   chocolate a Uds.

Los complementos indirectos

An indirect object indicates to or for whom an action is carried out. In Spanish the indirect object pronoun is also used to indicate from whom something is bought, borrowed, or taken away.

Indirect object pronouns

	Singular		Plural
me	*(to) me*	**nos**	*(to) us*
te	*(to) you*	**os**	*(to) you* (fam. Sp.)
le	*(to) him, her, you*	**les**	*(to) them, to you*

■ The forms of the indirect object pronouns are identical to the direct object pronouns, except the third-person singular and plural forms.

■ Indirect object pronouns agree only in number with the noun to which they refer. There is no gender agreement.

Le barro el piso.   *I sweep the floor for him/her/you.*
¿**Me** planchas esta ropa?   *Can you iron these clothes for me?*

■ Indirect object pronouns usually precede the conjugated verb.

Le enseño el baño limpio.   *I show her the clean bathroom.*
Te vendemos nuestra casa.   *We'll sell you our house.*

■ In negative sentences the indirect object pronoun is placed between **no** and the conjugated verb.

No **te** doy mi aspiradora.   *I won't give you my vacuum cleaner.*

■ In constructions with an infinitive or the present participle, the indirect object pronouns may either precede the conjugated verb or be attached to the infinitive or the present participle. Note that when you attach an indirect object pronoun to the present participle, you must also use a written accent mark over the vowel in the stressed syllable.

Mamá **nos** quiere enseñar a ordenar
la casa.   } *Mom wants to teach us to pick up*
Mamá quiere enseñar**nos** a ordenar   *the house.*
la casa.

Le estoy diciendo (a usted) la verdad. }
Estoy diciéndo**le** la verdad.   } *I am telling you the truth.*

■ The familiar plural form, **os** (**vosotros**), is used in Spain.

EXPANSIÓN — More on structure and usage

Redundant indirect objects

When the indirect object refers to a specific person or group of people and is included in the sentence, the corresponding indirect object pronoun is also included. These are called redundant or repetitive object pronouns. They have no English equivalent.

Le damos la aspiradora **a Julia**.	*We give the vacuum to Julia.*
Les lavo los platos **a mis amigos**.	*I wash the dishes for my friends.*

Use of prepositional pronouns for emphasis

To emphasize or clarify an indirect object, you can also use the corresponding prepositional pronouns. These are normally used with the personal **a** in this structure.

me... a mí	nos... a nosotros/as
te... a ti	os... a vosotros/as
le... a él, ella, Ud.	les... a ellos/as, Uds.

La niña **le** dice su nombre **a él**.	*The girl tells him her name.*
La profesora **me** da los platos **a mí**.	*The professor gives the plates to me.*

Aplicación

5-11 Rubén. Rubén Blades tiene muchos intereses profesionales: es abogado, activista social, actor, cantante de salsa y en 1994, candidato para la presidencia de Panamá. Lee el párrafo sobre Rubén y subraya (*underline*) todos los complementos indirectos.

En 1974, Rubén va a vivir en Nueva York donde trabaja como actor, cantante de salsa y activista social. Pero antes de partir para la gran ciudad, tiene que hacer arreglos (*arrangements*) para su casa, sus animales, etcétera. <u>Les</u> da sus platos y utensilios a sus padres. Decide vender<u>le</u> su lavaplatos a su compañero de casa. <u>Le</u> regala (*gives*) su colección de jazz a su hermana. <u>Me</u> enseña a cuidar a su perro. <u>Le</u> dice dónde está el estéreo a su amigo Rafa. <u>Nos</u> pide el número de teléfono de la embajada panameña en Nueva York. Espera vender<u>le</u> su coche a un amigo. Promete escribir<u>te</u> una postal. <u>Nos</u> dice "hasta luego" a todos.

5-12 Rubén Blades en Nueva York. Contesta las preguntas basadas en la Actividad 5-11.

1. ¿Cuál es la nacionalidad de Rubén Blades?
2. ¿Cuáles son algunas de sus profesiones?
3. ¿En qué año va a venir Nueva York?
4. ¿Por qué tiene que regalarles todas sus cosas a otras personas?
5. ¿Conoces su música? ¿Quieres conocerla? ¿Por qué?

Answers to 5-12. 1. Es panameño. 2. Es abogado, activista social, actor, cantante de salsa. 3. En 1974. 4. Porque va a vivir en Nueva York. 5. *Answers will vary.*

5-13 Más cosas que regalar. Ahora, imagínate a quiénes Rubén Blades les da y dice lo siguiente.

1. _____ da su cómoda a _____
2. _____ dice a _____ que hay comida en su refrigerador.
3. _____ escribe a _____ una lista de quehaceres.
4. Decide dar su sofá a _____ pero no lo quiere.

5-14 Ahora tú. Imagínate que te vas para el extranjero por un año. Contesta las siguientes preguntas sobre tus arreglos antes de salir.

1. ¿Quién te cuida la casa?
2. ¿Quiénes te escriben correos electrónicos?
3. ¿A quién le vendes tu coche?
4. ¿Quiénes te desean un buen viaje?

AB **5-15A Tus responsabilidades domésticas.** Túrnense para hacer y contestar las siguientes preguntas sobre los quehaceres de la casa.

MODELO: E1: *¿Les sacas la basura a tus padres/abuelos?*
E2: *Sí, les saco la basura. (No, no les saco la basura porque no vivo con ellos.)*

1. ¿Les limpias la casa a tus padres / hijos?
2. ¿Le preparas la comida a tu familia?
3. ¿Les planchas la ropa a tus hermanos / hijos?
4. ¿Le quitas la mesa a tu familia?

2 **5-16 Algo especial.** Hablen de lo que dan o dicen en las siguientes situaciones.

MODELO: a tu hermano en su cumpleaños
Le digo "Feliz cumpleaños" y le doy un beso.

1. a tu madre el Día de las madres
2. a tu padre el Día de los padres
3. a tu esposo/a o novio/a el día de su aniversario
4. a tu profesor/a al final del curso
5. a los niños en el parque
6. a un/a turista en la calle

2 **5-17 ¿Qué te hace la familia?** Hablen de lo que sus familias les hacen y comparen las cosas que tienen en común.

MODELO: *Mis padres me preparan la comida, pero no me lavan los platos.*

2. *Gustar* and similar verbs

Sí, me gusta mucho.

¿Te gusta mi coche?

The verb **gustar** is used to express preferences, likes, and dislikes. **Gustar** literally means *to be pleasing,* and the verb is used with an indirect object pronoun.

No me gusta limpiar el baño.	*I don't like to clean the bathroom. (Cleaning the bathroom is not pleasing to me.)*
No **le gustan** los cuadros caros.	*He doesn't like expensive paintings. (Expensive paintings are not pleasing to him.)*

- The subject of the verb **gustar** is whatever is pleasing to someone. Because we generally use **gustar** to indicate that something (singular) or some things (plural) are pleasing, **gustar** is most often conjugated in the third-person singular or third-person plural forms, **gusta** and **gustan**. The indirect object pronoun indicates who is being pleased.

> **Nos gusta** ese sofá amarillo. *We like that yellow sofa.*
> **No me gustan** las lámparas. *I don't like the lamps.*

- To express the idea that one likes to do something, **gustar** is followed by an infinitive. In such cases the third-person singular of **gustar** is used, even when you use more than one infinitive.

> **Me gusta** preparar la cena y lavar los platos. *I like to prepare dinner and wash the dishes.*

- Some other verbs like **gustar** are listed below. Note that the equivalent expressions in English are not direct translations.

encantar	*to delight, to be extremely pleasing*	**molestar**	*to be a bother, annoying*
faltar	*to be lacking, needed*	**parecer**	*to seem*
fascinar	*to be fascinating*	**quedar**	*to be left, remaining*
interesar	*to be interesting*		

> **Me molestan** los cocinas sucias. *I am annoyed by dirty kitchens.*
> A Elena **le fascina** la mesa de noche. *Elena is fascinated by the nightstand.*
> **Nos parece** caro este escritorio. *This desk seems expensive to us.*

- Remember to use the prepositional phrase beginning with **a** to emphasize or clarify the indirect object pronoun.

> **A mí** me fascina la terraza, pero **a ti** te parece pequeña. *I am fascinated by the terrace but it seems small to you.*

Vínculos

Use the following instructional resources to practice *Gustar* and similar verbs.
- WB/LM–OneKey: Activities: 5-10, 5-11, 5-12, 5-49, and 5-50
- *Gramática viva:* Grammar Point 1, *(A mí) me interesa/gusta*
- Companion Website: Chapter 5, Review, Activity: Rev 5-3
- IRCD: pp. 162 and 164

Suggestion for ¡Así lo hacemos! It may help students to alternate the syntax so that the subject precedes the verb, e.g., *Las casas sucias me molestan; El cuadro le fascina; El sofa nos parece caro.*

Aplicación

5-18 A los monos aulladores... Lee el párrafo sobre los monos aulladores de Centroamérica y subraya verbos como **gustar** (V), su sujeto (S) y su complemento indirecto (I).

MODELO: *A mí <u>me</u> <u>interesan</u> <u>los animales de la selva</u>* (forest).
        I   V   S

A muchas personas les fascinan los monos aulladores que viven en los altos árboles (*trees*) de Centroamérica. Son casi como pequeños seres humanos en la manera en que cuidan a sus bebés, comen y juegan. También, les gusta visitar a los turistas en sus hoteles y pedirles comida. Les encantan las frutas, especialmente las bananas y los mangos. A mí, me parecen animales preciosos, pero no me interesa tener uno como mascota (*pet*). Prefiero verlos libres.

Answers to 5-18. *les fascinan*
           I   V
los monos; les gusta visitar; les encantan
   S   I   V   S   I   V
las frutas; me parecen animales preciosos;
   S   I   V   S
no me interesa tener
      I   V   S

5-19 ¿Qué les gusta? Ahora, contesta las preguntas basadas en la Actividad 5-18.

1. ¿Dónde viven los monos aulladores?
2. ¿Qué les gusta hacer?
3. ¿Qué les encanta comer?
4. ¿Por qué nos fascinan?
5. ¿A ti te interesa tener uno como mascota?

5-20 Me interesa(n). Me gusta(n). Me molesta(n). Completa el cuadro con cosas y actividades que te interesan, te gustan y te molestan.

	interesar	gustar	molestar
MODELO:	*Me interesan las matemáticas.*	*Me gusta bailar.*	*Me molestan los insectos.*

② 5-21 ¿Y a ti? Túrnese para preguntarse sobre sus intereses y gustos de la Actividad 5-20.

MODELO: E1: *¿Qué te interesa?*
E2: *Me interesan las matemáticas.*

5-22 Una carta de Panamá. Usa los pronombres de complemento indirecto y los verbos correspondientes de la lista para completar la carta.

encantar   fascinar   gustar   interesar   molestar   parecer   quedar

Querida Isabel:

Te escribo para contarte sobre mi viaje a las islas San Blas. Son unas islas preciosas que están cerca de la costa de Panamá y territorio de los indios Kuna. Nuestro guía, Antonio es muy simpático y nos explica sobre la región. (1. a nosotros) ____ que él conoce bien la flora y la fauna de las islas. (2. A mí) ____ las plantas y los animales, y a Carlos y Ana (3.) ____ especialmente las tortugas marinas, que llegan todos los años para poner sus huevos en la arena. Son protegidas por toda la costa del Caribe, y a muchas personas (4.) ____ observarlas durante este tiempo. (5. A mí) No ____ mucho la playa porque el sol es muy fuerte, pero (6.) ____ observar la vida marina. Todos los días (7.)____ salir temprano para ver los pelícanos y otros pájaros que viven por la costa.

Bueno, Isabel, si (8. a ti) ____ la naturaleza, (9. a ti) ____ van a ____ las islas San Blas.

Un abrazo,

Eduardo

AB **5-23A Su opinión.** Conversen sobre sus opiniones sobre las casas.

MODELO: las casas grandes
　　　　　E1: *¿Te gustan las casas grandes?*
　　　　　E2: *¡Sí, me encantan! Pero no me gusta limpiarlas.*

1. las mansiones
2. las cocinas pequeñas
3. los muebles modernos
4. los baños lujosos

G **5-24 ¿A quién?** Entrevístense para saber las opiniones de sus compañeros/as.

MODELO: E1: *¿Te gusta poner la mesa?*
　　　　　E2: *Sí, me gusta. / No, no me gusta.*

quitar la mesa	secar la ropa	planchar las camisas
ordenar la casa	cocinar	limpiar el baño
barrer el patio	hacer las camas	sacudir el polvo de los muebles

G **5-25 Los gustos y las quejas.** En un grupo de tres a cuatro personas, hablen de sus gustos y quejas sobre donde viven.

MODELO: E1: *Pues, a mí me gustan las residencias de la universidad porque...*
　　　　　E2: *A mí, me molestan porque...*

las casas pequeñas

los apartamentos cerca de la universidad

las casas con piscina

los apartmentos amueblados

las casas con terraza

las residencias de la universidad

¿Cuánto sabes tú? *¿Can you...*

☐ talk about what you do around the house using verbs like **limpiar, ordenar,** and **sacudir**?

☐ describe your house, its rooms, and some of its furniture?

☐ say and give things to people using the verbs **decir** and **dar** with indirect object pronouns?

☐ express your likes and dislikes with verbs such as **gustar, interesar, molestar,** and **parecer**?

Comparaciones

Vínculos
- Companion Website: Chapter 5, Web Resources, *Comparaciones: El ecoturismo en Costa Rica*

El ecoturismo en Costa Rica

5-26 En tu experiencia. ¿Hay organizaciones en tu país que se dedican a preservar el medio ambiente (*environmnent*)? ¿En qué lugares es popular hacer ecoturismo? ¿Qué diferencias hay entre el turismo y el ecoturismo para ti? ¿Te interesa la naturaleza? ¿Por qué?

Costa Rica es el país centroamericano que más se preocupa de su ecología. El Ministerio de Recursos Naturales respalda (*backs up*) desde 1988 el programa de CAPE (*Children's Alliance for the Protection of the Environment*) en el que todos los veranos niños voluntarios limpian de basura las playas de las costas atlántica y pacífica de la nación. Además una comisión nacional de limpieza también incluye las ciudades y parques de muchas comunidades de la costa.

Las flora y la fauna de Costa Rica han convertido (*have turned*) a este país en uno de los favoritos de los ecoturistas del mundo. Todos los años decenas de miles de turistas visitan sus parques nacionales. Algunos de estos parques aceptan voluntarios por períodos de dos meses, y cientos de turistas trabajan construyendo senderos (*trails*) o haciendo investigación sobre la riqueza de la flora y la fauna de este país. En Costa Rica los ecoturistas tienen la oportunidad de ver parte de las 850 variedades de pájaros (*birds*), 35.000 variedades de insectos, entre ellas 3.000 clases de mariposas (*butterflies*), 150 variedades de reptiles y ranas (*frogs*) y 10.000 especies de plantas, entre las cuales hay 1.200 variedades de orquídeas.

5-27 En su opinión. Lean las siguientes oraciones y túrnense para expresar y anotar sus opiniones.

1. ¡Ni modo! No estoy de acuerdo.
2. No es probable.
3. No tengo opinión.
4. Es posible.
5. Estoy completamente de acuerdo.

a. Cuando voy de vacaciones, me gusta levantarme temprano.	1	2	3	4	5
b. Me gusta el ecoturismo.	1	2	3	4	5
c. Prefiero ir donde hay mucha gente.	1	2	3	4	5
d. No es importante ducharme todos los días cuando estoy de vacaciones.	1	2	3	4	5
e. Me gusta ir de camping.	1	2	3	4	5

¡Así es la vida!

El arreglo personal

Antonio, Beatriz y Enrique Castillo son tres hermanos que viven en San José, Costa Rica, con su mamá. Éstas son sus rutinas de todas las mañanas.

Antonio es tan madrugador (*early riser*) como su mamá. Siempre se despierta a las seis de la mañana. Después de levantarse, se cepilla los dientes, se afeita y se ducha. Luego, le prepara el desayuno a su mamá.

Beatriz duerme menos que su hermano Antonio, pero esta mañana se despierta tarde porque su despertador a veces no funciona. Ahora tiene que **levantarse, lavarse** la cara, **vestirse** rápidamente y salir de casa sin **maquillarse.** Como ella es muy puntual, se pone muy nerviosa cuando llega tarde a la universidad.

Enrique nunca se despierta cuando suena el despertador. Se levanta más tarde que todos porque se acuesta generalmente a las dos de la mañana. Muchas veces llega tarde al trabajo y su jefe se pone furioso. En el trabajo, Enrique se duerme a menudo. ¡El pobre Enrique es un desastre!

Teaching tips

In this section students will see comparisons and reflexive verbs in context. Use the drawings to act out each description. Then do 5-28 as a whole-class activity. Finally, have a couple of students take turns reading the passages.

Expansion ¡Así es la vida! Use the following questions to check comprehension. *¿Quién...? ¿...ayuda a su mamá? ¿...no es buen trabajador? ¿...tiene mucha prisa esta mañana? ¿...no es puntual? ¿...se despierta temprano? ¿...no tiene tiempo para maquillarse? ¿...no es madrugador? ¿...tiene problemas con su despertador?*

¡Así lo decimos! Vocabulario

Las actividades diarias

Teaching Tips
Use a few of these actions in context to tell about your routine. Limit the forms to *yo* and *tú* since the formal presentation will be made later.

afeitarse · acostarse (ue) · bañarse · cepillarse · despertarse (ie) · dormirse (ue, u) · ducharse · lavarse · levantarse · maquillarse · peinarse · quitarse · sentarse (ie) · vestirse (i, i) · secarse

Algunas emociones

ponerse contento/a	*to become happy*
furioso/a	*angry*
impaciente	*impatient*
nervioso/a	*nervous*
triste	*sad*
reírse (e-i)[1]	*to laugh*
sentirse (e-ie)	*to feel*

Artículos de uso personal

el cepillo (de dientes)	*(tooth)brush*
la crema (de afeitar)	*(shaving) cream*
la cuchilla (navaja) de afeitar	*razor blade*
el desodorante	*deodorant*
el espejo	*mirror*
el jabón	*soap*
el lápiz labial/el pintalabios	*lipstick*
la loción (de afeitar)	*(shaving) lotion*
el maquillaje	*makeup*
la máquina de afeitar	*electric razor*
el peine	*comb*
el/la secador/a	*hair dryer*

Algunas partes del cuerpo

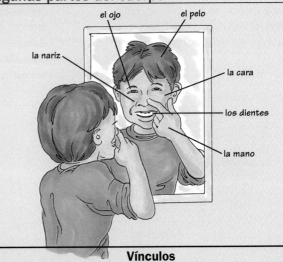

el ojo · el pelo · la nariz · la cara · los dientes · la mano

---

Vínculos

Use the following instructional resources to practice *el arreglo personal; actividades reflexivas; partes del cuerpo.*
- Companion Website: Chapter 5, Review, Activity: Rev 5-4
- IRCD: pp. 168 and 170

Otras palabras y expresiones

el desayuno	*breakfast*
el despertador	*alarm clock*
sin	*without*

[1]**me río, te ríes, se ríe, nos reímos, os reís, se ríen**

Suggestion for ¡Así lo decimos! Use the following questions to personalize the *arreglo personal* vocabulary. *¿Qué haces todos los días? ¿Qué no haces nunca? ¿Qué haces de vez en cuando?* Use the following questions to personalize the *artículos de uso personal* vocabulary. *¿Qué tienes en tu tocador? ¿Qué traes en tu bolsa o tu bolsillo? Cuando viajas, ¿qué llevas?*

Aplicación

5-28 ¿Quién es quién? Identifica la persona de **¡Así es la vida!** que probablemente dice lo siguiente.

Antonio (**A**)　　　Beatriz (**B**)　　　Enrique (**E**)

1. ___E___ No me gusta levantarme.
2. ___B___ Hoy es un mal día. Normalmente soy muy puntual.
3. ___A___ Todos los días me afeito.
4. ___A___ Le prepara el desayuno a su mamá.
5. ___E___ Normalmente me acuesto muy tarde.
6. ___B___ Necesito un despertador nuevo.
7. ___B___ Me pongo nerviosa cuando llego tarde.
8. ___E___ Mi jefe está enojado conmigo.

5-29 ¿Qué asocias con...? Haz asociaciones con las siguientes actividades.

MODELO: afeitarse
> *la cara, la loción, la crema de afeitar, la máquina de afeitar, la cuchilla, etcétera*

1. bañarse
2. mirarse
3. secarse
4. peinarse
5. despertarse
6. cepillarse
7. sentarse
8. levantarse
9. ponerse impaciente
10. ponerse nervioso/a

WWW 5-30 El arreglo personal. Conéctate con la página electrónica de *¡Arriba!* (www.prenhall.com/arriba) y busca uno de los productos siguientes. Descríbelo e incluye su precio. ¿Es para hombres o mujeres? ¿Te parece un producto bueno? ¿Quieres comprarlo? ¿Por qué?

MODELO: *La crema Toja Sensible es una crema de afeitar para hombres. La compro porque no es cara.*

cepillo de dientes eléctrico	loción
crema de afeitar	maquillaje
cuchilla	máquina de afeitar
jabón	secadora

AUDIO 5-31 Los señores Rodríguez. Escucha la descripción de la rutina diaria de la familia Rodríguez, los parientes nicaragüenses de la familia Castillo. Luego, indica a quién(es) se refiere cada oración a continuación: al señor Rodríguez, a la señora Rodríguez o a los dos.

LA ACTIVIDAD	EL SEÑOR	LA SEÑORA
1. Se levanta temprano todos los días.		X
2. Trabaja en una oficina.		X
3. Se viste.	X	X
4. Se maquilla.		X
5. Se afeita.	X	
6. Toma café con el desayuno.	X	X
7. Almuerza con otras personas.		X
8. Hace ejercicio después de comer.	X	
9. Prepara la cena.	X	
10. Come la cena en casa.	X	X

Audioscript for 5-31.

Nosotros vivimos en un barrio de Managua, Nicaragua. Mi esposa y yo trabajamos. Yo soy ingeniero y ella es directora de una agencia de servicios sociales. Mi esposa se despierta muy temprano porque tiene que estar en la oficina a las ocho de la mañana. Se levanta a las seis, se ducha rápidamente, se viste, se maquilla, toma un café y come una fruta. Sale de casa a las siete y media. A las dos almuerza con algunos compañeros. Después del almuerzo, sigue trabajando hasta las seis de la tarde. Sale de su oficina y vuelve a casa a las seis y media.

Yo tengo un horario más flexible. Muchos días puedo trabajar en mi computadora en casa y mandar mi trabajo por correo electrónico. Me levanto a las ocho, me lavo la cara, me afeito, me visto, y desayuno café y pan. Después me siento enfrente de la computadora y empiezo a trabajar. Trabajo hasta la una o las dos y entonces me levanto de la silla y como alguna fruta. Normalmente, no almuerzo, pero a veces hago ejercicio. Después, sigo trabajando hasta las seis y media cuando regresa mi esposa. Yo preparo la cena y los dos comemos juntos.

5-32 ¿En qué orden lo haces? Pon estas actividades en orden lógico según tu rutina diaria.

_____ me duermo   _____ me peino

_____ me lavo   _____ me cepillo los dientes

_____ me afeito   _____ me despierto

_____ me acuesto   _____ me lavo la cara

5-33 Una persona misteriosa. Túrnense para describir a una persona misteriosa mientras el/la compañero/a la dibuja. Incluyan características físicas. Luego comparen sus descripciones con sus dibujos.

- ojos (pequeños, grandes, tristes, alegres...)
- cara (redonda, delgada, feliz, enojada...)
- dientes (grandes, pequeños, no tiene...)
- pelo (rubio, moreno, largo, corto...)
- labios (bonitos, finos, rojos...)

¡Así lo hacemos! Estructuras

3. Reflexive constructions: Pronouns and verbs

A reflexive construction is one in which the subject is both the performer and the receiver of the action expressed by the verb.

Isabel se peina.
Isabel combs her hair.

Isabel peina a su hermana.
Isabel combs her sister's hair.

- The drawing on the left depicts a reflexive action (Isabel is combing her own hair); the drawing on the right depicts a nonreflexive action (Isabel is combing her sister's hair).

Los pronombres reflexivos

- Reflexive constructions require the reflexive pronouns.

Subject pronouns	Reflexive pronouns	Verb
yo	**me** (*myself*)	**lavo**
tú	**te** (*yourself*)	**lavas**
él, ella, Ud.	**se** (*himself, herself, yourself*)	**lava**
nosotros/as	**nos** (*ourselves*)	**lavamos**
vosotros/as	**os** (*yourselves*)	**laváis**
ellos/as, Uds.	**se** (*themselves, yourselves*)	**lavan**

■ Reflexive pronouns have the same forms as direct and indirect object pronouns, except for the third-person singular and plural. The reflexive pronoun of the third-person singular and plural is **se.**

Paco **se** baña.	*Paco bathes.*
Los Rodríguez **se** levantan temprano.	*The Rodríguezes get up early.*

■ As with object pronouns, reflexive pronouns are placed immediately before the conjugated verb. In Spanish the definite article, not the possessive adjective, is used to refer to parts of the body and articles of clothing.

Me lavo las manos.	*I wash my hands.*
Pedro **se** pone los pantalones.	*Peter puts on his pants.*

■ In progressive constructions and with infinitives, reflexive pronouns are either attached to the present participle (**-ndo**) or the infinitive or placed in front of the conjugated verb. A written accent is required with the present participle if the pronoun is attached.

El niño **está peinándose.**	
El niño **se está peinando.**	*The boy is combing his hair.*
Sofía **va a maquillarse** ahora.	
Sofía **se va a maquillar** ahora.	*Sofía is going to put her makeup on now.*

■ In English, reflexive pronouns are frequently omitted, but in Spanish reflexive pronouns are required in all reflexive constructions.

Pepe **se afeita** antes de acostarse.	*Pepe shaves before going to bed.*
Marina siempre **se baña** a las ocho.	*Marina always takes a bath at eight.*

Los verbos reflexivos

■ Verbs that describe personal care and daily habits carry a reflexive pronoun if the same person performs and receives the action.

Me voy a acostar temprano.	*I'm going to bed early.*
¿Te afeitas ahora?	*Are you shaving now?*
Mis hermanos se levantan tarde todas las mañanas.	*My brothers get up late every morning.*

■ Such verbs can also be used nonreflexively when someone other than the subject receives the action.

Elena **acuesta** a su hija menor.	*Elena puts her youngest daughter to bed.*
La enfermera **afeita** al paciente.	*The nurse shaves the patient.*
¿Despiertas a tu abuela?	*Do you wake up your grandmother?*

■ In Spanish, verbs that express feelings, moods, and conditions are often used with reflexive pronouns. A reflexive pronoun is usually not required in English. Instead, verbs such as *to get, to become,* or nonreflexive verbs are used.

acordarse (de) (ue)	*to remember*
alegrarse (de)	*to become happy*
divertirse (e-ie)	*to have fun*
enamorarse (de)	*to fall in love (with)*
enfermarse	*to become sick*
enojarse (con)	*to get angry*
olvidarse (de)	*to forget*

Suggestion for *¡Así lo hacemos!* List several hours on the board and have students provide reflexive activities for each, e.g., 8:00 A.M. ➔ *Me despierto a las ocho de la mañana.*

Me alegro de ganar.	*I am happy to win.*
Jorge **se enoja** si pierde.	*Jorge gets angry if he loses.*
Luis **va a enamorarse de** Ana.	*Luis is going to fall in love with Ana.*
Siempre **nos divertimos** en la fiesta.	*We always have fun at the party.*
No **me acuerdo de** tu nombre.	*I don't remember your name.*
Me olvido de todo cuando la veo.	*I forget everything when I see her.*

■ Some verbs have different meanings when used with a reflexive pronoun.

NONREFLEXIVE		REFLEXIVE	
acostar	*to put to bed*	**acostarse**	*to go to bed*
dormir	*to sleep*	**dormirse**	*to fall asleep*
enfermar	*to make sick*	**enfermarse**	*to become sick*
ir	*to go*	**irse**	*to go away, to leave*
levantar	*to lift*	**levantarse**	*to get up*
llamar	*to call*	**llamarse**	*to be called*
poner	*to put, to place*	**ponerse**	*to put on*
quitar	*to remove*	**quitarse**	*to take off*
vestir	*to dress*	**vestirse**	*to get dressed*

Las construcciones recíprocas

■ The plural reflexive pronouns **nos, os,** and **se,** may be used with verbs that take direct objects to express reciprocal actions. The verbs can be reflexive or nonreflexive verbs, and these actions are conveyed in English by *each other* or *one another.*

Nos queremos mucho.	*We love each other a lot.*
Los novios se ven todos los días.	*The sweethearts see one another every day.*
Marta y José **se escriben** todas las semanas.	*Marta and José write to each other every week.*

Aplicación

5-34 Rubén Blades en Nueva York. Subraya las acciones reflexivas e indica quién es el sujeto.

Rubén Blades lleva muchos años viviendo en Nueva York donde tiene un apartamento en Manhattan. Su vida es muy activa. Tiene que <u>levantarse</u> temprano porque pasa el día escribiendo y editando sus canciones. <u>Se sienta</u> por horas en su estudio escuchando grabaciones (*recordings*). Por la tarde, <u>se divierte</u> hablando con sus amigos en un café. <u>Se pone contento</u> cuando tocan música latina. Por la noche, después de hacer ejercicio, <u>se baña</u> y <u>se acuesta</u> temprano porque el día siguiente tiene que <u>despertarse</u> temprano y trabajar en un nuevo proyecto.   El sujeto es Rubén Blades.

5-35 ¿Cómo es su día? Contesta las preguntas sobre la rutina de Rubén Blades.

1. ¿Dónde vive?
2. ¿Se levanta tarde o temprano? ¿Por qué?
3. ¿Qué hace en su estudio?
4. ¿Cómo se siente cuando está con sus amigos?
5. ¿Qué hace antes de acostarse?
6. ¿Por qué se acuesta temprano?
7. ¿Te parece interesante su día? ¿Por qué?

Answers to 5-35. 1. Vive en Nueva York. 2. Se levanta temprano porque pasa el día escribiendo y editando sus canciones. 3. Escucha grabaciones. 4. Se siente contento. 5. Se baña y hace ejercicio. 6. Porque tiene que despertarse temprano el día siguiente. 7. *Answers will vary.*

5-36 ¿Es probable o improbable? Explica si cada oración a continuación es probable o improbable. Corrige las oraciones improbables.

MODELO: La señora Rodríguez se mira en el despertador.
Improbable. Se mira en el espejo.

1. La señora Rodríguez se maquilla después de lavarse la cara.
2. El señor Rodríguez va a cepillarse los dientes con el lápiz labial.
3. La señora Rodríguez necesita jabón para bañarse.
4. El señor Rodríguez compra una secadora porque tiene que afeitarse.
5. El señor Rodríguez se pone loción después de afeitarse la cara.
6. Ella quiere lavarse los dientes con el peine.

Answers to 5-36. 1. p 2. i, El señor Rodríguez va a cepillarse los dientes con el cepillo de dientes. 3. p 4. i, Compra una máquina de afeitar. 5. p 6. i, Quiere peinarse.

2 5-37 En tu familia. Haz una lista de acciones que deben hacer los miembros de tu familia en casa.

MODELO: E1: *Es necesario levantarnos antes de las 10.*
E2: *Es bueno...*

2 5-38 ¿Qué tienen en común? Háganse las siguientes preguntas para comparar sus horarios. Luego, hagan un resumen de lo que tienen en común.

MODELO: despertarse
E1: *¿A qué hora te despiertas?*
E2: *Me despierto a las seis. ¿Y tú?*

1. dormirse
2. levantarse
3. bañarse
4. vestirse
5. acostarse
6. peinarse
7. ducharse
8. maquillarse

AB **5-39A ¿Qué estoy haciendo?** Túrnense para representar cada actividad de la lista mientras el/la compañero/a adivina qué hace.

MODELO: E1: *(combing hair)*
E2: *Estás peinándote.*

washing hair   standing up   shaving   going to sleep   going away

2 **5-40 Las emociones y las reacciones.** Túrnense para preguntarse cómo se sienten en las situaciones a continuación.

MODELO: llegas tarde a clase
E1: *¿Qué pasa cuando llegas tarde a clase?*
E2: *Me pongo nervioso/a.*

LAS CIRCUNSTANCIAS
1. llegas tarde a clase   *Me pongo nervioso/a.*
2. sacas una "A" en un examen   _____
3. conoces a una persona importante   _____
4. pierdes tu libro de texto   _____
5. el/la profesor/a llega tarde para un examen   _____
6. no suena tu despertador   _____

5-41 Parejas famosas. Explica qué tienen en común las siguientes personas.

MODELO: Romeo y Julieta
Romeo y Julieta se quieren mucho.

ALGUNAS PAREJAS		ALGUNAS RELACIONES
Charlie Brown y Snoopy		quererse
Antonio y Cleopatra		llamarse
Antonio Banderas y Melanie Griffith		escribirse
los republicanos y los demócratas		verse
el gobierno norteamericano y el cubano	(no)	besarse
Tú y yo		odiarse
Ben Affleck y Jennifer López		encontrarse
¿...?		tolerarse

2 **5-42 Una relación especial.** Túrnense para hacerse preguntas sobre relaciones especiales que tienen con algunas personas. Puede ser con un/a novio/a, un/a amigo/a o un pariente.

MODELO: E1: *¿Se conocen bien?*
E2: *Sí, nos conocemos bastante bien.*

1. ¿Con qué frecuencia se ven?
2. ¿Dónde se encuentran generalmente?
3. ¿Cuántas veces al día se llaman por teléfono?
4. ¿Qué se dicen cuando se ven?

5. ¿Se quieren mucho?
6. ¿Cuándo se dan regalos?
7. ¿Se entienden bien?
8. ¿Se respetan mucho?

❷ **5-43 Tú y tu mejor amigo/a.** Explíquense qué hacen con sus mejores amigos/as. Hablen de actividades de la lista y de otras si las quieren incluir.

Modelo: hacerse favores
Nos hacemos favores siempre.

contarse problemas

ayudarse con la tarea por las noches

verse en el gimnasio después de las clases

llamarse por teléfono todo el tiempo

contarse los secretos más íntimos

reunirse en la cafetería para almorzar

encontrarse en el metro por las mañanas

invitarse a cenar (*to eat dinner*) en ocasiones especiales

Suggestion for 5-43. Have students report on each other's responses, e.g., *Carlota y su mejor amiga se ven todos los días y se hablan mucho por teléfono.*

Vínculos

Use the following instructional resources to practice comparisons of equality and inequality.
- WB/LM–OneKey: Activities: 5-25, 5-26, 5-27, 5-28, 5-61, 5-62, 5-63, and 5-64
- *Gramática viva:* Grammar Point 4, Comparatives and Superlatives
- Companion Website: Chapter 5, Review, Activity: Rev 5-6
- IRCD: p. 175 and 178

4. Comparisons of equality and inequality

Comparaciones de igualdad

▪ In Spanish, you may make comparisons of equality with adjectives (e.g., *as good as*) and adverbs (e.g., *as quickly as*) by using the following construction.

tan + *adjective/adverb* + **como**

Pedro es **tan** amable **como** Juan.
María habla **tan** despacio **como** su hermana.

Pedro is as nice as Juan.
María speaks as slowly as her sister.

▪ Make comparisons of equality with nouns (*e.g., as much money as; as many friends as*) by using the following construction. Notice that **tanto** is an adjective and agrees in gender and number with the noun or pronoun it modifies.

tanto/a(s) + *noun* + **como**

Marta tiene **tantos** amigos **como** ustedes.
Tú tienes **tanta** paciencia **como** Eugenio.

Marta has as many friends as you.
You have as much patience as Eugenio.

▪ Make comparisons of equality with verbs (e.g., *works as much as*) by using the following construction.

verb + **tanto como**

Marilú habla **tanto como** su papá.
Mis hermanos se enamoran **tanto como** tú.

Marilú talks as much as her father.
My brothers fall in love as much as you.

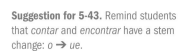

Suggestion for 5-43. Remind students that *contar* and *encontrar* have a stem change: o ➜ ue.

Warm-up for ¡Así lo hacemos! Distribute pairs and trios of various items on desks before class. Ask students questions comparing who has what. *Mike tiene dos bolígrafos. ¿Quién tiene más bolígrafos que Mike? ¿Qué tienes Melissa? Melissa tiene ocho centavos. ¿Quién tiene tantos centavos como Melissa?*, etc.

Comparaciones de desigualdad

▪ A comparison of inequality expresses *more than* or *less than*. Use this construction with adjectives, adverbs, or nouns.

más/menos + *adjective/adverb/noun* + **que**

adjective Mercedes es **menos** responsable **que** Claudio.
adverb Yo me visto **más** rápidamente **que** tú.
noun Esta casa tiene **menos** habitaciones **que** la otra.

Mercedes is less responsible than Claudio.
I get dressed faster than you.
This house has fewer rooms than the other.

Suggestion for ¡Así lo hacemos! Use two famous people to compare, e.g., Antonio Banderas and Jimmy Smits. *Jimmy es más alto que Antonio. Antonio es tan atractivo como Jimmy. Antonio habla más rápidamente que Jimmy. Jimmy es tan simpático como Antonio, etc.*

Suggestion for ¡Así lo hacemos! Point out that certain negative expressions are used with comparisons to express the following: *más que nada* (more than anything), *más que nunca* (more than ever), *mejor que nunca* (better than ever). *Me gusta el chocolate más que nada* (I like chocolate better than anything.) *Hay más gente que nunca en ese restaurante* (There are more people than ever in that restaurant).

■ Make comparisons of inequality with verbs using the following construction.

verb + **más/menos** + **que**

| Estudio **más que** tú. | *I study more than you (do).* |

■ With numerical expressions, use **de** instead of **que.**

| Tengo **más de** cinco buenos amigos. | *I have more than five good friends.* |

Summary of comparisons of equality and inequality

Equal comparisons

nouns:	**tanto/a(s)** + *noun* + **como** + *noun or pronoun*
adjectives/adverbs:	**tan** + *adj./adv.* + **como** + *noun or pronoun*
verbs:	*verb* + **tanto como** + *noun or pronoun*

Unequal comparisons

adj./adv./noun:	**más/menos** + *adj./adv./noun* + **que** + *noun or pronoun*
verbs:	*verb* + **más/menos** + **que**
with numbers:	**más/menos** + **de** + *number*

EXPANSIÓN   More on structure and usage

Los adjetivos comparativos irregulares

Some Spanish adjectives have both regular and irregular comparative forms:

ADJECTIVE	REGULAR FORM	IRREGULAR FORM	
bueno/a	más bueno/a	mejor	*better*
malo/a	más malo/a	peor	*worse*
viejo/a	más viejo/a	mayor	*older*
joven	más joven	menor	*younger*

■ The irregular forms **mejor** and **peor** are more commonly used than the regular forms.

| Esta casa es **mejor** que ésa. | *This house is better than that one.* |
| Pedro es **peor** que Luis. | *Pedro is worse than Luis.* |

■ **Mayor, menor**, and **más joven** are commonly used with people; **más viejo** may be used with inanimate objects.

| Manuel es **menor** que Beba y yo soy **mayor** que Manuel. | *Manuel is younger than Beba and I am older than Manuel.* |
| San José, Costa Rica, es más **vieja** que Alajuela. | *San José, Costa Rica, is older than Alajuela.* |

Aplicación

5-44 Dos chismosos. Subraya las comparaciones de igualdad y de desigualdad en el diálogo entre dos personas chismosas (*gossipy*) en una fiesta.

Carlota: Creo que el champú que usa Ramona no es <u>tan bueno como</u> el que uso yo.

Ángel: Pero su pelo es <u>más bonito que</u> el de Marilú.

Carlota: No me gustan sus sandalias <u>tanto como</u> sus zapatos.

Ángel: Es verdad. Sus zapatos son <u>más elegantes que</u> sus sandalias, pero son <u>menos cómodos que</u> los que llevas tú.

Carlota: ¿Crees que ella es <u>tan rica como</u> dice?

Ángel: No, pero creo que es <u>más rica que</u> nosotros. Sin embargo, es <u>menos rica que</u> su esposo.

Carlota: Pero él no tiene <u>tantos coches como</u> don Jorge.

Ángel: Es verdad, pero los coches de don Jorge son <u>menos lujosos que</u> los de don Pablo.

Carlota: ¿Y quién crees que es <u>mayor</u> de edad? ¿Tú o Ramona?

Ángel: ¡Qué barbaridad! Yo soy mucho <u>menor que</u> ella. Ella tiene <u>más de</u> cincuenta años. Yo sólo tengo cuarenta.

Carlota: Bueno, estoy aburrida. Vamos a casa. No me gusta la comida aquí. En casa mi comida es <u>mejor que</u> la que hacen aquí.

Ángel: Tienes razón. ¡Esta comida es <u>peor que</u> la nuestra! ¡Vamos!

Carlota: Buenas noches, Ramona. Esta fiesta ha sido muy divertida. ¡La comida está perfecta!

5-45 Ahora tú. Haz comparaciones entre estas personas en la fiesta.
Answers may vary.

MODELO: Ángel y Carlota
Ángel es tan chismoso como Carlota.

1. Carlota y Ramona   Carlota es menos honesta que Ramona.
2. las sandalias de Marilú y sus zapatos   Sus zapatos son más elegantes que sus sandalias.
3. Ángel y Marilú   Marilú es más rica que Ángel.
4. Jorge y el esposo de Marilú   Los coches de Jorge son menos lujosos que los de Pablo.
5. Ramona y Ángel   Ángel es menor que Ramona.
6. Tú y Carlota   *Answers will vary.*

② **5-46 En el hipermercado.** Pueden comprar de todo en un hipermercado: muebles, comida, maquillaje, artículos para el arreglo personal, etcétera. Hagan comparaciones entre lo que ven. Usen la imaginación.

MODELO: escoba y aspiradora
E1: *Esta escoba es muy buena.*
E2: *Sí, pero esta aspiradora es mejor que la escoba.*

Algunos adjetivos y expresiones

a buen precio	bonito/a	divino/a	feo/a	maravilloso/a
barato/a	caro/a	económico/a	hermoso/a	moderno/a
bello/a	cómodo/a	exquisito/a	horrible	perfecto/a

1. lavadora y lavaplatos
2. cepillo y peine
3. secadora y máquina de afeitar
4. sofá y sillón
5. estéreo y radio
6. armario y cama

5-47 Los Óscars. Imagínense que son reporteros/as durante la ceremonia de los Óscars en Hollywood y ven llegar a las estrellas. Comparen a las estrellas cuando salen de sus carros.

MODELO: E1: *Daisy Fuentes es más alta que Salma Hayek.*
E2: *Sí, pero Salma es más guapa que Daisy.*

1. Elizabeth Taylor y Rita Moreno
2. Ricky Martin y John Travolta
3. Jennifer López y Gloria Estefan
4. Enrique Iglesias y Julio Iglesias (su padre)
5. Benjamin Bratt y Jimmy Smits
6. ¿... y...?

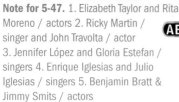

Note for 5-47. 1. Elizabeth Taylor and Rita Moreno / actors 2. Ricky Martin / singer and John Travolta / actor 3. Jennifer López and Gloria Estefan / singers 4. Enrique Iglesias and Julio Iglesias / singers 5. Benjamin Bratt & Jimmy Smits / actors

5-48A En la agencia de bienes raíces. Eres un agente de bienes raíces (*real estate*) y tienes que vender, dos casas: una, grande y lujosa, y la otra, pequeña y en malas condiciones. Compárale a tu compañero/a las dos casas usando estos criterios.

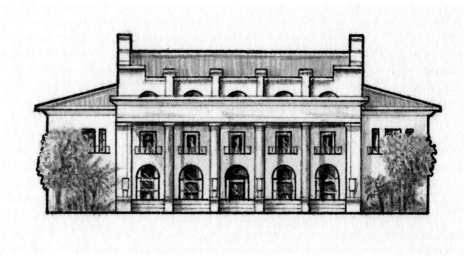

grande	en un barrio bueno
bonito/a	número de habitaciones
buenas condiciones	...

 ¿Cuánto sabes tú? *Can you...*

☐ describe your daily routines and habits using reflexive verbs like **me levanto, me visto,** and **me duermo**?

☐ talk about your personal care habits, including articles that you use or do not use?

☐ express emotional changes using verbs like **ponerse**?

☐ describe objects and people using comparisons saying one is **más** or **menos... que** or **tan... como**?

Observaciones

5-49 Una casa mexicana. Aquí tienes una descripción de una casa mexicana. Lee la descripción y luego compárala con la casa de tu familia.

Una casa mexicana de la época colonial

Mi casa se encuentra en Querétaro, una ciudad colonial mexicana. La casa es típica de la época colonial porque refleja el estilo español del siglo XVI. Está construida alrededor de un hermoso jardín lleno de plantas tropicales y hermosas flores. El clima de esta región es muy agradable. Por eso, las ventanas siempre están abiertas por la mañana y por la noche para dejar pasar el aire fresco. La cocina es grande y mucho más moderna ahora que la original. Hay cinco habitaciones; todas dan al jardín. No usamos mucho la sala, porque es más agradable sentarnos en el patio donde muchas veces comemos el desayuno o tomamos un té por la tarde. La casa tiene tres baños: uno para mis padres, otro para mis hermanos y para mí y el tercero para las visitas. La casa no tiene garaje, pero tiene un pequeño establo donde estacionamos el coche porque ya no tenemos caballos (horses).

Ahora compara esta casa con la de tu familia. Usa comparaciones de igualdad y desigualdad.

MODELO: *Esta casa es más pequeña que mi casa.*

5-50 La casa de Toño. Mira el quinto episodio de *Toño Villamil y otras mentiras*, y completa las oraciones basadas en este episodio.

1. Lucía quiere entrar a la casa porque...
   - _X_ quiere ver una cocina mexicana.
   - _____ tiene que usar el baño.
   - _____ quiere conocer a la familia de Toño.

2. Toño no abre la puerta porque...
   - _____ no sabe desarmar la alarma.
   - _____ sus padres no están en casa.
   - _X_ no tiene las llaves.

3. Lucía dice que la casa...
   - _____ tiene mucho polvo en los muebles.
   - _X_ está bien ordenada.
   - _____ es tan grande como la de su familia.

4. Parece que Toño no sabe dónde está...
   - _X_ el baño.
   - _____ la cocina.
   - _____ el jardín.

5. Lucía quiere usar el baño para...
   - _____ bañarse.
   - _____ ducharse.
   - _X_ lavarse las manos y la cara.

6. Toño se pone muy nervioso cuando...
   - _____ no encuentra comida en la cocina.
   - _X_ ve a una mujer en el jardín.
   - _____ suena el teléfono.

WWW **5-51 Las casas coloniales de México.** Conéctate con la página electrónica de *¡Arriba!* (**www.prenhall.com/ arriba**) para ver fotos de casas coloniales de México. Elige una y descríbela.

5-52 La cocina. Lucía dice que las cocinas mexicanas son grandes y bonitas. En tu opinión, ¿cómo es la cocina perfecta?

- ¿grande o pequeña?
- ¿con ventanas o muchas luces?
- ¿con una mesa grande o una mesita para comer?
- ¿con piso de madera o de losa (*tile*)?
- ¿pintada de blanco, de amarillo o de...?

Vínculos

- Student Video CD-ROM/VHS cassette, *Episodio 5: Toño Villamil y otras mentiras*

Teaching tips

The pre-viewing reading draws on housing from the colonial time in Mexico. Draw a picture on the chalkboard to illustrate how these houses were often built around a patio with a garden and fountain.

NUESTRO MUNDO

Panoramas

Teaching tips
Here we have glimpses of three Central American countries. Ask students to recall what they learned about Guatemala, Honduras, and El Salvador in the last chapter. Locate the three new countries and compare all of them in size.

Teaching tips
Some of your students may be aware of the results of recent elections in Central America.

La América Central II: Costa Rica, Nicaragua, Panamá

5-53 ¿Ya sabes...? Trata de identificar o explicar lo siguiente.

1. las capitales de Costa Rica, Nicaragua y Panamá
2. algunos productos agrícolas centroamericanos importantes
3. los dueños (*owners*) del Canal de Panamá
4. el país que no tiene ejército (*army*)
5. un animal en peligro de extinción

Answers to 5-53. 1. San José, Managua, Ciudad Panamá 2. el café y las bananas 3. los panameños 4. Costa Rica 5. la iguana verde o el guacamayo escarlata

---

Vínculos

- Student Video CD-ROM/VHS cassette, *Capítulo 5: Entrevistas de nuestro mundo*
- Companion Website: Chapter 5, Web Resources, *Panoramas, La América Central II: Costa Rica, Nicaragua, Panamá*

Los indios Kuna, que habitan las islas de San Blas cerca de la costa de Panamá, se conocen por sus bellas molas, textiles que representan la flora y la fauna de la región. Las mujeres usan faldas y blusas de vívidos colores, decoradas en el pecho (*chest*) y la espalda (*back*). La sociedad de los Kuna es un matriarcado; la mujer hereda los bienes de su familia y cuando se casa, su esposo va a vivir en la casa de ella.

HONDURAS · Río Coco · Puerto Cabezas · Cayos Miskitos · EL SALVADOR · Golfo de Fonseca · Matagalpa · León · Managua ☙ · Granada · NICARAGUA · Río Grande de Matagalpa · Bluefields · Islas del Maíz · Lago de Nicaragua · Río San Juan · COSTA RICA · Puntarenas · Orosi · San José · Puerto Limón · Boc del · Puerto Quepos · Golfito · Dav

OCÉANO PACÍFICO

Los desastres naturales son parte de la vida de Centroamérica. Hay volcanes activos, terremotos (*earthquakes*) y huracanes. En el huracán Mitch de 1998, uno de los desastres naturales más destructivos del siglo xx, más de 10.000 personas murieron (*died*) en Centroamérica. Gran parte de la infraestructura, la agricultura y la economía también se perdió (*was lost*) en el huracán.

Violeta Chamorro, presidenta de Nicaragua, 1990–96, trabajó para restaurar la estabilidad política y económica del país. Ahora encabeza la Fundación Violeta Chamorro cuya misión es promover la paz, la democracia, la libertad de expresión y la disminuición de la pobreza.

Hay una gran variedad de ranas en las selvas costarricenses. Algunas segregan (*secrete*) líquidos venenosos, otras alucinógenos.

La fundación Pro-Iguana Verde de Costa Rica se dedica a la protección de los animales en peligro de extinción, como la iguana verde y el guacamayo escarlata.

La rana, entre otros animales exóticos, sirve de modelo para los diseños de oro de los indígenas precolombinos de Centroamérica.

Mar Caribe

Canal de Panamá

Colón
Panamá
Balboa
NAMÁ
Archipiélago de las Perlas
Santiago
Golfo de Panamá
La Palma

AMÉRICA DEL SUR

COLOMBIA

El Canal de Panamá, construido entre 1903 y 1910, fue mantenido por los EE.UU. hasta 1999. Ahora Panamá controla el canal por donde navegan más de 14.000 barcos cada año.

5-54 ¿Cierto o falso? Corrige las oraciones falsas.

1. Panamá tiene muchas ruinas aztecas.   falso
2. La Fundación Pro-Iguana Verde es activa en la conservación del medio ambiente (*environment*) en Costa Rica.   falso
3. El huracán Mitch causó daños (*damages*) en gran parte de Centroamérica.   cierto
4. La mola es un ejemplo de artesanía nicaragüense.   falso
5. Violeta Chamorro fue esposa del presidente de Nicaragua.   falso
6. El guacamayo escarlata es un animal en peligro de extinción.   cierto
7. Muchos artefactos de oro en Centroamérica reflejan la conquista por los españoles.   falso
8. Algunas de las ranas centroamericanas son venenosas.   cierto
9. El Canal de Panamá es territorio estadounidense.   falso
10. La sociedad Kuna es un patriarcado.   falso

5-55 ¿Dónde? Identifica en el mapa de Centroamérica de este libro dónde hay las siguientes cosas.

1. playas
2. artesanía
3. comercio marítimo
4. volcanes
5. música salsa
6. cultivo de café
7. tejidos multicolores
8. mucha lluvia
9. terremotos

 5-56 El mapa. Revisen el mapa de Centroamérica e identifiquen en qué país se encuentran estos sitios, ciudades y países.

MODELO: Copán
    Copán está en Honduras, cerca de la frontera de Panamá.

al este de...

al norte de...

al oeste de...

al sur de ...

en la costa del Caribe

en la costa del Golfo de México

en la costa del Pacífico

en el centro

en la península de...

en las montañas

1. el Lago de Nicaragua
2. el Canal de Panamá
3. Colombia
4. San José
5. San Blas
6. el Golfo de Panamá

5-57 Investigar. Conéctate con la página electrónica de *¡Arriba!* (**www.prenhall.com/arriba**) y contesta una de estas preguntas.

1. ¿Qué promueve Violeta Chamorro en su fundación?
2. ¿Cuáles son algunos de los animales que vas a ver en una visita a Costa Rica?
3. ¿Cómo es la vida de los Kuna?
4. ¿Cuáles son algunas de las canciones exitosas (*hits*) de Rubén Blades?
5. ¿Qué hace la Fundación Pro-Iguana Verde para proteger los animales en peligro de extinción?

 **Ritmos**

"Ligia Elena" (Rubén Blades, Panamá)

Esta canción trata del tema del amor prohibido entre dos jóvenes de distintas clases sociales y raciales.

Antes de escuchar

5-58 Los personajes. Lee las siguientes estrofas de "Ligia Elena", y luego identifica y describe a los siguientes personajes con **ser** o **estar** y la forma correcta de los adjetivos de la lista.

Ligia Elena		contento/a
el trompetista	ser/estar	cándido/a
la mamá de Ligia Elena		angustiado/a
el papá de Ligia Elena		feliz

Ligia Elena

Ligia Elena la cándida niña de la sociedad
Se ha fugado con un trompetista de la vecindad
El padre la busca afanosamente
Lo está comentando toda la gente
Y la madre angustiada pregunta ¿en dónde estará?

[...]

Se ha mudado a un cuarto chiquito con muy pocos muebles
Y allí viven contentos y llenos de felicidad
Mientras tristes los padres preguntan ¿en dónde fallamos?
Ligia Elena con su trompetista amándose está
Dulcemente se escurren los días en aquel cuartito mientras que
En las mansiones lujosas de la sociedad
Otras niñas que saben del cuento, al dormir se preguntan
"Ay señor, y mi trompetista, ¿cuándo llegará?"

[...]

Ligia Elena está contenta y su familia está asfixiá*
Ligia Elena está contenta y su familia está asfixiá

5-59 ¿Cómo se sienten? Usa la construcción reflexiva para formar oraciones que describen cómo Ligia Elena, sus padres u otros pueden sentirse sobre un amor prohibido. Usa los sujetos y verbos siguientes.

Ligia Elena	ponerse (+ adjetivo)	cuando...
los padres	alegrarse	si...
el novio	enamorarse	
yo	enojarse	
mis amigos	divertirse	
la familia		

Vínculos

- Instructor's Music CD: *Capítulo 5: Ritmos de nuestro mundo*
- Companion Website: Chapter 5, Web Resources, *Ritmos: Rubén Blades (Panamá)*

Teaching tips

Rubén Blades is best known for his music which brings to the fore social problems, such as drug addiction, war, and environmental disaster. He currently participates in the "Here We Live" campaign, which works for the universal right to clean air and clean water. It involves more than fifty cases and the work of Earthjustice's International Program. Earthjustice donates its legal services to hundreds of grassroots organizations and to communities dealing with toxic pollution in their own backyards.

*asfixiada

A escuchar

5-60 La letra. Escucha ahora "Ligia Elena" y mientras la escuchas señala con una cruz (X) cuáles de los temas de la lista siguiente aparecen en esta canción.

__X__ el amor   __X__ la independencia

_____ el horror   _____ la tristeza

_____ el racismo   __X__ la música

__X__ las relaciones familiares   __X__ el chisme (*gossip*)

_____ los estudios   _____ los niños

Después de escuchar

2 **5-61 Activismo social.** Como ya saben, Rubén Blades es conocido no sólo por su música sino por su activismo social y político. Miren la lista siguiente de los temas que aparecen en muchas de sus canciones y usen el pronombre de objeto indirecto y los verbos de la lista para expresar su opinión.

Temas: el racismo / el amor / las clases sociales / la política / la pobreza

Verbos: gustar / encantar / faltar / fascinar / interesar / molestar / parecer / quedar

Pronombres: me / te / le / nos / os / les

Modelo: *A Rubén Blades le interesa cantar sobre la gente pobre.*

Páginas

Teaching tips

This reading is a Web page to sell a house. Have students complete the pre-reading activities in class, the reading and comprehension activities as homework. They should also prepare some reasons why they would or would not buy (5-65) the house that they can share in class the next day.

Playa Cacao

Antes de leer

5-62 Lo que ya sabes. What you already know about something plays an important role in understanding what you read. For example, if you live in Toronto or in Buffalo, the kind of house you see advertised is very different from a house for sale in Albuquerque or Vancouver. The building materials, layout, number of windows, yard, etc., all reflect unchangeable factors (climate, natural resources), as well as personal factors (income level, values). Before you read this Web page layout, examine your own preferences in housing by checking the characteristics of a house that attracts you.

Para mí, la casa debe...

_____ tener muchas habitaciones

_____ respetar el medioambiente (*environment*)

_____ estar cerca de buenas escuelas

_____ estar en un barrio seguro

_____ tener una cocina bien equipada

_____ costar menos de $150.000

_____ (otro)

5-63 Esta casa. As you read this Web page layout, compare how this house would or would not meet your expectations. What does it have that you would like? What would discourage you from buying it?

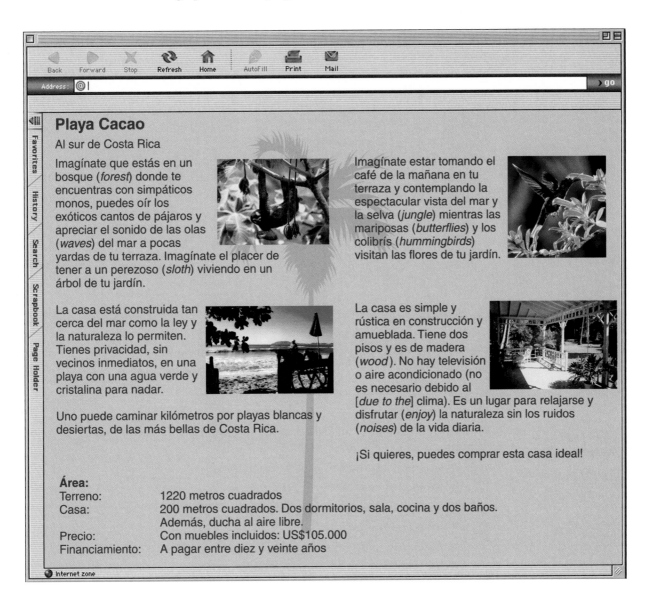

Playa Cacao

Al sur de Costa Rica

Imagínate que estás en un bosque (*forest*) donde te encuentras con simpáticos monos, puedes oír los exóticos cantos de pájaros y apreciar el sonido de las olas (*waves*) del mar a pocas yardas de tu terraza. Imagínate el placer de tener a un perezoso (*sloth*) viviendo en un árbol de tu jardín.

Imagínate estar tomando el café de la mañana en tu terraza y contemplando la espectacular vista del mar y la selva (*jungle*) mientras las mariposas (*butterflies*) y los colibrís (*hummingbirds*) visitan las flores de tu jardín.

La casa está construida tan cerca del mar como la ley y la naturaleza lo permiten. Tienes privacidad, sin vecinos inmediatos, en una playa con una agua verde y cristalina para nadar.

Uno puede caminar kilómetros por playas blancas y desiertas, de las más bellas de Costa Rica.

La casa es simple y rústica en construcción y amueblada. Tiene dos pisos y es de madera (*wood*). No hay televisión o aire acondicionado (no es necesario debido al [*due to the*] clima). Es un lugar para relajarse y disfrutar (*enjoy*) la naturaleza sin los ruidos (*noises*) de la vida diaria.

¡Si quieres, puedes comprar esta casa ideal!

Área:

Terreno:	1220 metros cuadrados
Casa:	200 metros cuadrados. Dos dormitorios, sala, cocina y dos baños. Además, ducha al aire libre.
Precio:	Con muebles incluidos: US$105.000
Financiamiento:	A pagar entre diez y veinte años

Después de leer

5-64 ¿Comprendiste? Resume las características de la casa que aparece en la página de Arriba.

Ubicación (*Location*) ___Costa Rica___

Número de habitaciones ___6___

Accesorios incluidos ___ducha al aire libre, muebles___

Número de pisos ___2___

Número de baños ___2___

Precio ___US$105.000___

Jardín ___el bosque costarricense___

Vista ___del mar y de la selva___

 5-65 ¿Compras esta casa? Hablen sobre si piensan comprar o no esta casa y por qué.

MODELO: E1: *Compro esta casa porque...*
  E2: *Pues, yo no la compro porque...*

 # Taller

Teaching tips
Build on the Web site that students read about in *Páginas* to have students brainstorm the characteristics of a house they wish to sell. They can do the *Antes de escribir* activity in pairs or small groups to help them get ideas for their house. Some of your students may actually create a Web page.

5-66 Vendo casa. En esta actividad vas a crear un anuncio o página de Arriba para vender una casa o condominio como aparece en **Páginas.**

Antes de escribir

■ Comienza haciendo una lista para dar más información sobre tu casa o condominio.

- su ubicación (ciudad, país, cerca de...)
- los metros cuadrados
- las habitaciones y su descripción
- los accesorios incluidos
- los extras: patio, piscina, vista, cancha de tenis, etcétera
- las actividades que uno puede hacer en la casa o en la comunidad
- el precio
- las fotos o dibujos para ilustrar la casa o condominio

A escribir

■ **Descripción.** Ahora escribe dos párrafos describiendo la casa. Recuerda, deseas venderla.

Después de escribir

■ **Revisar.** Revisa la descripción para verificar los siguientes puntos:
  - ☐ el uso correcto de los pronombres del complemento indirecto y de verbos como **gustar**
  - ☐ el uso correcto de los verbos reflexivos
  - ☐ la ortografía, incluyendo los acentos

■ **Intercambiar**
Intercambia tu anuncio con el de un/a compañero/a y comente sobre el diseño de cada anuncio y si es efectivo.

■ **Entregar**
Revisa tu anuncio, incorporando las sugerencias de tu compañero/a. Después, dale el anuncio y los respuestas de tu compañero/a a tu profesor/a.

Vínculos
- Assessment: TestGen or paper test in the IRM

6 ¡Buen provecho!

Ajos y col es una naturaleza muerta (*still life*) por el pintor chileno Claudio Bravo.

Chile: Un país de contrastes

« Disfruta, come y bebe: Que la vida es breve. »

Mar Caribe

VENEZUELA
GUYANA
SURINAM
GUYANA FRANCESA

COLOMBIA

ECUADOR

PERÚ

BRASIL

BOLIVIA

OCÉANO PACÍFICO

PARAGUAY

CHILE

ARGENTINA

URUGUAY

OCÉANO ATLÁNTICO

Isabel Allende es una de las escritoras latinoamericanas contemporáneas más importantes.

Refrán: Enjoy, eat and drink: Life is short!

189

PRIMERA PARTE

¡Así es la vida!

Teaching tips
Review the previous lesson by having students present their *Taller* to the class. A transition to this lesson is to ask where students prepare and eat their meals in the house. In this lesson, they will learn the names of different foods and how to order a meal in a restaurant.

Present the section by having students scan the dialog and pictures to answer *¿Quiénes? ¿Dónde? ¿Por qué?* Act out the dialogue using stick figures on the chalkboard and varying your tone of voice. Then have three students read the dialog parts. As a variation, allow students to read the same parts, but with different foods from the menu, for example *bistec* instead of *camarones.*

Suggestion for ¡Así lo decimos! Prepare the following menus on the board or a transparency. A. *Primer plato: sopa de verduras; Segundo plato: sándwich de jamón y queso con papas fritas; Postre: helado de vainilla; Bebida: leche*
B. *Primer plato: cóctel de camarones; Segundo plato: espárragos con mayonesa; Tercer plato: bistec con arroz; Postre: fresas con crema; Bebida: vino tinto* C. *Primer plato: ensalada de lechuga y tomate; Segundo plato: pollo asado con papas y zanahorias; Postre: flan; Bebida: agua mineral.* Have students read the menus silently. Then ask which they prefer in these situations.
1. *Preparas la cena para tu familia.*
2. *Acabas de hacer ejercicio y tienes mucha hambre.* 3. *Es tu cumpleaños.*
4. *Quieres celebrar un aniversario especial.* 5. *Vas a comer en casa de tus abuelos.* 6. *No tienes mucho dinero.* 7. *Vas a cenar con un amigo antes de ir al cine.*
8. *Eres vegetariano/a.*

¡Buen provecho!

Escena 1

Arturo:	Camarero, ¿nos puede traer el menú, por favor?
Camarero:	Enseguida. Mientras tanto, ¿desean algo de beber?
Marta:	Sí. Para mí, una copa de vino tinto, por favor.
Arturo:	Me encantan las limonadas que hacen aquí. ¿Me puede traer una, por favor?
Marta:	Tengo mucha hambre. ¿Cuál es la especialidad de la casa?
Camarero:	Son los camarones a la parrilla.
Arturo:	¿A la parrilla?
Camarero:	Sí, señor. Son realmente exquisitos. ¿Los quieren probar?
Marta:	¡Yo no! Soy alérgica a los camarones. Prefiero un bistec con arroz y una ensalada.
Arturo:	Yo sí voy a pedir los camarones. ¿Me los puede traer con la ensalada, por favor?

Escena 2

Marta:	¿Así que te gustan los camarones a la parrilla?
Arturo:	¡Mmm! ¡Sí, están deliciosos! ¿Qué tal está la comida?
Marta:	¡Fenomenal! El bistec está rico y el arroz tiene un sabor divino. Este restaurante es excelente.
Arturo:	Tienes razón. Se lo voy a recomendar a nuestros amigos.

Las comidas

la cena (cenar)	*dinner (to eat dinner)*
la merienda (merendar [ie])	*snack (to snack)*
el desayuno (desayunar)	*breakfast (to eat breakfast)*

Otras comidas y condimentos

los huevos (fritos/revueltos)	*(fried/scrambled) eggs*
el queso	*cheese*
la salsa de tomate	*tomato sauce*
la sopa	*soup*
el yogur	*yogurt*

En el restaurante

la cuenta	*the bill*
el/la camarero/a	*waiter/waitress*
el/la cliente/a	*client*
la especialidad de la casa	*the specialty of the house*
la propina	*tip*

Para expresarse en el restaurante

¡Buen provecho!	*Enjoy your meal*
¿Desean algo de...?	*Do you want something from...?*
Enseguida.	*Right away.*

Para describir la comida

caliente	*hot*
crudo/a	*rare; raw*
fresco/a	*fresh*
frío/a	*cold*
picante	*hot (spicy)*
rico/a	*delicious*[1]

El chileno

Avda. de la Constitución 17
Santiago de Chile

Menú del día

carnes
bistec
chuleta (de cerdo)°
jamón
pollo (asado/a la parrilla)

pescados y mariscos
atún
camarones
filete de pescado
langosta°

Otros
arroz°
ensalada
frijoles
tostada, pan tostado

postres
flan
galletas°
helado°
tarta de limón
torta de chocolate

bebidas
café con leche
café solo
cerveza
leche
limonada
té
vino (tinto/blanco)

verduras
judías°
lechuga
maíz
papas (patatas [*Sp.*])
papas fritas
tomate
zanahorias

frutas
banana (plátano)
manzana°
naranja°
toronja°
uvas°

cerdo°	*pig*
langosta°	*lobster*
arroz°	*rice*
galletas°	*cookies*
helado°	*ice cream*
judías°	*beans*
manzana°	*apple*
naranja°	*orange*
toronja°	*grapefruit*
uvas°	*grapes*

Vínculos

Use the following instructional resources to practice *las comidas y bebidas; los utensilios.*
- Companion Website: Chapter 6, Review, Activity: Rev 6-1
- IRCD: pp. 191, 192, 193, 194, and 195

Expansion *¡Así lo decimos!* Have students indicate and explain the word or expression that does not belong in each group, e.g., *la lechuga, la zanahoria, la leche, las judías: la leche, porque es una bebida. La lechuga, la zanahoria y las judías son verduras.* 1. *la papa, la naranja, la manzana, las uvas.* 2. *el cereal, el pan, los huevos, el postre* 3. *los refrescos, el vino, el tenedor, el agua mineral* 4. *las judías, las uvas, las toronjas, el plátano.* 5. *el jamón, el filete, el arroz, las chuletas*

Teaching tips
Have students do some of the initial receptive activities in class. Assign 6-4 and 6-5 for homework. As another example, have students do 6-6 for homework, since it is an individual activity. The following day, do 6-7 and 6-8 in class in pairs and groups. This way, you are saving class time for activities that must be done in class.

---

[1]Used with **estar, rico/a** means *delicious.* Used with **ser**, it means *rich.*

Aplicación

6-1 Arturo, Marta y el camarero. Indica a quién se refiere cada una de las descripciones a continuación.

    A: Arturo   **M:** Marta   **C:** el camarero

1. __M__ Tiene mucha hambre.
2. __M__ Tiene alergias.
3. __M__ Toma vino con la comida.
4. __C__ Recomienda los camarones.
5. __M__ Come carne.
6. __C__ Sirve la comida.

6-2 ¿Qué es? Empareja la comida con su descripción.

MODELO: Es verde. Forma parte de una ensalada.
           la lechuga

1. __c__ Es una fruta amarilla.
2. __f__ Se comen con el arroz.
3. __a__ Es una carne rosada.
4. __h__ Es un postre con muchas calorías.
5. __e__ Es una bebida con cafeína.
6. __b__ Es rojo y se usa mucho en la salsa italiana.
7. __g__ Es un postre frío hecho de crema, huevos y azúcar.
8. __d__ Se comen y también se usan para hacer vino.

a. el jamón
b. el tomate
c. la banana o el plátano
d. las uvas
e. el té
f. los frijoles
g. el helado
h. la torta de chocolate

6-3 ¿Qué están comiendo? Indica lo que están comiendo o bebiendo estas personas.

MODELO: *Antonio está comiendo una hamburguesa. También está bebiendo agua.*

Answers to 6-3. 1. María está comiendo una ensalada. 2. Pedro está tomando un café. 3. Carmen está tomando una copa de vino. 4. Ramón está comiendo un bocadillo de jamón. 5. Teresa está comiendo pollo y está bebiendo un refresco. 6. Marcos está comiendo unas manzanas.

1. MARÍA
2. PEDRO
3. CARMEN
4. RAMÓN
5. TERESA
6. MARCOS

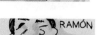

6-4 Ahora comenta. Expresa tu opinión sobre lo que están comiendo en la actividad anterior.

MODELO: *Antonio no debe comer hamburguesas porque tienen mucha grasa.*

AUDIO **6-5 ¡Buen provecho!** Indica en la cuenta la comida y bebida que piden Marta y Arturo en el Café El Náufrago con **A** (Arturo) o **M** (Marta).

6-6 Ahora tú. Túrnense para preguntarse qué piden para cada comida.

MODELO: la cena
   E1: *¿Qué pides para la cena?*
   E2: *Pido una ensalada.*
   E1: *¿Es todo?...*

1. la cena
2. el desayuno
3. la merienda
4. el almuerzo

G **6-7 La comida, ¿qué prefieres?** En un grupo de tres personas, pregunten qué prefieren comer. Indiquen cuántos de ustedes prefieren lo siguiente.

MODELO: **desayunar** todos los días
 E1: *¿Desayunas todos los días? Yo, sí.*
 E2: *Sí, desayuno todos los días. / No, sólo cuando tengo tiempo.*
 E3: *Sí, siempre desayuno.*

ACTIVIDAD	NÚMERO DE PERSONAS EN SU GRUPO QUE DICEN SÍ
desayunar todos los días	_3_
cenar a las diez de la noche	____
ser vegetariano/a	____
gustar la langosta	____
tomar café con la comida	____
ser alérgico/a los mariscos	____
gustar el chocolate	____
preferir la leche en vez de los refrescos	____

2 **6-8 La pirámide de la alimentación.** Túrnense para comparar lo que ustedes comen con lo que deben comer según (*according to*) la pirámide de alimentación.

MODELO: E1: *Según la pirámide debemos comer de dos a cuatro porciones del grupo de leche todos los días. Como yogur, pero debo tomar más leche.*
 E2: *Pues, yo como mucho queso...*

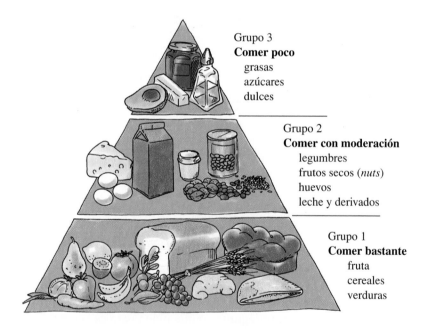

Grupo 3
Comer poco
 grasas
 azúcares
 dulces

Grupo 2
Comer con moderación
 legumbres
 frutos secos (*nuts*)
 huevos
 leche y derivados

Grupo 1
Comer bastante
 fruta
 cereales
 verduras

2 **6-9 ¿Qué compramos para la cena?** Refiéranse a la pirámide de la alimentación en la Actividad 6-9 y decidan qué van a comprar para la cena. Tengan en cuenta (*Keep in mind*) las siguientes consideraciones.

1. Uno/a de ustedes es vegetariano/a.
2. Uno/a de ustedes está a dieta.
3. Uno/a de ustedes es deportista.
4. Uno/a de ustedes está muy ocupado/a.

2 **6-10 ¿Qué dices?** Utilicen expresiones de **¡Así lo decimos!** para actuar (*act out*) estas situaciones.

1. El camarero te recomienda la especialidad de la casa, pero prefieres algo diferente.
2. La sopa está fría. El/la camarero/a pregunta si todo está bien.
3. Necesitas una mesa para cuatro personas. El restaurante está lleno de gente.
4. Quieres saber más sobre la especialidad de la casa.
5. Tienes mucha prisa, pero el/la camarero/a es muy lento/a.

AB **6-11A Cocina Concha.** Esta "cocina" (restaurante informal) es una de las muchas que se encuentran por la costa chilena donde las especialidades son pescados y mariscos. Imagínate que un/a compañero/a y tú son clientes; otro/a compañero/a hace el papel (*takes the part*) de camarero/a. Ustedes tienen 27.000 pesos (US$30) para la cena. Decidan qué van a pedir.

COCINA CONCHA

Pescados y mariscos
Calidad garantizada
(56) (65) (266795)
Angelmó - Puerto Montt - Chile

almejas (*clams*)	2500 pesos
almeja a la parmesana	3000 pesos
camarones	2500 pesos
cangrejo (*crab*)	6000 pesos
corvina (*sea bass*)	4000 pesos
ostras (*oysters*)	5000 pesos
salmón frío	5000 pesos
salmón ahumado (*smoked*)	6000 pesos
salmón a la mantequilla	5500 pesos
salmón a la plancha (*grilled*)	5500 pesos
sopa marinera	3000 pesos
langosta	6000 pesos
vino tinto chileno (botella)	4000 pesos
vino blanco chileno (botella)	3500 pesos
cerveza	1000 pesos
agua mineral	1000 pesos
té	500 pesos
café	750 pesos

¿Cómo se llega?
De la estación de autobuses en Puerto Montt, tome un taxi o un colectivo a Angelmó. Allí va a ver un edificio de dos plantas. Suba al segundo piso y busque la Cocina Concha.

Puerto Montt: Un paraíso visual y culinario

Teaching tips

When you present superlatives, draw on your celebrity friends again. Avoid embarrassing individual students in your class to demonstrate superlatives, although you can always say *es la mejor clase de todas*.

Mastering the use of double object pronouns can be frustrating for many students. You will have to be patient and use many real-life examples and visuals to demonstrate them. Help ease students into the pronouns by several receptive activities where they only have to identify the objects, rather than produce them. Students may not reach a level of oral fluency you would hope in the first semester of study but likely will be more able to use double object pronouns in writing.

¡Así lo hacemos! Estructuras

1. Los superlativos

- A superlative statement expresses the highest or lowest degree of a quality; for example, the most, the greatest, the least, or the worst. To express the superlative in Spanish, the definite article is used with **más** or **menos**. Note that the preposition **de** is the equivalent of *in* or *of* after a superlative.

definite article + **más** or **menos** + *adjective* + **de**

Este restaurante es **el más elegante de** la ciudad.

Estas tortas son **las menos caras de** todas.

This restaurant is the most elegant in the city.

These cakes are the least expensive of all.

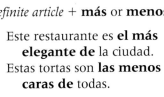

Vínculos
Use the following instructional resources to practice superlatives.
• WB/LM-OneKey: Activities: 6-7, 6-8, 6-9, 6-36, and 6-37
• *Gramática viva*: Grammar Point 4, Comparatives and Superlatives
• Companion Website: Chapter 6, Review, Activity: Rev 6-2
• IRCD: p. 195

■ When a noun is used with the superlative, the article precedes the noun in Spanish.

La langosta es **el** marisco más caro que venden aquí.	*Lobster is the most expensive shellfish they sell here.*
La Cocina Concha es el café más popular del barrio.	*Cocina Concha is the most popular cafe in the neighborhood.*

■ Adjectives and adverbs that have irregular forms in the comparative use the same irregular forms in the superlative.

Pepe es el **mejor de** los camareros.	*Pepe is the best of the waiters.*
La tía Isabel es **la mayor de** mis tías.	*Aunt Isabel is the oldest of my aunts.*

Aplicación

6-12 Chile, tierra de contrastes. Lee el párrafo sobre Chile y subraya los superlativos.

Patagonia es la región más al sur de Chile.

Chile es un país de contrastes geográficos. El país es largo y estrecho. Por eso, si empiezas al extremo norte del país y viajas al extremo sur, vas a ver una enorme variedad de flora, fauna y características geográficas. El norte es seco (*dry*); dicen que el desierto Atacama es el más seco del mundo. Allí se encuentran los depósitos de nitrato de sodio más importantes del hemisferio. Por toda la costa, la industria pesquera (*fishing*) es una de las mejores de Suramérica. Las montañas al este son las más altas de las Américas. En el Valle Central encuentras la región más fértil del país. Allí cultivan uvas que producen vinos excelentes que están entre los más económicos del mundo. Si continúas hacia el sur, llegas a la Patagonia, la tierra de los pingüinos. Allí vas a encontrar algunas de las vistas más bellas de Chile. Hacia (*Toward*) el este, puedes visitar los Andes donde tienen los centros de esquí más bellos de Latinoamérica. En fin, si visitas Chile, vas a conocer el país más variado del mundo.

6-13 ¿Cómo es Chile? Contesta las preguntas basadas en la Actividad 6-12.
1. ¿Cómo se llama el desierto más seco del mundo?
2. ¿Por qué es importante este desierto para la economía de Chile?
3. Si quieres ver una región importante para la agricultura, ¿adónde vas?
4. ¿Dónde se encuentran los pingüinos?
5. ¿Cuál es otra industria importante de Chile?
6. ¿Dónde encuentras los centros de esquí?
7. Para ti, ¿cuál es la región más interesante?

6-14 Otras cosas superlativas. Da ejemplos de lo siguiente.

Modelo: la fruta más deliciosa (*appetizing*) del mercado
La manzana es la fruta más apetitosa del mercado.

1. el restaurante más caro de la ciudad
2. el restaurante más económico de la ciudad
3. el mejor plato de tu restaurante favorito
4. el restaurante más popular entre los estudiantes
5. la peor comida de la cafetería
6. la bebida menos saludable de todas

AB **6-15A ¿Cómo eres?** Túrnense para preguntarse sobre su familia y sus amigos.

MODELO: más trabajador/a
E1: *¿Quién es el más trabajador de tu familia?*
E2: *Mi hermano es el más trabajador de mi familia.*

1. más alegre
2. más alto/a
3. menos responsable

4. menor
5. más liberal
6. más simpático/a

2 **6-16 En mi opinión...** Túrnense para identificar personas con estas características.

MODELO: un/a cantante bueno/a
Ricky Martin es el mejor cantante del mundo.

1. una buena actriz
2. un actor serio
3. una persona rica
4. un cantante malo

5. una persona desagradable
6. un animal gracioso
7. un hombre viejo
8. una mujer hermosa / un hombre guapo

2 **6-17 Entre todos.** Aquí tienen series de tres cosas o lugares. Túrnense para compararlas, siempre diciendo cuál es el superlativo, en su opinión.

MODELO: San Francisco – Nueva York – Miami
San Francisco es la ciudad más bella de todas. Nueva York es....

1. París – Roma – Santiago
2. el pescado – el jamón – el pollo
3. la banana – la naranja – la uva
4. el maíz – las papas – las judías
5. el té – la cerveza – la leche
6. el desayuno – la merienda – la cena

> **Vínculos**
>
> Use the following instructional resources to practice double object pronouns.
> - WB/LM–OneKey: Activities: 6-10, 6-11, 6-12, 6-38, and 6-39
> - *Gramática viva:* Grammar Point 10, Double Object Pronouns; Object reflexive pronouns with command forms
> - Companion Website: Chapter 6, Review, Activity: Rev 6-3
> - IRCD: pp. 197 and 199

2. Double object pronouns

INDIRECT OBJECT PRONOUNS	DIRECT OBJECT PRONOUNS
me	me
te	te
le → se	lo/la
nos	nos
os	os
les → se	los/las

¿Me pasas la sal?

Te la paso enseguida.

- When both a direct and an indirect object pronoun are used together in a sentence, they are usually placed before the verb, and the indirect object pronoun precedes the direct object pronoun.

Julián, ¿**me** traes **el pescado**?   *Julián, will you bring me the fish?*
Te lo traigo en un momento.   *I'll bring it to you in a moment.*

- The indirect object pronouns **le** (*to you, to her, to him*) and **les** (*to you, to them*) change to **se** when they appear with the direct object pronouns **lo, los, la, las.** Rely on the context of the previous statement to clarify the meaning of **se.**

La camarera **le/les** trae **el menú**.   *The waitress is bringing you/him/her/ them the menu.*

La camarera **se lo** trae.   *The waitress is bringing it to you/him/ her/them.*

Warm-up for ¡Así lo hacemos!
Brainstorm questions for a waiter on the board or on a transparency. Bring in a tray, apron, etc., or improvise with a dish-towel, and a black paper bow tie. Work your way around the class having students ask you questions as the *mesero/a.* Later have a student play the role of waiter. *¿Me puede traer Ud. el menú? ¿Me puede traer la cuenta? ¿Me puede poner una cerveza? ¿Me puede decir cuál es la especialidad de la casa?,* etc.

Warm-up for ¡Así lo hacemos! Prepare a matching activity on the board or a transparency. Explain that more than one match may be possible. After matching have students try a few answers. Set up two columns. (1) *Las preguntas del cliente impaciente: ¿Me puede traer el menú? ¿Nos puede servir las bebidas? ¿Nos está preparando nuestro pedido el chef? ¿Le va a dar la cuenta a mi amigo/a? ¿Me puede decir cuál es la especialidad de la casa?* (2) *Las respuestas del camarero/a trabajador/a: Sí, se la puedo decir. Se la voy a dar. Se la está preparando. Se las sirve. Puedo decírsela. Voy a dársela. Se lo trae. Está preparándoselo.* For the students: *¿Me trae un vaso de agua? ¿Nos va a servir nuestras bebidas? ¿Quién nos está preparando los platos?*

■ As with single object pronouns, the double object pronouns may be attached to the infinitive or the present participle. In both cases, the order of the pronouns is maintained and an accent mark is added to the stressed vowel of the verb.

Señorita, ¿puede **traerme un vaso de agua**?	*Miss, can you bring me a glass of water?*
En un segundo voy a **traérselo**.	*I'll bring it to you in a second.*
¿Nos está **preparando** la paella el cocinero?	*Is the cook preparing the paella for us?*
Sí, está **preparándonosla**.	*Yes, he's preparing it for us.*

◎ STUDY TIPS

Para aprender los pronombres de los complementos indirectos y directos juntos

Double object pronouns may appear confusing at first because of the number of combinations and positions that are possible in Spanish sentences. Here are a few strategies to help you with this structure.

1. Review the use of pronouns and do the practice activities to reinforce your knowledge of this structure.

2. Also review the use of indirect objects and indirect object pronouns.

3. Learning to use double object pronouns is principally a matter of combining the two pronouns in the right order.

4. Getting used to the way these pronouns sound together will help you make them become second nature to you. Practice repeating out loud phrases such as the ones below. Increase your pronunciation speed as you become more comfortable with verbalizing the double object pronouns.

me lo da	te lo doy	se los da
me las traes	te los traigo	se las traemos
se lo llevo	se las llevamos	se la llevas

Aplicación

6-18 En la Cocina Concha. Lee el diálogo entre Concha y el camarero, y subraya los pronombres de complementos directos (D) e indirectos (I). Indica cuál es cuál.

MODELO: *Me faltan las servilletas. ¿A quién se las pido?*
                                   I D

Concha:	Sebastián, me trae las servilletas, por favor.
Camarero:	Enseguida se las traigo, señora. ¿Dónde se las pongo?
Concha:	Es necesario ponerlas en la mesa, Sebastián. Después, ¿me busca los menús del día?
Camarero:	¿Dónde los encuentro, señora?
Concha:	Creo que están en la cocina. Seguramente la cocinera los tiene. Debe pedírselos a ella. ¿Tiene usted los platos?
Camarero:	Estamos lavándolos ahora. ¿Se los traigo?
Concha:	Debe ponérmelos en la mesa de enfrente. ¿No quiere tomar su descanso ahora, Sebastián?
Camarero:	Gracias, señora. Lo tomo en cinco minutos.
Concha:	Está bien. Y después, ¿me prepara un cafecito?
Camarero:	No se preocupe, señora. Se lo preparo ahora mismo.

6-19 ¿Quién lo hace? Ahora, contesta las preguntas basadas en el diálogo. Usa pronombres de complemento directo e indirecto en tus respuestas.

1. ¿Quién tiene las servilletas?   El camarero Sebastián las tiene.
2. ¿A quién se las da?   Se las da a Concha.
3. ¿Quién está lavando los platos?   Los empleados los están lavando.
4. ¿Dónde los debe poner?   Debe ponerlos en la mesa.
5. ¿Quién le prepara el café a Concha?   Sebastián se lo prepara.
6. ¿Por qué no quiere el camarero tomar un descanso?   Lo va a tomar en cinco minutos.

6-20 De viaje en la Patagonia. Haz el papel de turista en la Patagonia, la región al extremo sur de Chile y la Argentina, y responde a las preguntas del guía (*guide*), usando los pronombres de complemento indirecto y directo.

MODELO: ¿Quiere ver el tren que tomamos mañana?
        Sí, ¿*me lo* enseña ahora?

1. ¿Quiere ver el restaurante donde vamos a cenar?
   —Sí, ¿___me lo___ enseña ahora?
2. ¿Quiere leer el periódico de ayer?
   —Sí, ¿___me lo___ trae ahora?
3. ¿Le traigo la información turística?
   —No, no es necesario traér___mela___.
4. ¿Quiere ver los pingüinos?
   —¡Sí! ¿___Me los___ muestra ahora?
5. ¿Le traigo un refresco?
   —No, no tengo sed. No tiene que traér___melo___.
6. ¿Le enseño nuestra ruta para mañana?
   —¡Claro! ¿___Me la___ enseña ahora?
7. ¿Le doy una propina al camarero?
   —Buena idea. Debe dár___sela___ ahora.
8. Les preparo un cóctel a ustedes.
   —No, gracias. No es necesario preparár___noslos___.

6-21 Una receta chilena. Haz el comentario para la televisión mientras Concha prepara un plato especial.

MODELO: En este momento Concha le está añadiendo (*adding*) sal a la sopa.
        Se la está añadiendo. / Está añadiéndosela.

1. Concha está describiéndoles el plato a los televidentes.
2. Concha está explicándoles la receta a los televidentes.
3. Concha le está añadiendo limón al plato.
4. Los camareros están pasándoles la sopa a los miembros de la audiencia.
5. El camarógrafo (*cameraman*) está pidiéndole la receta a la cocinera.
6. El público le dice a Concha que la sopa está magnífica.

Answers to 6-21. 1. Se lo está describiendo. / Está describiéndoselo. 2. Se la está explicando. / Está explicándosela. 3. Se lo está añadiendo. / Está añadiéndoselo. 4. Se la están pasando. / Están pasándosela. 5. Se la está pidiendo. / Está pidiéndosela. 6. Se lo dice.

AB **6-22A ¿Tienes?** Imagínate que estás muy enfermo/a y tu compañero/a va a traerte unas cosas que necesitas. Pregúntale si tiene las siguientes cosas. Si las tiene, pregúntale si puede traértelas. Si no las tiene, pregúntale si puede comprártelas. Luego, consúltense para hacer una lista de las cosas que tu compañero/a necesita comprar.

MODELO: E1: *¿Tienes naranjas?*
E2: *Sí, tengo naranjas. / No, no tengo naranjas.*
E1: *¿Me las traes? / ¿Me compras unas naranjas?*
E2: *Sí, te las traigo. / Sí, te las compro.*

1. sopa de pollo
2. jugo de tomate
3. té
4. manzanas
5. pan
6. galletas
7. jugo de naranja
8. sopa de tomate

G **6-23 En el restaurante.** Hagan los papeles de clientes y camarero/a en un restaurante y pídanle varias cosas al/a la camarero/a. El/La camarero/a debe contestar usando dos pronombres de complemento directo e indirecto. Pueden usar las sugerencias a continuación.

MODELO: E1: *Camarero, nos trae el menú, por favor.*
E2: *Sí, se lo traigo enseguida...*

un plato de arroz	el menú	dar
una ensalada	un vaso de agua / té	pedir
una taza de café / té	una sopa	servir
más pan	la cuenta	traer

¿Cuánto sabes tú? *Can you...*

☐ talk about what you like to eat (**Me gusta...**) and order a meal (**¿Me puede traer...?**)?

☐ identify eating utensils, such as **el tenedor, la cuchara, el vaso,** and say which you need?

☐ describe the people, places, and things that are the best and worst, the oldest and youngest, etc., using superlatives such as **el mejor restaurante de la ciudad**?

☐ recognize the referents for direct and indirect object pronouns and respond to a question such as **¿Me traes el periódico?** using two object pronouns (**Sí, te lo traigo.**)?

Comparaciones

La compra de la comida y la cocina chilena

6-24 En tu experiencia. ¿Cuántas veces vas al supermercado por semana? ¿Compras comidas fáciles de preparar? ¿Compras en tiendas especializadas o en un supermercado grande? ¿Conoces un mercado donde todo está muy fresco? ¿Tu familia prepara una comida especial en los días festivos?

Aquí tienes una descripción de la rica y variada comida del mundo hispano, y en especial, de Chile. Compárala con la comida que comes en tu casa.

La comida tiene un papel muy importante en el mundo hispano. Se puede decir que para los hispanos la comida desempeña (*serves*) una función social muy importante. Se dice que en los países hispanos se vive para comer, no se come para vivir.

Aunque los supermercados ya son muy populares, todavía es común ir al mercado dos o tres veces por semana para asegurarse (*to be sure*) que los productos son frescos. El mercado típico es un edificio enorme y abierto, con tiendas (*shops*) pequeñas donde se vende todo tipo de comestibles (*food*). En el mercado hay tiendas especiales como carnicerías, pescaderías y fruterías. En cada barrio también hay una panadería, una pastelería y una heladería.

Los mercados y las comidas típicas de cada región varían y dependen mucho de los productos disponibles en esa región. La cocina de Chile refleja la variedad topográfica del país. Debido a su enorme costa, en Chile se come mucho marisco y pescado; también carnes diferentes, frutas frescas y verduras. Hay dos especialidades populares: **la parrillada**, que consiste en distintos tipos de carne, morcilla (*blood sausage*) e intestinos asados a la parrilla; y **el curanto**, que es un estofado (*stew*) de pescado, marisco, pollo, cerdo, carnero (*lamb*), carne y papas. Además, el vino chileno es un gran vino.

La abundancia de pescado y mariscos en Chile los hace una parte importante de su cocina.

6-25 En tu opinión. Conversen sobre sus gustos culinarios.

	Mi opinión	La opinión de mi compañero/a
1. La especialidad de nuestra región...	_____	_____
2. El restaurante más popular...	_____	_____
3. Cenamos en un restaurante tres veces a la semana.	_____	_____
4. Nuestro restaurante favorito...	_____	_____
5. Nuestro plato favorito...	_____	_____
6. Un plato que odiamos...	_____	_____

Vínculos

- Companion Website: Chapter 6, Web Resources, *Comparaciones: La compra de la comida y la cocina chilena*

Teaching tips

The names and availability of foods vary widely across the Hispanic world, which makes it important not to overgeneralize. For example, students may be surprised to learn that *salsa picante* is not a staple in every cuisine.

In the United States and Canada, farmer's markets are becoming increasingly popular as consumers become concerned with eating fresh and organic foods.

SEGUNDA PARTE

¡Así es la vida!

Teaching tips

As a transition to the second part, ask students to name superlative meals, restaurants, chefs, and TV cooking shows. Some chefs they may have seen are Wolfgang Puck, the Naked Chef, Emeril, Sara Moulton, Martha Stewart, and Mario Batali.

Have students read the directions to make *arroz con pollo* and identify the ingredients and the actions that serve as directions. Read the directions aloud while you act out the instructions. Then, have students take turns reading it aloud.

Expansion ¡Así es la vida! Use the following questions to check comprehension. *¿Qué preparó Julia anoche? ¿Qué va a preparar hoy? ¿Cuáles son los ingredientes? ¿Qué utensilios necesita? ¿Qué hay que picar? ¿freír? ¿Por cuánto tiempo se cocina? Si preparas este plato, ¿cuánto arroz necesitas? ¿Cuánto pollo?* Place the recipe on the board or a transparency and have students put the recipe in order from 1 to 10. _____ *Calentar aceite de oliva en una cazuela.* _____ *Mezclar bien.* _____ *Cortar el pollo en pedazos.* _____ *Cuando hierva tapar la cazuela.* _____ *Añadir los pedazos y freírlos.* _____ *Cocinar a fuego lento unos veinte y cinco minutos.* _____ *Poner los pedazos en un recipiente.* _____ *Añadir una cebolla y un ají verde.* _____ *Añadir a los pedazos jugo de limón y ajo picado.* _____ *Añadir dos tazas de arroz blanco.*

En la cocina

Buenas noches, querida televidente. Ayer te enseñé a hacer una paella. ¿Preparaste anoche este delicioso plato? Hoy en el programa de "La tía Julia cocina" vamos a explicarte cómo hacer otro plato exquisito: el arroz con pollo. A continuación te voy a dar una de las mejores recetas. Esto es lo que hay que hacer.

Primero, cortamos el pollo en pedazos pequeños y luego ponemos los pedazos en un recipiente. Añadimos a los pedazos jugo de limón y un poco de ajo picado.

A continuación, calentamos un poco de aceite de oliva en una cazuela, añadimos los pedazos de pollo y ponemos a freír el pollo a fuego mediano. Añadimos una cebolla y un ají verde bien picados. Dejamos cocinar todo unos cinco minutos.

Después, añadimos una taza de salsa de tomate, una cucharada de sal, una pizca de pimienta y azafrán, media taza de vino blanco y dos tazas de caldo de pollo. Dejamos cocinar todo unos cinco minutos más.

Por último, añadimos dos tazas de arroz blanco a la cazuela. Mezclamos todo bien y cuando vuelva a hervir (*when it comes to a boil*), tapamos la cazuela y dejamos cocinar todo a fuego lento unos veinticinco minutos.

Y... ¡Ya está listo! Servimos el arroz con pollo caliente y... ¡Buen provecho!

Aparatos (Appliances) y utensilios de la cocina

el refrigerador, la cafetera, el microondas, la estufa, la tostadora, la cazuela, la sarten, el recipiente, el horno, el congelador

Actividades de la cocina

añadir	*to add*
calentar (e-ie)	*to heat*
cortar	*to cut*
echar	*to add; to throw in*
freír (e-i)[1]	*to fry*
hervir (e-ie)	*to boil*
hornear	*to bake*
mezclar	*to mix*
tapar	*to cover*
tostar (o-ue)	*to toast*

Ingredientes y condimentos especiales

el ají verde, el pimiento	*green pepper*
el ajo	*garlic*
el azafrán	*saffron*
la cebolla	*onion*
la salsa picante	*hot sauce*

Otras palabras y expresiones

a fuego alto / mediano / bajo	*on high / medium / low heat*
picado/a	*chopped*
la receta	*recipe*
la tortilla	*omelet, tortilla*

[1] **frío, fríes, fríe, freímos, freís, fríen**

Expresiones adverbiales para hablar del pasado

anoche	*last night*
anteayer	*day before yesterday*
ayer	*yesterday*
el año (lunes, martes, etcétera) pasado	*last year (Monday, Tuesday, etc.)*
la semana pasada	*last week*

Ampliación
Las medidas (Measurements)

la cucharada	*tablespoon*
la cucharadita	*teaspoon*
el kilo	*kilogram (equivalent to 2.2 pounds)*
el litro	*liter*
el pedazo	*piece*
la pizca	*pinch (of salt, pepper, etc.)*

Aplicación

6-26 ¿Qué necesitas para...? Indica un utensilio o aparato que necesitas para hacer lo siguiente.

MODELO: congelar el helado
el congelador

1. __c__ freír el pescado   a. la cazuela
2. __a__ calentar la sopa   b. la cafetera
3. __g__ enfriar el jugo   c. la sartén
4. __f__ tostar el pan   d. el recipiente
5. __d__ mezclar los huevos   e. el horno
6. __b__ preparar el café   f. la tostadora
7. __e__ hornear el pastel   g. el refrigerador

Answers to 6-27. 1. Lola prepara las papas. 2. El señor Barroso calienta el café. 3. Dolores corta las zanahorias. 4. Diego pone los platos en el lavaplatos. 5. Estela fríe un bistec en la sartén. 6. Pilar saca la leche del refrigerador.

6-27 ¿Qué hacen? Describe lo que hacen las personas en cada dibujo con expresiones de **¡Así lo decimos!**

MODELO:

Mario

Mario pone el pollo en el horno.

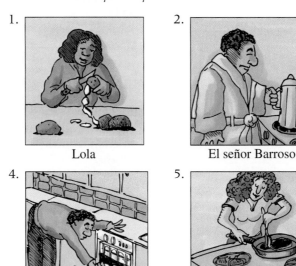

1. Lola
2. El señor Barroso
3. Dolores
4. Diego
5. Estela
6. Pilar

6-28 ¿Qué necesitas? Túrnense para hacer una lista de todo lo que necesitan para preparar estas comidas y bebidas.

MODELO: café
Necesitamos una cafetera, leche, azúcar, una taza, agua y café.

1. té   5. torta de chocolate
2. huevos fritos   6. papas fritas
3. pollo frito   7. pan tostado
4. papas al horno   8. hamburguesas

AUDIO **6-29 En la cocina con tía Julia.** Escucha la preparación del flan, un postre muy popular en todo el mundo hispano. Indica con una cruz (x) los ingredientes, los utensilios y las acciones que la tía Julia utiliza para preparar esta receta.

INGREDIENTES	UTENSILIOS	ACCIONES
X agua	___ cucharada	___ añadir
___ arroz	X cucharadita	___ cortar
X azúcar	X licuadora	___ echar
X huevos	X molde	X hornear
___ jugo de limón	X recipiente	X mezclar
X leche condensada	X sartén	X calentar
X leche evaporada	X taza	X servir
___ sal		
X vainilla		

6-30 Una receta tuya. Túrnense para hacer una lista de los ingredientes, utensilios y acciones para una receta popular. El/La otro/a trata de adivinar para qué plato es la receta.

MODELO: E1: *Necesitas tres limones, un litro de agua, media taza de azúcar, hielo, etcétera.*

E2: *Es una receta para limonada.*

6-31 Nuestra cocina. Ustedes tienen un presupuesto de 45.000.000 pesos chilenos para amueblar su cocina. Trabajen juntos para decidir los aparatos y utensilios más importantes que pueden comprar. Indiquen el orden de importancia (1 = más importante). (Calcula 750 pesos chilenos por dólar.)

LOS APARATOS Y UTENSILIOS	EL COSTO
___ un refrigerador	362.500 pesos
___ una estufa	135.000 pesos
___ una tostadora	18.125 pesos
___ una cafetera	21.750 pesos
___ un microondas	108.750 pesos
___ una sartén	188.750 pesos
___ cazuelas	14.500 pesos

6-32 ¿Qué dicen? Túrnense para explicar o responder a estas situaciones.

MODELO: E1: *La sopa no tiene sabor.*

E2: *La sopa necesita más condimentos. Voy a echarle cebolla, ajo y una pizca de sal.*

1. La carne no tiene sabor.
2. El café tiene un sabor muy malo.
3. Quieres una hamburguesa especial.
4. Siempre preparas un desayuno muy original.
5. La leche está cortada (*sour*).
6. La mesa está llena de platos y utensilios sucios.

Audioscript 6-29

Para empezar la preparación de este postre exquisito, se debe mezclar bien en una licuadora los siguientes ingredientes: una lata de leche condensada, una lata de leche evaporada, tres huevos y una cucharadita de vainilla. Poner todo aparte mientras se prepara el caramelo. Poner media taza de azúcar blanco en una sartén de hierro. Calentarla hasta que se derrita. Verter el caramelo derretido en un molde de *Pyrex* para cubrir el fondo y los lados del molde. Verter la mezcla de leche y huevos sobre el caramelo. En un recipiente más grande, poner agua para cubrir el fondo y colocar el molde de *Pyrex* dentro del recipiente grande. Hornear el flan por una hora a fuego mediano (350 grados Fahrenheit). Sacar del agua y dejarlo enfriar antes de verterlo en un plato con el caramelo encima. Servirlo frío. ¡Buen provecho!

Suggestion for ¡Así lo hacemos! Review word stress in preparation for the preterit tense. Put these words on the board or on a transparency, pronounce them, and have students indicate where to put the accent marks. *sueter* (*suéter*), *razon* (*razón*), *jovenes* (*jóvenes*), *jamon* (*jamón*), *esparragos* (*espárragos*), *examenes* (*exámenes*), *simpatico* (*simpático*), *Mexico* (*México*), *Paris* (*París*), *esta* (*está*), *estas* (*estás*). Set up any context about what you did yesterday and how it affects today in two columns on the board or a transparency. Then have students compare yesterday to today. (1) *Ayer fue... y cené con amigos. Comí langosta. Elena me compró una botella de vino. La bebió conmigo. Nosotros pasamos horas charlando. Decidimos ir a la discoteca.* (2) *Hoy es... y tengo que estudiar. Ceno en casa. Como Ramen Noodles. Elena no me compra nada. Ella bebe agua y toma aspirinas. Paso horas estudiando. Mis amigos y yo no salimos.*

AB **6-33A El arroz con leche.** El arroz con leche es un postre muy conocido por todo el mundo hispano. Imagínate que tienes la receta y tu compañero/a tiene algunos de los ingredientes. Decidan qué ingredientes necesitan comprar.

MODELO: E1: *Necesitamos una taza de arroz.*
E2: *No tenemos arroz. Tenemos que comprarlo.*

Ingredientes:	Preparación
1 taza de arroz	• Poner* el arroz en una cazuela antiadherente (*nonstick*) y añadir
2 litros de leche	agua fría hasta que lo cubra, junto con una pizquita de sal. Poner al
9 cucharadas de azúcar	fuego y, cuando empiece a hervir, darle diez minutos, o hasta que se
2 huevos	consuma el agua.
corteza (*peel*) de 1 limón	• Echar en la cazuela leche hasta que cubra el arroz y bajar el fuego
1 palito (*stick*) de canela (*cinnamon*)	al mínimo. Añadir el limón y el palito de canela, y mover todo
canela molida (*ground*)	constantemente mientras el arroz se va poniendo cremoso.
pizca de sal	• Si no se pone cremoso, seguir cocinando a fuego muy lento,
	añadiendo de vez en cuando un poco de leche, según se vaya
	consumiendo. Hay que mover todo a menudo. La operación dura
	unas dos horas. Cuando ya esté incorporada toda la leche, añadir el
	azúcar, dar unas vueltas más para que se mezcle bien y retirar del
	fuego la cazuela. Servir el arroz con leche frío, en recipientes
	individuales, espolvoreados (*sprinkled*) con canela.

*A common use of the infinitive in Spanish is to convey a command.

¡Así lo hacemos! Estructuras

¿Comieron suficiente?

Vínculos

Use the following instructional resources to practice the preterit of regular verbs.
• WB/LM–OneKey: Activities: 6-17, 6-18, 6-19, 6-44, 6-45, 6-46, and 6-47
• *Gramática viva:* Grammar Point 39, Preterit tense of regular verbs + regular verbs with spelling changes
• Companion Website: Chapter 6, Review, Activity: Rev 6-5
• IRCD: p. 206

3. The preterit of regular verbs

So far you have learned to use verbs in the present indicative tense and the present progressive form. In this chapter you will learn about the preterit, one of two simple past tenses in Spanish. In *Capítulo 8* you will be introduced to the imperfect, which is also used to refer to events in the past.

Las terminaciones del pretérito

	-ar **tomar**	-er **comer**	-ir **vivir**
yo	tom**é**	com**í**	viv**í**
tú	tom**aste**	com**iste**	viv**iste**
él, ella, Ud.	tom**ó**	com**ió**	viv**ió**
nosotros/as	tom**amos**	com**imos**	viv**imos**
vosotros/as	tom**asteis**	com**isteis**	viv**isteis**
ellos/as, Uds.	tom**aron**	com**ieron**	viv**ieron**

Teaching tips
You have probably already used the preterit of some verbs with your class. Students have recognized that you were referring to past actions because of the adverb. Present this section by comparing what you are going to prepare for dinner tonight with what you prepared for dinner last night. Compare what you are going to eat tonight with what you ate last night. Finally, compare what time you are going to go out tonight with the time you went out last night. Ask students what *preparé, comí,* and *salí* have in common.

Remember to contextualize and personalize all of the verbs in this chapter and encourage students to create their own contexts, as well.

■ The preterit tense is used to report actions completed at a given point in the past and to narrate past events.

Gasté mucho dinero en comida.	*I spent a lot of money on food.*
Ayer **comimos** en la cafetería de la universidad.	*Yesterday we ate at the cafeteria of the university.*
La semana pasada no **bebí** un solo refresco.	*Last week I didn't drink a single soda.*

■ The preterit forms for **nosotros** of **-ar** and **-ir** verbs are identical to the corresponding present tense forms. The situation or context of the sentence will clarify the meaning.

Siempre **hablamos** de recetas de cocina.	*We always talk about cooking recipes.*
La semana pasada **hablamos** de tu receta de pollo.	*Last week we talked about your chicken recipe.*
Vivimos aquí ahora.	*We live here now.*
Vivimos allí el año pasado.	*We lived there last year.*

■ Always use an accent mark in the final vowel for the first- and third-person singular forms of regular verbs, unless the verb is only one syllable.

Compré aceite de oliva.	*I bought olive oil.*
Ana Luisa **añadió** una pizca de sal.	*Ana Luisa added a pinch of salt.*
Vi una receta interesante en ese libro.	*I saw an interesting recipe in that book.*

EXPANSIÓN   More on structure and usage

Los verbos que terminan en *-car, -gar* y *-zar*

Verbs that end in **-car**, **-gar**, and **-zar** have the following spelling changes in the first-person singular of the preterit. All other forms of these verbs are conjugated regularly.

c → qu	buscar	yo **busqué**
g → gu	llegar	yo **llegué**
z → c	almorzar	yo **almorcé**

Bus**qu**é el programa en la tele.	*I looked for the program on the TV.*
Lle**gu**é muy contento ayer.	*I arrived very happy yesterday.*
Almor**c**é poco hoy.	*I had little for lunch today.*

The following verbs follow this pattern as well.

abrazar	*to embrace*	**pagar**	*to pay*
empezar	*to begin*	**practicar**	*to practice*
explicar	*to explain*	**tocar**	*to touch; to play a musical instrument*
jugar (a)	*to play*		

Aplicación

6-34 Una tortilla española. Lee el párrafo en el que Concha explica la preparación de la tortilla española y subraya los verbos en el pretérito.

Me levanté temprano y salí para el mercado donde compré seis huevos, dos cebollas y dos papas. Otra vez en casa, lavé y pelé las papas. Luego, corté las papas y las cebollas en pedazos muy pequeños. Eché un poco de aceite de oliva en una sartén. Lo calenté y cociné las papas y las cebollas. Batí seis huevos en un recipiente. Añadí un poco de sal y eché los huevos a la sartén. Revolví todos los ingredientes con la espátula. Volteé la tortilla a los cinco minutos y la cociné tres minutos más. Preparé un plato con un poco de perejil (*parsley*), serví la tortilla en el plato y les ofrecí la tortilla a mis invitados.

6-35 ¿Qué hizo Julia? Ahora, contesta las preguntas basadas en la Actividad 6-34.

1. ¿Cuáles son los ingredientes de la tortilla española? huevos, cebollas y papas
2. ¿A qué hora salió Concha para el mercado? Salió temprano.
3. ¿Qué cocinó primero? Cocinó las papas y las cebollas.
4. ¿Cuántos huevos usó? Usó seis huevos.
5. ¿Por cuánto tiempo cocinó la tortilla? La cocinó por ocho minutos.
6. ¿Quiénes la comieron? La comieron sus invitados.

6-36 Ahora tú. Usa los verbos a continuación para contar la última receta que preparaste.

Primero compré...   Cociné...

En casa lavé...   Revolví...

Eché...   Serví...

6-37 Un restaurante inolvidable. Usa el pretérito de los verbos correspondientes de la lista para completar el párrafo.

buscar	encontrar	lavar	llegar	seleccionar
comer	gustar	llamar	salir	tomar

El sábado pasado encontré un restaurante que me (1) ___gustó___ mucho. (2) Nosotros ___encontramos___ el nombre del restaurante en la guía telefónica. Yo (3) ___llamé___ para hacer una reservación. Nosotros salimos a las 7:00 de la noche y (4) ___llegamos___ al restaurante a las 7:30. La comida estuvo (*was*) muy buena. Yo comí un filete y mis amigos (5) ___comieron___ arroz con pollo. Todos nosotros (6) ___tomamos___ agua mineral y, después, café. Para el postre, yo (7) ___seleccioné___ una tarta de frutas. Cuando era (*was*) hora de salir, abrí mi bolsa (*bag*) y (8) ___busqué___ mi tarjeta de crédito pero no la encontré. Por eso, yo (9) ___lavé___ los platos por tres horas y (10) ___salí___ del restaurante a las 2 de la mañana.

2 **6-38 Me gustó. / No me gustó.** Túrnense para decir si les gustó o no lo siguiente en el restaurante.

MODELO: los camarones
E1: *¿Te gustaron los camarones a la parrilla?*
E2: *Sí, me gustaron. (¡No, no me gustaron nada!)*

1. el vino chileno	5. las papas fritas	9. la música
2. las verduras	6. la fruta	10. el pan
3. las ensaladas	7. el café con leche	11. el pescado
4. las tortas	8. los jugos	12. el pollo asado

Suggestion for 6-39. To hold students accountable for listening to one another, ask comprehension questions as each student presents his/her paragraph. Ask the class to compare different students: e.g., *¿Qué hizo John este fin de semana? Kelly salió con su novio. ¿Quién más salió?*

6-39 Este fin de semana. Describe en un párrafo lo que hiciste (*you did*) durante el fin de semana. Usa verbos de la lista y expresiones como **y, pero, cuando** y **aunque** para unir tus ideas.

cocinar	comprar	estudiar	llamar	preparar	trabajar
comer	escribir	leer	mirar	salir	ver

MODELO: estudiar
Estudié el sábado todo el día, pero salí con mis amigos el sábado por la noche.

AB **6-40A Charadas.** Túrnense para representar éstas y otras acciones en el pasado para ver si tu compañero/a puede adivinar la acción.

MODELO: E1: (Act out! *Corté el pan.*)
E2: *Cortaste el pan.*

Comí langosta.	Preparé sopa.
Cocinamos papas fritas.	Encontré una mosca (*fly*) en la sopa.
Mezclaste huevos y sal para la tortilla.	¿...?

2 **6-41 Te creo; no te creo.** Escribe tres oraciones ciertas y tres oraciones falsas. Luego reta (*challenge*) a un/a compañero/a para decidir si lo que dices es cierto o falso.

besar (a)	comprar	llevar	trabajar (en)	visitar
comer	conocer (a)	salir con	ver	vivir

MODELO: E1: *Una vez conocí a Isabel Allende.*
E2: *¿Cuándo?*
E1: *En 2003.*
E2: *Te creo. / No te creo.*

6-42 Una entrevista con Isabel Allende. Lee la entrevista con esta famosa escritora chilena y contesta las preguntas a continuación.

Entrevistador: Señorita Allende, ¿cuándo empezó a escribir?

Isabel: A la edad de trece años. Escribí un cuento para mi tío, Salvador.[1]

Entrevistador: ¿Y a su tío le gustó el cuento?

Isabel: Sí, mucho. Escribí sobre mi familia. Tengo algunos familiares más interesantes que la ficción. Después, empecé a escribir cuentos cortos, como mi colección, *Eva Luna*. Son cuentos fantásticos, pero siempre basados en Chile.

Entrevistador: Usted publicó varios libros en español y luego recibió una sorpresa. ¿Qué pasó?

Isabel: Bueno, me llamó Billy August, el director de cine norteamericano, y me invitó a hacer una película basada en mi novela, *La casa de los espíritus*.[2] Contrató a varios de mis actores favoritos: Meryl Streep, Jeremy Irons y Antonio Banderas, entre otros. Esto fue (*was*) en 1993. Ahora, muchas personas conocen mis novelas y cuentos.

Entrevistador: ¿Cuál es su obra favorita?

Isabel: La verdad, es *Paula*. La escribí después de la muerte de mi querida hija, Paula. Fue una experiencia muy difícil para mí, pero también la más satisfactoria porque volví a recordar los momentos más importantes de su vida.

1. ¿Cuándo empezó a escribir cuentos?
2. ¿Quién leyó su primer cuento?
3. ¿De qué escribió?
4. ¿Quién la llamó para hacer una película?
5. ¿Conoces esa película?
6. ¿Cuál es el tema de *Paula*? ¿Crees que es una historia alegre o triste?

Answers to 6-42. 1. Empezó a escribir a los trece años. 2. Lo leyó su tío Salvador. 3. Escribió sobre su familia. 4. La llamó Billy August. 5. *Answers will vary.* 6. Es la muerte de su hija y los momentos más importantes de su vida. *Answers may vary.*

[1]Salvador Allende, presidente de Chile hasta que fue asesinado en 1973
[2]*The House of Spirits*

4. Verbs with irregular forms in the preterit (I)

El pretérito de los verbos con cambio radical, e → i, o → u

	pedir (*to ask for*)	dormir (*to sleep*)
yo	pedí	dormí
tú	pediste	dormiste
él, ella, Ud.	pidió	durmió
nosotros/as	pedimos	dormimos
vosotros/as	pedisteis	dormisteis
ellos/as, Uds.	pidieron	durmieron

■ Stem-changing **-ir** verbs in the present also have stem changes in the preterit. The changes are **e → i** and **o → u** and occur only in the third-person singular and plural.

pedir (i, i)	*to ask for*	**seguir (i, i)**	*to follow; to continue*
preferir (ie, i)	*to prefer*	**sentir (ie, i)**	*to feel; to be sorry for*
repetir (i, i)	*to repeat*	**servir (i, i)**	*to serve*

La camarera **repitió** las especialidades del día
The waitress repeated the specialities of the day.

El cocinero **prefirió** no ponerle mucha sal a la sopa.
The cook preferred not to put too much salt in the soup.

Manuel y Victoria **durmieron** diez horas anoche.
Manuel and Victoria slept ten hours last night.

Verbos que cambian la "i" en "y" en la tercera persona del singular y del plural

creer	oír
creí	oí
creíste	oíste
creyó	**oyó**
creímos	oímos
creísteis	oísteis
creyeron	**oyeron**

■ Verbs that end in **-er** and **-ir** preceded by a vowel (for example, **creer, leer,** and **oír**) change the **i → y** in the third-person singular and plural. All forms of these verbs are accented in all persons except the third-person plural.

Mamá **creyó** que no desayunaste esta mañana.
Mother believed that you didn't have breakfast this morning.

Leyeron la receta con cuidado.
They read the recipe carefully.

¿**Oíste** que hay un restaurante chileno en Chicago?
Did you hear that there is a Chilean restaurant in Chicago?

Warm-up for ¡Así lo hacemos! Prepare the board or a transparency using the cafeteria drawing from *Capítulo 3.* Describe a person; have students identify the person's name. *Ese día en la cafetería, yo busqué a mi madre. (Se llama...) Ese chico prefirió estar en su cama. Ella no durmió anoche porque lavó la ropa. Ese chico se sintió fatal, muy mal.,* etc. Present this context on a transparency or the board and have students explain the paradigm to you. *Ayer en el almacén Vigo, pedí la talla. Victoria pidió la talla. Manuel pidió la talla 40. En el restaurante Manuel y Victoria pidieron café. Todos pedimos pastel. Después de hacer las compras, yo dormí una hora. Victoria y Manuel durmieron una hora y media. Todos dormimos durante la hora de la siesta.*

Suggestion for ¡Así lo hacemos! Remind students that they also see these changes in the present participle: *pidiendo, durmiendo.*

Aplicación

6-43 Jumbo. Ahora, muchas personas compran en un supermercado o un hipermercado en vez de ir siempre a las tiendas pequeñas. *Jumbo* es un ejemplo de un hipermercado enorme en Santiago de Chile. Lee sobre los señores García cuando hicieron sus compras esta semana. Luego completa las oraciones a continuación.

La semana pasada mi esposo y yo decidimos hacer las compras en el super *Jumbo* que abrió recientemente en el Unicentro de Santiago. Cuando llegamos al super, encontramos una sección grande de frutas y verduras; otras de carnes y pescado, y finalmente toda clase de bebidas. Pero, no sólo compramos comida, sino también artículos para la casa. ¡Qué tentación! Cuando encontré el departamento de muebles, compré una mesita de noche para la alcoba. Mi esposo compró una lámpara para la sala. También tomamos una merienda en el restaurante que tienen en el super. Mi esposo pidió pastel de limón y yo pedí pastel de manzana. La camarera nos sirvió café con el pastel. Mi esposo compró el periódico y lo leímos en el restaurante. Cuando regresamos a casa, me acosté en la cama y me dormí enseguida.

1. En Jumbo, los señores García ____compraron____ muchas cosas.
2. La señora de García ____compró____ comida.
3. El señor García ____compró____ una lámpara.
4. Los dos ____pidieron____ pastel y ____tomaron____ café.
5. Los señores García ____leyeron____ el periódico.
6. La señora de García se ____acostó____ en la cama y se ____durmió____.

6-44 ¿Y tú? Contesta las preguntas sobre tu última visita a un hipermercado.

1. ¿A qué hora saliste para el hipermercado?
2. ¿Qué viste?
3. ¿Qué compraste?
4. ¿Qué encontraste?
5. ¿A qué hora volviste a casa?

6-45 ¿Qué pasó en Jumbo? Combina elementos de cada columna y forma oraciones para explicar lo que pasó en el Jumbo ayer.

MODELO: *El señor García pidió leche para su café.*

1. nosotros	oír...
2. los niños	preferir...
3. nuestros amigos	pedir...
4. yo	leer...
5. una mujer	repetir...
6. tú	sentir...

2 **6-46 Verdad o mentira.** Túrnense para contar anécdotas personales que pueden ser verdaderas o falsas.

MODELO: E1: *Una vez pedí camarones con helado.*
E2: *No te creo.*

UNA VEZ...
1. (servir)...
2. (oír)...
3. (pedir)...
4. (preferir)...
5. (leer)...

AB **6-47A ¿Qué pasó?** Pregúntale a tu compañero/a qué pasó en las siguientes situaciones.

MODELO: en la fiesta familiar
E1: *¿Qué pasó en la fiesta familiar?*
E2: *Mi mamá sirvió nuestra comida favorita.*

1. en el restaurante estudiantil
2. en una película que viste
3. en clase ayer
4. en el restaurante el sábado
5. en la cena con...
6. en el mercado

¿Cuánto sabes tú? *Can you...*

☐ use infinitives to give instructions on how to prepare a simple recipe (**Es necesario cortar las papas y las cebollas...**)?

☐ use a variety of verbs to say what happened and what you did yesterday or once in the past (**Ayer comí en un restaurante chileno; una vez oí música mexicana.**)?

Observaciones

Teaching tips
The video segment for this lesson takes place in a restaurant, with the chef, Manolo, featured. Have students scan the preview reading to discover his specialty. Then have students read the selection and answer the comprehension questions as an in-class activity. Assign the video, comprehension questions, and Web activity for homework. In the next class period, review the video and have students share their Web investigation.

VIDEO Toño Villamil y otras mentiras Episodio 6

6-48 Manolo. En este episodio conocemos a Manolo, un amigo de Toño. Lee su autodescripción y contesta brevemente las preguntas en español.

La tortilla mexicana es muy diferente de la española.

Hola, soy Manolo Reyes. Soy mexicano; nací en Malinalco. Mis padres vinieron aquí de Italia en 1960 y construyeron una casa pequeña en el pueblo. Mi padre abrió un restaurante italiano, pero luego decidió especializarse en comida mexicana. Después de muchos años, mis padres construyeron una casa mucho más grande y elegante en el campo. Es allí donde vivo yo con mi esposa, Elena, y mis dos hijos, Samuel y Carmelita. Mi trabajo en el restaurante es duro; las horas son largas, pero somos felices aquí. Cuando cocino, me gusta cantar, especialmente ópera. Mi especialidad es la cocina mexicana: arroz, frijoles, carne... pero a veces cocino algo diferente, como la tortilla española. No uso receta porque la tortilla no es muy complicada: huevos, aceite, cebollas, papas y un poco de sal. Mi amigo Toño cena aquí mucho, porque la comida es buena, barata, y a Toño no le gusta cocinar. Ayer le cociné arroz con pollo y se lo serví con una ensalada. A ver qué pide hoy...

1. ¿Dónde nació Manolo? ¿Dónde nacieron sus padres?
2. ¿Qué tipo de restaurante abrió su padre?
3. ¿Dónde vivieron ellos primero? ¿Dónde vivieron después?
4. ¿Cuál es la especialidad de Manolo?
5. ¿Qué otro plato sabe preparar?
6. ¿Qué pidió Toño la última vez?
7. En tu opinion, ¿qué va a pedir esta vez?

6-49 Toño se pone nervioso. Mira el sexto episodio de *Toño Villamil y otras mentiras* donde vas a ver a Toño ponerse muy nervioso. Ten en mente estas preguntas mientras ves el video.

Answers to 6-48. Nació en Malinalco. Nacieron en Italia. 2. Abrió un restaurante italiano. 3. Vivieron primero en una casa pequeña en el pueblo y después en una casa grande en el campo. 4. Es la cocina mexicana. 5. Sabe preparar la tortilla española. 6. Pidió arroz con pollo y ensalada. 7. *Answers will vary.*

1. En la casa, Toño tiene...
   a. sed.
   b. prisa.
   c. que usar el baño.

2. Cuando salen de la casa, Lucía tiene que...
   a. limpiar la cocina.
   b. ordenar la sala.
   c. cerrar la puerta.

3. En el restaurante, Toño...
   a. le pide ayuda a Manolo.
   b. ayuda a Manolo en la cocina.
   c. le presenta Lucía a Manolo.

4. Lucía le dice a Isabel que cree que Toño es...
   a. el hombre de sus sueños.
   b. bastante aburrido.
   c. buen cocinero.

5. Manolo le prepara a Lucía...
   a. un postre que tiene huevos, azúcar y leche.
   b. la especialidad de la casa.
   c. un plato español.

6. Mañana, Lucía va a visitar...
   a. las iglesias de Malinalco.
   b. un sitio arqueológico.
   c. a la familia de Toño.

Vínculos
• Student Video CD-ROM/VHS cassette, *Episodio 6: Toño Villamil y otras mentiras*

WWW **6-50 Un restaurante mexicano.** Conéctate con la página electrónica de *¡Arriba!* (**www.prenhall.com/arriba**) para conocer un restaurante en México. Contesta las preguntas a continuación.

1. ¿Cómo se llama?
2. ¿Dónde está?
3. ¿Cuáles son algunas de sus especialidades?
4. ¿Cuándo está abierto los fines de semana?
5. ¿Te parece un restaurante elegante o familiar?
6. ¿Qué plato pides tú en este restaurante? ¿Por qué?

6-51 En tu opinión. Imagínate que Lucía y Toño se casan. ¿Qué hay en el menú para su banquete?

Panoramas

Vínculos

- Student Video CD-ROM/VHS cassette, *Capítulo 6: Entrevistas de nuestro mundo*
- Companion Website: Chapter 6, Web Resources, *Panoramas, Chile: Un país de contrastes*

Chile: Un país de contrastes

6-52 ¿Ya sabes...? Trata de identificar, describir y/o explicar lo siguiente.

1. la capital de Chile
2. una cordillera de montañas importantes
3. ciudades en Chile y en Indiana, EE.UU., cuyo nombre significa *Valley of Paradise*
4. un producto agrícola chileno
5. los países en su frontera
6. una industria importante

Por sus 10.000 kms. de costas, la industria pesquera es sumamente importante en Chile. No sólo en los restaurantes se puede disfrutar de una variedad de pescado y mariscos, sino también se exportan por todo el mundo.

Teaching tips

In this section students will see more of the great variety to be found in Chile, read an ode by one of its most revered poets, hear some of its popular music, and write a restaurant review. Before beginning, have students say what they already know about Chile and its people.

PERÚ

Arica•

Iquique•

Calama•

Antofagasta•

CHILE

Copaipó•

OCÉANO PACÍFICO

Coquimbo•

Valparaíso• ⊛
Santiago

Islas de Juan Fernández (Ch.) Concepción•

Temuco•

Puerto Montt•

Puerto Aisén•

Punta Arenas

Teaching tips

As students see these images, ask them if they know regions in the United States or Canada that are similar in the topography or climate.

Answers to 6-52. 1. Santiago 2. los Andes 3. Valparaíso 4. vino 5. Argentina, el Perú y Bolivia 6. la industria pesquera

Se dice que el desierto de Atacama, en el norte de Chile, es el más seco del mundo. Aunque carece de (*it lacks*) vida, la región es rica en minerales, y es aquí donde se mina el nitrato de sodio para la producción de fertilizantes y explosivos. La minería de otros minerales, especialmente el cobre (*copper*), es también importante.

En el extremo sur del continente americano, en medio de la legendaria Patagonia y junto al Estrecho de Magallanes, se encuentra Punta Arenas, la ciudad más próxima al polo sur.

BRASIL

OLIVIA

PARAGUAY

ENTINA

URUGUAY

OCÉANO
ATLÁNTICO

*Islas
Malvinas*

*Tierra
del Fuego*

El clima templado del valle central es ideal para el cultivo de frutas y verduras, muchas de las cuales se exportan a los EE.UU. y al Canadá durante el invierno norteamericano. El vino chileno es uno de los mejores del mundo.

Desde junio hasta octubre se puede disfrutar de los deportes de invierno en los Andes chilenos. El Parque Nacional Vicente Pérez Rosales, dominado por el volcán Osorno, es un lugar popular para hacer excursiones y esquiar.

6-53 ¿Cierto o falso? Indica si las siguientes oraciones son ciertas o falsas. Si son falsas, explica por qué.

1. En el extremo norte de Chile hace mucho frío.   falso. Es un desierto seco.
2. Chile es un país bastante próspero.   cierto
3. Punta Arenas se encuentra en el extremo sur del país.   cierto
4. En el Parque Nacional Vicente Pérez Rosales, puedes nadar en el lago y esquiar en la nieve.   falso. Puedes esquiar y hacer excursiones.
5. Una industria importante es la minería.   cierto
6. Isabel Allende es pintora.   falso. Es escritora.

Answers to 6-54. 1. en la costa 2. en el norte 3. en el valle central 4. en las montañas 5. en el desierto 6. en las montañas 7. en los Andes 8. en Patagonia, en el sur

6-54 ¿Dónde? Identifica un lugar o unos lugares en el mapa donde puedes encontrar las siguientes cosas.

1. industria pesquera
2. desierto
3. producción de vino
4. deportes invernales
5. temperatura alta
6. parques nacionales
7. volcanes
8. temperatura baja

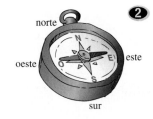

6-55 El mapa. Consulten el mapa de Chile y túrnense para indicar dónde se encuentran estas ciudades y lugares.

al este de   al oeste de   en el centro   en las montañas
al norte de   al sur de   en la costa del Pacífico

MODELO: Santiago
Santiago es la capital de Chile. Está en el medio del país, entre la costa y las montañas.

1. Punta Arenas   3. el Estrecho de Magallanes   5. Arica   7. Osorno
2. Puerto Montt   4. Valparaíso   6. Atacama 8. Tierra del Fuego

6-56 Recomendaciones. Háganles recomendaciones a personas que piensan viajar a Chile. Recomiéndenles lugares para visitar según sus intereses.

MODELO: Quiero estudiar mineralogía.
¿Por qué no vas al desierto Atacama? Allí hay minas de cobre y otros minerales.

1. Quiero estudiar ecología.
2. Me gusta escalar montañas.
3. Quiero observar los pingüinos.
4. Estudio agricultura.
5. Me gustan los mariscos.

6-57 Investigar. Conéctate con la página electrónica de *¡Arriba!* (**www.prenhall.com/arriba**) y busca información sobre un hotel o un restaurante chileno. Descríbelo incorporando los puntos a continuación.

- ¿Dónde está?
- ¿Cómo es?
- ¿Quiénes lo visitan?
- ¿Cuánto cuesta una comida o una habitación?

 **Ritmos**

"Tren al sur" (Los prisioneros, Chile)

Esta canción del grupo chileno Los prisioneros, que cuenta de un viaje al sur, también puede ser una metáfora de los cambios que se producen en la vida.

Antes de escuchar

6-58 Los símbolos. En **Páginas,** vas a leer un poema de Pablo Neruda y vas a aprender sobre los símbolos y la personificación en la poesía. "Tren al sur" es un ejemplo de cómo la letra de una canción se puede considerar poesía. Antes de escuchar la canción, completa el cuadro siguiente.

¿CÓMO ES?   ¿QUÉ SIMBOLIZA?

1. un tren
2. tu corazón (*heart*)
3. un olor (*smell*)

En tu opinión, ¿se puede personificar un tren, el corazón o un olor? ¿Cómo?

A escuchar

6-59 Tren al sur. Ahora escucha la canción y, mientras la escuchas, completa las palabras que faltan en algunas de las estrofas (*stanzas*) siguientes.

olor   corazón   ferrocarril (*train*)

Tren al sur
Siete y media en la mañana
el asiento toca la ventana
estación central segundo carro
del (1) _____ferrocarril_____ que me llevará al sur

Ya estos fierros (hierros) van andando
Y mi (2) _____corazón_____ está saltando
porque me llevan a las tierras
donde al fin podré de nuevo
respirar adentro y hondo alegrías del corazón

y no me digas pobre por ir viajando así
no ves que estoy contento
no ves que estoy feliz

Doce y media en la mañana el (3) _____olor_____ se mete en la ventana
Son flores y animales
Que me dicen bienvenido al sur
[...]

Vínculos
- Instructor's Music CD: *Capítulo 6: Ritmos de nuestro mundo*
- Companion Website: Chapter 6, Web Resources, *Ritmos: Los prisioneros*

Teaching tips
You may wish to have students read the "Oda a la manzana" before listening to this song, simply to have more practice with symbols, metaphors, and personification.

G **6-60 Símbolos.** Vuelve a escuchar la canción y contesta las preguntas siguientes. Después compara tus respuestas con las de tus compañeros/as.

■ ¿Cómo son el tren, el corazón del narrador y el olor de la canción?
■ ¿Qué simbolizan?
■ ¿Están personificados? ¿Cómo?

Suggestion for 6-61. Facilitate student participation by preparing a list of possible answers on the board or a transparency. *Los iconos simbolizan... / Las manzanas simbolizan... el amor, la amistad (amigos) el pecado (Adán y Eva), la felicidad (feliz). / Las manzanas son... color (rojas, verdes, amarillas), tamaño (cuadradas, redondas, grandes, pequeñas), sabor (dulces como el azúcar, agrias como el vinagre, jugosas con mucho líquido, secas como un desierto). / Las personas que comerían una manzana son... serias/cómicas, conservadores/liberales, honestas/deshonestas, trabajadoras/perezosas, etc.*

Después de escuchar

6-61 Viaje en tren. Imagínate que vas a hacer un viaje en tren al sur de Chile y que necesitas ayuda de un/a amigo/a. Contesta las siguientes preguntas sobre este viaje imaginario usando los pronombres de complemento directo e indirecto.

MODELO: Tú: ¿Me compras el boleto para el viaje de tren?
Tu amigo: *Sí, **te lo compro**.*

1. ¿Me preparas la comida para el viaje? *Sí, te la preparo.*
2. ¿Me enseñas la estación de tren? *Sí, te la enseño.*
3. ¿Me dices las horas de salida y llegada? *Sí, te las digo.*
4. ¿Me buscas el asiento en el tren? *Sí, te lo busco.*

Teaching tips
Have students complete the pre-reading activities in class. Then have them scan the poem to discover to whom (what) it is written. After completing the comprehension activities, be sure to read the poem aloud with students so that they can savor the sound of the words.

Páginas

"Oda a la manzana" (Pablo Neruda, Chile)

El poeta chileno Pablo Neruda (1904–1973), uno de los poetas más importantes del siglo xx, recibió el Premio Nóbel de Literatura. Escribió no sólo poemas de amor, sino también odas sencillas. En la película italiana, *Il Postino* (*The Postman*) vemos cómo la poesía cambia la vida de un humilde habitante de la región de Italia donde Neruda vivió por un tiempo. Aunque la historia de la película es pura ficción, nos ayuda a apreciar el poder de la poesía.

Antes de leer

Pablo Neruda, el famoso poeta chileno, recibió el Premio Nóbel de Literatura en 1971.

6-62 Los símbolos. Vivimos con símbolos por todas partes. ¿Qué simboliza para ti los iconos a continuación?

La poesía incluye con frecuencia símbolos y personificación. Este poema es sobre una manzana. Para ti, ¿qué simboliza esta fruta? ¿Cómo la describes? ¿Qué tipo de persona sería (*would it be*)? Haz una lista de todas las ideas que tienes al pensar en una manzana, sus representaciones físicas, simbólicas y personificadas. (Puedes escribir tu lista en español o en inglés.)

A leer

6-63 Compara. Mientras lees el poema de Neruda, compara tu descripción de la manzana con la de él.

- ¿Cómo es físicamente?
- ¿Qué simboliza?
- ¿Qué personifica?

"Oda a la manzana"

A ti, manzana,
quiero
celebrarte
llenándome
con tu nombre
la boca
comiéndote.

Siempre
eres nueva como nada
o nadie,
siempre
recién caída (*fallen*)
del Paraíso:
¡plena
y pura
mejilla arrebolada (*blushing cheek*)
de la aurora (*dawn*)!

Qué difíciles
son
comparados
contigo
los frutos de la tierra
las celulares uvas
los mangos
tenebrosos (*gloomy*),
las huesudas (*boney*)
ciruelas, (*plums*) los higos (*figs*)
submarinos:
tú eres pomada (*cream*) pura,
pan fragante
queso
de la vegetación.

Cuando mordemos (*we bite*)
tu redonda inocencia
volvemos
por un instante
a ser
también creadas criaturas:
aún tenemos algo de manzana.

Yo quiero una abundancia
total, la multiplicación
de tu familia,
quiero
una ciudad,
una república
un río Mississippi
de manzanas,
y en sus orillas (*banks*)
quiero ver
a toda la población
del mundo
unida, reunida,
en el acto más simple de la tierra (*earth*)
mordiendo una manzana.

Después de leer

6-64 Lo físico, lo simbólico, lo personificado. Completa la descripción que hace el poeta para cada uno de estos componentes. ¿Cuáles de éstos te sorprenden?

1. lo físico: _____ nueva, plena, pura, redonda _____
2. lo simbólico: _____ la aurora, pan y queso, la abundancia, la unidad, la simplicidad, la pomada pura
3. lo personificado: _____ la mejilla arrebolada _____

6-65 La música de la poesía. Lee la oda en voz alta, línea por línea, pausando para saborear (*savour*) la delicia de la manzana.

2 **6-66 Otras odas sencillas.** Trabajen juntos para identificar otra comida que merezca (*deserves*) una oda. Después completen el cuadro a continuación.

MODELO:

La comida	pan	
Una descripción física	blanco, sabroso	
Lo que simboliza	la vida	
El tipo de persona que es	una persona fiel (faithful)	

Taller

6-67 Una reseña (*review*) de un restaurante. Puedes encontrar reseñas de restaurantes en el periódico, en una revista culinaria o en la red. La reseña te ayuda a decidir si te interesa visitar el restaurante. Lee la reseña a continuación para ver la información que se incluye.

⍙ EL SANTIAGO

Restaurante de cocina chilena, se encuentra en el centro de la ciudad, cerca de los teatros y la ópera. Entre sus especialidades se incluyen ceviche (pescado crudo "cocido" en jugo de limón); tapas (tortilla española, queso, calamares), corvina fresca preparada a gusto y los mejores vinos chilenos. Cada noche a partir de las 9:00, Los Chavales (grupo musical del norte de Chile) toca música andina. El lugar es hermoso con varios patios y pequeñas mesas alrededor de una fuente[1] en medio. Las pequeñas luces que decoran los árboles y las plantas contribuyen al ambiente[2] romántico. El servicio es bueno, aunque no excepcional (esperamos media hora para recibir nuestras tapas), pero el ambiente y la música compensaron la demora.[3] Cuando por fin nos llegó la comida, valió la pena[4] esperar. La cuenta para dos personas, que incluyó tapas, comida, una botella de vino tinto, postre y propina, no llegó a $75. Les recomendamos este lindo restaurante para una ocasión especial, o para una cena después del teatro. Se aceptan reservaciones llamando al 555-4876.

---

[1]fountain   [2]atmosphere   [3]delay   [4]it was worth the trouble

Antes de escribir

■ Piensa en el nombre de un restaurante, dónde se encuentra y por qué lo recomiendas.

■ Contesta las siguientes preguntas para organizar tus ideas

¿Cuántos tenedores tiene (1: muy económico a 5: muy caro y elegante)?

¿Dónde está?

¿Tiene alguna cocina en especial?

¿Cuáles son sus especialidades?

¿Cómo es su ambiente (formal, informal)?

¿Tiene música?

¿Cómo es el servicio?

¿Qué comiste cuando lo visitaste?

¿Qué te gustó o no te gustó?

¿Cuánto costó?

¿Aceptan reservaciones?

¿Cuál es tu recomendación?

A escribir

■ Organiza tus respuestas en un párrafo siguiendo el modelo de arriba.

Después de escribir

■ **Revisar.** Revisa tu reseña para verificar los siguientes puntos:

☐ el uso del pretérito

☐ la concordancia de adjetivos y sustantivos

☐ alguna frase superlativa (es el restaurante más/menos... de...

☐ la ortografía (*spelling*)

■ **Intercambiar**
Intercambia tu reseña con la de un/a compañero/a. Mientras leen las reseñas, hagan comentarios y sugerencias sobre el contenido, la estructura y la gramática.

■ **Entregar**
Pasa tu reseña a limpio, incorporando las sugerencias de tu compañero/a. Después, entrégasela a tu profesor/a.

Vínculos
• Assessment: TestGen or paper test in the IRM

7 ¡A divertirnos!

OBJETIVOS COMUNICATIVOS

- Talking about activities you like to do
- Making plans to do something
- Talking about indefinite people and things, and people and things that do not exist

- Talking about what people do
- Reporting past events and activities

Merengue del artista dominicano Jamie González Colson detalla (*depicts*) los colores y el ritmo de este baile popular de las islas caribeñas.

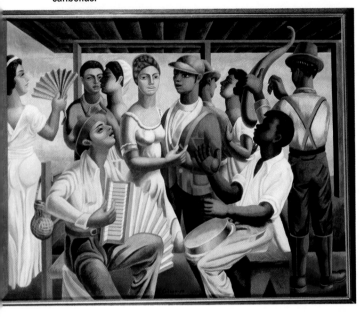

Las islas hispánicas del Caribe

Celia Cruz nació en Cuba, y desde su infancia la música de salsa corrió por sus venas. Durante su vida, recibió muchos honores, entre ellos uno del Museo Smithsonian, donde tiene en su colección un vestido (*dress*) y unos zapatos (*shoes*) suyos.

Refrán: Tell me who you are with and I'll tell you who you are. (*You are known by the company you keep.*)

¡Así es la vida!

El fin de semana

Escena 1

Susana, Ricardo, Julia y Eduardo estudian en la Universidad de Puerto Rico. Es sábado por la mañana. No saben qué van a hacer y están hablando de posibilidades.

Ricardo: Oye, ¿por qué no vamos al partido de básquetbol?

Susana: No sé. Hoy hace buen tiempo y no quiero estar dentro de un gimnasio.

Ricardo: Tienes razón. ¿Qué tal si vamos a la feria internacional?

Julia: No, ya fui ayer y estuve varias horas.

Susana: Mira, hoy es un día perfecto para ir a la playa. Hace sol y mucho calor. ¿Por qué no vamos a Luquillo a nadar en el mar y después hacemos un pícnic?

Ricardo: ¡Magnífico! ¡Es una estupenda idea!

Escena 2

Todos llegaron a la playa y se sentaron en la arena.

Susana: ¡Qué bonito está el mar!

Eduardo: ¡Fabuloso! Está ideal para nadar.

Julia: Oye, Eduardo, ¿dónde está la bolsa con las toallas? No la vi en el carro. ¿Se la diste a alguien?

Eduardo: ¡Ay, no! No se la di a nadie. La dejé en la residencia de estudiantes.

Julia: ¡Ay, bendito! ¡Qué mala suerte! No vamos a poder secarnos después de nadar en el mar.

¿Qué tiempo hace? (*What's the weather like?*)

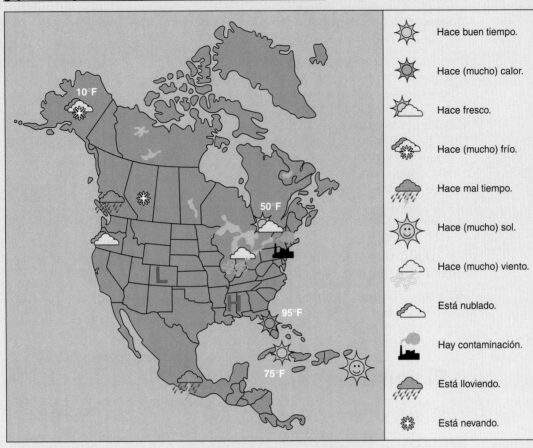

☼	Hace buen tiempo.
☼	Hace (mucho) calor.
⛅	Hace fresco.
❄	Hace (mucho) frío.
🌧	Hace mal tiempo.
☀	Hace (mucho) sol.
🌬	Hace (mucho) viento.
☁	Está nublado.
🏭	Hay contaminación.
🌧	Está lloviendo.
❄	Está nevando.

Teaching tips
Discussing the weather is something in which we all participate. A good Web site for finding out the weather conditions in Spanish is the Weather Channel: *http://espanol.weather.com/*.

Warm-up for *¡Así lo decimos!* Make suggestions for weekend activities and have students react with expressions from the list. *Hoy es un día perfecto para ir a la playa. ¿Qué tal si nadamos en el mar? Quiero ir a un concierto el sábado. ¿Por qué no vamos a un partido de básquetbol esta tarde? ¿Qué tal si hacemos un pícnic mañana? Vamos a dar un paseo por el parque después de clase. ¿Qué piensan? No tengo dinero para ir al cine.*

Actividades para el fin de semana

dar un paseo	*to go out, to take a walk*
hacer un pícnic / una merienda	*to have a picnic*
ir a un partido / un concierto / una discoteca	*to go out to a game / concert / nightclub*
nadar en el mar	*to swim in the ocean*
ver (una película)	*to see (a movie)*

Opiniones y sugerencias

Es un día perfecto para...	*It's a perfect day for . . .*
¡Oye!	*Listen!*
¿Qué tal si...?	*What if . . . ?*

Reacciones

¡Ay, bendito!	*Oh, no!*
¡Estupendo!	*Terrific!*
¡Fabuloso!	*Great!*
¡Fantástico!	*Fantastic!*
¡Magnífico!	*Great! Wonderful!*
Me da igual.	*It's the same to me.*
No te preocupes.	*Don't worry.*
¡Qué mala suerte!	*What bad luck!*

Para la playa

la sombrilla
el traje de baño
la toalla
el hielo
la bolsa
la heladera

Vínculos

Use the following instructional resources to practice *el tiempo* and *actividades en el fin de semana*.

* Companion Website: Chapter 7, Review, Activity: Rev 7-1
* IRCD: pp. 225, 226, 227, and 228.

Aplicación

7-1 ¿Qué hacer? Algunos amigos están haciendo planes para el fin de semana. Completa las oraciones con la expresión adecuada de la lista.

MODELO: No quiero quemarme (*get burned*) en el sol. ¿Hay *sombrillas* en la playa?

1. Queremos ir a escuchar música. Vamos a ___d___.
2. Hace buen tiempo. ¿Por qué no vamos al parque, llevamos sándwiches y hacemos ___f___?
3. Hoy hace sol. Vamos a dar ___a___ por el parque.
4. Los refrescos están en ___h___.
5. El sábado va a hacer mucho calor. ¿Por qué no vamos a nadar en ___b___?
6. El domingo hay ___e___ de básquetbol en el gimnasio.
7. ¡Qué feo! Hace muy mal tiempo: está nublado y hay mucha ___g___.
8. Si hace mal tiempo, es un día perfecto para ___c___.

a. un paseo
b. el mar
c. ver una película
d. un concierto
e. un partido
f. un pícnic
g. contaminación
h. la heladera

7-2 ¿Dónde...? Mira este mapa meteorológico y di dónde hace el tiempo descrito a continuación.

MODELO: Hay chubascos (*showers*).
  en las islas Vírgenes

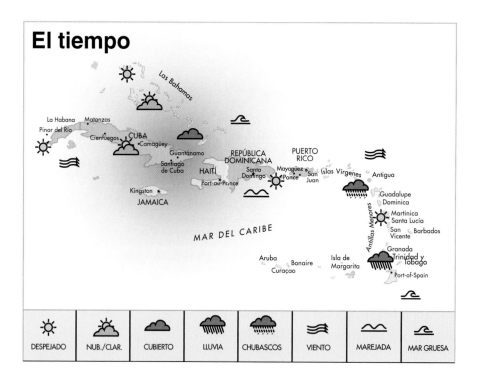

1. Está nublado.   en las Bahamas y Cuba
2. Está lloviendo.   en Trinidad y Tobago y sur de Islas Vírgenes
3. Hace viento.   al sur de Cuba y norte de Antigua
4. Hace mucho sol.   en Ponce, Pinar del Río Martinica
5. Está nevando.   No está nevando en el Caribe.

AUDIO **7-3 El pronóstico del tiempo.** Escucha el pronóstico del tiempo que se da en la radio para esta semana. Luego, completa la información a continuación. Puedes escuchar más de una vez, si quieres.

Ciudad: ___San Juan___

Siglas (*call letters*) de la emisora de radio: ___QRST___

Fecha: ___8 de agosto del año 2006___

Estación del año: ___verano___

Tiempo de ayer: ___Hizo buen tiempo (25°).___

Pronóstico para hoy: ___La temperatura sube a 32° con mucha humedad.___

Pronóstico para mañana: ___mucho calor y sol___

Una actividad que puedes hacer mañana: ___ir a la playa y nadar___

7-4 ¿Y aquí? Di qué tiempo hace en tu ciudad hoy y qué tiempo va a hacer mañana.

MODELO: *Hoy hace mal tiempo: está nevando y hace frío, pero mañana va a hacer sol.*

G **7-5 Un clima ideal.** Escribe cinco oraciones completas describiendo un lugar que para ti tiene un clima ideal. Luego, descríbeselo al resto de la clase. Entre todos, escojan el lugar favorito.

2 **7-6 Una entrada.** Aquí tienes una entrada para una función en Puerto Rico. Túrnense para hacer y contestar preguntas sobre la función. Luego decidan si quieren asistir.

Suggestion for 7-6. Brainstorm questions together or set time limit for groups to create questions. Collect questions on the board or on a transparency. Go back to pairs for the activity.

MODELO: E1: *¿Dónde es la función?*
E2: *Es en el Auditorio Santa Cruz.*

2 **7-7 ¿Qué necesitan?** Hagan una lista de todas las cosas que necesitan para poder hacer las siguientes actividades.

MODELO: para ir a la playa
Necesitamos los trajes de baño, buen tiempo,...

1. para ir a ver una película
2. para hacer un pícnic
3. para ir a un concierto
4. para dar un paseo
5. para ir a una discoteca
6. para ver la televisión
7. para hacer una fiesta
8. para ir a un partido

Audioscript for 7-3

¡Buenos días, San Juan! La emisora QRST les está llegando desde la capital de la bella isla de Puerto Rico hoy, 8 de agosto del año 2006, y hace un calor tremendo. Ayer, si recuerdan bien, hizo buen tiempo con una temperatura de 25 grados centígrados, y con una brisa suave. Hoy, en cambio, la temperatura va a subir a 32 grados centígrados y con mucha humedad, lo que es bastante normal para el verano en el Caribe. Y mañana, igual: mucho calor y mucho sol. Por eso, si no tienen que trabajar mañana, es un día perfecto para ir a la playa donde pueden nadar en las aguas cristalinas y frescas de nuestra bella isla.

Answers to 7-7. *Answers may vary.*
1. unas entradas, un refresco 2. una heladera, hielo, unos bocadillos, unos refrescos, sol, toallas 3. unas entradas 4. unos zapatos, buen tiempo 5. unos amigos 6. un sofá 7. unos amigos 8. 2 equipos, unos amigos, buen tiempo

7-8 El clima. Explica los dibujos, diciendo quién es, dónde está, qué tiempo hace y qué tiene.   *Answers will vary.*

MODELO: Ésta es Marta. Vive en Saskatchewan donde hace mucho frío en invierno. Está nevando y Marta tiene mucho frío.

1.

2.

3.

4.

7-9A Una invitación. Invita a tu compañero/a para este fin de semana. Trata de extender la conversación lo más posible. Puedes usar expresiones de la lista.

Es un día perfecto para...	¿Qué crees?	¡Vamos a...!
¿Qué piensas hacer hoy?	¿Qué piensas?	
¿Qué te parece...?	¿Qué tal si...?	

MODELO: E1: *Oyé, ¿qué te parece si vamos al concierto de Ricky Martin?*
E2: ...

1. un concierto de...
2. una película
3. un partido de fútbol
4. ir a la playa

7-10A ¿Qué te gusta hacer cuando...? Túrnense para preguntarse qué les gusta hacer en diferentes climas. Anoten y resuman las respuestas.

MODELO: E1: *¿Qué te gusta hacer cuando está nevando?*
E2: *Me gusta esquiar.*

ALGUNAS ACTIVIDADES

dar un paseo / una fiesta	ir a un partido / al cine / a la playa
dormir una siesta	leer una novela / el periódico
esquiar en la nieve / en el agua	nadar en la piscina / en la playa
hacer un pícnic / una fiesta	tomar el sol / un refresco
invitar a los amigos	ver una película / un concierto / la televisión

¿QUÉ TE GUSTA HACER CUANDO...

1. hace calor?
2. está lloviendo?
3. hace frío en la playa?
4. hace fresco?
5. está nevando?
6. hace buen tiempo pero tienes que trabajar?

¡Así lo hacemos! Estructuras

1. Irregular verbs in the preterit (II)

Irregular preterit forms

	ser/ir	estar	tener	dar	ver
yo	fui	estuve	tuve	di	vi
tú	fuiste	estuviste	tuviste	diste	viste
él, ella, Ud.	fue	estuvo	tuvo	dio	vio
nosotros/as	fuimos	estuvimos	tuvimos	dimos	vimos
vosotros/as	fuisteis	estuvisteis	tuvisteis	disteis	visteis
ellos/as, Uds.	fueron	estuvieron	tuvieron	dieron	vieron

■ The verbs **ser** and **ir** have the same forms in the preterit. The context of the sentence or the situation will clarify the meaning.

¿Sabes?, nuestros abuelos también **fueron** jóvenes.	*You know, our grandparents were also young.*
Fuimos a dar un paseo al centro.	*We went downtown for a walk.*

■ Note that **estar** and **tener** have the same irregularities in the preterit. **Andar** has the same endings as **estar** and **tener.**

Estuve en la feria internacional.	*I was at the international fair.*
Gloria **tuvo** que salir temprano del partido.	*Gloria had to leave the game early.*
Esta mañana **anduvimos** por la playa mucho tiempo.	*This morning we walked on the beach for a long time.*

■ **Dar** and **ver** use the same endings as regular **-er** and **-ir** verbs. However, the first and third persons have only one syllable and do not require an accent mark.

Víctor me **dio** una película excelente.	*Victor gave me an excellent movie.*
Los **vi** entrar al teatro.	*I saw them enter the theater.*

Aplicación

7-11 Una fiesta puertorriqueña. Empareja las preguntas con la respuesta más lógica.

1. __f__ ¿Dónde fue la fiesta?
2. __a__ ¿Quiénes estuvieron?
3. __d__ ¿Tuviste que salir temprano?
4. __e__ ¿Quién fue con Graciela?
5. __c__ ¿Vieron alguna película?
6. __b__ ¿Le diste algo al anfitrión (*host*)?

a. Todos nuestros amigos.
b. Sí, una botella de vino.
c. Sí, una de Almodóvar.
d. No, no salí hasta las dos.
e. Fue su novio, Carlos.
f. En casa de Ramón y Silvia.

Teaching tips
You have probably used the preterit of the verb *ir* with your class. Now they will learn the preterit of other common irregular verbs. Present these verbs with a short narrative of what you did yesterday. *Ayer fui a la discoteca con unos amigos. Estuve allí por tres horas. Tuve mucha suerte porque vi a mucha gente famosa, como a Juan Luis Guerra, el famoso salsero dominicano. Le pedí su autógrafo y él me lo dio.* Then have students create their own narratives by substituting the underlined words.

Vínculos

Use the following instructional resources to practice irregular verbs in the preterit (II).

- WB/LM–OneKey: Activities: 7-6, 7-7 7-8, 7-34, and 7-35
- *Gramática viva:* Grammar Point 38, Preterit tense of irregular verbs *ser, ir, tener, estar*
- Companion Website: Chapter 7, Review, Activity: Rev 7-2
- IRCD: p. 229

Warm-up for ¡Así lo hacemos! On the board or on a transparency prepare two columns with the following heads: 1. activity and 2. place. After the students match activities and places, ask them to predict the forms of *estar* based on structures they observe in the activity column. *¿Dónde estuvimos ayer mis amigos y yo?* (1) *Fui a ver una película. Elena tuvo un examen. Juan y Jorge vieron un elefante. Le dio unas flores al músico. Fuimos a la sala para sentarnos en el sofá.* (2) Leave a gap before *en* to fill in with *estar* forms after matching. *Estuve en el cine. Estuvo en clase. Estuvieron en el zoológico. Estuvo en un concierto. Estuvimos en una fiesta.*

Suggestion for ¡Así lo hacemos! Put the following context on the board or a transparency and have the students read and identify the infinitives. *Ayer tuve una buena idea. Di un paseo por el parque. Fui con un amigo. Estuvimos en el parque por más de una hora. Después volvimos a casa e hicimos algunos bocadillos. Fue un día muy agradable.*

7-12 Un concierto de Juan Luis Guerra. Completa el párrafo con la forma correcta del pretérito del verbo entre paréntesis.

Ayer yo (1. ir) ____fui____ a un concierto de Juan Luis Guerra, el famoso cantante dominicano. Mis amigos y yo (2. llegar) ____llegamos____ allí a las siete. Un agente nos (3. atender) ____atendió____ y nos (4. preguntar) ____preguntó____: "¿Cuántas entradas desean?" Yo le (5. contestar) ____contesté____: "Queremos cuatro, por favor." Él nos (6. dar) ____dio____ los boletos y (7. nosotros: subir) ____subimos____ al balcón. (8. Estar) ____Estuvimos____ en la octava fila entresuelo (*mezzanine*). ¡Yo no (9. ver) ____vi____ nada! Pero sí (10. oír) ____oí____ bien la música y (11. sentir) ____sentí____ la emoción de un concierto en vivo. (12. Ser) ____Fue____ una experiencia estupenda y todos nosotros lo (13. pasar) ____pasamos____ bien.

7-13 En la discoteca. Combina elementos de cada columna para formar oraciones completas en el pretérito.

MODELO: *Mis amigos y yo fuimos al club en bicicleta.*

yo	estar allí cinco horas
nuestros amigos	darle su tarjeta al mesero
los músicos	ir al baño
la orquesta	andar en bicicleta al club
mis amigos y yo	tener que pagar la cuenta
el mesero	estar bailando por horas
mis profesores	darnos las bebidas
tú	ser muy bueno/a

AB **7-14A Chismes (*Gossip*).** Hagan y contesten preguntas sobre la clase de ayer.
1. ¿Quiénes estuvieron en clase?
2. ¿Quiénes tuvieron que hacer presentaciones?
3. ¿Quién llegó tarde?
4. ¿Qué estudiante le dio una excusa al/a la profesor/a?

G **7-15 ¿Quién...?** Haz una pregunta diferente a cada persona sobre lo que hizo la semana pasada y escribe el nombre de la persona que contesta cada pregunta.

MODELO: jugar al béisbol
 E1: *¿Jugaste al béisbol?*
 E2: *Sí, jugué al béisbol el lunes. (No, no jugué al béisbol.)*

dar un paseo	empezar un trabajo importante	ir a un partido
ver una película	ir a una discoteca	estar en clase
darle un regalo a tu mamá	tener problemas con el coche	andar por el parque
tener que trabajar mucho	llegar tarde para la clase	estar enfermo/a

2. Indefinite and negative expressions

Afirmativo		Negativo	
algo	something, anything	**nada**	nothing, not anything
alguien	someone, anyone	**nadie**	nobody, no one
algún, alguno/a(s)	any, some	**ningún, ninguno/a(s)**	none, not any
siempre	always	**nunca, jamás**	never
también	also, too	**tampoco**	neither, not either
o... o	either . . . or	**ni... ni**	neither . . . nor

■ In Spanish, verbs are affirmative unless they are made negative through the use of **no** or a negative expression. There can be more than one negative expression (a double or triple negative) in a single sentence in Spanish. When **no** is used in a sentence, a second negative (e.g., **nada, nadie, ningún**) can either immediately follow the verb or be placed at the end of the sentence.

No fuimos **nunca** a la playa con Esteban.	*We never went to the beach with Esteban.*
No le dimos los sándwiches a **nadie.**	*We did not give the sandwiches to anyone.*

■ When the negative expression precedes the verb, **no** is omitted.

Nunca fuimos a la playa con Esteban.	*We never went to the beach with Esteban.*
A **nadie** le dimos los sándwiches.	*We didn't give the sandwiches to anyone.*

■ The expressions **nadie** and **alguien** refer only to persons and require the personal **a** when they appear as direct objects of the verb.

No vi **a nadie** en el agua.	*I didn't see anyone in the water.*
¿Viste **a alguien** especial anoche en la discoteca?	*Did you see someone special last night at the club?*

Vínculos

Use the following instructional resources to practice indefinite and negative expressions.
- WB/LM–OneKey: Activities: 7-9, 7-10 7-36, and 7-37
- *Gramática viva:* Grammar Point 24, Negatives
- Companion Website: Chapter 7, Review, Activity: Rev 7-3
- IRCD: p. 231

Suggestion for *¡Así lo hacemos!* Try playing the game "Around the World". A pair stands together while a third class-mate says an indefinite or negative expression (*siempre*). The first person in the pair to say/shout the opposite term (*nunca*) continues to play and forms a pair with another classmate. The loser then sits down. See who can accumulate the most points.

Suggestion for *¡Así lo hacemos!* Present the following context to students and ask them to identify what all the negatives have in common. *El primero de enero en la clase de español, no hay ni estudiantes ni profesores. No hay ninguna palabra en la pizarra. No hay nadie en el pasillo. No hay nada en los escritorios. Todos están en casa viendo los partidos de fútbol americano en la televisión.*

■ The adjectives **alguno** and **ninguno** drop the **-o** before a masculine singular noun in the same way the number **uno** shortens to **un.** Note the use of a written accent when the **-o** is dropped.

Ningún amigo vino al partido.	*No friend came to the game.*
¿Te gusta **algún** tipo de refresco?	*Do you like any type of refreshment?*

■ **Ninguno** is almost always used in the singular, not the plural form. The exception would be when used with inherent plural nouns.

¿Quedan **algunas** entradas?	*Are there any tickets left?*
No, no me queda **ninguna** entrada.	*No, there aren't any tickets left.*
¿Encontraste mis pantalones?	*Did you find my pants?*
No, no encontré **ningunos** pantalones.	*No, I didn't find any pants.*

■ Once a sentence is negative, all other indefinite words are also negative.

Lucía **no** conoce a **nadie** en la fiesta **tampoco.**	*Lucía doesn't know anybody at the party either.*
No conseguí **ningún** boleto para **ninguno** de los partidos.	*I didn't get any tickets for any of the games.*
No voy a traer **ni** refrescos **ni** sándwiches para **nadie.**	*I'm not bringing either refreshments or sandwiches for anyone.*

Aplicación

7-16 Una entrevista con Celia Cruz.[1] Subraya todas las expresiones indefinidas y negativas en esta entrevista con Celia.

Celia Cruz con el percusionista Tito Puente

Entrevistadora:	Señora Cruz, es un placer conocerla y poder hablar con usted hoy. ¿Desea <u>algo</u>? ¿Una botella de agua? ¿<u>Algún</u> refresco?
Celia:	No, gracias. No quiero <u>nada</u> por ahora.
Entrevistadora:	Bueno. Usted siempre tiene tanta energía. ¿No se cansa (*get tired*) <u>nunca</u>?
Celia:	Pues, sí. <u>Algunas</u> veces cuando viajo mucho. Pero mi esposo siempre me acompaña y eso ayuda.

---

[1]Celia Cruz murió el 16 de julio de 2003, después de esta entrevista.

Entrevistadora:	Usted es famosa como la "reina" de la música salsa. Baila, canta... ¿Toca <u>algún</u> instrumento musical también?
Celia:	No, no toco <u>ninguno</u>, pero soy amante de los tambores. Adoro la música de Tito Puente, el gran percusionista (*drummer*) y "rey del mambo" quien murió en 2000. Su muerte fue una gran tragedia para todos.
Entrevistadora:	Es verdad. Bueno, señora Cruz, no le voy a preguntar cuántos años tiene, pero ¿nos puede decir cuando empezó su carrera?
Celia:	Sí, empecé mis estudios formales de música en 1947.
Entrevistadora:	¿Y cuando piensa jubilarse (*retire*)?
Celia:	<u>¡Nunca!</u>

7-17 ¿Qué sabes de Celia? Contesta las preguntas basadas en la entrevista anterior.

1. ¿Qué bebida toma Celia en la entrevista?   No toma nada.
2. ¿Cuándo se cansa?   Se cansa algunas veces cuando viaja.
3. ¿Cuándo está sola en sus viajes?   Nunca está sola.
4. ¿Qué instrumento toca?   No toca ningún instrumento.
5. ¿Qué tragedia ocurrió en el año 2000?   Murió Tito Puente.
6. ¿Sabemos cuántos años tiene Celia en el momento de esta entrevista? ¿Por qué?   No sabemos cuántos tiene. No le hace esta pregunta la entrevistadora.
7. ¿Cuándo dice que va a jubilarse?   Nunca.

WWW **7-18 Celia Cruz, Tito Puente y Juan Luis Guerra.** Conéctate con la página electrónica de *¡Arriba!* (**www.prenhall.com/arriba**) y busca información sobre uno de estos artistas. Contesta estas preguntas.

1. ¿Dónde y en qué año nació?
2. ¿Por qué es famoso/a?
3. Escucha una selección de su música. ¿Cómo es?
4. ¿Quieres escuchar más? ¿Por qué?

7-19 Misterio en el Teatro Colón. Usa expresiones negativas para completar este párrafo.

Ayer fui al Teatro Colón para ver un concierto de Juan Luis Guerra, pero no vi a (1) ___ninguna___ persona en el auditorio. Fui al bar, pero no vi a (2) ___nadie___ allí (3) ___tampoco___. Busqué la luz, pero no vi (4) ___nada___. No vi (5) ___ni___ actores (6) ___ni___ músicos. (7) ___No___ tuve miedo, pero sí estuve un poco nervioso. (8) ___No___ voy a volver (9) ___nunca___ a (10) ___ningún___ concierto un domingo a las tres de la mañana.

7-20 El lunes, a la una de la tarde. Vuelve a escribir el párrafo anterior empleando una hora y un día diferentes y usando expresiones indefinidas.

Modelo: *Ayer fui al Teatro... para ver un concierto de..., y vi a <u>algunas</u> personas...*

Follow-up to 7-19. Ask students the following questions. *¿Adónde fue? ¿Qué vio en el auditorio? ¿Estuvo nervioso/a? ¿Qué hizo después?*

7-21 Sus intereses. Túrnense para hablar sobre sus gustos. Usen las expresiones **siempre, algunas veces, casi nunca** y **nunca**.

MODELO: ver muchas películas de ciencia ficción
        E1: *¿Te gusta ver muchas películas de ciencia ficción?*
        E2: *¡Siempre! Soy muy aficionado/a a las películas de ciencia ficción.*

ALGUNAS ACTIVIDADES

¿Te gusta...	Siempre	Algunas veces	Casi nunca	Nunca
dar paseos en el invierno?				
ir a un partido los sábados?				
ir a una discoteca con los amigos?				
salir con los amigos los viernes?				
ver películas extranjeras?				
hacer un pícnic en el verano?				
ir a conciertos de música de rock?				
¿...?				

7-22 En resumen. Resume la información de la entrevista de la Actividad 7-21. Incluye las opiniones de tu compañero/a y las tuyas, también. ¿Son muy diferentes?

 7-23A ¡Contéstame! Conversen sobre sus planes. Túrnense para contestar estas preguntas. Háganse una pregunta original también.

MODELO: E1: *¿Siempre acompañas a tus padres cuando van al cine?*
        E2: *Sí, siempre los acompaño. (No, no los acompaño nunca.)*

1. ¿Siempre vas a la playa en el verano?
2. ¿Conoces algún buen parque en esta ciudad?
3. ¿Hay algo que hacer el domingo?
4. ¿Siempre te gusta dar un paseo cuando hace buen tiempo?
5. ¿Te gusta salir con algún amigo especial?

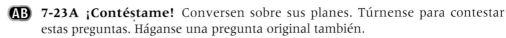

¿Cuánto sabes tú? *Can you...*

☐ talk about activities you like to do?

☐ make plans to do something this weekend using expressions like **¿Qué tal si...?** and **¿Qué piensas hacer...?**

☐ talk about some activities you completed in the past using a variety of verbs, including **dar, estar,** and **ir**?

☐ ask and respond to questions using negative expressions like **nadie** and **nunca** and indefinite expressions like **alguien** and **siempre**?

Comparaciones

La vida social de los hispanos

Vínculos

• Companion Website: Chapter 7, Web Resources, *Comparaciones: Los pasatiempos*

7-24 En tu experiencia. ¿Con quién disfrutas (*enjoy*) haciendo actividades recreativas? ¿Con tus padres? ¿Con tus hermanos? ¿Con tus amigos? ¿qué haces para pasar el tiempo? A continuación vas a leer sobre los pasatiempos de muchos jóvenes hispanos. Compáralos con los tuyos.

Teaching tips
The term *ocio* means leisure in English. Its opposite is *negocio* or work. *Ocio* is very serious business in many Spanish-speaking cultures! You can find *guías del ocio* online, such as this one: *http://www.guiadelocio.com/madrid/.*

A los hispanohablantes les gusta disfrutar de la vida y dedicar mucho tiempo a las actividades recreativas. Generalmente, estas actividades son de tipo social y ocurren por la noche: visitar a la familia y a los amigos íntimos; salir en grupo al cine, al teatro, a un concierto, a dar un paseo; ir a un partido de fútbol, béisbol o básquetbol; o simplemente quedarse (*to stay*) en casa para ver la televisión o para jugar juegos de mesa como canasta o ajedrez (*chess*) con la familia. Durante el fin de semana muchas familias de clase media pasan el día en el club social, donde los padres y los hijos se reúnen (*get together*) con sus respectivos amigos para participar en actividades deportivas o para jugar juegos de azar (*games of chance*).

¿Te gusta jugar canasta?

7-25 En tu opinión. Pon estas actividades en orden de interés (1 = me interesa más; 9 = me interesa menos) y compara tu lista con la de un/a compañero/a. Si hay diferencias de gustos, expliquen por qué.

_____ dar un paseo   _____ practicar deportes

_____ ir a una discoteca   _____ salir con la familia

_____ ir al cine   _____ salir con los amigos

_____ jugar juegos de azar _____ ver la televisión

_____ leer una novela   _____ quedarse en casa

Follow-up for Comparaciones. Ask the following questions to check comprehension. *¿Cómo son las actividades recreativas a las que los hispanos dedican una gran cantidad de tiempo? ¿Cuándo participan en estas actividades? ¿Qué hacen los hispanos para divertirse? ¿Con quiénes participan en las actividades recreativas?*

SEGUNDA PARTE

¡Así es la vida!

Teaching tips

Are sports important at your college or university? Most students will have something to say about sports, whether they are athletes or fans. Today, the recognition that physical activity is important for maintaining good health has made students more aware of this topic. Because there are many cognates in this sports-related vocabulary, introduce the section by looking at the drawings in *¡Así lo decimos!* and have students choose the sports they prefer to participate in and those they prefer to watch.

Follow-up for *¡Así es la vida!* Ask the students the following comprehension questions. *¿De dónde es María Elena? ¿Qué deportes le gustan? ¿Qué hizo hoy? ¿Cómo es Daniel? ¿Quiénes no le caen bien? ¿Es un jugador de fútbol? ¿Qué hace Alejandra todos los días? ¿Por qué no le gusta el boxeo? ¿Qué vio ayer en la tele?*

Los deportes

María Elena Salazar (dominicana)
Como se sabe, es muy bueno hacer ejercicio todos los días. Aquí en la República Dominicana es posible practicar deportes durante todo el año. Juego al fútbol y me gusta nadar. Ya hoy hice ejercicio y nadé por una hora.

Daniel Sánchez Ramírez (cubano)
Soy entrenador de un equipo de fútbol de Cuba. En los últimos años este deporte se juega mucho en mi país. Yo les enseño a mis jugadores a ser agresivos y disciplinados. Cuando ellos juegan bien, los aliento gritando: "¡Arriba!", "¡Buena jugada!", "¡Qué pase!" A veces , no me caen bien (*like*) los árbitros pero respeto sus decisiones. Puse mis esperanzas en las Olimpíadas de Atenas de 2004, y creo que vamos a tener mucho éxito en las de 2008 en Beijing.

Alejandra Jiménez Sandoval (puertorriqueña)
Practico atletismo y corro todos los días. También, hay deportes que me gusta mucho ver, y otros que no. El tenis me fascina porque es un deporte rápido. Pero no me gusta el boxeo. ¡Qué violento es ese deporte! Aunque no entiendo bien el fútbol americano, ayer vi un partido emocionante en la televisión.

Algunos deportes

la gimnasia

el baloncesto/básquetbol

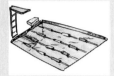
el vólibol

la natación

el boxeo

el atletismo

el esquí (acuático)

el ciclismo

el hockey

el golf

Algunos términos deportivos

el/la aficionado/a	*fan*
el árbitro	*referee*
el/la entrenador/a	*coach, trainer*
el equipo	*team; equipment*
la temporada	*season*

Vínculos

Use the following instructional resources to practice *los deportes*.
- Companion Website: Chapter 7, Review, Activity: Rev 7-4
- IRCD: pp. 237 and 240

Actividades deportivas

animar	*to encourage; to cheer*
batear	*to bat*
correr	*to run*
empatar	*to tie (the score)*
esquiar (esquío)	*to ski*
ganar	*to win*
gritar	*to shout*
hacer ejercicio	*to exercise*
patear	*to kick*
patinar	*to skate*

Teaching tips

The sports figures mentioned in this lesson are usually from the Caribbean. There are many others you can bring into the conversation, based on the interests of your students.

Suggestion for *¡Así lo decimos!* Personalize the vocabulary with the following question. *¿En qué estación se practican estos deportes en la Universidad de...?* Bring or have students bring in magazine articles about sports celebrities. Have students associate a sport with each celebrity. Alternate between asking *¿Qué deporte practica?* and *¿A qué deporte juega?* Point out that whistling, in many Spanish-speaking countries, is the equivalent of booing in the U.S. and Canada.

Aplicación

7-26 Los deportistas. Generalmente identificamos a la persona que participa en un deporte con el sufijo **-ista.** Otro sufijo posible es **-dor/a.** Una persona que practica deportes es **deportista** o **jugador/a.** Empareja a los siguientes deportistas con su deporte.

1. __e__ baloncestista/basquetbolista
2. __f__ nadador/a
3. __h__ beisbolista
4. __i__ esquiador/a
5. __a__ ciclista
6. __d__ futbolista
7. __c__ boxeador/a
8. __j__ gimnasta
9. __g__ tenista
10. __b__ patinador/a

a. el ciclismo
b. el patinaje
c. el boxeo
d. el fútbol
e. el baloncesto
f. la natación
g. el tenis
h. el béisbol
i. el esquí
j. la gimnasia

7-27 ¿Qué necesitas para practicar estos deportes? Muchos nombres de los objetos que se necesitan para practicar deportes tienen cognados del inglés. A ver si puedes adivinar qué equipo se usa en cada deporte.

1. __g__ el béisbol
2. __a__ el tenis
3. __h__ el fútbol
4. __c__ el ciclismo
5. __d__ la natación
6. __b__ el esquí
7. __f__ el boxeo
8. __e__ el patinaje

a. la raqueta y la cancha
b. los esquís
c. la bicicleta
d. la piscina
e. los patines
f. los guantes
g. el bate y la pelota
h. el balón

Answers to 7-28. 1. Juega al béisbol. 2. Nació en Cuba. 3. Salió a la edad de 17 años. 4. Lo aprendió para comprender a los árbitros y a los otros jugadores y para pedir comida. 5. Lo ingresaron en el *National Baseball Hall of Fame.* 6. Los dos son jugadores de béisbol.

7-28 Tany y Eduardo Pérez (padre e hijo). Lee sobre estos dos jugadores y contesta las preguntas siguientes.

Se considera a Tany Pérez uno de los mejores jugadores latinos del mundo. Nació en Cuba y a la edad de 17 años firmó con los Reds de Cincinnati. Cuando salió de Cuba, le dieron su visa y $2,50 para hacer el viaje. Pasó su primer invierno en Geneva, Nueva York, en 1960 donde hacía tanto frío que quería volver a Cuba. Sin embargo, se quedó y aprendió a hablar inglés para comprender a los árbitros y a los otros jugadores, y para pedir comida en los restaurantes. Conoció a su querida esposa Pituka durante su entrenamiento en Puerto Rico. Se casaron y tuvieron dos hijos, Eduardo y Orlando. En 1975, Tany ayudó a los Reds a ganar la Serie Mundial. En 2000, lo ingresaron en el *National Baseball Hall of Fame.* Ahora Tany es entrenador para los Marlins y su hijo Eduardo juega para St. Louis. Padre e hijo son amantes del juego.

1. ¿Qué deporte juega Tany?
2. ¿Dónde nació?
3. ¿A qué edad salió de su país?
4. ¿Por qué aprendió a hablar inglés?
5. ¿Qué le pasó en 2000?
6. ¿Qué tienen en común Tany y su hijo, Eduardo?

AUDIO **7-29 Los deportes.** Escucha a Raquel y a Tomás, unos amigos de María Elena Salazar, mientras hablan de sus intereses en los deportes. Indica qué frases le corresponden a cada uno. Si una frase no le corresponde a ninguno, marca **ninguno**.

	RAQUEL	TOMÁS	NINGUNO
jugar al béisbol	_____	X	_____
ver los partidos de fútbol	_____	_____	X
jugar al tenis	X	_____	_____
practicar gimnasia	_____	_____	X
practicar atletismo	X	_____	_____
ver el boxeo	_____	_____	X
ser campeón/campeona	_____	_____	X
ser entrenador/a	X	_____	_____
esquiar en invierno	_____	_____	X
ver la natación en los Juegos Olímpicos	_____	X	_____

7-30 ¿Qué les interesa? Completen estas frases y luego comparen sus intereses. ¿Qué tienen en común?

1. Soy aficionado/a al/a la...
2. Mi equipo favorito son los/las...
3. Me gusta practicar...
4. No me gusta practicar / jugar...

7-31 Excusas. Emilio detesta hacer ejercicio pero le gustan los deportes. Usa el vocabulario de **¡Así lo decimos!** para completar su conversación con Ana.

Ana: Emilio, ¿por qué no practicas deportes?

Emilio: Bueno..., el (1) _____atletismo_____ es emocionante, pero tienes que correr mucho. Me gusta el béisbol, pero no me gusta (2) _____batear_____ la pelota. El (3) _____boxeo_____ es violento y tienes que ser muy fuerte. Además, los (4) _____guantes_____ son caros. El hockey me gusta, pero no sé (5) _____patinar_____ bien. El fútbol es interesante, pero no sé (6) _____patear_____ el (7) _____balón_____.

Ana: Si no te gustan los deportes violentos o de (8) _____equipo_____, ¿por qué no practicas algo como el tenis o el (9) _____esquí_____?

Emilio: No tengo (10) _____raqueta_____ y no me gusta la nieve.

Ana: ¿Y el (11) _____esquí acuático_____?

Emilio: Pues, es estupendo, pero no nado bien y siempre tengo mucho miedo. No tengo (12) _____bicicleta_____ para practicar ciclismo. Y la (13) _____gimnasia_____ es difícil para mí porque no soy ágil.

Ana: ¿Y el golf?

Emilio: Es necesario practicarlo mucho y no me gusta (14) _____jugar_____ todos los días.

Audioscript for 7-29

Raquel: Soy Raquel Reyes y vivo en Santo Domingo, la capital. En el verano juego al tenis. Lo practico casi todos los días. No soy campeona todavía, pero soy muy buena. El clima aquí es ideal para practicar deportes al aire libre. Por eso, en diciembre, me gusta practicar atletismo. También practico esquí acuático. En mi país hay muchos deportes acuáticos. Soy entrenadora del equipo de esquí aquí en la capital.

Tomás: Soy Tomás Guerrero y vivo en San Juan, Puerto Rico. Soy aficionado al béisbol. Lo practico y también me encanta ver los partidos en la televisión. Mi equipo de béisbol es bastante bueno este año, lo que me anima mucho. ¡Me fascina el juego! No me gusta ver el boxeo porque es muy violento, pero me gusta la natación. Siempre veo las competiciones de natación en los Juegos Olímpicos.

Copa Mundial de Fútbol, 2006

ALEMANIA VS. COLOMBIA

Hora: 7:00 PM
Lugar: Estadio Olímpico de Berlín
Boletos: $125

Answers to 7-32. 1. Hay un partido de la Copa Mundial. 2. Es a las siete de la tarde. 3. Son de Alemania y Colombia. 4. Juegan en el Estadio Olímpico de Berlín. 5. *Answers will vary.*

7-32 Un partido. Túrnense para contestar las preguntas sobre el anuncio. Luego, decidan si quieren asistir al partido.

1. ¿Qué pasa hoy?
2. ¿A qué hora es?
3. ¿De dónde son los equipos?
4. ¿Dónde van a jugar los equipos?
5. ¿Quieren ir?

7-33A Consejos. Explíquense cómo se sienten y pidan consejos sobre lo que deben hacer. Pueden aceptar o rechazar los consejos, pero es necesario dar excusas si no los aceptan.

MODELO: E1: *Estoy aburrido/a. ¿Qué hago?*
            E2: *¿Por qué no das un paseo?*
               E1: *No quiero. No me gusta salir de noche.*
            E2: *Bueno, yo voy contigo. ¿Está bien?*

Sugerencias	Reacciones
ir a un partido	*¡Fabuloso!*
salir con tus amigos	*No me gusta(an)...*
dar un paseo	*¡Ideal!*
jugar al golf	*¡Qué buena idea!*
trabajar en el jardín	*Me da igual.*
hacer la tarea	*¡Qué mala idea!*
ir a la playa	*No quiero porque...*
¿...?	*Tienes razón.*
	No puedo porque...
	¡Vamos!

7-34 Un sondeo (*poll*). En un grupo de cuatro o cinco estudiantes, completen la tabla con seis deportes. Luego, infórmense si son aficionados y si lo practican. Decidan cuál es el deporte más popular y el menos popular en su grupo.

MODELO:

El deporte	Número de aficionados	Número de deportistas	Escala de popularidad
el boxeo	|||	|	6

7-35 En mi tiempo libre. Escribe un párrafo de por lo menos cinco oraciones. Explica cómo te gusta pasar el tiempo libre. Usa algunas de las siguientes palabras para conectar tus ideas.

| pero | porque | cuando | si | y | aunque |

MODELO: *Me gusta pasar tiempo con mi amigo Roberto porque él es mi mejor amigo. A Roberto le fascina el tenis, pero él no lo practica mucho. Prefiere verlo en la televisión. Cuando estoy con él, nos gusta ver a Venus y a Serena Williams porque ellas son muy buenas. Mi pasión es el golf, pero no lo juego muy bien.*

¡Así lo hacemos! Estructuras

3. Irregular verbs in the preterit (III)

¿Dónde pusiste el balón?

Vínculos

Use the following instructional resources to practice irregular verbs in the preterit (III).
- WB/LM-OneKey: Activities: 7-17, 7-18, 7-40, and 7-41
- Companion Website: Chapter 7, Review, Activity: Rev 7-5
- IRCD: pp. 241, 243, 244, and 245

Teaching tips

More irregular verbs! Instead of telling students that they will have to memorize all of these forms, emphasize the order in the system and use the verbs in contexts that make sense to students. Encourage students to create their own meaningful context as well.

Suggestion for *¡Así lo hacemos!* Put the following context on a transparency and have students identify the infinitives. Ask what they have in common. **Tito Puente y yo.** *Cuando conocí a Tito Puente por primera vez, supe que era una persona especial. Cuando vino a la reunión, trajo su tambor y lo puso en la mesa. Cuando me vio, me dijo "Mucho gusto" y yo le dije "Igualmente".*

Irregular preterit forms

	poder	poner	saber	venir	hacer	querer	decir	traer
yo	**pud**e	**pus**e	**sup**e	**vin**e	**hic**e	**qui**se	**dij**e	**traj**e
tú	**pud**iste	**pus**iste	**sup**iste	**vin**iste	**hic**iste	**qui**siste	**dij**iste	**traj**iste
él, ella, Ud.	**pud**o	**pus**o	**sup**o	**vin**o	**hiz**o	**qui**so	**dij**o	**traj**o
nosotros/as	**pud**imos	**pus**imos	**sup**imos	**vin**imos	**hic**imos	**qui**simos	**dij**imos	**traj**imos
vosotros/as	**pud**isteis	**pus**isteis	**sup**isteis	**vin**isteis	**hic**isteis	**qui**sisteis	**dij**isteis	**traj**isteis
ellos/as, Uds.	**pud**ieron	**pus**ieron	**sup**ieron	**vin**ieron	**hic**ieron	**qui**sieron	**dij**eron	**traj**eron

- The preterit forms of **poder, poner,** and **saber** have a **u** in the stem.

  Pude ir a la piscina.
  ¿Por qué **pusiste** la toalla allí?
  Supimos quién ganó enseguida.

  I was able to go to the pool.
  Why did you put the towel there?
  We found out (learned about) who won right away.

■ The preterit of **venir, hacer,** and **querer** have an **i** in the stem.

¿**Vino** Julio al partido ayer?	*Did Julio come to the game yesterday?*
¿Dónde **hicieron** los uniformes?	*Where did they make the uniforms?*
Quise patear el balón, pero no fue posible.	*I wanted to kick the soccer ball, but it wasn't possible.*

■ The preterit form of **hay** (from the verb **haber**) is **hubo** for both singular and plural.

Ayer **hubo** un partido de fútbol en el estadio.	*Yesterday there was a football game in the stadium.*
Hubo más de 50.000 espectadores.	*There were more than 50,000 spectators.*

■ Since the stem of the preterit forms of **decir** and **traer** ends in **j,** the third-person plural form of these verbs ends in **-eron,** not **-ieron.**

Los peloteros di**jeron** cosas buenas del entrenador.	*The ballplayers said good things about the coach.*
Tra**jeron** los esquís al comienzo de la temporada.	*They brought their skis at the beginning of the season.*

EXPANSIÓN   More on structure and usage

Significados especiales en el pretérito

Certain Spanish verbs have different connotations when used in the preterit.

	PRESENT	PRETERIT
conocer	*to know*	*to meet someone (the beginning of knowing)*
poder	*to be able (have the ability)*	*to manage (to do something)*
no poder	*to not be able (without necessarily trying)*	*to fail (after trying) (to do something)*
(no) querer	*to (not) want*	*to try (to refuse)*
saber	*to know*	*to find out, to learn*

Mario **conoció** a una tenista muy buena.	*Mario met a very good tennis player.*
Supo que el boxeador está muy grave.	*He found out that the boxer is in very serious condition.*
Quisimos aprender gimnasia con uno de los mejores entrenadores.	*We tried to learn gymnastics with one of the best trainers.*

Aplicación

7-36 Dos superestrellas se casan. Aquí tienes un artículo publicado en Puerto Rico. Subraya todos los verbos en el pretérito y escribe su infinitivo.

> # La Prensa
>
> ### Óscar de la Hoya y Millie Corretjer se casan en San Juan
>
> 18 de octubre de 2001—Según su agente, el boxeador méxicanoamericano Óscar de la Hoya y la cantante de música pop puertorriqueña, Millie Corretjer, se casaron en secreto, ante sus familiares únicamente. La ceremonia se celebró en el restaurante el Invernino de San Juan el pasado sábado.
>
> Según amigos de la pareja, Óscar y Millie se conocieron el año pasado en Puerto Rico donde vive Millie. Después de salir juntos por algunos meses, supieron que estaban (*they were*) enamorados y decidieron casarse. Óscar le dio a Millie un anillo que costó más de un millón de dólares y que pesa nueve quilates (*carats*). Los novios dijeron que no pudieron casarse en público, debido a la cantidad de personas y aficionados, esperándolos, y quisieron proteger su privacidad. Según amigos, la popular pareja trajo una sábana (*sheet*) al restaurante para esconderse de sus aficionados.

Answers to 7-36. *se casaron* = casarse, *celebró* = celebrar, *se conocieron* = conocerse, *supieron* = saber, *decidieron* = decidirse, *dio* = dar, *costó* = costar, *dijeron* = decir, *pudieron* = poder, *quisieron* = querer, *llevó* = llevar

7-37 ¿Cómo fue la ceremonia? Contesta las preguntas según la información del artículo anterior.

1. ¿Quiénes se casaron? Se casaron Óscar de la Hoya y Millie Corretjer.
2. ¿Quiénes estuvieron en la ceremonia? Asistieron sus familiares.
3. ¿Por qué llevaron una sábana al restaurante? La llevaron para esconderse.
4. ¿Qué le dio el novio a la novia? Le dio un anillo de nueve quilates.
5. ¿Cuál es la profesión de él? ¿Y la de ella? Él es boxeador. Ella es cantante.
6. ¿Los conoces? *Answers will vary.*

7-38 Un concierto memorable. Completa la entrada en el diario de Encarnación usando el pretérito de los verbos entre paréntesis.

Querido diario:

Anoche Manolo y yo (1. tener) _____ mucha suerte porque yo (2. poder) _____ comprar boletos para un concierto de Millie Corretjer. Como sabes, ella es puertorriqueña y una superestrella de música pop latina. El concierto (3. ser) _____ en el estadio de Mayagüez. Nosotros (4. salir) _____ de la casa a las 7:30 y (5. llegar) _____ al estadio a las 8:00 en punto. El concierto no (6. empezar) _____ hasta las 9:00, pero así Manolo y yo (7. poder) _____ encontrar unos buenos asientos para el espectáculo. Al entrar en el estadio, Manolo (8. ir) _____ a comprar un programa y yo le (9. dar) _____ dinero para comprarme uno también. Cuando Millie (10. salir) _____ al escenario, todo el mundo (11. aplaudir) _____. Durante todo el concierto (12. hacer) _____ mucho calor en el estadio. Todos nosotros (13. bailar) _____ hasta la medianoche cuando Millie por fin (14. decidir) _____ dejar de cantar. Después, nosotros (15. andar) _____ a casa y (16. recordar) _____ la emoción de esa noche bajo las estrellas con Millie Corretjer.

Bueno, esto es todo por hoy. La semana que viene vamos a un concierto de rock.

7-39 Pero ayer... Completa las oraciones indicando por qué ayer fue un día excepcional. Usa pronombres de objetos directo cuando sea apropiado.

MODELO: Siempre hago ejercicio antes de salir para la clase, pero ayer...
Siempre hago ejercicio antes de salir para la clase, pero ayer no lo hice.

1. Siempre puedo hablar con el entrenador, pero ayer...
2. Todas las mañanas andamos por el estadio, pero ayer...
3. Todos los días mis padres quieren asistir a los partidos, pero ayer...
4. Todas las tardes los deportistas hacen gimnasia, pero ayer...
5. Generalmente, los aficionados se ponen contentos, pero ayer...
6. Casi nunca sé quién gana el partido, pero ayer...

Observaciones

7-48 Isabel. En este episodio volvemos a ver a Isabel. Aquí tienes más información sobre ella.

Hola. Soy Isabel Mejías. Soy estudiante de arqueología mexicana y me especializo en iglesias coloniales. Soy de Guadalajara, una linda ciudad cerca de la costa del océano Pacífico. (Es el lugar donde se originaron los mariachis.) Estudio en la Universidad de Guadalajara, que tiene un programa importante de estudios coloniales. Iba (*I was going*) a la Ciudad de México cuando perdí el autobús y tuve que parar en Malinalco por una semana. Aquí conocí a Toño, un estudiante de teatro que me ayudó a encontrar un hotel. En el hotel, conocí a Lucía, una muchacha española que me invitó a quedarme en su habitación. ¡Qué simpática! Hoy, salgo de excursión para ver un poco Malinalco. A ver si encuentro algo interesante en este lugar tan pequeño y aburrido.

1. ¿Dónde nació Isabel?
2. ¿Qué estudia?
3. ¿Por qué está en Malinalco?
4. ¿A quién conoció primero? ¿Y después?
5. ¿Qué piensa hacer hoy?
6. ¿Crees que va a encontrar algo interesante?

Vínculos

- Student Video CD-ROM/VHS cassette, *Episodio 7: Toño Villamil y otras mentiras*

Teaching tips

The pre-viewing activity helps remind students of the characters in the video and adds information about their interests and motives. Have students say as much as they remember about Isabel from previous episodes, then silently read the short selection about her, and answer the questions in class. They can view the video and respond to the comprehension questions, and complete the Internet activity (7-50) as homework. In class, they can work in pairs to write a weather report for Malinalco (7-51).

7-49 Isabel y Toño de excursión en Malinalco. Mira el séptimo episodio de *Toño Villamil y otras mentiras* donde vas a ver lo que hace hoy Isabel. Ten en mente estas declaraciones mientras ves el video.

1. Hoy es un día perfecto para...
   a. visitar las pirámides.
   b. conocer las iglesias de Malinalco.
   c. ver una corrida de toros.

2. Hoy en Malinalco se celebra...
   a. la fiesta de la Virgen de Guadalupe.
   b. la Semana Santa (*Holy Week*).
   c. el día de los muertos.

3. En las paredes de las iglesias de Malinalco se ven...
   a. pinturas de los santos.
   b. decoraciones para la fiesta.
   c. inscripciones (*grafitti*).

4. En su excursión, Isabel...
   a. consulta a su guía.
   b. saca fotos.
   c. toma videos.

5. Según Isabel, ella es bastante...
   a. activa en los deportes.
   b. aficionada al fútbol.
   c. experta en golf.

6. Cuando empieza a llover, Isabel y Toño...
   a. abren su sombrilla.
   b. buscan refugio en un bar.
   c. corren al hotel.

WWW **7-50 Malinalco colonial.** Conéctate con la página electrónica de *¡Arriba!* (**www.prenhall.com/arriba**) para conocer un poco mejor los atractivos de Malinalco. Dale consejos a Isabel sobre los lugares que puede visitar.

MODELO: *Isabel, ¿por qué no vas a...? Allí puedes ver... (etcétera)*

7-51 El pronóstico para mañana en Malinalco. Escribe un informe (*report*) sobre el tiempo que hace hoy y el pronóstico para mañana en Malinalco.

Answers to 7-48. 1. Nació en Guadalajara. 2. Estudia arqueología mexicana. 3. Está allí porque perdió el autobús. 4. Conoció a Toño y luego a Lucía. 5. Piensa ir de excursión y conocer Malinalco. 6. *Answers will vary.*

NUESTRO MUNDO

Panoramas

Vínculos

- Student Video CD-ROM/VHS cassette, *Capítulo 7: Entrevistas de nuestro mundo*
- Companion Website: Chapter 7, Web Resources, *Panoramas, Las islas hispánicas del Caribe: Cuba, la República Dominicana y Puerto Rico*

Las islas hispánicas del Caribe

7-52 ¿Ya sabes...? Trata de identificar, describir y/o explicar lo siguiente.

1. las dos naciones de la isla de la Española (*Hispaniola*)
2. dos productos agrícolas de las islas del Caribe
3. el nombre del descubridor español de Cuba en 1492
4. la capital de Puerto Rico
5. el nombre del dictador de Cuba
6. un atractivo turístico de todas las islas del Caribe
7. la relación política entre Puerto Rico y los Estados Unidos

Answers to 7-52. 1. la República Dominicana y Haití 2. azúcar, tabaco, ron, piñas, etcétera. 3. Cristóbal Colón 4. San Juan 5. Fidel Castro 6. las playas 7. estado libre asociado

La isla de Cuba, la más grande de las Antillas, es un paraíso visual y cultural. Su rica historia se refleja en su gente, su arquitectura, su música y su arte.

Teaching tips
The cultural focus throughout this lesson has been the Caribbean. Have students return to the art in the chapter opener and describe these works before continuing with *Panoramas.*

La relación entre Puerto Rico y los EE.UU. no ha sido siempre tranquila. Después de muchos años de protesta por los habitantes de la Isla de Vieques, el gobierno estadounidense cerró su base naval. Por ahora, Puerto Rico es un estado libre asociado (*commonwealth*) de los Estados Unidos. Hay algunos que prefieren que sea estado de los EE.UU. y otros que quieren su independencia.

ESTADOS UNIDOS

Estrecho de la Florida

La Habana · Matanzas
Pinar del Río · Santa Clara · **CUBA**
Cienfuegos · Morón · Nuevitas
Camagüey
Holguín
Isla de la Juventud · Manzanillo
Sant de C
Islas Caimanes
Antillas Mayores
JAMAICA

Mar Caribe

Teaching tips
These images depict the beauty and charm of the Caribbean nations. Some of your students may also be familiar with Caribbean history: periods of colonization, independence, and quest for democracy. Note that the role of the U.S. in the Caribbean during the past one hundred years has not always been without controversy.

Las aguas cristalinas, el sol, el agua tibia y sus bellas playas atraen a miles de turistas a la República Dominicana todos los años.

Se siente el ritmo afrocaribeño en la música de la República Dominicana. ¿Sabes por qué este baile se llama "merengue" (*meringue*)?

OCÉANO
ATLÁNTICO

Si quieres ir de un lado al otro de La Habana, ¿por qué no vas en "coco-taxi"? Es una manera rápida y económica de viajar.

H A M A S

REPÚBLICA
DOMINICANA

• Puerto Plata

antánamo

• Santiago   Sabana de La Mar   San Juan ⊛
HAITÍ   • San   Bayamón   • Río Piedras
          Juan   Mayagüez •   Ponce
                    ⊛ Santo   *Isla*   •
                    Domingo   *Mona*   PUERTO
                                          RICO

La fortaleza de El Morro rodeó la antigua ciudad de San Juan, Puerto Rico, para protegerla de las invasiones de los piratas de países extranjeros.

En la República Dominicana hay grandes depósitos de ámbar, una joya que es producto de la resina petrificada. Es común encontrar pequeños insectos atrapados en las piezas. Sin embargo, es muy raro encontrar un escorpión como en ésta. ¡Esta pieza tiene 25 millones de años!

7-53 ¿Cierto o falso? Indica si las siguientes oraciones son ciertas o falsas. Si son falsas, explica por qué.

1. Cuba es la isla más grande de las Antillas. cierto
2. Cuba tiene una herencia africana y española. cierto
3. El coco-taxi es un modo de transporte en Puerto Rico. falso
4. El merengue es un baile popular que tiene raíces (*roots*) francesas. falso
5. Muchos turistas son atraídos a las islas del Caribe por sus montañas. falso
6. El ámbar es una joya semipreciosa. cierto
7. Puerto Rico fue víctima de invasiones de piratas. cierto
8. Puerto Rico es un estado de los Estados Unidos. falso
9. La base militar de Vieques es importante para la economía de Puerto Rico. falso

7-54 Asociaciones. Conversen sobre lo que asocian con las islas hispanas del Caribe. Pueden incluir sus ideas y opiniones en las siguientes categorías.

MODELO: Puerto Rico, un estado libre asociado de los EE.UU. Cuba...
la política

1. la política
2. el clima
3. la música
4. la composición racial
5. la economía

7-55 El mapa. Explica dónde queda cada lugar en relación al otro lugar mencionado.

MODELO: Haití y la República Dominicana
Haití está al oeste de la República Dominicana. La República Dominicana está al este de Haití.

al este de...   al norte de...   al oeste de...   al sur de...
a...millas de   cerca de...   entre...   lejos de...

1. Cuba y la Florida
2. Puerto Rico y la Española
3. Guantánamo y la Habana
4. Las Islas Vírgenes y Puerto Rico
5. Nueva York y Puerto Rico
6. El Estrecho de la Florida y los EE.UU.

7-56 Recomendaciones. Túrnense para pedir y hacer recomendaciones, según sus intereses.

MODELO: E1: *Quiero escuchar música afrocaribeña.*
E2: *Debes visitar la República Dominicana. Allí puedes bailar con los nativos.*

1. Quiero comprar ámbar.
2. Quiero ir a la isla más bella de las Antillas.
3. Quiero conocer la isla donde no necesito llevar pasaporte.
4. Deseo practicar francés.

G **7-57   Un viaje a...**   En un grupo de tres o cuatro estudiantes, hagan planes para una excursión a una isla caribeña. Escriban una lista de todo lo que deben hacer antes de salir de viaje.

MODELO: *Primero, tenemos que sacar pasaporte.*

WWW **7-58   Más información.**   Conéctate con la página electrónica de *¡Arriba!* (**www.prenhall.com/arriba**) para ver más imágenes de las islas del Caribe. Elige una, y describe un punto de interés.

 # Ritmos

"El pregonero" (Tito Nieves, Puerto Rico)

En esta canción Tito Nieves canta sobre el trabajo del pregonero. En los países hispanos del Caribe, cada pueblo tenía un pregonero, un vendedor que iba de pueblo en pueblo vendiendo sus productos, especialmente frutas y vegetales.

Antes de escuchar

7-59   El pregonero.   Lee algunas de las estrofas de *El pregonero* y con un/a compañero/a busca en un diccionario bilingüe las palabras de la lista siguiente. Todos son productos que vende el pregonero.

la piña   la naranja   la caña   el coco   el mangó   el bacalao

El pregonero

Yo soy el pregonero
Que pasa por las mañanas
Vendiendo la fruta fresca
Guindando de la vara

Ay casera
Llevo la piña fresca
La naranja madura
Llevo la caña dulce
Y el coco seco, cáscara dura

[...]

Casera, así que cómpreme un poco (se repite)
Ay casera, ven y cómpreme un poco
Aquí te traigo un mangó y el coco sabroso
Ay casera de mi vida aprovecha la ocasión
Le traigo fruta sabrosa de mi pueblo
Caserita de mi vida no me digas no

Casera, así que cómpreme un poco (se repite)
Llevo la piña fresca
También te traigo la naranja madura
Tengo la cola de bacalao pa' la fritura

[...]

Expansion 7-57. Use and expand upon the following context to practice the preterit. Set up as a communicative activity for a pair. Student A and student B alternate questions with answers.
Una llamada telefónica
A: *Tu mejor amigo/a del colegio te llama por teléfono. Él/Ella fue al Caribe y quiere hablar de su viaje.*
B: *Hablas con tu mejor amigo/a del colegio. Uds. no asisten a la misma universidad. Fuiste al Caribe y tu amigo/a no viajó contigo.*
A: *¿Por qué no me llamar ? Hace dos semanas que no hablamos. / ¿No tener clase? / ¿Adónde ir? /¿Qué hacer? / ¿Sacar fotos con la cámara que te dar tu madre? / ¿Por qué no me decir antes? / ¿Qué me traer? / No me decir nada antes del viaje; tampoco me traer nada. Creo que estoy enojada/o.*
B: *Lo siento pero no llamar porque estar de viaje. / Nosotros tener unas semanas de vacaciones. / Yo ir al Caribe. / ir a la playa y escuchar merengue en los clubes. / Sí, poder sacar unas fotos maravillosas./ No te decir antes porque no saber del viaje hasta el último momento. / Siempre vamos a ser amigos/as.*

Vínculos

- Instructor's Music CD: *Capítulo 7: Ritmos de nuestro mundo*
- Companion Website: Chapter 7, Web Resources, *Ritmos: Tito Nieves (Puerto Rico)*

Teaching tips
Tito Nieves became one of the leading salseros of the 1980s and 90s and was widely known as the "Pavarotti of salsa" because of his clear and powerful voice. His hit song "I'll Always Love You" was the first salsa song in English to hit the top of the charts in Puerto Rico, as well as some markets in the United States. Many of his albums have gone gold or platinum. He had a strong impact on the mainstream market with his album recorded entirely in English, "I Like it Like That" (1997). The song, which bears the same name as the album, hit the top of the dance music charts.

Answers to 7-59. pineapple / orange / sugar cane / coconut / mango / codfish

Note: Point out to students the different words for banana: *guineo, banana, plátano.* Other products mentioned in the song: *recao* and *culantro* are two types of coriander, a spice used in Caribbean cooking, *el alcoholado* is rubbing alcohol, *la caña* is also a fishing pole, *la quenepa* is a Caribbean fruit with a green skin and a soft pulpy inside that has a sweet and sour flavor, *la pomarrosa* is a rose apple.

Mientras escuchas la canción indica con una cruz (X) qué palabras y expresiones en tu opinión caracterizan la letra y el ritmo.

	RITMO	LETRA
triste	_____	_____
alegre	_____	_____
rápido	_____	_____
bueno para bailar	_____	_____
nostálgico	_____	_____
serio	_____	_____
complejo	_____	_____
melancólico	_____	_____
divertido	_____	_____
interesante	_____	_____
variado	_____	_____

7-60   ¡Vamos a bailar salsa!   *El pregonero* es un ejemplo de música **salsa,** un estilo musical muy popular en las islas hispánicas del Caribe. La salsa tiene un ritmo alegre y muy bailable. No importa si el tema de una canción de salsa es feliz o serio, a todos les gusta bailar salsa. Mira el diagrama de los pasos de salsa y con los compañeros de clase trata de seguirlos con la música.

Salsa

el medio

izquierda   derecha
(left)   (right)

1. Both feet in middle
2. Right foot forward; left foot in middle
3. Step in place with left foot, then move right foot back to middle
4. Both feet in middle
5. Left foot back; right foot in middle
6. Step in place with right foot, then move left foot back to middle
7. Both feet in middle

7-61   ¿Cuántos verbos puedes usar?   Usa los verbos de la lista en el pretérito y escribe un breve párrafo sobre un día imaginario en la vida de un pregonero como el de la canción.

ser	ir	dar	ver	tener	estar	andar
poner	poder	saber	venir	hacer	querer	

Modelo: El pregonero **fue** al pueblo y **anduvo** por muchas horas.

 **Páginas**

"Sensemayá" (Nicolás Guillén, Cuba)

Nicolás Guillén (1902–1989) nació en Camagüey, Cuba. Este gran escritor mulato (mezcla de negro y blanco) dedicó su vida a la poesía. Su poesía se caracteriza por su ritmo y belleza, y también por su contenido sociocultural. En su obra, Guillén escribe sobre la experiencia afrocubana mientras que denuncia la discriminación racial que sufren los negros y los mulatos. Guillén perteneció desde joven al partido Socialista Popular (comunista) y defendió la revolución cubana hasta su muerte en 1989. A continuación tienes el poema "Sensemayá", uno de sus más populares por su musicalidad. El poema expresa la creencia afrocubana de que todo ser, aun la culebra (*snake*) tiene un alma (*soul*).

Antes de leer

7-62 ¿Qué representa? Decidan qué representa la culebra para ustedes. Aquí tienen algunas posibilidades.

_____ lo malo   _____ lo peligroso   _____ lo exótico

_____ lo bueno   _____ lo misterioso   _____ lo sensual

Teaching tips
The African influence on poetry and music of the Caribbean is one of its most salient characteristics. In addition to the performers and writers mentioned in this lesson, students may be interested in researching others, such as the Puerto Rican poet Luis Palés Matos.

A leer

7-63 El ritmo de la música. Este poema tiene un ritmo y un sonido que se parece a un instrumento musical. Mientras lo lees, decide qué instrumento oyes.

_____ una flauta   _____ un piano   _____ un violín

_____ un tambor   _____ una guitarra   _____ un harpa

"Sensemayá"

¡Mayombe-bombe-mayombé!
¡Mayombe-bombe-mayombé!
¡Mayombe-bombe-mayombé!

La culebra tiene los ojos de vidrio (*glass*);
la culebra viene, y se enreda (*twists around*) en un palo;
con sus ojos de vidrio, en un palo,
con sus ojos de vidrio.

La culebra camina sin patas (*paws*);
la culebra se esconde en la yerba (*grass*)
caminando se esconde en la yerba,
caminando sin patas.

¡Mayombe-bombe-mayombé!
¡Mayombe-bombe-mayombé!
¡Mayombe-bombe-mayombé!

Tú le das con el hacha (*hatchet*), y se muere:
¡dale ya!
¡No le des con el pie (*foot*), que te muerde (*bites*)
no le des con el pie, que se va!

Sensemayá, la culebra,
sensemayá.
Sensemayá, con sus ojos,
sensemayá.

Sensemayá, con su lengua (*tongue*),
sensemayá.
¡Sensemayá, con su boca,
sensemayá!

La culebra muerta no puede correr;
la culebra muerta no puede silbar (*to hiss*);
no puede caminar,
no puede correr.

La culebra muerta no puede beber;
no puede respirar,
no puede morder.

¡Mayombe-bombe-mayombé!
Sensemayá, la culebra...
¡Mayombe-bombe-mayombé!
Sensemayá, no se mueve...

¡Mayombe-bombe-mayombé!
Sensemayá, la culebra...
¡Mayombe-bombe-mayombé!
¡Sensemayá, se murió!

Después de leer

7-64 La culebra. Haz una lista de las frases del poema que describen a la culebra y di qué cualidades personales te sugieren.

MODELO: *Tiene ojos de vidrio. Tiene una personalidad fría.*

7-65 La música de la poesía. Este poema es un buen ejemplo de la musicalidad de la obra de muchos escritores afrocaribeños. Léelo en voz alta para sentir mejor el ritmo de sus palabras.

7-66 ¿Qué representa la culebra? Hablen de lo que la culebra puede representar en este poema, tanto físicamente como simbólicamente. ¿Cómo reaccionan ustedes cuando ven una culebra?

Taller

7-67 Una entrada en tu diario. Cuando escribes en tu diario, relatas algo interesante, curioso o significativo que te ha pasado (*has happened to you*) ese día (por eso se llama **diario**). Contesta las preguntas a continuación para escribir una entrada.

Antes de escribir

- Piensa en en lo que hiciste hoy. Escribe una lista de frases que indican brevemente tus acciones; por ejemplo, **asistir a clase, ver a mis amigos, hablar por teléfono con...,** etcétera.
- Pon tus acciones en orden cronológico.

A escribir

- Comienza tu entrada con una oración que resume tu día, por ejemplo:

9 de febrero de 2005
Diario, hoy fue un día extraordinario...

- Escribe sobre cuatro o cinco actividades que hiciste o acontecimientos que ocurrieron. Utiliza expresiones de entrada y transición, como **primero, segundo, entonces, después, por eso, aunque,** etcétera.
- Cierra tu entrada con una oración de despedida.

Después de escribir

- **Revisar.** Revisa tu entrada para ver si fluye bien. Luego revisa la mecánica.
  - ☐ ¿Has incluido una variedad de vocabulario?
  - ☐ ¿Has conjugado bien los verbos en el pretérito?
  - ☐ ¿Has verificado la ortografía y la concordancia?
- **Intercambiar**
  Intercambia tu entrada con la de un/a compañero/a. Mientras leen las entradas, hagan comentarios y sugerencias sobre el contenido, la estructura y la gramática.
- **Entregar**
  Pasa tu entrada a limpio, incorporando las sugerencias de tu compañero/a. Después, entrégasela a tu profesor/a.

8 ¿En qué puedo servirle?

OBJETIVOS COMUNICATIVOS

- **Shopping at a department store**
- **Talking about what used to happen and what you used to do in the past**
- **Describing a scene in the past**

- **Reading and responding to advertisements**
- **Describing a product**
- **Contrasting what happened in the past with something else that was going on**

Machu Picchu, la misteriosa ciudad de los incas, estuvo "perdida" hasta que la descubrió un arqueólogo en 1910.

El reino inca: el Perú y el Ecuador

«Paga lo que debes y sabrás lo que tienes.»

Refrán: Pay what you owe and you will know what you are worth.

El ecuatoriano Oswaldo Guayasamín fue uno de los pintores latinoamericanos más importantes del siglo xx. Muchas de sus obras tienen un tema social.

259

¡Así es la vida!

De compras

Victoria Prado y su hermano Manuel, dos jóvenes peruanos, van de compras al centro de Lima. Primero, van al almacén Saga Falabella.

Manuel: ¿Quieres subir al segundo piso conmigo?

Victoria: Prefiero ver la venta-liquidación que tienen en el tercer piso en la sección de ropa de mujer.

Manuel: ¿Ah, sí? ¿Y qué quieres comprar?

Victoria: Pues, un vestido rojo muy elegante y una cartera negra como la que tenía Susana en la fiesta anoche. Le pedí a mamá su tarjeta de crédito para comprarlos, pero no quiso dármela.

Manuel: ¡Ay! Victoria, tú sabes por qué. Este semestre papá nos pidió un gran favor—no usar más las tarjetas de crédito. Yo antes pagaba mis libros con la tarjeta de papá, pero no lo hice este semestre porque quería estar bien con él.

Victoria: ¡Pero si yo pago casi todo al contado!

En la sección de hombres

Dependienta: Buenos días. ¿En qué puedo servirle?

Manuel: Quiero ver las chaquetas y las camisas que están de rebaja.

Dependienta: Las chaquetas están en el tercer piso y las camisas están aquí. ¡Son una verdadera ganga! ¿Qué talla usa?

Manuel: Creo que es la 40. ¿Puedo probarme esa camisa?

Dependienta: Sí, claro. Allí está el probador.

Unos minutos más tarde...

Manuel: ¿Qué tal me queda?

Dependienta: Le queda muy bien.

Manuel: Entonces, la compro.

Dependienta: Perfecto, puede pagar en la caja.

¡Así lo decimos! Vocabulario

En el almacén: La ropa

Telas (*Fabrics*)

el algodón	*cotton*
el cuero	*leather*
la lana	*wool*
la seda	*silk*

Descripciones

de cuadros	*plaid*
de manga corta/larga	*short-/long-sleeved*
de rayas	*striped*
sin manga	*sleeveless*

Lugares donde vamos a comprar

el almacén	*department store*
el centro comercial	*shopping center; mall*
la tienda	*store*

En una tienda

la caja	*cash register*
la calidad	*quality*
de moda	*in style*
la ganga	*bargain, good deal*
llevar	*to wear*
el piso	*floor*
el precio	*price*
el probador	*fitting room*
probarse (ue)[2]	*to try on*
pagar al contado	*to pay cash*
regatear	*to bargain*
la venta-liquidación	*clearance sale*

Vínculos

Use the following instructional resources to practice *las compras y la ropa*.
- Companion Website: Chapter 8, Review, Activity: Rev 8-1
- IRCD: pp. 261, 262, and 263

Expresiones para comprar

Dependiente/a	*Clerk*
¿En qué puedo servirle(s)?	*How may I help you?*
Está de rebaja.	*It's on sale.*
Le queda muy bien.	*It fits you very well.*
¿Qué número calza?	*What (shoe) size do you wear?*
¿Qué talla usa?	*What's your size?*

Cliente/a	*Customer*
Calzo el número...	*I wear a (shoe) size . . .*
Me queda estrecho/a (grande).	*It's too tight (big).*
¿Puedo probarme...?	*May I try on . . . ?*
¿Qué tal me queda?	*How does it fit me?*

---

[1]La palabra **vaqueros** se utiliza en España. En Puerto Rico, se llaman **mahones** y en muchos otros países hispanos se llaman **jeans** como en inglés.

[2]In general, **probar** means *to try*. In *Capítulo 6* you learned **probar** in the context of food: *to try* or *to taste food*. In the reflexive construction, **probarse** is used to express *to try something on oneself*, usually referring to clothing.

Aplicación

WWW **8-1 Las monedas.** ¿Quieres saber cuánto vale el dólar en el mundo? Conéctate con la página electrónica de *¡Arriba!* (**www.prenhall.com/arriba**) y busca el tipo de cambio para el Perú (el nuevo sol) y el Ecuador (el dólar). Si una camisa cuesta 20 dólares en Milwaukee, ¿cuánto cuesta en estas ciudades?

Milwaukee	$20
Lima	
Toronto	
Quito	

Audioscript for 8-2

D: Buenos días. ¿En qué puedo servirle?

M: Buenos días. Veo en el periódico que ustedes tienen grandes rebajas en su sección de ropa para hombres. Necesito comprar varios artículos.

D: Sí, todo está en liquidación. ¿Qué desea usted? ¿una camisa? ¿un saco? ¿un traje?

M: Bueno, vamos a ver... Necesito llevar traje en mi nuevo trabajo. ¿Qué tienen ustedes en azul?

D: Depende, tenemos muchos estilos. Aquí tiene usted uno muy bonito de seda. Es de primera calidad y sólo cuesta 1.600 nuevos soles.

M: ¡Uf! ¡Es muy caro! ¿Tienen algo de menos calidad? ¡Pero no de poliéster!

D: Claro, tenemos éste de lana de verano por 600 soles.

M: Ah, mejor. Y una camisa azul también.

D: Ésta es una verdadera ganga, una camisa de algodón por 80 nuevos soles. Y mire esta corbata de rayas rojas, blancas y azules. Sólo cuesta 50 nuevos soles.

M: Perfecto. ¡Lo compro todo! Y estos calcetines también. Son 17 nuevos soles, ¿verdad? ¿Aceptan tarjetas de crédito?

D: Sí, con mucho gusto.

Answers to 8-4. Elena: traje de baño y sandalias; Luis: tenis, traje, corbata, sombrero; Manolo: camiseta, pantalones cortos, abrigo de cuadros y botas

AUDIO **8-2 En el almacén.** Escucha la conversación entre Manuel y la dependienta del almacén Saga Falabella. Primero, indica los artículos que Manuel decide comprar; luego escucha otra vez para escribir el precio de cada artículo. Recuerda que en el Perú usan nuevos soles.

SÍ	NO	ARTÍCULO	COSTO		SÍ	NO	ARTÍCULO	COSTO
1. ☒	☐	calcetines	17 nuevos soles		5. ☐	☒	pantalones	___
2. ☒	☐	camisa	80 nuevos soles		6. ☐	☒	saco	___
3. ☐	☒	cartera	___		7. ☐	☒	suéter	___
4. ☒	☐	corbata	50 nuevos soles		8. ☒	☐	traje	600 nuevos soles

8-3 ¿Dónde estás? Si ves a estas personas vestidas de la manera descrita (*described*) a continuación, ¿dónde están?

1. El Sr. Domínguez lleva un traje azul oscuro, una camisa blanca, una corbata de seda y una bolsa con dinero.   d
2. Raúl lleva pantalones cortos, una camiseta y unos tenis.   e
3. Maripaz lleva un largo vestido blanco de seda y un velo.   b
4. Manolito lleva un traje de baño y sandalias.   c
5. Carmen lleva vaqueros, un suéter de rayas, una chaqueta de lana y botas de cuero.   a
6. El Sr. Domínguez lleva muchas bolsas llenas de ropa y la tarjeta de crédito en su cartera.   f

a. un partido de hockey
b. su boda
c. la playa
d. el banco
e. un partido de tenis
f. un almacén

8-4 Los amigos de Samuel. Los amigos de Samuel se visten de una manera muy única. Describe qué ropa llevan.

8-5 De compras. Completa el párrafo de una manera lógica.

algodón	centro comercial	moda	probador
almacén	dependiente	piso	rayas
caja	liquidación	precio	tercer

Ayer visité un (1) ___almacén___ muy grande que está en un (2) ___centro comercial___ enorme. Fui al segundo (3) ___piso___ porque allí tenían (they had) toda la ropa en (4) ___liquidación___. Encontré una camisa de (5) ___rayas___ rojas y azules, perfecta para el verano porque era (it was) de (6) ___algodón___. El (7) ___precio___ fue bueno: setenta nuevos soles. El (8) ___dependiente___ me mostró otra y yo fui al (9) ___probador___ a probarme las camisas. Me quedaron muy bien. Me las compré. Pagué la cuenta en la (10) ___caja___ y fui al (11) ___tercer___ piso para comprar unos zapatos italianos que están de (12) ___moda___.

8-6 En un almacén. Contesta las preguntas basadas en el dibujo.

1. ¿Qué está comprando la señora?
2. ¿De qué forma paga?
3. ¿Quién está en la caja?
4. ¿Cómo son las camisas que miran las dos jóvenes?
5. ¿Cómo están vestidas?
6. En tu opinión, ¿cuánto cuestan esas camisas?

AB **8-7A ¿Tienes...?** Túrnense para preguntarse si tienen los artículos de la lista, cómo son, cuánto pagaron, etcétera.

blusa / manga corta	camiseta / algodón	pantalones / lana
blusa / seda	chaqueta / lana	sandalias / cuero

MODELO: blusa / seda
    E1: *¿Tienes una blusa de seda?*
    E2: *Sí, tengo una.*
    E1: *¿Cómo es?*
    E2: *...*
    E1: *¿Cuánto pagaste por ella?*
    E2: *...*

Answers to 8-6. 1. Está comprando un vestido. 2. Paga con tarjeta de crédito. 3. La dependienta. 4. *Answers will vary.* Son de manga corta, de algodón. 5. Llevan unas minifaldas y camisas estrechas. 6. *Answers will vary.*

8-8 ¿Están de moda o no? Conversen sobre la ropa que Uds. consideran que está de moda y la que no está de moda. ¿Tienen la misma opinión?

MODELO: E1: *Los vaqueros y los tenis están de moda. Las camisetas sin manga no están de moda.*
E2: *No estoy de acuerdo. Yo creo que las camisetas sin manga sí están de moda...*

Suggestion for 8-9. Have a student summarize several of the occasions in the form of a graph on the board in order to reveal the class's favorites. Have students describe magazine photos of famous people, including those considered to be the best or worst dressed and then give their opinion of the styles. Have students role-play a scene between a clerk and clients in a high-fashion store.

8-9 ¿Qué llevas cuando...? Pregúntense qué ropa llevan en diferentes ocasiones.

MODELO: E1: *¿Qué llevas cuando tienes examen?*
E2: *Llevo vaqueros y una camiseta.*
E2: *Pues, yo llevo...*

OCASIÓN	ROPA
asistes a una boda	_____
te invitan a la Casa Blanca	_____
hace mucho frío	_____
hace muchísimo calor	_____
invitas a tus compañeros a una fiesta en tu casa	_____
practicas un deporte	_____
trabajas como camarero/a	_____
vas de vacaciones a Cancún	_____

8-10 ¿Quién es? Describe la ropa que lleva otra persona de la clase para ver si tus compañeros/as pueden adivinar quién es.

MODELO: *Lleva una camisa azul de manga larga. Tiene unos pantalones negros. Sus zapatos son marrones. ¡Está muy elegante! ¿Quién es?*

Suggestion for 8-11. To facilitate students' creativity, brainstorm together first; jot down student ideas on the board or a transparency. Encourage them to add a complication to their dialog such as *el vestido está sucio; el/la cliente no puede pagar; no aceptan su tarjeta de crédito; a la camisa le falta un botón*, etc.

8-11 En la tienda. Hagan el papel de dependiente/a y clientes en una tienda elegante.

MODELO: DEPENDIENTE/A: *Buenas tardes. ¿En qué puedo servirle?*
CLIENTE 1: *Quiero ver...*
CLIENTE 2: *¿Me puede mostrar...?*

¡Así lo hacemos! Estructuras

1. The imperfect of regular and irregular verbs

El imperfecto de verbos regulares

CAMINÁBAMOS, SUBÍAMOS CERROS
Y NOS SENTÍAMOS LOS DUEÑOS DEL MUNDO.
JEEP LIBERTY.

Teaching tips
As the term suggests, the imperfect expresses an action that is not perfect, or complete. The forms are fairly regular. Use them to talk about your own experience or that of your celebrity friends in the past. You will find more practice activities in the Student Workbook and at the ¡Arriba! Web site (**www.prenhall.com/arriba**).

Warm-up for ¡Así lo hacemos! Present the following context on a transparency, then ask if students can explain the use of the habitual imperfect. *Cuando éramos jóvenes, nuestros padres siempre nos llevaban al campo en el verano. Todos los años pasábamos tres semanas con nuestros primos que también iban con nosotros. Pescábamos, nadábamos, jugábamos y lo pasábamos bien. Nuestros padres descansaban, visitaban a los tíos y soñaban con volver el año siguiente.* An alternate context: *Todos los años cuando empezaba el año escolar en septiembre, iba de compras con mis padres. Mis padres me compraban nueva ropa para asistir a mis clases. Siempre quería la ropa que estaba de moda, y mis padres siempre preferían la ropa más conservadora. Comprábamos vaqueros y camisas; almorzábamos en el centro comercial, y luego volvíamos al coche con nuestras compras. Cuando asistía a clase el próximo día, todos mis compañeros también llevaban sus vaqueros recién comprados.*

You have already studied the preterit tense in *Capítulos 6* and *7*. Here you will be introduced to the imperfect, the other simple past tense in Spanish.

■ The imperfect of regular verbs is formed as follows.

	hablar	**comer**	**escribir**
yo	habl**aba**	com**ía**	escrib**ía**
tú	habl**abas**	com**ías**	escrib**ías**
él, ella, Ud.	habl**aba**	com**ía**	escrib**ía**
nosotros/as	habl**ábamos**	com**íamos**	escrib**íamos**
vosotros/as	habl**abais**	com**íais**	escrib**íais**
ellos/as, Uds.	habl**aban**	com**ían**	escrib**ían**

■ With **-ar** verbs, only the first-person plural form has a written accent mark. The imperfect endings for **-er** and **-ir** verbs are identical, and all forms have a written accent mark.

■ The Spanish imperfect has three common English equivalents: the simple past, the past progressive, and the *used to* + infinitive construction.

Rosario **trabajaba** en la tienda. } *Rosario worked at the store.*
Rosario was working at the store.
Rosario used to work at the store.

■ Use the imperfect to describe repeated, habitual, or continuous actions in the past with no reference to the beginning or ending.

Cuando yo **viajaba** a Ecuador **volaba** en Zaeta.	*When I traveled to Ecuador, I used to fly in Zaeta.*
Susana y Mauricio **leían** la guía todos los días.	*Susana and Mauricio read the guidebook every day.*
Mauricio **pensaba** todo el tiempo en el viaje.	*Mauricio was thinking all the time about the trip.*
Comíamos en el restaurante cerca del aeropuerto.	*We used to eat at the restaurant close to the airport.*

■ Use the imperfect to describe an event or action in progress when another event or action takes place (in the preterit) or is occurring (in the imperfect).

Estaban en la sala de espera cuando **llegaron** las azafatas.	*They were at the waiting room when the flight attendants arrived.*
Mientras Rosario **hablaba** con Susana,	*While Rosario was talking with Susana,*
Mauricio **miraba** el folleto.	*Mauricio was looking at the brochure.*

■ The imperfect is used to describe characteristics or states of being (health, emotions, etc.) in the past when no particular beginning or ending is implied in the statement.

Mi abuela **era** muy activa. **Tenía** mucha energía.	*My grandmother was very active. She had a lot of energy.*
Mis padres **estaban** muy contentos en Quito.	*My parents were very happy in Quito.*

Verbos irregulares en el imperfecto

Cuando yo era joven veía a mis abuelos todas las semanas. Vivían cerca e iba a visitarlos en bicicleta.

There are only three verbs that are irregular in the imperfect.

	ir	ser	ver
yo	iba	era	veía
tú	ibas	eras	veías
él, ella, Ud.	iba	era	veía
nosotros/as	íbamos	éramos	veíamos
vosotros/as	ibais	erais	veíais
ellos/as, Uds.	iban	eran	veían

■ Only the first-person plural forms of **ir** and **ser** have a written accent mark; all forms of **ver** require a written accent.

Aplicación

8-12 El imperio de los Incas. Aquí tienes una descripción de la gran civilización Inca, la más importante de Suramérica, que incluía lo que hoy es el Perú y el Ecuador. Subraya las formas en imperfecto e identifica el infinitivo.

Cuando los españoles llegaron a Suramérica, se encontraron con el Imperio Inca, un imperio indígena muy avanzado.

El Imperio Inca <u>se extendía</u> desde la región cercana a la línea ecuatorial, a lo largo de la costa del Pacífico, hasta lo que hoy es el norte de Chile. Por el este <u>se extendía</u> a través de los Andes hasta partes de la Argentina y Bolivia. Aquel inmenso imperio <u>se llamaba</u> Tahuantinsuyu en quechua, la lengua de los incas. Su nombre <u>quería</u> decir "las cuatro partes", que representaban los cuatro puntos cardinales:

Muchas personas consideran Sacsahuamán como un tesoro arquitectónico.

el norte, sur, este y oeste. En su capital, Cuzco, ahora una ciudad importante del Perú, los incas construyeron edificios de enormes bloques de piedras que <u>se encajaban</u> (*fitted*) tan perfectamente que no <u>era</u> posible insertar un cuchillo entre ellas. Aunque la arquitectura de estos edificios <u>era</u> de aspecto severo, <u>estaban</u> adornados con planchas (*sheets*) y ornamentos de oro, a los cuales los incas <u>llamaban</u> "las lágrimas (*tears*) del sol". (A la plata <u>se le llamaba</u> "las lágrimas de la luna"). En el interior de los templos <u>brillaban</u> esos metales preciosos.

Los incas construyeron un impresionante sistema de regadío (*irrigation*) y escalonadas (*stair step*) terrazas en las faldas de las montañas para cultivar vegetales.

Note to 8-12. *Inca* is a noun or an adjective. *Incaico/a* is an adjective. This book uses *Inca* for the noun as well as for the adjective.

8-13 ¿Cómo era el Imperio Inca? Contesta las preguntas basadas en la Actividad 8-12.

1. ¿Cómo era el Imperio Inca?
2. ¿Qué países de hoy formaban parte del imperio?
3. ¿Qué idioma hablaban?
4. ¿Cuál era su capital?
5. ¿Qué decoraciones usaban en sus edificios?
6. ¿Qué significaba el oro para ellos?
7. ¿Qué significaba la plata para ellos?

Answers to 8-13. 1. Era muy avanzado. 2. El Ecuador, el Perú, Chile, la Argentina, y Bolivia. 3. Hablaban quechua. 4. Era Cuzco. 5. Usaban planchas de oso. 6. Significaba "lágrimas del sol". 7. Significaba "lágrimas de la luna".

8-14 La manera de vestirse. Las mujeres de la foto de la Actividad 8-12 se visten de una manera típica de los indígenas del Perú. Describe su ropa diciendo lo que llevaban en la foto. Después usa tu imaginación y describe cómo crees que era un día típico y qué estaban haciendo antes de tomar esta foto.

Modelo: *Todas las mujeres llevaban...*

www **8-15 Más imágenes del Imperio Inca.** Conéctate con la página electrónica de *¡Arriba!* (**www.prenhall.com/arriba**) para ver más imágenes de Sacsahuamán, Cuzco y Machu Picchu. Escribe una descripción de la ropa que llevan las indígenas.

Se puede comprar de todo en el mercado
de Otavalo.

8-16 En el mercado de Otavalo. El mercado del pueblo de Otavalo, Ecuador, es famoso por sus artesanías, su comida típica y los turistas que lo visitan. Usa el imperfecto de los verbos entre paréntesis para completar la entrada que escribió Manuel en su diario cuando él y su hermana Victoria lo visitaron.

El pueblo de Otavalo está situado a tres horas de Quito. Ese día, (1. hacer) _____hacía_____ mucho calor y el cielo (2. estar) _____estaba_____ despejado. El taxista se (3. llamar) _____llamaba_____ Ramón y (4. ser) _____era_____ muy simpático. Otavalo (5. ser) _____era_____ una ciudad impresionante. (6. Haber) _____Había_____ gente por todas partes vendiendo verduras, pollos (*chickens*), todo tipo de comida, ropa, etcétera. No (7. poder) _____podía_____ creer el espectáculo tan agradable de colores y olores (*smells*). En uno de los puestos, algunas mujeres (8. comprar) _____compraban_____ pulseras (*bracelets*); en otro, un hombre (9. vender) _____vendía_____ camisas de algodón. Muchas personas (10. comprar) _____compraban_____ vegetales: cebollas, ajos... En un lugar (11. preparar) _____preparaban_____ un cochinillo (*young pig*) a la parrilla. Por todas partes los clientes y los vendedores (12. regatear) _____regateaban_____ el precio de sus cosas. Cuando por fin dejamos Otavalo, (13. ser) _____eran_____ las dos de la tarde, la hora del almuerzo. (14. Estar) _____Estábamos_____ exhaustos, pero contentos.

8-17 ¿Has comprendido? Contesta las preguntas basadas en la Actividad 8-16.

1. ¿En qué país está Otavalo?
2. ¿Qué tiempo hacía ese día?
3. ¿Qué se vendía en el mercado?
4. ¿Qué comida había?
5. ¿Cómo se sentían Manuel y Victoria al final del día?
6. ¿Qué crees que compraron en el mercado?

Answers to 8-17. 1. Está en Ecuador. 2. Hacía calor. 3. Se vendían verduras, gallinas, comida, ropa. 4. Había cebollas, ajos, cochinillo. 5. Se sentían exhaustos y contentos. 6. *Answers will vary.*

Expansion 8-17. Prepare the following description of Eloísa Vizcaíno and have the students complete it with the imperfect form of the verbs from the list. **AB**
Verbos: cantar, dormir, estar, estudiar, hacer, ir, jugar, leer, querer, ser, tener, tocar, trabajar, ver, vivir, haber
Cuando yo (1) _____ joven, mi familia (2) _____ en Cartagena, una ciudad en la costa. Nuestra casa (3) _____ cerca de una escuela, y mis hermanos y yo siempre (4) _____ a la escuela todas las mañanas. En la escuela yo (5) _____ muchas amigas y siempre (6) _____ contenta. Nuestra casa (7) _____ grande y vieja. (8) _____ un sólo piso y muchos dormitorios. Mi hermana Berta y yo (9) _____ en uno, y mis hermanos Hugo y Juanito en otro. Mis hermanos (10) _____ mayores que nosotras y (11) _____ tener más espacio y silencio. Hugo (12) _____ en un almacén y Juanito (13) _____ en la universidad. Berta y yo (14) _____ muy alto y (15) _____ mucho ruido. Por eso, (16) _____ en el jardín cuando no (17) _____ mal tiempo. Todas las noches yo (18) _____ la televisión, (19) _____ una novela o (20) _____ la guitarra.

8-18A ¿Qué pasaba? Pregúntale a tu compañero/a qué pasaba en las siguientes situaciones.

MODELO: a la medianoche en la última fiesta que fuiste
E1: *¿Qué pasaba a la medianoche en la fiesta?*
E2: *Todos bailaban.*

1. al mediodía en el centro estudiantil
2. anoche en tu cuarto
3. a las diez y media en clase ayer
4. en el almacén la última vez que fuiste
5. ayer en la cena
6. en el mercado de Otavalo

8-19 ¿Dónde estabas? Túrnense para describir y adivinar (*guess*) dónde estaban sin decir el nombre.

MODELO: E1: *Eran las dos de la mañana. Yo estaba dormido.*
E1: *Estabas en tu dormitorio.*

Algunos lugares

en la playa
en un estadio
en un almacén
en clase
en Machu Picchu

en una piscina
en la biblioteca
en el teatro
en Otavalo
¿en...?

Answers for Expansion 8-17. *1. era 2. vivía 3. estaba 4. íbamos 5. tenía 6. estaba 7. era 8. Había 9. dormíamos 10. eran 11. querían 12. trabajaba 13. estudiaba 14. cantábamos 15. hacíamos 16. jugábamos 17. hacía 18. veía 19. leía 20. tocaba*

2. Ordinal numbers

primero/a	*first*	**sexto/a**	*sixth*
segundo/a	*second*	**séptimo/a**	*seventh*
tercero/a	*third*	**octavo/a**	*eighth*
cuarto/a	*fourth*	**noveno/a**	*ninth*
quinto/a	*fifth*	**décimo/a**	*tenth*

■ Ordinal numbers in Spanish agree in gender and number with the noun they modify.

Es la **primera** rebaja del año.	*It's the first sale of the year.*
Pidió el **segundo** vestido.	*She asked for the second dress.*

■ **Primero** and **tercero** are shortened to **primer** and **tercer** before masculine singular nouns.

El almacén está en el **tercer** piso.	*The store is on the third floor.*
Es el **primer** mostrador a la izquierda.	*It's the first counter to the left.*

■ In Spanish, ordinal numbers are rarely used after **décimo.** The cardinal numbers are used instead, and follow the noun.

La oficina del gerente está en el piso **doce.**	*The manager's office is on the twelfth floor.*

Vínculos

Use the following instructional resources to practice ordinal numbers.
- WB/LM–OneKey: Activities: 8-12, 8-13, and 8-35
- Companion Website: Chapter 8, Review, Activity: Rev 8-3
- IRCD: pp. 269 and 270

Aplicación

8-20 El almacén La Gran Vía. Usa la guía siguiente para completar las siguientes oraciones.

Warm-up for *ordinal numbers.* Have students identify students in class according to where they sit. *¿Quién es la primera persona en la primera fila? ¿Quién es la quinta persona en la segunda fila?* etc.

ALMACÉN LA GRAN VÍA

1er piso
Ropa de hombres
Calzado (footwear)
Caja

2do piso
Ropa de mujer
Oficinas de administración

3er piso
Ropa infantil
Prendas deportivas

4to piso
Restaurante
Cambio de moneda

5to piso
Supermercado

1. Si quieres comprarle una blusa a tu mamá, la vas a buscar en el _____2do piso_____ .
2. Si tienes hambre, puedes ir al _____4to piso_____ .
3. Si necesitas ropa para un bebé, vas al _____3er piso_____ .
4. Si buscas zapatos, los compras en el _____1er piso_____ .
5. Si necesitas comprarle una corbata a tu tío, la vas a encontrar en el _____1er piso_____ .
6. Si necesitas aceite de oliva, lo puedes comprar en _____5to piso_____ .

2 **8-21 Su orden de importancia.** Individualmente, pongan los siguientes artículos en orden de importancia en este momento (1 a 10). Luego comparen sus resultados.

MODELO: *Primero, necesito comprar una camisa de manga larga, porque todas mis camisas son viejas. Segundo,...*

MI LISTA   LA LISTA DE MI COMPAÑERO/A

____ una corbata de seda   _____

____ unos zapatos de tacón (*high heels*)   _____

____ una camiseta de algodón   _____

____ una falda de lana   _____

____ un par de tenis   _____

____ un traje de rayas   _____

____ un abrigo de lana   _____

____ unos vaqueros   _____

____ ¿...?   _____

G **8-22 En la oficina de información.** Uno/a de ustedes trabaja en Información de Saga Falabella. Los otros le piden información. Sigan el modelo a continuación.

MODELO: E1: *Señor/a (Señorita), ¿dónde está la zapatería?*
E2: *Está en el sexto piso.*
E1: *Gracias, ¿y la caja?*

1. ropa para mujer
2. las corbatas de seda
3. artículos deportivos
4. tallas especiales
5. ropa para bebé
6. los probadores
7. suéteres para niños
8. el restaurante
9. comida
10. agencia de viajes
11. ropa de hombres
12. ¿...?

✓ **¿Cuánto sabes tú?** *Can you...*

☐ describe what you and others are wearing?

☐ say what you wear on different occasions?

☐ use the imperfect tense to describe a scene in the past?

☐ use the imperfect tense to say what you used to do in the past?

☐ use ordinal numbers to put things in physical order (**primer piso**) or order of importance (**primero, segundo...**)?

Comparaciones

De compras

8-23 En tu experiencia. En los EE.UU. y el Canadá, ¿es típico cerrar las tiendas a la hora de almorzar? ¿Por qué? ¿Cuántos días de vacaciones tienen los empleados en las tiendas norteamericanas? ¿Se cierran las tiendas durante las vacaciones? ¿Por qué? A continuación hay un artículo sobre los almacenes y las tiendas de muchos países del mundo hispano. Mientras lees, piensa en las diferencias que existen según tu experiencia.

Las tiendas y los bancos en los países hispanos no tienen los mismos horarios que las tiendas y los bancos en los EE.UU. Generalmente, están abiertos menos horas que los de (*those of*) los EE.UU. En las ciudades principales del Ecuador y el Perú, las tiendas tienen horarios más amplios, pero en las ciudades pequeñas, por ejemplo, las tiendas abren generalmente a las nueve o diez de la mañana y cierran a las dos de la tarde durante dos o tres horas para el almuerzo. Vuelven a abrir a las cinco de la tarde y cierran a las ocho o nueve de la noche. Las tiendas están abiertas de lunes a viernes y los sábados por la mañana. Casi todas las ciudades y los pueblos tienen mercado al aire libre en los que se puede regatear el precio de un artículo. También es posible regatear con los vendedores ambulantes (*street vendors*).

En muchos otros países hispanos los empleados tienen derecho (*the right*) a un mes de vacaciones al año. La mayoría de los empleados prefiere tomar las vacaciones durante el verano. Muchos dueños (*owners*) deciden cerrar sus comercios (*businesses*) durante un mes en el verano y así ellos toman sus vacaciones al mismo (*the same*) tiempo que sus empleados. El turista que va a estos países en los meses de verano puede encontrar muchas tiendas y restaurantes cerrados.

8-24 En tu opinión... Conversen sobre dónde prefieren comprar los siguientes artículos, por ejemplo, en una tienda especializada, en un almacén grande, en un mercado al aire libre, de un vendedor ambulante, en una tienda de artículos de segunda mano, etcétera.

1. unos vaqueros
2. unos tenis
3. un traje de baño
4. una camisa de manga larga
5. unos zapatos de cuero
6. un saco para el trabajo
7. unos calcetines deportivos
8. un abrigo

Vínculos

- Companion Website: Chapter 8, Web Resources, *Comparaciones: De compras*

Teaching tips
The differences between the hours and days of operation of many Hispanic businesses as compared to Anglo businesses underscore the importance of *ocio*, as opposed to *negocio* in this culture.

¡Así es la vida!

Teaching tips

As you present the dialog for *Segunda parte*, you may want to diagram the actions on the board to illustrate continuing (imperfect) events as opposed to completed (perfect) events.

Expansion ¡Así es la vida! Ask students the following questions to check comprehension. *¿Cuántas veces llamó? ¿Qué iba a hacer? ¿Qué hizo? ¿Qué compró? ¿Cómo era el vestido?*

¿Qué compraste?

Victoria volvió a su casa y estaba conversando con su hermano Manuel sobre sus compras cuando sonó el teléfono.

Victoria: ¿Aló?

Lucía: Hola, Victoria. Te habla Lucía. ¿Cómo estás?

Victoria: Muy bien. ¿Qué tal, Lucía?

Lucía: Oye, llamé tres veces a tu casa y pero no contestaba nadie. ¿Qué hiciste hoy? ¿Adónde fuiste?

Victoria: Iba a estudiar para un examen pero decidí ir de compras al centro y estuve allí todo el día.

Lucía: ¡Ah sí!... ¿Y qué compraste?

Victoria: Compré un vestido rojo fabuloso que estaba de rebajas en Falabella. Luego fui a la joyería y le compré un llavero de plata a mi novio, Gustavo. Después, en la perfumería, le compré un frasco de colonia a papá y un frasco de perfume a mamá.

Lucía: ¿Gastaste mucho?

Victoria: Gasté menos que tú la semana pasada. Desde que pago al contado tengo mucho más cuidado. ¡Y es el vestido más precioso del mundo! Necesitaba uno elegante para la fiesta de los padres de Gustavo.

Tiendas y artículos personales

En la joyería

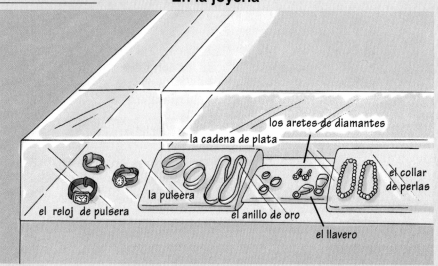

- los aretes de diamantes
- la cadena de plata
- la pulsera
- el collar de perlas
- el reloj de pulsera
- el anillo de oro
- el llavero

En la droguería

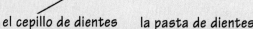

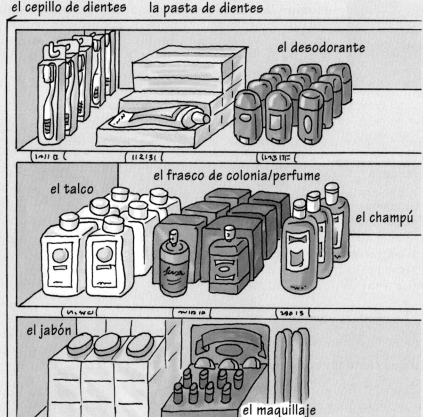

- el cepillo de dientes
- la pasta de dientes
- el desodorante
- el talco
- el frasco de colonia/perfume
- el champú
- el jabón
- el maquillaje

Verbos

devolver (ue)	to return (something)
gastar	to spend
hacer juego (con)	to match; to go well with
valer	to be worth; to cost

Vínculos

Use the following instructional resources to practice *tiendas y artículos personales.*
- Companion Website: Chapter 8, Review, Activity: Rev 8-4
- IRCD: p. 273

Teaching tips
Once students have practiced talking about what they wear and on what occasion, they will e-shop at Hispanic retail Web sites. Here they will probably find many of the same brands available in the U.S. and Canada, but they also may notice a similarity in style among young people in many countries.

Warm-up for ¡Así lo decimos! Use associations to practice vocabulary. ¿Adónde voy si necesito...? ¿... arreglar las botas? ¿...comprar medicina? ¿...arreglar un saco? ¿...comprar colonia? ¿...comprarle un collar de oro a mi madre? ¿...comprar bolígrafos y papel? ¿...comprar los libros para esta clase? etc.

Aplicación

8-25 Las tiendas especializadas. Aquí tienes más tiendas especializadas. Emparéjalas con las cosas que venden.

1. __d__ la farmacia   a. un collar de esmeraldas
2. __a__ la joyería   b. sandalias
3. __g__ la perfumería   c. una novela
4. __e__ la florería   d. penicilina
5. __b__ la zapatería   e. rosas
6. __c__ la librería   f. invitaciones
7. __f__ la papelería   g. colonia

Answers to 8-26. 1. gastar 2. tiendas 3. aceptan 4. cheques 5. devolver 6. me quedaba 7. juego 8. oro 9. collar 10. cepillo

8-26 De compras en el centro comercial Arenales en Lima. Completa el párrafo de una manera lógica, usando expresiones de **¡Así lo decimos!**

aceptan	cheques	devolver	juego	oro
cepillo	collar	gastar	me quedaba	tiendas

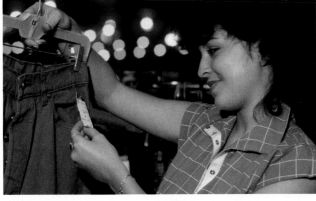

Generalmente, cuando voy de compras, no me gusta (1) _____ mucho dinero. Por eso, me gusta comprar ropa que está de rebajas. Ayer fui al centro comercial Arenales en Lima porque tiene una buena selección de (2) _____ y almacenes. En casi todos (3) _____ tarjetas de crédito y (4) _____. Primero, tuve que (5) _____ un vestido que recibí de regalo pero que (6) _____ muy grande. Luego, encontré una blusa de seda que hace (7) _____ con mi falda de lana. También encontré una bella cadena de (8) _____ para mi padre y un (9) _____ para mi madre. Después de pagar todo, pasé por la droguería donde compré pasta de dientes y un (10) _____.

Audioscript for 8-27

L: Bueno Victoria, yo también fui de compras ayer. Primero fui a la farmacia Sánchez donde compré un té especial para mi abuela porque está enferma. Después, fui a la sección de ropa para mujer en el almacén Saga donde busqué una blusa negra de seda para la fiesta de Gustavo este fin de semana, pero no la encontré.

V: ¿No viste las nuevas blusas que tienen? ¡Hay unas blusas preciosas!

L: Sí, pero están muy caras. No compré nada allí. Después, fui a una tienda pequeña y encontré una falda maravillosa.

V: Ay, ¡qué bien!

L: No, porque no me la probé en la tienda y cuando me la probé en casa me quedaba estrecha. Anoche la devolví. Pero después de comprar la falda, fui a la librería Gómez donde compré un libro de pinturas del artista ecuatoriano Guayasamín. Lo compré para el cumpleaños de mi mamá este viernes. Es un libro muy bueno y me costó mucho.

V: ¿Cuánto pagaste?

8-27 ¡Yo también fui de compras! Lucía también fue de compras ayer. Indica las tiendas que visitó, los artículos que compró y los que devolvió.

TIENDAS	COMPRÓ	DEVOLVIÓ
__X__ el almacén	_____ una agenda	_____
__X__ la farmacia	_____ una blusa	_____
_____ la joyería	__X__ unas sandalias	_____
_____ la papelería	_____ una camisa	_____
__X__ la perfumería	__X__ talco	_____
__X__ la librería	_____ desodorante	_____
_____ el supermercado	__X__ un té especial	_____
__X__ la zapatería	_____ un frasco de colonia	_____
__X__ tienda pequeña	_____ una torta de queso	_____
	__X__ una falda	_____
	__X__ un libro de Guayasamín	_____
	_____ un reloj	

8-28 ¿En qué tiendas compras? Conversen sobre dónde hacen las compras y por qué.

MODELO: *Me gusta comprar helado en la heladería* La Creme *que está en mi ciudad porque tiene veintiún sabores deliciosos.*

L: Muchísimo... ¡cuatrocientos nuevos soles! Pero es para mami... Entonces fui a la zapatería Suárez donde me compré un par de sandalias nuevas. Son italianas ¡y preciosas! Finalmente, en la perfumería Santos compré talco. Es un talco nuevo muy caro. Me costó más de 34 soles.

V: ¡Gastaste una fortuna, Lucía!

L: Sí, y ahora ¡estoy más cansada que nunca! ¡La verdad es que no me gusta ir de compras!

2 **8-29 ¿Hacen juego?** Decidan si estos artículos hacen juego. Si no, cámbienlos.

MODELO: traje de baño y zapatos de cuero
No hacen juego. Es mejor llevar sandalias con un traje de baño.

1. una camisa de cuadros y pantalones de rayas
2. un vestido de seda y botas de cuero
3. un collar de oro y aretes de plata
4. sandalias y calcetines
5. vaqueros y tenis
6. ¿...?

2 **8-30 Fui de compras...** Conversen sobre la última vez que fueron de compras. Cuéntense adónde fueron, qué hicieron, qué compraron, etcétera. Pueden usar las expresiones siguientes.

busqué	encontré	salí
compré	gasté	vi
devolví	pagué	volví

MODELO: *Salí de mi casa por la mañana...*

WWW **8-31 De compras en Lima.** Conéctate con la página electrónica de *¡Arriba!* (**www.prenhall.com/arriba**) y busca información de una tienda especializada. Elige un artículo que te interese y contesta estas preguntas.

1. ¿Cuál es el artículo?   2. ¿Cómo es?   3. ¿Dónde se vende?

Centro Comercial Larco Mar en Miraflores, Lima, Perú

¡Así lo hacemos! Estructuras

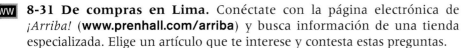

3. Preterit versus imperfect

In Spanish, the use of the preterit and the imperfect reflects the way the speaker views the action or event being expressed. The uses of these two tenses are compared in the following table.

Teaching tips

Build from reception to production when contrasting the preterit and imperfect tenses. Have students work on creating a scene of habitual actions in the past (imperfect), then contrast it with completed or initiated events (preterit). Because the choice of tense often depends on the intention of the speaker, expect that some contexts may be open for interpretation. In those cases, be flexible and help students see the difference between the choice of one tense over the other.

Vínculos

Use the following instructional resources to practice preterit vs. imperfect.

- WB/LM–OneKey: Activities: 8-17, 8-18, 8-19, 8-20, 8-38, 8-39, 8-40, and 8-41
- *Gramática viva:* Grammar Points 40 and 41, Preterit vs. imperfect, Preterit vs. imperfect II.
- Companion Website: Chapter 8, Review, Activity: Rev 8-5
- IRCD: p. 275

Suggestion for ¡Así lo hacemos! Prepare the following context on the board or a transparency and ask students to complete the blanks, then explain the difference between the preterit and imperfect. *De vacaciones en la isla Margarita. Era un día ideal. _____ (hacer) sol y el agua _____ (estar) tibia (warm). Los pájaros _____ (cantar) y todos _____ (estar) contentos. De repente apareció una tormenta. _____ (Empezar) a llover. _____ (Llover) por dos días. Por fin, _____ (aparecer) el sol de nuevo y nosotros nos _____ (poner) contentos. _____ (ir) a la playa y _____ (nadar).* Answers: Hacía, estaba, cantaban, estaban, Empezó, Llovió, apareció, pusimos, Fuimos, nadamos

THE PRETERIT...

1. narrates actions or events in the past that the speaker views as completed or finished.

Victoria y Lucía **conversaron** por teléfono por dos horas.	*Susana and Lucía talked on the phone for two hours.*

2. expresses the beginning or end of a past event or action.

El zapatero **llegó** a las tres y cinco.	*The shoemaker arrived at 3:05.*
La película **terminó** a las ocho de la noche.	*The movie ended at 8:00 P.M.*

3. narrates completed events that occured in a series.

Carlos **entró** en la farmacia, **vió** a su ex-novia y **salió** inmediatamente.	*Carlos entered the pharmacy, saw his ex-girlfriend, and left immediately.*

4. expresses changes in mental, physical, and emotional conditions or states in the past.

Alejandra **se puso** furiosa cuando vio el cuarto.	*Alejandra became furious when she saw the room.*
Estuve nerviosa durante la entrevista.	*I was nervous during the interview (but now I'm not).*

5. describes weather and scenes as events or within specific time parameters.

Ayer **fue** un día horrible. **Llovió** e **hizo** mucho viento.	*Yesterday was a horrible day. It rained and was very windy.*

THE IMPERFECT...

1. describes what was happening in the past, usually in relation to another event or at a given time, with no reference to the beginning or end of an action.

Mientras **miraba** las compras Victoria **hablaba.**	*While she was looking at her purchases, Victoria was talking.*

2. expresses habitual actions or events in the past.

Pedro **comía** en ese restaurante todos los sábados.	*Pedro used to eat at that restaurant every Saturday.*
Ana **iba** de compras todo el tiempo.	*Ana used to go shopping all the time.*

3. expresses time in the past.

Eran las once de la noche.	*It was 11:00 in the evening.*

4. expresses mental, physical, and emotional conditions or states in the past.

Alejandra **estaba** contenta durante el concierto.	*Alejandra was happy during the concert.*
Nos **sentíamos** mal después de comer allí.	*We felt sick after eating there.*

5. sets the scene (weather, activities in progress, etc.) for other actions and events that take place.

Hacía muy mal tiempo y **llovía.** Yo **leía** en mi cuarto y **esperaba** la llamada.	*The weather was bad and it was raining. I was reading in my room and waiting for the call.*

■ The preterit and the imperfect are often used together. In the following examples, the imperfect describes what was happening or in progress when another action (in the preterit) interrupted and took place.

Conversábamos con el dependiente cuando Lourdes **entró** en la joyería.	*We were talking with the clerk when Lourdes entered the jewelry store.*
Las chicas **salían** de la tienda cuando Jorge las **vio.**	*The girls were leaving the store when Jorge saw them.*

⊚ STUDY TIPS

Para distinguir entre el pretérito y el imperfecto

1. Analyze the context in which the verb will be used and ask yourself, does the verb describe the way things were or does it tell what happened? Use the imperfect to describe and the preterit to tell what happened.

Era de noche cuando volvieron a casa.
Era: describes → It was nighttime.
volvieron: tells what happened → They returned.

2. In many instances, both tenses produce a grammatical sentence. Your choice will depend on the message you are communicating.

Así **fue.**	*That's how it happened.*
Así **era.**	*That's how it used to be.*
Ayer **fue** un día horrible.	*Yesterday was a horrible day. (This is the point; it's not background information.)*
Era un día horrible.	*It was a difficult day. (This is background information for the actions that will be narrated.)*

3. Here are some temporal expressions that are frequently (but not always) associated with the imperfect and preterit. Note that the ones that require imperfect generally imply repetition or habit and those that take preterit refer to specific points in time.

IMPERFECT	PRETERIT
a menudo	anoche
con frecuencia	anteayer
de vez en cuando	ayer
muchas veces	esta mañana
frecuentemente	el fin de semana pasado
todos los lunes / martes / etcétera	el mes pasado
todas las semanas	el lunes / martes / pasado etcétera
todos los días / meses	una vez
siempre (*when an event is repeated with no particular end point*)	siempre (*when an end point is obvious*)
mientras	

Aplicación

8-32 Guayasamín. Lee esta selección sobre el famoso artista ecuatoriano Oswaldo Guayasamín. Después haz una lista con los verbos en pretérito y otra con los verbos en imperfecto.

Oswaldo Guayasamín nació en Quito el 6 de julio de 1919. De niño, su familia era muy pobre. Se graduó de pintor y escultor en la Escuela de Bellas Artes de Quito. Realizó su primera exposición cuando tenía 23 años, en 1942. Durante su vida, recibió premios (*prizes*) nacionales y varios internacionales. Tuvo una vida artística muy productiva: hizo cuadros, murales, esculturas y monumentos.

Guayasamín era un hombre de izquierdas que, a través de su vida, apoyó causas socialistas. Sin embargo, siempre estuvo en contra de todo tipo de violencia. Su obra humanista quiso reflejar la miseria que sufría la mayor parte de la humanidad.

Murió el 10 de marzo de 1999, a los 79 años. Hasta poco antes de su fallecimiento estaba trabajando en la obra que él consideraba más importante, denominada *La capilla* (chapel) *del hombre.*

Guayasamín en su estudio

Answers to **8-32.** P (Pretérito) = nació, graduó, Realizó, recibió Tuvo, hizo, apoyó, estuvo, quiso, Murió; I (Imperfecto) = era, tenía, era, sufría, estaba, consideraba

8-33 ¿Era o fue? Ahora explica por qué se usa cada tiempo verbal.

MODELO: La familia de Oswaldo Guayasamín **era** muy pobre cuando él **nació.**
era – description in the past (descripción en el pasado)
nació – completed event (evento ocurrido)

8-34 ¿Comprendiste? Contesta las siguientes preguntas basadas en el texto sobre Guayasamín de la Actividad 8-32.

1. ¿Dónde y en qué año nació? Nació en Quito el 6 de julio de 1919.
2. ¿Cuántos años tenía cuando murió? Tenía 79 años.
3. ¿Qué honores recibió durante su vida? Recibió premios nacionales e internacionales.
4. ¿Qué se refleja en la obra de Guayasamín? Se refleja la miseria humana.
5. ¿En qué trabajaba cuando murió? Trabajaba en *La capilla del hombre.*

WWW **8-35 Las obras de Guayasamín.** Conéctate con la página electrónica de *¡Arriba!* (**www.prenhall.com/arriba**) para ver otras obras de Guayasamín. Describe una de sus obras contestando estas preguntas.

1. ¿Qué tipo de obra es?
2. ¿Qué colores predominan en la obra?
3. ¿Es una imagen triste o alegre? ¿Optimista o pesimista? ¿Por qué?

8-36 Esta vez fue diferente. Esta vez fue diferente a todas las otras ocasiones. Completa el párrafo con la forma correcta de los verbos indicados en el pretérito o el imperfecto.

1. **ir:** Todos los días yo _____iba_____ a comprar fruta en la frutería Sánchez, pero ayer no ____fui____.
2. **comprar:** Generalmente, Manuel y Victoria ____compraban____ en Saga Falabella, pero esta vez ____compraron____ en otro almacén.
3. **ver:** Nosotros siempre ____veíamos____ las nuevas modas en la primavera, pero este año las ____vimos____ en el otoño.
4. **ser:** Otavalo siempre ____era____ el mercado preferido de los turistas, pero este año, por las lluvias, no lo ____fue____.
5. **hacer:** Antes, tú ____hacías____ tus compras en la farmacia Gómez, pero ayer las ____hiciste____ en la farmacia Hernández.
6. **decir:** Siempre mis padres ____decían____ que es mejor ahorrar (*save*) que gastar, pero después de ganar la lotería, ____dijeron____, "¿Para qué ahorrar más?"

8-37 Una escena en el mercado. Completa el párrafo con la forma correcta del verbo entre paréntesis en el pretérito o el imperfecto según el contexto.

Ayer en el mercado (1) ____había____ (haber) mucha actividad: un vendedor de fruta (2) ____vendía____ (vender) mangos y plátanos. Una artesana (3) ____mostraba____ (mostrar) sus tejidos (*weavings*) de alpaca. Muchos niños (4) ____jugaban____ (jugar) en la plaza. De repente, (5) ____llegaron____ (llegar) algunas nubes muy oscuras y el cielo se (6) ____puso____ (poner) muy gris. Luego (7) ____empezó____ (empezar) a llover y el viento (8) ____sopló____ (soplar) violentamente. Cuando vieron la lluvia, los niños (9) ____corrieron____ (correr) a sus casas. Los vendedores (10) ____cerraron____ (cerrar) sus puestos y los artesanos (11) ____cubrieron____ (cubrir) sus artículos. La tempestad (12) ____duró____ (durar) media hora y después todo (13) ____continuó____ (continuar) como antes.

8-38 ¿Cómo era en Otavalo? Imagínate que fuiste con unos amigos a Otavalo. Completa las oraciones para describir cómo era y qué pasó. Usa el imperfecto del verbo en la primera columna y el pretérito de un verbo de la segunda columna.

MODELO: ser temprano cuando...
Era temprano cuando llegamos a Otavalo.

1. (nosotros/as) llegar cuando...
2. (nosotros/as) ver las camisas de algodón...
3. ser las doce del día cuando...
4. (nosotros/as) caminar por el mercado cuando...
5. Ana y yo estar regateando en un puesto cuando...
6. empezar a llover cuando...

decidir ver todos los puestos (*stalls*)
empezar a llover
venir a hablarnos un/a joven
decidir continuar caminando
almorzar un plato típico
ofrecernos un precio mucho mejor
irse de Otavalo
regresar a nuestras casas

2 **8-39 Queríamos...** Túrnense para completar las frases indicando lo que querían hacer y lo que hicieron según el contexto. Vean los modelos.

MODELOS: Iba a... esta tarde pero...
Iba a ver a mi novio esta noche pero me llamó y me dijo que estaba cansado.
Quería... mientras...
Yo quería estudiar mientras escuchaba música.

1. Ayer venía a clase cuando...
2. Una vez el año pasado...
3. Cuando era más joven, frecuentemente...
4. Esta mañana no...
5. Muchas veces en el pasado...
6. Ayer tenía ganas de... mientras...

AB **8-40A Artículo perdido.** Imagínate que eres un/a agente de la oficina de artículos perdidos (*Lost and Found*) de un almacén y que tu compañero/a viene a buscar un artículo que perdió. Contesta las preguntas de tu compañero/a y hazle las preguntas a continuación para llenar el formulario.

1. ¿Cómo se llama usted?
2. ¿Cuál es su número de teléfono?
3. ¿Cuál es su dirección?
4. ¿Qué perdió?
5. ¿Cómo era? (¿De qué color? ¿Qué talla? ¿Qué número? ¿De qué tela?)
6. ¿Cuánto valía?
7. ¿Dónde estaba cuando lo/la perdió?

ARTÍCULOS PERDIDOS
Nombre: _____
Teléfono: _____
Dirección: _____
Artículo(s) perdido(s): _____
Descripción: _____
Fecha: _____

8-41 La última venta-liquidación. Túrnense para describir la última venta-liquidación de su tienda favorita. Incluyan esta información.

- ¿Qué día era?
- ¿Cuánta gente había?
- ¿Qué estaba de rebajas?
- ¿Cómo eran los precios?
- ¿Pudiste regatear?
- ¿Qué compraste?
- ¿Cúanto pagaste?
- ¿Fue una ganga (*bargain*)?

¿Cuánto sabes tú? *Can you...*

☐ talk about what you are wearing now and what you wear in other contexts?

☐ role-play a scene in a department store or a market?

☐ talk about activities you used to do in the past using the imperfect tense, such as **iba, veía, quería, compraba...**?

☐ describe a scene in the past using the imperfect tense, such as **era, estaba, hacía...**?

☐ Narrate an event in the past where you set the scene (imperfect) and relate specific completed events (preterit)?

Observaciones

Vínculos

• Student Video CD-ROM/VHS cassette, *Episodio 8: Toño Villamil y otras mentiras*

VIDEO Toño Villamil y otras mentiras Episodio 8

8-42 Una tienda de ropa. En este episodio, vas a ver a Isabel y a Lucía en una tienda de ropa en Malinalco. Aquí tienes una descripción de la tienda. Léela y contesta las preguntas a continuación.

En Malinalco hay una pequeña tienda de ropa para mujeres que se llama La Boutique de María. La dueña de la tienda se llama María (naturalmente), y es la esposa de Manolo, el cocinero del restaurante Las Palomas. María abrió la tienda en 2003 cuando estaba recién casada con Manolo. Como es el mes de agosto, todo está de rebajas: camisas, camisetas, vaqueros, tenis, vestidos, blusas... todo menos las modas nuevas para el otoño. Los días en que María tiene que ir a la capital para hacer las compras para su tienda, Manolo cuida la tienda. Pero, la verdad, es mejor cocinero que vendedor. Vamos a ver si vende algo hoy...

1. ¿Quién es la dueña de la tienda?
2. ¿Cuándo la abrió?
3. ¿Quién la ayuda cuando ella no está?
4. ¿Por qué no está hoy?
5. En tu opinión, ¿va a vender algo hoy? ¿Por qué?

8-43 Isabel y Lucía van de compras. Mira el octavo episodio de *Toño Villamil y otras mentiras* donde vas a ver a Isabel y a Lucía en una tienda de ropa. Ten en mente estas preguntas mientras ves el video.

1. Ese día, Isabel estaba...
   a. enferma.
   b. contenta.
   c. cansada.

2. Buscaba ropa...
   a. de noche.
   b. de moda.
   c. deportiva.

3. El vendedor dijo que la tienda era la...
   a. única en Malinalco.
   b. más grande de Malinalco.
   c. mejor de Malinalco.

4. Isabel necesitaba una talla...
   a. mediana.
   b. grande.
   c. chica.

5. Antes de comprar, Isabel quería...
   a. saber si aceptaban tarjeta de crédito.
   b. probarse la ropa.
   c. buscar en otra tienda.

6. En el restaurante Las Palomas Manolo dijo que...
   a. lavaba los platos.
   b. era el cocinero.
   c. era un cliente.

7. Según Lucía, la tortilla española que Manolo le preparó era...
   a. la peor de su vida.
   b. diferente de lo que esperaba.
   c. sabrosa, pero no auténtica.

 8-44 Una tienda en Malinalco. Trabajen juntos/as para imaginarse una tienda que abrirían (*you would open*) en el pequeño pueblo de Malinalco. ¿Qué van a vender? ¿Quiénes van a ser sus clientes? ¿Cómo van a atraer a sus clientes? ¿Es posible ganarse la vida vendiendo ropa en ese lugar? ¿Por qué?

Teaching tips
The pre-viewing activity serves as an advance organizer for the video segment. This activity may be completed in class while saving the viewing and comprehension for homework. The review and pair activity (8–44) can be done the following day in class.

Answers to 8-42. 1. María 2. La abrió en 2003. 3. Manolo 4. Está haciendo las compras en la capital. 5. No, porque Manolo es mejor cocinero que vendedor.

Panoramas

Vínculos
• Student Video CD-ROM/VHS cassette, *Capítulo 8: Entrevistas de nuestro mundo*
• Companion Website: Chapter 8, Web Resources, *Panoramas, El reino inca: el Perú y el Ecuador*

Teaching tips

Refer back to the images in the chapter opener to remind students about the terrain around Machu Picchu. Ask them to speculate about what the city was like in its heyday. *¿Quiénes vivían en Machu Picchu? ¿Qué ropa llevaban?* Then ask students about Guayasamín. *¿De dónde era? ¿Qué pintaba? ¿Qué temas usaba?*

Teaching tips

These images provide a glimpse of the variety in these two Andean countries. Students interested in biology and ecology will find the information about the Galápagos Islands particularly intriguing. The word *galápago* refers to the giant tortoise which is indigenous to some of the islands. The name means "saddle" and refers to the shape of the shell of this animal.

El reino inca: El Perú y el Ecuador

8-45   ¿Ya sabes...?   Trata de identifica o explica lo siguiente.

1. las capitales del Perú y del Ecuador
2. dónde están las Islas Galápagos
3. el científico inglés que las investigó
4. una antigua civilización de la América del Sur
5. el origen de la papa
6. un producto agrícola importante del Ecuador
7. los meses de verano en el Perú
8. los países en las fronteras del Perú y del Ecuador

Answers to 8-45. 1. Lima, Quito 2. al oeste de Ecuador en el océano Pacífico 3. Darwin 4. los Incas 5. las civilizaciones indígenas americanas 6. la lana de la alpaca, la banana, la piña, las flores 7. diciembre, enero y febrero 8. el Perú / Bolivia, Chile, Colombia, Ecuador, Brasil / el Ecuador: el Perú, Colombia

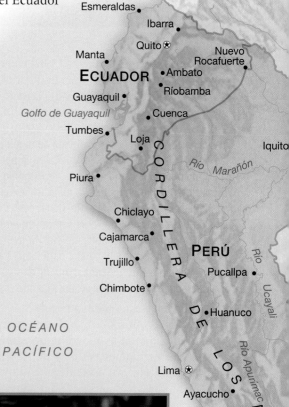

Se conoce el archipiélago de las Islas Galápagos por su exquisita variedad de vida marítima y terrestre. Aquí también se ubica el Centro de Investigación Charles Darwin, nombrado en honor del famoso científico inglés que visitó las islas y allí formuló su teoría sobre la evolución de las especies. Hoy en día, el gobierno ecuatoriano coopera con el movimiento ecológico para estudiar y proteger las especies únicas, como el galápago (*giant turtle*), el booby con patas azules (*blue-footed booby*) y la iguana marina.

La alpaca es un precioso animal camélido (*of the camel family*) que vive en las altas sierras de Suramérica. La alpaca fue importante en la civilización Inca porque la usó en sus ceremonias religiosas y para sus tejidos (*weavings*) de lana. La lana de la alpaca es más fuerte y mucho más calurosa que la de la oveja, y se produce en 22 colores naturales distintos.

Los Andes, con sus altas montañas y activos volcanes, dominan el paisaje del Ecuador.

MBIA

Amazonas

BRASIL

Cuzco

Lago
Titicaca
Puno

BOLIVIA

acna

CHILE

Si quieres tener una experiencia inolvidable, debes seguir el camino Inca por el Perú en un viaje de cuatro días. La mejor estación del año para hacer esta excursión es durante la temporada seca: de mayo a octubre. Antes de empezar la excursión, es importante acostumbrarte a la altura de 2.380 metros.

Según la leyenda, el Padre Sol (que se llamaba Inti Tayta) creó la civilización incaica en el Lago Titicaca. Los habitantes de esta región conservan sus antiguas tradiciones.

8-46 ¿Qué es? Empareja las expresiones de la columna de la izquierda con las de la derecha.

1. la alpaca g
2. el Lago Titicaca e
3. el camino Inca d
4. los Andes h
5. Charles Darwin c
6. el galápago b
7. Inti Tayta a
8. las Islas Galápagos f

a. el Padre Sol de los Incas
b. una tortuga gigantesca en peligro de extinción
c. el científico inglés conocido por su teoría de la evolución de las especies
d. un antiguo sendero (*trail*) por las montañas del Perú
e. lugar de la creación de la civilización Inca
f. el archipiélago donde viven muchas especies únicas
g. un animal del altiplano que produce lana
h. dominan el paisaje del Ecuador

8-47 ¿Dónde? Identifica los lugares en el mapa donde puedes encuentrar las siguientes cosas.

1. la industria pesquera (del pescado) la costa
2. la investigación ecológica las Islas Galápagos
3. los deportes invernales las montañas
4. la sede del gobierno las capitales
5. los volcanes los Andes

2 8-48 El mapa. Consulten el mapa de Suramérica y túrnense para indicar dónde se encuentran las ciudades y los lugares a continuación.

al oeste de	al norte de	al sur de	al este de
en el centro	en la costa del Pacífico	en las montañas	

MODELO: Lima
    Lima es la capital del Perú. Está en la costa del país.

Machu Picchu	Guayaquil	el Lago Titicaca
Quito	las Islas Galápagos	Cuzco

2 8-49 Recomendaciones. Háganles recomendaciones a personas que piensan hacer un viaje al Perú y al Ecuador. Recomiéndenles lugares para visitar según sus intereses.

MODELO: E1: Quiero estudiar civilizaciones antiguas.
    E2: *¿Por qué no vas a Machu Picchu? Allí puedes estudiar el centro ceremonial de los incas.*

1. Quiero estudiar la ecología.
2. Me gusta escalar montañas.
3. Estudio agricultura.
4. Me gustan los mariscos.
5. Quiero observar las alpacas.
6. Quiero observar las antiguas tradiciones.

WWW 8-50 Más información. Conéctate con la página electrónica de *¡Arriba!* (**www.prenhall.com/arriba**) para ver más imágenes del Ecuador y del Perú. Elige una, y descríbela. Aquí tienes algunas posibilidades.

- la música
- la comida
- la civilización inca
- los mercados
- las Islas Galápagos
- la agricultura

 **Ritmos**

"Camino de la montaña" (Los Kjarkas, Perú)

El camino de la montaña en esta canción es una metáfora sobre el camino de la vida. Aunque la montaña en la canción es simbólica, la vida de los peruanos siempre ha estado fuertemente vinculada con los Andes.

Antes de escuchar

8-51 El viaje a los Andes. Imagínate que hiciste un viaje a los Andes y que disfrutaste de la belleza que hay allí. Termina las oraciones sobre esta experiencia con el pretérito o el imperfecto.

1. En las montañas ____hacía____ (hacer) fresco por las mañanas.
2. Las vistas ____eran____ (ser) impresionantes.
3. Después de unos días (yo) __me acostumbré__ (acostumbrarse) a la altura.
4. ____Había____ (haber) pocas tiendas para comprar recuerdos.
5. (Yo) ____me puse____ (ponerse) muy triste cuando____tuve____ (tener) que irme.

A escuchar

8-52 "Camino de la montaña". Mientras escuchas la canción, completa la letra con las palabras de la lista siguiente.

mundo   libertad   amores   verdad   destino

1. Camino de la montaña camino de (1.) ____libertad____
   Yo quiero subir por ella en busca de mi (2.) ____verdad____
   Ser el santo y peregrino en busca de mi (3.) ____destino____
   Y unos ojos soñadores que mi vida me alumbran

   (se repite)

2. Hay (4.) ____amores____ en la vida que se buscan locamente
   Que andan perdidos sin rumbo por los caminos del (5.) ____mundo____
   Más buscarán sus destinos quizás por otros caminos
   Porque la vida misma es un camino por andar
   Más buscarán sus destinos quizás por otros caminos
   Porque la vida misma es un camino por andar

Vínculos

- Instructor's Music CD: *Capítulo 8: Ritmos de nuestro mundo*
- Companion Website: Chapter 8, Web Resources, *Ritmos: Los Kjarkas (Perú)*

Teaching tips
The indigenous heritage of Peru and Ecuador is especially evident in this music.

Después de escuchar

8-53 Una excursión inolvidable. Usa el pretérito y el imperfecto para completar la siguiente carta que describe una excursión a Machu Picchu.

Queridos Ana y Julia:

Mientras (1. estar) _____ en Perú mis compañeros y yo (2. hacer) _____

_____ una excursión en tren a Machu Picchu, el centro ceremonial de los incas,

construído en el siglo XV.

Cuando nosotros (3. llegar) _____ a los picos, yo (4. poder) _____

ver las ruinas tan bellas e impresionantes. ¡Los indígenas (5. construir) _____ más

de 200 edificios y (6. haber) _____ ruinas en las montañas y en los valles!

Como Machu Picchu está a más de 2.000 metros de altura, (7. hacer) _____

fresco en las montañas. Me (8. impresionar) _____ mucho la neblina porque

(9. dar) _____ un poco de misterio al lugar. Otra cosa impresionante... mis

compañeros y yo (10. ver) _____ un cóndor—un pájaro grandísimo—que

(11. volar) _____ en el cielo mientras (12. nosotros bajar) _____ de la montaña.

Pues, creo que después de leer esta carta ustedes saben un poco más sobre Machu

Picchu. ¿Tienen ganas de ir allá algún día? ¡Espero que sí!

Un abrazo,

Héctor

Páginas

"Los rivales y el juez" (Ciro Alegría, Perú)

Ciro Alegría nació en Huamachuco, Perú, en 1909 y murió en 1967. Vivió muchos años entre los indígenas y muchas de sus obras dan vida y validez a sus tradiciones y a su folklore. "Los rivales y el juez" es una fábula.

Antes de leer

8-54 El género de la obra. Si sabes el género (*genre*), puedes anticipar el estilo. Sabiendo que ésta es una fábula, ¿qué te hace saber antes de leerla? ¿Cuáles de estas características se aplican a una fábula?

__X__ Tiene una lección.

_____ Los personajes son dioses.

_____ Es algo que realmente pasó.

__X__ Los personajes son animales.

8-55 **¿Quiénes son?** Aquí tienes los personajes de esta fábula. Empareja el personaje con su descripción.

El sapo

La cigarra

La garza

1. __c__ el sapo
2. __a__ la cigarra
3. __b__ la garza

a. pequeña, negra, seis patas
b. alta, gris, elegante, pico largo
c. bajo, verde o pardo, cuatro patas, feo

8-56 **Para pensar.** Piensa en una fábula en inglés y da la información a continuación.

1. el nombre de un escritor de fábulas: _____
2. el nombre en inglés de una fábula famosa: _____
3. el nombre de un personaje ufano (*conceited*): _____

A leer

8-57 **La historia.** Lee la siguiente fábula para saber qué les pasó al sapo, a la cigarra y a la garza.

"Los rivales y el juez (*judge*)"

Un sapo estaba muy ufano (*conceited*) de su voz y toda la noche se la pasaba cantando: toc, toc, toc...

Y una cigarra estaba más ufana de su voz, y se pasaba toda la noche y también todo el día cantando: chirr, chirr, chirr...

Una vez se encontraron y el sapo le dijo: "Mi voz es mejor".

Y la cigarra contestó: "La mía es mejor".

Se armó una discusión que no tenía cuándo acabar (*had no end*).

El sapo decía que él cantaba toda la noche.

La cigarra decía que ella cantaba día y noche.

El sapo decía que su voz se oía a más distancia y la cigarra que su voz se oía siempre.

Se pusieron a cantar alternándose: toc, toc, toc...; chirr, chirr, chirr... y ninguno se convencía.

Y el sapo dijo: "Por aquí a la orilla (*bank*) de la laguna, se para (hay) una garza. Vamos a que haga de juez".

Y la cigarra dijo: "Vamos". Saltaron y saltaron hasta que vieron a la garza...

Y la cigarra gritó: "Garza, queremos únicamente que nos digas cuál de nosotros dos canta mejor".

La garza respondió: "Entonces acérquense (vengan cerca) para oírlos bien"...

El sapo se puso a cantar, indiferente a todo... y mientras tanto la garza se comió a la cigarra.

Cuando el sapo terminó, dijo la garza: "Ahora seguirá la discusión en mi buche (*belly*)", y también se lo comió. Y la garza, satisfecha de su acción, encogió una pata (*drew up a leg*) y siguió mirando tranquilamente el agua.

Después de leer

8-58 ¿En qué orden? Pon estos eventos en orden cronológico.

___6___ ¡La garza se los comió!

___1___ El sapo cantaba "toc, toc, toc".

___5___ La garza fue juez.

___3___ El sapo y la cigarra estaban ufanos.

___2___ La cigarra cantaba "chirr, chirr, chirr".

___4___ Toda la noche se oía "toc, chirr, toc, chirr, toc, chirr".

8-59 ¿Comprendiste? Contesta brevemente en español.

1. ¿Quiénes son los tres personajes de esta fábula?   Son la garza, el sapo y la cigarra.
2. ¿Cuál de los personajes canta mejor?   Cada uno piensa que canta mejor.
3. ¿Cuál es el más inteligente?   La garza es el más inteligente de los tres.
4. En tu opinión, ¿cuál es la lección de esta fábula?   Answers will vary.
5. Compara la lección de esta fábula con la de otra que conoces.   Answers will vary.

❷ 8-60 Sus animales favoritos. Hablen de los animales que les gustan y de los que no les gustan y digan por qué.

Taller

Teaching tips
Have students brainstorm their ideas for their *fábula* in class. You may want them to write and act out their tale in pairs.

Suggestion for *Taller*. Have students tape-record their fables, including sound effects.

8-61 Una fábula. En esta actividad vas a escribir una fábula. Recuerda que los personajes son animales y que hay una lección explícita o implícita.

Antes de escribir

■ **Descripción.** Escribe una breve descripción de dos o tres personajes. Incluye sus aspectos físicos y personales.

ALGUNOS	ANIMALES		
el águila	*eagle*	**el gato**	*cat*
la alpaca	*alpaca*	**la iguana**	*iguana*
la araña	*spider*	**el mapache**	*raccoon*
la ardilla	*squirrel*	**el pato**	*duck*
la culebra	*snake*	**el perro**	*dog*
el galápago	*turtle*	**el zorro**	*fox*

A escribir

■ Escribe dos o tres oraciones para describir el lugar. Usa el imperfecto.
■ Escribe dos o tres oraciones para explicar el problema o el conflicto entre los personajes. Usa el imperfecto.
■ Escribe de dos a tres oraciones describiendo su encuentro (*encounter*) y los resultados. Usa el pretérito.
■ Escribe la moraleja (*moral*) para resumir la fábula. La moraleja empieza con esta frase: *(No) hay que...*

Después de escribir

■ **Revisar.** Revisa tu fábula para verificar los siguientes puntos:

☐ el uso del imperfecto (la escena)

☐ el uso del pretérito (los acontecimientos [*events*])

☐ la ortografía y la concordancia

■ **Intercambiar**
Intercambia tu fábula con la fábula de otro/a compañero/a para hacer correcciones y sugerencias, y comentar sobre el mensaje (*message*) de la fábula.

■ **Entregar**
Pasa tu fábula a limpio, incorporando las sugerencias de tu compañero/a. Después, entrégasela a tu profesor/a.

MODELO: *En la alta sierra del Perú vivían una alpaca y un águila. La alpaca se creía la criatura más bella de todo el mundo. El águila también se creía muy, muy bella, aún más bella que la alpaca...*

Vínculos

• Assessment: TestGen or paper test in the IRM

9 Vamos de viaje

OBJETIVOS COMUNICATIVOS

- **Requesting travel-related information**
- **Making travel arrangements**

- **Describing travel experiences**
- **Describing events**
- **Trying to influence another person**
- **Giving advice**

Fernando Botero, pintor y escultor colombiano, es conocido por sus caricaturas de personajes populares. Ésta se llama *El picador*.

Los países caribeños de Suramérica: Venezuela y Colombia

Shakira fue la primera colombiana en ganar un Grammy Latino en 1999. En 2002, ganó dos más.

Refrán: When in Rome, do as the Romans do. *(Wherever you go, do as you see.)*

¡Así es la vida!

Teaching tips
Review the previous chapter by asking students to talk about a recent shopping trip, what items they bought (preterit), how much each item cost (preterit), if there were many people in the store (imperfect), etc.

Introduce *Capitulo 9* by telling students that you and some of your celebrity friends (such as Shakira) are planning a trip to Colombia and Venezuela. Refer to the map of South America to point out some of the places you plan to visit. Provide a list of some of the activities you must do before taking your trip. Ask students if they would like to go with you and your celebrity friends.

Expansion ¡*Así es la vida!* Use the following questions to check comprehension. *¿Cuál es la relación entre Mauricio y Susana? ¿Por qué tienen vacaciones? ¿Adónde quiere ir Mauricio? ¿Por qué prefiere ir Susana a otra parte? ¿Qué sugerencia les hace Rosario?¿Qué atractivos tienen San Andrés y Cartagena? ¿Cuánto cuesta todo?*

De vacaciones

Mauricio Pasos y Susana García son dos jóvenes universitarios venezolanos. Quieren tomarse unas vacaciones entre semestres. Ahora están en la agencia de viajes Omega, C.A., situada en la Avenida Andrés Bello de Caracas, y hablan con Rosario Díaz.

Rosario: Hola, ¿cómo están?

Susana: Pues, aquí nos tienes, corriendo de un lado a otro.

Rosario: Bueno, ¿y ya saben adónde desean ir de vacaciones?

Mauricio: Yo quiero ir a Cancún, porque allí fue donde nos conocimos.

Susana: No, mi amor. De eso nada (*No way*). En Cancún hay demasiados (*too many*) turistas.

Rosario: (*Mostrándoles un folleto*) Un momento, Susana. Mira, aquí les ofrecen un viaje de una semana a Colombia.

Susana: ¡Ah! ¡Qué interesante! ¿Qué incluye el viaje?

Rosario: Incluye pasaje de ida y vuelta, hospedaje, comidas y excursiones por tres días y dos noches a la isla de San Andrés, que tiene una playa fabulosa, y cinco días y cuatro noches en la maravillosa ciudad colonial de Cartagena de Indias. ¡Todo esto por sólo 800 dólares por persona!

Susana: ¡Fenomenal!

Mauricio: Pues, mi cielo, entonces... ¡vamos a Colombia!

En el aeropuerto

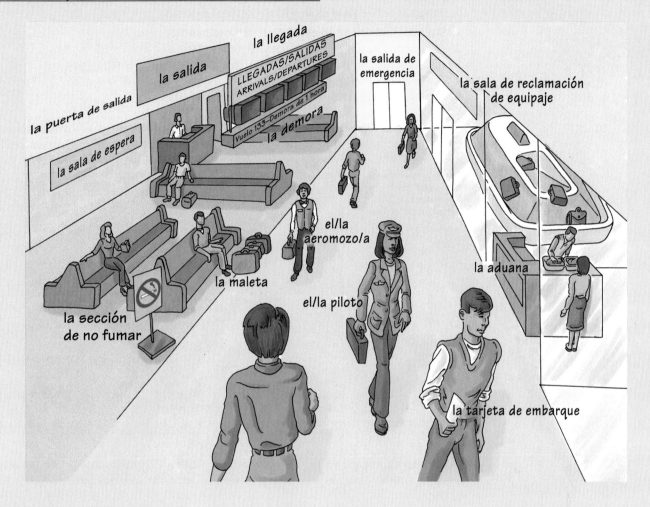

la puerta de salida

la salida

la llegada

LLEGADAS/SALIDAS
ARRIVALS/DEPARTURES

Vuelo 133—Demora de 1 hora

la demora

la salida de emergencia

la sala de reclamación de equipaje

la sala de espera

el/la aeromozo/a

la aduana

la maleta

el/la piloto

la sección de no fumar

la tarjeta de embarque

En la agencia de viajes

el folleto	*brochure*
el/la guía	*tour guide*
la guía	*guide book*
el hospedaje	*lodging*
el pasaje (de ida y vuelta)	*(roundtrip) fare, ticket*
la reserva/la reservación	*reservation*

Vínculos

Use the following instructional resources to practice *la agencia de viajes; el aeropuerto; el avión.*
- Companion Website: Chapter 9, Review, Activity: Rev 9-1
- IRCD: pp. 293, 294, 295, and 296

Viajar

abordar	*to board*
aterrizar	*to land*
despegar (gu)	*to take off*
facturar el equipaje	*to check luggage*
hacer cola	*to stand in line*

En el avión

la altura	*altitude*
el asiento (de ventanilla / de pasillo)	*(window/aisle) seat*
la clase turista	*coach class*

Suggestion for *¡Así lo decimos!* Use the following questions to introduce and personalize vocabulary. *¿Dónde haces tus reservas para un viaje? ¿Compras una guía turística para conocer el lugar? ¿Cómo te sientes cuando hay una demora en salir? ¿Prefieres un asiento al lado de la ventanilla o al lado del pasillo? ¿Prefieres facturar tu equipaje o llevarlo en la mano? ¿Qué pasa si pierdes tu tarjeta de embarque? ¿Qué hacen los aeromozos en el avión? Si vuelves de un viaje en el extranjero, ¿quién te revisa la maleta? ¿Qué productos se prohíbe entrar a los EE.UU.?*

Teaching tips

Your students are probably not seasoned travelers, but they may be interested in visiting other parts of the world. The activities of *Primera parte* will help them think about their travel options, make reservations, and navigate the airport and airplane.

Aplicación

9-1 Susana y Mauricio. Indica si estas declaraciones son ciertas o falsas según la información de **¡Así es la vida!** Corrige las falsas.

1. Susana y Maurico son estudiantes colombianos.   falso
2. Tienen dos meses de vacaciones entre semestres.   falso
3. En la agencia hablan de una oferta para un viaje a Colombia.   cierto
4. El viaje cuesta muy caro.   falso
5. El viaje incluye todo menos pasaje en avión.   falso

9-2 ¿Adónde van Mauricio y Susana? Mira el siguiente mapa y traza la ruta entre Caracas, San Andrés y Cartagena de Indias. ¿Cuántos kilómetros hay en total?

Cartagena de Indias–San Andrés: 827 Kms.
Cartagena de Indias–Caracas: 944 Kms.

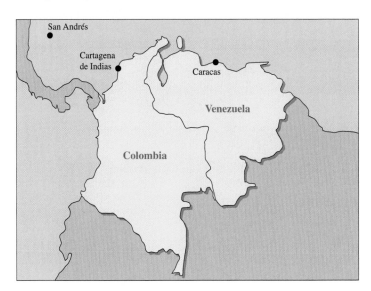

9-3 Planes para un viaje. Tú también quieres ir a Colombia. Imagínate que vas a acompañar a Mauricio y a Susana. Pon en orden estas acciones para poder hacer el viaje.

MODELO: Voy a pedir...

____1____ pedir dos semanas de vacaciones

____9____ bajarse del avión

____4____ comprar una guía turística, mapas y planos

____10___ abrirle la maleta al aduanero (*oficial*)

____7____ hacer cola para abordar el avión

____5____ hacer la maleta

____2____ hablar con un agente de viajes

____6____ pedir un taxi para el aeropuerto

____8____ darle la tarjeta de embarque al aeromozo

____3____ hacer las reservas del avión

❷ **9-4 En la agencia de viajes.** Ahora, estás con un agente de viajes. Completa la conversación con palabras y expresiones de la lista siguiente.

buen viaje	pasaje
excursión	salida
guía	ventanilla
hospedaje	viaje
paquete	vuelo

Agente: Buenos días, señora. ¿En qué puedo servirle?

Señora: Quiero hacer un (1) _____viaje_____ a Colombia.

Agente: Bien, ¿quiere que le muestre un (2) _____paquete_____?

Señora: Sí, por favor.

Agente: Aquí tiene.

Señora: ¿Incluye (3) _____hospedaje_____ en un hotel?

Agente: Sí, y también incluye una (4) _____excursión_____ por Cartagena.

Señora: ¿Hay un (5) _____guía_____ para explicarme las atracciones?

Agente: Sí, por supuesto.

Señora: Quiero un (6) _____vuelo_____ sin escala (*nonstop*).

Agente: Sí, señora. Hay dos sin escala.

Señora: Entonces compro un (7) _____pasaje_____ de turista.

Agente: ¿Dónde prefiere usted sentarse?

Señora: Al lado de la (8) _____ventanilla_____ para poder ver, y cerca de la (9) _____salida_____ de emergencia por favor.

Agente: Perfecto. Muchas gracias y ¡(10) _____buen viaje_____!

9-5 Anuncios. Contesta las siguientes preguntas basándote en el anuncio a continuación.

Answers to 9-5. 1. Se llama Agencia de Viajes Mundiales. 2. Anuncia tarifas de ida y vuelta de Nueva York. 3. Está en Manhattan 4. Son los viajes a la isla Margarita y a Maracaibo. 5. Es el viaje a Santo Domingo 6. Hay excursiones a San Juan y Santo Domingo. 7. Los precios del anuncio no son fijos. 8. *Answers will vary*.

1. ¿Cómo se llama la agencia de viajes?
2. ¿Qué anuncia la agencia?
3. ¿Dónde está la agencia?
4. ¿Cuál es el viaje más caro?
5. ¿Cuál es el más barato?
6. ¿A qué ciudades del Caribe hay excursiones?
7. En español explica la frase, "Precios sujetos a cambio sin previo aviso".
8. ¿Cuál de los viajes prefieres y por qué?

Audioscript for 9-6
Señores pasajeros, buenas tardes y bienvenidos a bordo de AVENSA, la aerolínea nacional de Venezuela, donde "el tiempo pasa volando". Este es su vuelo número 985, con destino a San Juan, Puerto Rico. El vuelo hoy va a durar tres horas y media, y debe ser un viaje tranquilo. En ruta, vamos a pasar por el mar Caribe y les vamos a señalar algunos lugares de interés, como la isla de Margarita. Durante el vuelo les vamos a servir almuerzo y cócteles a su gusto. Les ofrecemos también la película cubana *El club social Buena Vista*. En San Juan hace buen tiempo, muy agradable con 85 grados Fahrenheit, es decir, más o menos 30 grados centígrados. La hora de llegada va a ser a las 2:30 de la tarde, hora local. De nuevo la tripulación les agradece su decisión de volar con AVENSA.

9-6 Un vuelo en avión. Parece que Susana y Mauricio se equivocaron de vuelo. Escucha el anuncio que ellos escuchan en el avión. Indica la información correcta del vuelo.

1. aerolínea: a. IBERIA   b. AVENSA   c. LACSA
2. número: a. 895   b. 985   c. 995
3. destino: a. San Juan   b. San José   c. San Andrés
4. comida: a. almuerzo   b. merienda   c. desayuno
5. película: a. cubana   b. venezolana   c. colombiana
6. temperatura: a. 30° C   b. 30° F   c. 32° C
7. hora de llegada: a. 2:30 A.M.   b. 3:30 P.M.   c. 2:30 P.M.

9-7 ¿Qué prefieres? Conversen entre ustedes sobre sus preferencias cuando viajan.

MODELO: aerolínea doméstica o extranjera
　　E1: *Cuando viajas, ¿qué prefieres, una aerolínea doméstica o una extranjera?*
　　E2: *Prefiero una doméstica.*
　　E1: *¿Cuál?*
　　E2: ...

1. la comida en el avión o la comida del aeropuerto
2. viajar en primera clase o en clase turista
3. leer o trabajar durante el vuelo
4. ver una película o dormir
5. sentarte al lado del pasillo o al lado de la ventanilla
6. sentarte detrás, en medio o al frente del avión

Suggestion for 9-9. Point out that the monetary unit for Venezuela is the *bolívar*. Have students check the current rate of exchange on the Internet.

9-8 En el mostrador de AVIANCA. Hagan el papel de agente y viajero/a en el mostrador (*counter*) de la aerolínea AVIANCA (aerolínea colombiana). Incluyan esta información.

el saludo　　　　　　　　el equipaje
el destino　　　　　　　　el número de la puerta de salida
el pasaporte　　　　　　　un anuncio para el avión
su preferencia para sentarse　　¿...?

MODELO: E1: *Buenos días. Su boleto y pasaporte por favor.*
　　　　　E2: *Aquí los tiene.*
　　　　　E1: *Usted viaja a..., ¿verdad?*
　　　　　E2: ...

9-9 Especiales de viaje desde Caracas. Lean el aviso y decidan adónde desean viajar. Incluyan la siguiente información.

1. el país (ciudad) a visitar
2. el número de días de la excursión
3. el tipo de ropa que van a llevar
4. los precios y cuánto quieren gastar
5. si van a necesitar un taxi para ir al aeropuerto o a la estación de autobuses
6. algunas actividades que van a hacer

VIAJES VENEZOLANOS
Salidas desde Caracas

SALIDAS EN AUTOBÚS

Internacionales
Bogotá　　　　　　158.000
Boa Vista, Brasil　142.200
Sao Paulo　　　　221.200

Nacionales
Valencia　　　　　12.640　　VENEZUELA
Maracaibo　　　　94.800
Mérida　　　　　101.120
Ciudad Bolívar　47.400
Barcelona　　　　31.606
San Carlos de Río Negro　63.200
Puerto Ayacucho　　47.400
Coro　　　　　　　79.000

viajes **Marsans** Somos los primeros desde 1.910
SALIDAS EN AVIÓN

LANZAROTE
4 noches
Salida 29 abril
Apt Int. PTO. Carmen***
43.500

Isla Margarita
4 días. Hotel***. Salida 28 abril　316.000
Miami
4 días. Hotel***. Salida 28 abril　568.500
San Juan, Pto Rico
4 días. Hotel***. Salida 5 mayo　537.200
Quito
5 días. Hotel***. Salida 6 junio　442.400

¡Pague en 3 meses sin recargo! (en viajes a partir de 300.000 bolívares)

¡Así lo hacemos! Estructuras

1. *Por* or *para*

Although the prepositions **por** and **para** may both be translated as *for* in English, they are not interchangable. Each word has a distinctly different use in Spanish, as outlined below.

Por...

▪ expresses the time during which an action takes place or its duration (*during, for*).

Vamos al aeropuerto **por** la tarde.	*We are going to the airport during the afternoon.*
Pienso estudiar en Caracas **por** un semestre.	*I am planning to study in Caracas for a semester.*

▪ expresses *because of, in exchange for, or on behalf of.*

Tuve que cancelar el vuelo **por** una emergencia.	*I had to cancel the flight because of an emergency.*
¿Quieres $10 **por** esa guía?	*Do you want $10 for that guidebook?*
¿Lo hiciste **por** mí?	*Did you do it for me?*

▪ expresses the object/goal of an action or a person being sought after (*for*).

Venimos **por** usted a las dos.	*We'll come by for you at two.*
Los estudiantes fueron **por** el equipaje.	*The students went for their luggage.*

▪ expresses motion (*through, by, along, around*).

Pasé **por** la agencia ayer.	*I went by the agency yesterday.*
Las chicas salieron **por** la puerta de salida.	*The girls went out through the gate.*

▪ expresses the means by or manner in which an action is accomplished (*by, for*).

¿Viajaron a Bogotá **por** avión?	*Did you travel to Bogotá by plane?*
Hicimos las reservaciones **por** teléfono.	*We made the reservations by telephone.*

Vínculos

Use the following instructional resources to practice *por* or *para*.
- WB/LM–OneKey: Activities: 9-6, 9-7, 9-8, 9-9, 9-31, and 9-32
- Companion Website: Chapter 9, Review, Activity: Rev 9-2
- IRCD: p. 297

Teaching tips
Students have already heard and practiced several uses of *por* and *para* in class. It may help them to remember that *por* is used when there is a reason or cause for an action. *Para*, in contrast, is used when there is a goal in space or time. Also, there are many formulas that use *por*. The activities in this section encourage students to understand the meaning of the text in order to complete the activity.

Suggestion for ¡Así lo hacemos! Point out that when expressing duration of time, *por* may be omitted: *Pienso estudiar en Caracas un semestre.*

■ **Estar por** + *infinitive* expresses readiness (*to be about to do something*).

Estoy **por** salir.	*I am about to leave.*
Estamos **por** visitar la tumba de Bolívar en el centro de Caracas.	*We are about to visit Bolívar's tomb in downtown Caracas.*

■ is used in many common idiomatic expressions.

por ahora	*for now*
por aquí	*around here*
por Dios	*for God's sake*
por eso	*that's why*
por ejemplo	*for example*
por favor	*please*
por fin	*finally*
por lo general	*in general*
por supuesto	*of course*
por último	*finally*

Para...

■ expresses the purpose of an action (*in order to* + infinitive) or an object (*for*).

Vamos a Colombia **para** conocer el país.	*We're going to Colombia in order to get to know the country.*
La cámara es **para** sacar fotos.	*The camera is for taking pictures.*

■ expresses destination (a place or a recipient).

Mañana salimos **para** Maracaibo.	*Tomorrow we're leaving for Maracaibo.*
Este pasaje es **para** ti.	*This ticket is for you.*

■ expresses work objective.

Ana estudia **para** piloto.	*Ana is studying to be a pilot.*

■ expresses time limits or specific deadlines (*by, for*).

Necesito el pasaporte **para** esta tarde.	*I need the passport for this afternoon.*
Pienso estar en Cartagena **para** las seis de la tarde.	*I plan to be in Cartagena by six in the afternoon.*

■ expresses comparison with others (stated or implicit).

Para diciembre, hace buen tiempo.	*For December, the weather is nice.*
Para tener cinco años, tu hermanita sabe mucho.	*For a five-year old, your little sister knows a lot.*

EXPANSIÓN | More on structure and usage

Para usar *por* y *para*

The uses of **por** and **para** have apparent similarities, which sometimes cause confusion. In some cases it may be helpful to link their uses to the questions **¿para qué?** (*for what purpose?*) and **¿por qué?** (*for what reason?*).

—**¿Por qué** viniste?	*Why (For what reason) did you come?*
—Vine porque necesitaba los boletos.	*I came because I needed the tickets.*
—**¿Para qué** viniste?	*For what purpose did you come?*
—Vine **para** pedirte un favor.	*I came (in order) to ask a favor of you.*

In many instances the use of either **por** or **para** will be grammatically correct, but the meaning will be different. Compare the following sentences.

Mario viaja **para** Cartagena.	*Mario is traveling to (toward) Cartagena.* (destination)
Mario viaja **por** Cartagena.	*Mario is traveling through (in) Cartagena.* (motion)

Aplicación

9-10 Una entrevista con Fernando Botero. Lee esta entrevista y subraya las preposiciones **por** y **para**. A continuación explica el uso de cada una.

MODELO: ¿<u>Por</u> qué no se quedó en Medellín?
reason or cause

Fernando Botero delante de una de sus esculturas en la Quinta Avenida de Nueva York.

Entrevistadora: Buenas tardes, señor Botero. Usted nació en Medellín pero después se mudó a Bogotá. ¿<u>Por</u> qué no se quedó en Medellín?

Botero: Me mudé <u>por</u> todas las oportunidades que se ofrecían en la capital. Mi primera exposición de pinturas fue en Bogotá cuando tenía 20 años. Después, gané varios premios y decidí ir a Europa.

Entrevistadora: ¿Y qué hizo allí?

Botero: Primero, viajé <u>por</u> Francia, España e Italia <u>para</u> conocer las grandes obras maestras de los museos europeos. Estudié <u>por</u> varios meses en cada lugar, y luego fui <u>para</u> México.

Entrevistadora: ¿Y <u>por</u> qué fue a México?

Botero: Fui <u>para</u> conocer mejor el arte mexicano, y allí pinté varios cuadros. Luego, salí <u>para</u> Nueva York y en esa ciudad pinté mi *Mona Lisa, 12 años de edad* que ahora está en el Museo de Arte Moderno.

Entrevistadora: Y, ahora ¿qué hace?

Botero: Sigo trabajando en un arte que tiene mucho de colonial y monumental, especialmente en la escultura. Vivo en París, Nueva York y Bogotá. <u>Para</u> mí, es una vida muy satisfactoria.

9-11 ¿Botero? Ahora contesta las preguntas siguientes basadas en la entrevista.

1. ¿Cuál es la nacionalidad de Botero?
2. ¿Por qué se mudó a Bogotá?
3. ¿Qué hizo en Europa?
4. Después, ¿adónde fue? ¿Por qué?
5. ¿Dónde está uno de sus cuadros en los EE.UU.?
6. ¿Qué tipo de arte hace hoy en día?
7. ¿Cómo encuentra su vida ahora?

Answers to 9-10. ¿*Por* qué...? (reason), *por* todas las oportunidades (because of), *por* Francia (through it), *para* conocer (purpose) *por* varios meses (durante), *para* México (to it), *por* qué (reason), *para* conocer (propósito de la acción), *para* Nueva York (destino), *Para* mí (en su opinión)

Answers to 9-11. 1. Colombiana
2. Porque había muchas oportunidades.
3. Viajó y estudió. 4. Fue a México porque quería conocer mejor el arte. 5. Está en el Museo de Arte Moderno de Nueva York.
6. Hace arte/escultura colonial y monumental. 7. La encuentra muy satisfactoria.

9-12 Planes para un viaje al Salto Ángel. Completa el párrafo con **por** o **para**.

En enero Carmen y yo decidimos hacer un viaje al Salto Ángel en Venezuela. Queríamos ir (1) _para_ Semana Santa, que es en la primavera. El día que hicimos los planes, yo pasé (2) _por_ Carmen y luego nosotras salimos (3) _para_ la agencia de viajes. Carmen y yo caminamos (4) _por_ el parque Central, (5) _por_ Times Square y, (6) _por_ fin, (7) _por_ Grand Central Station. En la agencia le dijimos a la directora que (8) _para_ nosotras la primavera era la mejor estación del año. (9) _Por_ eso, queríamos hacer el viaje en abril. Con la agente hicimos los planes. Íbamos a pescar (10) _por_ el río. Íbamos a hacer una excursión (11) _por_ el parque nacional. Íbamos a pasar quince días recorriendo toda la región. ¿Cuánto pagamos (12) _por_ un viaje tan bonito? ¡Sólo $850! ¡(13) _Para_ mí era una ganga (*bargain*)!

La agente dijo, "Está bien. Estos boletos de avión son (14) _para_ ustedes, (15) _para_ el viaje. Pero tienen que pasar (16) _por_ la librería (17) _para_ comprar una guía turística." También teníamos que ir al banco (18) _para_ comprar cheques de viajero. Y entonces, con todo listo, ¡sólo teníamos que esperar tres meses!

9-13 Un día fantástico. Imagínate que unos amigos y tú acaban de volver de un viaje estupendo. Combina palabras de cada columna para formar oraciones completas en el pretérito.

MODELO: *Melinda salió para el aeropuerto.*

Melinda y yo	salir		el aeropuerto
Ángel	entrar		la puerta de salida a las 8:00 a.m.
yo	pensar llegar	por	tres horas
Carlos y Pepe	pasear	para	el avión
todos	caminar		la sala de espera
Ana y Patricia	estar		las maletas
tú	ir		los pasaportes

9-14 Los viajes con la familia. Escribe un párrafo contando cómo eran los viajes con tu familia cuando eras pequeño/a. Puedes inventar una historia, si quieres. Puedes usar las frases siguientes para empezar la historia.

MODELO: *Cuando era pequeña, hacíamos un viaje a San Antonio todos los veranos. No íbamos a la agencia de viajes, porque teníamos parientes en San Antonio...*

Cuando era pequeño/a, hacíamos viajes a... (No) Íbamos a la agencia para... Siempre hablábamos con el agente para... Mirábamos folletos de viajes a... Por supuesto,... Pero para nosotros,... Por fin,... Después de hacer los planes,...

AB **9-15A Un viaje a un lugar interesante.** Ustedes piensan visitar un lugar interesante este verano. Háganse preguntas para planear el viaje y después hagan un resumen de sus planes.

1. ¿Para qué hacemos el viaje?
2. ¿Vamos por avión?
3. ¿Salimos por la mañana o por la tarde?
4. ¿Cuánto dinero vamos a necesitar para el viaje?
5. ¿Por cuánto tiempo vamos?
6. ¿Es necesario cambiar dólares para pagar en ese lugar?

2 **9-16 ¡Explícate!** Inventen, individualmente, viajes que van a hacer usando las categorías del modelo. Luego, háganse las preguntas siguientes. Los viajes pueden ser largos o muy breves.

	Modelo	Tú	Tu compañero/a
Destino:	Washington, D.C.		
Ruta:	Pennsylvania		
Transporte:	carro		
Fecha de llegada:	el 24 de mayo		
Duración del viaje:	cuatro días		
Propósito:	visitar a mi tía		

1. ¿Para dónde vas?
2. ¿Cómo vas a llegar?
3. ¿Cómo vas a viajar, por tren, por carro, por...?
4. ¿Para cuándo vas?
5. ¿Por cuánto tiempo vas?
6. ¿Para qué vas?

2. Adverbs ending in *-mente*

In Spanish many adverbs are formed by adding **-mente** to the feminine singular form of the adjectives that end in **-o** or **-a.** Adjectives that have only one form simply add **-mente.** Note that the ending **-mente** is equivalent to the English ending *-ly.* Also note that if the adjective requires an accent mark, the accent remains on the adverb.

lento → lentamente   rápido → rápidamente
alegre → alegremente   fácil → fácilmente

Teresa canceló el viaje **inmediatamente.**   *Teresa canceled the trip immediately.*
Esteban habla **lentamente.**   *Esteban talks slowly.*

Vínculos

Use the following instructional resources to practice adverbs ending in *-mente.*
- WB/LM–OneKey: Activities: 9-10, 9-11, 9-33, and 9-34
- Companion Website: Chapter 9, Review, Activity: Rev 9-3

Se quieren enormemente.

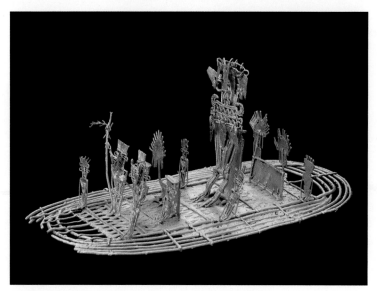

Según la leyenda, los muiscas cubrían de oro a su cacique.

Aplicación

9-17 En el Museo del Oro de Bogotá. Lee el párrafo sobre una visita al Museo del Oro de Bogotá e identifica los adverbios. Después, escribe oraciones originales usando cinco de ellos.

Cuando Alida y José vivían en Bogotá, iban <u>frecuentemente</u> al Museo del Oro. Para llegar al museo <u>normalmente</u> pasaban por el parque, <u>especialmente</u> cuando hacía buen tiempo. A José siempre le gustaba caminar <u>lentamente</u> pero Alida tenía más prisa y caminaba <u>rápidamente</u>. En el museo, José se sentaba en los bancos y <u>tranquilamente</u> leía todos los letreros (*signs*) sobre las piezas, pero Alida <u>sólamente</u> sacaba fotos de ellas. <u>Generalmente</u>, después de visitar el museo iban a una heladería donde se sentaban a tomar un refresco y conversar <u>animadamente</u> sobre la visita. Siempre lo pasaban <u>maravillosamente</u> bien.

Answers to 9-18. 1. Iban frecuentemente. 2. Caminaban. 3. Caminaba lentamente. 4. José se sentaba y leía los letreros; Alida sacaba fotos. 5. Iban a una heladería.

9-18 La visita al museo. Contesta ahora las siguientes preguntas sobre el texto que acabas de leer.

1. ¿Cuántas veces iban Alida y José al Museo del Oro?
2. ¿Cómo iban normalmente?
3. ¿Cómo caminaba José?
4. ¿Qué hacía José en el museo? ¿Y Alida?
5. ¿Qué hacían después de visitar el museo?

WWW **9-19 El Museo del Oro.** Conéctate con la página electrónica de *¡Arriba!* (**www.prenhall.com/arriba**) y visita el Museo del Oro. Identifica piezas que te parezcan lo siguiente.

MODELO: especialmente bello/a
Los ídolos de los muiscas me parecen especialmente bellos.

1. enormemente importante
2. elegantemente diseñado/a (*designed*)
3. particularmente original
4. increíblemente detallado/a
5. especialmente curioso/a

AB **9-20A ¿Cómo lo haces?** Túrnense para hacerse preguntas. Contesten cada una con un adverbio terminado en **-mente,** basado en un adjetivo de la lista.

MODELO: E1: *¿Qué tal lees en español?*
E2: *Leo lentamente.*

alegre	animado	difícil	fácil	profundo	tranquilo
amable	cuidadoso	elegante	lento	rápido	triste

1. ¿Qué tal escribes en español?
2. ¿Cómo te vistes cuando sales con tus amigos?
3. ¿Cómo bailas el tango?
4. ¿Cómo llegas a la universidad por la mañana?

2 **9-21 Semejanzas y diferencias.** Háganse preguntas para completar el cuadro con los adverbios correspondientes. Luego comparen cómo hacen las actividades para ver qué tienen en común y cómo se diferencian.

MODELO: caminar a clase
E1: *¿Cómo caminas a clase?*
E2: *Camino a clase rápidamente.*
E1: *Pues, yo camino a clase lentamente.*
E2: *Mi compañero/a y yo caminamos a clase, pero él/ella camina lentamente, mientras que yo camino rápidamente.*

amable	brutal	difícil	frecuente	rápido	tranquilo
animado	cómodo	elegante	lento	raro	
ansioso	cuidadoso	fácil	maravilloso	respetuoso	

Actividad	Yo	Mi compañero/a
1. viajar		
2. esquiar		
3. hablar francés		
4. aprender cosas nuevas		
5. jugar con los amigos		
6. escribir cartas		
7. jugar al tenis		
8. hablar con la gente mayor		
9. salir con los amigos		
10. ¿...?		

G **9-22 Charadas.** Formen dos equipos para actuar y adivinar algunas de las actividades de la Actividad 9-21.

MODELO: *Viajo frecuentemente a lugares interesantes.*

¿Cuánto sabes tú? *Can you...*

☐ make plans for a trip?

☐ role-play conversations in a travel agency and at the airport?

☐ talk about going to and through places distinguishing between **por** and **para**? (**Antes de salir para el aeropuerto, tenía que pasar por la agencia de viajes para pagar el pasaje.**)

☐ use a variety of adverbs to describe people, places, things, and activities? (**Vancouver es increíblemente bello. Caminamos rápidamente por el museo.**)

Comparaciones

El turismo en los países hispanos

9-23 En tu experiencia. ¿Sabes cuál es la ciudad norteamericana más popular entre los visitantes hispanoamericanos a los EE.UU. y al Canadá? ¿Qué ciudades hispanas visitan más los norteamericanos? Aquí tienes información sobre los lugares más populares. A ver si tenías razón.

Millones de turistas, especialmente los estadounidenses de todas las regiones de los EE.UU., visitan países hispanos todos los años. Ciertos países son más populares que otros. Aquí tienes una pequeña descripción de los cuatro países más populares.

MÉXICO: Más de diez millones de norteamericanos visitan México todos los años. Las ciudades preferidas son Acapulco, Cancún, Guadalajara y la Ciudad de México. Como México está cerca y tiene un clima cálido (*warm*) en las costas, es un sitio ideal para escaparse de las incomodidades del invierno. Tanto en las costas del mar Caribe como en el Pacífico, México tiene centros turísticos de gran belleza, dedicados casi exclusivamente a satisfacer a los turistas norteamericanos.

ESPAÑA: Más de un millón de norteamericanos visitan España todos los años. Las ciudades más populares son Madrid, Barcelona, Sevilla y Málaga. Durante los veranos, miles de estudiantes norteamericanos participan en programas de verano auspiciados (*sponsored*) por universidades españolas.

PUERTO RICO Y LA REPÚBLICA DOMINICANA: Por su ubicación en el mar Caribe, estas dos islas reciben anualmente a cientos de miles de turistas de los EE.UU. Entre los atractivos principales de las islas están no sólo sus hermosos balnearios (*beach resorts*) sino también las ciudades coloniales de San Juan y Santo Domingo, consideradas las capitales más antiguas del Nuevo Mundo.

RUTAS TURÍSTICAS DE CASTILLA-LA MANCHA

¿En qué país está esta ruta turística?

9-24 ¡Vamos a conversar! Pongan en orden de preferencia estos aspectos de sus vacaciones y comparen sus gustos. Luego, decidan qué país hispano prefieren visitar y por qué.

_____ hacer deportes
_____ hacer excursiones
_____ visitar museos
_____ estar cerca del agua
_____ tomar el sol
_____ ir al teatro
_____ comer en restaurantes étnicos
_____ estudiar en un programa de lengua y cultura
_____ visitar la zona antigua
_____ ¿...?

Vínculos

- Companion Website: Chapter 9, Web Resources, *Comparaciones: El turismo norteamericano en los países hispanos*

Teaching tips
Ask students to answer the question ¿Qué ciudades hispanas visitan más los norteamericanos? See if they can answer the question before scanning the reading for the information. Then ask students to read the text to confirm or negate their initial guess.

Expansion Comparaciones. Use the following questions to check comprehension. ¿Cuántos millones visitan México? ¿Por qué es un sitio ideal? ¿Qué tiene México para satisfacer a los turistas? ¿Cuáles son las ciudades más populares? ¿Quiénes participan en programas de verano? ¿Quiénes auspician los programas? ¿Dónde están ubicadas las islas? Además de las playas, ¿qué atrae más a los turistas?

¡Así es la vida!

Un correo electrónico para Raquel

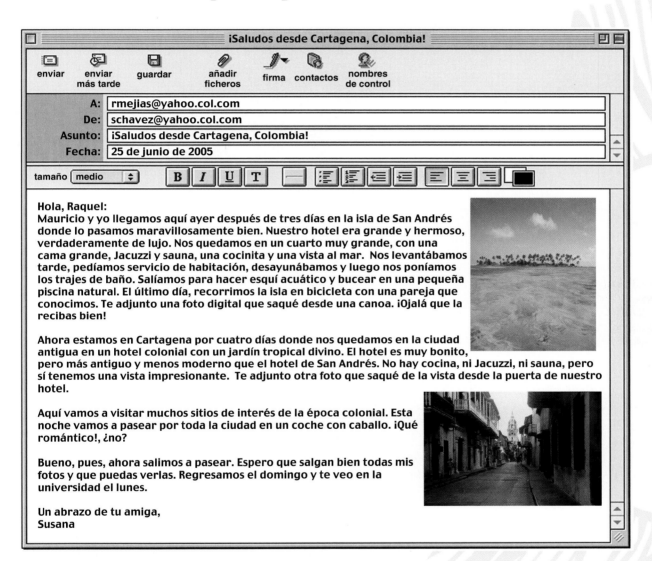

¡Saludos desde Cartagena, Colombia!

enviar · enviar más tarde · guardar · añadir ficheros · firma · contactos · nombres de control

A:	rmejias@yahoo.col.com
De:	schavez@yahoo.col.com
Asunto:	¡Saludos desde Cartagena, Colombia!
Fecha:	25 de junio de 2005

tamaño medio   **B** *I* U T

Hola, Raquel:
Mauricio y yo llegamos aquí ayer después de tres días en la isla de San Andrés donde lo pasamos maravillosamente bien. Nuestro hotel era grande y hermoso, verdaderamente de lujo. Nos quedamos en un cuarto muy grande, con una cama grande, Jacuzzi y sauna, una cocinita y una vista al mar. Nos levantábamos tarde, pedíamos servicio de habitación, desayunábamos y luego nos poníamos los trajes de baño. Salíamos para hacer esquí acuático y bucear en una pequeña piscina natural. El último día, recorrimos la isla en bicicleta con una pareja que conocimos. Te adjunto una foto digital que saqué desde una canoa. ¡Ojalá que la recibas bien!

Ahora estamos en Cartagena por cuatro días donde nos quedamos en la ciudad antigua en un hotel colonial con un jardín tropical divino. El hotel es muy bonito, pero más antiguo y menos moderno que el hotel de San Andrés. No hay cocina, ni Jacuzzi, ni sauna, pero sí tenemos una vista impresionante. Te adjunto otra foto que saqué de la vista desde la puerta de nuestro hotel.

Aquí vamos a visitar muchos sitios de interés de la época colonial. Esta noche vamos a pasear por toda la ciudad en un coche con caballo. ¡Qué romántico!, ¿no?

Bueno, pues, ahora salimos a pasear. Espero que salgan bien todas mis fotos y que puedas verlas. Regresamos el domingo y te veo en la universidad el lunes.

Un abrazo de tu amiga,
Susana

¡Así lo decimos! Vocabulario

Los viajes

Vínculos

Use the following instructional resources to practice *el hotel; actividades de viaje; geografía.*
- Companion Website: Chapter 9, Review, Activity: Rev 9-4
- IRCD: pp. 306, 309, and 310

Teaching tips
Segunda parte focuses both on activities you can do while on vacation and places of interest for visitors. Ask students to give examples of places of interest they are already familiar with or want to visit, e.g., *un museo—El MOMA en Nueva York.*

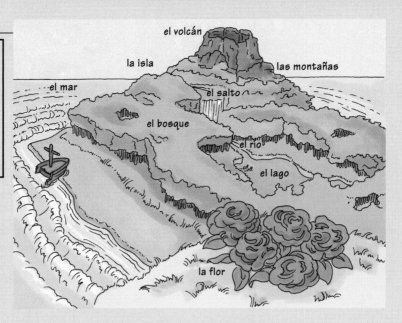

El hotel

la cocinita	*kitchenette*
el cuarto doble	*double room*
la habitación doble[1]	
la estadía, la estancia[1]	*stay*
el hotel (de lujo)	*(luxury) hotel*
la piscina	*swimming pool*
la vista	*view*

Actividades típicas de los viajeros

bucear	*to scuba dive*
comprar recuerdos	*to buy souvenirs*
escalar montañas	*to mountain climb*
ir de excursión	*to go on an outing; to tour*
montar a caballo / en bicicleta	*to go horseback/ bicycle riding*
pasarlo bien / mal / de maravilla	*to have a good/bad/ wonderful time*
pescar	*to fish*
quedarse	*to stay (somewhere)*
recorrer	*to go round; to travel through/across*
sacar fotos	*to take pictures*

Atracciones turísticas

el castillo	*castle*
la catedral	*cathedral*
el convento	*convent*
la estatua	*statue*
la fuente	*fountain*
el fuerte	*fort*
la mansión	*mansion*
el monumento	*monument*
el museo	*museum*
el palacio	*palace*

El viajero

Suggestion for ¡Así lo decimos! Have students form teams. One student acts out a phrase for his/her team. The opposing team has sixty seconds to guess the phrase in order to earn a point. Phrases: *usar la cámara de video, admirar una estatua, visitar una mansión, dormir en una cama grande, montar en bicicleta, comprar recuerdos, sacar fotos, vistar un museo*

Warm-up for ¡Así lo decimos! Have students categorize the advantages of a *hotel de lujo* and *un hostal para estudiantes. ¿Cuál tiene...? ¿... una cama sencilla? ¿... una vista maravillosa? ¿... flores en el jardín? ¿... una cocinita? ¿... servicio de habitación? ¿... precios económicos? ¿... una piscina? ¿... un baño común?*, etc.

Have students give examples of names of places where these occur, e.g., *una isla → Puerto Rico es una isla; un mar, un volcán, un salto, un lago, un bosque nacional, unas montañas altas, un río, un parque nacional*

[1]en España

Aplicación

 9-25 El pronóstico del tiempo de San Andrés y Cartagena. Conéctate con la página electrónica de *¡Arriba!* (**www.prenhall.com/arriba**) y busca el pronóstico del tiempo hoy en San Andrés y en Cartagena. Completa las frases a continuación.

1. Hoy en San Andrés el cielo está... Hace... La temperatura mínima es... La máxima es... Mañana va a...
2. Hoy en Cartagena...
3. Prefiero visitar... porque...

9-26 Fuera de serie. Indica la palabra que no va con las demás de su grupo y explica por qué.

Modelo: a. los árboles   b. las flores   c. el bosque   d. las fotos
  Las fotos, porque las otras palabras se refieren a cosas naturales, vivas.

1. a. el lago   b. la montaña   ⓒ la cámara   d. el río
2. ⓐ quedarse   b. escalar   c. montar   d. pescar
3. a. el lago   b. el salto   c. el río   ⓓ la montaña
4. a. la cocinita   b. la cama gigante ⓒ las gafas de sol d. la vista al mar
5. a. el mapa   b. la cámara   c. los binoculares   ⓓ el volcán
6. a. recorrer   b. sacar fotos   c. pescar   ⓓ prometer

Answers to 9-26. 1. a, b, d–no son máquinas 2. b, c, d–no son actividades pasivas 3. a, b, c,–están relacionadas con el agua 4. a, b, d–son objetos de la habitación del hotel 5. a, b, c–los usan los turistas 6. a, b, c–son palabras relacionadas con los viajes

9-27 Una tarjeta postal desde Venezuela. Aquí tienes una tarjeta postal de la isla Margarita, cerca de la costa de Venezuela. Completa la tarjeta con las expresiones siguientes.

excursión	mar	película	tarjeta
flores	pasamos	sol	vista

Queridos papás:

Ésta es una (1) ____tarjeta____ con foto de la isla Margarita desde nuestro hotel. Desde la ventana tenemos una (2) ____vista____ impresionante del (3) ____mar____ y la montaña. En el jardín hay unas (4) ____flores____ preciosas. Tuvimos que comprar muchos rollos de (5) ____película____ para nuestra cámara. Por la tarde, fuimos de (6) ____excursión____ a varios lugares. Nadamos y buceamos en el agua verde azul del Caribe. Siempre vamos por la mañana para no tomar demasiado (7) ____sol____. En fin, lo (8) ____pasamos____ maravillosamente bien.

② 9-28 ¿Cómo reaccionan? Túrnense para contar cómo reaccionan o qué hacen cuando les pasa lo siguiente en un viaje.

MODELO: Hay una demora larga del vuelo.
    E1: *Cuando hay un demora, me pongo impaciente.*
    E2: *Pues, yo leo una novela o una revista.*

1. Pierdo el avión.
2. No hay agua caliente en el cuarto de baño del hotel.
3. El hotel no tiene mi reserva.
4. Pierdo el equipaje.
5. No hay vista desde el cuarto del hotel.
6. La cama del hotel es incómoda.

Audioscript for 9-29

¡Hola, mamá! Sí, sí... acabamos de llegar ayer de nuestro viaje a Venezuela. Y lo pasamos de maravilla... ¡Imagínate, mamá, ocho días recorriendo el país, viendo las atracciones, nadando, escalando montañas! ¡Lo único que no hicimos fue montar a caballo!... Sí, mamá, sacamos tantas fotos que Alex tuvo que comprar más rollos de película. Nos impresionó especialmente el Salto Ángel, el salto más alto del mundo, a más de 800 metros de altura. Es muy difícil llegar allí. Tuvimos que ir con un guía en helicóptero. ¡El lugar es un paraíso con plantas, animales y vistas maravillosas! Tenemos que volver un día contigo, mamá. ¡Te prometo que un día Alex, tú y yo vamos a visitar Venezuela!

AUDIO **9-29 El viaje de Carlota y Alex.** Escucha a Carlota contarle a su mamá sobre su viaje con Alex. Después completa las siguientes oraciones.

1. Regresaron del viaje...
    a. hoy.　　　　　　ⓑ ayer.　　　　　c. la semana pasada.
2. Fueron a...
    a. Colombia.　　　b. Chile.　　　　　ⓒ Venezuela.
3. Estuvieron allí por...
    ⓐ ocho días.　　　b. una semana.　　c. un mes.
4. Una actividad que *no* hicieron allí fue...
    a. nadar.　　　　　ⓑ montar a caballo.　c. escalar montañas.
5. Compraron...
    ⓐ unos rollos de película.　b. unas fotos.　c. gafas para el sol.
6. Les impresionó especialmente...
    a. el volcán.　　　b. el museo de arte.　ⓒ el salto.
7. Llegaron al Salto Ángel...
    a. por las montañas.　b. a caballo.　　ⓒ en helicóptero.
8. Carlota le dice a su mamá que un día todos van a...
    ⓐ visitar Venezuela.　b. montar a caballo.　c. un lugar más económico.

② 9-30 Sus gustos. Túrnense para comparar cómo prefieren pasar sus vacaciones. ¿Qué tienen en común y cómo se diferencian?

	Me gusta...		A mi compañero/a le gusta...	
Actividad	**Sí**	**No**	**Sí**	**No**
escalar montañas				
visitar museos				
bucear				
comprar recuerdos				
montar a caballo				
montar en bicicleta				
pescar				
nadar en el mar				
¿...?				

2 **9-31 Vacaciones caribeñas.** Lean el siguiente anuncio y luego háganse preguntas sobre la información.

> **MODELO:** *¿Cómo se llama el lugar? ¿Sabes dónde está?*

Un Caribe muy privado

La felicidad es una isla privada en el mar Caribe, cerca de la costa venezolana.

Imagínese un mundo aparte para usted en una zona residencial muy cerca de la isla de Margarita, una terraza o balcón exclusivo, amplios jardines, piscinas junto al mar, playas de arena blanca, canchas de tenis, parques infantiles y todas las habitaciones renovadas con vistas al mar.

Ideal para los deportes náuticos y cercano al campo de golf del Club Real, el Hotel Luz del Mar, un hotel de cinco estrellas, le ofrece una excelente gastronomía, el confort y servicio que usted merece. Elija su propia isla de lujo, una isla privada, exclusivamente para usted.

Para mayor información, acuda a su agente de viajes y pida nuestros Programas Especiales, o llámenos al **900 14 44 44.**

Luz del Mar
Isla Bella, Venezuela

2 **9-32 En un viaje...** Decidan individualmente cuáles de estos artículos siempre llevan cuando viajan y los que nunca llevan. Luego comparen sus listas para saber si son compatibles.

> **MODELO:** *En un viaje siempre llevo mi cámara y diez rollos de película. Nunca llevo cámara de video.*

El artículo	Yo	Mi compañero/a
gafas de sol		
cámara de video		
cámara digital		
cheques de viajero		
tarjeta de crédito		
direcciones de mis amigos (para escribirles)		
mapa		
rollos de película		
¿...?		

2 **9-33 Asociaciones.** ¿Qué experiencias asocian con las siguientes oraciones?

> **MODELO:** Lo pasamos maravillosamente bien.
> > E1: *Un viaje que hice con mi familia a las montañas el año pasado. ¿Y tú?*
> > E2: *Un viaje que hice con mis amigos a la playa durante las vacaciones de primavera.*

1. Lo pasé maravillosamente bien.
2. Lo pasé regular.
3. Fue una estadía interesante.
4. Teníamos una vista impresionante.
5. Fue un desastre.
6. Sacamos muchas fotos.

G **9-34 Un folleto turístico.** Lean la información que se incluye en el folleto sobre la cadena de saltos por el río Carrao en Venezuela. Ustedes tienen la oportunidad de viajar a este lugar. Hagan una lista de lo que van a llevar en su viaje y otra lista sobre lo que van a hacer allí.

El Río Carrao,
De vuelta al paraíso

Cuando usted visita el pueblo de Canaima en el río Carrao, vuelve al paraíso. Allí puede observar una gran variedad de flora y fauna, hacer deportes acuáticos en el río y visitar la cadena de siete saltos. En un tributario del río va a experimentar el gozo de su vida viendo el espectáculo del Salto Ángel, el salto más alto del mundo (¡16 veces más alto que las cataratas de Niágara!). ¡Conozca la naturaleza más prístina por el río Carrao, Venezuela!

¡Así lo hacemos! Estructuras

Quiero que pase por el Control de Agricultura.

Aduana

3. The Spanish subjunctive: An introduction and the subjunctive in noun clauses

Until now, you have been using verb tenses (present, preterit, and imperfect) in the indicative mood. The indicative is used to express real, definite, or factual actions or states of being.

In this chapter you will learn about the subjunctive mood. It is used to express the hypothetical or subjective, such as a speaker's attitudes, wishes, feelings, emotions, or doubts. Unlike the indicative that states facts, the subjunctive describes reality subjectively.

Los verbos regulares del presente del subjuntivo

- The following chart shows the present subjunctive forms of regular verbs. Note that the endings of **-er** and **-ir** are identical.

	hablar	**comer**	**vivir**
yo	habl**e**	com**a**	viv**a**
tú	habl**es**	com**as**	viv**as**
él, ella, Ud.	habl**e**	com**a**	viv**a**
nosotros/as	habl**emos**	com**amos**	viv**amos**
vosotros/as	habl**éis**	com**áis**	viv**áis**
ellos/as, Uds.	habl**en**	com**an**	viv**an**

■ Verbs that are irregular in the **yo** form of the present indicative will use the same spelling changes in the present subjunctive. These are not considered irregular in the subjunctive.

Infinitive	First-person singular	Present subjunctive and indicative
decir	digo	diga, digas, diga, digamos, digáis, digan
hacer	hago	haga, hagas, haga, hagamos, hagáis, hagan
oír	oigo	oiga, oigas, oiga, oigamos, oigáis, oigan
poner	pongo	ponga, pongas, ponga, pongamos, pongáis, pongan
tener	tengo	tenga, tengas, tenga, tengamos, tengáis, tengan
traer	traigo	traiga, traigas, traiga, traigamos, traigáis, traigan
venir	vengo	venga, vengas, venga, vengamos, vengáis, vengan
ver	veo	vea, veas, vea, veamos, veáis, vean

■ The following spelling changes occur in all forms of the present subjunctive with infinitives that end in **-car, -gar,** and **-zar.**

-car:	c → qu buscar	busque, busques, busque, busquemos, busquéis, busquen
-gar:	g → gu llegar	llegue, llegues, llegue, lleguemos, lleguéis, lleguen
-zar:	z → c empezar	empiece, empieces, empiece, empecemos, empecéis, empiecen

■ The subjunctive forms of **-ar** and **-er** stem-changing verbs have the same pattern of the present indicative.

pensar (ie)		devolver (ue)	
piense	pensemos	devuelva	devolvamos
pienses	penséis	devuelvas	devolváis
piense	piensen	devuelva	devuelvan

■ **-Ir** stem-changing verbs reflect the stem changes of both the present indicative and the preterit. The preterit stem changes occur in the **nosotros/as** and **vosotros/as** forms, where unstressed **-e-** changes to **-i-,** and the unstressed **-o-** changes to **-u-.** The other persons follow the present-tense pattern.

sentir (ie, i)		pedir (i, i)		dormir (ue, u)	
sienta	sintamos	pida	pidamos	duerma	durmamos
sientas	sintáis	pidas	pidáis	duermas	durmáis
sienta	sientan	pida	pidan	duerma	duerman

Vínculos

Use the following instructional resources to practice the Spanish subjunctive: an introduction and the subjunctive in noun clauses.
- WB/LM–OneKey: Activities: 9-14, 9-15, 9-16, 9-37, 9-38, 9-39, and 9-40
- *Gramática viva:* Grammar Points 35 and 36, Present subjunctive: irregular verbs, Present subjunctive: regular verbs
- Companion Website: Chapter 9, Review, Activity: Rev 9-5
- IRCD: pp. 310, 311, and 312

Teaching tips
The subjunctive is probably unfamiliar to most students, but we do use this verb form occasionally in English. Contrast, for example, "I insist that he be in class on time," which implies a command, with "I insist that he is in class on time," which implies a simple report. Assure students that there is logic in the use of the subjunctive in Spanish and that with exposure and practice it will become second nature to them. Always use the subjunctive in context and stress its meaning. Later, when students learn formal commands, the use of the subjunctive will be logical.

Suggestion for *¡Así lo hacemos!* Ask students if they recognize any of the forms and when they are used. Practice forming the present subjunctive by combining these subjects and verbs. *nosotros: caminar, beber, escribir, hacer, oír, traer / tú: sentirse, buscar, seguir, enfermarse, recetar, respirar / yo: conocer, llegar, pagar, comenzar, saber, dormir, sentarse / vosotros: acostarse, leer, levantarse, salir, ser, ir / ustedes: sacar, toser, tomar, poner, venir, estar / ella: correr, decir, dar, ver, tener*

Suggestion for *¡Así lo hacemos!* Use a situational context to illustrate the use of subjunctive with verbs of volition, e.g., *Los consejos del guía venezolano. El guía se llama Rodrigo. Les da consejos a sus clientes. "Quiero que mis clientes me escuchen. Sugiero que sigan mis consejos para pasarlo bien. Primero les digo que traigan una cámara fotográfica. Les sugiero que compren una guía para conocer el sitio antes de viajar. También recomiendo que coman platos típicos de la región. Prefiero que no tomen muchas bebidas alcohólicas y les prohíbo que vayan a comer en McD's. Deseo que todos mis clientes estén satisfechos y que vuelvan a Venezuela."*

Los verbos irregulares del presente de subjuntivo

■ The following verbs are irregular in the present subjunctive.

dar	estar	haber	ir	saber	ser
dé	esté	haya	vaya	sepa	sea
des	estés	hayas	vayas	sepas	seas
dé	esté	haya	vaya	sepa	sea
demos	estemos	hayamos	vayamos	sepamos	seamos
deis	estéis	hayáis	vayáis	sepáis	seáis
den	estén	hayan	vayan	sepan	sean

El subjuntivo en cláusulas nominativas

Espero que llegues pronto.

■ A noun clause is a clause that is used as the direct object, subject of the verb, or as the object of a preposition.

> Necesito **un mapa de Colombia.** (noun—direct object)
>
> Necesito **que usted me dé un mapa de Colombia.** (noun clause—direct object)

■ Noun clauses are also dependent clauses—they depend on the main clause for meaning and structure. The noun clause has its own subject and verb and, in Spanish, is often connected to the main clause with **que.**

Quiero que el guía **hable** despacio.	*I want the guide to speak slowly.*
Luis desea que Paco **vaya** al río con nosotros.	*Luis wishes that Paco comes to the river with us.*
Esperamos que nuestro abuelo **vaya** a Cartagena.	*We hope (that) our grandfather will go to Cartagena.*
Juan quiere que yo **me quede** con él en la isla.	*Juan wants me to stay on the island with him.*

- The subjunctive is used in the dependent noun clause, and the action or state expressed has yet to occur and may not occur at all.*
- The English equivalents of the Spanish subjunctive are often different in structure, since the use of the English subjunctive has diminished. Note that in the first and fourth English examples, the infinitive is used (*to speak, to stay*), in the second, the English present subjunctive (*come*), and in the third, the future (*will go*).

Aplicación

9-35 Botero en el MOMA. Lee la conversación entre Fernando Botero y su agente en el Museo de Arte Moderno de Nueva York. Subraya los verbos en subjuntivo e identifica el infinitivo.

MODELO: Quiero que me <u>traigan</u> un refresco. (*traer*)

Botero: ¡Oye, Ramón! Veo que no hay un salón especial para mis obras. Insisto en que <u>haya</u> un "Salón Botero" como es natural para todos los grandes artistas.

Agente: Tienes razón, Fernando. Voy a hablar con el gerente (*manager*) y decirle que <u>establezca</u> un salón con tu nombre.

Botero: Perfecto. Y en ese salón, vamos a pedir que <u>traigan</u> sillones cómodos para los visitantes.

Agente: ¡Buena idea! Espero que <u>pongan</u> flores y refrescos también.

Botero: No, refrescos no. Es mejor que los visitantes <u>tomen</u> refrescos en la cafetería. Pero me gusta la idea de las flores.

Agente: Y es importante que <u>esté</u> presente un guardia de seguridad y una persona experta en tu obra.

Botero: Espero que no <u>tengan</u> que pagarles extra.

Agente: No sé. ¿Quieres que <u>hable</u> con el gerente sobre eso, también?

Botero: Sí, y deseo que me <u>dé</u> un contrato especial para esta exposición.

Agente: De acuerdo.

Naturaleza muerta con sopa verde

Answers to 9-35. haya (haber), establezca (establecer), traigan (traer), pongan (poner), tomen (tomar), esté (estar), tengan (tener), hable (hablar), dé (dar)

9-36 ¿Qué desea Botero? Haz una lista de lo que pide.

MODELO: *1. un salón especial*

---

*In the first example, *I want the guide to speak slowly*, but *I have no guarantees that he will*. By the same token, *Luis has no guarantee that Paco will go to the river with us*, *we cannot be sure that our grandfather will go to Cartagena*, and *many factors can interfere with Juan's desire for me to stay with him on the island*.

9-37 En la agencia de viajes. Completa los consejos que la agente les da a sus clientes, usando el subjuntivo de los verbos de la lista.

comprar	dejar	fumar	llegar	poner
dar	dormir	ir	pedir	traer

—Sr. López, es necesario que usted (1) ___compre___ su pasaje con dos semanas de anticipación. Necesito que usted me (2) ___dé___ su número de tarjeta de crédito.

—Juan y Carlos, ustedes saben que ahora las aerolíneas no permiten que los pasajeros (3) ___fumen___ en el avión. Si quieren fumar, es mejor que (4) ___vayan___ al restaurante antes de abordar.

—Doña María, sugiero (*I suggest*) que usted (5) ___ponga___ las recetas (*prescriptions*) en su bolsa y que (6) ___tenga___ una copia de las recetas en la maleta.

—Lupe, es importante que (tú) (7) ___llegues___ con dos horas de anticipación antes de tu vuelo. Los agentes de seguridad insisten en que los pasajeros (8) ___dejen___ los objetos puntiagudos (*sharp*) en su casa.

—Señores Echevarría, les recomiendo que ustedes (9) ___duerman___ en el avión porque si no, van a estar muy cansados después de más de siete horas de viaje. Por eso, les sugiero que le (10) ___pidan___ café descafeinado al aeromozo.

AB **9-38A Desafío (*Challenge*).** Cada uno/a de ustedes tiene una lista de verbos diferentes en el indicativo y el subjuntivo. Túrnense para ver si su compañero/a sabe el presente de subjuntivo.

Modelo: E1: *Indicativo: tomamos*
E2: *Subjuntivo: tomemos*
E1: *Correcto.*

Mi lista	Indicativo	Subjuntivo	Correcto	Incorrecto
	tomamos	tomemos	✓	
	tengo	tenga		
	hablo	hable		
	haces	hagas		
	pedimos	pidamos		
	salen	salgan		
	escribe	escriba		

4. The subjunctive to express volition

Vínculos

Use the following instructional resources to practice the subjunctive to express volition.
- WB/LM–OneKey: Activities: 9-17, 9-18, 9-19, 9-41, and 9-42
- *Gramática viva:* Grammar Point 53, Subjunctive with expressions of advice and recommendation
- Companion Website: Chapter 9, Review, Activity: Rev 9-6
- IRCD: pp. 315 and 316

Suggestion for ¡Así lo hacemos! Have students complete the paragraph with logical expressions. Then have them explain why the subjunctive is used after the expressions they chose. *En el avión, el aeromozo _____ en que don José no fume. Le _____ que se abroche el cinturón de seguridad y que descanse durante el vuelo. Le _____ que tome una pastilla para dormirse. Le _____ que haga otro viaje este año.*

■ Verbs of volition express the wishes, preferences, suggestions, requests, and implied commands of the speaker. When the verb in the main clause expresses volition, the verb of the noun clause is expressed in the subjunctive mood. The following are verbs of volition.

aconsejar	*to advise*	**pedir (i, i)**	*to ask*
decir	*to tell*	**permitir**	*to permit*
desear	*to wish*	**prohibir**	*to prohibit*
insistir (en)	*to insist*	**querer (ie)**	*to want*
mandar	*to order*	**recomendar (ie)**	*to recommend*
necesitar	*to need*	**sugerir (ie, i)**	*to suggest*

■ The subject of the verb in the main clause tries to influence the subject of the dependent noun clause.

Carmen querer + yo ir ➔

> Carmen **quiere** que yo **vaya** con ella de vacaciones.

Carmen wants me to go with her on vacation.

ustedes necesitar + yo llevar ➔

> ¿**Necesitan** que los **lleve** a las montañas?

Do you need (for) me to take you to the mountains?

mi novia desear + yo recoger ➔

> Mi novia **desea** que **recoja** las maletas.

My girlfriend wants me to pick up the luggage.

■ When there is no change of subject for the two verbs, there is no noun clause. Use the infinitive.

Sofía desear + Sofía ir ➔

> Sofía **desea** ir a pescar.

Sofía wants to go fishing.

yo querer + yo montar ➔

> Yo **quiero** montar a caballo.

I want to go horseback riding.

■ Sentences using verbs such as **aconsejar, decir, pedir, recomendar,** and **sugerir** require an indirect object pronoun. This indirect object refers to the subject of the dependent clause and is understood as the subject of the subjunctive verb.

> **Le aconsejo** que nade más.

I advise you to swim more. (Literally, I advise that you swim more.)

> **Nos piden** que hagamos más ejercicio.

They ask us to exercise more. (Literally, They ask that we exercise more.)

■ When verbs of communication such as **decir** and **escribir** are used in the main clause and the subject of the verb is simply reporting information (telling someone something), the indicative is used in the dependent clause. If the verb in the main clause is used in the sense of a command (telling someone to do something), the subjunctive is used.

INFORMATION

Le **dice** a Juan que **llegamos** mañana.	*She tells Juan that we are arriving tomorrow.*
Les **escribo** que **volvemos** el sábado.	*I'm writing them that we're returning on Saturday.*

COMMAND

Le **dice** a Juan que **llegue** mañana.	*She tells Juan to arrive tomorrow.*
Les **escribo** que **vuelvan** el sábado.	*I'm writing for them to return on Saturday.*

Aplicación

9-39 Shakira. Shakira, la primera colombiana en ganar un Grammy Latino, es ahora una estrella internacional. Lee la entrada que hizo en su diario y haz una lista de qué esperan de ella las personas en su vida.

---

18 de septiembre de 2002

Querido diario:

¡Hoy fue el mejor día de mi vida! ¡Me nominaron para cinco Grammys y gané dos! Ahora, tengo que pensar en el futuro, pero tengo muchas decisiones que hacer. Mis padres quieren que vuelva a Colombia y que pase más tiempo con ellos. Mi agente sugiere que haga más grabaciones, que viaje por los Estados Unidos y el Canadá, y que vaya a Europa. Mis admiradores insisten en que haga más conciertos. Mis amigos colombianos esperan que dedique más tiempo a obras caritativas (charitable) en Colombia. Mi novio me pide que me case con él y que me convierta en ama de casa. ¿Y yo? ¿Qué quiero yo? Pues, deseo que todo el mundo viva en paz y, especialmente, que disfrute de la música. Ése es mi sueño, pero por ahora, soy feliz.

Sus padres: que vuelva a Colombia y que pase más tiempo con ellos.

Su agente: que haga más grabaciones, que viaje y que vaya a Europa.

Sus admiradores: que haga más conciertos.

Sus amigos: que dedique más tiempo a obras caritativas.

Su novio: que se case con él y que se convierta en ama de casa.

Ella misma: que el mundo viva en paz y que disfrute de la música.

¿Tú?:

WWW **9-40 ¿Conoces la música de Shakira?** Conéctate con la página electrónica de *¡Arriba!* (**www.prenhall.com/arriba**) para ver más imágenes de Shakira y escuchar su música.

9-41 Un viaje al Salto Ángel. El Salto Ángel, en Venezuela, atrae a muchos turistas cada año. Tiene ese nombre, en honor al hombre que lo descubrió en 1937, el aventurero y aviador norteamericano Jimmy Angel. Sin embargo, los indígenas de la zona, ya lo conocían anteriormente y lo llamaban Churún Merú. Completa con la forma correcta de uno de los verbos siguientes los consejos que te da una agente de viajes.

| ayudar | entrar | pagar |
| comprar | ir | tener |

Primero, le aconsejo que (1) <u>tenga</u> listo el pasaporte para poder visitar Venezuela. Segundo, le sugiero que (2) <u>compre</u> una buena guía turística. La puede comprar en cualquier (*any*) librería. Ahora, no se permite que (3) <u>entre</u> al país con frutas u otros comestibles. Una vez en Venezuela, le recomiendo que (4) <u>vaya</u> al salto en helicóptero. Es un viaje inolvidable. También, le sugiero que (5) <u>pague</u> su viaje al Salto antes de salir del país porque muchas veces cuesta menos desde aquí. Si quieren que les (6) <u>ayude</u> con el viaje, lo hago con mucho gusto.

9-42 ¿Qué esperan tus amigos y tu familia? Tus amigos y tu familia quieren que lo pases bien en tus vacaciones. Combina frases de las dos columnas para decir lo que desean todos.

MODELO: mi padre quiere... escribirle una tarjeta postal
*Mi padre quiere **que** yo le escriba una tarjeta postal.*

1. Mi madre espera...		pasarlo bien
2. Mi novio/a (esposo/a) desea...		tener mucho dinero
3. Mis amigos me aconsejan...		ir a un país de habla española
4. Mi amigo/a me sugiere...	que	sacar muchas fotos
5. Mi profesor/a de... insiste en...		llevar el pasaporte
6. Mi hermano/a pide...		comprar muchos recuerdos
7. Mi abuelo/a prefiere...		llevar una cámara digital
8. Mis tíos recomiendan...		no hacer deportes peligrosos (*dangerous*)

AB **9-43A Unos pedidos (*requests*).** Imagínense que van de vacaciones a distintos lugares. Túrnense para pedir favores o recomendar actividades al/a la otro/a.

> MODELO: sacarme muchas fotos
> E1: *Espero que saques muchas fotos.*
> E2: *¡Claro que sí! (No puedo. No tengo cámara.)*

1. visitar los museos
2. conocer a gente interesante
3. traerme un recuerdo
4. comprarme una novela

AB **9-44A ¿Qué hacer?** Imagínate que necesitas pedirle consejos a tu compañero/a. Explícale tu problema y luego reacciona a su recomendación.

> MODELO: E1: *Tengo un examen de química mañana.*
> E2: *Te recomiendo que estudies mucho.*
> E1: *Buena idea. / No tengo tiempo.*

1. Necesito dinero.
2. Tengo un problema con mi novio/a (mi esposo/a, mi hermano/a).
3. Mi trabajo no me da tiempo para estudiar.
4. Quiero un trabajo más interesante.
5. Mi casa está en desorden y tengo invitados este fin de semana.
6. Quiero ir de vacaciones, pero no tengo dinero.

2 **9-45 Quiero que...** Escribe cinco mandados (*errands*) que quieres que te haga un/a amigo/a. Luego, intercambia tu lista con la de un/a compañero/a y respondan si quieren hacerlos o no.

> MODELO: *Quiero que vayas a la tienda y que me compres un refresco. Luego, quiero que me busques el periódico de hoy y que me leas las noticias. Finalmente, ¡quiero que me lleves de vacaciones al Caribe!*

9-46 ¿Cuáles son tus deseos? Escribe cinco deseos que tienes para el futuro. Expresa los deseos con verbos de voluntad (**querer, desear, preferir,** etcétera), usando el subjuntivo cuando haya cambios de sujeto en la oración.

> MODELO: *Deseo que mis padres vivan muchos años y que siempre tengamos una buena relación. Espero que mis amigos consigan un buen trabajo y que ganen mucho dinero. Prefiero viajar después de terminar mis estudios.*

¿Cuánto sabes tú? *Can you...*

☐ talk about a vacation you took and one you plan to take?

☐ talk about vacation-related activities?

☐ try to convince someone to go on a trip with you or do something for you using expressions such as **quiero que..., deseo que..., espero que...**?

☐ Give advice to someone using expressions such as **Te aconsejo que..., te recomiendo que...**?

Observaciones

Toño Villamil y otras mentiras Episodio 9

9-47 Más sobre la gente que construyó la pirámide.
En este episodio vas a ver más sobre la pirámide de Malinalco. Lee sobre las personas que la construyeron y contesta las preguntas que siguen.

El Calendario Azteca pesa 42 toneladas.

La pirámide de Malinalco fue construida por los aztecas en 1510 como fortaleza. Los aztecas tenían dos calendarios, uno de 365 días para poder anticipar las estaciones y saber cuándo sembrar y cosechar (*sow and harvest*), y el otro de 260 días que tenía motivos religiosos. Tenían que seguir este calendario, llamado *tonalpohualli*, para evitar la destrucción del mundo por inundación, por huracán o por otro desastre natural. Según los aztecas, el mundo siempre estaba en conflicto entre los dioses y era importante un equilibrio entre ellos. Este sistema se describe en el famoso Calendario Azteca que ahora está en el Museo de Antropología de México. Originalmente estaba pintado de colores muy vivos.

Answers to 9-47. 1. La construyeron los aztecas. 2. Servía de fortaleza.
3. Tenía 365 días. 4. Necesitaban un calendario agrícola y otro religioso.
5. Lo podemos ver en el Museo de Antropología de México.
6. Originalmente estaba pintado con colores muy vivos.

1. ¿Quiénes construyeron la pirámide de Malinalco?
2. ¿Qué función tenía?
3. ¿Cuántos días tenía el Calendario Azteca que se usaba para la agricultura?
4. ¿Por qué necesitaban dos calendarios?
5. ¿Dónde puedes ver el calendario *tonalpohualli*?
6. ¿Cómo estaba pintado el calendario originalmente?

9-48 Isabel y Lucía visitan la pirámide. Mira el noveno episodio de *Toño Villamil y otras mentiras* donde vas a seguir a Isabel y Lucía en su visita a la pirámide. Ten en mente estas preguntas mientras ves este episodio.

1. Isabel tiene todo listo para su viaje menos...
   a. su boleto.
   b. videos de Malinalco.
   c. su ropa.
2. Cuando se oye a alguien tocar a la puerta Lucía cree que es...
   a. el servicio de habitación.
   b. el taxista.
   c. Antonio.
3. El dueño le trae...
   a. el boleto a Isabel.
   b. flores a Lucía.
   c. rollos de película a Isabel.
4. Desde la pirámide hay...
   a. excursiones a otras pirámides monolíticas.
   b. sólo un taxi por día.
   c. vistas preciosas.
5. Lucía conoce...
   a. otras pirámides monolíticas.
   b. el mercado donde Antonio compró las flores.
   c. el Museo de Antropología.

WWW

9-49 Más sobre el Calendario Azteca. Conéctate con la la página electrónica de *¡Arriba!* (**www.prenhall. com/arriba**) para ver más sobre el Calendario Azteca. Describe sus colores y uno de los dioses en conflicto, según los aztecas.

Vínculos
• Student Video CD-ROM/VHS cassette, *Episodio 9: Toño Villamil y otras mentiras*

Teaching tips
Although the *pirámide de Malinalco* is not the most famous Aztec archeological site in Mexico, it is one of the best preserved.

NUESTRO MUNDO

Panoramas

Vínculos

- Student Video CD-ROM/VHS cassette, *Capítulo 9: Entrevistas de nuestro mundo*
- Companion Website: Chapter 9, Web Resources, *Panoramas, Los países caribeños de Suramérica: Venezuela y Colombia*

Los países caribeños de Suramérica: Venezuela y Colombia

9-50 ¿Ya sabes...? Trata de identificar o explicar lo siguiente.

1. las capitales del Colombia y Venezuela
2. una bebida popular colombiana
3. el color de una esmeralda
4. un país importante por su petróleo
5. la profesión de Shakira
6. el país que tiene costas en el mar Caribe y en el océano Pacífico
7. el nombre del salto más alto del mundo
8. un mineral brillante que se mina en Colombia

Answers to 9-50. 1. Bogotá y Caracas 2. el café 3. verde 4. Venezuela 5. cantante 6. Colombia 7. Ángel 8. el oro

En los festivales, como el de Corpus Christi, se ve una síntesis de tradiciones indígenas y cristianas.

Caracas es una ciudad moderna con grandes autopistas y centros comerciales tan bellos como en cualquier otra ciudad del mundo.

En Colombia, tanto como en Brasil, hay vastos depósitos de oro y piedras preciosas, especialmente esmeraldas. Estas riquezas figuran en las prendas que llevaban los caciques de los indígenas y que sacaban los conquistadores españoles.

Map labels:
ANTI
Aruba
Mar Caribe
Barranquilla
Cartagena
Maracaib
Lago Marac
PANAMÁ
Río Cauca
Río A
Bucaramanga
CORDILLERA DE LOS ANDES
CORDILLERA ORIENTAL
OCÉANO PACÍFICO
Bogotá
Río Meta
COLOMBIA
Cali
Calamar
Mitú
Río Caquetá
Río Putumayo
ECUADOR
PERÚ

Cartagena de Indias fue fundada en 1531. En pocos años su excelente puerto se convirtió en el más importante para España en el Nuevo Mundo. Cartagena llegó a ser una de las ciudades más ricas del imperio. Hoy en día esta acogedora (*cozy*) ciudad colonial, situada en la costa del Caribe, es el centro turístico más importante de Colombia.

Gabriel García Márquez (1928-) es uno de los mejores escritores del siglo XX. En 1982 ganó el Premio Nóbel de Literatura por sus novelas y cuentos. *Cien años de soledad* (1969), la novela que inició su fama, es una de sus novelas más populares e importantes, y uno de los mejores ejemplos del realismo mágico latino-americano.

OLANDESAS
Bonaire
RO

ANTILLAS MENORES

Isla de
Margarita

TRINIDAD
Y TOBAGO

Caracas

uisimeto   Barcelona

Tucupita

OCÉANO
ATLÁNTICO

VENEZUELA   Río Orinoco

San   Ciudad
rnando   Bolívar

G
U
Y
A
N
A

San Fernando
de Atabapo

Esmeralda

B R A S I L

Río Amazonas

La isla Margarita, de 920 kilómetros, de extensión es la mayor de las islas que bordean Venezuela y que forman lo que muchos llaman un bello collar de perlas en el mar Caribe. Margarita, con su zona franca (*duty-free zone*), magníficos hoteles y restaurantes y espléndidas playas, es un paraíso tropical para el turista. En las playas de Margarita se practican varios deportes acuáticos como el jet ski, el surf, el buceo, la pesca y, por supuesto, el windsurf.

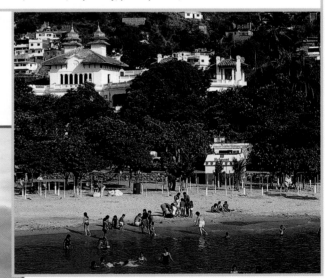

El petróleo es un producto importante para la economía de Venezuela, con el que llegó a tener el PIB(GNP) más alto de la Hispanoamérica.

9-51 ¿Dónde? Identifica un lugar o lugares donde puedes encontrar lo siguiente.

1. industria petrolera   Venezuela
2. museos   las capitales
3. arquitectura colonial   Cartagena de Indias
4. un buen precio para la gasolina   Venezuela
5. muchas autopistas modernas   Caracas

Answers to 9-52. 1. por sus novelas
3. por sus deportes acuáticos

9-52 ¿Cierto o falso? Indica si las siguientes oraciones son ciertas o falsas. Si son falsas, explica por qué.

1. Gabriel García Márquez se conoce más por su poesía.   falso
2. Cartagena es una ciudad colonial.   cierto
3. La isla Margarita atrae a muchos turistas por sus deportes invernales.   falso
4. El petróleo es el producto más importante de Venezuela.   cierto
5. El Salto Ángel es el salto más alto del mundo.   cierto
6. Muchos ritos y festivales son una mezcla de tradiciones indígenas y cristianas.
    cierto

9-53 El mapa. Consulta el mapa de Suramérica o ve a la Red e indica dónde se encuentran estas ciudades y lugares. ¿Cuál deseas visitar y por qué?

al norte de...	al sur de...	al este de...	al oeste de...
en el centro	en el interior	en las montañas	
en la costa del Pacífico	en la costa del Caribe	en el Caribe	

MODELO: Santa Fe de Bogotá
Santa Fe de Bogotá es la capital de Colombia. Está en el interior del país, en las montañas.

Caracas	el Salto Ángel	Maracaibo	Panamá
Cartagena	la isla Margarita	Medellín	San Andrés

Ⓖ 9-54 Recomendaciones. Háganles recomendaciones a las personas que piensan hacer un viaje a Colombia y a Venezuela. Recomiéndenles algunos lugares según sus intereses.

MODELO: Quiero buscar El Dorado.
¿Por qué no vas a Colombia? Allí puedes buscarlo en los Andes.

1. Me gusta visitar lugares de belleza natural.   ¿Por qué no vas al Salto Ángel?
2. Deseo visitar una ciudad grande.   ¿... Caracas?
3. Me gusta nadar en el mar y tomar el sol.   ¿... la isla Margarita?
4. Me interesa visitar la casa donde nació García Márquez.   ¿... Colombia?
5. Quiero conocer una ciudad colonial.   ¿... Cartagena de Indias?
6. Me interesan los cuadros de Botero.   ¿... MOMA o Colombia?

www 9-55 Investigar. Conéctate con la página electrónica de *¡Arriba!* (**www. prenhall.com/arriba**) para ver más imágenes de Colombia y de Venezuela. Escoge una y descríbela.

Ritmos

"Tu ausencia" (Los Tupamaros, Colombia)

En esta canción del famoso grupo colombiano *Los Tupamaros,* un hombre lamenta la partida de su novia y pregunta por qué se fue.

Antes de escuchar

9-56 Música para bailar. "Tu ausencia" es un ejemplo de **cumbia,** un estilo musical típico de Colombia y es el ritmo favorito del colombiano para bailar. ¿Conoces otros estilos musicales de Latinoamérica que tienen un buen ritmo para bailar? ¿De los EE.UU.? Entrevista a variosas compañeros/as para ver qué tipos de música les gusta bailar cuando van a una fiesta o a una discoteca.

ENCUESTA

Nombre	Clase de música: latina/norteamericana/otra
_____	_____
_____	_____
_____	_____
_____	_____
_____	_____

9-57 Por qué y para qué. Lee las siguientes estrofas de "Tu ausencia" para familiarizarte con el tema de la canción, y luego completa los espacios en blanco con **por** o **para** según el caso.

Tu ausencia
No soporto ya tu ausencia
Me destroza el corazón
Son tan lindos tus recuerdos
Me hacen perder la razón
Pasan y pasan los días
Y no sé nada de ti
Lloro y lloro tu partida
Siento que voy a morir
[...]
Vuelve ya mi vida
Calma mi dolor
Me duele tu ausencia
Me duele tu amor

1. El novio quiere saber __por__ qué se marchó su novia.
2. __Para__ él es triste la ausencia de su novia.
3. Él canta __para__ decirle a su novia que está triste.
4. Su novia se marchó y, __por__ eso, él está triste.
5. ¡__Por__ Dios, se fue la novia!
6. Ella era todo __para__ él.

Vínculos

- Instructor's Music CD: *Capítulo 9: Ritmos de nuestro mundo*
- Companion Website: Chapter 9, Web Resources, *Ritmos: Los Tupamaros, (Colombia)*

Teaching tips
The cumbia gets its name from the *cumbè,* a dance that originated in Guinea. In the Colombian version, men and women came to the event dressed entirely in white—the women wore long, multilayered skirts and the men carried bundles of candles or torches, which were lit and held as they gathered in a circle. One at a time, couples moved to the center of the dance floor. The woman would lift her skirt, simultaneously pushing the man away and enticing him closer. African percussion and rhythms, Spanish structure, and Amerindian melodies all combine to create cumbia. Many consider it the "queen of the Latin rhythms"—the root of son, salsa, meringue, and other Latin music.

Note for 9-57: Discuss with students each use of *por* and *para.*

Suggestion for 9-58: It is recommended that students use a bilingual dictionary for this activity.

A escuchar

9-58 Relaciones. Escucha la canción y empareja los palabras y expresiones de la lista de la columna de la derecha con un sinónimo o expresión de la canción de la columna izquierda. Faltan algunas palabras.

1. recuerdos
2. _morir_
3. me duele
4. destrozar
5. adoración
6. _ausencia_

a. __4__ destruir
b. __2__ fallecer
c. __5__ amor
d. __1__ memorias
e. __3__ me hace daño
f. __6__ falta

Después de escuchar

Suggestion for 9-59: This activity can be done with a partner. One student can be the *novio*, and the other student can give advice.

9-59 El novio y yo. Imagínate que eres el novio de la canción. Termina las siguientes oraciones de una manera apropiada usando el presente de subjuntivo para expresar la voluntad. Luego, dale tú consejos al novio.

NOVIO
Deseo que mi novia...
Le pido a ella que...
No quiero que ella...
Necesito que...
...

YO
Le aconsejo al novio que...
Le digo que...
Insisto en que él...
Le recomiendo que...
...

Páginas

Teaching tips
In this autobiographical work, Rosaura Rodríguez also writes about how she overcame traditional values and found her voice in a male-dominant society.

Relato de una vida equivocada fragmento (Rosaura Rodríguez, Colombia)

Rosaura Rodríguez (1961–) es una escritora colombiana que recibe mucha atención crítica en Latinoamérica hoy en día. Sus novelas presentan un retrato de la mujer latinoamericana y sus problemas dentro de una sociedad tradicionalmente dominada por los hombres. Este fragmento es de su primera novela *Relato de una vida equivocada* (1998). Relata las memorias juveniles de la protagonista, una joven cuyo (*whose*) padre habría preferido que fuera varón (*would have preferred for her to be male*).

Antes de leer

9-60 En otros países. De esta lista de actividades, ¿cuáles crees que no les están permitidas a las mujeres en algunos países?

_____ votar

_____ manejar un coche

_____ tener una cuenta en el banco

_____ salir sin permiso de su padre, de su hermano o de su esposo

_____ ser dueña de una empresa

_____ recibir una buena educación

De estas actividades, ¿cuál es la más importante para ti? ¿Cuál es la menos importante?

A leer

9-61 Las narraciones. Las narraciones describen y narran eventos del pasado:

la escena: el imperfecto

los acontecimientos (*events*): el pretérito

Mientras lees esta selección, anota lo siguiente:
- frases que describen la escena (imperfecto)
- frases que relatan actividades repetidas (imperfecto)
- frases que relatan acontecimientos específicos (pretérito)

Relato de una vida equivocada (fragmento)

... Me llevaban a la finca (*farm*) y me enseñaban el manejo del negocio (manejo... *business affairs*), pero no podía jugar con los hijos de los peones, ni montarme en los árboles y mucho menos cazar sapos (cazar... *hunt toads*) porque no eran cosas de señoritas. Podía leer todos los libros que quisiera (*I wanted*) y mi papá nos ponía de tarea un libro a la semana sobre política o economía que él mismo nos entregaba (daba) y después nos hacía comentar, pero tenía prohibido leer novelas con temas románticos porque ésas sólo lograban (*managed*) llenarle a las mujeres la cabeza de pajaritos (*foolish ideas* (lit. *little birds*)). Creo que fueron las novelas de amor las que me llevaron a desobedecer a mi padre por primera vez... De todas formas fue en el colegio y a través de mis compañeras que descubrí el amor escrito y a partir de ese momento no me podía despegar (*unglue*) de esas páginas que hablaban de emociones desconocidas para mí. Era tanta mi obsesión que el dinero que me daban para comer en los recreos (*school recess time*) me lo gastaba en comprar novelas. Me encerraba (*would lock myself*) en el cuarto que compartía con Elena a leerlas y releerlas sin atreverme (*without daring*) a revelarle mi secreto para no hacerla cómplice de mi delito (*crime*). A veces el dinero no me alcanzaba (*wasn't enough*) y fue entonces que descubrí una tienda, a tres cuadras de la escuela, donde entregaba (*I would turn in*) mis novelas y por unos cuantos pesos me las cambiaban por otras igual de gastadas (*worn out*). Cientos de hojas (*pages*) que habían pasado por otras manos que buscaban lo mismo que yo: tocar el amor con la imaginación. Corría a mi casa, me encerraba en el baño. Lo hacía los viernes y así tenía todo el fin de semana para leerlas y meterme en (*to plunge into*) ese mundo mágico de hombres morenos y fuertes, de pasiones encendidas (*fiery*), de mujeres rescatadas (*rescued*) de destinos crueles y de un final feliz donde el amor triunfaba ante la intriga y los malentendidos (*misunderstandings*).

Una tarde cuando salía del baño con mi libro entre las manos me encontré con mi mamá esperándome afuera. Tenía esa expresión tan usual en los progenitores cuando están seguros de que nos van a agarrar (*catch*) con las manos en la masa (*dough*, i.e., *red-handed*). Instintivamente escondí (*I hid*) el libro.

—¿Se puede saber (*Can I know*) qué hacías tanto tiempo encerrada en el baño? —me preguntó.

—Nada, mami. Es que estoy mal del estómago...

—No me engañes (*Don't try to deceive me*) y saca lo que escondiste en la camisa.

No me quedó más remedio que (*I didn't have any other option but*) entregarle el libro con la esperanza de que al ver el título de *Historia de Hispanoamérica* me dejara tranquila (*she would leave me alone*). No fue así y temblaba mientras mi mamá en voz alta leía "Un Ángel de fuego", "Pasión sin Tiempo", "Invierno de Amor"...

El corazón me retumbaba (*turned over*) en el pecho y las piernas empezaban a doblárseme del susto (*fright*). Me miró con compasión y hasta creí ver en sus ojos algo parecido al entendimiento...

—Ven —me dijo—. Vamos a tu cuarto, que tenemos que hablar.

Le seguí balbuceando (*babbling*) excusas.

—Mami, te juro que no lo vuelvo a hacer, pero por favor no se lo digas a mi papá.

—Cállate y siéntate.

—Yo sé que hice algo malo, pero todas mis amigas en el colegio lo hacen y sus papás no les dicen nada.

—No has hecho nada malo y no te preocupes (*don't worry*) que no le voy a decirle nada a tu papá. Eso sí (*But*), me tienes que prometer que nunca más me darás la excusa, ni harás nada por la absurda razón de que los demás (*everybody else*) lo hacen.

—Te lo prometo y te prometo que no lo vuelvo a hacer.

—Ése no es el problema. No quiero que te sientas culpable (*guilty*) por algo que no tiene nada de malo, mija (*mi hija*). Leer novelas de amor no es pecado ni mucho menos...

Desde ese día mi mamá se convirtió en una especie (*kind*) de aliada...

Suggestion for *Páginas.* Use the following questions to check comprehension. *¿De dónde es Rosaura Rodríguez? ¿Cuál es el tema de sus novelas? ¿Adónde iba la muchacha con su familia? ¿Le gustaba leer todo el tiempo? ¿Qué prefería hacer en vez de leer libros de economía? ¿Qué tipo de novela le gustaba leer?*

Answers to 9-62. La protagonista no podía jugar con los jóvenes, ni montarse en árboles, ni cazar sapos, ni leer novelas románticas.

Answers to 9-63. 1. En el baño 2. Leía. 3. Su mamá 4. Tenía miedo. 5. Reaccionó con calma. 6. Se convirtió en aliada.

Después de leer

9-62 Lo permitido y lo prohibido. Después de leer la narración, haz una lista de las actividades que el padre de la protagonista no le permitía hacer y otra lista de lo que tus padres te prohibían hacer de niño/a. Compara las listas. ¿Quién tenía una familia más estricta, tú o la protagonista? ¿Cuáles de estas actividades hacías tú cuando eras más joven?

9-63 La crisis. Resume lo que le pasó a la protagonista el día en que la madre descubrió el delito (*crime*) de la protagonista. Puedes usar estas preguntas como guía.

1. ¿Dónde estaba?
2. ¿Qué hacía?
3. ¿Quién la esperaba?
4. ¿Cómo se sentía la joven?
5. ¿Cómo reaccionó la mamá?
6. ¿Qué pasó después?

9-64 Los gustos literarios. Hablen de lo que leían cuando tenían catorce años y por qué les gustaba.

Taller

9-65 Una entrada en tu diario de viaje. En esta actividad vas a escribir una entrada en tu diario de viajes.

Antes de escribir

- **Ideas.** Piensa en un viaje o un evento que te gustaría recordar por escrito. Haz una lista de los datos importantes. Vas a escribir la entrada como si acabaras de experimentarla (*as if you had just experienced it*).

¿Cuándo fue?	¿Qué pasó?	¿Qué hicieron los demás?
¿Quiénes estuvieron?	¿Qué hiciste?	¿Cómo te sentías después?
¿Cómo te sientes ahora?	¿Qué quieres que hagan todos la próxima vez?	

A escribir

- Escribe la fecha y el lugar.
- Escribe dos o tres oraciones para dar información de fondo (*background*) y explicar el contexto.
- Escribe qué pasó, quiénes participaron, etcétera.
- Escribe cómo te sientes ahora (un poco después del viaje o evento) y cómo vas a seguir el viaje o qué vas a hacer ahora.
- Escribe lo que esperas que hagan todos en las próximas vacaciones.

Después de escribir

- **Revisar.** Revisa tu entrada para verificar los siguientes puntos.
  - ☐ el uso del imperfecto (la escena)
  - ☐ el uso del pretérito (los acontecimientos (*events*))
  - ☐ el uso de **por** y **para**
  - ☐ el uso de adverbios que terminan en **-mente** (**Originalmente queríamos ir a...**)
  - ☐ el uso del subjuntivo (**Espero que...; Quiero que...**)

- **Intercambiar**
  Intercambia tu diario con un/a compañero/a para hacer correcciones y sugerencias y responder a su entrada.
- **Entregar**
  Pasa tu entrada a limpio, incorporando las sugerencias de tu compañero/a. Después, entrégasela a tu profesor/a.

MODELO: *El Salto Ángel, 6 de abril de 2005*
Aquí estamos después de cuatro días de viaje en canoa por el río Orinoco. Es la temporada de lluvias y por eso llovió todo el día. Estoy completamente mojado (wet). *Pero no importa porque hoy disfruté de* (I enjoyed) *la vista más espectacular de mi vida, el Salto Ángel...*

El río Orinoco, Venezuela

Teaching tips

Have students brainstorm as a class or in groups the *Antes de escribir* section. They may want to include photographs, post-cards, or illustrations related to their diary entry.

Suggestion for *Taller*. Have students submit their journal to you electronically. Respond to the content of the journal before you correct the mechanics.

Vínculos
- Assessment: TestGen or paper test in the IRM

10 ¡Tu salud es lo primero!

OBJETIVOS COMUNICATIVOS

- Talking about how you feel and explaining what part of your body hurts
- Inviting others
- Making indirect suggestions

- Talking about how to stay fit
- Expressing emotions
- Giving your opinion about something

En la cultura Aymara de Bolivia y del Perú, el dios creador se llamaba Viracocha. Cerca de la Paz, Bolivia, se encuentran los restos de la ciudad Tiahuanaco y su famosa Puerta del Sol con una imagen del dios creador.

Los países sin mar: Bolivia y el Paraguay

> **«Comamos manzanas todo el año y la enfermedad sufrirá un desengaño.»**

En el Paraguay, *el ñandutí* es una artesanía popular.

Refrán: Let's eat apples all year long and illness will be deceived. (*An apple a day keeps the doctor away.*)

¡Así es la vida!

¡Qué mal me siento!

Don Rafael Campoamor es un señor mayor paraguayo que no se siente bien. Le duele todo el cuerpo.

Don Rafael:	¡Aaay, Carmen! ¡Qué mal me siento!
Doña Carmen:	Rafael, pareces muy enfermo. Vamos al médico ahora mismo.
Don Rafael:	De ninguna manera.
Doña Carmen:	¡Rafi! Hagamos una cita con el doctor Estrada. Por favor, mi vida.
Don Rafael:	¡Está bien! Pero, que no me haga esperar mucho.

En el consultorio del doctor Estrada en el centro de Asunción.

Dr. Estrada:	Don Rafael, ¿cómo se siente? ¿Qué tiene? ¿Qué le duele?
Don Rafael:	Me duele mucho la garganta, y me duelen también el pecho y el estómago.
Dr. Estrada:	A ver... ¡Respire! ¡Tosa!... Pues, lo que usted tiene es una infección de garganta. ¿Tiene alergia a los antibióticos?
Don Rafael:	No. Pero no me gusta tomar pastillas.
Dr. Estrada:	Don Rafael, usted es algo serio. Quiero que se tome una de estas pastillas cada seis horas. Le garantizo que se va a sentir mejor. Además, deseo que vuelva la próxima semana porque quiero hacerle un examen físico.
Don Rafael:	¿Otra vez venir a visitarlo? ¡Que lo visite mi esposa!
Dr. Estrada:	Vamos, don Rafael, tranquilo. Usted sabe que para mí su salud es lo primero.

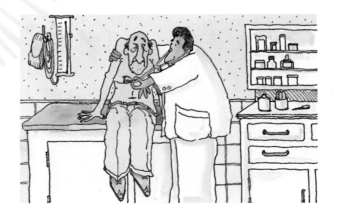

Teaching tips

Review the previous chapter by asking students to report to the class what they wrote in their diary entry for the *Taller* section. As a transition, say that you had hoped to go on a weekend trip with your friend don Rafael and his wife doña Carmen, but he does not feel well. *No se siente bien. Está enfermo. Es necesario que consulte a un médico.* Ask the students to read the dialogs to find out what is wrong with him. Then read the dialogs aloud to the class using appropriate intonation to reflect the insistent tone of doña Carmen and the reluctant one of don Rafael.

Follow-up for ¡Así es la vida! Use the following questions to check comprehension. *¿Dónde vive el señor Campoamor? ¿Cómo está hoy? ¿Qué quiere hacer su esposa Carmen? ¿Dónde está el consultorio del médico? ¿Cuáles son los síntomas del señor Campoamor? ¿Qué le da el médico? ¿Por qué quiere el médico que el señor Campoamor vuelva la próxima semana?*

Las partes del cuerpo humano

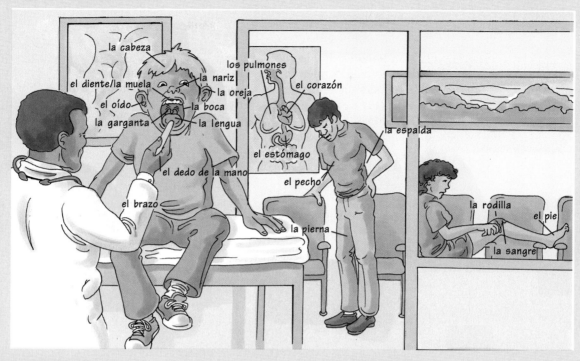

Problemas de salud

doler (ue)	*to hurt*
romperse (un hueso)	*to break (a bone)*
tener alergias a	*to be allergic to*
tener dolor de cabeza	*to have a headache*
... **espalda**	*. . . a backache*
... **estómago**	*. . . a stomachache*
... **garganta**	*. . . sore throat*
tener (una) fiebre	*to have a fever*
... **la gripe**	*. . . the flu*
... **una infección**	*. . . an infection*
... **un resfriado**	*. . . a cold*
... **(una) tos**	*. . . a cough*
torcer	*to twist*
toser	*to cough*

Remedios y sugerencias médicos

dejar de fumar[1]	*to quit smoking*
guardar cama	*to stay in bed*
hacer una cita	*to make an appointment*
mejorarse	*to get better, to get well*
operar	*to operate*
recetar	*to prescribe*
respirar	*to breathe*
tomarse la presión[2]	*to take one's blood pressure*
... **la temperatura**	*. . . temperature*

[1]**Dejar de** is followed by an infinitive in Spanish, whereas the present participle (*-ing*) is used after *to quit* in English. **Fumar** means *to smoke.*

[2]**tomarse la tensión** in Spain.

Teaching tips

Have students act out the symptoms for *Problemas de salud* section and have the class try to guess what is wrong.

Medicinas comunes

el antiácido	*antacid*
el antibiótico	*antibiotic*
la aspirina	*aspirin*
el calmante	*painkiller, sedative*
el jarabe	*cough syrup*
la pastilla	*pill; lozenge*

En el consultorio

el diagnóstico	*diagnosis*
el dolor	*pain*
la enfermedad	*illness*
el examen físico	*checkup*
la inyección	*shot*
el/la paciente	*patient*
la prueba	*test*
la radiografía	*X-ray*
el síntoma	*symptom*

> ### Vínculos
>
> Use the following instructional resources to practice *salud; remedios; el consultorio.*
> - Companion Website: Chapter 10, Review, Activity: Rev 10-1
> - IRCD: pp. 341 and 343

Suggestion for ¡Así lo decimos! Have students draw a picture following your description, e.g., *Esta criatura tiene dos cabezas. En la cara a la derecha tiene un ojo grande y redondo. En la cara izquierda tiene tres ojos pequeños cuadrados. Tiene el cuello largo y delgado. En la cara derecha tiene una boca pequeña con un diente. A la izquierda, tiene una boca grande con muchos dientes, etc.*

Suggestion for ¡Así lo decimos! Have students work in groups to talk about the following activities, issues, and situations, e.g., *fumar* → *¿Quiénes fuman? ¿Por qué? ¿Se debe permitir fumar en lugares públicos?* 1. *fumar* 2. *consultarle al médico cuando se siente mal* 3. *ser alérgico/a a...* 4. *no gustarle las radiografías* 5. *querer estudiar medicina* 6. *hacer ejercicio* 7. *enfermarse mucho* 8. *nunca tomar pastillas* 9. *sufrir de dolores de cabeza* 10. *preferir la medicina natural*

Aplicación

10-1 Don Rafael. Indica si estas declaraciones son ciertas, falsas o si no se sabe, según la información de **¡Así es la vida!** Corrige las falsas.

MODELO: Don Rafael se siente muy bien.
Falso. Se siente enfermo.

1. Don Rafael sufre de alta presión.   falso
2. El médico recomienda que don Rafael guarde cama.   falso
3. Tiene alergia a los productos lácteos, como la leche y el queso.   No se sabe
4. El doctor Estrada quiere hacerle un examen físico.   cierto
5. El médico le receta un jarabe para la tos.   falso
6. Es necesario que don Rafael vuelva al consultorio en una semana.   cierto

10-2 Categorías. Catagoriza las siguientes partes del cuerpo y añade una más al final.

Parte del cuerpo	Tienes uno	Tienes dos	Tienes más de dos	Órgano interno
el dedo			X	
el corazón	X			X
la nariz	X			
el ojo		X		
el pulmón		X		X
la oreja		X		
el brazo		X		
el estómago	X			X
la pierna		X		
el diente			X	
¿...?				

10-3 ¿Con qué se usa? Empareja la parte del cuerpo que asocias con cada cosa.

MODELO: llevar un guante
la mano

1. __h__ llevar un anillo
2. __c__ llevar un arete
3. __e__ llevar maquillaje
4. __a__ necesitar un pañuelo (*handkerchief*)
5. __g__ sentir emoción
6. __b__ llevar un zapato
7. __d__ llevar un sombrero
8. __j__ digerir la comida
9. __f__ hablar un idioma
10. __i__ escuchar música

a. la nariz
b. el pie
c. la oreja
d. la cabeza
e. la cara
f. la lengua
g. el corazón
h. el dedo
i. el oído
j. el estómago

10-4 ¿Qué le pasa? Describe lo que les pasa a estas personas y da una posible causa de su problema.

MODELO:

Alicia

A Alicia le duele el estómago porque comió dos hamburguesas.

1.

Alberto

2.

Samuel y Ricardo

3.

Ramiro y Marta

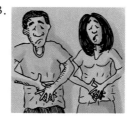

4.

Ana María

5.

Carlos

10-5 ¿Necesito un médico? Lee los avisos y contesta las preguntas a continuación.

1. ¿Qué tienen en común el doctor Fuentes y la doctora Musa?
2. ¿Dónde tienen el consultorio todos los médicos?
3. ¿Cuál es la especialidad del doctor Cabrera?
4. ¿A quién consultas si necesitas cirugía plástica? ¿si te duelen los ojos?
5. ¿Por qué consultas al doctor Fuentes?

AUDIO **10-6 ¡Qué mal me siento!** Escucha la conversación entre doña Carmen y su médico, y anota sus síntomas, un diagnóstico lógico y el consejo del médico.

MÉDICOS
Dr. Armando V. Fuentes
Medicina interna
Avenida Piraí No. 134
Santa Cruz, Bolivia
(591-3) 555366

Dr. Iliana Musa
Medicina optometrista
Avenida Ballivián No. 421
Santa Cruz, Bolivia
(591-3) 555747

MÉDICOS
Dr. Carlota Sánchez
Cirugía plástica
Miembro de la Academia de Cirugía plástica
Avenida Roca y Coronado No.229
Santa Cruz, Bolivia
(591-3) 552975

Dr. Tomás Cabrera
Urólogo
Avenida Velarde No. 622
Santa Cruz, Bolivia
•
Avenida Manuel Ignacio Salvatierra 1003
Santa Cruz, Bolivia
(591-3) 557414

SÍNTOMA	DIAGNÓSTICO	CONSEJO
____ tos	____ alergias	____ tomar aspirina
____ fiebre	_X_ presiones del trabajo	_X_ descansar
_X_ dolor de cabeza	____ resfriado	____ tomar sopa
_X_ dolor de estómago	____ gripe	_X_ comer mejor
____ dolor de garganta	____ úlceras	____ hacer ejercicio
____ dolor de una muela	_X_ mala dieta	____ tomar antibióticos

Audioscript for 10-6

¡Ay, doctor! No sé qué tengo. Me siento muy mal. Me duelen la cabeza y el estómago. ... No, no tengo fiebre. ... No, no tengo tos, ni dolor de garganta. ... Bueno, la verdad es que estoy trabajando mucho, doctor. Trabajo doce horas al día en la oficina, después tengo que preparar la comida, limpiar la casa, cuidar a los niños. No tengo tiempo de preparar más que pizza y hamburguesas. ... ¿Usted cree que debo trabajar menos y comer mejor? ... Tiene razón. Voy a seguir sus consejos: descansar más y comer comida saludable. Gracias, doctor. Adiós.

2 10-7 ¿Cuándo consultas al médico? Pregúntense si consultan al médico en las siguientes situaciones.

MODELO: Te duele la cabeza.
E1: *¿Consultas al médico si te duele la cabeza?*
E2: *No. Por lo general tomo dos aspirinas y me siento mejor. ¿Y tú?*

1. Tienes tos.
2. Tienes una fiebre alta.
3. Te duele la espalda.
4. Te rompes un hueso.

5. Necesitas un examen físico para el trabajo.
6. Tienes náuseas.
7. Te duele la garganta.
8. Tienes resfriado.

2 10-8 ¿Qué tal? Imagínense que son el/la paciente y el/la médico/a de la siguiente conversación. Completen el intercambio.   *Answers may vary.*

Doctor/a: Hola... ¿Qué tal? ¿Cómo ___se siente___?

Paciente: ___Me siento fatal.___

Doctor/a: ¿Qué tiene? ¿Qué le pasa?

Paciente: ___Me duelen la cabeza y el estómago.___

Doctor/a: ¿Va a ir ___al hospital___?

Paciente: ___Sí, ahora mismo.___

Doctor/a: Bueno, ___nos vemos allí___.

AB 10-9A ¡Qué mal me siento! Túrnense para decir sus síntomas y darse consejos.

MODELO: E1: *Me duelen los pulmones.*
E2: *Debes dejar de fumar.*

1. Me duelen las piernas.
2. Creo que tengo fiebre.
3. No tengo energía.

4. No me siento bien.
5. Tengo un resfriado terrible.
6. Me duele el estómago.

2 10-10 En la farmacia. Imagínense que uno/a de ustedes es un/a turista en el Paraguay y el/la otro/a es el/la farmacéutico/a. El/La turista está terriblemente resfriado/a y le pide consejos al/a la farmacéutico/a. Después de inventar una conversación, presenten su intercambio a la clase.

MODELO: E1: *Tengo un resfriado horrible.*
E2: *¿Tiene usted fiebre también?*

¡Así lo hacemos! Estructuras

1. The *nosotros* commands

¡Compremos unos helados!

HELADOS SUPERDELICIOSOS

Vínculos

Use the following instructional resources to practice the *nosotros* commands.
- WB/LM–OneKey: Activities: 10-5, 10-6, 10-7, 10-30, and 10-31
- Companion Website: Chapter 10, Review, Activity: Rev 10-2
- IRCD: pp. 335 and 337

Teaching tips
Both the *nosotros* commands and the indirect commands use the subjunctive form of the verb. Stress the systematic nature of both forms and the meaning of commands.

■ There are two ways to give a direct command to a group of persons that includes yourself: **vamos a** + *infinitive* or the **nosotros/as** form of the present subjunctive. As you know, **vamos a...** is also used to express a simple statement or to ask a question. The interpretation of *Let's...* results from intonation and context.

¿Vamos a llamar al médico?	*Shall we call the doctor?*
Sí, **vamos a** llamarlo.	*Yes, let's call him.*

■ With the present subjunctive of **nosotros/as,** the command is clearly stated.

Hablemos con la enfermera.	*Let's talk with the nurse.*
No miremos la radiografía ahora.	*Let's not look at the X-ray now.*

■ As with all command forms, object pronouns are attached to the affirmative forms and precede the negative commands. In affirmative commands with an attached pronoun, an accent mark is added to maintain the original stress.

Busquemos al enfermero.	*Let's look for the nurse.*
Busquémoslo.	*Let's look for him.*
No molestemos a la paciente.	*Let's not bother the patient.*
No la molestemos.	*Let's not bother her.*

■ To express *Let's go . . .* , use the indicative **vamos.** For the negative *Let's not go . . .* , however, you must use the subjunctive form.

Vamos al hospital a visitar a Linda.	*Let's go to the hospital to visit Linda.*
No, no vayamos al hospital ahora.	*No, let's not go to the hospital now.*

■ When the pronoun **nos** is attached to the affirmative command of reflexive verbs, the final **-s** is deleted from the verb ending.

Vámonos.	*Let's leave.*
Levantémonos.	*Let's get up.*
Durmámonos.	*Let's fall asleep.*

Suggestion for ¡Así lo hacemos! Have students change the *vamos a* + infinitive structure to the *nosotros* command, or divide the two structures and have the students match them. You may leave the last few blank and ask the students to produce the command. You may contextualize from Activity 10-6. *Cuando Carmen llega a casa después de su cita con el médico habla con sus hijos sobre sus consejos.* 1. *Vamos a ver al médico.* 2. *Vamos a pedir una receta.* 3. *Vamos a descansar más.* 4. *Vamos a dormir ocho horas.* 5. *Vamos a hacer más ejercicio.* 6. *Vamos a dejar de fumar.* 7. *Vamos a comer mejor.* 8. *Vamos a reducir el estrés.* Answers. 1. *Veámoslo / No lo veamos otra vez.* 2. *Pidámosla / No la pidamos.* 3. *Descansemos.* 4. *Durmamos.* 5. *Hagámoslo.* 6. *Dejemos de fumar.* 7. *Comamos mejor.* 8. *Reduzcámoslo.*

Aplicación

10-11 Una conversación con Benjamín Bratt. Antes de conocer a Talisa Soto, con quien después se casó, Benjamín Bratt y Julia Roberts eran novios. Lee la conversación entre los dos actores y subraya los mandatos con la forma de **nosotros.**

Benjamín:	¡Oye, Julia! Hagamos una película juntos.
Julia:	Buena idea, pero ¿una película seria o cómica?
Benjamín:	Una seria. Veamos este guión (*script*) de León Ichaso que se llama *Piñero*. Se trata de un poeta de Nueva York que muere muy joven. Se dice que su poesía es la precursora del *rap*.
Julia:	Me parece interesante, pero miremos otros guiones menos serios. Leamos, por ejemplo, el guión para *Señorita Congeniality*.
Benjamín:	¡Ay, Julia! ¡Ya es tarde! Sandra Bullock y yo vamos a hacer esa película.
Julia:	Bueno, digamos que tú estás demasiado ocupado con tus proyectos. Vamos a posponer nuestro proyecto.
Benjamín:	De acuerdo, Julia.

10-12 ¿Comprendiste? Ahora contesta las preguntas basadas en la conversación anterior.

1. ¿Qué quieren hacer Benjamín y Julia?
2. ¿Qué tipo de película le interesa más a Benjamín? ¿Y a Julia?
3. ¿Quién es Piñero?
4. ¿Por qué no van a colaborar en *Señorita Congeniality*?
5. ¿Todavía son novios Benjamín y Julia?

10-13 El doctor Chiringa. El doctor Chiringa es una persona que siempre se incluye en las órdenes que les da a las otras personas. Completa la conversación que tiene con sus pacientes Roberto y Tomás Cruz usando los mandatos con la forma de **nosotros.**

Dr. Chiringa:	Señores Cruz, tenemos que hacer algo por nuestra salud. No (1. cenar) ___cenemos___ tan tarde y no (2. acostarse) ___nos acostemos___ todos los días después de las doce de la noche.
Roberto:	Sí, doctor, pero es que llegamos del trabajo muy tarde.
Dr. Chiringa:	Sí, pero (3. tener) ___tengamos___ más cuidado, no (4. trabajar) ___trabajemos___ tanto. (5. Llegar) ___Lleguemos___ a casa más temprano; (6. descansar) ___descansemos___ más y (7. cuidarse) ___cuidémonos___ un poco más.
Tomás:	Doctor, pero es que tenemos muchos problemas. Trabajamos en una panadería por las noches y sólo tenemos tiempo para comer y dormir porque por las mañanas tenemos otro trabajo en un restaurante.
Dr. Chiringa:	Bueno, no (8. enfadarse) ___nos enfademos___. (9. Seguir) ___Sigamos___ estos consejos y, si es posible, (10. cambiar) ___cambiemos___ de trabajo.
Roberto:	No es fácil, doctor, siempre estamos buscando un trabajo mejor.
Dr. Chiringa:	Sí, lo sé. Pero nuestra salud es lo primero.
Tomás:	¡De acuerdo, doctor!

2 **10-14 Los enfermeros.** Imagínense que ustedes son enfermeros/as y trabajan para el equipo de rescate (*rescue*). Acaban de recibir una llamada del hospital pidiéndoles que atiendan a las víctimas de un accidente. Túrnense para completar la conversación con verbos en el presente y mandatos con la forma de **nosotros.**

MODELO: (ponerse) los uniformes
E1: *¿Nos ponemos los uniformes?*
E2: *¡Sí, pongámonoslos!*

1. (levantarse) rápidamente
2. (vestirse) ahora mismo
3. (poner) todo el equipo de emergencia en la ambulancia
4. (buscar) la ruta más rápida en el mapa
5. (salir) en la ambulancia ahora mismo
6. (hacer) todo lo posible para ayudar a los heridos (*wounded*)
7. (llenar) el tanque de oxígeno
8. (volver) al hospital rápidamente

2 **10-15 Acuerdos y desacuerdos.** Imagínense que ustedes son dos médicos residentes que nunca se ponen de acuerdo. Sigan el modelo para expresar su desacuerdo.

MODELO: E1: *¿Vamos a visitar a los enfermos en el hospital ahora?*
E2: *Sí, visitémoslos.*
E1: *No, no los visitemos ahora.*

1. ¿Vamos a consultar a otro especialista?
2. ¿Vamos a ponerle una inyección al señor Yáñez?
3. ¿Vamos a tomarle la temperatura a la señora Ramírez?
4. ¿Vamos a hacer una cita con el psiquiatra?
5. ¿Vamos a sacarle una radiografía de la pierna a Juan?
6. ¿Vamos a recetarle antibióticos al joven que tiene gripe?
7. ¿Vamos a examinar al paciente que acaba de llegar?
8. ¿Vamos a salir temprano hoy?

Answers to 10-14. 1. levantémonos 2. vistámonos 3. pongámoslo 4. busqué-mosla 5. salgamos 6. hagámoslo 7. llenémoslo 8. volvamos

Answers to 10-15. 1. consultémoslo / no lo consultemos 2. pongámosela / no se la pongamos 3.tomémosela / no se la tomemos 4. hagámosla / no la hagamos 5. saquémosela / no se la saquemos 6. recetémoselos / no se los recetemos 7. examinémoslo / no lo examinemos 8. salgamos / no salgamos

AB **10-16A En la sala de urgencias.** Imagínense que ustedes tienen que decidir qué acciones tomar en situaciones urgentes. Túrnense para presentar situaciones. El/La otro/a responde con instrucciones lógicas de su lista, usando un mandato de **nosotros.**

MODELO: E1: *El niño tiene gripe.*
E2: *Démosle vitamina C.*

buscarle un calmante   hacerle una radiografía
darle dos aspirinas   recetarle pastillas
darle té con limón   ¿...?

1. El paciente necesita oxígeno.
2. A la niña le duele el estómago.
3. El bebé está tosiendo mucho.
4. La señora tiene una infección en el brazo.
5. El Sr. Pérez tiene una fiebre muy alta.
6. ¿...?

G **10-17 ¡Resoluciones!** Hagan cuatro o cinco resoluciones para el próximo año.

MODELO: *Estudiemos más, aprendamos otro idioma...*

Suggestion for *¡Así lo hacemos!* Have students brainstorm some indirect commands based on their hopes for the week, e.g., *¡Que no tengamos prueba mañana! ¡Que no llueva para el partido de béisbol! ¡Que ganen los... la Serie Mundial!,* etc.

Suggestion for *¡Así lo hacemos!* You may wish to introduce the following common *despedidas: ¡Que te vaya bien! ¡Que estés bien! ¡Que me llames!*

Answers to 10-18. abran (abrir), surjan (surgir), aparezcan (aparecer), creen (crear), procreen (procrear), salga (salir), llueva (llover), crezcan (crecer), haya (haber), reine (reinar)

2. Indirect commands

Commands may be expressed indirectly, either to the person with whom you are speaking or to express what a third party should do.

- The basic format of an indirect command is as follows.

  Que + *subjunctive verb* (+ *subject*)

Que **llames** al Dr. Estrada.	*Call Dr. Estrada.*
Que lo **haga** ella.	*Let (Have) her do it.*
Que no me **moleste** más el enfermero.	*Have the nurse not bother me anymore.*

- This construction is also used to express your wishes for someone else.

¡Que no **te duela** la garganta mañana!	*I hope that your throat doesn't hurt you tomorrow!*

- Object and reflexive pronouns always precede the verb. In a negative statement, **no** also precedes the verb.

¡Que **se** vayan!	*Let them leave!*
¡Que papá **no se** tome la presión después de comer!	*Don't let dad take his blood pressure after eating!*

- When a subject is expressed, it generally follows the verb.

¡Que lo hagas **tú**!	*You do it!*
¿La inyección? Que se la ponga la enfermera.	*The shot? Let the nurse give it to him.*

Aplicación

10-18 Viracocha, el dios creador. Lee el monólogo de Viracocha y subraya todos sus deseos expresados con mandatos indirectos. Luego escribe el infinitivo del verbo.

Modelo: ¡Que <u>haya</u> luz!
haber

Observatorio, Tiahuanaco, Bolivia

Hoy voy a crear el mundo y sus habitantes. Que se abran las aguas y que surjan (*rise*) montañas además de los llanos (*plains*). Que aparezcan los pájaros en el aire, los animales en la tierra y toda clase de insectos. Que se creen el sol y la luna, el hombre y la mujer, y que ellos procreen niños. Que salga el sol, que llueva mucho y que crezcan los alimentos en abundancia. Que no haya guerra y que reine la paz por todo el mundo.

10-19 ¿Qué desea el dios creador? Ahora, escribe cuatro de los deseos de Viracocha.

MODELO: Quiere que se abran las aguas.

10-20 ¿Y tú? Escribe cinco mandatos indirectos que representen tus deseos para el futuro.

MODELO: Que tenga éxito en los exámenes.

G **10-21 Un viaje a Bolivia o al Paraguay.** Hagan una lista de lo que necesitan para realizar un viaje a Bolivia o al Paraguay. Luego, expresen sus deseos con mandatos indirectos.

MODELO: dinero
  E1: *Que la universidad nos dé una beca (*scholarship*).*
  E2: *Que nuestros padres...*

¿Cuánto sabes tú? *Can you...*

- ☐ talk about how you feel using **me siento...**?
- ☐ explain what part of your body hurts using **me duele(n)...**?
- ☐ invite others to do something with you using **nosotros** commands such as **¡Veamos una película! ¡No nos sentemos aquí!**?
- ☐ suggest indirectly that someone do something using indirect commands such as **Que lo haga Juan**?
- ☐ cause something to happen using indirect commands such as **¡Qué esté bien mi mamá!**?

Comparaciones

El ejercicio y la dieta

10-22 En tu experiencia.

1. ¿Se preocupan mucho por mantenerse en forma tus amigos?
2. ¿Siguen ustedes una dieta especial?
3. Tus amigos y tú ¿caminan o hacen algún tipo de ejercicio? ¿Cuál?
4. Compara tu rutina con la de tus padres o la de tus abuelos. ¿Cuáles de ustedes son más activos?
5. ¿Cómo son las comidas más populares en los EE.UU.? ¿Cuáles son los postres preferidos en los EE.UU.? ¿Son comidas saludables (*healthy*)?

La preocupación por seguir una dieta saludable y por mantenerse en forma (*to stay in shape*) es un fenómeno reciente en los países hispanos. Muchos de los platos tradicionales de la cocina hispana tienen generosas cantidades de azúcar o un alto contenido de grasa animal, como la carne de cerdo y la carne de res. Afortunadamente, los hispanos preparan sus comidas con ingredientes naturales y frescos. En esto hay un gran contraste con los EE.UU., donde es muy frecuente que los alimentos se empaquen en fábricas (*factories*) y contengan conservantes (*preservatives*). Según los expertos, los alimentos naturales son mucho más saludables y su consumo resulta en menos casos de cáncer y otras enfermedades. Otro beneficio de la dieta hispana es el equilibrio de platos. Típicamente una comida incluye legumbres, algún tipo de arroz y distintas variedades de frijoles. El postre es casi siempre alguna fruta, y hoy en día los hispanos comen menos carne de res que antes. Un delicioso y saludable aspecto de la comida hispana es el uso de aceite de oliva, que no contiene colesterol.

Muchos hispanos tienen la costumbre de caminar mucho todos los días, una actividad excelente para mantenerse en forma. Sin embargo, muchos hispanos no suelen tener un régimen de ejercicio ni se preocupan por mantenerse en forma como los norteamericanos. Esto va cambiando entre los jóvenes de las ciudades que hoy en día hacen footing (*jog*) por los parques o van a clases de ejercicio aeróbico en los gimnasios.

> ### Vínculos
> * Companion Website: Chapter 10, Web Resources, *Comparaciones: El ejercicio y la dieta*

10-23 En tu opinión. Primero hagan una lista de las ventajas y desventajas de cada tratamiento. Luego, comparen sus opiniones sobre la utilidad de estos tratamientos.

MODELO: una copa de vino diaria para proteger el corazón
> E1: *Creo que es una buena idea tomar una copa de vino todos los días para proteger el corazón. Me parece muy saludable.*
> E2: *No estoy de acuerdo. No me gusta el vino y creo que la gente toma demasiado.*

1. la quiropráctica para aliviar el dolor de espalda
2. el té de hierbas para dar energía
3. la acupuntura para aliviar el dolor del tobillo
4. los calmantes para combatir el estrés
5. los antibióticos para el dolor de garganta
6. la aspirina para proteger el corazón

¡Así es la vida!

Mejora tu salud

Bienvenidos a Hacienda La Fortuna
Spa-Hotel, Lago Titicaca, Bolivia

PLANES

Adelgazamiento
- sauna, masajes, baños termales, yoga, caminatas
- consulta médica
- lodo (*mud*) medicinal
- dieta de baja grasa

Antiestrés
- masajes
- baño con esencias botánicas
- entrenador personal
- manicura, pedicura

Tratamiento para enfermedades crónicas
- acupuntura
- reflexología
- baño con barro (*mud*)
- dieta de alta proteína y bajos carbohidratos
- control de peso

Teaching tips
There are many health sources available both online and in pamphlets through local health agencies and doctors' offices. The World Health Organization, for example, maintains a site in Spanish (*http://www.who.int/es/*), as does the National Institute of Health (*http://salud.nih.gov/*).

Expansion ¡Así es la vida! Ask students the following questions to introduce text. *¿A quiénes les gusta(n)... los masajes, yoga, tener un entrenador personal? ¿Cuánto cuesta un baño con barro? ¿Quién es el/la cliente ideal para Hacienda La Fortuna?*

Disfrute de nuestra piscina con agua de manantiales (*springs*) termales.

Goce de nuestras vistas y ubicación cerca de sitios arqueológicos.

¡Así lo decimos! Vocabulario

Los alimentos

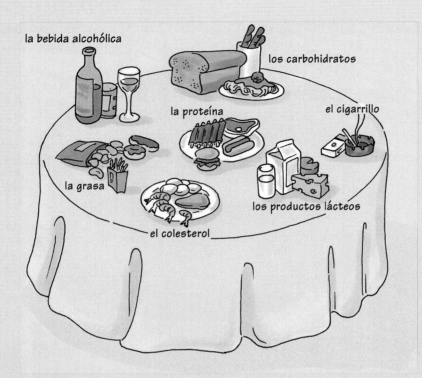

la bebida alcohólica

los carbohidratos

la proteína

el cigarrillo

la grasa

los productos lácteos

el colesterol

Las enfermedades y el bienestar (*well-being*)

la diabetes	*diabetes*
los ejercicios aeróbicos	*aerobics*
el estrés	*stress*
el peso	*weight*
el sobrepeso	*excess weight, obesity*

La salud y la línea (*figure*)

adelgazar, bajar de peso	*to lose weight*
cuidar(se)	*to take care (of oneself)*
estar a dieta	*to be on a diet*
guardar la línea	*to stay trim, to watch one's figure*
hacer jogging/footing	*to jog*
levantar pesas	*to lift weights*
mantenerse en forma	*to stay in shape*
padecer (zc) (de)	*to suffer (from)*
ponerse en forma	*to get in shape*
subir de peso	*to gain weight*

Vínculos

Use the following instructional resources to practice *alimentos; salud y la línea*.
- Companion Website: Chapter 10, Review, Activity: Rev 10-4
- IRCD: pp. 342 and 343

Teaching tips

Rather than dwelling on the negative effects of an unhealthy lifestyle, encourage students to express what they can do to avoid illness and stay healthy and fit.

Aplicación

10-24 ¿Son saludables o no? Indica si las siguientes actividades o condiciones son saludables.

MODELO: ponerse en forma
Sí, es saludable.

ACTIVIDAD	SÍ	NO
1. fumar	☐	☒
2. comer mucha grasa animal	☐	☒
3. hacer ejercicio aeróbico	☒	☐
4. padecer de estrés	☐	☒
5. levantar pesas	☒	☐
6. ingerir muchos azúcares	☐	☒
7. consumir menos de 500 calorías por día	☐	☒
8. ingerir más de dos bebidas alcohólicas por día	☐	☒

10-25 Un chequeo para la salud. Completa el cuestionario sobre la diabetes y decide si tienes riesgo.

CHEQUEO PARA SU SALUD...

Los hispanos son más propensos a sufrir diabetes... ¿por qué correr este riesgo sin necesidad?

En honor a la "Semana de Alerta a la Diabetes", hágase una simple prueba. Este servicio es **gratis** para la comunidad. A continuación tiene unas preguntas, solamente necesita responder SÍ o NO y debe anotar 10 puntos por cada respuesta afirmativa.

Estoy sintiendo los siguientes síntomas con regularidad:

	SÍ	NO
Sed excesiva	☐	☐
Orino (*urinate*) con frecuencia	☐	☐
Mucho cansancio	☐	☐
Pérdida de peso inexplicable	☐	☐
Vista nublada a veces	☐	☐
Tengo más de 40 años:	☐	☐
Según las tablas de peso, tengo más peso del debido:	☐	☐
Soy mujer y he tenido niños que han pesado más de 9 lbs. al nacer:	☐	☐
Mi madre/padre es diabético:	☐	☐
Mi gemelo/a tiene diabetes:	☐	☐
Mi hermano/a tiene diabetes:	☐	☐

Si su total es de 20 o de más de 20 puntos, le recomendamos que se haga una prueba de diabetes, absolutamente gratis.

LAS PRUEBAS SE EFECTUARÁN:

Martes, 19 de marzo—8:00 am -11:00am
Vestíbulo del Hospital San Vicente
Calle Reina del Río
Asunción

Las personas que deseen hacerse esta prueba no deben comer <u>dos horas</u> antes del examen.

Contaremos con una dietista que podrá informarle sobre las comidas y contestar cualquier pregunta que pueda tener.

Para más informacion o si quiere recibir nuestra revista gratis, llame al
5-56-68-50

Hospital San Vicente
Calle Reina del Río, Asunción, Paraguay

10-26 El riesgo de padecer de diabetes. Para saber qué riesgo corres de sufrir diabetes del tipo 2, marca las características que te describen.

☐ Tienes un familiar con diabetes.

☐ Tu familia es de ascendencia afroamericana, indioamericana, asiática, de las islas del Pacífico o hispanoamericana.

☐ Cuando naciste (*you were born*), pesabas más de nueve libras.

☐ Tienes tensión arterial de 140/90 o más.

☐ Tienes el colesterol HDL (colesterol "bueno") en 35 o menos, o los triglicéridos en 250 o más.

☐ Eres bastante inactivo/a. Haces ejercicio menos de tres veces a la semana.

2 **10-27 ¿Qué pueden hacer?** Conversen entre ustedes para identificar lo que pueden hacer para prevenir la diabetes. Van a encontrar consejos si se conectan a la página electrónica de ¡*Arriba!* (**www.prenhall.com/arriba**).

MODELO: *Es importante hacer ejercicio todos los días.*

AB **10-28A Te recomiendo que...** Túrnense para presentar los siguientes problemas mientras el/la otro/a ofrece recomendaciones. Pueden usar el verbo **recomiendo** con una cláusula nominativa en el subjuntivo.

MODELO: E1: *Soy muy delgado/a.*
E2: *Te recomiendo que hagas tres comidas completas todos los días.*

1. Quiero bajar de peso.
2. Necesito bajar mi nivel de colesterol.
3. Fumo más de un paquete de cigarrillos todos los días.
4. Mi hermano quiere guardar la línea.
5. Mi tío padece de diabetes.

2 **10-29 Sus preocupaciones sobre la salud.** Conversen entre ustedes para poner estas enfermedades y condiciones en orden de importancia para ustedes y para la sociedad.

MODELO: E1: *¿Cuál es más importante para ti?*
E2: *Para mí es el cáncer, para la sociedad es...*

	PARA MÍ	PARA MI COMPAÑERO/A	PARA LA SOCIEDAD
el cáncer	_____	_____	_____
la diabetes	_____	_____	_____
las enfermedades del corazón	_____	_____	_____
el SIDA (*AIDS*)	_____	_____	_____
las enfermedades del pulmón	_____	_____	_____
la artritis	_____	_____	_____
el alcoholismo	_____	_____	_____
el SARS	_____	_____	_____
¿otra...?	_____	_____	_____

Audioscript for 10-30
Buenos días. Represento la Asociación Americana de Diabetes. Si usted tiene tres minutos, me gustaría hacerle algunas preguntas sobre su dieta.
1. ¿Cuántos miligramos de colesterol consume usted por día? a. ¿0 mg.? b. ¿300 mg.? c. ¿600 mg.?
2. ¿Cuántos alimentos ricos en proteínas, no de origen animal, come usted, por ejemplo, avena, frijoles? a. ¿muchos? b. ¿algunos? c. ¿ninguno?
3. ¿Cuánto le gustan a usted las comidas bajas en grasa, como los vegetales verdes y las papas? a. ¿mucho? b. ¿un poco? c. ¿nada?
4. ¿Qué aceite usa usted más en sus comidas? a. ¿de oliva? b. ¿de maíz? c. ¿de animal?
5. ¿Qué porcentaje de sus calorías son de carbohidratos como el pan y los cereales? a. ¿80%? b. ¿50-60%? c. ¿30%?
6. ¿Cuántas veces a la semana toma usted bebidas alcohólicas? a. ¿menos de una vez? b. ¿dos o tres veces? c. ¿todos los días?
Si sus respuestas son principalmente **a** y **b**, usted tiene poco riesgo de volverse diabético. Si usted respondió c a la mayoría de las preguntas, le recomendemos que consulte a su médico. Gracias por participar en esta encuesta. Adiós.

10-30 Una encuesta (*poll*) médica. Escucha y completa la siguiente encuesta telefónica. Después de completarla, compara tus respuestas con las de un/a compañero/a.

MODELO: ¿Cuántos cigarrillos fuma usted por día?
a. ninguno b. de cinco a diez c. más de un paquete
a. ninguno

1. a. 0 mg.   b. 300 mg.   c. 600 mg.
2. a. muchos   b. algunos   c. ninguno
3. a. mucho   b. un poco   c. nada
4. a. de oliva   b. de maíz   c. de animal
5. a. 80%   b. 50–60%   c. 30%
6. a. menos de una vez b. dos o tres veces c. todos los días

2 **10-31 ¿Cómo se comparan?** Ahora, conversen entre ustedes y decidan cuál goza de mejor salud en las siguientes categorías.

MODELO: comer comida rápida
Mi compañero/a come menos comida rápida que yo. Él/ella goza de mejor salud que yo.

1. hacer ejercicio   3. mantenerse en forma   5. tomar mucha cafeína
2. comer poca grasa animal 4. fumar   6. tomar bebidas alcohólicas

¡Así lo hacemos! Estructuras

3. The subjunctive to express feelings and emotions

■ The subjunctive is used in noun clauses after verbs that express emotions such as hope, fear, surprise, regret, pity, anger, joy, and sorrow.

alegrarse (de)	*to be glad*
enojar	*to get angry*
esperar	*to hope*
estar contento/a (de)	*to be happy*
lamentar	*to regret*
molestar	*to bother*
sentir (ie, i)	*to regret*
sorprender(se)	*to surprise*
temer	*to fear*
tener (ie) miedo (de)	*to be afraid*

Teaching tips
If the main clause has a verb or expression of emotion, this will affect the verb in the dependent clause. Whether the action of the dependent clause occurred or will occur, the subjunctive must be used. The subjunctive, in general, is used when the dependent clause is beyond our experience or control.

Temo que tu hija tenga una infección de oído.

Julia **lamenta** que Carlos **esté** enfermo.	*Julia regrets that Carlos is sick.*
Espero que **hagas** más ejercicio esta semana.	*I hope that you exercise more this week.*
Juana **teme** que su madre **padezca** de diabetes.	*Juana fears that her mother will suffer from diabetes.*

■ As with the verbs of volition, verbs that express feelings and emotions require the subjunctive in the dependent clause if the subject is different from that of the main clause. If there is only one subject, the infinitive is used in the dependent clause.

Carlos **lamenta estar** enfermo.	*Carlos regrets being sick.*
Esperamos hacer más ejercicio esta semana.	*We hope to exercise more this week.*
Juana **teme padecer** de diabetes.	*Juana fears suffering from diabetes.*

El subjuntivo con *Ojalá*

■ The expression **¡Ojalá!** entered the Spanish language during the Arab occupation of Spain. It comes from an Arabic expression meaning *God (Allah) willing* and is used in Spanish as the equivalent of *I hope that*. **¡Ojalá!** may be used with or without **que** and is followed by the subjunctive.

¡Ojalá (que) nos mantengamos en forma!	*I hope that we stay in shape!*
¡Ojalá (que) mis hermanos **levanten** pesas todos los días!	*I hope that my brothers lift weights every day!*
¡Ojalá (que) visites el spa en Bolivia!	*I hope you visit the spa in Bolivia!*

Suggestion for *¡Así lo hacemos!* Give students a list of your hopes for the coming year, then preface them with *Ojalá*. *Este año voy a dejar de fumar. Ojalá deje de fumar. Voy a levantar pesas. Ojalá sea más fuerte.* Then have students write and comment on their personal hopes as well.

Vínculos

Use the following instructional resources to practice the subjunctive to express feelings and emotions; *ojalá*.
- WB/LM–OneKey: Activities: 10-13, 10-14, 10-15, 10-16, 10-36, 10-37, and 10-38
- *Gramática viva*: Grammar Point 54, Subjunctive with expressions of emotion
- Companion Website: Chapter 10, Review, Activity: Rev 10-5
- IRCD: pp. 345, 346, and 357

Suggestion for *¡Así lo hacemos!* Have students complete the following context and explain why the dependent verbs are in the subjunctive. *En la casa de los Ramírez la señora _____ que su esposo esté enfermo. _____ que él no descanse y que no coma bien. _____ de que el médico lo vaya a ver esta tarde. _____ que el médico no le diga que es malo trabajar tanto. _____ de que su esposo decida tomar un mes de vacaciones.*

Suggestion for *¡Así lo hacemos!* Point out to students that they have used *sentirse* and *enojarse* as reflexive verbs (*to feel* and *to become angry*). These verbs are used non-reflexively when a situation or someone else makes the subject sorry or angry. *Me enojé con Juan. Me enoja que Juan no tome su medicina. Nos sentimos cansados después de la clase. Sentimos que tengas un resfriado.*

Aplicación

10-32 Las grasas transformadas (*transfatty acids*). Aquí tienes un artículo sobre un cambio de reglamento para las etiquetas (*labels*) de la comida. Lee el artículo y subraya las formas verbales del subjuntivo. Explica por qué se usa el subjuntivo en esos casos.

Answers to 10-32. incluya, incluyan, sea, lea, encuentre

Diario ABC de Asunción

lunes, 27 de octubre de 2003

Las grasas nocivas en las etiquetas de los alimentos
Dentro de poco, el gobierno de los EE.UU. va a insistir en que la descripción de todos los alimentos incluya la proporción exacta de las grasas transformadas, una de las principales causantes de la obstrucción arterial.

Las papas fritas, las galletas, el pollo frito, los pasteles y los donuts (o donas) son algunos de los alimentos más populares y deliciosos que incluyen grasas transformadas. Sin embargo, esa grasa es tan peligrosa para el corazón y las arterias como la grasa saturada —y muchos médicos la consideran aún peor.

Las normas de la Agencia de Drogas y Alimentos (FDA) van a requerir que las etiquetas sobre nutrición de los alimentos empaquetados incluyan ahora la cantidad de grasas transformadas, debajo de las grasas saturadas.

Ayer, el secretario de Salud Tommy Thompson dijo: "Queremos que el consumidor sea más inteligente a la hora de adquirir alimentos. Deseamos que lea la etiqueta y encuentre alimentos no dañinos (*harmful*) al corazón." Añadió que 13 millones de norteamericanos sufren de problemas cardiacos y que las grasas transformadas agravan el mal.

Answers to 10-33. 1. Insiste en que la etiqueta de alimentos incluya la proporción de las grasas transformadas. 2. las papas fritas, las galletas, el pollo frito, los pasteles y los donas 3. Es bueno saberlo porque el consumidor puede buscar alimentos no dañinos al corazón. 4. *Answers will vary*.

10-33 ¿Comprendiste? Ahora, contesta las preguntas siguientes sobre el artículo.

1. ¿En qué insiste el gobierno de los EE.UU.?
2. ¿Qué tipo de comida contiene estas grasas?
3. ¿Por qué es bueno saber el contenido?
4. A partir de ahora, ¿vas a leer bien las etiquetas de las comidas? ¿Por qué?

10-34 ¡Ojalá! Vuelve a leer el artículo y ofrece tus opiniones y deseos usando las siguientes expresiones.

MODELO: Lamento que... *haya grasas transformadas en mis comidas favoritas.*

1. Siento que...   2. Espero que...   3. Temo que...   4. Ojalá que...

10-35 Un examen médico. Completa la conversación entre el médico y el paciente con la forma correcta del verbo entre paréntesis.

Paciente: Buenos días, doctor. Me siento muy mal.

Médico: A ver... ¿qué le (1. doler) _____duele_____?

Paciente: No me duele nada pero yo (2. sentirse) _____me siento_____ mal.

Médico: Bueno, quiero escuchar su corazón. Deseo que (3. quitarse) _____se quite_____ la camisa y que (4. respirar) _____respire_____ profundo.

Paciente: Espero que no (5. ser) _____sea_____ nada serio.

Médico: No, pero temo que su comida (6. contener) _____contenga_____ demasiado colesterol y grasas transformadas.

Paciente: Me sorprende que (7. decir) _____diga_____ eso. Soy vegetariano.

Médico: Hmmm... Me alegro de (8. saber) _____saber_____ eso. ¿Qué come para el desayuno?

Paciente: Donuts, galletas y queso.

Médico: Ahhh. ¡Ahora entiendo!

10-36 La entrenadora personal. Marisol, una entrenadora personal de un gimnasio, escribe apuntes (*notes*) sobre sus clientes todos los días. Completa su entrada con expresiones lógicas según el contexto. *Answers will vary.*

MODELO: *Espero* que Luis *haga* ejercicio todos los días.

—Mario llega al gimnasio a las ocho en punto. (1) _____Me alegra_____ que él llegue temprano.

— Rosario nada muy bien pero me (2) _____enoja_____ que no nade por lo menos cuatro días por semana.

—Después de no hacer mucho ejercicio, Beto pesa más de 100 kilos. (3) _____Me molesta_____ que él suba de peso. Mañana yo (4) _____espero_____ que Beto empiece una rutina de ejercicios aeróbicos.

—Alberto y Linda corren mucho. Me (5) _____sorprende_____ que ellos corran por las tardes cuando hace mucho calor. (6)¡_____Ojalá_____ que ellos tomen mucha agua!

—Yo (7) _____estoy_____ contenta de que Aurelio no fume esta semana porque tiene tos.

—Diana no vino al gimnasio esta semana. Yo (8)_____lamento_____ que ella no vuelva más.

10-37 ¡Mejoremos nuestra salud! Hablen de lo que esperan hacer para mejorar la salud durante los próximos meses y reaccionen a los comentarios que escuchan.

MODELO: E1: *Espero bajar tres kilos en un mes.*
E2: *Espero que hagas ejercicio todos los días.*

10-38 ¿Qué te molesta? Túrnense para hablar de cosas que les molestan. Pueden inventar cosas que realmente no les molesten.

MODELO: *Me molesta que la gente fume.*

10-39 Los problemas más graves del milenio. Escribe una lista de los problemas más graves del nuevo milenio. Compara tu lista con la de tu compañero/a y comenten cada entrada.

MODELO: E1: *Creo que el SIDA (AIDS) es el problema más grave de esta década.*
E2: *Tienes razón. Temo que millones de personas padezcan del SIDA.*

4. The subjunctive to express doubt and denial

The subjunctive is used in noun clauses after expressions of doubt, uncertainty, or denial. The following verbs can express doubt and denial. Unlike the verbs that express volition and emotion, these verbs do not require a change in subject in the dependent clause in order to use the subjunctive.

dudar	*to doubt*	**no creer**	*to not believe*
negar	*to deny*	**no estar seguro/a de**	*to not be sure*

Dudo que Camilo **padezca** de artritis.	*I doubt that Camilo suffers from arthritis.*
No creo que el médico **sepa** el diagnóstico.	*I don't believe that the doctor knows the diagnosis.*
No estamos seguros de que las grasas transformadas **sean** nocivas.	*We're not sure that transfatty acids are harmful.*
Mi padre **niega** que **tenga** un nivel alto de colesterol.	*My father denies that he has a high cholesterol level.*

■ When there is no doubt, uncertainty, or disbelief about an action or event, and when the subject appears certain of the facts, the indicative is used in the noun clause. For most expressions of doubt or uncertainty, the indicative will be used for the opposing expression (**dudar** versus **no dudar; no creer** versus **creer**).

No dudo que Camilo **padece** de artritis.	*I don't doubt that Camilo suffers from arthritis.*
Creo que el médico **sabe** el diagnóstico.	*I believe that the doctor knows the diagnosis.*
Estamos seguros de que las grasas transformadas **son** nocivas.	*We're sure that transfatty acids are harmful.*
Mi padre **no niega** que **tiene** un nivel muy alto de colesterol.	*My father does not deny that he has a very high cholesterol level.*

■ When the verb **creer** is used in a question, it can imply doubt in the mind of the speaker, thereby triggering the subjunctive in the dependent clause. If the speaker expresses no opinion or does not anticipate a negative response, the indicative is preferred.

¿**Crees** que el alcohol **dañe** el corazón?	*Do you believe (think) that alcohol damages the heart?* (speaker implies doubt)
¿**Crees** que el alcohol **daña** el corazón?	*Do you believe (think that alcohol damages the heart?* (speaker has no opinion)

The subjunctive with *tal vez* and *quizá(s)*

■ The expressions **tal vez** and **quizá(s)**, meaning *perhaps* or *maybe*, are followed by the subjunctive when the speaker wishes to convey uncertainty or doubt. Both expressions are used without **que**.

Tal vez funcione no comer tanta grasa.	*Perhaps not eating so much fat will work.*
Quizás el ejercicio me **alivie** la artritis.	*Maybe exercise will alleviate my arthritis.*

■ When **tal vez** or **quizá(s)** follows the verb, the indicative is used.

Vamos a fumar menos, **tal vez.**	*We're going to smoke less, perhaps.*
Bajo de peso, **quizás.**	*I'll lose weight, maybe.*

Aplicación

10-40 Una entrevista con Raquel Welch. Raquel (Tejada) Welch es de ascendencia inglesa y boliviana. Aunque nació en 1940, todavía se le considera una de las actrices más bellas del cine norteamericano. En esta conversación con la prensa, habla un poco sobre su carrera. Léela y subraya los verbos en el subjuntivo. Explica por qué se usa el subjuntivo en cada caso.

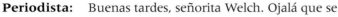

Raquel Welch y Héctor Elizondo en *Tortilla Soup.*

Periodista:	Buenas tardes, señorita Welch. Ojalá que se <u>encuentre</u> bien.
Raquel:	Perfectamente bien, gracias. Tal vez usted <u>quiera</u> hacerme algunas preguntas sobre mi carrera, ¿no?
Periodista:	¡Sin duda! Quizás usted <u>pueda</u> hablarme un poco sobre su película favorita.
Raquel:	Pues, no creo que <u>pueda</u> limitarme a una sola, pero quizás usted <u>conozca</u> *Tortilla Soup*. Me gustó mucho porque es una comedia seria y me divertí mucho.
Periodista:	Usted también actuó en la televisión.
Raquel:	Es verdad. Estoy segura de que mi parte en *American Family* en PBS es una de mis favoritas. Dudo que <u>se repita</u> tal oportunidad en el futuro.
Periodista:	¿Cómo se mantiene tan bien?
Raquel:	Niego que <u>esté</u> en perfecta forma, pero es verdad que voy al gimnasio todos los días. Para mí, la buena salud es muy importante.
Periodista:	Bueno, señorita Welch. Muchas gracias, y que <u>tenga</u> mucho éxito en el futuro.
Raquel:	Gracias a usted.

10-41 La entrevista de Raquel Welch. Vuelve a leer la entrevista con Raquel Welch y contesta las preguntas siguientes.

1. ¿Quién es Raquel Welch?
2. ¿Por qué le gustó mucho la película *Tortilla Soup*?
3. ¿Qué oportunidad tuvo en la televisión?
4. ¿Cuántos años tiene ahora?
5. ¿Cómo se mantiene en forma?
6. ¿Conoces algunas de sus películas? ¿Crees que tiene mucho talento?

Answers to 10-41. 1. Es una actriz. 2. Le gustó porque es una comedia seria. 3. Interpretó un papel en el programa *American Family*. 4. Current year— 1940 = . 5. Va al gimnasio todos los días. 6. *Answers will vary.*

10-42 El Centro Naturista Oriente. En esta tienda en Ciudad del Este, Paraguay, puedes comprar todo tipo de comida y vitaminas naturales. Completa el diálogo con la forma correcta del verbo entre paréntesis.

Sra. López:	Hola, buenos días. ¿Sabes dónde están las supervitaminas?
Luis:	Sí, señora. Creo que (1. estar)___están___ en el pasillo ocho. Estoy seguro de que (2. haber)___hay___ por lo menos diez botellas grandes.
Sra. López:	Dudo que (3. necesitar)___necesite___ tantas. ¿Crees que (4. estar)___están___ frescas?
Luis:	Tal vez usted (5. querer)___quiera___ ver la fecha antes de comprarlas. No creo que (6. estar)___estén___ muy viejas.
Sra. López:	¿Tienes jabones naturales también?
Luis:	Dudo que nosotros (7. tener)___tengamos___ una buena selección. No estoy seguro de que los (8. vender)___vendan___ en el centro naturista Sánchez. Pero si quiere, puedo llamar y preguntar.
Sra. López:	Quizás los (9. encontrar)___encuentre___ allí. Gracias por tu ayuda.
Luis:	Para servirle, señora.

10-43 En el Spa-Hotel Hacienda La Fortuna. Imagínate que estás planeando una visita al spa que se ve en **¡Así es la vida!** Contesta las preguntas siguientes usando expresiones de duda, negación y emoción.

MODELO: ¿Vas a bañarte en las aguas termales?
　　　　　Dudo que me bañe.

1. ¿Vas por más de una semana?
   Quizás...　vaya
2. ¿Vas a seguir los consejos del entrenador personal?
   Creo que...　los sigo
3. ¿Vas a hacer una excursión a los sitios arqueológicos?
   Estoy seguro/a de que...　la hago
4. ¿Tienes una cita para hacerte la pedicura?
   Dudo que...　la haga
5. ¿Vas a pedir una dieta baja en grasas?
   No creo que...　la pida
6. ¿Vas a caminar o hacer otro ejercicio?
   Niego que...　camine/haga
7. ¿Me llevas contigo?
   Dudo que...　te lleve
8. ¿Vas a divertirte mucho?
   Ojalá...　me divierta

www **10-44 Un spa para ti.** Conéctate con la página electrónica de *¡Arriba!* (**www.prenhall.com/arriba**) para visitar un spa. Completa las siguientes frases dando tu opinión sobre el lugar.

MODELO: Creo que... *tienen planes muy interesantes.*

1. Dudo que...　　　3. No creo que...　　　5. Ojalá que...
2. Quizás...　　　　4. Estoy seguro/a que...

AB **10-45A ¿Hay una dieta perfecta?** Túrnense para expresar su opinión usando expresiones de certeza o duda de la siguiente lista.

(no) creo　　　　　　　(no) dudo
(no) estoy seguro/a　　　(no) niego
quizás　　　　　　　　tal vez

MODELO: E1: *¿Hay una dieta para adelgazar?*
　　　　　E2: *Sí, creo que hay una muy buena. Es una dieta baja en carbohidratos.*

1. ¿Hay una dieta para perder 50 kilos?
2. ¿Es posible dejar de fumar?
3. ¿Es posible vivir sin azúcar?
4. ¿Hay un spa en esta ciudad?

¿Cuánto sabes tú? *Can you...*

☐ say what activities you do to stay fit such as **hago jogging, levanto pesas, guardo la línea?**

☐ talk about foods and habits that are good or bad for your health?

☐ express emotions using the subjunctive such as **Lamento que no te sientas bien** and **Ojalá te cuides mucho?**

☐ give your opinion about something using expressions such as **Creo que el aceite de oliva es bueno para la salud** or **No creo que haya colesterol en los productos vegetales?**

VIDEO ## Toño Villamil y otras mentiras Episodio 10

10-46 Isabel se encuentra mal. Lee el monólogo interior de Isabel y contesta las preguntas que siguen.

Hoy me desperté a las ocho de la mañana y me levanté inmediatamente. Pero, ay, ¡qué mal me siento! Me duelen la cabeza, los brazos, los músculos, las piernas... todo. No sé qué tengo, pero no puedo consultar al médico porque no quiero perder el autobús para la capital. ¿Qué hago? ¿Desayuno? ¿Me tomo una aspirina? ¿Me tomo la temperatura para ver si tengo fiebre? ¿Llamo al médico? Lucía va a insistir en que vaya al médico. Ojalá no me haga perder el autobús. ¡No quiero ver a nadie! Ni al médico, ni a Toño, ni a Manolo. Sólo quiero ver al chofer del autobús. ¡Ay, por Dios, salgamos de aquí...!

1. ¿Por qué se siente mal Isabel?
2. ¿Por qué no quiere consultar al médico?
3. ¿Adónde va hoy?
4. ¿Qué crees que tiene Isabel?
5. ¿Qué quiere hacer?

10-47 Isabel se va. Mira el décimo episodio de *Toño Villamil y otras mentiras* donde vas a ver la escena en que Isabel se prepara para irse de Malinalco. Ten en cuenta estas preguntas mientras ves este episodio.

1. Al levantarse, parece que Isabel está...
   a. preocupada.
   b. enojada.
   c. cansada.

2. Lucía la invita a...
   a. desayunar.
   b. un café.
   c. su casa en la capital.

3. Lucía espera que...
   a. el autobús llegue tarde.
   b. Toño venga por Isabel.
   c. Isabel le escriba una carta.

4. Si Isabel no sale hoy,...
   a. tiene que esperar dos días más.
   b. puede ir a las aguas termales de Malinalco.
   c. pierde su cita con el médico en la capital.

5. Lucía no quiere que Isabel...
   a. se vaya sin tomar dos aspirinas.
   b. vuelva a ver a Toño.
   c. se recete sin ver al médico.

10-48 Insisto en que... Imagínate que conoces a Isabel y quieres darle consejos (*advice*). Completa estas frases para dárselos.

MODELO: Isabel, te recomiendo que te tomes la temperatura.

1. Isabel, sugiero que...
2. Insisto en que...
3. No creo que...
4. Temo que...
5. Ojalá que...

Vínculos

- Student Video CD-ROM/VHS cassette, *Episodio 10: Toño Villamil y otras mentiras*

Teaching tips

The Instituto Mexicano del Seguro Social (IMMS) has as its goal the delivery of basic health care to all Mexicans, particularly to those residing in rural areas. It also provides preventive care and education. If Isabel needs to go to the hospital, she may be attended by an IMMS physician.

Answers to 10-46. 1. No sabe por qué pero le duelen la cabeza, los brazos, los músculos, las piernas, todo. 2. No quiere perder el autobús. 3. Va a la capital. 4. *Answers will vary.* 5. Quiere salir de Malinalco.

NUESTRO MUNDO

Panoramas

Vínculos

- Student Video CD-ROM/VHS cassette, *Capítulo 10: Entrevistas de nuestro mundo*
- Companion Website: Chapter 10, Web Resources, *Panoramas, Los países sin mar: Bolivia y el Paraguay*

Los países sin mar: Bolivia y el Paraguay

10-49 ¿Ya sabes... ? Trata de identificar o explicar lo siguiente.

1. las capitales de Bolivia y del Paraguay
2. la altura de La Paz
3. la importancia de Itaipú
4. el nombre del lago navegable más alto del mundo
5. el país cuyos productos principales son minerales
6. para qué se usa la *quena*
7. el país que tiene una cadena de misiones de los siglos XVII y XVIII

Answers to 10-49. 1. La Paz y Asunción 2. 3.510 metros 3. la producción de electricidad para el Paraguay y Brasil 4. Titicaca 5. Bolivia 6. para tocar música andina 7. el Paraguay

El cultivo de ganado es importante para la gente que vive en el altiplano (*high plateau*) de Bolivia.

Bolivia tiene ricos depósitos de estaño (*tin*), plata, cinc y cobre (*copper*). Desgraciadamente, la vida de los mineros es sumamente dura.

Teaching tips

Both Bolivia and Paraguay have had troubled economic and political histories. Bolivia, in particular, with no access to the sea, has experienced political instability. In the 25 years between 1964 and 1989, this country was governed by 19 presidents, most of whom were generals. Today, the per capita income is under $600. Despite extensive deposits of minerals and natural gas, efforts to build a pipeline to sell natural gas to other countries including the U.S. have been met with suspicion. Paraguay's economy is largely based on informal business such as microindustries and street vendors. The literacy rate for Paraguay is 94%; for Bolivia, it is 87%.

Teaching tips

These images portray the cultural and economic variety of Bolivia and Paraguay. Bolivia, despite its mountainous region, also has a tropical lowland in the east, where many of the inhabitants are of African ancestry. The diverse population of Bolivia also includes Amerindian, Quechua, and Aymara peoples.

PERÚ

Santa Ana

Lago Titicaca

La Paz

CORDILLERA DE LOS ANDES

ALTIPLANO

B O

Cocha

Oruro

Sucre

Poto

Río Beni

Río Mamore

OCÉANO PACÍFICO

CHILE

A

La ropa de colores vívidos y los sombreros tipo *bowler* son típicos entre las mujeres indígenas de Bolivia. La Paz está a una altura de 3.510 metros.

La quena es un instrumento importante para la música andina.

BRASIL

Río Paraguai

Durante los siglos XVII y XVIII, los jesuitas españoles construyeron una cadena de misiones en el Paraguay para educar y cristianizar a los indígenas. La Santísima Trinidad de Paraná se considera "la mayor y mejor de todas las misiones". Ahora es parte del patrimonio mundial de las Naciones Unidas.

Puerto
Bahía Negra

EL CHACO

Filadelfia

Pedro Juan
Caballero

Río Paraná

PARAGUAY

Río Paraná

⭐Asunción
Ciudad del Este

TINA

Río Paraguay

Río Paraná

El embalse (*dam*) de Itaipú en el río Paraná proporciona toda la electricidad que necesita Paraguay y el 25% de la electricidad que usa el Brasil. La construcción del embalse les costó más de 20 billones de dólares a los dos países.

Answers to 10-50. 1. Está en el río
Paraná. 2. Es importante en Bolivia.
3. frio 7. Es de las bolivianas. 8. Es dura.

10-50 ¿Cierto o falso? Indica si las siguientes oraciones son ciertas o falsas. Corrige las oraciones falsas.

1. La presa de Itaipú está en el río Amazonas.   falso
2. La extracción de minerales es importante en el Paraguay.   falso
3. El clima del altiplano de Bolivia es bastante templado (*temperate*).   falso
4. Los jesuitas españoles exploraron y construyeron misiones por muchas partes del Paraguay.   cierto
5. La *quena* es un instrumento musical típico de los Andes.   cierto
6. El embalse de Itaipú proporciona electricidad al Paraguay.   cierto
7. El *bowler* es un sombrero típico de los paraguayos.   falso
8. La vida de los mineros bolivianos es alegre.   falso

 10-51 Más sobre Bolivia y el Paraguay. Conéctate con la página electrónica de *¡Arriba!* (**www.prenhall.com/arriba**) para ver más imágenes de Bolivia y el Paraguay. Escribe un párrafo para describir uno de los lugares. Incluye esta información.

- el lugar
- la escena (montañas, planos, agua, etcétera)
- la gente (si hay)
- el clima

10-52 La música de Bolivia y el Paraguay. La música boliviana y la paraguaya son muy diferentes. El instrumento más relacionado con la música boliviana es la *quena*, mientras que para la paraguaya es el arpa (*harp*). Conéctate con la página electrónica de *¡Arriba!* (**www.prenhall.com/arriba**) para escuchar ambos instrumentos. Di cuál prefieres y por qué.

10-53 Guía turística. Prepara un folleto turístico para Bolivia o el Paraguay. Incluye sitios de interés, clima, cambio de moneda, costo de viaje, etcétera.

Ritmos

Vínculos
- Instructor's Music CD: *Capítulo 10: Ritmos de nuestro mundo*
- Companion Website: Chapter 10, Web Resources, *Ritmos: Inkuyo (Bolivia)*

Teaching tips
In contrast to Bolivian music with its wind instruments, Paraguayan music is often played on a small harp.

"Sol de primavera" (Inkuyo, Bolivia)

Esta canción es representativa del ritmo **taquirari,** originado en el oriente de Bolivia y resultado de la mezcla de las culturas y tradiciones musicales indígenas y españolas. En las ocasiones festivas, las mujeres llevan vestidos con colores brillantes y adornan sus cabezas con flores para bailar este tipo de música.

Antes de escuchar

10-54 Instrumentos. Aunque muchas canciones de **taquirari** tratan del tema del amor, "Sol de primavera" es una canción instrumental que no tiene letra. En grupos de tres contesten las siguientes preguntas.

1. ¿Qué estilos de música típicamente no tienen letra y son instrumentales?
2. ¿Qué prefieres, música con letra o música instrumental?
3. ¿En qué ocasiones te gusta escuchar música con letra? ¿música instrumental? ¿Por qué?

A escuchar

10-55 Asociación libre. Ahora escucha la canción. ¿En qué piensas o qué te hace sentir "Sol de primavera"? Escribe por lo menos cinco palabras o expresiones en español que se te ocurren mientras escuchas la canción. Después compara tu lista con las de tus compañeros/as.

Después de escuchar

10-56 Sentimientos. Escribe oraciones completas usando el presente de subjuntivo para responder a lo que escribieron tus compañeros/as en **A escuchar.** Puedes usar los verbos de la lista y otros verbos para empezar tus oraciones.

esperar   dudar   tal vez   ojalá   alegrarse de   sorprenderse   no creer

MODELO: E1: *Tal vez la música instrumental no* sea *interesante para ti.*
E2: *No creo que la canción te* haga *pensar en la comida.*

10-57 Terapia musical. Se dice que la música nos afecta emocionalmente y que puede funcionar como terapia para las personas que padecen de una enfermedad o un problema emocional o médico. ¿Qué tipos de música pueden ayudarles en tu opinión a las siguientes personas? Responde a sus problemas usando el presente de subjuntivo.

MODELO: E1: *Me duele la cabeza.*
E2: *No creo que la música rock te* ayude *a sentir mejor.*

1. Me duelen los músculos.
2. Mis abuelos tienen la presión alta.
3. Mi madre tiene mucha tensión y estrés.
4. Quiero dejar de fumar pero es difícil.

 # Páginas

"El ñandutí" (Leyenda paraguaya)

Antes de leer

10-58 ¿Qué es una leyenda? Lee la introducción a continuación e indica si las siguientes afirmaciones son ciertas o falsas. Corrige las falsas.

Las leyendas como tradición oral son populares en todo el mundo hispano. Sirven para transmitir la historia, la cultura y los valores de una generación a la siguiente. Aunque la leyenda se basa en un evento histórico, se hace propiedad de la persona que la cuenta. Por eso, existen muchas versiones de la misma leyenda, y puede transformarse a través de los años hasta que haya poca relación entre la original y la actual. Lo mismo pasa con leyendas que tú conoces, por ejemplo, la de Pocahontas o la de Davy Crockett. A continuación tienes una leyenda paraguaya que se originó durante la colonia española. Representa una mezcla (*blending*) de la cultura indígena y la española. Explica el origen del encaje (*lace*) especial que se llama *ñandutí*, una palabra guaraní. Esta versión la cuenta Aitor Bikandi-Mejías, un joven español.

La tela de la araña es a la vez artística y funcional.

1. Una leyenda tiene base histórica.   cierto
2. "Pocahontas" es un ejemplo de una leyenda canadiense.   falso
3. Las leyendas no tienen valor (*value*) cultural.   falso
4. La leyenda de "El ñandutí" se originó durante la época de los Incas en Bolivia.   falso

Answers to 10-58. 2. Es estadounidense. 3. Sí lo tienen. 4. Se originó durante la época colonial.

Teaching tips
It is often the case that Latin American legends depict the victory of the oppressed over the oppressor. This legend is unusual because it relates a positive relationship between a member of the ruling class and an indigenous woman.

10-59 Anticipa. Ahora, escribe tres preguntas que quieres contestar en relación con esta leyenda.

MODELO: *¿Quiénes son los personajes?*

A leer

10-60 La leyenda. Lee ahora la siguiente leyenda hispana.

"El ñandutí"

Antes de partir para América —en la época de la colonia—, Manuela, la esposa de un joven oficial del ejército español destinado al Paraguay, fue a decir adiós a su madre. El encuentro fue muy doloroso (*painful*), pues no sabían cuándo iban a verse en vida. Entre las muchas cosas que la madre le dio en aquella ocasión para su nuevo hogar (casa), había una de especial belleza: una mantilla de un encaje (*lace*) exquisito.

—Cuídala (*Take care of it*), porque es mi regalo para ti —le dijo su madre abrazándola—. Si así lo haces, vas a tener abundantes años de felicidad y prosperidad.

Manuela prometió cuidar de la mantilla, besó a su madre y se despidió de ella, tal vez para siempre. Ella y su marido abandonaron (salieron de) España al día siguiente.

Una vez en América, la joven pareja se estableció en el pueblecito de Itaguá. Vivían en una casa grande en el centro del pueblo. Poco después, empezó a vivir con ellos una muchacha guaraní, Ibotí. Ibotí ayudaba a Manuela con las tareas de la casa. Pronto nació entre ellas una amistad sincera y un cariño profundo. Se sentaban las dos en el patio por la tarde y Manuela le confesaba a Ibotí sus recuerdos de su casa en España. Le hablaba a Ibotí de su patria y de su madre. ¡Qué gran consuelo (*consolation*) era para ella poder hablarle a Ibotí!

En cierta ocasión, el marido de Manuela tuvo que irse del hogar, con motivo de una expedición militar. La casa ahora parecía más grande y vacía (sin gente). Como no tenía mucho que hacer, un día Manuela decidió revisar (inspeccionar) todo lo que había traído (*had brought*) de España. Ibotí participaba en esta labor. Muchas cosas hermosas salieron a la luz: tejidos (*weavings*), vestidos, manteles, cubiertos, candelabros, joyas. Entre tantos objetos bellos, el recuerdo más íntimo, era la mantilla de su mamá.

Sin embargo, por el tiempo la mantilla estaba amarilla y un poco gastada (*worn*). Manuela le pidió a Ibotí que la lavara con agua y jabón, recomendándole que fuera muy cuidadosa. La muchacha la lavó cuidadosamente; sin embargo, al sacarla del agua, vio que la mantilla estaba completamente deshecha (*unravelled*). Cuando Manuela supo lo ocurrido, sintió que una parte de su memoria se había perdido (*had been lost*) y lloró con angustia. Esa noche soñó que su mamá estaba muerta. Pasaron muchos días en que tampoco recibió noticias de su esposo. Ibotí trataba de animar (*to comfort*) a su señora. Era imposible.

Una noche, Ibotí soñó con el encaje de la mantilla. Se despertó agitada. —¡Voy a tejer (*weave*) una mantilla igual que la de la señora!—, se dijo esperanzada (*full of hope*).

Empezando esa misma noche, Ibotí se dedicó a tejer una nueva mantilla. Pero cada mañana estaba desilusionada. Nada de lo que hacía era como la mantilla original. Y Manuela estaba más y más triste, más y más enferma.

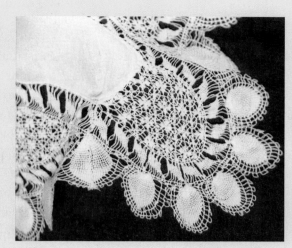

Una noche de hermosa luna, Ibotí salió al patio a calmar su pena (*sorrow*). Ya no sabía qué hacer. De pronto, por la luz de la luna vio la tela que una arañita (*small spider*) hacía. El corazón de la buena Ibotí palpitó violentamente. ¡Las líneas que aquella araña dibujaba eran como las de la mantilla de Manuela! Durante las siguientes semanas, todas las tardes Ibotí salía al patio y observaba la tela de la araña (*spider's web*). Tan pronto como llegaba la noche, corría a su habitación y se ponía a tejer la mantilla. Tejía y tejía, y no conocía el cansancio (*fatigue*). Por fin, una madrugada, poco antes del alba (*daybreak*), el trabajo estuvo completo.

Aquella mañana, cuando despertó Manuela, vio ante sus ojos una mantilla prácticamente idéntica a la que se había perdido. Creía estar soñando.

—¡Ibotí!, ¿qué es esto? —preguntó asombrada—. ¿De dónde ha salido esta mantilla?

—Es "ñandutí", tela de araña. La tejí yo misma —contestó Ibotí sonriendo.

Manuela recuperó gran parte de su alegría. Se sentía casi feliz. Y aquella misma tarde su felicidad fue completa, pues tuvo noticias de su querido esposo: estaba bien y pronto vendría a casa.

Ibotí, por su parte, encontró su camino. Siguió tejiendo y fabricó otras muchas mantillas maravillosas. También enseñó a hacerlas a las jóvenes guaraníes del lugar. Desde entonces, el pueblo de Itaguá es conocido por sus bellos tejidos de ñandutí, o "tela de araña".

Después de leer

10-61 ¿Quién lo habrá dicho? (Who might have said...? Después de leer la narración, indica quién habrá dicho cada oración.

M: Manuela   **MA:** la mamá   **I:** Ibotí   **E:** el esposo

1. ___M___ No quiero irme de España pero tengo que seguir a mi esposo.
2. ___I___ No se preocupe, señora, yo le lavo la mantilla.   I
3. ___MA___ Aquí tienes una bella mantilla que te va a traer buena suerte.
4. ___E___ Tengo que salir del pueblo por algunos días pero voy a volver pronto.
5. ___MA___ ¡Espero que vuelvas pronto a España!
6. ___M___ La mantilla me hace pensar en mi familia.
7. ___I___ Voy a tejer como la araña.
8. ___E___ Aquí tienes tu nueva casa. Ibotí va a ser tu compañera cuando no estoy contigo.

10-62 ¿En qué orden? Pon las oraciones en orden según la cronología de la leyenda.

___8___ Manuela e Ibotí decidieron lavar la mantilla que trajo Manuela de España.

___5___ En su nueva casa, Manuela se sentía muy sola.

___14___ Manuela no lo podía creer cuando vio la nueva mantilla.

___6___ Se hizo amiga de Ibotí, una joven guaraní que vivía en su casa.

___7___ Un día su esposo salió en una expedición militar.

___1___ Una joven señora vivía en España durante la época de la colonia.

___12___ Ibotí quería tejerle una mantilla nueva.

___2___ Se casó con un joven militar, quien la iba a llevar a las Américas.

___15___ Ese mismo día recibió noticias que su esposo estaba bien y que volvía a casa.

___9___ Ibotí la lavó cuidadosamente, pero se deshizo.

___16___ Las mujeres del pueblo todavía tejen el bello encaje que se llama *ñandutí*.

___3___ Antes de dejar su casa, su mamá le dio una bella mantilla de encaje.

___13___ Por fin, vio una tela de araña y la usó como modelo para la mantilla.

___11___ Al ver la mantilla deshecha, Manuela se puso muy triste.

___10___ La querida mantilla de su mamá estaba deshecha.

___4___ Le dijo: "Guárdala bien y siempre serás feliz".

10-63 Valores. Las leyendas transmiten los valores de una sociedad. ¿Cuáles de éstos figuran en esta leyenda? Explica por qué.

1. la amistad
2. el amor

3. la diligencia (*industriousness*)
4. la fidelidad

G **10-64 Entrevista.** Divídanse en dos grupos. Un grupo representa a Manuela y el otro representa a Ibotí. Preparen preguntas para entrevistar al otro grupo, luego entrevístense.

MODELO: GRUPO 1: *Manuela, ¿por qué fue usted al Paraguay?*
GRUPO 2: *Fui porque mi esposo consiguió un puesto en el Paraguay.*
GRUPO 2: *Ibotí, ¿por qué quieres tejer una mantilla nueva?*
GRUPO 1: *Porque siento que la señora Manuela esté triste.*

2 **10-65 Las artesanías regionales.** Conversen entre ustedes para contestar estas preguntas.

1. ¿Tiene su región una artesanía popular entre los turistas?
2. Cuando viajan, ¿les gusta comprar artesanías, por ejemplo, objetos de madera, tejidos, manteles (*tablecloths*), cobijas (*blankets*), objetos de cerámica o de vidrio (*glass*), tallados (*carvings*) de piedra?
3. En su familia, ¿tiene alguien alguna destreza (*talent*) para la artesanía? ¿Quién es? ¿Qué hace?

Taller

10-66 Un artículo sobre la salud. En la prensa popular es común encontrar artículos que dan consejos sobre la salud. En este taller vas a escribir un artículo al estilo de esta prensa.

Teaching tips
Have students brainstorm ideas and sources of information in class. They should document their sources for information they find online or from other printed matter.

Antes de escribir

■ **Ideas.** Piensa en un problema o una condición que quieres tratar, por ejemplo, la falta de ejercicio, el sobrepeso, los efectos del sol en la piel (*skin*), etcétera.

A escribir

■ **El problema.** Escribe un párrafo en que expliques el problema. Indica a cuánta gente afecta y por qué es importante hacer algo para solucionarlo.

■ **Estrategias.** Haz una lista de tres a cinco estrategias o consejos que ayuden al/a la lector/a a seguir tus consejos.

■ **Conclusión.** Concluye el artículo de una manera positiva, explicando cómo el/la lector/a va a sentirse mejor si sigue tus consejos.

■ **Ilustrar.** Agrega alguna foto o algún dibujo que ilustre el problema.

Después de escribir

■ **Revisar.** Revisa tu artículo para verificar los siguientes puntos.
  ☐ los diferentes usos del subjuntivo
  ☐ el uso de mandatos de nosotros
  ☐ la ortografía y la concordancia

■ **Intercambiar**
Intercambia tu artículo con el de un/a compañero/a para hacer correcciones y sugerencias y para comentar sobre el contenido.

■ **Entregar**
Pasa tu artículo a limpio, incorporando las sugerencias de tu compañero/a. Después entrégaselo a tu profesor/a.

MODELO: *Las enfermedades respiratorias*
Se dice que más de 200.000 personas sufren de alguna enfermedad respiratoria como el asma. Para muchas de ellas, la causa es genética. Para otras, es ambiental, o una combinación de los dos factores. ¿Qué se puede hacer si se sufre de una enfermedad respiratoria?...

Vínculos

• Assessment: TestGen or paper test in the IRM

11 ¿Para qué profesión te preparas?

 OBJETIVOS COMUNICATIVOS

Las cataratas de Iguazú son cuatro veces más grandes que las del Niágara. Sus 275 cascadas fueron el resultado de una erupción volcánica. Ahora las cataratas son parte del patrimonio de la humanidad de la UNESCO.

El virreinato de la Plata: La Argentina y el Uruguay

« El trabajo no deshonra, dignifica. »

Jorge Luis Borges (1899–1986), escritor y poeta argentino, fue perenne candidato al Premio Nóbel de Literatura.

Refrán: Work doesn't bring you dishonor, but dignity.

361

¡Así es la vida!

El mundo del trabajo

Margarita Alfonsín Sandini, Abogada
Centro Comercial Houssay
Torrego 2699
Buenos Aires, Argentina
Teléfono 277-5561
Fax 277-4268

Ramón Gutiérrez Sergil
Analista de sistemas
Informática, S.A.
Torre las Brisas
Avenida Fernández Juncos
No. 500
San Juan, Puerto Rico
Teléfono (804) 597-8000
Telex: Informat

Rafael Betancourt Rosas
Ingeniero industrial
Edificio Díaz de Solís, Gral. Rivera 32
Montevideo, Uruguay
Teléfono 283-1520
Fax 283-9831

Dra. Mercedes Fernández de Robles
Psicóloga clínica
Hospital del Instituto Nacional de la Salud
Paseo de la Reforma 345
México, Distrito Federal
Teléfonos 367-78-12
367-54-34

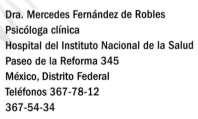

¡Así lo decimos! Vocabulario

Vínculos

Use the following instructional resources to practice *las profesiones y los oficios; términos y expresiones de trabajo.*

- Companion Website: Chapter 11, Review, Activity: Rev 11-1
- IRCD: pp. 363, 364, and 365

Teaching tips

The activities in this section lead students through the job selection and application process. Many of your students may already hold part-time jobs. Ask these students to talk about how they found their jobs and if they consider them to be *un oficio* or *una profesión* and why.

Los oficios

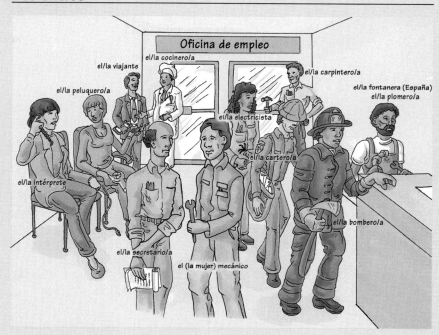

Las profesiones

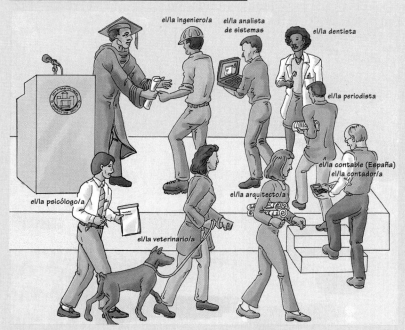

Suggestion for ¡Así lo decimos! Have students categorize professions that require the following education: *dos años de escuela técnica, cuatro años de universidad, seis años de universidad, ocho o más años de universidad, un internado.*

Cargos (*Positions*)

el/la coordinador/a	*coordinator*
el/la director/a	*director*
el/la empleado/a	*employee*
el/la gerente	*manager*
el/la jefe/a	*boss*
el/la supervisor/a	*supervisor*

Términos y expresiones de trabajo

el desempleo	*unemployment*
el entrenamiento	*training*
el horario de trabajo	*work schedule*
la meta	*goal*
el puesto	*position (job)*
las responsabilidades	*responsibilities*
el salario, el sueldo	*salary, wages*

¡Manos a la obra! (*Let's get to work!*)

apagar (gu) (fuegos)	*to put out, extinguish (fires)*
curar	*to cure*
diseñar	*to design*
escribir a máquina	*to type*
estar en (el) paro (sin trabajo)	*to be out of work*
reparar	*to repair*
repartir	*to deliver; to distribute*
trabajar a comisión	*to work on commission*

Aplicación

11-1 ¿A quién llamas? ¿A qué profesionales llamas en cada una de las siguientes situaciones? Empareja las descripciones con la profesión u oficio. Luego, explica tu selección.

MODELO: Tienes el pelo muy largo y necesitas un corte nuevo.
Llamo a mi peluquera. Siempre voy a Supercorte donde no tengo que pagar mucho.

1. __b__ No hay agua en el baño.
2. __d__ Quieres una entrevista para un artículo en el periódico.
3. __e__ Necesitas resolver algunos problemas emocionales.
4. __j__ Tu carro hace un ruido (*noise*) extraño.
5. __h__ Tu perro está enfermo.
6. __a__ Quieres hacer unos muebles nuevos para tu casa.
7. __f__ Es hora de preparar los formularios para pagar los impuestos.
8. __g__ Quieres diseñar una casa nueva.
9. __i__ No hay luz en tu sala.
10. __c__ No recibiste ninguna carta u otro correo (*mail*) esta semana.

a. carpintero/a
b. plomero/a
c. cartero/a
d. periodista
e. psicólogo/a
f. contador/a
g. arquitecto/a
h. veterinario/a
i. electricista
j. (la mujer) mecánico

Answers to 11-2. *Answers may vary.*
1. Don Lucas es dentista. Ayuda a las personas que tienen dolor de muelas. 2. El señor Castillo es viajante. Pasa mucho tiempo en su coche. 3. Rafael es peluquero. Es extrovertido. 4. Doña Maruja es enfermera. Le gusta poner inyecciones. 5. La doctora Fernández es veterinaria. Le gustan los animales.

11-2 ¿Qué es lo que hace? Identifica la profesión u oficio que corresponde a cada persona a continuación. Luego explica algunas de sus responsabilidades y características.

MODELO: *Pilar es una bombera. En su trabajo, apaga fuegos. Su trabajo es difícil y emocionante.*

Pilar

1. Don Lucas

2. el señor Castillo

3. Rafael

4. Doña Maruja

5. la doctora Fernández

11-3 Un aviso para el periódico. Contesta las preguntas a continuación basándote en los siguientes avisos.

CARMINA, EL MEJOR TRABAJO

Secretaria Bilingüe (inglés-español)
Para importante multinacional americana perteneciente al sector farmacéutico buscamos una secretaria bilingüe con excelente presencia, dominio de Office XP y que tenga experiencia previa de al menos 2 años en el registro de productos farmacéuticos. Si éste es su perfil, envíenos urgentemente su *currículum vitae* con fotografía reciente a la Ref.: SEC-FAR

LA TIENDA DE COCINAS Y BAÑOS
necesita
VENDEDORES
–ambos sexos–

SE REQUIERE:
• Experiencia en venta de servicios.
• Capacidad de trabajo y ganas de superación.

SE OFRECE:
• Integración en la primera empresa del sector.
• Incorporación inmediata.
• Ingresos superiores a 13.000 pesos argentinos, entre sueldo fijo y comisiones.

Para entrevista personal, llamar al teléfono
4978 0875.

Se necesita cocinero y ayudante para restaurante argentino. Preguntar por Julia. Tardes. (4153 2112)

Graduado Social
Compañía multinacional busca graduados titulados en sociología con dominio del inglés y del portugués, experiencia en informática (Word, Excel) para trabajar en departamento de Administración de personal. Si usted es una persona abierta, tiene capacidad administrativa, ganas de trabajar y una experiencia de tres años, le tenemos un puesto con una gran remuneración.
Envíenos su *currículum vitae* y una fotografía reciente a la Ref: G.SOC

Carmina, Trabajo Temporal
Carmina Empleo, 2560 Avenida La Paz, Buenos Aires
Tel. 4358 9998

EDITORIAL internacional de primer orden para su sede en Montevideo selecciona jefes de venta de publicidad. Referencia JV.
• Responsable de la capacitación de publicidad, relaciones con agencias y obtención de nuevos clientes.
• Profesional con amplia experiencia comercial en departamento de publicidad y formación universitaria.

Somos una compañía internacional en expansión. Salario interesante.

Las personas interesadas deberán enviar C.V. y foto reciente, indicando teléfono de contacto y referencias en el sobre, al Apartado de Correos número **10-745, 28080 Buenos Aires.**

CASALINDA

EMPRESA DE ÁMBITO NACIONAL QUE FABRICA CASAS MODULARES PRECISA PARA SU DELEGACIÓN EN MONTEVIDEO

ARQUITECTO TÉCNICO

• Con experiencia mínima de un año para incorporarse a empresa líder en el sector.

• Responsabilidades: realizar proyectos de producto, nuevos diseños de casas y promoción de productos.

• Cualidades necesarias: iniciativa, facilidad de trabajo con la gente, facilidad para convencer, capacidad de trabajo y espíritu competitivo.

• Salario mínimo inicial 52.000 pesos uruguayos al mes.

• Gastos de kilometraje y comida.

Interesados enviar C.V., con carta de presentación escrita a mano y fotografía reciente, al apartado de Correos 20-037, Montevideo.

Answers to 11-3. 1. el anuncio de la editorial internacional, el de Carmina y el de la tienda de cocinas y baños 2. el restaurante argentino donde trabaja Julia 3. el anuncio del graduado social, el de la secretaria bilingüe y el de la editorial 4. el puesto de vendedor 5. el puesto de arquitecto técnico 6. los puestos de jefe de venta de publicidad y de arquitecto técnico

1. ¿Cuál(es) de estos avisos tiene(n) puestos para hombres y mujeres?
2. ¿Cuál(es) anuncia(n) puesto(s) de restaurante?
3. ¿Cuál(es) es/son anuncio(s) para empresa(s) internacional(es)?
4. ¿Cuál(es) paga(n) salario y comisión?
5. ¿Cuál(es) paga(n) los gastos de viaje?
6. ¿Cuál(es) es/son en Uruguay?

11-4 Más preguntas. Túrnense para retarse (*challenge each other*) con más preguntas basadas en los avisos de la Actividad 11-3.

Suggestion for 11-3. Have students identify the information that would not be included if the ad were placed in a U.S. or Canadian newspaper.

Audioscript for 11-5
1. Soy muy buena con los carros. Quiero reparar automóviles en un garaje.
2. Tengo mucho talento para diseñar casas y otros edificios. Quiero tener mi propio negocio.
3. Me gusta escribir artículos para el periódico. Quiero entrevistar a personas interesantes.
4. Cocino muy bien, especialmente platos orientales. Busco un puesto en un restaurante chino.
5. Me gusta cortarles el pelo a los hombres tanto como a las mujeres. Quiero un trabajo en una peluquería unisex.
6. Estudié informática por cuatro años en una universidad técnica.
7. Después de seis años de estudio, y dos años de práctica en una clínica dental, estoy lista para tener mis propios clientes.
8. Me gusta trabajar con números y dinero. Espero encontrar un puesto en un banco.

AUDIO **11-5 Las profesiones y los oficios.** Escucha a las siguientes personas e indica la profesión u oficio que le interesa a cada una.

> **MODELO:** Soy bilingüe. Me gusta escribir a máquina y contestar el teléfono.
> *secretario/a*

a. analista de sistemas   c. cocinero/a   e. dentista   g. peluquero/a

b. arquitecto/a   d. contador/a   f. (la mujer) mecánico   h. periodista/a

1. ____f____   5. ____g____
2. ____b____   6. ____a____
3. ____h____   7. ____e____
4. ____c____   8. ____d____

❷ 11-6 ¿En qué orden? Pongan individualmente las siguientes cosas en orden de importancia. Luego comparen sus listas. Cuando no estén de acuerdo, explíquense su punto de vista.

> **MODELO:** E1: *Quiero un trabajo que sea interesante porque no quiero estar aburrido/a.*
> E2: *Bueno, para mí el sueldo es lo más importante. Si gano suficiente, me divierto cuando no estoy trabajando.*

_____ un trabajo interesante   _____ la oportunidad de aprender más

_____ el sueldo   _____ las responsabilidades

_____ la seguridad   _____ los compañeros

_____ el/la jefe/a   _____ el horario de trabajo

_____ el seguro médico   _____ el número de días de vacaciones

_____ la independencia en el trabajo _____ trabajar a comisión

_____ trabajar a sueldo fijo   _____ el número de empleados

❷ 11-7 Ahora eres el/la jefe/a de personal. Escribe un aviso para el periódico para anunciar un puesto en tu compañía. Luego, muéstraselo a un/a compañero/a para ver si quiere solicitar el trabajo, y por qué.

Ⓖ 11-8 Diez preguntas. Formen dos equipos para este juego. Cada grupo escribe una profesión, un oficio o un cargo en un papel y lo pone aparte. El otro grupo le hace preguntas que se pueden contestar con **sí** o **no** para adivinar la profesión, el oficio o el cargo. Si lo adivinan en la primera pregunta, reciben diez puntos, en la segunda, nueve puntos, etcétera. Con cada pregunta, pierden otro punto. Si no adivinan la profesión con la décima pregunta, no reciben ningún punto.

> **MODELO:** E1: *¿Trabajas en un hospital?*
> E2: *Sí, trabajo en un hospital. / No, no trabajo en un hospital.*

❷ 11-9 En la oficina de empleo. Imagínense que uno/a de ustedes es consejero/a en una oficina de empleo. El/La otro/a es un/a cliente/a que busca trabajo. Representen una escena en que incluyan la información a continuación.

> **MODELO:** CONSEJERO/A: *¿Qué tipo de trabajo le interesa?*
> CLIENTE/A: *Soy cocinero/a. Me interesa trabajar en un restaurante italiano.*
> CONSEJERO/A: *¿Por qué?*
> CLIENTE/A: *Porque me encanta la comida italiana y sé preparar salsas muy buenas.*

1. su nombre, sus estudios, sus intereses
2. si tiene trabajo ahora
3. el sueldo que busca
4. si quiere trabajar a comisión
5. el horario de trabajo que prefiere
6. si tiene coche/carro

¡Así lo hacemos! Estructuras

1. The subjunctive with impersonal expressions

Es importante que estudies para ser médico.

- The subjunctive is used in noun clauses after impersonal expressions of necessity, doubt, frequency, probability, denial, opinion, pity, and uncertainty when the dependent clause has an expressed subject.

Es bueno	*It's good*	**Es indispensable**	*It's indispensable*
Es común	*It's common*	**Es (una) lástima**	*It's a pity*
Es difícil	*It's difficult*	**Es malo**	*It's bad*
Es dudoso	*It's doubtful*	**Es mejor**	*It's better*
Es extraño	*It's strange*	**Es necesario**	*It's necessary*
Es fácil	*It's easy*	**Es posible**	*It's possible*
Es importante	*It's important*	**Es preciso**	*It's essential*
Es imposible	*It's impossible*	**Es probable**	*It's probable*
Es increíble	*It's incredible*	**Es urgente**	*It's urgent*

> **Es importante** que ustedes **recomienden** a la aspirante.
>
> *It is important that you recommend the applicant.*
>
> **Es imposible** que el jefe **ascienda** al secretario.
>
> *It is impossible for the boss to promote the secretary.*

- The indicative is used when the impersonal expression conveys certainty or conviction on the part of the speaker. Some common impersonal expressions of certainty are:

Es verdad	*It's true*	**Es seguro**	*It's certain*
Es cierto	*It's true*	**Es obvio**	*It's obvious*
Es evidente	*It's evident*	**No es dudoso**	*It's not doubtful*

> **Es verdad** que Carlota **es** muy honrada.
>
> *It's true that Carlota is very honest.*
>
> **Es evidente** que el jefe no **está** aquí.
>
> *It's evident that the boss is not here.*
>
> **Es seguro** que el electricista **viene** a reparar el problema.
>
> *It's certain that the electrician is coming to repair the problem.*

- Use the infinitive with impersonal expressions when there is no expressed subject in the dependent clause.

> **Es difícil conseguir** trabajo.
>
> *It's hard to get work.*
>
> **Es necesario apagar** el fuego.
>
> *It's necessary to extinguish the fire.*

Aplicación

11-10 Jorge Luis Borges y el Comité Nóbel. Lee el discurso sobre los méritos de este autor argentino y subraya todas las expresiones impersonales. Luego explica por qué se usa el subjuntivo o el indicativo con cada expresión.

Miembros del Comité Nóbel:

Estamos aquí hoy para hablar sobre los méritos del gran poeta y cuentista Jorge Luis Borges. Es verdad que es uno de los autores más importantes del mundo. Es cierto que se leen sus obras no sólo en español, sino también en muchos otros idiomas. Pero, es dudoso que él reciba el honor de este comité que tanto merece. ¿Por qué año tras año ignoramos a esta figura? Es posible que haya otros autores este año que debemos considerar. Es fácil decir que podemos esperar otro año para premiar a Borges. Pero es preciso que lo honremos antes de su muerte. Por eso, colegas, insisto en que lo consideremos seriamente este año. No queremos esperar más. Su salud no es buena. Les repito que es urgente que este año reciba el Premio Nóbel. Gracias por su atención.

Answers to 11-10. Es verdad (indicativo), Es cierto (indicativo), es dudoso (subjuntivo), Es posible (subjuntivo), Es fácil, es preciso (subjuntivo), es urgente (subjuntivo)

11-11 Más sobre Jorge Luis Borges. Además de ser autor, Borges era bibliotecario. Su pasión eran los libros. Desafortunadamente, cuando era mayor, también estaba ciego (*blind*). Completa estas frases para expresar tu opinión sobre su condición.

MODELO: Es probable *que Borges necesite mucha ayuda.*

1. Es una lástima...
2. Es cierto...
3. Es necesario...
4. Es posible...

11-12 Algunos consejos en el trabajo. Aquí tienes algunos consejos de un/a amigo/a para encontrar un empleo. Completa cada oración con el infinitivo o el subjuntivo del verbo entre paréntesis.

Es probable que (1. ir. nosotros) ___vayamos___ a ser candidatos al puesto. Primero, es importante (2. vestirse) ___vestirnos___ elegantemente. Es mejor (3. llegar) ___llegar___ temprano a la entrevista. Es una lástima que no (4. haber) ___haya___ más de un solo puesto. Antes de la entrevista, es preciso que (5. hablar) ___hablemos___ con la secretaria, es buena amiga y nos puede ayudar. Es imposible que Juan Antonio (6. conseguir) ___consiga___ el puesto porque es muy irresponsable. No es fácil (7. poder) ___poder___ impresionar al director. Es extraño que Julita no (8. estar) ___esté___ interesada en entrevistarse para este trabajo; ella es muy capaz. Es obvio que uno de nosotros (9. ser) ___es___ perfecto para este trabajo. Es mejor que me lo (10. dar. ellos) ___den___ a mí, y no a ti, ¿verdad?

11-13 En el despacho (*office*) de la directora de personal. Completa la siguiente conversación con las formas correctas del subjuntivo de los verbos de la lista.

completar   contratar   hablar   saber   volver
conocer   dar   ir   tener

Ligia Gómez: Buenos días. Soy Ligia Gómez y vengo a solicitar el puesto de programadora.

Sra. Méndez: Mucho gusto. Soy la señora Méndez, la directora de personal. Bueno, es importante que usted (1)___complete___ esta solicitud de empleo. ¿Es verdad que usted (2)___tiene___ experiencia de trabajo con computadoras?

Ligia Gómez: Sí, usted va a notar en mi currículum vitae que es evidente que (3)___sé___ mucho de informática. Tengo cuatro años de estudios universitarios, y cuatro más en un banco internacional. Es posible que usted (4)___conozca___ a mi antiguo jefe, el señor Martínez.

Sra. Méndez: Sí, lo conozco bien. Es importante que yo (5)___hable___ con él sobre sus calificaciones. Es mejor que usted (6)___vuelva___ mañana. Es probable que nosotros la (7)___contratemos___.

Ligia Gómez: Es magnífico que ustedes me (8)___den___ una oportunidad en su empresa. ¡Muchísimas gracias!

Sra. Méndez: ¡No hay de qué! Es seguro que el puesto le (9)___va___ a gustar.

11-14 Tus opiniones. Combina elementos de cada columna para formar diez oraciones en español. Usa el subjuntivo o el indicativo según la expresión impersonal.

MODELO: Es probable/que/el plomero/ganar...
Es probable que el plomero gane más que yo.

Es bueno	los plomeros	curar...
Es cierto	el dentista	tratar de...
Es increíble	el enfermero	saber...
Es mejor **que**	la arquitecta	ser...
Es urgente	los secretarios	reparar...
Es dudoso	el mecánico	diseñar...
Es triste	los médicos	escribir...
Es preciso	el/la consejero/a	buscar...
¿...?	el cartero	conseguir...
	el veterinario	ganar...
	nosotros/as	trabajar...
	¿...?	

11-15 Tu opinión. Túrnense para expresar sus opiniones sobre el mercado de trabajo y sus oportunidades. Usen expresiones impersonales para expresar sus opiniones y respondan de una manera apropiada.

MODELO: E1: *Es importante que yo busque trabajo.*
E2: *Es verdad que tienes que trabajar.*

11-16A Consejo. Túrnense para contar sus problemas y darse consejos usando expresiones impersonales.

MODELO: un/a amigo/a enojado/a
E1: *Mi amigo/a está enojado/a conmigo.*
E2: *Es indispensable que lo/la llames y que ustedes hablen del problema.*

POSIBLES PROBLEMAS

padres exigentes	un carro viejo
una entrevista importante	un problema con su novio/a o esposo/a
un/a profesor/a difícil	¿...?

¿Cuánto sabes tú? *Can you...*

☐ describe different kinds of professions and jobs by saying what people do?

☐ talk about the advantages of different professions and jobs?

☐ persuade others or express an opinion using impersonal expressions such as **Es importante que...** and **Es dudoso que...**?

Comparaciones

Los empleos y las relaciones personales

11-17 En tu experiencia. Contesta las siguientes preguntas dando tu opinión.

1. ¿Tienes un trabajo en este momento?
2. ¿Qué hiciste para conseguirlo?
3. ¿Fue importante para ti conocer a alguien importante en la empresa para conseguir tu puesto?
4. En tu opinión, ¿son más importantes las relaciones personales que la experiencia en el trabajo?

Las relaciones personales son muchas veces la clave (*key*) para obtener un puesto en los países hispanos. Éste es un factor más importante en el mundo hispano que en los EE.UU. o el Canadá, donde es mucho más frecuente obtener un puesto a través de agencias de empleos o de anuncios clasificados.

Para obtener un trabajo, los hispanos típicamente acuden (*turn to*) a sus familiares o a sus amigos íntimos cuando saben que uno de ellos los puede ayudar. Los amigos íntimos o familiares se ayudan porque es parte de la ética (*ethics*) de la familia hispana, y a los amigos íntimos se los considera parte de la familia. Es costumbre que las personas que ocupan puestos importantes ayuden a los jóvenes que están dentro de su círculo de amistades. Una vez que los jóvenes hayan obtenido sus puestos y estén establecidos, estos jóvenes van a tener que pagar el favor haciendo algo similar por otros miembros de la familia.

② **11-18 En tu opinión.** Conversen entre ustedes sobre los requisitos para estas profesiones y oficios. Pueden incluir requisitos personales y formales.

MODELO: veterinario
> E1: *Para ser veterinario se requieren cuatro años en ciencias y cuatro años en la escuela de medicina veterinaria.*
> E2: *Además, debes querer trabajar con los animales. Y si son animales grandes, como los caballos, tienes que ser bien fuerte.*

1. trabajador/a social
2. pediatra
3. maestro/a
4. ingeniero/a eléctrico/a
5. plomero/a
6. bombero/a
7. analista de sistemas
8. psiquiatra

Vínculos

- Companion Website: Chapter 11, Web Resources, *Comparaciones: Los empleos y las relaciones personales*

Teaching tips
Students will be able to cite examples of those who have benefited from having a recognizable name or whose family has a tradition of success in a certain profession. The advantages of having personal connections are clear in many cultures; it is often a matter of who you know rather than what you know.

Expansion *Comparaciones*. To check comprehension, have students complete sentences with an appropriate impersonal expression. ¿Qué opinas? ¿Prefieres la situación de los jóvenes hispanos o estadounidenses? ¿Piensas... que las agencias de empleo son menos importantes que las relaciones personales? ¿Prefieres...que los jóvenes acudar a sus familiares? ¿que la ayuda familiar sea parte de la ética de la familia? ¿que paguen el favor ayudando a otros miembros de la familia cuando estén establecidos?

¡Así es la vida!

En busca de empleo

Isabel Urquiza Duarte es una chica uruguaya que acaba de graduarse de la universidad. Ahora está leyendo los avisos clasificados porque quiere conseguir un puesto como analista programadora.

Teaching tips
You may wish to use the questions in Activity 11-19 as a *comprensión* guide.

La carta de Isabel
Después de leer los avisos clasificados, Isabel escribe la siguiente carta.

La entrevista
Isabel llega al despacho de la señora Posada para una entrevista.

Sra. Posada:	Pase, señorita. Siéntese, por favor.
Isabel:	Muchas gracias.
Sra. Posada:	Acabo de examinar su expediente. Para nosotros es importante que tenga experiencia en contabilidad. Sus recomendaciones son excelentes.
Isabel:	Muchas gracias.
Sra. Posada:	Dígame, ¿por qué quiere trabajar en nuestra empresa?
Isabel:	Porque todo el mundo dice que es una gran empresa y que ustedes realmente se interesan por el bienestar de sus empleados.
Sra. Posada:	Muy bien. Me gusta su respuesta. Antes de que se vaya voy a presentarle al jefe de personal. Si le ofrecemos el puesto, ¿cuándo puede comenzar a trabajar?
Isabel:	Inmediatamente, pero primero deseo saber cuál es el sueldo.
Sra. Posada:	El sueldo es de cincuenta mil pesos al mes. ¿Qué le parece?
Isabel:	Me parece bien.
Sra. Posada:	¡Enhorabuena! (*Congratulations!*) ¡El puesto es suyo!

20 de julio de 2005

Sra. Jimena Galtieri de Posada, Gerente
Centro de Cómputo, S.A.
Apartado Postal 2225
Montevideo, Uruguay

Estimada señora:
La presente es para solicitar el puesto de analista programadora que anunció su empresa en *La Nación*. Me gradué de la Universidad de la República de Uruguay con especialización en informática y contabilidad. También tengo tres años de experiencia práctica.

Soy bilingüe y me considero una persona entusiasta, responsable y trabajadora. Adjunto mi currículum vitae.

Atentamente,
Isabel Urquiza Duarte
Isabel Urquiza Duarte

Anexo

Suggestion for *¡Así es la vida!* Use the following questions to check comprehension. *¿Quién es Isabel Urquiza Duarte? ¿Qué carrera estudió en la universidad? ¿Cuántos años de experiencia tiene? ¿Cuántos idiomas habla? ¿Qué tipo de trabajo busca? La entrevista: ¿Qué experiencia debe tener la persona finalista? ¿La tiene Isabel? ¿Por qué le interesa la empresa a ella? ¿El sueldo es adecuado para el trabajo? ¿Crees que la van a contratar?*

Dígame, ¿por qué le interesa trabajar en nuestra empresa?

¡Así lo decimos! Vocabulario

La búsqueda de empleo

el despacho · la empresa · Energía Uruguaya · la aspirante · el contrato · el expediente · el formulario · el contrato · la solicitud de empleo · la recomendación · la vacante · la solicitud de empleo

Los beneficios

el aumento	*raise*
la bonificación anual	*yearly bonus*
el plan de retiro	*retirement plan*
el seguro médico	*health insurance*

Verbos

acabar de (+ *infinitive*)	*to have just (done something)*
ascender (ie)	*to promote, to move up*
contratar	*to hire*
dejar	*to quit*
despedir (i, i)	*to fire*
jubilarse, retirarse	*to retire*
rellenar[1]	*to fill completely; to fill out*

Teaching tips

There are many positive qualities that are important to job success, some of which are job specific, and others that are generic. Have students brainstorm qualities other than those listed in the *¡Así lo decimos!* section so that they can use them later when they write their letters of application.

Adjetivos

capaz	*capable*
estusiasta	*enthusiastic*
honrado/a, honesto/a	*honest*
justo/a	*just*

La carta comercial

Saludos	*Salutations, greetings*
Estimado/a señor/a:	*Dear Sir/Madam:*
Muy señora nuestra:	*Dear Madam:*
Muy señores míos:	*Dear Sirs:*
Despedidas	*Closings*
Atentamente,	*Sincerely yours,*
Cordialmente,	*Cordially yours,*
Lo(s)/La(s) saluda atentamente,	*Very truly yours,*

Note for *¡Así lo decimos!* You may present cognates with the vocabulary, e.g. *la calificación, la evaluación,* and *la referencia.*

---

[1]Also: **completar, llenar** *to fill out*

Aplicación

11-19 La solicitud de Isabel. Contesta las preguntas basadas en la solicitud de Isabel.

1. ¿Qué experiencia tiene?
2. ¿Cuáles son sus calificaciones académicas?
3. ¿Por qué le interesa esa empresa?
4. ¿Crees que es una buena aspirante? ¿Por qué?
5. Le ofrece un salario de 50.000 pesos por mes. ¿Te parece un sueldo justo? ($1.00 = 26 pesos uruguayos)

Answers to 11-19. 1. Tiene tres años de experiencia. 2. Se graduó de la universidad con especialización en informática y contabilidad. 3. Le interesa porque es una gran empresa que se interesa por el bienestar de sus empleados. 4. *Answers will vary.* 5. *Answers will vary.* (50.000/26=$1,923)

11-20 En busca de empleo. Empareja las definiciones con la expresión más lógica.

MODELO: Tienes que rellenar este formulario.
la solicitud de empleo

1. __g__ Tu último jefe escribió excelentes comentarios.
2. __d__ Rellenas tu solicitud de empleo y hablas con el jefe de personal en este lugar.
3. __c__ Firmas este documento. Los términos son por un año, pero el documento es renovable.
4. __a__ Incluyes los nombres y números de teléfono de personas que te van a recomendar favorablemeate.
5. __b__ Este beneficio es importante si tienes hijos pequeños.
6. __h__ Esta persona necesita buenas calificaciones, ser honrada y entusiasta.
7. __f__ Después de trabajar bien por unos años en una empresa, tu sueldo cambia.
8. __e__ Debes indicar todas las cosas que sabes hacer y que son pertinentes al puesto que buscas.

a. la referencia
b. el seguro médico
c. el contrato
d. la oficina de empleo
e. las calificaciones
f. el aumento
g. la recomendación
h. el/la aspirante

11-21 ¿En qué orden? Indica el orden en que completas estos pasos para conseguir un puesto.

__2__ llamar para hacer una cita con el/la jefe de personal

__10__ volver a casa y esperar una llamada

__1__ leer los avisos en el periódico

__5__ rellenar la solicitud

__4__ ir al despacho de personal

__8__ hacer preguntas sobre los beneficios del trabajo

__6__ tener la entrevista

__7__ contestar las preguntas sobre mi formación y experiencia

__3__ vestirme bien

__9__ preguntar sobre el sueldo

11-22 Un nuevo puesto. Completa la narración de Raúl en la que nos cuenta lo que le pasó. Usa la forma correcta de palabras y expresiones de **¡Así es la vida!**

Yo (1)_____ mi puesto el año pasado porque me pagaban poco. Fui a una (2)_____ a buscar trabajo. El profesor Blanco me permitió usar su nombre como una de mis referencias. El consejero me dijo que había una (3)_____ en *Grimaldi*. Esa empresa tiene un buen (4)_____ de retiro. Decidí enviar mi *currículum vitae*, junto con una (5)_____. Dos semanas después firmé un (6)_____ con la empresa. Decidí trabajar bien porque no quiero que me (7)_____ del trabajo. Ayer recibí un (8)_____ de sueldo porque soy muy (9)_____ y capaz. Mis compañeros me dijeron: ¡Enhorabuena!

11-23 La solicitud de empleo. Imagínate que trabajas en una agencia de empleos y Alejandra es una clienta. Escucha a Alejandra mientras explica su formación y experiencia. Luego completa su solicitud de trabajo. Puedes escucharla más de una vez, si quieres. ¡Ojo! Alejandra no da toda la información necesaria.

Solicitud de empleo

Fecha: _____

Información personal
Apellidos: _____
Dirección: _____
Fecha de nacimiento: _____

Referido por: _____
Nombre: _____
Teléfono: _____

Empleo deseado
Puesto: _____
¿Actualmente empleado/a? _____
¿Permiso para ponernos en contacto con jefe actual? _____

Fecha de comienzo: _____
Sueldo deseado: _____

Educación
Nombre de la institución
Primaria: _____
Secundaria: _____
Universidad: _____
Idiomas: _____

Lugar

Empleos anteriores
Fechas   Compañía   Puesto   Sueldo   Jefe

Otras habilidades: _____

Referencias
Nombre
Teléfono

2 **11-24 Una llamada por teléfono.** Escriban por lo menos cinco preguntas que les gustaría (*you would like*) hacerle a un/a jefe/a de personal, luego túrnense para hacer y responder las preguntas.

MODELO: *Buenos días. Soy... ¿Tiene usted vacantes en...?*

www **11-25 ¿A qué empresa deseas solicitar?** Conéctate con la página electrónica de *¡Arriba!* (**www.prenhall.com/arriba**) para ver una selección de empresas argentinas. Elige una que te interese y contesta estas preguntas sobre tu selección.

1. ¿Cómo se llama la empresa?
2. ¿Dónde tiene su sede (*head office*)?
3. ¿Qué vende o produce?
4. ¿Por qué te parece interesante?
5. ¿Hay información para solicitar un puesto?

11-26 Una carta de recomendación. Escribe una carta de recomendación para una persona que conoces. Incluye tu relación con la persona, sus cualidades y tu evaluación de su futuro en el trabajo.

MODELO:

> *9 de agosto de 2004*
> *Vancouver, B.C.*
>
> *A quién le pueda interesar:*
>
> **Asunto:** *Eduardo Mazuecos Villar*
> *El señor Mazuecos es un empleado en esta oficina donde trabaja como asistente del*
> *director de personal. Es una persona muy entusiasta y honrada, trabaja bien con los otros empleados y . . .*
>
> *Atentamente,*
> *Ana María del Val*
> *Supervisora,*
> *Editorial Pilar*

2 **11-27 Ensayar (*rehearse*) la entrevista.** Representen el/la aspirante y el/la jefe/a de personal para dramatizar una búsqueda de empleo.

MODELO: E1: *Buenas tardes. Soy... Quiero solicitar el puesto de...*
E2: *Sí, señor/ita. ¿Qué experiencia tiene usted?*

AB **11-28A La despedida.** Eres el/la director/a de la sección de finanzas de tu empresa. Encuentras que hay una discrepancia en las cuentas y sospechas (*suspect*) que uno/a de tus empleados no fue honrado/a. Explícale tus sospechas y despídelo/la con dos semanas de sueldo.

¡Así lo hacemos! Estructuras

Vínculos

Use the following instructional resources to practice formal commands.
- WB/LM–OneKey: Activities: 11-13, 11-14, 11-15, 11-16, 11-38, 11-39, and 11-40
- *Gramática viva:* Grammar Point 12, Formal commands; formal commands vs. present indicative
- Companion Website: Chapter 11, Review, Activity: Rev 11-4
- IRCD: pp. 376 and 379

Teaching tips

After learning that indirect commands use the subjunctive, students should understand that formal commands using the subjunctive should also make sense. The difference is with the placement of the pronouns with the affirmative commands.

The subjunctive with certain conjunctions follows the rule of uncertainty versus uncertainty that students have practiced with verbs of volition, doubt and denial, and with impersonal expressions. When there is a choice, it usually depends upon the meaning of the main verb. When this verb implies the future or nonexperience, use the subjunctive.

Suggestion for ¡Así lo hacemos! Have students tell you which of the commands the professor might give. *¡Vean mucho la televisión! ¡Estudien mucho para el examen mañana! ¡Escriban el ejercicio! ¡No duerman en clase! ¡No hablen durante el examen! ¡Lean bien la lección! ¡Lleguen a tiempo a clase! ¡Vayan al cine y no hagan la tarea!*

Suggestion for ¡Así lo hacemos! Point out that the spelling changes are to maintain the original sound of the infinitive.

2. Formal commands

We use commands to give instructions or to ask people to do things. In Spanish, commands have different forms to distinguish between formal (**usted/ustedes**) and informal (**tú/vosotros**) address. **Formal commands** use the subjunctive, with the implied meaning that the speaker is trying to influence the listener to do something.

Infinitive	Subjunctive	Formal commands	
		Ud.	**Uds.**
hablar	hable	hable	hablen
pensar	piense	piense	piensen
comer	coma	coma	coman
saber	sepa	sepa	sepan
escribir	escriba	escriba	escriban
ir	vaya	vaya	vayan
pedir	pida	pida	pidan

¿Sabes por qué pide el cartel que "COMPRE Y TRABAJE"?

Hable con su consejero.	*Speak to your advisor.*
Despida a ese empleado, Sr. Ruiz.	*Fire that employee, Mr. Ruiz.*
Salgan pronto de la oficina.	*Leave the office quickly.*
Piensen antes de hablar.	*Think before speaking.*

■ Negative commands are formed by placing **no** in front of the command form.

No llegue tarde.	*Don't arrive late.*
No asciendan a todos los empleados.	*Don't promote all of the employees.*

■ Subject pronouns may be used with commands for emphasis or clarification. As a rule, they are placed after the verb.

Piense **usted.**	***You*** *think.*
No griten **ustedes** en el trabajo.	*Don't* ***you*** *shout at work.*

■ Object pronouns are attached to affirmative commands and precede negative commands. Affirmative commands with pronouns attached require a written accent.

¡Váyase de aquí!	*Leave here!*
Tráiganmelo, por favor.	*Bring it to me, please.*
No se levante, señorita.	*Don't get up, Miss.*
No se lo den al jefe.	*Don't give it to the boss.*

Aplicación

11-29 Un viaje a las cataratas de Iguazú. El año pasado, Daniela visitó las cataratas. Ahora les recomienda a sus padres que también las visiten. Lee sus recomendaciones y subraya todos los mandatos formales.

Papá y mamá, tienen que visitar las cataratas de Iguazú. Vayan primero a Buenos Aires y desde allí tomen un vuelo a Foz Iguazú en Brasil. Hagan una reserva en el hotel Das Cataratas. Pidan una habitación doble con vista a las cataratas. Si van en invierno (julio–agosto), no se olviden de llevar ropa de abrigo porque hace frío. Y lleven también una sombrilla porque hay mucha bruma (*mist*).
En el hotel, coman en el restaurante, que es estupendo. Al día siguiente, hagan una gira en bicicleta. Los guías los van a llevar en minibús a la Argentina. En el parque del lado argentino, alquilen bicicletas y paseen por los bosques tropicales del parque. Vean las cataratas y también la linda flora y fauna, por ejemplo, los tucanes con sus picos grandes. De regreso al hotel, pasen por el lado paraguayo. Allí tienen una zona franca donde pueden comprar todo tipo de artículos sin tener que pagar impuestos. Finalmente, saquen muchas fotos y regresen sanos y salvos a casa.

11-30 ¿Qué desea Daniela? Escribe una lista de seis órdenes que les da a sus padres. Usa el subjuntivo con verbos de voluntad.

MODELO: *Desea que sus padres vayan primero a Buenos Aires.*

Suggestion for 11-30. Refer students back to verbs of volition in *Capítulo 9: aconsejar, pedir, desear, insistir en, permitir, decir, prohibir, querer, mandar, necesitar, recomendar, sugerir.*

11-31 Prohibido fumar. Es común ver anuncios con mandatos que usan el infinitivo en vez del subjuntivo. Primero, empareja el mandato con su lugar; luego, escribe un mandato formal.

¿Por qué fue necesario poner este aviso en la puerta de un garaje?

MODELO: prohibido fumar
en un teatro: ¡No fume!

1. __f__ prohibido estacionar (*to park*)
2. __e__ prohibido pisar la hierba
   (*to step on the grass*)
3. __a__ prohibido traer comida o bebida
4. __h__ prohibido hablar alto
5. __g__ no tocar música después de la
   medianoche
6. __i__ prohibido tomar bebidas alcohólicas
7. __c__ prohibido salir después de las once
   de la noche
8. __b__ prohibido tocar (*to touch*)
9. __d__ prohibido entrar después de
   empezar la función

a. en un restaurante elegante
b. en un museo
c. en una residencia estudiantil
d. en un teatro
e. en un parque
f. enfrente de una estación
   de policía
g. en una casa de
   apartamentos
h. en una iglesia
i. en un coche

Ⓖ **11-32 Consejos para una entrevista.** En grupos de tres, túrnense para darse consejos y prepararse para una entrevista. Usen los mandatos de **ustedes.**

MODELO: no llevar vaqueros
No lleven vaqueros.

1. no hacer preguntas personales al/a la entrevistador/a   hagan
2. quitarse el sombrero   quítense
3. dar la mano   den
4. hablar con confianza   hablen
5. mantenerse alertos/as   manténganse
6. estar preparados/as   estén
7. mostrar interés en el puesto   muestren
8. no pedir demasiado dinero   pidan

11-33 La carta de Eulalia. Túrnense para responder a la carta que recibió Eulalia. Usen por lo menos tres mandatos formales.

11-34 Una carta tuya. Ahora escríbele una carta a Eulalia. Explícale tu situación y pídele consejo. Luego, cambia tu carta con la de un/a compañero/a para contestarla. Incluye lo siguiente:

el lugar y la fecha

el saludo

el problema

el consejo que pides

la despedida

la firma

El Salvador, 2 de noviembre de 2005

Estimada Eulalia:

¡Necesito su ayuda! Acabo de dejar mi puesto como viajante porque no me gusta pasar tanto tiempo en el camino. Tengo título en administración de empresas y dos años de experiencia vendiendo productos para limpiar la casa, como detergentes y jabones. Soy una persona sociable. Me gusta conocer a gente nueva y ayudarla. Pero no sé que tipo de trabajo buscar. Por favor, Eulalia, aconséjeme sobre lo que debo hacer.

Un saludo cordial de,

—Manolo

---

3. The subjunctive and the indicative with adverbial conjunctions

Conjunciones que siempre requieren el subjuntivo

- Certain conjunctions are always followed by the subjunctive when they introduce a dependent clause because they express purpose, intent, condition, or anticipation. The use of these conjunctions presupposes that the action described in the dependent clause is uncertain or has not yet taken place. The following are some of these conjunctions.

a fin de que	in order that	**en caso de que**	in case
a menos (de) que	unless	**para que**	in order that, so that
antes (de) que	before	**sin que**	without
con tal (de) que	provided (that)		

Déle la recomendación **para que** la **lea.**

Carmen no va a aceptar el trabajo **a menos que** le **suban** el sueldo.

No me enojo **con tal que** el jefe me **dé** una bonificación.

Lleve la evaluación **en caso** que la **necesitemos.**

Le recomiendo que visite la planta nuclear **antes de que** la **cierren.**

Give him the recommendation so that he reads it.

Carmen is not going to accept the job unless they raise the salary.

I will not get angry provided that the boss gives me a bonus.

Take the evaluation in case we need it.

I recommend that you visit the nuclear plant before they close it.

Conjunciones que siempre requieren el indicativo

■ A few conjunctions always use the indicative because they convey that the action in the subordinate clause is within our experience.

ahora que / ya que   *now that*
desde que   *since*
porque   *because*

Srta. Martínez, le ofrezco el trabajo **ahora que** la **necesito.**

Miss Martínez, I'm offering you the job now that I need you.

El plan de retiro es más atractivo **desde que incluimos** más incentivos.

The retirement plan is more attractive since we included more incentives.

El jefe le dio el trabajo a Pedro **porque** ló **impresionó** mucho.

The boss gave the job to Pedro because he impressed him a lot.

Suggestion for ¡Así lo hacemos!
Compare these sentences on the board or on a transparency. *Todos los días enciendo mi computadora cuando llego a casa. Hoy también la voy a encender cuando llegue a casa. Normalmente me duermo cuando apago el televisor. Esta noche probablemente me voy a dormir cuando lo apague.*

Conjunciones que se usan con el subjuntivo y el indicativo

Llámanos tan pronto como llegues.

■ The subjunctive is used after some conjunctions that introduce time clauses referring to an action that has not yet taken place. Since the action has yet to take place, we cannot speak with certainty about it. The main clause may be in the future tense, the present indicative (with future meaning), or the imperative (direct command).

cuando   *when*
después (de) que *after*
donde   *where*
en cuanto   *as soon as*
hasta que   *until*
luego que   *as soon as*
mientras que   *as long as*
tan pronto como *as soon as*

José, hable con el gerente **cuando llegue** a la oficina.

José, talk to the manager when he arrives at the office.

Le voy a explicar el plan de retiro **en cuanto llene** la solicitud de empleo.

I'm going to explain to you the retirement plan as soon as you fill out the job application.

No puedo hacer nada **mientras que no me den la** respuesta.

I can't do anything as long as they don't give me the answer.

No van a hablar con el empleado problemático **hasta que se vaya.**

They won't talk to the problematic employee until he leaves.

Cuando la supervisora **se jubile,** se va a sentir mejor.

When the supervisor retires, she's going to feel better.

■ However, if the action referred to in the time clause is habitual or has already taken place, the present or past indicative is used after these conjunctions because we can speak with certainty about things that have already occurred or that occur regularly.

Ana pregunta por el seguro médico **cuando tiene** una entrevista.	*Ana asks about the medical insurance whenever she has an interview.* (habit)
Isabel pidió un aumento **en cuanto** el jefe le **dio** la oportunidad.	*Isabel asked for a raise as soon as the boss gave her the opportunity.* (past)
Nunca despido a nadie **mientras que se lleva** bien con los otros empleados.	*I never fire anybody as long as he/she gets along with the other employees.* (habit)
Hablaron con la candidata **hasta que se fue.**	*They talked with the candidate until she left.* (past)
Cuando voy a la agencia de empleo, me atienden enseguida.	*When I go to the employment agency, they wait on me right away.* (habit)

■ When there is no change in subject, the following prepositions are used with the infinitive: **antes de, después de, para,** and **sin.**

Van a comprar un teléfono móvil **después de hablar** con el dependiente.	*They are going to buy a cellular phone after talking to the clerk.*
No puedes preparar un contrato **sin usar** una computadora.	*You can't prepare a contract without using a computer.*
Trabajo mucho en la empresa **para ascender** rápido.	*I work a lot at the firm in order to move up quickly.*

Aunque

■ The conjunction **aunque** (*although, even though, even if*) is followed by the subjunctive when the speaker wishes to convey uncertainty. If the speaker wants to express certainty or refer to a completed event, the indicative is used.

Subjunctive

Aunque haga todo bien, no va a ascender fácilmente.	*Even though she may do everything right, she's not going to be promoted easily.* (uncertainty)
Aunque no la **necesites,** compra la impresora.	*Even though you may not need it, buy the printer.* (uncertainty)

Indicative

Aunque hay poco trabajo, no me molesta.	*Although there's a little work, it doesn't bother me.* (certainty)
Miraste los avisos clasificados, **aunque tenías** un buen empleo.	*You looked at the classified ads even though you had a good job.* (certainty)

¡Voy a aprender a usar este programa aunque tarde un año!

Suggestion for *¡Así lo hacemos!* Remind students that if the context suggests *even if*, use subjunctive. If it suggests *although*, use indicative.

Aplicación

11-35 El gaucho. El gaucho es una figura popular que se asocia con las pampas argentinas y uruguayas. Lee la descripción de su vida diaria y subraya todas las conjunciones subordinadas. Identifica si se usa el subjuntivo, el indicativo o el infinitivo y explica por qué.

Soy Juan Ramón Soldado y soy "gaucho" de profesión. Todos los días, antes de que salga el sol, me levanto, me visto y preparo mi yerba mate. Caliento el agua hasta que está por hervir. Luego se la echo a una calabaza (*gourd*) con la yerba mate. Machaco (*I mash*) las hojas (*leaves*) en el agua caliente hasta que está lista. Es una bebida sabrosa y saludable (y además, ¡tiene mucha cafeína!). Después de tomar el mate, le doy agua y heno (*hay*) a Diablo, mi caballo. En la estancia (el rancho) donde trabajo, tenemos cinco mil ovejas (*sheep*) y hoy es el día para llevarlas al mercado. Le pongo la silla a mi caballo y la ajusto para que esté cómodo. Lo subo y me dirijo hacia las pampas donde encuentro las ovejas. Aunque puedo agarrar (*grab*) muchas de ellas, es imposible atraparlas a todas. Pero al final del día, mis compañeros y yo preparamos una parrillada (una barbacoa) y nos acostamos temprano a fin de que al día siguiente podamos levantarnos de nuevo antes del amanecer y volver a nuestro trabajo.

11-36 ¿Cuándo? ¿Qué? ¿Por qué? Vuelve a leer el párrafo sobre el gaucho y contesta las preguntas que siguen.

1. ¿Cuándo se levanta Juan Ramón?
2. ¿Qué hace primero? ¿Qué hace después?
3. ¿Qué necesita para preparar su yerba mate?
4. ¿Por qué le gusta tomar yerba mate?
5. ¿Cómo es la estancia donde trabaja?
6. ¿Cómo es su trabajo?
7. ¿Qué hace al final del día?

11-37 En la oficina de Mundiplásticos. El director de una compañía que fabrica artículos de plástico espera piratear a algunos ingenieros de una empresa rival. Elige la conjunción más lógica de las que están entre paréntesis.

Hoy es 17 de mayo, y (1. aunque/sin que) no sé cómo voy a hacerlo, mi plan es piratear a cinco ingenieros de la empresa Plásticos, S.A. (2. para que/tan pronto como) pueda. He estudiado todos los documentos (3. para/sin) entender bien su organización. Quiero hablar con todos los empleados (4. en cuanto/a menos que) me lo impidan. Quiero invitarlos a mi fábrica (5. a fin de que/cuando) vean las máquinas modernas. ¡Estoy decidido! Voy a aumentar el número de empleados de mi empresa (6. aunque/cuando) me cueste una fortuna.

11-38 En la oficina de empleo. Aquí tienes algunos consejos de la directora de empleo. Complétalos con la forma correcta del verbo entre paréntesis.

1. Te voy a enseñar los anuncios para que (tú: ver) ____veas____ los nuevos empleos que publicamos hoy.
2. Ayer recibimos anuncios nuevos después de que tú (salir) ____saliste____ de la oficina.
3. Voy a obtenerte una entrevista tan pronto como (yo: hablar) ____hable____ con el jefe de personal.
4. Debes hacer copias de tu currículum vitae antes de (ir) ____ir____ a la entrevista.
5. Vamos a ensayar (*practice*) tu entrevista para que (tú: sentirse) ____te sientas____ cómodo/a.
6. Aunque te (costar) ____cuesta/cueste____ más, debes ir a la entrevista en taxi en vez de en autobús.
7. Vas a conocer a la supervisora cuando te (ellos: enseñar) ____enseñen____ la línea de producción.
8. Vas a tener éxito porque (tener) ____tienes____ buena preparación y mucha experiencia.

11-39 ¿Cuándo vas a...? Túrnense para entrevistarse sobre sus planes para el futuro.

MODELO: E1: *¿Cuándo vas a casarte?* (cuando)
E2: *Voy a casarme cuando tenga un trabajo decente.*

1. ¿Cuándo vas a terminar tus estudios? (tan pronto como)
2. ¿Cuándo vas a buscar trabajo? (después de que)
3. ¿Hasta cuando vas a estudiar español? (hasta que)
4. ¿Cuándo vas a escribir tu currículo? (en cuanto)
5. ¿Cuándo vas a visitar la Argentina y el Uruguay? (luego que)
6. ¿Cuándo vas a tomar yerba mate? (aunque)

11-40A Preguntas indiscretas. Túrnense para hacer y contestar preguntas indiscretas. Usen el subjuntivo o el indicativo cuando sea necesario.

MODELO: E1: *¿Cuándo vas a encontrar trabajo?*
E2: *Voy a encontrar trabajo después de terminar mis estudios.*

cuando
aunque
hasta (que)
tan pronto como
después de (que)
donde

1. ¿Cuándo vas a ser rico?
2. ¿Dónde vas a encontrar trabajo?
3. ¿Hasta cuando vas a estudiar?
4. ¿Cuándo vas a escribir tu currículo?

11-41 Excusas. Escríbanse un mensaje por correo electrónico en el que se expliquen cuándo van a cumplir sus obligaciones. Usen expresiones como **después de que, tan pronto como, hasta que, en cuanto, mientras que** y **aunque.** Luego, contesten el mensaje que reciban.

MODELO: *Querido Miguel:*
          Te prometo que voy a terminar el trabajo para la clase de español en cuanto...

11-42 Estoy decidido/a. Escriban individualmente cinco resoluciones que tienen para el resto de este año. Luego, comparen sus oraciones para ver qué tienen en común. Empiecen la cláusula subordinada con **aunque.**

MODELO.   Este año voy a... aunque...
          Este año voy a escribirles cartas a mis padres aunque no quiera hacerlo.

¿Cuánto sabes tú? *Can you...*

☐ get information from the want ads?

☐ write a brief business letter?

☐ interview for a job?

☐ give and follow instructions and commands?

☐ recognize when to use the subjunctive or indicative after conjunctions such as **cuando** and **para que**?

Teaching tips
Although *pluriempleo* is common in Latin America, it is becoming more common in the U.S. and Canada as well. When the economy is poor, many people are forced to take several lower-paid, part-time jobs simply to make ends meet. In many Hispanic countries, the professions are not nearly as well-compensated as in the U.S. and Canada.

VIDEO ## Toño Villamil y otras mentiras Episodio 11

2 **11-43 El pluriempleo.** Es muy común que la gente tenga más de un empleo para poder ganarse la vida. Lee la autodescripción del gerente del hotel de Malinalco y escribe tres preguntas para él. Luego, hazle las preguntas a un/a compañero/a y contesta las de él/ella.

Hola, soy Javier Maldonado y soy gerente del hotel *El asoleadoro* en Malinalco. El hotel es de mi familia; mi esposa y yo somos los administradores. Esto significa que lo hacemos todo. Además de supervisar a los otros empleados, soy el carpintero y el electricista. Mi esposa trabaja en la recepción, y también limpia las habitaciones y prepara el desayuno para los huéspedes. Ella también es la contadora y mantiene las cuentas. Es una vida dura porque trabajamos muchas horas todos los días, y cuando hay un problema, tenemos que resolverlo. Para nosotros, dar un buen servicio es lo primero. Por eso, es preciso que tratemos a todos nuestros clientes con respeto y les ayudemos con sus necesidades.

1. _____
2. _____
3. _____

Suggestion for 11-43. You may facilitate the formation of questions by providing interrogatives or infinitives. *¿quién? ¿cuándo? ¿qué? ¿por qué? ¿dónde? ¿cómo?*, etc. / *gustar, hacer, trabajar, limpiar, resolver, dar, tratar, ayudar*, etc.

11-44 ¿Comprendes? Mira el Episodio 11 de *Toño Villamil y otras mentiras* donde vas a ver a Lucía pedirle consejos al gerente del hotel. Ten en mente estas preguntas mientras ves el episodio y completa lógicamente las frases siguientes.

1. Según lo que lleva en su maleta, Lucía puede ser...
   a. viajante.
   b. médico.
   c. mujer mecánico.

2. Para bajar la temperatura, Lucía recomienda que Isabel...
   a. se bañe con agua fría.
   b. tome dos aspirinas y descanse.
   c. ponga el aire acondicionado.

3. Lucía llama a la recepción, pero...
   a. no funciona el teléfono.
   b. está ocupada la línea.
   c. no contesta nadie.

4. En el pueblo de Malinalco...
   a. hay un sólo médico.
   b. no hay ningún médico calificado.
   c. el médico también trabaja como veterinario.

5. El recepcionista también trabaja...
   a. como electricista y carpintero.
   b. de noche.
   c. en el restaurante.

6. Es importante que Isabel tenga...
   a. tarjeta de crédito.
   b. cheques de viajero.
   c. seguro médico.

11-45 Es imposible. En este episodio, los personajes usan varias expresiones impersonales. Anota cuatro de ellas y escribe una frase original relacionada con el episodio.

MODELO: *Es importante que Lucía encuentre un médico.*

Vínculos
• Student Video CD-ROM/VHS cassette, *Episodio 11: Toño Villamil y otras mentiras*

Nuestro mundo

Panoramas

Vínculos

- Student Video CD-ROM/VHS cassette, *Capítulo 11: Entrevistas de nuestro mundo*
- Companion Website: Chapter 11, Web Resources, *Panoramas, El virreinato de la Plata: La Argentina y el Uruguay*

El virreinato de la Plata: La Argentina y el Uruguay

11-46 ¿Ya sabes...? Trata de identificar o explicar lo siguiente.

1. las capitales de la Argentina y el Uruguay   Buenos Aires y Montevideo
2. dónde trabajan los gauchos   en las pampas
3. el nombre de un escritor argentino   Borges
4. el deporte que apasiona a los uruguayos y a los argentinos   el fútbol
5. una bebida popular entre los uruguayos y los argentinos   el mate
6. el tiempo que hace en la Patagonia   Hace frío. Nieva.

Teaching tips
Be sure to refer students back to the images in the lesson opener. It is ironic that Jorge Luis Borges, the great reader and intellect, librarian and short-story writer, was blind in his later years.

La Argentina y el Uruguay tienen mucha variedad topográfica y climática: la Patagonia, los Andes, las pampas, los bosques, los ríos, las cataratas y las costas.

Bariloche, Patagonia, tiene bellas vistas que atraen a turistas y a aficionados a los deportes de todo el mundo.

PERÚ

CHILE

OCÉANO PACÍFICO

CORDILLERA DE

Teaching tips
The images here give a brief overview of the geographical and cultural variety of Uruguay and Argentina. It is interesting to note that, despite recent economic and political woes, Argentina is a world leader in setting voluntary greenhouse gas targets. Since civilian rule was restored in 1985 in Uruguay, political and labor conditions in this country have become among the freest on the continent.

El pico Aconcagua es el más alto de los Andes.

Tanto en el Uruguay como en la Argentina, el fútbol es una pasión nacional.

Las vastas regiones no pobladas contrastan con la cosmopolita ciudad de Buenos Aires. El tango, música y baile popular, se originó en las calles de Buenos Aires a fines del siglo XIX.

BOLIVIA

BRASIL

PARAGUAY

Río Salado

Río Paraná

Río Uruguay

Formosa

Salta

Córdoba

Rosario

URUGUAY

Salto

Melo

Buenos Aires

Montevideo

La Plata

Río de la Plata

ARGENTINA

Neuquén

Mar del Plata

OCÉANO ATLÁNTICO

Estrecho de Magallanes

Islas Malvinas

Tierra del Fuego

Cabo de Hornos

Punta del Este, Uruguay, es un lugar muy apreciado por los turistas que gozan del sol y de sus bellas playas.

El gaucho que vive en las pampas de la Argentina y el Uruguay lleva una vida que parece romántica, pero en verdad es solitaria. La producción de carne es sumamente importante en los dos países, y en la Argentina se consume más carne por persona que en cualquier otro país del mundo.

11-47 Para buscar. ¿Ahora puedes identificar...?

1. el país que produce y consume más carne del mundo   La Argentina
2. un atractivo del Uruguay   las playas
3. un lugar popular entre los aficionados de deportes de invierno   Bariloche
4. dónde se encuentran las pampas   al suroeste de Buenos Aires
5. un baile popular argentino   el tango
6. un deporte popular entre los argentinos y los uruguayos   el fútbol
7. un *cowboy* argentino o uruguayo   el gaucho
8. una ciudad argentina cosmopolita   Buenos Aires

Ⓖ 11-48 Recomendaciones. Háganles recomendaciones a personas que van a viajar a la Argentina y el Uruguay. Recomiéndenles lugares para visitar según sus intereses.

Answers to 11-48. *Answers may vary.*
1. ¿Por qué no estudias el tango? 2. ¿Por qué no visitas las cataratas de Iguazú? 3. ¿Por qué no visitas Buenos Aires? 4. ¿Por qué no vas a Bariloche? 5. ¿Por qué no visitas las pampas? 6. ¿Por qué no vas a Buenos Aires?

Modelo: Me gusta la playa.
　　　　 ¿Por qué no vas a Punta del Este?

1. Quiero estudiar música y bailes folklóricos.
2. Me gusta visitar lugares de belleza natural.
3. Deseo visitar una ciudad grande.
4. Me gusta esquiar.
5. Me interesan la naturaleza y el campo lejos de las grandes ciudades.
6. Quiero conocer un lugar con mucha vida nocturna.

WWW 11-49 El tango, música de la calle. Conéctate con la página electrónica de *¡Arriba!* (**www.prenhall.com/arriba**) para obtener más información y escuchar música de tango.

- Identifica los instrumentos que se usan en la selección.
- ¿Cómo lo caracterizas? ¿alegre? melancólico? ¿animado? ¿romántico?
- ¿Dónde se originó?

11-50 La diversidad de la Argentina y el Uruguay. Conéctate con la página electrónica de *¡Arriba!* (**www.prenhall.com/arriba**) para ver más imágenes de la Argentina y el Uruguay. Elige una región: la Patagonia, las pampas, los Andes o la costa. Después descríbela según los siguientes criterios.

sitios de interés	deportes
productos	clima
gastronomía	

Ritmos

Vínculos
- Instructor's Music CD: *Capítulo 11: Ritmos de nuestro mundo*
- Companion Website: Chapter 11, Web Resources, *Ritmos: Mercedes Sosa (Argentina)*

Teaching tips
Referred to as "*La Voz de la Gente*", "*La Pachamama*" (Quechua for Earth Mother), or simply "*La Negra*" for her raven-black hair, Mercedes Sosa is one of Latin America's most venerated singers. Her voice has been called both haunting and innovative. She has performed with many diverse musical luminaries, such as Luciano Pavarotti, Joan Baez, and Sting.

"Todo cambia" (Mercedes Sosa, Argentina)

Esta canción es un ejemplo de la Nueva Canción latinoamericana, una forma artística musical en la cual el cantautor expresa los sentimientos por su país y también sus opiniones políticas. La Nueva Canción no se interesa por lo comercial ni lo material sino que muestra un respeto por la cultura tradicional de la gente, especialmente los pobres y los trabajadores, de un país.

Antes de escuchar

11-51 Los cambios de la vida. Haz una lista de las cosas que te gustaría cambiar en este mundo. Después intercambia tu lista con un compañero/a ¿Qué tienen en común? ¿Qué les gustaría hacer diferente? ¿Qué cambios no harían nunca?.

MODELO: *¿Por qué Ud. canta sobre los cambios de la vida?*

Todo cambia

1. Cambia lo superficial
cambia también lo profundo
cambia el modo de pensar
cambia todo en este mundo
cambia el clima con los años
cambia el pastor su rebaño
y así como todo cambia
que yo cambie no es extraño.
[...]

2. Cambia, todo cambia
cambia, todo cambia.
[...]

3. Pero no cambia mi amor
por más lejos que me encuentre.
Ni el recuerdo ni el dolor
de mi pueblo, de mi gente.

4. Y lo que cambió ayer
tendrá que cambiar mañana
así como cambio yo
en esta tierra lejana.
[...]

A escuchar

11-52 Palabras e instrumentos. Mientras escuchas "Todo cambia" señala con una cruz (X) cuáles de las palabras y expresiones siguientes crees que describen la canción.

__X__ triste

__X__ positiva   porque no cambia su amor

_____ cómica

__X__ melancólica

_____ feliz

__X__ seria

_____ complicada

¿Qué instrumentos musicales oyes en la canción?

__X__ la guitarra

__X__ la flauta

_____ el clarinete

_____ el tambor

_____ el piano

_____ las maracas

__X__ la pandereta (*tambourine*)

Después de escuchar

11-53 Mi gente, mi país. Al escuchar las dos últimas estrofas de "Todo cambia" es evidente que Mercedes Sosa no quiere olvidar ni a su pueblo ni a su gente aunque ella está lejos. Imagina que tienes a unos amigos o familiares lejos de tu familia o de tu país. Dales mandatos formales para que no se olviden.

MODELO: *Piensen en mí, por favor.*

Páginas

Teaching tips
Although a superficially simple text, students may have difficulty understanding beyond the surface level of this drama. Encourage them to let their imagination create the ending.

"No hay que complicar la felicidad" (Marco Denevi, Argentina)

Marco Denevi (1922–1998) es uno de los cuentistas latinoamericanos más conocidos. Escribió varias novelas, incluyendo *Rosaura a las diez* (1955) y *Ceremonia secreta* (1960). Ésta última fue convertida en una película estadounidense con Mia Farrow de protagonista. Denevi se conoce por sus narrativas, minidramas y minicuentos, los cuales comentan verdades humanas y sociológicas.

En "No hay que complicar la felicidad", hay dos novios sin nombre que no están satisfechos con la felicidad que gozan. La conclusión es a la vez sorprendente (*surprising*) y misteriosa.

Antes de leer

11-54 El poder de la imaginación. En la literatura, puede haber varios niveles de interpretación. Esto ocurre especialmente cuando es necesario imaginarnos los motivos de un personaje o adivinar (*guess*) el final de una historia. Muchas veces nos deja con la sensación de ambigüedad o misterio. Lee las primeras diez líneas de este minidrama y escribe tres preguntas que se te ocurran. Al final, vuelve a tus preguntas para ver si las puedes contestar.

MODELO: *¿Quién es él?*

1. _____
2. _____
3. _____

11-55 A buscar. Busca esta información en la primera página.

1. Aquí vemos a dos _____.
a. amigos   b. enemigos   c.) novios   d. hermanos

2. Están en _____.
a. una iglesia   b. una clase   c. una casa   d.) un parque

3. Según la ilustración, están muy _____.
a. impacientes   b.) enamorados   c. enojados   d. histéricos

11-56 Anticipación. En este drama los protagonistas hacen acciones recíprocas. ¿Cuáles de estas acciones crees que se hacen?

_____ Se miran.   _____ Se gritan.
_____ Se besan.   _____ Se detestan.
_____ Se aman (quieren).   _____ Se matan (*kill each other*).

A leer

11-57 Una historia de... Lee ahora la siguiente historia de Marco Denevi.

Suggestion for *Páginas*. This reading is easily converted to a skit for four students: *ella, él, el/la narradora,* and a final student with a brown paper lunch bag filled with air to be popped at appropriate moment.

"No hay que complicar la felicidad"

Un parque. Sentados bajo los árboles, Ella y Él se besan.

Él: Te amo.

Ella: Te amo.

Vuelven a besarse.

Él: Te amo.

Ella: Te amo.

Vuelven a besarse.

Él: Te amo.

Ella: Te amo.

Él se pone violentamente de pie.

Él: ¡Basta! (*Enough!*) ¿Siempre lo mismo? ¿Por qué, cuando te digo que te amo no contestas que amas a otro?

Ella: ¿A qué otro?

Él: A nadie. Pero lo dices para que yo tenga celos (*jealousy*). Los celos alimentan (*nourish, add spice*) al amor. Despojado de este estímulo, el amor languidece (*languishes*). Nuestra felicidad es demasiado simple, demasiado monótona. Hay que complicarla un poco. ¿Comprendes?

Ella: No quería confesártelo porque pensé que sufrirías (*you would suffer*). Pero lo has adivinado (*you've guessed it*).

Él: ¿Qué es lo que adiviné?

Ella se levanta, se aleja (gets up, moves away) unos pasos.

Ella: Que amo a otro.

Él: Lo dices para complacerme (*please me*). Porque te lo pedí.

Ella: No. Amo a otro.

Él: ¿A qué otro?

Ella: No lo conoces.

Un silencio. Él tiene una expresión sombria (somber).

Él: Entonces, ¿es verdad?

Ella: (*Dulcemente*) Sí, es verdad. Está allí.

Él se pasea haciendo ademanes (gestures) de furor.

Él: Siento celos. No finjo (*I'm not faking*), créeme. Siento celos. Me gustaría matar a ese otro.

Ella: (*Dulcemente*) Está allí.

Él: ¿Dónde?

Ella: Nos espía. También él es celoso.

Él: Iré en su busca (*I'll look for him*).

Ella: Cuidado. Quiere matarte.

Él: No le tengo miedo.

Él desaparece entre los árboles. Al quedar sola ella se ríe.

Ella: ¡Qué niños son los hombres! Para ellos hasta el amor es un juego.

Se oye el disparo de un revólver. Ella deja de reír.

Ella: Juan.

Silencio.

Ella: (*Más alto*) Juan.

Silencio.

Ella: (*Grita.*) ¡Juan!

Silencio. Ella corre y desaparece entre los árboles. Después de unos instantes se oye el grito desgarrador (heartrending cry) de ella.

Ella: ¡Juan!

Silencio. Después desciende el telón (curtain).

Después de leer

11-58 La cronología. Pon en orden las siguientes acciones.

_5_ La novia no lo toma en serio (*doesn't take him seriously*).

_3_ El novio siente celos.

_6_ La novia grita.

_1_ Los novios se besan.

_2_ El novio quiere tener celos.

_4_ El novio desaparece.

11-59 ¿Comprendiste? Contesta brevemente en español las siguientes preguntas.

1. Según él, ¿por qué es importante tener celos?
2. ¿Tiene ella la misma opinión?
3. ¿Por qué dice ella que tiene otro novio?
4. ¿Qué busca él entre los árboles?
5. ¿Qué hace ella cuando él sale de la escena?
6. ¿Qué se oye desde los árboles?
7. ¿Qué se oye al final?

Answers to 11-59. *Answers will vary.* 1. Es importante porque los celos alimentan el amor. 2. No. Ella cree que es un niño. 3. Lo dice para complacer a su novio (o porque es la verdad). 4. Busca al amante que los espía. 5. Se ríe. 6. Se oye un disparo. 7. Se oye el grito de ella.

11-60 Imagínate. Imagínate lo que pasa después. ¿Cuál de estas posibilidades te parece la más posible, y ¿por qué?

_____ Todo es una broma (*joke*) del novio.

_____ El segundo amante sale de los árboles. Besa a la novia.

_____ Un policía llega y detiene (*arrests*) a la novia.

_____ La novia se suicida.

_____ ¿...?

11-61 Una carta para pedir consejos. Asume el punto de vista de uno de los personajes (Él, Ella o el otro) y escribe una carta para pedirle consejos a doña Eulalia.

MODELO: *lunes, el 30 de abril de 2005*
Querida doña Eulalia:
¡Necesito sus consejos! Mi novio, Juan,...

G **11-62 ¿Cuál es tu opinión?** Hablen en español de las siguientes cuestiones de amor.

MODELO: A los hombres les gusta tener celos.
E1: *Estoy de acuerdo. Los hombres son mucho más celosos que las mujeres.*
E2: *No estoy de acuerdo. Soy hombre y no tengo celos de mi novia ...*
E3: *Bueno, depende de...*

Sí, estoy de acuerdo porque...

No estoy seguro/a. Depende de...

No estoy de acuerdo porque...

1. Los celos alimentan el amor.
2. El amor lo vence (*conquers*) todo.
3. Es bueno confesárselo todo a tu novio/a o esposo/a.
4. Los novios deben siempre complacerse (*please each other*).
5. En el amor, todos somos niños.
6. Es imposible ser feliz en el amor.
7. El amor es complicado.

Taller

11-63 Un *currículum vitae* y una carta de presentación para solicitar trabajo. En esta actividad, vas a escribir tu *currículum vitae* y una carta para solicitar un puesto.

Antes de escribir

- **El puesto.** Primero, inventa el puesto que vas a solicitar. ¿Qué tipo de empresa es? ¿Qué tipo de trabajo?
- **Tus datos personales y experiencia.** Escribe una lista de tu experiencia académica y laboral con las fechas de cada una.

A escribir

- **El *currículum vitae*.** Escribe tu *currículum vitae* en una hoja de papel aparte. Usa la información a continuación como guía. La información que incluyas (especialmente aficiones) debe reflejar de alguna manera el tipo de puesto que solicitas.

  DATOS PERSONALES

  (FOTO)

      Nombre y apellidos:

      Fecha de nacimiento:

      Lugar:

      Estado civil:

      Domicilio actual:

      Teléfono:

      Correo electrónico:

  DATOS ACADÉMICOS (en orden cronológico inverso)

  (fechas)   (títulos)

  EXPERIENCIA PROFESIONAL (en orden cronológico inverso)

  (fechas)   (títulos)

  PUBLICACIONES, COLABORACIONES, HONORES (en orden cronológico inverso)

  IDIOMAS

  AFICIONES (p. e.g., viajar, jugar al tenis, nadar)

  REFERENCIAS

■ **La carta de presentación.** Incluye esta información:

Nombre

Dirección

Fecha

Destinatario

Saludo formal

Presentación. Trabajo que solicitas.

Breve resumen de tus calificaciones

Despedida formal

Firma

MODELO:

Manuel Martínez Gil
48 Calle Ocho
Miami, FL 32819
Tel. (305) 555-1950

27 de abril de 2005
José Sánchez García
Director de Recursos Humanos
Microduro, S.A.
Montevideo, Uruguay

Estimado señor Sánchez García:

En respuesta al anuncio publicado en el *New York Times* de fecha 25 de abril en el que solicitan programadores, me gustaría ser considerado como candidato. Como verá en el *currículum vitae* que adjunto, tengo cinco años de experiencia trabajando...

Muy atentamente,

Manuel Martínez Gil

Manuel Martínez Gil

Anexo: *Currículum vitae*

Después de escribir

Vínculos

• Assessment: TestGen or paper test in the IRM

■ **Revisar.** Revisa tu *currículum vitae* y carta para verificar los siguientes puntos.

☐ las expresiones impersonales

☐ la ortografía y la concordancia

■ **Intercambiar**

Intercambia tu trabajo con el de un/a compañero/a para hacer correcciones y sugerencias y para comentar sobre el contenido.

■ **Entregar**

Pasa tu trabajo a limpio, incorporando los comentarios de tu compañero/a. Despues, entrégaselo a tu profesor/a.

12 El futuro es tuyo

OBJETIVOS COMUNICATIVOS

- **Discussing technology**
- **Talking about the environment**
- **Talking about what will happen and has happened**

- **Talking about what could happen**
- **Giving and following instructions and commands**

El cuadro *Paisajes humanos No. 95* de Melesio Casas retrata a trabajadores méxicoamericanos en un campo estadounidense con el logotipo del sindicato (el águila) del *United Farm Workers* en el fondo.

Los hispanos en los Estados Unidos

«Hay tres cosas que el ser humano necesita en su vida: alguien a quien amar, algo que hacer y una esperanza para el futuro.»

Bill Richardson, Gobernador de Nuevo México, fue representante de los EE.UU. ante la organización de las Naciones Unidas. Se menciona como posible candidato del partido Demócrata a la vicepresidencia de los EE.UU.

Refrán: There are three things that human beings need in their lives: someone to love, something to do, and hope for the future.

¡Así es la vida!

El impacto de la tecnología

La tecnología ha tenido un gran impacto en los últimos treinta años en los EE.UU., en el Canadá y en Hispanoamérica. Veamos la opinión de algunos hispanos de los EE.UU. sobre este tema.

Lorenzo Valdespino, estudiante de ingeniería

Yo no puedo trabajar sin la tecnología. En la universidad hacemos todos nuestros diseños en computadora. Usamos hojas electrónicas para mantener tablas de estadísticas. En casa, tengo una impresora láser para imprimir mis tareas universitarias. Hasta los recursos de la biblioteca están en línea.

Hortensia Gómez Correa, abogada

La tecnología ha revolucionado el trabajo en nuestra oficina. Por ejemplo, ahora uso un procesador de textos para nuestros casos y mantengo muchos archivos electrónicos. Cuando tengo un mensaje urgente, envío un fax o un correo electrónico a cualquier parte del mundo. Y ahora es común tener una videoconferencia para comunicarnos en persona. Estoy segura que seguiremos buscando maneras para ahorrar tiempo y recursos con esta tecnología.

Adolfo Martínez Suárez, agricultor

La tecnología ha cambiado la forma de hacer las cosechas (*harvests*) en nuestra finca. Analizamos el clima y los suelos (*land*) con un programa de computadora, que también determina el mejor momento para recoger la cosecha (*to harvest*). No hay duda que la ingeniería biotécnica ha revolucionado la producción agrícola. ¡Ojalá que esta tecnología mejore el estándar de vida de los países en vías de desarrollo!

La computadora

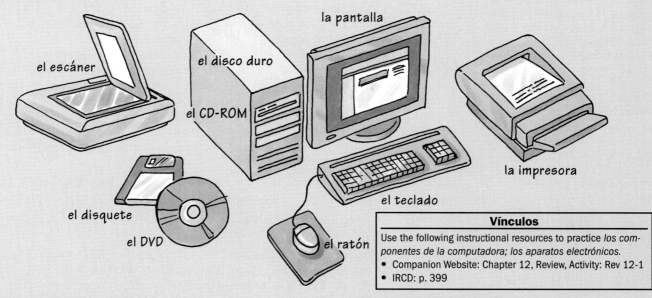

el escáner

el disco duro

el CD-ROM

la pantalla

el disquete

el DVD

el ratón

el teclado

la impresora

Vínculos

Use the following instructional resources to practice *los componentes de la computadora; los aparatos electrónicos.*
- Companion Website: Chapter 12, Review, Activity: Rev 12-1
- IRCD: p. 399

Otros aparatos electrónicos

la antena parabólica

el cajero automático

el contestador automático

la fotocopiadora

el teléfono
inalámbrico

el teléfono móvil

el lector de CD/DVD

la videograbadora

Recursos en la computadora

la base de datos	*database*
la hoja electrónica	*spreadsheet*
el hipervínculo / el enlace	*hyperlink*
el juego electrónico	*computer (electronic) game*
el procesador de textos	*word processor*
la Red informática	*Internet*

Acciones

apagar	*to turn off*
archivar	*to file; to save*
borrar	*to erase*
encender (ie)	*to turn on*
fotocopiar	*to photocopy*
funcionar	*to function, to work*
grabar	*to record*
imprimir[1]	*to print*
instalar	*to install*
manejar	*to manage, to drive*
programar	*to program*

Adjetivos

electrónico/a	*electronic*
tecnológico/a	*technological*

Otras palabras y expresiones

el diseño	*design*
la finca	*farm, ranch*
la marca	*brand*

[1]The past participle is **imprimido. He imprimido el documento.** With the verb **estar** the part participle is irregular: **impreso. El documento está impreso.**

Aplicación

12-1 ¿Para qué se usa? Empareja los aparatos con sus usos.

1. __f__ la videograbadora
2. __d__ el teléfono móvil
3. __h__ la antena parabólica
4. __a__ el lector de CD
5. __g__ el cajero automático
6. __b__ la pantalla
7. __c__ la red informática
8. __e__ el contestador automático

a. para escuchar música
b. para ver un documento en la computadora
c. para buscar información
d. para hacer llamadas fuera de tu casa
e. para recibir mensajes cuando no estás en casa
f. para grabar un programa de televisión
g. para sacar dinero en efectivo
h. para recibir programas internacionales

12-2 En la oficina. Completa la conversación con los verbos de la lista siguiente.

apagar	borrar	imprimir	programar
archivar	fotocopiar	instalar	

Jefa: Bueno, otro día. Son las seis de la tarde. Voy a (1) __archivar__ estos documentos en un disquete antes de salir. No quiero (2) __borrar__ ninguno porque son muy importantes todos.

Empleado: Sí, y además los debo (3) __fotocopiar__ pero la fotocopiadora no funciona. Necesitamos una copia. La impresora todavía funciona. Si usted quiere, los puedo (4) __imprimir__ en color.

Jefa: Buena idea. ¿Mañana vas a (5) __instalar__ el nuevo procesador de palabras en mi computadora?

Empleado: Claro. Pero primero tengo que (6) __programar__ la computadora. Quiero que se apague automáticamente.

Jefa: Bueno, eso es para otro día. No te olvides de (7) __apagar__ la computadora antes de salir esta noche.

Empleado: De acuerdo. ¡Buenas noches!

12-3 La Photosmart. Lee el anuncio y contesta las preguntas que siguen.

hp photosmart 230

La Impresora HP Photosmart 230

Fotos en menos de 3 minutos

Calidad óptima

Precio razonable

• Vea las imágenes en pantalla antes de imprimirlas.

• Imprima y comparta fotografías sin bordes de 10 x 15 cm, igual que si las hubiera revelado en un laboratorio.

• Imprima directamente desde su cámara digital, sin PC ni Mac.

• Diseño compacto y elegante y funciones sencillas – perfecta para fiestas, bodas y otros acontecimientos.

1. ¿Cuál es la marca de la impresora?
2. ¿Para qué sirve?
3. ¿Cuáles son sus características?
4. ¿Qué tipo de persona busca una impresora como ésta?
5. ¿Te interesa este producto? ¿Por qué?

12-4 ¿Quién lo necesita y por qué? Di quiénes necesitan estas cosas y por qué.

MODELO: la hoja electrónica
La necesita un contador para llevar las cuentas en su trabajo.

1. el lector de DVD
2. la fotocopiadora
3. la impresora
4. el teléfono inalámbrico
5. la videograbadora

6. el escáner
7. el fax
8. el contestador automático
9. el cajero automático
10. el juego electrónico

Suggestion for 12-4. This activity recycles *Capítulo 11* vocabulary. You may want to refer students to the appropriate page.

AUDIO **12-5 Compre.com.** Se puede encontrar cualquier aparato electrónico en Compre.com. Escucha la descripción de uno de ellos y completa las frases que siguen.

1. El anuncio es para un sistema de...
   a. audio.
   b. computadora personal.
   c. videocámara digital.

2. No incluye...
   a. lector de CD.
   b. receptor.
   c. televisor.

3. A la persona que compre este sistema, le gusta(n)...
   a. la fotografía.
   b. los juegos electrónicos.
   c. la música.

4. Puedes comprar este sistema en...
   a. seis meses.
   b. un año.
   c. un año y medio.

5. Se compra este sistema...
   a. directamente de la fábrica.
   b. en la Red informática.
   c. en tiendas especializadas.

Audioscript for 12-5

Aquí tiene el sistema de audio ideal para su casa. El "sistema en una caja" incluye amplificador, lector de CD/DVD, receptor y cinco altavoces para crear el sonido de teatro en su casa. ¿Le gusta la música clásica? Con este sistema va a escuchar todos los violines de una sinfonía. ¿Prefiere el jazz? Con este sistema, le va a parecer que Benny Goodman está en su sala tocando personalmente para usted una pieza suya. ¿Prefiere el rock? Ni hablar de los sonidos de tambor que salen de los cinco altavoces. Este sistema es para usted por sólo novecientos dólares, a pagar en doce meses sin interés. ¡Sólo por setenta y cinco dólares mensuales! Conéctese hoy mismo con *www.compre.com*, donde va a encontrar no sólo esta oferta especial sino también una excelente variedad de sistemas a precios muy razonables.

WWW **12-6 ¿Qué aparato quieres comprar?** Conéctate con la página electrónica de *¡Arriba!* (**www.prenhall.com/arriba**) y busca un aparato electrónico que te interese comprar. Contesta las siguientes preguntas para explicar por qué lo quieres comprar.

■ ¿Qué tipo de aparato es?
■ ¿Cuál es la marca?
■ ¿Cuánto cuesta?
■ ¿Cuáles son algunas de sus características?

Expansion 12-7. Students may read their descriptions without mentioning the item described. Their classmates should try to identify the item described.

❷ **12-7 ¡Éste es el aparato para usted!** Túrnense para describir los aparatos de la Actividad 12-6 y traten de vendérselos.

MODELO: *La videocámara digital Sony, modelo 455S es el aparato para usted. Es pequeña, pesa menos de un kilo, tiene una pantalla con excelente resolución...*

❷ **12-8 La tecnología para ustedes.** Hablen de los equipos electrónicos en relación con su vida académica, profesional y personal.

1. ¿Cuál es el aparato más útil en cada aspecto de tu vida? ¿Por qué?
2. ¿Cuál es el aparato menos útil? ¿Por qué?
3. ¿Cuál es el aparato más divertido? ¿Por qué?
4. ¿Cuál es el aparato o programa más frustrante? ¿Por qué?

12-9A ¡Hagamos más fácil la vida! Túrnense para decir lo que necesita la otra persona para hacerse más fácil la vida.

> **MODELO:** E1: *No puedo ver bien mi documento en la computadora.*
> E2: *Necesitas una pantalla más grande.*

1. Quiero enviarle una foto a un amigo.
2. Tengo que buscar la bibliografía de un autor para la clase de inglés.
3. Quiero que llegue una carta de recomendación esta tarde.
4. Tengo que imprimir bien el trabajo para impresionar a la profesora.

Suggestion for 12-10. Have students summarize each other's experience with technology.

G 12-10 ¿Quién...? Hazles preguntas a tus compañeros/as para saber quién tiene más experiencia con la tecnología. Pregúntales qué pasó.

> **MODELO:** perder un documento en la computadora
> *¿Alguna vez perdiste un documento en la computadora?*

borrar un documento sin querer	usar la computadora para calcular los impuestos	trabajar con una supercomputadora
programar una computadora	usar el escáner	participar en una videoconferencia
apagar la computadora sin archivar el documento		

Suggestion for 12-11A. This could be a telephone interview.

AB 12-11A Una encuesta de Harris. Túrnense para hacer esta encuesta de Harris. Empiecen con esta presentación.

> **MODELO:** E1: *Buenos días. Con su permiso, me gustaría hacerle algunas preguntas sobre su forma de utilizar la tecnología...*
> E2: *Bueno, no tengo mucho tiempo pero...*

1. ¿Usa una computadora para sus trabajos universitarios? ¿Qué marca es?
2. ¿Qué programas usa? ¿Le gustan?
3. ¿Cuánta memoria tiene su computadora?
4. ¿Tiene una pantalla grande o pequeña?
5. ¿Su computadora tiene una conexión a la Red informática?
6. ¿Puede usted vivir sin su computadora?

¡Así lo hacemos! Estructuras

1. The past participle and the present perfect indicative

El participio pasado

Han llegado los invitados de Pedrito. ¿Los hago pasar o llamo a la policía?

Vínculos

Use the following instructional resources to practice the past participle and the present perfect indicative.

- WB/LM–OneKey: Activities: 12-6, 12-7, 12-8, 12-9, 12-40, 12-41, 12-42, and 12-43
- *Gramática viva:* Grammar Point 27, Past participle and the present perfect
- Companion Website: Chapter 12, Review, Activity: Rev 12-2
- IRCD: pp. 403, 404, and 405

Teaching tips

Although the present perfect has a direct parallel with English, in some dialects it is used as a simple past, similar to the *passé composé* in French.

To form the future tense, it may be useful to point out that the morphology is composed of the stem + the present tense of the verb *haber* (minus the "h"): *ir + he = iré; ir + has = irás*, etc.

The past participle is used in Spanish and English as an adjective or as part of the perfect tenses. In English, it is usually the *-ed* or *-en* form of the verb.

Hemos terminado la cosecha.	*We have finished the harvest.*
Los programas **están instalados.**	*The programs are installed.*

- In Spanish the regular participle is formed by adding **-ado** to the stem of **-ar** verbs and **-ido** to the stem of **-er** and **-ir** verbs.

tomar	**comer**	**vivir**
tom**ado** (*taken*)	com**ido** (*eaten*)	viv**ido** (*lived*)

- An accent mark is used when a past participle has the combination of vowels **ai, ei**, or **oi**.

creer	**creído**	*believed*	oír	**oído**	*heard*
leer	**leído**	*read*	traer	**traído**	*brought*

- The following verbs have irregular past participles.

abrir	**abierto**	*opened*	ir	**ido**	*gone*
cubrir	**cubierto**	*covered*	morir	**muerto**	*dead*
decir	**dicho**	*said*	poner	**puesto**	*put, placed*
descubrir	**descubierto**	*discovered*	romper	**roto**	*broken*
escribir	**escrito**	*written*	ver	**visto**	*seen*
hacer	**hecho**	*done; made*	volver	**vuelto**	*returned*

Suggestion for *¡Así lo hacemos!* Point out that compound words are affected by the same irregularities: *componer* ➡ *compuesto*, *devolver* ➡ *devuelto*

El presente perfecto de indicativo

The present perfect in English and Spanish is considered a compound tense because its forms require two verbs. In English, the present perfect is formed with the present tense of the auxiliary verb *to have* + past participle. In Spanish, the present perfect is formed with the present tense of the auxiliary verb **haber** + past participle.

	haber	past participle	to have	past participle
yo	he		*I have*	
tú	has	**tomado**	*you have*	*taken*
él, ella, Ud.	ha	**comido**	*he, she, you has*	*eaten*
nosotros/as	hemos	**vivido**	*we have*	*lived*
vosotros/as	habéis		*you (pl.) have*	
ellos/as, Uds.	han		*they, you (pl.) have*	

■ In general, the present perfect is used to refer to a past action or event that is perceived as having some bearing on the present.

¿Ya **has usado** la impresora?   *Have you already used the printer?*
Estoy buscando el cajero   *I'm looking for the automatic teller.*
automático. ¿Lo **has visto**?   *Have you seen it?*

■ The auxiliary verb **haber** agrees with the subject of the sentence. The past participle, however, is invariable when used in the perfect tense.

Mi jefe me **ha dado** un teléfono   *My boss has given me a very good*
móvil muy bueno.   *cellular telephone.*
Marisa **ha preparado** la hoja   *Marisa has prepared the spreadsheet.*
electrónica.

■ The auxiliary verb **haber** and the past participle cannot be separated by another word. Object pronouns and negative words are always placed before **haber.**

No la he preparado.   *I haven't prepared it.*
¿La has abierto?   *Have you opened it?*

■ The verb **haber** is not interchangeable with **tener. Haber** means *to have* only when used as an auxiliary verb with the past participle. **Tener** means *to have* or *to own* in the sense of possession.

Julia **tiene** muchos amigos en   *Julia has many friends in that*
esa empresa.   *company.*
¿Has tenido experiencia en hacer   *Have you had experience in doing*
diseños?   *designs?*

Acabar de + *infinitive*

You can use the present tense of **acabar de** + infinitive in order to describe an event that has just happened.[1]

Acabamos de ver la videoconferencia.	*We have just seen the videoconference.*
Acaban de borrar la base de datos.	*They have just erased the database.*

El participio pasado usado como adjetivo

Lo siento, pero esta ventanilla está cerrada.

■ In both English and Spanish, the past participle may be used as an adjective to modify a noun. In Spanish, when the past participle is used as an adjective, it agrees in gender and number with the noun it modifies.

Vimos las conferencias **grabadas** por nuestro supervisor.	*We saw the conferences recorded by our supervisor.*
Hay muchos programas **escritos** en *Visual Basic*.	*There are many programs written in Visual Basic.*

■ The verb **estar** may be used with the past participle to describe a state or condition that is the result of a previous action. In this resultant condition, the past participle is an adjective and agrees in gender and number with the noun it modifies.

La carta **está impresa;** la secretaria la ha imprimido.	*The letter is printed; the secretary has printed it.*
El contestador automático **está roto**; lo rompió el estudiante que nos ayudaba.	*The answering machine is broken; the student that was helping us broke it.*

Aplicación

12-12 Sandra Cisneros. Lee el párrafo sobre la escritora chicana Sandra Cisneros, subraya los tiempos perfectos e identifica el infinitivo. Luego, expresa la misma acción en el pretérito.

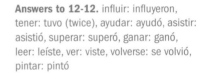

Answers to 12-12. influir: influyeron, tener: tuvo (twice), ayudar: ayudó, asistir: asistió, superar: superó, ganar: ganó, leer: leíste, ver: viste, volverse: se volvió, pintar: pintó

MODELO: Ha tenido que cambiar muchas veces de casa.
Tener: Tuvo que cambiar muchas veces de casa.

Sandra Cisneros, de padres mexicanos, nació en 1954 en Chicago, pero ahora vive en San Antonio donde dice que se siente "en casa". En su juventud, tuvo muchas experiencias que han influido en sus cuentos. Por ejemplo, ha tenido que cambiar muchas veces de casa. Ha tenido que vivir en apartamentos y casas pequeñas con pocas comodidades modernas. Ha ayudado a su mamá con sus hermanos más pequeños. Ha asistido a escuelas donde todos los muchachos son de familias pobres y hay pocos recursos educativos. Sin embargo, ha superado las dificultades de su juventud y ha ganado mucha fama por sus colecciones de cuentos cortos como *La casa en Mango Street* y *El Arroyo de La Llorona* (*Woman Hollering Creek*) y por sus colecciones de poesía. Si has leído uno de sus cuentos, has visto su manera única de narrar. Además de recibir varios premios del Nacional Endowment for the Arts, en 1996, fue honrada por la Fundación MacArthur con su *Genius Award*. En los últimos años, su casa de San Antonio se ha vuelto polémica (*controversial*) porque a los vecinos no les gusta la manera en que Sandra la ha pintado.

La casa de Sandra Cisneros en San Antonio

---

[1]**Acabar** means *to finish*.

12-13 Más sobre Sandra Cisneros. Contesta ahora las preguntas sobre el texto que acabas de leer.

1. ¿Cuántos años tiene Sandra Cisneros?
2. ¿Cuál es su nacionalidad?
3. ¿Dónde ha vivido?
4. ¿Qué dificultades ha tenido en la escuela?
5. ¿Cómo ha ganado fama?
6. ¿Por qué su casa de San Antonio ha sido tan polémica?

2 **12-14 Preguntas para Sandra Cisneros.** Escriban individualmente tres preguntas que les gustaría hacerle a Sandra Cisneros, y túrnense para hacérselas y contestárselas. Usen el presente perfecto.

MODELO: E1: *Señorita Cisneros, ¿**ha vivido** en otras casas en San Antonio?*
E2: *No. Ésta es mi primera casa en San Antonio.*

12-15 Un incidente en un hotel de lujo. Completa la conversación sobre un robo en un hotel de lujo usando el presente perfecto de cada verbo entre paréntesis.

Dependiente: ¿El policía ya le (1. decir) __ha dicho__ del robo?

Dueño: No, ¿qué (2. pasar) __ha pasado__?

Dependiente: Alguien (3. entrar) __ha entrado__ y se (4. llevar) __ha llevado__ las llaves de su coche.

Dueño: ¿Quién (5. hacer) __ha hecho__ eso?

Dependiente: No sé, creo que fue el programador.

Dueño: ¿Por qué dice eso? Él nunca (6. estar) __ha estado__ en mi oficina. ¿Alguien lo (7. ver) __ha visto__?

Dependiente: No, señor, pero alguien (8. dejar) __ha dejado__ un disquete al lado de su computadora.

Gerente: ¿Ustedes (9. llamar) __han llamado__ al inspector de Policía?

Dependiente: No, señor.

Gerente: Pues, llámenlo ahora mismo.

12-16 Una compra importante. Antes de comprar un nuevo sistema para tu computadora, tienes que hacer mucha investigación. Di cuáles de estos pasos has tomado.

MODELO: leer los avisos en el periódico
He leído los avisos en el periódico.

1. ver los precios
2. comparar varias marcas
3. hablar con varios vendedores
4. leer revistas de computación
5. pedirles consejos a mis amigos
6. asistir a clases de programación

12-17 Elena Ochoa, primera astronauta latina. Completa la entrevista a Elena Ochoa con las preguntas que le hace la periodista. Usa el presente perfecto del verbo entre paréntesis en tu pregunta.

Answers will vary.

Modelo: (viajar) *¿Ha viajado a la luna?*
No, no conozco todavía la luna, pero algún día...

Periodista:	¿...? (vivir) ¿Dónde ha vivido usted?
Elena Ochoa:	En varios lugares, pero he pasado más tiempo en San Diego.
Periodista:	¿...? (estudiar) ¿Qué ha estudiado?
Elena Ochoa:	He estudiado mucha física, especialmente la física óptica.
Periodista:	¿...? (tener) ¿Ha tenido muchas oportunidades?
Elena Ochoa:	Sí, he tenido varias oportunidades para viajar en naves espaciales.
Periodista:	¿...? (impresionar) ¿Qué la ha impresionado más?
Elena Ochoa:	¡La vista de la tierra!
Periodista:	¿...? (hablar) ¿Ha hablado con mucha gente?
Elena Ochoa:	Sí, he pasado mucho tiempo en las escuelas hablando con los jóvenes sobre la importancia de terminar su educación.
Periodista:	Gracias, señorita Ochoa... (ser) Ha sido un placer.
Elena Ochoa:	De nada. Para mí también.

12-18 La Calle Ocho. La Calle Ocho está en el centro de la Pequeña Habana en Miami. Completa la conversación entre dos turistas cubanas que la visitan con la forma correcta del participio pasado.

abrir	dormir	perder	poner	vestir
cansar	hacer	pintar	preparar	

Rosa: Me gusta el aire fresco. Deja la ventana (1)___abierta___.

Flor: Cómo no. Te la abro enseguida.

Rosa: ¡Dios mío! ¡Las llaves del carro están (2)___perdidas___ otra vez!

Flor: No te preocupes. Creo que las tienes en tu bolsa.

Rosa: ¿Qué te parece ese mural (3)___pintado___ en la pared?

Flor: Es lindo, pero no muy original. Prefiero los murales de Los Ángeles.

Rosa: Tu nieta estaba muy bien (4)___vestida___ ayer en la fiesta. Y su familia es preciosa.

Flor: Es verdad. Su hija es un encanto. No hay nada más tranquilo que un bebé (5)___dormido___.

Rosa: Mira la guayabera[1] blanca que lleva ese señor. Son típicas del trópico, pero las guayaberas (6)___hechas___ en Panamá son más baratas.

Flor: Es verdad, pero prefiero las guayaberas de *La casa de las guayaberas,* que está aquí en la Calle Ocho porque son más elegantes.

Rosa: Mira, allí hay un restaurante cubano. ¿Entramos? Es la una y estoy (7)___cansada___ de tanto caminar.

Flor: ¡Bueno! Las mesas ya están (8)___puestas___ y la comida está (9)___preparada___. Sentémonos a almorzar.

---

[1]Men's shirt typical of the Caribbean, usually long-sleeved and with four pockets in front.

12-19 ¿Cómo te sentías cuando...? Imagínate que has estado varios días en Miami. Usa participios pasados para expresar cómo te sentías en estas situaciones.

MODELO: ¿Cómo te sentías cuando llegaste a Miami?
Me sentía emocionado/a.

(bien/mal) atender (*attended to*)	encantar	preparar
cansar	enojar	sorprender
decidir (a ir a ...)	interesar	(bien/mal) vestir
desilusionar	preocupar	¿...?

¿Cómo te sentías...?
1. cuando volviste del banco?
2. cuando perdiste tu billetera (*wallet*)?
3. después de ver un concierto de Gloria Estefan?
4. en la fiesta para tus amigos cubanos?
5. cuando te perdiste en la Pequeña Habana?
6. cuando cenaste en el restaurante cubano?

Expansion for 12-20.
¿Qué has hecho hasta ahora?
Conversen entre ustedes sobre lo que han hecho hoy hasta ahora.
Modelo: E1: *He preparado la tarea para dos clases, he ido al laboratorio de lenguas y he hecho ejercicio. Y ustedes, ¿qué han hecho?*
E2: *No he hecho tanto. He...*
E3: *Pues, yo he hecho más que ustedes dos. He...*

Ⓖ 12-20 ¿Quién...? Pregúntense si tienen algunos de estos artículos. No escriban ningún nombre más de una vez.

MODELO: artículo / hacer en Nuevo México
E1: *¿Tienes algún artículo hecho en Nuevo México?*
E2: *Sí, tengo un collar de plata hecho en Nuevo México.*

1. producto/importar de Suramérica
2. bicicleta/pintar de azul
3. autógrafo/firmar por Ricky Martin
4. carta/escribir por una persona importante
5. revista/escribir en español
6. maleta/hacer en la Argentina
7. vaqueros/romper[1]
8. libro/abrir

❷ 12-21 Recuerdos. Túrnense para hablar de experiencias que han tenido y también de experiencias que no han tenido pero que desean tener.

MODELO: ver películas
E1: *¿Qué películas has visto este año?*
E2: *Esta semana he visto la película argentina,* El hijo de la novia.
E1: *¿Has visto muchas películas argentinas?*

comer...	escribir...	hacer...	leer...	trabajar...	visitar...
conocer...	estudiar...	ir...	salir...	ver...	volver...

Ⓖ 12-22 Diez preguntas. Formen dos o más grupos para tratar de adivinar lo que han hecho. Pueden hacerse diez preguntas que pueden contestarse con **sí** o **no** hasta que adivinen la respuesta. Deben usar el presente perfecto de indicativo en sus preguntas y en sus respuestas.

MODELO: E1: *He hecho un viaje interesante.*
E2: *¿Has viajado a un país de habla española?*
E1: *No, no he viajado a un país de habla española.*
E3: *¿Has visitado...?*

---

[1]Use *romper* with clothing to mean "worn out."

2. The future and the future of probability

El futuro

- The Spanish future tense is formed with only one set of endings for the **-ar, -er,** and **-ir** verbs. For regular verbs, the endings are attached to the infinitive (do not drop the **-ar, -er,** or **-ir.**). Note that all endings, except for the **nosotros/as** forms, have a written accent mark.

Las nuevas microcomputadoras serán aun más pequeñas.

	tomar	comer	vivir
yo	tomar**é**	comer**é**	vivir**é**
tú	tomar**ás**	comer**ás**	vivir**ás**
él, ella, Ud.	tomar**á**	comer**á**	vivir**á**
nosotros/as	tomar**emos**	comer**emos**	vivir**emos**
vosotros/as	tomar**éis**	comer**éis**	vivir**éis**
ellos/as, Uds.	tomar**án**	comer**án**	vivir**án**

Mañana **hablaremos** con la programadora.	*Tomorrow we will talk with the programmer.*
¿**Irás** a la finca conmigo?	*Will you go to the farm with me?*

- As in English, the Spanish future tense expresses what will happen in the future. The English equivalent is *will* + verb.

Estudiaré informática en la universidad.	*I will study computer science at the university.*
Ustedes **comprarán** pronto otro disco duro.	*You will buy a new hard drive soon.*

- Remember that the present tense is often used to express immediate future in Spanish.

El técnico **viene** para arreglar mi computadora hoy.	*The technician will come (is coming) to fix my computer today.*
Termino mi trabajo esta tarde.	*I will finish my paper this afternoon.*

- The future may also be conveyed with the present tense of **ir a** + *infinitive.*

Voy a arreglar el procesador de textos.	*I am going to fix the word processor.*
¿**Vas a archivar** ese documento?	*Are you going to save that document?*

- The idea of willingness, sometimes expressed with the English future, cannot be expressed with the Spanish future tense. Use verbs like **querer** or simple present tense to express willingness.

¿**Quieres** ayudarme con la impresora?	*Will you help me with the printer?*
¿Me **traes** el otro programa?	*Will you bring me the other program?*

Vínculos

Use the following instructional resources to practice the future and the future of probability.

- WB/LM–OneKey: Activities: 12-10, 12-11, 12-12, 12-13, 12-14, 12-44, 12-45, and 12-46
- *Gramática viva:* Grammar Points 13-14, Future irregular and Future regular
- Companion Website: Chapter 12, Review, Activity: Rev 12-3
- IRCD: pp. 409 and 410

Warm-up for *¡Así lo hacemos!* Put the following context on an overhead transparency and have the students react to the statements with phrases such as *Sí, es muy probable* or *No, es imposible.* Have them identify the verbs and tell you when the action takes place *en el pasado, el presente o el futuro.*

Algún día viviremos en la luna. Comeremos comidas sintéticas. Convertiremos el agua salada de los mares en agua potable. Trabajaremos menos de cinco horas diarias. Usaremos tarjetas de crédito y no necesitaremos tener dinero en efectivo.

■ The irregular verbs in the future are formed by adding the future endings to an irregular stem. The irregular stems can be grouped into three categories.

1. Drop two letters to form the stem of the future.

| decir | **dir-** | diré, dirás,... |
| hacer | **har-** | haré, harás,... |

2. The **e** of the infinitive ending is dropped to form the stem of the future.

haber	**habr-**	habré, habrás,...
poder	**podr-**	podré, podrás,...
querer	**querr-**	querré, querrás,...
saber	**sabr-**	sabré, sabrás,...

3. The **e** or the **i** of the infinitive ending is replaced by **d** to form the stem of the future.

poner	**pondr-**	pondré, pondrás,...
salir	**saldr-**	saldré, saldrás,...
tener	**tendr-**	tendré, tendrás,...
venir	**vendr-**	vendré, vendrás,...

El programa **hará** todos los cálculos. *The program will make all the calculations.*

El técnico **vendrá** a las ocho. *The technician will come at eight.*

Answers to 12-23. sabrá (saber, va a saber), será (ser, va a ser), Será (ser, va a ser), querrá (querer, va a querer), seguiré (seguir, voy a seguir), habrá (haber, va a haber), Pondré, (poner, voy a poner), hará (hacer, va a hacer), me reuniré (reunirse, voy a reunirme), pediré (pedir, voy a pedir), veremos (ver, vamos a ver)

El futuro y la probabilidad

■ Probability or conjecture in the present is often expressed in Spanish with the future tense. This use of the future has many equivalents in English, for example, *probably, may, I wonder*, etc.

¿Dónde **estará** Antonio? *I wonder where Antonio is?*
Estará jugando juegos electrónicos. *He's probably playing computer games.*
¿Qué hora **será**? *What time can it be?*
Serán las seis. *It must be six.*

Aplicación

12-23 Bill Richardson. Lee la entrevista con Bill Richardson. Subraya los verbos en el futuro y da el infinitivo. Luego expresa la misma acción usando la expresión **ir a...**

MODELO: **sabrá**
saber ¿Cuándo va a saber si...?

Periodista: Sr. Richardson, ¿cuándo sabrá si será candidato para la vicepresidencia?

Richardson: Bueno, no se lo puedo decir. No es sólo decisión mía. Será importante conversarlo con mi esposa. Ella querrá participar en cualquier decisión. Por ahora, seguiré trabajando por el bien de la gente del estado de Nuevo México.

Periodista: De acuerdo, pero ¿debates políticos habrá entre usted y con sus contrincantes (*opponents*)?

Richardson: Pondré esa decisión en manos de las personas encargadas de la campaña política.

Periodista: Y si gana las elecciones, ¿qué hará?

Richardson: Para empezar, me reuniré con mis asesores y les pediré que me acompañen a Washington. Pero esto es pura conjetura. Ya veremos qué pasa en el futuro.

12-24 El futuro de Bill Richardson. Contesta ahora las preguntas sobre el texto que acabas de leer.

1. Según esta entrevista, ¿es Richardson candidato para la vicepresidencia?
2. ¿Cuándo sabrá si será candidato?
3. ¿Quién participará en su decisión?
4. ¿Para qué seguirá trabajando Bill Richardson?
5. ¿Quiénes decidirán si habrá debates?
6. En tu opinión, ¿será Richardson candidato?

Answers to 12-24. 1. no, pero es posible. 2. lo sabrá después de que hable con su esposa. 3. su esposa 4. seguirá trabajando para la gente de Nuevo México. 5. las personas encargadas de su campaña política 6. *Answers will vary.*

12-25 La empresa MicroDuro. Isela tiene una entrevista con la empresa MicroDuro. Completa la conversación entre ella y el director de personal de una manera lógica, usando el futuro de los verbos a continuación.

conocer	decir	informar	poder	responder	tener
dar	escribir	llamar	recibir	ser	trabajar

Isela: Señor Mejías, ¿(1. yo) ___trabajaré___ desde las nueve hasta las cinco?

Director: No. Los nuevos programadores trabajan desde las tres hasta las once.

Isela: ¿(2. yo) ___Podré___ trabajar con un programador veterano?

Director: Sí, usted puede trabajar con varias personas con experiencia.

Isela: ¿(3. yo) ___Tendré___ muchas oportunidades para ser creativa?

Director: Bueno, los nuevos tienen que ayudar a los veteranos.

Isela: ¿(4. yo) ___Escribiré___ programas para juegos electrónicos?

Director: No. Es más probable que usted escriba manuales para software. También, usted (5) ___responderá___ el correo electrónico de los clientes.

Isela: ¿Usted me (6) ___dirá___ cuánto me van a pagar?

Director: Sí, le (7) ___informaré___ sobre su sueldo antes de que salga hoy.

Isela: ¿Cuándo (8. yo) ___recibiré___ el primer aumento?

Director: Normalmente lo recibe después del primer año de servicio.

Isela: ¿(9. yo) ___Conoceré___ a gente importante?

Director: Sí. Usted va a tener muchas oportunidades de conocer a gente importante.

Isela: ¿Cuándo me (10) ___dará___ usted su decisión?

Director: La (11) ___llamaré___ por teléfono mañana por la mañana.

Isela: Gracias, señor Mejías. (12) ___Será___ muy interesante trabajar en esta empresa.

12-26 ¿Cómo será el mundo en el año 2050? Usa el futuro para expresar tu opinión sobre estas posibilidades.

MODELO: Para el año 2050 vamos a vivir en la luna.
Es verdad. Viviremos en la luna. / No, no es cierto. No viviremos nunca en la luna.

1. Vamos a trabajar sólo veinte horas por semana.
2. No vamos a tener que ir a la oficina. Vamos a mandar nuestro trabajo por fax y correo electrónico.
3. No vamos a ir al cine. Las películas nos van a llegar por cable.
4. No va a haber restaurantes. Vamos a tomar toda la comida en forma líquida.
5. Los niños no van a asistir a la escuela. Van a recibir sus lecciones por computadora.

12-27 ¿Por qué será? Usa las ideas de la lista siguiente en el futuro para hacer una conjetura sobre cada situación.

MODELO: Recibes una llamada por teléfono a las siete de la mañana.
Será algo urgente.

estar contaminado   la fotocopiadora estar rota

haber problemas con la antena parabólica   ser mi jefe

1. Hay peces (*fish*) muertos en el lago.
2. Hay un mensaje en el contestador automático.
3. No podemos ver la película.
4. La secretaria no ha hecho las fotocopias.

 12-28 El/La adivino/a. Túrnense para ser el/la adivino/a (*fortune-teller*) y el/la cliente que quiere saber su futuro. Háganse tres preguntas originales.

MODELO: E1: *¿Dónde voy a trabajar el año que viene?*
E2: *Trabajarás en alguna parte de la universidad.*

1. ¿Dónde voy a estar este verano?
2. ¿Qué voy a hacer después de graduarme?
3. ¿Con quién voy a pasar el resto de mi vida?
4. ¿Cuántos hijos voy a tener?
5. ¿Dónde voy a vivir? ¿En una finca?
6. ¿Cómo voy a ser? ¿feliz? ¿infeliz?

 12-29 Planes. Túrnense para contar dos o tres de sus planes para este año. ¿Tienen algo en común?

MODELO: E1: *Aprenderé a usar la nueva versión del procesador de textos.*
E2: *¿De veras? ¿Tomarás una clase especial?*

G **12-30 ¿Quién será?** Túrnense para hacer conjeturas sobre éstos y otros temas importantes. Formen preguntas usando **¿qué...? ¿quién...? ¿dónde...? ¿cuál...?** y el futuro del verbo **ser.**

MODELO: el próximo presidente
E1: *¿Quién será el próximo presidente?*
E2: *Será...*

1. la mejor película según la Academia Americana de las Artes
2. la próxima crisis mundial
3. el mejor equipo de béisbol este año
4. el mejor jugador de...
5. las próximas Olimpiadas
6. ¿...?

AB **12-31A ¿Qué harás?** Túrnense para preguntarse qué harán en estas circunstancias.

MODELO: Ni el fax y ni la conexión a la Red informática funcionan.
Llamaré a un técnico o compraré un módem nuevo.

1. El cajero automático no tiene dinero.
2. Se rompe tu computadora.
3. Borras un trabajo importante en tu computadora.
4. Tu escáner no funciona.

¿Cuánto sabes tú? *Can you...*

☐ talk about electronic gadgets that you use?

☐ identify the parts of a computer?

☐ say what you and others have done in the past using the present perfect tense? (**He visitado Los Ángeles; Hemos visto películas en español.**)

☐ describe people and things using past participles as adjectives? (**Estamos cansados; Mi computadora está rota.**)

☐ say what will happen using the future tense? (**Algún día viviremos en la luna.**)

Comparaciones

La tecnología y el idioma

12-32 En tu experiencia. ¿Puedes nombrar algunas palabras que se usan en inglés que vienen de otros idiomas? ¿Cuáles vienen del español?

La tecnología avanza a un ritmo muy acelerado, pero el idioma, que tiene que adaptarse constantemente a los inventos que surgen todos los días, sigue un ritmo más lento. La mayoría de los nuevos productos electrónicos viene de los países industrializados. Por eso, muchas palabras relacionadas con la tecnología en español son anglicismos (palabras derivadas del inglés) y extranjerismos (palabras de otros idiomas). En esta lección ya hemos presentado palabras como **fax** y **disquete**. A continuación hay una lista de palabras tecnológicas que vienen del inglés.

el casete	el escáner	el/la Internet	el monitor
el chip	hacer clic	el láser	el PDA
el DVD	el home page	el módem	el software

Entre los países hispanohablantes, algunos aparatos electrónicos varían de nombre. En España, por ejemplo, se dice **el ordenador** para referirse a **la computadora.** En ciertos países de Hispanoamérica también se dice **el computador** o **el microcomputador.**

Vínculos
- Companion Website: Chapter 12, Web Resources, *Comparaciones: La tecnología y el idioma*

Expresa tu creatividad

Nokia 7250, un teléfono de excepcional diseño visualmente provocativo para reflejar tu estilo y además transmitir lo que ves y lo que oyes. Proyecta tu punto de vista y creatividad.

En Hewlett-Packard, sabemos que no sólo es el destino, sino el día lo que importa.

Creemos que un PC no es simplemente una herramienta para ayudarle en su trabajo diario sino también una agenda personal o registro, un lugar donde planificar el día, un compañero con el que contar en sus momentos de ocio. Hemos diseñado toda nuestra familia de compañeros para PC Jornada basándonos en estas ideas.

Decídase. Seguro que encontrará el compañero para PC Jornada adecuado: para su trabajo, para el ocio y para todos los días de su vida.

❷

12-33 En tu opinión. Hagan una lista de cinco problemas que tenemos cuando nos falla (*fails*) la tecnología.

MODELO: *Si el módem no funciona, no podemos mandar información a otros lugares tan rápidamente.*

414

¡Así es la vida!

El medio ambiente: Hablan los jóvenes

Entre los jóvenes hispanos de hoy hay una preocupación por la protección del medio ambiente. Ellos saben que, aunque sus países de origen tienen grandes riquezas naturales, el desarrollo industrial y la falta de preocupación de los gobiernos por proteger estos valiosos recursos naturales, hacen que el medio ambiente se deteriore. A continuación se presentan las opiniones de tres jóvenes hispanos que desean mejorar la contaminación en sus países de origen.

Liliana Haya Sandoval

El gran problema de la Ciudad de México es el de la contaminación del aire. En la capital hay 20 millones de habitantes y la contaminación que producen los carros y camiones es algo serio. Imagínate que los expertos dicen que respirar el aire de esta gran ciudad todos los días equivale a fumar un paquete de cigarrillos al día. Desde 1989, los residentes de la capital que tienen carro no pueden manejarlo un día por semana. El día se determina por los números de las placas (*plates*). Es obvio que tendremos que tomar medidas más fuertes para resolver este problema.

María Isabel Cifuentes Betancourt

El cólera en algunos países de nuestro hemisferio ha tomado proporciones epidémicas. Hoy en día tenemos casos de cólera en América del Sur y en varios países de América Central. La causa principal de esta enfermedad es la contaminación del agua. La Cruz Roja y el Cuerpo de Paz (*Peace Corps*) trabajan con varias comunidades para exterminar esta enfermedad.

Fernanda Sánchez Bustamante

Aunque Costa Rica tiene varios parques y reservas protegidos, uno de los principales problemas de la nación es la deforestación. En 1960, el 50% del país estaba cubierto de bosques tropicales. Hoy sólo el 10% lo está. Los bosques y las selvas tropicales son esenciales para la producción de oxígeno.

¡Así lo decimos! Vocabulario

El medio ambiente

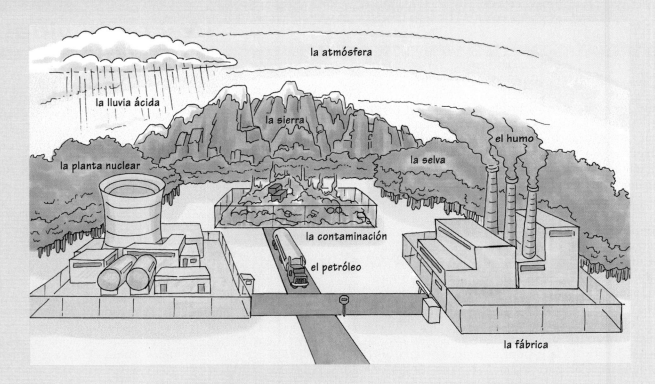

la atmósfera

la lluvia ácida

la sierra

el humo

la planta nuclear

la selva

la contaminación

el petróleo

la fábrica

Nuestro mundo y el medio ambiente

la deforestación[1]	*deforestation*
los desechos	*waste*
la energía	*energy*
el envase (de aluminio)	*(aluminum) container*
la escasez	*shortage*
la medida	*measure*
el medio ambiente	*environment*
la multa	*fine*
la naturaleza	*nature*
los pesticidas	*pesticides*
la radioactividad	*radioactivity*
el recurso natural	*natural resource*
el reciclaje	*recycling*
la reforestación[1]	*reforestation*

Verbos

arrojar	*to throw out*
conservar	*to conserve; to preserve*
consumir	*to consume*
contaminar	*to contaminate, to pollute*
proteger (j)	*to protect*
reciclar	*to recycle*

Adjetivos

dispuesto/a	*willing; ready; disposed*
obligatorio/a	*mandatory*

Vínculos

Use the following instructional resources to practice *el medio ambiente; nuestro mundo y medio ambiente.*

- Companion Website: Chapter 12, Review, Activity: Rev 12-4
- IRCD: pp. 416, 417, and 418

Teaching tips

The organization Greenpeace has Web pages for many Spanish-speaking countries, such as *http://www.greenpeace.org.mx/* for Mexico and *http://www.greenpeace.org.ar//* for Argentina. Students can compare the content of each Web site to see how they differ in focus.

---

[1]En España, **la despoblación / la repoblación forestal**

Aplicación

12-34 ¿Qué solución? Empareja cada problema con la solución correspondiente.

1. __g__ la contaminación del aire
2. __f__ la deforestación
3. __e__ arrojar botellas a la calle
4. __d__ los desechos industriales
5. __c__ la escasez de energía
6. __b__ la escasez de agua
7. __a__ echar basura en el parque

a. usar basureros en el parque
b. ahorrar agua
c. conservar electricidad
d. multar a las fábricas
e. establecer programas de reciclaje
f. plantar más árboles
g. usar un programa de inspección de emisiones de automóviles

12-35 En las noticias. Completa cada titular con el verbo correspondiente.

arroje   consume   contaminó   conservar   multa   protege

Answers to 12-35. 1. contaminó 2. arroje 3. conservar 4. multa 5. protege 6. consume

1. Accidente del Exxon Valdez _____ el agua de la costa de Alaska

2. No _____ los artículos de plástico, recíclelos

3. NIÑOS COSTARRICENSES APRENDEN A _____ ENERGÍA

4. El gobierno de la India _____ a la Dow Chemical por un accidente de pesticidas

5. La EPA regula y _____ el medio ambiente

6. Los EE.UU. _____ más energía que cualquier otro país del mundo

2 12-36 En otras palabras. Túrnense para explicar y dar un ejemplo de cada una de estas expresiones.

Modelo: obligatorio
E1: *Es algo que tenemos que hacer, por ejemplo, pagar los impuestos.*
E2: *También es obligatorio usar el cinturón de seguridad en el coche.*

1. el humo
2. el reciclaje
3. los pesticidas
4. la fábrica
5. los recursos naturales
6. los envases de aluminio
7. la energía nuclear
8. la reforestación

AUDIO 12-37 Un anuncio público. Escucha el anuncio de la radio y completa las afirmaciones que siguen.

1. El anuncio habla de un programa...
   a. del gobierno.
   b. de una organización no gubernamental.
   c. de la ONU.

2. Los participantes son...
   a. niños y jóvenes.
   b. ancianos.
   c. amas de casa.

3. Van a trabajar en la limpieza y...
   a. la reforestación.
   b. el reciclaje.
   c. el control de las pesticidas.

4. El trabajo será durante...
   a. las vacaciones.
   b. el año escolar.
   c. la Semana Santa.

Audioscript for 12-37
Jóvenes costarricenses, ¡manos a la obra! El gobierno ha declarado hoy que todos los jóvenes costarricenses participarán en un programa para ayudar en la limpieza de nuestras lindas playas y la reforestación de nuestras hermosas sierras. Niños desde la edad de diez hasta quince años trabajarán en equipos para recoger basura de las playas y los ríos. Jóvenes de dieciséis a dieciocho años participarán plantando árboles en los bosques pluviales. Estas actividades serán durante las dos semanas que las escuelas están de vacaciones. Debemos estar orgullosos de nuestro país. Es la obligación de todos proteger nuestra belleza natural.

Éste ha sido un anuncio de servicio público. Gracias por su atención.

12-38 ¿En qué orden? Pongan estos problemas del medio ambiente en orden de importancia para ustedes y para los países subdesarrollados. Expliquen sus razones.

MODELO: E1: *Para mí, el problema más serio es... porque...*
E2: *Pues, yo creo que el problema más serio es... porque...*

____ los desechos químicos

____ la contaminación del aire

____ la deforestación

____ la escasez del agua

____ la contaminación del agua

____ los desechos radioactivos

____ los desechos no reciclables

____ los pesticidas

(AB) **12-39A ¿Cuál es tu opinión?** Túrnense para hacer y responder a preguntas sobre el medio ambiente.

1. ¿Crees que la contaminación del medio ambiente es un problema serio?
2. ¿Cómo contribuyes a la conservación de energía?
3. ¿Cuál es tu opinión sobre la energía nuclear?
4. ¿Cómo es el sistema de transporte público en tu ciudad?

(2) **12-40 Protejamos nuestro ambiente.** Trabajen juntos/as para crear un folleto para un parque en su región en que nombren cinco cosas para proteger el medio ambiente.

MODELO: *¡No echemos basura a la calle!*

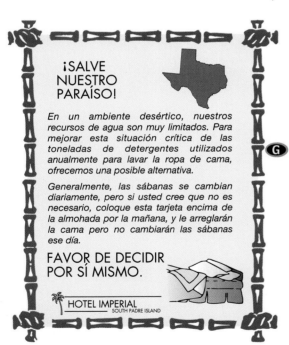

¡SALVE NUESTRO PARAÍSO!

En un ambiente desértico, nuestros recursos de agua son muy limitados. Para mejorar esta situación crítica de las toneladas de detergentes utilizados anualmente para lavar la ropa de cama, ofrecemos una posible alternativa.

Generalmente, las sábanas se cambian diariamente, pero si usted cree que no es necesario, coloque esta tarjeta encima de la almohada por la mañana, y le arreglarán la cama pero no cambiarán las sábanas ese día.

FAVOR DE DECIDIR POR SÍ MISMO.

HOTEL IMPERIAL
SOUTH PADRE ISLAND

12-41 ¡Salve nuestro paraíso! Refiéranse a la siguiente tarjeta que se encontró en la habitación de un hotel y hagan por lo menos cinco afirmaciones para explicar el problema y las posibles soluciones.

MODELO: *Estamos en una región que tiene escasez de agua. Tendremos que...*

(G) **12-42 Debate.** Formen dos equipos para debatir algunos de los siguientes asuntos (*issues*). Usen las frases a continuación para expresar sus opiniones.

En mi opinión...   No estoy de acuerdo...

Estás equivocado/a...   Para mí lo más importante es...

Creo que...   Desde mi punto de vista...

1. las ventajas y desventajas de la tecnología moderna
2. las plantas nucleares y el peligro para el medio ambiente
3. la destrucción de la selva del Amazonas
4. el exceso de población en Latinoamérica

¡Así lo hacemos! Estructuras

3. The conditional and the conditional of probability

El condicional

In Spanish, the conditional of regular verbs is formed by adding the imperfect ending for **-er** and **-ir** verbs to the infinitive. The same endings are used for **-ar, -er,** and **-ir** verbs.

¡No me dijiste que sería una pizza para gigantes!

	tomar	**comer**	**vivir**
yo	tomar**ía**	comer**ía**	vivir**ía**
tú	tomar**ías**	comer**ías**	vivir**ías**
él, ella, Ud.	tomar**ía**	comer**ía**	vivir**ía**
nosotros/as	tomar**íamos**	comer**íamos**	vivir**íamos**
vosotros/as	tomar**íais**	comer**íais**	vivir**íais**
ellos/as, Uds.	tomar**ían**	comer**ían**	vivir**ían**

- The conditional expresses what you would do under certain circumstances.

¿**Reciclarías** envases de aluminio?	*Would you recycle aluminum cans?*
Consumiríamos menos agua.	*We would consume less water.*
El gobierno **multaría** a los que contaminan.	*The government would fine those who pollute.*

- The conditional is also used when the speaker is referring to an event that is future to another past event.

Creíamos que **habría** más gente protestando enfrente de la planta nuclear.	*We thought there would be more people protesting in front of the nuclear plant.*
Nos dijo que no **contaminarían** el agua.	*They told us they wouldn't pollute the water.*
A la agencia le aseguramos que **dejaríamos** de arrojar basura.	*We assured the agency that we would stop throwing away trash.*

- The verb **deber,** when used in the conditional tense, is equivalent to the English *should* + infinitive.

| **Deberías** conservar recursos. | *You should conserve resources.* |
| **Deberían** proteger el medio ambiente. | *They should protect the environment.* |

- The conditional has the same irregular stems as the future.

decir	**dir-**	diría, dirías,...	saber	**sabr-**	sabría, sabrías,...
hacer	**har-**	haría, harías,...	poner	**pondr-**	pondría, pondrías,...
haber	**habr-**	habría, habrías,...	salir	**saldr-**	saldría, saldrías,...
poder	**podr-**	podría, podrías,...	tener	**tendr-**	tendría, tendrías,...
querer	**querr-**	querría, querrías,...	venir	**vendr-**	vendría, vendrías,...

Vínculos

Use the following instructional resources to practice the conditional and the conditional of probability.
- WB/LM–OneKey: Activities: 12-19, 12-20, 12-21, 12-22, 12-23, 12-49, 12-50, and 12-51
- *Gramática viva:* Grammar Point 5, Conditional
- Companion Website: Chapter 12, Review, Activity: Rev 12-5
- IRCD: p. 419

Teaching tips
Other softened requests in the conditional are *querría* and *podría.*

Students may already have receptive knowledge of *tú* commands if you have previously used them for classroom instructions.

Warm-up for ¡Así lo hacemos! Present the following context on the board or on a transparency and have students explain the use of the conditional. *¿Qué haría con un millón de dólares? Bueno, primero, pagaría todas mis deudas. Después, tomaría un mes de vacaciones. Al volver a casa, vendería la que tengo y compraría otra más grande. Donaría algún dinero a causas importantes como La Paz Verde, por ejemplo.*

EXPANSIÓN   More on structure and usage

Conjetura con el condicional

Probability or conjecture in the past is often expressed in Spanish with the conditional.

¿**Estaría** el Ministro del Interior en la reunión?	*I wonder if the Minister of Interior was at the meeting.*
—¿A qué hora **sería** la conferencia de prensa?	*I wonder what time the press conference was.*
—**Sería** a las cuatro.	*It was probably at four.*

Aplicación

12-43 Marc Anthony. Marc Anthony es uno de los salseros neoyorquinos jóvenes más admirados. Aquí tienes una narración sobre su juventud. Léela y subraya los verbos en el condicional. ¿Cuáles expresan el futuro del pasado y cuáles expresan el concepto de *should* en inglés?

Cuando tenía diez años sabía que <u>sería</u> cantante de salsa. Mis padres siempre me decían que <u>tendría</u> éxito, porque me gustaba bailar y cantar los ritmos de las islas del Caribe. Cuando era niño, cantaba con mi padre, quien tocaba la bachata. Fue él quien me enseñó todo sobre la música puertorriqueña y quien me decía que algún día <u>daría</u> conciertos por todo el mundo. En 1990, conocí a Little Louis Vega, otro músico. Él me dijo que <u>debería</u> producir un álbum de mis canciones. En ese álbum, también tocó Tito Puente, el gran percusionista puertorriqueño y otro modelo importante en mi vida. Tito y Celia Cruz me animaron y me guiaron mucho. De joven soñaba con crear música, pero nunca me imaginé que <u>trabajaría</u> al lado de estas dos leyendas del mundo hispano.

12-44 Más sobre Marc Anthony. Contesta las preguntas siguientes sobre el texto que acabas de leer.

1. ¿Quién es Marc Anthony?   Es un salsero neoyorquino.
2. ¿Qué hacía de joven?   Bailaba y cantaba.
3. ¿Quiénes le servían de modelo?   su padre, Little Louis Vega, Tito Puente y Celia Cruz
4. ¿Qué sabía él de joven?   Sabía que sería cantante de salsa.
5. ¿Qué no sabía?   No sabía que trabajaría al lado de Tito Puente y Celia Cruz.

WWW **12-45 ¿Conoces su música?** Conéctate con la página electrónica de *¡Arriba!* (**www.prenhall.com/arriba**) para ver más imágenes de Marc Anthony y escuchar su música. Escribe un párrafo describiendo al artista o su música.

12-46 Lo que haría Cristina Saralegui. Cristina Saralegui es una presentadora de la cadena hispana Univisión. En un programa reciente, dijo que el próximo año haría lo siguiente. Completa cada promesa con la forma correcta del verbo correspondiente en el condicional.

MODELO: Dijo que *trabajaría* para aumentar su influencia en la comunidad hispana.

| añadir | buscar | entrevistar | ser |
| atraer | combatir | poder | tener |

1. Prometió que ___entrevistaría___ a un político hispano.
2. Dijo que ___sería___ una candidata para el congreso.
3. Nos aseguró que ___atraería___ a más televidentes.
4. Creía que ___tendría___ más éxito con los patrocinadores (*sponsors*).
5. Prometió que ___combatiría___ los estereotipos.
6. Dijo que ___buscaría___ diferentes maneras para informar mejor al público hispano.
7. Creía que ___podría___ ayudar a la mujer latina.
8. Prometió que ___añadiría___ otra hora a su programa.

12-47 ¡Sugerencias! Imagínate que trabajas en la EPA y te encargas de leer las sugerencias que los empleados ponen en el buzón (*drop-box*) de sugerencias para la administración. ¿Cuáles de las siguientes harías si fueras (*if you were*) administrador/a?

MODELO: darles a los empleados un mes de vacaciones
Les daría a los empleados un mes de vacaciones sólo después de un año de servicio.

1. aumentarles el salario a los científicos
2. hacer más viajes de inspección
3. escribir más manuales para la protección del medio ambiente
4. hacer inspecciones inesperadas (*without warning*)
5. publicar los nombres de las empresas que violan las leyes del medio ambiente

AB **12-48A Geraldo.** Imagínate que eres un/a entrevistador/a para un programa de investigación en la televisión. Hazle preguntas al/a la jefe/jefa de una planta nuclear y contesta las suyas.

MODELO: limpiar los desechos
E1: *Usted dijo que limpiaría los desechos de su planta, pero...*
E2: *Es verdad. Pero eso toma tiempo. Usted dijo que no me haría preguntas indiscretas.*
E1: *Es verdad, pero...*

PREGUNTAS DEL/DE LA ENTREVISTADOR/A
Usted dijo que...

1. contratar a gente para limpiar la planta
2. proteger la naturaleza
3. reciclar los desechos nucleares
4. pagar las multas de la EPA
5. no contaminar el agua del río
6. trabajar en la reforestación de las montañas

2 **12-49 Diferentes situaciones.** Túrnense para contar lo que harían en estas situaciones.

MODELO: en la playa
E1: *¿Qué harías en la playa?*
E2: *Recogería la basura y los envases. ¿Y tú? ¿Qué harías?*
E1: *...*

1. con un millón de dólares
2. en una organización benéfica
3. en un comité sobre el medio ambiente en el congreso o el parlamento
4. en un editorial para el periódico
5. en un bosque
6. en tu coche para conservar gasolina
7. en tu casa para conservar energía
8. en tu vida para conservar el medio ambiente

4. Tú commands

In *Capítulo 11* you learned that formal commands used the subjunctive. Here are the informal (**tú**) commands, which we use in the directions for the activities. Notice how they compare with the subjunctive as well.

Dame la linterna, por favor.

infinitive	affirmative	negative	(subjunctive)
comprar	compra	no compres	(compres)
comer	come	no comas	(comas)
escribir	escribe	no escribas	(escribas)
pensar	piensa	no pienses	(pienses)
dormir	duerme	no duermas	(duermas)
pedir	pide	no pidas	(pidas)
traer	trae	no traigas	(traigas)

▦ Regular affirmative **tú** commands have the same form as the third-person singular of the present indicative.

Recicla los platos de papel.   *Recycle the paper plates.*
Protege nuestros bosques.   *Protect our forests.*
Consume menos gasolina.   *Consume less gasoline.*

▦ Negative **tú** commands use the subjunctive.

No empeores la lluvia ácida.   *Don't worsen the acid rain.*
No cortes los árboles pequeños.   *Don't cut the small trees.*
No cierres la fábrica todavía.   *Don't close the factory yet.*

▦ Remember that irregularities in the subjunctive will also appear in the negative **tú** command.

No conduzcas tan rápido.   *Don't drive so fast.*
No pongas los desechos químicos allí.   *Don't put the toxic waste there.*
No te vayas.   *Don't leave.*

Irregular informal (*tú*) commands

- The following verbs have irregular **affirmative** command forms.

decir	di	**Di** por qué.	*Tell (Say) why.*
hacer	haz	**Haz** la inspección.	*Do the inspection.*
ir	ve	**Ve** a la selva.	*Go to the jungle.*
poner	pon	**Pon** la basura en el basurero.	*Put the trash in the trash can.*
salir	sal	**Sal** de ese aire contaminado.	*Get out of that contaminated air.*
ser	sé	**Sé** amable con los voluntarios.	*Be nice to the volunteers.*
tener	ten	**Ten** paciencia con el gobierno.	*Be patient with the government.*
venir	ven	**Ven** a la sierra conmigo.	*Come to the mountain range with me.*

- As with the formal commands, attach pronouns to the affirmative command and place them in front of the negative command. Remember to accent the next-to-last syllable of the verb in the affirmative command form.

Recíclala mañana.	*Recycle it tomorrow.*
No le pongas la multa a la estudiante.	*Don't give the fine to the student.*

Aplicación

12-50 En la oficina del gobernador Bill Richardson. Cuando el gobernador Richardson habla con su personal en su oficina, les pide que le hagan muchas cosas. ¿Cuáles de estos favores crees que **no** les pediría? Explica por qué.

MODELO: María, tráeme los documentos de mi escritorio, por favor.
Sí.
María, prepárame una tortilla española, por favor.
No, porque no se cocina en una oficina.

1. Tomás, no trabajes más de cinco horas diarias.
2. Clarisa, escribe este informe en latín.
3. Ramón, ve a la piscina y nada por tres horas.
4. Josefina, búscame el informe de Washington.
5. Raúl, llama al jefe de la EPA.
6. Concha, sé amable con los visitantes.
7. Eduardo, pon las sillas alrededor de la mesa para la reunión.
8. Julia, descansa. No hagas tu trabajo.

Answers to 12-50. *Answers may vary.*
1. No, porque hay que trabajar ocho horas. 2. No, porque los informes se escriben en español. 3. No, porque Ramón no está de vacaciones. 4. Sí. 5. Sí. 6. Sí. 7. Sí. 8. No, porque Bill necesita que trabajen todos.

12-51 Tú, en la oficina del gobernador. ¿Qué mandatos darías tú en la oficina del gobernador? Combina elementos de las dos columnas para formar mandatos lógicos.

MODELO: poner—los papeles en la mesa
Sandra, pon los papeles en la mesa, por favor.

(no) buscar	una impresora para tu oficina
(no) comprar	al banco a depositar dinero
(no) salir	a trabajar el sábado
(no) decirle	la verdad al público
(no) venir	información en la Red informática

12-52 Enciende la computadora. Aquí tienes las instrucciones para usar tu computadora. Complétalas con el mandato informal de un verbo lógico.

MODELO: *Enciende* la computadora.

aprender	archivar	borrar	imprimir
lavarse	poner	poner	tener

1. _____Pon_____ un disquete.
2. No _____borres_____ tu documento.
3. _____Archiva_____ tu documento en el disco duro o en un disquete.
4. _____Ten_____ cuidado con los virus en el correo electrónico.
5. No _____pongas_____ tus dedos en la pantalla.
6. _____Lávate_____ las manos antes de usar el teclado.
7. _____Aprende_____ a usar los acentos cuando escribas en español.
8. _____Imprime_____ tu documento cuando lo termines.

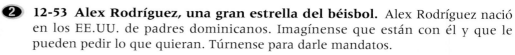 **12-53 Alex Rodríguez, una gran estrella del béisbol.** Alex Rodríguez nació en los EE.UU. de padres dominicanos. Imagínense que están con él y que le pueden pedir lo que quieran. Túrnense para darle mandatos.

MODELO: *Alex, ven a mi casa a cenar esta noche.*

beber	comer	hacer	jugar	salir
buscar	decir	ir	practicar	ser

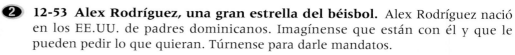 **12-54 Consejos.** Túrnense para darse consejos sobre el medio ambiente.

MODELO: E1: *Hay mucha contaminación del aire.*
E2: *No uses tu coche.*

Algunos problemas
1. Mi coche no es muy económico.
2. Hay mucha contaminación en la ciudad.
3. Algunas empresas no procesan sus desechos.
4. Me interesa la ecología.
5. El humo de algunas fábricas causa la lluvia ácida.
6. La deforestación es un problema crítico para muchos países.

 ¿Cuánto sabes tú? *Can you...*

☐ talk about environmental issues?

☐ say what you would do to help the environment such as **Escribiría una carta al editor del periódico; Protestaría en contra de las empresas que contaminan...**?

☐ give a friend advice using **tú** commands such as **Camina más; no vayas siempre en coche**?

Observaciones

Toño Villamil y otras mentiras Episodio 12

12-55 El uso de la tecnología en una empresa pequeña. Aquí tienes una explicación de cómo usa Javier la tecnología en su hotel. Léela y contesta las preguntas que siguen.

Aunque parezca imposible, en nuestro hotel dependemos mucho de la tecnología, especialmente de la computadora. Tenemos un sitio en la Red informática donde la gente que visita Malinalco puede hacer su reserva electrónicamente. El programa recibe la reserva, verifica que hay espacio y la confirma inmediatamente. Para nuestros clientes, tenemos una computadora que pueden usar para conectarse con la Red y revisar su correo electrónico. Pueden imprimir su correspondencia en nuestra impresora láser. Y yo tengo además una microcomputadora que usa un lápiz especial para entrar y retirar información. El aparato me ayuda a servir a los clientes que necesitan información sobre Malinalco.

1. ¿Para qué usa Javier la Red informática?
2. ¿Cómo le ayuda el programa de hacer reservas?
3. ¿Qué servicio tiene para los clientes del hotel?
4. ¿Qué información archiva en su microcomputadora?
5. ¿Cuáles de estos aparatos y programas has usado tú?

12-56 Toño descubierto. Mira el doceno episodio de *Toño Villamil y otras mentiras* donde vas a ver a Lucía descubrir más sobre Toño. Ten en mente estas preguntas mientras ves el video.

1. Lucía le pide a Javier que...
   a. pida una ambulancia de un pueblo cercano.
   b. busque el teléfono del doctor Villamil.
   c. vaya a la farmacia a comprar pastillas.

2. Isabel cree que fue infectada por...
   a. la radioactividad.
   b. un virus.
   c. una bacteria.

3. La microcomputadora de Javier tiene...
   a. juegos electrónicos.
   b. un procesador de textos.
   c. una hoja electrónica.

4. Isabel y Lucía descubren que Toño trabaja de...
   a. técnico en computadoras.
   b. taxista.
   c. mensajero.

5. En su tiempo libre, Toño...
   a. hace teatro.
   b. repara aparatos electrónicos.
   c. ayuda a un médico.

12-57 El futuro de Toño. ¿Qué pasará en el próximo episodio? Usa tu imaginación para escribir tres conjeturas.

MODELO: *Toño y Lucía se enamorarán.*

Vínculos

- Student Video CD-ROM/VHS cassette, *Episodio 12: Toño Villamil y otras mentiras*

Teaching tips
Technology has become increasingly important in developing countries, including Latin America. Most popular brands of hardware and software produced by U.S. companies are sold all over the world.

Answers to 12-55. 1. La usa para hacer reservas. 2. Las hace inmediatamente. 3. El hotel ofrece una computadora para que los clientes puedan revisar su correo electrónico. 4. Archiva información sobre Malinalco. 5. *Answers will vary.*

Nuestro mundo

Panoramas

Vínculos
- Student Video CD-ROM/VHS cassette, *Capítulo 12: Entrevistas de nuestro mundo*
- Companion Website: Chapter 12, Web Resources, *Panoramas, Los hispanos en los Estados Unidos*

Teaching tips
Refer students back to the images in the chapter opener. Ask if they knew that Bill Richardson was of Hispanic heritage. Ask if they can guess what the eagle in *Paisajes humanos* symbolizes.

Los hispanos en los Estados Unidos

12-58 ¿Ya sabes...? Trata de identificar o explicar lo siguiente.

1. el número de hispanos en los EE.UU.
2. el nombre de algunos hispanoamericanos importantes
3. la ciudadanía de los puertorriqueños
4. un canal de televisión que sirve al público hispano
5. el nombre de un negocio hispano
6. el tema de un mural méxicoamericano

Answers to 12-58. 1. Hay más de 37 millones. 2. *Answers will vary*. 3. Son estadounidenses. 4. Univisión, Telemundo y Galavisión 5. *Answers will vary*. 6. Hay murales de los trabajadores y el sindicato o de su historia indígena.

Teaching tips
Have the class brainstorm or research the names of other important Hispanic Americans in the media, sports, and film.

La puertorriqueña Esmeralda Santiago es conocida por sus novelas, las cuales retratan la difícil transición cuando se mudó de Puerto Rico a Nueva York. Entre sus novelas, se destacan *Cuando era puertorriqueña* y *El sueño de América*.

Hoy en día más de 37 millones de hispanos viven en los EE.UU., un gran número de los cuales hablan español en casa y en el trabajo. Por eso, los EE.UU. constituye la quinta nación hispanohablante. Esta presencia es evidente en los medios de comunicación como los canales de televisión Univisión y HBO en Español, revistas populares como *Vanidades* y *People en español* y periódicos como *La Opinión* y *El Nuevo Herald*.

Los murales hechos por artistas méxicoamericanos ilustran la conexión entre el pasado y el presente del pueblo. Éste, por Juanishi Orosco, es parte de una colección llamada *Idaho Migrant Council Murals*. Su tema es la leyenda de "Nuestra Raza" desde los aztecas hasta los campesinos.

La presencia en los deportes, en la música y en el cine de personas de herencia hispana es cada vez más importante.

La cubanoamericana Gloria Estefan ha popularizado la música y el baile de las islas del Caribe.

Cheech Marín es mejor conocido como actor de películas y programas de televisión, aunque también es director, escritor y músico.

El méxicoamericano Derek Parra ganó la medalla de oro de patinaje de velocidad en los Juegos Olímpicos de 2002.

Grandes Lagos

MINNESOTA
WISCONSIN
MICHIGAN
IOWA
Chicago
ILLINOIS
INDIANA
OHIO
PENNSYLVANIA
MAINE
VERMONT
NUEVA HAMPSHIRE
NUEVA YORK
MASSACHUSETTS
RHODE ISLAND
CONNECTICUT
Nueva York
NUEVA JERSEY
DELAWARE
Washington, D.C.
MARYLAND
WEST VIRGINIA
VIRGINIA
MONTAÑAS APALACHES
St. Louis
MISSOURI
KENTUCKY
TENNESSEE
CAROLINA DEL NORTE
CAROLINA DEL SUR
OCÉANO ATLÁNTICO
ARKANSAS
GEORGIA
ALABAMA
MISSISSIPPI
LOUISIANA
FLORIDA
Miami
BAHAMAS
Golfo de México
CUBA

No es de extrañar que hoy en día haya miles de negocios hispanos que sirvan a clientes de cualquier origen étnico.

12-59 A ver si puedes identificar a estas personalidades. Empareja las personas con su profesión.

1. __b__ Roberto Clemente
2. __g__ Gloria Estefan
3. __d__ Jennifer López
4. __c__ Esmeralda Santiago
5. __e__ Derek Parra
6. __h__ Ricky Martin
7. __a__ Cheech Marín
8. __f__ Óscar de la Hoya

a. actor méxicoamericano
b. beisbolista puertorriqueño
c. escritora puertorriqueña
d. actriz puertorriqueña
e. patinador de velocidad méxicoamericano
f. boxeador méxicoamericano
g. cantante cubanoamericana
h. cantante puertorriqueño

WWW **12-60 Figuras conocidas.** Conéctate con la página electrónica de *¡Arriba!* (**www.prenhall.com/arriba**) para buscar más información sobre una de estas personas hispanas importantes. Escribe un párrafo en el que incluyas esta información:

- su nombre completo
- sus raíces
- su edad
- por qué es conocido/a
- unas obras o reconocimientos

2 **12-61 Entrevistas.** Asuman el papel de la personalidad que investigaron en la Actividad 12-62 y entrevístense para tener más información.

WWW **12-62 La riqueza culinaria.** Hay mucha variedad en la cocina hispana. Conéctate con la página electrónica de *¡Arriba!* (**www.prenhall.com/arriba**) para buscar la receta de un plato que te interese. Lee la receta y contesta las siguientes preguntas:

- ¿Son ingredientes que ya tienes en casa?
- ¿Conoces un mercado donde los puedas comprar?
- ¿Es una receta sencilla o complicada?
- ¿Es para servir en una cena formal o informal?
- ¿Para cuántas personas es el plato?
- ¿Para quiénes lo prepararías?

Ritmos

"Caminando" (Millo Torres y El Tercer Planeta, Puerto Rico)

La música de Millo Torres y El Tercer Planeta, un grupo puertorriqueño, es conocida por la mezcla de varias influencias musicales: rock, reggae, música ska (parecida al reggae pero más rápida y con muchos más instrumentos) y ritmos afrocaribeños. Los problemas sociales frecuentemente aparecen como tema principal en sus canciones.

Antes de escuchar

12-63 El futuro. Ene esta canción, el autor canta sobre porvenir y la necesidad de seguir adelante en la vida. Las siguientes oraciones vienen de la canción. Cambia los verbos entre paréntesis al tiempo futuro para indicar lo que pasará o lo que hará el narrador.

1. Mi alma _____sonreirá_____ (sonreír).
2. (Yo) _____tendré_____ (tener) que seguir.
3. (Nosotros) _____navegaremos_____ (navegar) con el viento y _____buscaremos_____ (buscar) un porvenir (*future*).
4. El tiempo _____pasará_____ (pasar).
5. (Yo) _____seguiré_____ (seguir) caminando.
6. _____Se hará_____ (hacerse) camino al andar.
7. Cada huella (*trace*) _____será_____ (ser) un impreso de enseñanza.
8. Tropezando (*stumbling*) (yo) _____aprenderé_____ (aprender) a caminar.
9. Alegría (yo) _____encontraré_____ (encontrar).
10. _____Llegará_____ (Llegar) un cambio.

A escuchar

12-64 Palabras clave. Completa la letra de "Caminando" con las siguientes palabras clave.

Note for 12-64: It is recommended that students use a bilingual dictionary to look up terms not listed in the *¡Arriba!* glossary.

alegría   alma   cambio   enseñanza   esperanza   porvenir   seguir   vivir

Caminando
No hay segundo que detenga la _____esperanza_____,
Mi _____alma_____ quiere sonreír
Si entre ruegos y suplicos de alabanzas (*praise*)
Anda y busca un trago lleno de _____vivir_____
Que estoy sediento (*thirsty*) y tengo que _____seguir_____
Navegamos con el viento,
Buscando un _____porvenir_____, y el tiempo pasa
Yo sigo caminando...
No hay camino que se pierda en la distancia,
Se hace camino al andar
Cada huella es un impreso de _____enseñanza_____ y
Tropezando es que se aprende a caminar
Yo sigo caminando, ya tengo que llegar
_____Alegría_____ estoy buscando, la tengo que encontrar
Ya tengo que llegar un _____cambio_____, y el tiempo pasa
Yo sigo caminando...

Después de escuchar

12-65 El mensaje. En parejas, hablen de cuál es el mensaje (o mensajes) de "Caminando". Compartan sus opiniones y escriban una lista de posibles mensajes para esta canción. Refiéranse a las palabras clave con las cuales completaron la letra de la canción.

12-66 Experiencias. En parejas, contesten las siguientes preguntas y compartan sus opiniones. ¿Cómo se relacionan los mensajes con las experiencias de los hispanos en los EE.UU.? ¿Con las experiencias de sus antepasados (*ancestors*)?

Páginas

La casa en Mango Street fragmento (Sandra Cisneros, EE.UU.)

La escritora Sandra Cisneros es chicana (méxicoamericana). Durante su vida se ha dedicado a mejorar y a enriquecer el futuro de los jóvenes. La novela *La casa en Mango Street* fue escrita originalmente en inglés y luego traducida al español por Elena Poniatowska, una importante figura literaria mexicana.

Antes de leer

12-67 Dialectos. El dialecto que se habla entre los méxicoamericanos ha sido influenciado por el español mexicano y el inglés norteamericano. Una característica del mexicano es usar el diminutivo para comunicar que algo es pequeño, querido o, a veces, sin importancia. Por ejemplo, **una cosita** es una cosa pequeña. El sufijo **-ito/a, illo/a** puede extenderse. Por ejemplo, **chiquitito** significa aún más pequeño que **chiquito**. A ver si puedes adivinar qué significan los diminutivos que describen la casa en Mango Street.

1. Es pequeña y roja, con escalones (*stair steps*) apretados al frente y unas **ventanitas** tan chicas que parecen guardar su respiración.
2. No hay jardín al frente sino cuatro olmos (*elms*) **chiquititos** que la ciudad plantó en la banqueta.
3. Afuera, atrás hay un garaje **chiquito** para el carro que no tenemos todavía, y un **patiecito** que luce todavía más **chiquito** entre los edificios de los lados.
4. El **modito** en que lo dijo me hizo sentirme una nada.

A leer

12-68 La casa en Mango Street. Lee ahora la lectura para conocer esta famosa obra de Cisneros.

Sandra Cisneros (1954 –), EE.UU.

Teaching tips
Sandra Cisneros's vivid and detailed style of writing allows the reader to visualize the house of her childhood on Mango Street. The house takes on a humanlike personality with her phrase *"unas ventanitas tan chicas que parecen guardar su respiración"*.

Note: Another short-story collection by Sandra Cisneros, *Woman Hollering Creek*, has also been translated into Spanish.

Note: The authors have provided the punctuation from the original text.

La casa en Mango Street (fragmento)

No siempre hemos vivido en Mango Street. Antes vivimos en el tercer piso de Loomis, y antes de allí vivimos en Keeler. Antes de Keeler fue en Paulina y de más antes, ni me acuerdo, pero de lo que sí me acuerdo es de un montón de mudanzas (*moves*). Y de que en cada una éramos uno más. Ya para cuando llegamos a Mango Street éramos seis: Mamá, Papá, Carlos, Kiki, mi hermana Nenny y yo.

La casa de Mango Street es nuestra y no tenemos que pagarle renta a nadie, ni compartir el patio con los de abajo, ni cuidarnos de hacer mucho ruido, y no hay propietario que golpee (golpear: *to pound*) el techo (*ceiling*) con una escoba. Pero aún así no es la casa que hubiéramos querido.

Tuvimos que salir volados (*in a rush*) del departamento (apartamento) de Loomis. Los tubos del agua se rompían y el casero (dueño) no los reparaba porque la casa era muy vieja. Salimos corriendo. Teníamos que usar el baño del vecino y acarrear (*carry*) agua en botes lecheros de un galón. Por eso Mamá y Papá buscaron una casa, y por eso nos cambiamos a la de Mango Street, muy lejos, del otro lado de la ciudad.

Siempre decían que algún día nos mudaríamos (nos... *we would move*) a una casa, una casa de verdad, que fuera nuestra para siempre, de la que no tuviéramos que salir cada año, y nuestra casa tendría agua corriente y tubos que sirvieran. Y escaleras interiores propias, como las casas de la tele. Y tendríamos un sótano, y por lo menos tres baños para no tener que avisarle a todo el mundo cada vez que nos bañáramos. Nuestra casa sería blanca, rodeada de árboles, un jardín enorme y el pasto creciendo sin cerca (*fence*). Ésa es la casa de la que hablaba Papá cuando tenía un billete de lotería y ésa es la casa que Mamá soñaba en los cuentos que nos contaba antes de dormir.

Pero la casa de Mango Street no es de ningún modo como ellos la contaron. Es pequeña y roja, con escalones apretados (escalones... *small and narrow steps*) alfrente y unas ventanitas tan chicas que parecen guardar su respiración (parecen... *seem to be holding their breath*). Los ladrillos (*bricks*) se hacen pedazos en algunas partes y la puerta del frente se ha hinchado (hinchar: *to swell*) tanto que uno tiene que empujar fuerte para entrar. No hay jardín al frente sino cuatro olmos (*elms*) chiquititos que la ciudad plantó en la banqueta. Afuera, atrás hay un garaje chiquito para el carro que no tenemos todavía, y un patiecito que luce todavía más chiquito entre los edificios de los lados. Nuestra casa tiene escaleras pero son ordinarias, de pasillo, y tiene solamente un baño. Todos compartimos recámaras (alcobas), Mamá y Papá, Carlos y Kiki, yo y Nenny.

Una vez, cuando vivíamos en Loomis, pasó una monja (*nun*) de mi escuela y me vio jugando enfrente. La lavandería (*laundry*) del piso bajo había sido cerrada con tablas (*boards*) arriba por un robo dos días antes, y el dueño había pintado en la madera SÍ, ESTÁ ABIERTO, para no perder clientela.

¿Dónde vives? preguntó.

Allí, dije señalando arriba, al tercer piso.

¿Vives *allí*?

Allí. Tuve que mirar a donde ella señalaba. El tercer piso, la pintura descarapelada (*peeling*), los barrotes (*bars*) que Papá clavó en las ventanas para que no nos cayéramos. ¿Vives *allí*? El modito (*manner*) en que lo dijo me hizo sentirme una nada. *Allí*. Yo vivo *allí*. Moví la cabeza asintiendo.

Desde ese momento supe que debía tener una casa. Una que pudiera señalar. Pero no esta casa. La casa de Mango Street no. Por mientras (*for the time being*), dice Mamá. Es temporario, dice Papá. Pero yo sé cómo son esas cosas.

Después de leer

12-69 ¿Probable o improbable? Lee las siguientes oraciones e indica si cada una es probable (**P**) o improbable (**I**) según el fragmento que has leído.

Answers for 2-69. Answers will vary.

1. __P__ La joven tenía 12 años cuando se mudaron a Mango Street.
2. __P__ Dejaron su antigua casa porque estaba en muy malas condiciones.
3. __I__ Antes de Mango Street vivían en el campo.
4. __I__ La casa de Mango Street era para dos familias.
5. __P__ La familia compró la casa, no la alquiló.
6. __I__ El jardín tenía espacio para plantar lechugas, tomates y otras verduras.
7. __I__ Cada niño tenía su propia alcoba.

12-70 ¿Es ésa su casa? Compara la casa de los sueños de la narradora con la que encontraron en Mango Street. ¿Era mejor o peor?

MODELO: **La de sus sueños**   **La de Mango**
        era blanca   *era roja*

12-71 Resumir. Trabajen juntos para resumir el contenido de la lectura. Pueden usar las preguntas a continuación como guía.

1. ¿Quién narra la selección?
2. ¿Cómo era su familia?
3. ¿Qué quería? ¿Por qué?
4. ¿Por qué se desilusionó?
5. ¿Por qué dice que se sintió como una "nada" cuando le habló la monja?
6. ¿Crees que algún día la casa de Mango Street será la casa de sus sueños? ¿Por qué?

12-72 La casa de sus sueños. Túrnense para describir la casa de sus sueños. ¿Cómo se compara con la de la narradora del cuento?

MODELO: E1: *La casa de mis sueños tiene un jardín grande y una piscina. La de la joven tenía jardín, pero no tenía piscina...*

Taller

12-73 Un relato personal. En este taller, vas a narrar alguna experiencia que hayas tenido con la tecnología o con el medio ambiente en el pasado. Si no has tenido ninguna, puedes inventarla. Puedes incluir también un diálogo entre los personajes para explicar si el conflicto ha sido resuelto.

Antes de escribir

- **El escenario.** Piensa en el lugar, las personas, la situación y tus impresiones.

A escribir

- **Introducción.** Abre el relato con una oración para describir el contexto y el evento.
- **Anzuelo (*Hook*).** Escribe cuatro o cinco oraciones que piquen (*spark*) el interés del lector.
- **Conflicto.** Presenta algún conflicto psicológico o personal.
- **Diálogo.** Escribe dos o tres líneas de diálogo entre los personajes.
- **Conclusión.** Resume o cierra el relato.

Después de escribir

▪ **Revisar.** Revisa tu relato para verificar los siguientes puntos:

☐ el uso del pretérito, del imperfecto y del presente perfecto

☐ el uso del futuro y del condicional

☐ la concordancia y la ortografía

▪ **Intercambiar**

Intercambia tu relato con el de un/a compañero/a. Mientras leen los relatos, hagan comentarios y sugerencias sobre el contenido, la estructura y la gramática. Reaccionen también a los relatos.

▪ **Entregar**

Pasa tu relato a limpio, incorporando las sugerencias de tu compañero/a. Después, entrégaselo a tu profesor/a.

MODELO: *En 1995 mi familia se mudó a San Antonio. Éramos cinco personas, mi madre, mis tres hermanas y yo. Para mí fue difícil el cambio. No conocía a nadie y me sentía fuera de lugar, pero luego...*

Vínculos
• Assessment: TestGen or paper test in the IRM

13 ¿Oíste las noticias?

Una de las joyas arquitectónicas e históricas de Granada es la Alhambra, el palacio construido por los moros (*Moors*). El nombre significa "castillo rojo" en árabe.

La herencia cultural de España: Las culturas, los idiomas y las comunidades autónomas

«Cree lo que vieres (veas) y no lo que oyeres (oigas).»

EUROPA

AMÉRICA DEL NORTE

ÁFRICA

OCÉANO ATLÁNTICO

ÉANO CÍFICO

AMÉRICA DEL SUR

ANTÁRTIDA

Refrán: Believe what you see, not what you hear. (*Seeing is believing.*)

La Iglesia de la Sagrada Familia en Barcelona fue diseñada por el genio catalán, Antonio Gaudí. En 1926, en el momento de la muerte de Gaudí, todavía estaba por terminar. Todos los años, cientos de miles de turistas visitan esta inacabada (*unfinished*) iglesia famosa por su belleza y originalidad arquitectónica.

435

PRIMERA PARTE

¡Así es la vida!

Teaching tips
Review the previous chapter by having students talk about their personal and professional plans after they graduate from college. As a transition to *Capítulo 13*, look at the photographs in the lesson opener. If you have visited Spain, tell students what sights you have seen and what you plan to see on your next visit. Ask students if they have visited or read about *la Alhambra* or *la Sagrada Família*. This lesson is about various forms of mass communication. Ask students if they read the newspaper today, particularly their horoscope.

Warm-up for ¡Así es la vida! Ask students to say the date of their birthday. Ask other students to identify their classmates' astrological signs. *¿Cuándo es tu cumpleaños? Su cumpleaños es el... de... ¿Cuál es su signo astrológico? ¿Quiénes son los "leos" de la clase? ¿Leen ustedes su horóscopo? ¿Qué información incluye un horóscopo? ¿Quién tendrá problemas en el trabajo... en las relaciones amorosas... con el dinero?*

Tu horóscopo

CÁNCER (junio 21–julio 22)
¿Es necesario escalar la pirámide social? Sea fiel a sí mismo.

LEO (julio 23–ago. 22)
Prepárese para una serie de turbulencias. Mantenga sus relaciones personales para poder superar dificultades.

VIRGO (ago. 23–sept. 22)
¿Se siente injustamente criticado por sus colegas? Puede que tenga razón.

LIBRA (sept. 23–oct. 22)
Prepárese para grandes desafíos (*challenges*). No vaya a ciegas (*blindly*) por la vida.

ESCORPIO (oct. 23–nov. 21)
Si ese amigo no puede ayudarse a sí mismo hay muy poco que usted puede hacer al respecto.

SAGITARIO (nov. 22–dic. 21)
¿Problemas en el trabajo? No está poniendo mucho de su parte para llevar adelante ese proyecto importante. El grupo con el que comparte esa tarea espera mucho más de usted.

CAPRICORNIO (dic. 22–ene. 19)
Su peor pesadilla puede hacerse realidad si no reacciona a tiempo. Sea rápido de reflejos para evitar (*to avoid*) ese mal momento.

ACUARIO (ene. 20–feb. 18)
Hay preguntas que sólo pueden ser respondidas por la experiencia vivida. No tenga prisa.

PISCIS (feb. 19–marzo 20)
Trate de cumplir sus compromisos.

ARIES (marzo 21–abril 19)
Ya pasó, quedó atrás. Ahora es tiempo de mirar hacia adelante y recorrer un nuevo camino.

TAURO (abril 20–mayo 20)
Respete esas horas de descanso tan necesarias para recuperar energías. Una dificultad de trabajo requerirá todas sus fuerzas.

GEMINIS (mayo 21–junio 20)
Haga respetar sus derechos. No se deje pisotear por los demás (*Don't let others step over you*).

¡Así lo decimos! Vocabulario

Los medios de comunicación

El periódico

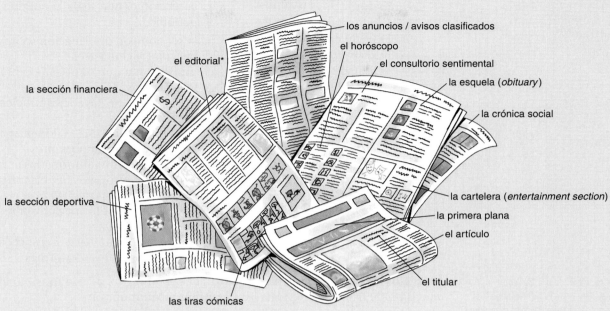

- los anuncios / avisos clasificados
- el horóscopo
- el consultorio sentimental
- la esquela (*obituary*)
- la crónica social
- el editorial*
- la sección financiera
- la cartelera (*entertainment section*)
- la primera plana
- el artículo
- la sección deportiva
- el titular
- las tiras cómicas

*El editorial** refers to an editorial while **la editorial** is a publishing house.

La televisión y la radio[1]

el canal	*channel*
el certamen	*contest; pageant*
el concurso	*game show; pageant*
la emisora	*radio station (business entity)*
la estación de radio	*radio station (on the dial)*
el noticiero	*newscast*
la televisión por cable	*cable TV*
en directo, en vivo	*live (on television)*

Acciones

informar	*to report*
patrocinar	*to sponsor*
revisar	*to check*
transmitir	*to transmit*

Vínculos

Use the following instructional resources to practice *los medios de comunicación.*
- Companion Website: Chapter 13, Review, Activity: Rev 13-1
- IRCD: pp. 437, 438, and 440

Teaching tips
Students will likely have much to say about their reading, listening, and viewing preferences. After they have practiced the new vocabulary, encourage them to use their imagination to write and act out their own radio or television shows.

[1]The words **la televisión** and **la radio** refer to television and radio broadcasting in general, while **el televisor** and **el radio** refer to the actual radio and television set.

Gente en los medios

el anfitrión / la anfitriona	*show host/hostess*
el/la comentarista	*newscaster, commentator*
el/la comentarista deportivo/a	*sportscaster*
el/la crítico/a[2]	*critic*
el/la locutor/a	*announcer*
el/la meteorólogo/a	*weatherman, weatherwoman*
el/la patrocinador/a	*sponsor*
el/la periodista	*journalist, newspaper man/woman*
el/la reportero/a	*(television) reporter*

El público

el/la lector/a	*reader*
el/la radioyente	*listener*
el/la televidente	*viewer*

Suggestion for ¡ *Así lo decimos!* Collect a variety of Spanish-language newspapers for the students to leaf through and identify sections, or if you have access to computers, have the students look up Spanish language newspapers on the Web. Ask them to reflect on what they see. *¿Qué deportes están incluidos en la sección deportiva? ¿Son diferentes los titulares de los periódicos? ¿Cuáles son las tiras cómicas más populares? Cuando quieren enterarse de los acontecimientos actuales, ¿leen el periódico o ven un noticiero?* etc.

[2]**El/La crítico/a** is a critic such as a film or book critic; **la crítica** (when not referring to a person) refers to criticism in a general sense.

Aplicación

13-1 Los medios de información. Empareja cada expresión con la definición correspondiente.

1. __g__ los anuncios clasificados
2. __a__ el editorial
3. __e__ la primera plana
4. __b__ la cartelera
5. __d__ el patrocinador
6. __h__ la reportera
7. __c__ la comentarista
8. __f__ el noticiero

a. la sección donde se da la opinión del periódico
b. la sección con información sobre películas y conciertos
c. una persona que ofrece su opinión por televisión
d. la empresa que paga los anuncios comerciales
e. la página del periódico donde aparecen las noticias más importantes
f. un programa que informa los acontecimientos más importantes del día
g. la sección con información sobre puestos de trabajo
h. una persona que hace investigaciones y escribe artículos o informes

Answers to 13-2. 1. TV2 2. Canal + ("Noticias CNN +"), TV1 ("Noticias" "Telediario-1"), Antena 3 ("Noticias con Míriam Romero"), Tele 5 ("Informativos Telecinco") 3. "Barrio Sésamo", CNN, "Garfield y sus amigos", "Hospital General", "Sobreviviente", "Buffy", "¿Quiere ser millonario?" 4. *Pancho Villa, La máscara del zorro, Y tu mamá también, Tarzan* 5. TV2 ("Daniel el travieso"; "Barrio Sésamo"; "Doraemón, el gato cósmico") 6. Fútbol, UEFA Champions League (TV2), Phoenix vs. Philadelphia (Canal +) 7. *Answers will vary.*

13-2 Los programas de televisión. Lee el horario de algunos canales de televisión de España y contesta las preguntas a continuación.

CANALES DE TELEVISIÓN
Viernes 4 de noviembre de 2005

	TV1	TV2	Canal+	Tele 5	Antena 3
8:00 8:30	—	Barrio Sésamo (niños) Doraemón, el gato cósmico (niños)	Noticias CNN+ El juego de las lunas	—	—
9:00 9:20 9:30	Los desayunos de TVE — —	Daniel el travieso (niños) Empléate a fondo (servicio público)	Lo+plus (magazine) — —	— — —	Noticias con Míriam Romero El primer café (tertulia)
10:00	Luz María	TV. Educativa: La aventura del saber	Tarzán (película)	Vacaciones en el mar (serie)	—
10:25 11:00	— —	— Viaje a Patagonia (documental)	— —	— Día a día (magazine)	El cronómetro (concurso) Como la vida misma (magazine)
11:30 12:00	Saber vivir —	— Sorteo 2ª fase UEFA Champions League	(cine) —	— —	— —
12:30 12:45 13:00	— Así son las cosas —	Guillermo Tell — Garfield y sus amigos	— — —	— — —	— Farmacia de guardia (serie) —
13:30 14:00	Noticias —	Trilocos Gargoyles	Los 40 principales Más deporte (informativo)	El juego del Euromillón (concurso)	Paso a paso (serie) Nada es para siempre (teleserie)
14:30 15:00 15:30 15:55	Corazón de otoño Telediario-1 — El tiempo	Cocodrilos al rescate Saber y ganar (concurso) — Planeta solitario III (documental)	— Los líos de Caroline (serie) Pura sangre(documental) —	Informativos Telecinco 14'30 — Al salir de clase (serie) —	Sabrina: Cosas de brujas (serie) Noticias 1 — El tiempo
16:00 16:45	Calle nueva La máscara del zorro (película)	Y tu mamá también (película)	— El mismísimo	— Pancho Villa (película)	Sabor a ti (magazine) —
17:20 17:50 18:15	— — —	A su salud Fútbol Buffy	— Phoenix vs. Philadelphia —	— — ¿Quiere ser millonario? (concurso)	— — —
19:00	—	La buena vida	—	Hospital General (serie)	Sobreviviente (concurso)

1. ¿Cuál es el canal con programas educativos?
2. ¿En qué canales hay noticieros? ¿Cómo se llaman estos programas?
3. ¿Qué programas son de los EE.UU.?
4. ¿Qué películas se pueden ver en algunos de los canales?
5. ¿Qué canal ofrece programas para niños? ¿Cuáles son algunos?
6. ¿Qué canal tiene programas deportivos?
7. ¿Cuáles de los programas te parecen interesantes? ¿Por qué?

AUDIO **13-3 Los medios de comunicación.** Vas a oír un artículo sobre la importancia de los hispanos en los medios de comunicación norteamericanos. Después de escuchar la selección, indica la mejor terminación para cada una de las frases siguientes.

1. La presencia de los hispanos en los EE.UU....
   a. sigue igual.
   b. está disminuyendo.
   c. está aumentando.

2. Las grandes compañías de productos de consumo quieren saber cómo...
   a. aumentar el mercado hispano.
   b. vender más productos en Hispanoamérica.
   c. hablar español mejor.

3. En Los Ángeles, Nueva York y Chicago...
   a. hay muchos periódicos hispanos.
   b. necesitan más periódicos hispanos.
   c. hay mucho interés en la política.

4. *La Opinión* es un periódico publicado en...
   a. Los Ángeles.
   b. Chicago.
   c. Miami.

5. En *El Nuevo Herald* se leen noticias...
   a. nacionales, internacionales, financieras y políticas.
   b. nacionales e internacionales.
   c. hispanas.

6. El mercado hispano cada vez va adquiriendo más...
   a. dinero.
   b. importancia.
   c. público de habla inglesa.

2 **13-4 En otras palabras.** Túrnense para definir, explicar y/o dar ejemplos de estas palabras. No usen otra forma de la palabra ni usen el inglés en sus definiciones o explicaciones.

MODELO: el canal
   En mi televisor recibo tres canales: 3, 5 y 8. Prefiero el canal 8 porque tiene mis programas favoritos, por ejemplo...

1. las tiras cómicas
2. el titular
3. el concurso
4. el meteorólogo
5. la esquela
6. la anfitriona
7. la telenovela
8. en vivo

Audioscript for 13-3
La presencia de los hispanos en los EE.UU. es cada día mayor. Debido a esto, las grandes empresas de publicidad norteamericanos han empezado a contratar a compañías de publicidad norteamericanos para aumentar su venta en el mercado hispano. Además, en las grandes ciudades donde más se destaca la presencia hispana como en Nueva York, Miami, Los Ángeles y San Antonio hay periódicos, revistas y estaciones de radio y de televisión para el servicio exclusivo de la comunidad hispana. Entre los principales periódicos se encuentran *La Opinión* de Los Ángeles y *El Nuevo Herald* de Miami. En estos periódicos se leen noticias no sólo de la comunidad hispana, sino también noticias nacionales e internacionales, noticias financieras y políticas como en cualquier otro periódico importante. Hoy en día, no hay duda de que el idioma español es un medio poderoso de comunicación en un mercado que cada día va adquiriendo más importancia.

13-5 Su punto de vista. Lean las siguientes oraciones y expliquen por qué están de acuerdo o no con cada una de ellas.

MODELO: La prensa en los EE.UU. es muy sensacionalista.
> E1: *Estoy de acuerdo. Algunos ejemplos son...*
> E2: *No estoy de acuerdo porque esos periódicos nos dan información importante...*

1. En los EE.UU. y el Canadá no hay libertad total de prensa.
2. Hay mucha violencia en los programas de televisión.
3. Una persona inteligente no ve las telenovelas.
4. Muchos de los anuncios en la televisión son muy tontos (*stupid*).
5. La prensa debe ser censurada.
6. Las películas por televisión deben ser censuradas.
7. Algunos comentaristas conservadores incitan a la violencia.
8. Si no nos gusta un programa, debemos escribirle cartas al patrocinador.

Expansion for 13-6. Have students summarize each other's preferences.

 13-6A Te toca a ti. Túrnense para entrevistarse. Contesten cada pregunta con una oración completa en español.

1. ¿Cuáles son tus programas favoritos de la televisión?
2. ¿Qué programas no te gustan?
3. ¿Qué telenovelas te gusta ver? Explica.
4. ¿Cuáles son las secciones del periódico que lees todos los días? ¿Por qué?
5. ¿Quién es tu comentarista o reportero/a favorito/a? ¿Por qué?
6. ¿Cuál es tu opinión sobre los certámenes por televisión?
7. ¿Qué programas de televisión te gusta ver los sábados por la mañana?

Suggestion for 13-7. Many radio stations broadcast live on the Internet. Have students locate one that originates in a Spanish-speaking community in the U.S. or in another country.

Suggestion for 13-8. Have students tape record their *anuncios* with sound effects.

13-7 Radio Cádiz. Refiéranse al aviso de Radio Cádiz como modelo para crear un anuncio para un programa de su estación favorita. Incluyan esta información.

- el nombre (o las siglas) de la emisora
- un lema publicitario (*slogan*)
- una mascota o un símbolo de la emisora
  - el tipo de programación
  - la gente que la escucha
  - el nombre de un/a comentarista
  - las horas y los días del programa o de la emisión
  - otra información para atraer a los radioyentes

EN EL FIN DE SEMANA SIEMPRE HAY TIEMPO.

Para compartir y disfrutar la mejor música.
La elegida y presentada por Begoña Lomas los sábados de 13 a 19 y los domingos de 12:30 a 15.
Y en el momento oportuno, la noticia, el comentario justo, el hecho importante que usted quiere conocer.
Y también el reportaje.
Con la agenda cultural más completa. Con la calidad inconfundible de Begoña Lomas y la complicidad de Radio Cádiz.
Porque para descansar y divertirse, siempre hay tiempo en Cádiz.

SIEMPRE HAY TIEMPO.
Sábados de 13 a 19.
Domingos de 12:30 a 15.

EN EL *640* DEL DIAL
CÁDIZ
SIEMPRE MÁS RADIO

 13-8 La publicidad. Usen el aviso que prepararon en la Actividad 13-7 para hacer un anuncio en la radio. Preséntenle el anuncio a la clase.

MODELO: *Radio Río, KRMP, es tu emisora de música country. Te invitamos a escuchar los lunes desde las diez hasta las once de la noche las mejores entrevistas de las estrellas de la música de hoy...*

 13-9 Geraldo/Cristina. Dramaticen una escena de un programa de entrevistas en que uno/a de ustedes es Geraldo o Cristina y el/la otro/a es una personalidad importante. Mientras el/la entrevistador/a le hace preguntas al invitado, el resto de la clase será el público que le hará también preguntas al invitado.

MODELO: ENTREVISTADOR/A: *Bienvenida a nuestro programa, Penélope Cruz. Señorita Cruz, usted es una de las actrices más cotizadas (*valued*) en este momento, ¿verdad? Nuestros televidentes quieren saber más de sus experiencias. ¿Cómo decidió ser actriz? ¿Cuál ha sido su papel favorito?...*

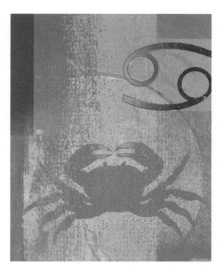

13-10 Periódicos españoles. Dos periódicos españoles importantes son *El País* y *ABC*. Conéctate con la página electrónica de *¡Arriba!* (**www.prenhall. com/arriba**) y lee la primera plana de uno de estos periódicos. ¿Cuáles son los titulares? ¿Son noticias nacionales o internacionales? ¿Son noticias que ya habías oído o leído o en la prensa norteamericana?

13-11 El horóscopo. Con un/a compañero/a, preparen el horóscopo para el periódico de mañana. Completen cuatro de los signos astrológicos (no los suyos) usando el tiempo futuro. Luego, túrnense con los estudiantes de la clase para leer su información. Al escuchar información sobre su signo, deben decir si están de acuerdo o no.

MODELO: Cáncer (22 junio–22 julio)
          Amor: Habrá nuevos romances.
          Salud: Tendrás que tener mucho cuidado con lo que comas.
          Dinero: Querrás buscar otro puesto.

Note for 13-10. *El País* is no longer free of charge on the Internet. After reading the headlines, a reader needs to subscribe in order to read the articles. *El Mundo* (*www.elmundo.es*) is another Spanish newspaper. *Onda Cero* is also available on the Internet. Students may listen to newsclips at *www.ondacero.es*.

¡Así lo hacemos! Estructuras

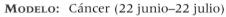

1. The imperfect subjunctive

■ The imperfect subjunctive of regular and irregular verbs is formed by dropping the **-ron** ending of the third-person plural of the preterit and adding the endings below.

-ra form¹

yo	**-ra**	nosotros/as	**-ramos**
tú	**-ras**	vosotros/as	**-rais**
él, ella, Ud.	**-ra**	ellos/as, Uds.	**-ran**

Warm-up for *¡Así lo hacemos!* Present the following context on the board or on a transparency, and have students explain the difference between the first example and the next three examples.
  Los televidentes no quieren que Virginia Slims (una marca de cigarillos) patrocine la telenovela "Hospital General".
  Le pidieron al director del programa que los ayudara.
  Los televidentes insistieron en que los actores los escucharan.
  Sin embargo, el director no quiso que los televidentes hablaran con los actores.

Teaching tips
Encourage students to practice aloud the conjugation of the imperfect subjunctive so they can appreciate its musicality. Most of the grammar activities focus on the use of the imperfect subjunctive under the same circumstances as the present subjunctive, only in the past. The exception here is with *ojalá* (I wish) which also takes the imperfect subjunctive in English, I wish I were. . . .

Vínculos

Use the following instructional resources to practice the imperfect subjunctive.
- WB/LM–OneKey: Activities: 13-5, 13-6, 13-7, 13-32, 13-33, and 13-34
- Companion Website: Chapter 13, Review, Activity: Rev 13-2
- IRCD: pp. 441 and 442

¹A less commonly used imperfect subjunctive form is the **-se** form. It is equivalent to the **-ra** form, but it tends to be more literary and is used more often in Spain than elsewhere. The endings for this form are: **-se, -ses, -se, -semos, -seis, -sen.**

■ The following chart shows the imperfect subjunctive forms of some common regular and irregular verbs.

Infinitive	Third-person plural	First-person singular
	PRETERIT	IMPERFECT SUBJUNCTIVES
tomar	tomaron	tomara
beber	bebieron	bebiera
escribir	escribieron	escribiera
creer	creyeron	creyera
decir	dijeron	dijera
estar	estuvieron	estuviera
haber	hubieron	hubiera
ir	fueron	fuera
leer	leyeron	leyera
poder	pudieron	pudiera
poner	pusieron	pusiera
querer	quisieron	quisiera
saber	supieron	supiera
ser	fueron	fuera
tener	tuvieron	tuviera
traer	trajeron	trajera
venir	vinieron	viniera

UPS United Parcel Service
Tan seguro como si lo llevara Vd. mismo.

Era importante que **leyera** mi horóscopo.	*It was important for me to read my horoscope.*
La meteoróloga insistió en que todos **se refugiaran** de la tempestad.	*The meteorologist insisted that everyone take cover from the storm.*

■ A written accent is required on the first-person plural of the imperfect subjunctive forms.[1]

El periodista quería que **arregláramos** la sala para la entrevista.	*The journalist wanted us to arrange the living room for the interview.*
Era dudoso que **contratáramos** a aquel comentarista.	*It was doubtful that we would hire that commentator.*
El gobierno prohibió que **pusiéramos** esa información en el artículo.	*The government prohibited us from putting that information in the article.*

■ The imperfect subjunctive is required under the same conditions as the present subjunctive. However, the imperfect subjunctive is used to refer to events that were incomplete in relation to a past event. Compare the sentences below to the time line.

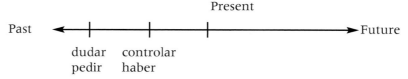

1. El reportero **dudaba** que **controlaran** el incendio.
   The reporter doubted that they would control the fire.
2. Los televidentes **pidieron** que **hubiera** más programas serios.
   The TV viewers asked for there to be more serious shows.

---

[1] The **-se** first-person plural form also requires an accent: **arreglásemos, contratásemos, pusiésemos.**

■ Use the imperfect subjunctive with **ojalá** when it means *I wish.*

> **¡Ojalá** (que) el patrocinador **seleccionara** mi guión!
>
> *I wish the sponsor would choose my script.*
>
> **¡Ojalá** (que) no **cancelaran** mi serie favorita!
>
> *I wish they wouldn't cancel my favorite series!*

Suggestion for ¡Así lo hacemos! Remind students that *ojalá* means "I hope" when used with the present subjunctive.

Suggestion for ¡Así lo hacemos! Before doing the activities, review the preterit and imperfect forms and usage with students.

EXPANSIÓN | More on structure and usage

Peticiones con el imperfecto de subjuntivo

A common use of the imperfect subjunctive is to make polite requests or statements. In such cases the forms of the verbs **querer, poder,** and **deber** are used. Note the following examples.

Quisiera leer los anuncios clasificados. *I would like to read the classified ads.*
¿Pudieras prestarme la sección deportiva? *Could you lend me the sports section?*
Debiéramos ir al certamen. *We should go to the pageant.*

Aplicación

13-12 El Show de Cristina. Cristina Saralegui es la presentadora del programa de televisión que lleva su nombre. Lee la entrevista que tiene con uno de sus invitados y subraya las formas verbales en el imperfecto de subjuntivo. Luego explica por qué se usa el subjuntivo en cada caso.

Cristina: Arturo, gracias por su visita. Quisiera hacerle algunas preguntas. Primero, es evidente que usted se mantiene en buena forma. ¿Qué hizo para estar así?

Arturo: Bueno, fue necesario que abandonara las comidas llenas de azúcares y que comiera más proteínas.

Cristina: ¿Tuvo que hacer mucho ejercicio?

Arturo: ¡Claro que sí! Mi entrenador personal insistió en que fuera al gimnasio cuatro veces a la semana. Además, me sugirió que corriera por lo menos cinco kilómetros los otros días.

Cristina: ¿Y dónde lo hacía?

Arturo: Iba por la playa cuando no había mucha gente.

Cristina: ¿Le gustaba estar solo cuando hacía ejercicio?

Arturo: No. Prefería que me acompañaran mis dos amigos, Pepe y Toño.

Cristina: Y ahora que está en tan buena forma, ¿qué hace?

Arturo: Quiero tener mi propio programa de televisión. Espero ser un buen modelo para todos los televidentes que también quieran estar en forma.

Answers to 13-12. Quisiera (cortesía); abandonara, comiera (fue necesario que); fuera (insistió en que); corriera (sugirió que), acompañaran (Prefería que)

13-13 ¿Qué hizo Arturo? Vuelve a leer la entrevista de Cristina y contesta las preguntas siguientes.

1. ¿Cómo está Arturo físicamente?
2. ¿Qué hizo para llegar a estar así?
3. ¿Quiénes lo ayudaron a cambiar?
4. ¿Cuál es su sueño para el futuro?
5. ¿Es un modelo que te gustaría seguir?

WWW **13-14 ¿Quieres ver a Cristina Saralegui?** Conéctate a la página electrónica de *¡Arriba!* (**www.prenhall.com/arriba**) para ver imágenes del programa de Cristina. Elige uno/a de sus invitados/as y anota algunas de las preguntas que le hace, además de sus respuestas. ¿Fue una pregunta indiscreta? ¿A qué otro/a presentador/a la comparas?

13-15 Un artículo escandaloso. Completa el siguiente artículo con la forma correcta del imperfecto del subjuntivo o del indicativo de cada verbo entre paréntesis.

MODELO: *Era* importante que yo *leyera* el editorial.

El editor (1. querer) ___quería___ que los escritores (2. revisar) ___revisaran___ el artículo de la reportera antes de publicarlo. La directora del periódico (3. insistir) ___insistía___ en que la reportera (4. conseguir) ___consiguiera___ toda la información que ella (5. necesitar) ___necesitara___. La reportera (6. estar) ___estaba___ segura de que (7. tener) ___tenía___ toda la información. Pero los lectores no (8. creer) ___creían___ que la reportera (9. tener) ___tuviera___ razón en su artículo. Nosotros (10. estar) ___estábamos___ seguros de que el periódico nos (11. informar) ___informaba___ mal. Por eso, nosotros (12. esperar) ___esperábamos___ que el editor (13. escribir) ___escribiera___ una retractación.

13-16 Alejandro Sanz. Cristina Saralegui entrevista a Alejandro Sanz, la sensación musical de España. Completa la entrevista con la forma correcta del pasado (pretérito del indicativo o del subjuntivo) de cada verbo entre paréntesis.

Cristina: Buenas tardes, señor Sanz. Estamos encantados con su visita esta tarde. ¿Es verdad que usted (1. venir) ___vino___ en su propio avión?

Alejandro: Hola, Cristina. Gracias por invitarme. No, lo de mi avión son sólo rumores. Aunque (me gustaría) venir en mi propio avión, no tengo. (2. Llegar) ___Llegué___ en el helicóptero de un amigo.

Cristina: Ah, entiendo. Bueno, hablemos de su gran éxito con *MTV Unplugged*. ¿Le sorprendió que (3. tener) ___tuviera___ tanto éxito en el mercado estadounidense?

Alejandro: Sí y no. Sabía que el mercado estaba listo para la música latina. Con gente como Gloria Estefan y Enrique Iglesias, los cantantes latinos son cada día más importantes. Le dije a mi agente que (4. preparar) ___preparara___ una buena campaña publicitaria para ese disco, y así lo (5. hacer) ___hizo___. Pero a nivel personal, sí estoy sorprendido.

Cristina: Bueno, me alegro de que el público norteamericano lo (6. recibir) ___recibiera___ con tanto entusiasmo. ¿Cómo reaccionó su familia?

Alejandro: Bueno, mis padres estaban contentísimos de que (7. ganar) ___ganara___ un Grammy. Fue muy emocionante que ellos (8. asistir) ___asistieran___ a la celebración para verme recibir el premio.

Cristina: ¿Y ahora, Alejandro? ¿Cuál es su plan para el futuro?

Alejandro: Cantar, siempre cantar. Tienen que escuchar mi nuevo álbum *No es lo mismo*. Es muy diferente al anterior y, desde luego, no es lo mismo.

WWW **13-17 ¿Conoces a Alejandro Sanz?** Conéctate con la página electrónica de *¡Arriba!* (**www.prenhall.com/arriba**) para ver más imágenes de Alejandro Sanz y escuchar algo de su música. ¿Cómo lo caracterizas a él? ¿Cómo caracterizas su música?

13-18 La mesa redonda. Explica lo que pasó anoche en una reunión del director con los reporteros. Escribe por lo menos ocho oraciones completas en español. Para cada oración, combina un elemento de cada columna y completa la idea.

MODELO: el director / insistir en que / los reporteros / terminar
El director insistió en que los reporteros terminaran sus artículos a tiempo.

el director	insistir en que	el periódico	publicar
una reportera	dudar que	los lectores	entender
un meteorólogo	temer que	el presidente	decir
unos periodistas	sentir que	los patrocinadores	aprobar
los críticos	lamentar que	la comentarista	escribir
nosotros	esperar que	el actor	ser
¿...?	no creer que	las tiras cómicas	incluir
	decir que	los reporteros	tener
	¿...?	¿...?	terminar
			saber
			proteger
			¿...?

AB **13-19A Cuando eras joven.** Túrnense para hacer y contestar las preguntas sobre lo que sus padres les permitían o les prohibían cuando eran jóvenes. Usen el imperfecto de subjuntivo en sus respuestas.

MODELO: E1: *¿Qué querían tus padres que hicieras los fines de semana?*
E2: *Querían que yo limpiara mi habitación.*

1. ¿Qué profesión esperaban que estudiaras?
2. ¿Qué te prohibían que vieras en la televisión?
3. ¿Qué te sugerían que hicieras en la escuela?
4. ¿Qué deseaban que escucharas en la radio?

2 **13-20 ¿Cómo era?** Explíquense cómo se sentían en estas situaciones hace cinco años (*five years ago*).

MODELO: Yo quería que mis amigos...
E1: *Yo quería que mis amigos me invitaran todas las noches a su casa.*
E2: *Pues yo prefería que mis amigos vinieran a mi casa a jugar al básquetbol.*

1. Yo sentía que mi profesor/a favorito/a...
2. Yo quería que mi mejor amigo/a...
3. Yo dudaba que mis padres...
4. Yo temía que la gente...
5. Me alegraba de que mis amigos...
6. Yo esperaba que todo el mundo...

2 **13-21 Quisiera pedirte un favor.** Usen el imperfecto de subjuntivo de **querer, poder** y **deber** para pedirse tres favores. Respondan de una manera apropiada.

MODELO: E1: *Quisiera pedirte un favor. Mañana tengo examen de cálculo. ¿Pudieras prestarme tu calculadora?*
E2: *Me gustaría pero tengo el mismo examen y la necesito también.*

Warm-up for 13-20. You may set up the context with some general questions. *Es el año – (2004). Hace 5 años fue – (1999). ¿Dónde estuvieron Uds.? ¿Cuántos años tenían? ¿Con quiénes vivieron? ¿Cómo pasaron su tiempo?*

Expansion 3-21
Excusas personales. ¿Tienen ustedes excusas para todo? Piensen en un contexto y construyan cinco buenas excusas para explicar por qué no hicieron lo que debían hacer.
MODELO: en el restaurante donde trabajan
Disculpa, pero no pude lavar los platos porque los clientes insistieron en que les explicara el menú.

13-22 ¡Ojalá que la prensa fuera perfecta! Conversen sobre estas cuestiones relacionadas con los medios de comunicación.

MODELO: E1: *¿Los periódicos siempre reportan la pura verdad?*
E2: *¡Ojalá la reportaran! La verdad es que hay reporteros que no son honrados.*

1. ¿Los programas de televisión son buenos para los niños?
2. ¿Los anfitriones no buscan escándalos?
3. ¿Los reporteros siempre respetan la privacidad de las celebridades?
4. ¿Los investigadores encuentran la verdad?
5. ¿Los certámenes de belleza son realmente beneficiosos para la mujer?
6. ¿Las tiras cómicas son siempre graciosas?
7. ¿El meteorólogo siempre tiene razón cuando pronostica el tiempo?
8. ¿Los lectores del periódico están siempre bien informados?

13-23 ¡Ojalá...! Túrnense para expresar sus deseos, aunque sean imposibles. Expresen por los menos cinco deseos cada uno/a.

MODELO: *¡Ojalá pudiéramos irnos de vacaciones!*

2. Long-form possessive adjectives and pronouns

In *Capítulo 3,* you were introduced to the short forms (unstressed) of possessive adjectives. The following chart presents the long (stressed) forms.

Possessive adjectives (long forms)

Subject pronoun	Singular	Plural	
yo	**mío/a**	**míos/as**	*my, (of) mine*
tú	**tuyo/a**	**tuyos/as**	*your* (fam.), *(of) yours*
él			*his, (of) his, (of) its*
ella	**suyo/a**	**suyos/as**	*her, (of) hers, (of) its*
Ud.			*your (form.)*
nosotros/as	**nuestro/a**	**nuestros/as**	*our, (of) ours*
vosotros/as	**vuestro/a**	**vuestros/as**	*your* (fam. pl.), *(of) yours*
ellos			*their, (of) theirs*
ellas	**suyo/a**	**suyos/as**	*their, (of) theirs*
Uds.			*your* (form. pl.), *(of) yours*

- In contrast to the short forms, which always precede the noun, the long forms of possessive adjectives follow the noun. They also agree with the noun in **gender** and **number.**

La revista **tuya** está en la mesa.	*Your magazine is on the table.*
Aquí tienes dos reseñas **mías.**	*Here you have two reviews of mine.*
El titular **nuestro** es grande.	*Our headline is big.*

- The long forms of possessive adjectives may be used as pronouns. In such instances, the definite article is used with the possessive adjective and the noun is omitted.

Los locutores **nuestros** son muy buenos.	*Our announcers are very good.*
Los nuestros son muy buenos.	*Ours are very good.*
Las noticias **tuyas** son horribles.	*Your news is horrible.*
Las tuyas son horribles.	*Yours is horrible.*

- As with the short form of **su(s),** possessive adjectives and pronouns may be clarified in the third-person forms. For adjectives, the long form **suyo/a(s)** can be replaced by the construction **de** + *pronoun* in order to clarify the identity of the possessor.

—La crítica **suya** es imposible.	—*His criticism is impossible.*
—¿La crítica **de quién**?	—*Whose criticism?*
—La crítica **de él.**	—*The criticism of his.*
—El anfitrión **suyo** llega ahora.	—*Their host is arriving now.*
—Sí, el **de ellas** siempre llega a las diez.	—*Yes, the host of theirs always arrives at ten.*

For the pronouns **el suyo, la suya, los suyos,** and **las suyas,** use the definite article + **de** + *pronoun:* **el/la de usted, los/las de ellos,** etc. The definite article must agree in gender and number with the noun it replaces.

La suya (la telenovela) es más interesante que la nuestra.	*Yours (the soap opera) is more interesting than ours.*
La de usted es más interesante que la nuestra.	*Yours is more interesting than ours.*

◎ STUDY TIPS

Los adjetivos posesivos

In order to have the right form of a possessive adjective or pronoun, concentrate on the thing possessed. Is it singular or plural, masculine or feminine? What is important is not the possessor but the gender and number of the thing possessed.

Aplicación

13-24 Penélope Cruz. Lee el informe sobre Penélope Cruz y subraya las formas posesivas plenas *(long-form)*. Después exprésalos otra vez usando la forma apocopada (corta).

MODELO: Es un amigo <u>suyo</u>.
Es su amigo.

Penélope Cruz, la encantadora actriz española con un estilo muy <u>suyo</u>, estuvo en Hollywood esta semana para estudiar el guión para una película nueva que espera hacer con el compañero <u>suyo</u>, Tom Cruise. Cuando miembros de la prensa le preguntaron si se iban a casar, ella sonrió de esa manera tan misteriosa <u>suya</u> y dijo: "Quizá". El público <u>nuestro</u> sigue la relación <u>suya</u> con mucha atención. Estaremos listos para informarles de cualquier novedad en este caso.

13-25 ¿Penélope Cruz? Vuelve a leer el texto de Penélope Cruz y contesta las preguntas siguientes.

1. ¿Dónde estaba Penélope cuando se hizo este informe?
2. ¿Qué hacía allí?
3. Según el informe, ¿es cierto que se va a casar con Tom Cruise?
4. ¿Conoces la película *Vanilla Sky* que hizo con Tom Cruise? ¿Qué tipo de película es?

13-26 En la emisora de radio. Completa el párrafo con la forma correcta del posesivo corto o pleno, según el contexto.

Acabamos de terminar (1) _____nuestra_____ campaña para recaudar (*raise*) fondos para la estación de radio, WNKU. De todos los grupos, el (2) _____nuestro_____ fue el que tuvo más éxito. (3) _____Nuestros_____ radioyentes contribuyeron con (4. de ellos) _____su_____ dinero a una causa importantísima. (5. de ellos) _____Su_____ interés y (6) _____su_____ dedicación nos han llevado a (7. de nosotros) _____nuestra_____ meta para este año. Personalmente, esta campaña ha sido la campaña (8. de mí) _____mía_____ más importante. He pasado todos (9) _____mis_____ días y noches también aquí en la emisora. La familia (10) _____mía_____ sí ha sufrido mi ausencia, pero comprende (11) _____mi_____ dedicación. Yo, por mi parte, les agradezco el apoyo (*support*) (12. de la familia) _____suyo_____.

13-27 ¿De quién? Túrnense para identificar de quiénes son las siguientes cosas. Usen su imaginación en la respuesta.

MODELO: el radio / de usted.
¿De quién es el radio? ¿Es de usted?
No, no es mío. El mío es (más pequeño).

1. la columna / del crítico
2. las llaves / de ti
3. el periódico / de nosotros
4. el disco compacto / del grupo español
5. el almuerzo / de ti
6. la sección financiera / del comentarista
7. la billetera / de la locutora
8. la novela / de nosotros
9. las reseñas / del dueño de la emisora
10. el horóscopo / de mí

AB **13-28A Pues... ¿de quién?** Túrnense para representar a un/a secretario/a difícil en una emisora de radio o en una oficina de periódico y a un/a cliente/a que pide información. A cada pregunta del/de la cliente/a, el/la secretario/a responde negativamente sin ofrecer más información.

Suggestion for 13-28. Have students act out these scenarios for the class.

MODELO: este artículo: del Sr. Vázquez / de la Dra. Morales / de usted
E1: *¿Este artículo es del Sr. Vázquez?*
E2: *No, no es suyo.*
E1: *¿Es de la Dra. Morales?*
E2: *No, no es suyo.*
E1: *¿Es de usted?*
E2: *No, no es mío.*

1. la columna financiera: de los editores / de la Sra. Maldonado / del ustedes
2. las fotos de la primera plana: de la fotógrafa nueva / de usted / de la agencia nacional
3. el anuncio público: de la dueña del periódico / de la Organización de Voluntarios / de nosotros

G **13-29 ¿De quién es...?** Conversen entre ustedes para decidir quién tiene la responsabilidad, la culpa o el crédito en las siguientes situaciones. Usen los posesivos cuando sea posible.

MODELO: la contaminación
E1: *La culpa es de la gente que tiene coches grandes.*
E2: *No, no es suya. Es del gobierno porque la gasolina es muy barata.*
E3: *No, creo que es nuestra, porque...*

la corrupción política	la violencia en la televisión
la violencia en las escuelas	los accidentes aéreos
la sobrepoblación	la guerra en...
la economía	la tasa de desempleo

¿Cuánto sabes tú? *Can you...*

☐ talk about different parts of the newspaper and say which you prefer?

☐ use the imperfect subjunctive to talk about requests, or uncertainty in the past, such as **Mis padres insistieron en que estudiara periodismo**?

☐ use the long-forms to show possession such as **El editorial mío y la crónica tuya están en el periódico de hoy**?

Comparaciones

Periódicos del mundo hispano

13-30 En tu experiencia. ¿Existe en los EE.UU. un periódico nacional? ¿Cómo se llama? ¿Cuáles son los periódicos de tu ciudad? ¿Tienen los periódicos en los EE.UU. y en el Canadá influencia en la política? ¿En qué sentido?

Por lo general, en cada país hispanohablante se publica un periódico principal que se distribuye en toda la nación. Normalmente estos periódicos se publican en la capital del país y ejercen gran influencia sobre la política, la industria y el comercio. A continuación se mencionan algunos de los periódicos más importantes.

El País: Es el diario de mayor circulación de España. Fue fundado en 1976 en Madrid, inmediatamente después de la muerte del dictador Francisco Franco.

El Tiempo: Es el diario principal de Colombia. Publicado en Bogotá, se considera uno de los periódicos más influyentes de América Latina.

El Mercurio: Es el diario más importante de Chile y el más antiguo de Hispanoamérica. Su circulación cubre todo el territorio chileno y ejerce gran influencia en la política del país.

El Nuevo Herald: Publicado en la ciudad de Miami por *the Miami Herald*, es el diario hispánico de mayor circulación en los EE.UU. Sus lectores son principalmente los inmigrantes cubanos radicados en el sur de la Florida.

La Opinión: Es es diario hispano de mayor importancia en Los Ángeles, California. Sus lectores son en su mayoría inmigrantes mexicanos. Fundado en 1926, tiene una circulación diaria de más de 120.000 ejemplares.

13-31 En tu opinión. Conversen sobre las personas a quienes admiran en los medios de información y por qué las admiran.

MODELO: *Mi comentarista favorito/a es... porque... Siempre lo/la veo en el canal...,*

anfitrión/anfitriona	locutor/a
comentarista	meteorólogo/a
comentarista deportivo/a	periodista
crítico/a	patrocinador/a

Vínculos

- Companion Website: Chapter 13, Web Resources, *Comparaciones: Periódicos del mundo hispano*

¡Así es la vida!

Jorge Ramos, presentador de Univisión

Jorge Ramos, presentador de Univisión Atravesando fronteras (*Crossing Borders*)

Jorge Ramos vive en dos mundos diferentes. Presentador del *Noticiero Univisión* —edición vespertina— en los últimos diecisiete años, Ramos ha llegado a ser considerado uno de los hispanos más influyentes del país. En Miami, Los Ángeles y Houston, su noticiero atrae más teleaudiencia que los de las principales cadenas. Su programa es visto por legiones de hispanohablantes en los EE.UU. y en trece países latinoamericanos. Ramos ha ganado siete Emmys, ha entrevistado a presidentes, a dictadores, a insurrectos y ha sido corresponsal de guerra durante cinco conflictos bélicos. Ha publicado cinco libros, escribe una columna semanal para un diario y hace comentarios radiales todos los días.

La vida de Ramos es notable. Nació en la Ciudad de México y es el mayor de cinco hermanos de una familia de clase media. Siendo joven, se destacó como artista tocando la guitarra clásica y como atleta en la prueba de salto de garrocha (*pole vault*), ganádose un puesto en el equipo pre-Olímpico de México. Pero fue la palabra escrita la que lo cautivó, por lo cual aceptó un trabajo como periodista de radio.

Luego de sufrir la censura del gobierno mexicano, Ramos emigró a Los Ángeles en 1983. Como tenía una visa de estudiante, se matriculó en la Universidad de California y buscó trabajo en radiodifusión, mientras que trabajaba como mesero, ganando quince dólares diarios más las propinas. En menos de un año, Ramos se encontraba trabajando para KMEX, la estación de televisión de habla hispana de mayor teleaudiencia de Los Ángeles y, a los tres años, ya presentaba el *Noticiero Univisión*. A los veintiocho años, se convirtió en uno de los presentadores más jóvenes, a nivel nacional, de la televisión en los EE.UU.

La diversidad es un tema central para Ramos, que sin duda está inspirado por su propia condición de inmigrante. Él sostiene, con mucha pasión, que se debe mantener la propia identidad hispana —y a la vez— "ser un buen americano". Ramos observa que "actualmente hay 42 millones de hispanos en Estados Unidos y el 70 por ciento de ellos son inmigrantes o hijos de inmigrantes. Si todos los elegibles votaran en las próximas elecciones, tendrían una voz significante en la política de este país".

¿Estará pensando Ramos entrar en la política? El tiempo lo dirá.

Teaching tips
Have students scan the article about Jorge Ramos and make a list of his accomplishments.

Warm-up for ¡Así es la vida! Use the following questions to prepare for this selection. *¿Qué canales hay en los EE.UU. para los hispanohablantes? ¿Qué canal prefieren ustedes? ¿Quiénes son algunos comentaristas hispanos muy conocidos? ¿Quién ha visto un programa de Univisión?*

Suggestion for ¡Así es la vida! Use the following questions to check comprehension. *¿Quiénes ven el noticiero de Jorge Ramos? ¿A quién ha entrevistado? De joven, ¿cómo pasó su tiempo? ¿Por qué emigró a Los Ángeles? ¿Dónde encontró su primer empleo? ¿Qué tema le interesa? ¿Le gustaría que todos los hispanos votaran? ¿Por qué?*

¡Así lo decimos! Vocabulario

El cine, el teatro y la televisión

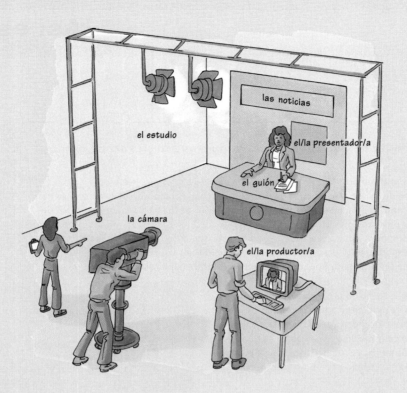

las noticias

el estudio

el/la presentador/a

el guión

la cámara

el/la productor/a

El cine, el teatro y la televisión

actuar (actúo, actúas,...)	*to act*
filmar	*to film*
grabar	*to record*
representar	*to perform*
la cinematografía	*cinematography*
la cinta	*film*
la comedia	*comedy*
el drama	*drama*
el/la espectador/a	*spectator*
el filme, la película	*movie, film*
el galán	*leading man*
la obra	*play (theater)*
la primera actriz	*leading lady*
el/la protagonista	*protagonist; star*

Otras palabras y expresiones

el final	*end*
el principio	*beginning*

Vínculos

Use the following instructional resources to practice *el cine, el teatro, y la televisión*.

- Companion Website: Chapter 13, Review, Activity: Rev 13-4
- IRCD: p. 452

Teaching tips

Students usually have some knowledge of television talk shows and soap operas. After completing the initial activities to practice the vocabulary, encourage their originality to write and "produce" their own shows.

Aplicación

13-32 ¿Quién es Jorge Ramos? Contesta las preguntas sobre Jorge Ramos.

1. ¿Cuál es su profesión?
2. ¿Cuál es su nacionalidad? ¿su ciudadanía?
3. ¿Por qué es influyente?
4. ¿Qué sostiene Jorge Ramos?
5. ¿Qué importancia tiene el voto hispano en la política de los EE.UU.?

Answers to 13-32. 1. Es presentador/ comentarista. 2. Es mexicano. No nos dice si ha cambiado su ciudadanía. 3. Es influyente porque muchos hispanohablantes ven su noticiero todos los días. 4. Sostiene que debe mantener la identidad hispana y ser un buen americano. 5. Hay 42 millones de hispanos; por eso su voto importa.

www **13-33 Más sobre Jorge Ramos.** Conéctate con la página electrónica de *¡Arriba!* (**www.prenhall.com/arriba**) para obtener más información sobre Jorge Ramos. ¿Quiénes son algunas de las personalidades que ha entrevistado? ¿Cuáles son algunos de los temas sobre los que tiene opinión?

13-34 El cine, el teatro y la televisión. Empareja los términos con su definición o su descripción.

1. __c__ la cinta
2. __e__ el productor
3. __b__ el galán
4. __g__ los espectadores
5. __a__ el drama
6. __h__ el guión
7. __d__ la presentadora
8. __f__ la comedia

a. por ejemplo, *King Lear* o *Hamlet*
b. el actor mejor pagado de la obra
c. se necesita poner en la cámara antes de filmar
d. una persona importante en un noticiero
e. produce la película o el programa
f. es una obra divertida
g. los que vienen a ver una obra
h. las líneas que memorizan los actores o las noticias que leen los presentadores

13-35 Una escena de *Corazón Salvaje*. Completa la conversación entre el director y una de las estrellas de esta telenovela popular en la televisión con las palabras siguientes.

comedia   emoción   final   telenovela
drama   filmación   protagonistas   televidentes

Director: ¡Atención! Hoy vamos a completar la (1) ___filmación___ del último episodio de la (2) ___telenovela___ "*Corazón Salvaje*." Les quiero recordar que ésta no es una (3) ___comedia___ ligera (*light*); es un (4) ___drama___ serio. Los (5) ___televidentes___ no van a reírse al (6) ___final___ de este episodio; van a llorar. Los (7) ___protagonistas___ son un hombre y una mujer que se quieren mucho, pero que están condenados a vivir separados. Cuando empiecen a hablar, quiero que sus voces reflejen la tristeza que sienten en el corazón.

Edith: De acuerdo. Es un gran honor poder trabajar con gente tan profesional como Palomo y los otros actores. Estoy muy emocionada.

Director: Perfecto. ¡Esa (8) ___emoción___ es lo que quiero ver en esta escena!

Audioscript for 13-36 AUDIO

E: Muy buenos días, señora Saralegui. Gracias por estar con nosotros esta tarde. Será un poco diferente para usted ser la entrevistada en vez de la entrevistadora.

C: Sí, es verdad. ¡Espero que no me haga ninguna pregunta indiscreta! (*ríe*)

E: (*ríe*) No se preocupe. Estamos aquí hoy en su cocina donde usted acaba de prepararnos un café cubano. Gracias. Mmmm, riquísimo. Bueno, usted ha recibido muy buenas noticias, ¿verdad?

C: Sí, acabo de recibir este fax que informa que El Museo de la tolerancia, en Los Ángeles, me va a otorgar el Premio Nacional de Servicio a la comunidad del Centro Simon Wiesenthal. Es un gran honor para mí y también para mi esposo que me ha apoyado muchísimo en todo.

E: ¡Enhorabuena! Según el comunicado de prensa, usted estableció su fundación que se llama Arriba la Vida, en 1996. ¿Cuál es el propósito de su fundación?

C: El propósito de la fundación es educar a la comunidad en temas sociales, como el SIDA.

E: ¡Qué interesante! Es una labor muy importante. Y la felicito también por tener su propia estrella en el Paseo de la fama en Hollywood. Su programa ha sido un gran éxito entre la comunidad latina.

C: Sí, estoy muy orgullosa de ese honor, que comparto con mi compatriota Desi Arnaz, los actores mexicanos Dolores del Río y Cantinflas, y la legendaria Rita Hayworth, entre muchos otros.

E: Esta estrella va a acompañar sus diez premios Emmy. ¡Esperamos que reciba muchos más, señora Saralegui! Y le agradecemos este tiempo que nos ha dado.

C: Ha sido un placer.

Según la entrevista...

1. ¿Qué honor ha recibido Cristina recientemente?
2. ¿Con quién(es) comparte su orgullo?
3. ¿Cuál es el propósito de su fundación Arriba la Vida?
4. ¿Qué premio recibió en Hollywood?
5. ¿Quiénes son Cantinflas y Rita Hayworth?
6. ¿Cuántos premios Emmy ha recibido Cristina?

13-36 Cristina Saralegui. Escucha la entrevista con Cristina Saragelui, la anfitriona del programa de Univisión que lleva su nombre. Contesta cada pregunta al final de la entrevista con la respuesta correspondiente.

1. (a.) reconocimiento por su fundación social
   b. un premio Grammy
   c. un rol en una película
2. a. sus hijos
   (b.) su esposo
   c. sus padres
3. (a.) educar a la gente
   b. ayudar a los pobres
   c. apoyar la investigación médica
4. a. tres Grammy
   (b.) una estrella en el Paseo de la fama
   c. varias menciones honoríficas
5. a. actores cubanos
   (b.) actores mexicanos
   c. coestrellas en su programa de televisión
6. a. tres
   (b.) diez
   c. uno

2 **13-37 Los programas de entrevistas.** Hay algunos programas de entrevistas mejores que otros. Conversen entre ustedes para dar y explicar sus opiniones sobre algunos que hayan visto, por ejemplo, "Oprah", "Jerry Springer", "Geraldo", "Donny & Marie", "Regis & Kathy Lee", "Rosie O'Donnell", "Sally", "Montel Williams". ¿Tienen la misma opinión?

2 **13-38 Una telenovela.** Las telenovelas siempre exageran las cualidades y los defectos de sus protagonistas y las situaciones en que se encuentran. Describan las características y las acciones de los personajes en una telenovela que conozcan.

el hombre malo   la mujer inocente
la mujer mala   el hombre de buen corazón

2 **13-39 Cara a cara.** Uno/a de ustedes es anfitrión/ona de "Cara a cara", un programa de entrevistas. El/La otro/a es una personalidad del cine o de la televisión. Hagan y respondan a preguntas apropiadas.

MODELO: E1: *¿Cuándo empezó su carrera?*
           E2: *La empecé en...*

Algunos temas de conversación
su vida personal   su próxima película o rodaje   un escándalo   sus coactores

G **13-40 Una telenovela suya.** Imagínense que tienen un guión para una telenovela que quieren filmar. Preparen los siguientes elementos de su guión para vendérselo a un/a patrocinador/a.

el principio y el final   el galán y la primera actriz
el/la director/a   el número de episodios
la ubicación de la acción   el público que se interesará

¡Así lo hacemos! Estructuras

3. *Si* clauses

Cláusulas con *si* en el indicativo

A **si** clause states a condition that must be met in order for something to occur. The verb in a simple **si** clause states a fact and is usually in the present indicative, while the verb in the result clause is in the present or future tense or is a command.

Si vas al cine, iré contigo.	*If you go to the movies, I will go with you.*
Si quieres, veremos la película.	*If you want, we will see the movie.*
Dime **si deseas** ver una telenovela.	*Tell me if you want to see a soap opera.*

Cláusulas con *si* para expresar hipótesis e información en contra de los hechos

■ When a **si** clause contains implausible or contrary-to-fact information, the imperfect subjunctive is used in the **si** clause and the conditional tense is used in the result clause.

Si fuera un drama bueno, **iría** a verlo.	*If it were a good drama, I would go see it.*
Sería más interesante, **si supieras** cinematografía.	*It would be more interesting, if you knew cinematography.*

■ Note that a conditional clause does not have a fixed position in the sentence; it may appear at the beginning or end of the sentence.

Aplicación

13-41 Jorge Ramos y María Elena Salinas. Estos son los presentadores para el noticiero de la tarde de Univisión. Lee su conversación y subraya las clausulas con **si**. Indica cuáles usan el indicativo o el subjuntivo y explica por qué.

MODELO: Si tienes cable, puedes ver Univisión.
Indicativo. No es hipotética. No hay duda.

Jorge: Hola, María Elena. ¿Estás lista para el noticiero de esta noche?

Mᴬ Elena: Pues sí, pero si tienes las estadísticas demográficas para las elecciones presidenciales, dámelas ahora y las repaso antes de empezar.

Jorge: No las tengo, pero si quieres, podemos hablar con la persona que está haciendo la investigación.

Mᴬ Elena: Ah, mira esto. Es magnífico que el número de votantes hispanos aumente todos los años. Si los políticos entendieran el impacto de sus votos, les prestarían más atención.

Jorge: Tienes razón. Y si saliera electo un presidente hispano en 2008, no habría duda de que la voz hispana es muy importante en este país.

Productor: Atención. Quedan cinco segundos para empezar... cinco, cuatro, tres, dos, uno..

Jorge: Muy buenas noches...

13-42 Jorge y María Elena. Ahora vuelve a leer la conversación entre Jorge Ramos y María Elena Salinas y contesta las preguntas siguientes.

1. ¿Quién no se siente bien preparado/a? ¿Por qué?
2. ¿Qué van a hacer para remediar el problema?
3. ¿Cuándo lo van a hacer?
4. ¿Qué necesita Jorge para leer las noticias?
5. ¿Dónde las encuentra?

13-43 Los comentarios de Lupe. Lupe dice que sabe exactamente lo que hace en todas estas situaciones. Completa cada afirmación con las formas correctas del presente de los dos verbos correspondientes de la lista.

MODELO: Si _leo_ un artículo interesante, siempre lo _recorto_ para mostrárselo a un amigo.

comprar	gustarme	llegar	querer	tener
decir	leer	poner	ser	ver

Si yo (1) ___llego___ tarde a la oficina, siempre se lo (2) ___digo___ a mi jefe. Si (3) ___quiero___ escuchar música, siempre (4) ___pongo___ la estación WGUC. Si (5) ___es___ la hora de las noticias, (6) ___me gusta___ ver un canal serio. No (7) ___veo___ la televisión si (8) ___tengo___ mucho trabajo que hacer. Si (9) ___compro___ el periódico, siempre (10) ___leo___ la primera plana antes de las tiras cómicas.

13-44 ¿Qué pasaría si...? Los cinematógrafos están discutiendo las consecuencias de sus posibles acciones. Completa la conversación con la forma correcta del condicional o del imperfecto de subjuntivo de cada verbo entre paréntesis.

Productora: Si (1. contratar: nosotros) ___contratáramos___ a Jennifer López, (2. tener) ___tendríamos___ que pagarle más de un millón de dólares.

Director: Es verdad, pero si ella (3. trabajar) ___trabajara___ para nosotros, nuestra película (4. tener) ___tendría___ mucho más éxito.

Productora: Mi amigo Bill la conoce bien. Pero, si yo lo (5. llamar) ___llamara___, seguramente no me (6. decir) ___diría___ nada. Es muy discreto.

Director: Es bueno que tengas esas conexiones. Si yo (7. poder) ___pudiera___ usar alguna conexión, ¡(8. usar) ___usaría___ esa ventaja (*advantage*)!

Productora: Si tú (9. conocer) ___conocieras___ a Bill, (10. saber) ___sabrías___ que esa conexión no es una ventaja.

Director: Bueno, si yo (11. tener) ___tuviera___ un millón de dólares, yo mismo le (12. pagar) ___pagaría___ a Jennifer para conocerla y trabajar con ella.

Productora: ¡Tú estás loco! De todas maneras, voy a llamar al agente de Jennifer López a ver si ella está interesada en venir a trabajar con nosotros.

2 **13-45 Los valores sociales, el público y el dinero.** Piensen en los factores que afectan las decisiones de la industria cinematográfica. Luego, hablen de algunas decisiones que se toman o no. Pueden usar los temas que siguen.

MODELO: E1: *Es necesario que haya menos violencia en las películas.*
E2: *Pero si los padres controlaran la televisión en casa, los niños verían menos violencia.*

Posibles Temas
1. la representación de minorías
2. el sexo explícito
3. el precio de la entrada
4. el papel de la mujer
5. las películas para niños
6. los videopiratas

Suggestion for 13-45. Have students outline and discuss a movie they would like to make. Encourage them to use the *si* clause. For example, *Si escribiéramos una película, sería sobre... / la acción sería en...*

G **13-46 Una fundación para las artes.** Imagínense que ustedes son miembros de la junta directiva (*board of directors*) de una fundación que patrocina las artes. Decidan qué tipo de proyecto les gustaría patrocinar y cuánto dinero le dedicarían.

MODELO: E1: *Si hubiera un proyecto de arte en el centro de la ciudad, como pintar murales en un edificio, le daría un millón de dólares...*
E1: *Pero si le diéramos un millón de dólares, ¿cómo podríamos estar seguros de la calidad del mural?*

AB **13-47A ¿Qué harías si...?** Túrnense para especular (*speculate*) sobre lo que harían en estas situaciones hipotéticas.

MODELO: suben los precios de las entradas al cine
E1: *¿Qué harías si subieran los precios de las entradas al cine?*
E2: *Pues, iría menos...*

1. invitarte a un concierto de rock
2. tener que comprar un televisor digital
3. ganar un concurso en la televisión
4. conocer a una personalidad famosa
5. visitar Hollywood

Expansion 13-47. Have students take turns telling about if they were head of the government for a day and commenting on each other's plans. *Si yo fuera jefe/a del gobierno, aumentaría el apoyo financiero a la televisión pública... / ¿Sería posible sin tener el apoyo del congreso (parlamento)?*

G **13-48 Si yo fuera...** Túrnense para decir lo que harían si fueran estrellas de cine por un día.

MODELO: E1: *Si yo fuera Antonio Banderas, pasaría mis vacaciones en España...*
E2: *¿En qué parte de España?*

4. The future perfect and the conditional perfect

El futuro perfecto

> Para el próximo año, habrán producido más películas con actores hispanos.

The future perfect is formed with the future of the auxiliary verb **haber** + *past participle*.

	future	past participle
yo	habré	
tú	habrás	tomado
él, ella, Ud.	habrá	comido
nosotros/as	habremos	vivido
vosotros/as	habréis	
ellos/as, Uds.	habrán	

- The future perfect is used to express an action which will have occurred by a certain point in time.

¿Salma Hayek **habrá hecho** otra película para el año que viene?	*Will Salma Hayek have made another film by next year?*
Sí, **habrá hecho** dos.	*Yes, she will have made two.*
¿Cuándo **habrás terminado** el editorial?	*When will you have finished the editorial?*
Lo **habré terminado** en diez minutos.	*I will have finished it in ten minutes.*

El condicional perfecto

■ The conditional perfect is formed with the conditional of the auxiliary verb **haber** + *past participle*.

Habría podido bailar toda la noche.

	conditional	**past participle**
yo	**habría**	
tú	**habrías**	**tomado**
él, ella, Ud.	**habría**	**comido**
nosotros/as	**habríamos**	**vivido**
vosotros/as	**habríais**	
ellos/as, Uds.	**habrían**	

■ The conditional perfect is used to express an action which would or should have occurred but did not.

> **Habría visto** el drama, pero preferí la comedia.
>
> *I would have seen the drama, but I preferred the comedy.*
>
> **Habríamos grabado** el programa, pero no teníamos cinta.
>
> *We would have recorded the program, but we didn't have a tape.*

Suggestion for ¡Así lo hacemos! Have students brainstorm with you what would have happened if things had been different. *Si Kennedy hubiera vivido..., Si hubiéramos elegido a una presidenta..., Si México hubiera ganado la guerra contra los EE.UU....* etc.

Aplicación

13-49 ¿Qué habrá pasado? Expresa tus conjeturas sobre las situaciones siguientes.

MODELO: En el teatro todos están aplaudiendo.
Habrá terminado la obra.

1. __d__ El director está enojado.
2. __e__ El editor está preocupado.
3. __a__ El galán está muy triste.
4. __h__ El dramaturgo está muy frustrado.
5. __b__ La primera actriz de la telenovela está buscando al galán.
6. __c__ El actor no está en su vestuario (*dressing room*).
7. __g__ La televidente está muy contenta.
8. __f__ El protagonista está en el suelo.

a. Habrá descubierto que tiene canas (*gray hair*).
b. Éste habrá salido con otra mujer.
c. Habrá terminado de vestirse.
d. Los actores no habrán memorizado sus líneas.
e. Se habrá roto la computadora en la que tenía su editorial para el periódico de hoy.
f. Alguien lo habrá matado.
g. Le habrá gustado el programa que veía.
h. Habrá perdido el guión de la obra.

2 **13-50 Para el año 2010...** ¿Qué habrán hecho para el año 2010? ¿Qué no habrán hecho? Túrnense para contar sus planes para el futuro. ¿Tienen algunas metas en común?

MODELO: terminar
E1: *Para el año 2010 habré terminado mis estudios.*
E2: *¿Sí? ¿En qué?*

| aprender | conseguir | escribir | terminar | visitar | ¿...? |
| conocer | empezar | ganar | trabajar | vivir | |

13-51 En otras circunstancias. ¿Qué habrían hecho estas personas en otras circunstancias? Empareja las circunstancias con las acciones.

MODELO: Frida Kahlo nació en Madrid y no en México.
No se habría casado con Diego Rivera.

1. __d__ Alex Rodríguez prefirió jugar al fútbol norteamericano.
2. __h__ Antonio Banderas nunca vino a los EE.UU.
3. __a__ Celia Cruz vivió en España.
4. __b__ Benjamín Bratt se casó con Julia Roberts.
5. __g__ Enrique Iglesias nació en México.
6. __c__ Picasso imitó a Salvador Dalí.
7. __e__ Sandra Cisneros era hija única.
8. __f__ Martin Sheen decidió ser abogado.

a. Habría cantado flamenco y no salsa.
b. No habría conocido a su actual esposa.
c. Su estilo habría sido surrealista.
d. Habría sido jugador con los Longhorns y no los Rangers.
e. No habría escrito sobre su familia.
f. No habría sido un actor popular.
g. Habría sido miembro de una banda de mariachis.
h. No se habría casado con Melanie Griffith.

 13-52 Habría hecho algo diferente. Conversen entre ustedes para decidir cómo habrían sido diferentes su vidas en las siguientes situaciones.

MODELO: teniendo mucho dinero
E1: *Habría viajado por todo el mundo antes de empezar mis estudios.*
E2: *Habría dejado mi puesto.*

1. viviendo en España
2. siendo actor/actriz
3. siendo periodista
4. trabajando en un teatro
5. escribiendo drama
6. siendo presentador/a
7. siendo rico/a
8. viendo a Jorge Ramos o Cristina Saralegui en la calle

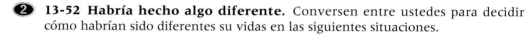

¿Cuánto sabes tú? *Can you...*

☐ talk about television and theater drama and comedy, first ladies and leading men?

☐ use the imperfect subjunctive along with the conditional to talk about hypothetical situations, such as **Si no fuera estudiante de ingeniería, sería director de cine**?

☐ talk about what you *will have done* by some time in the future, for example, **Para 2010 habré terminado mis estudios**?

☐ talk about what you *would have done* some time in the past, for example, **En otras circunstancias habría estudiado teatro**?

Observaciones

Vínculos

• Student Video CD-ROM/VHS cassette, *Episodio 13: Toño Villamil y otras mentiras*

VIDEO Toño Villamil y otras mentiras Episodio 13

13-53 Antonio Banderas en México. Aquí tienes un artículo de la cartelera en el que se da información sobre un película que se hace en México. Léelo y contesta las preguntas a continuación.

1. ¿Dónde se rueda la película?
2. ¿Cuál es su tema?
3. ¿Qué tipo de película será?
4. ¿Según la historia, qué hizo Pancho Villa en Nuevo México?
5. ¿Por qué piensa volver a México Antonio Banderas?
6. Esta película lleva el título en inglés, *And Starring Pancho Villa as Himself.* ¿La has visto en HBO?

Antonio Banderas hará el papel de Pancho Villa

San Miguel de Allende. La estrella española del cine, Antonio Banderas, dijo que defendería "con uñas y dientes" la autenticidad del personaje de Pancho Villa que interpretará en su próxima película.

La película estadounidense, producida por la cadena HBO y titulada *En el papel de Pancho Villa, el mismísimo Pancho Villa,* comenzó a rodarse en San Miguel de Allende, ciudad del estado central de Guanajuato.

Consciente de las polémicas surgidas en torno al personaje de Villa, Banderas dijo el viernes en rueda de prensa "no estoy aquí para juzgarlo. Reconozco que personificarlo es una gran responsabilidad porque es un personaje muy polémico, no sólo para el pueblo mexicano sino para todo el mundo."

El argumento, basado en una historia verdadera de la revolución mexicana, ocurrió en 1913, cuando la productora norteamericana de cine, Mutual Films Company, decidió aceptar una invitación de Villa para rodar aquí sus batallas a cambio de oro para sufragar los gastos de sus tropas.

El famoso productor Bruce Beresford añadió por su parte: "Se trata de algo realista. No nos burlamos de él. Villa es un personaje fascinante y por eso lo elegimos. Cuando termine la película se darán cuenta de que no representa ni el punto de vista de los Estados Unidos ni el de México."

Y Banderas comentó, "No tengo ningún tipo de problema moral de que Villa en alguna ocasión haya invadido Estados Unidos," al referirse al ataque contra la ciudad norteamericana de Columbus, Nuevo México.

Banderas, que en el pasado filmó en escenarios mexicanos *Frida, Desperado,* y *Once Upon a Time in México,* todas con Salma Hayek dijo que volvería aquí el próximo año para filmar *La máscara del zorro II.*

13-54 Isabel y Lucía se burlan de (*outwit*) Toño. Mira el episodio 13 de *Toño Villamil y otras mentiras,* donde vas a ver cómo Isabel y Lucía se burlan de Toño. Ten estas preguntas en mente cuando veas la película.

1. En el restaurante, Lucía lee...
   a. la primera plana.
   b. las tiras cómicas.
   ⓒ la cartelera.

2. Lucía dice que le gustaría...
   ⓐ escribir un artículo sobre el restaurante.
   b. comer algo típico mexicano.
   c. ser actriz en una película.

3. Toño insiste en que Manolo...
   a. vaya en su moto para reunirse con Isabel.
   ⓑ les prepare una tortilla española a la mexicana.
   c. les traiga una botella de vino para celebrar su éxito.

4. Toño tiene que ausentarse del restaurante porque...
   a. quiere comprarle flores a Lucía.
   b. quiere responder al aviso para actores.
   ⓒ tiene cita con Isabel.

5. Toño cree que ha conquistado a Lucía...
   ⓐ por la tortilla tan buena que preparó Manolo.
   b. porque recita poesía muy bien.
   c. porque fue sincero con ella.

13-55 Si fueras... Piensa en lo que harías si fueras estos personajes.

MODELO: Manolo
Si fuera Manolo, les prepararía un plato especial a Toño y Lucía.

1. Toño   3. Isabel
2. Lucía   4. Antonio Banderas

Teaching tips

The Antonio Banderas film was aired on HBO in the fall of 2003. Your students may be surprised to learn that Pancho Villa invaded New Mexico in 1916.

Answers to 13-53. 1. en San Miguel de Allende 2. Trata del personaje Pancho Villa. 3. Será realista. 4. Atacó la ciudad de Columbus. 5. Piensa volver para filmar otra película. 6. *Answers will vary.*

Panoramas

La herencia cultural de España

13-56 ¿Ya sabes...? Trata de identificar o explicar lo siguiente.

1. el nombre de un periódico importante español
2. los nombres de algunas de las regiones o comunidades autónomas
3. el nombre de algún artista español
4. otro nombre para el idioma español
5. el origen lingüístico de **álgebra** y **alcohol**
6. el nombre de un cineasta español que ha recibido varios Óscars por sus películas

Answers to 13-56. 1. *El País* 2. Andalucía, Madrid, Cataluña, etc. 3. Dalí, Picasso, etc. 4. el castellano 5. el árabe 6. Almodóvar

España se compone de dieciocho comunidades autónomas, las cuales han gozado de cierta autonomía política y cultural desde la muerte de Francisco Franco en 1975. La herencia lingüística varía de comunidad en comunidad por razones de su herencia cultural. Aquí tienes una breve descripción de seis de ellas.

Teaching tips
Refer back to the photographs in the chapter opener. Ask students which scenes they would visit if they traveled to Spain.

Teaching tips The images depict highlights of some of the eighteen autonomous regions of Spain. You may have images of others that you are more familiar with and can provide additional information about. Students will be surprised by the diversity of cultures and languages on the Iberian peninsula. Compare this diversity with that of the U.S. or Canada and their native populations and different ethnic groups.

Galicia

La catedral de Santiago de Compostela ha atraído a peregrinos (*pilgrims*) cristianos desde los tiempos medievales.

El gallego, lengua de Galicia, refleja la influencia de los celtas, quienes habitaron en la península hace siglos. Todavía se toca la gaita (*bagpipe*) en Galicia; eso, con su clima húmedo y su abundante vegetación, hace que la comparen con Escocia (*Scotland*).

El País Vasco

Se desconoce el origen del euskera, el idioma de los vascos. Es uno de los más antiguos del mundo y aparentemente es único. Tampoco se conoce el origen de los vascos, un pueblo que se destaca por su fuerte carácter independiente y su perseverancia. Hoy en día, se enseña el euskera en las escuelas del País Vasco.

Castilla y León

La lengua de esta región, el castellano, llegó a ser la lengua oficial de España. Esto se debe en gran parte a la influencia y el poder de los monarcas Fernando e Isabel, cuyo matrimonio marcó el principio de la reconquista de la península Ibérica. El Alcázar de Segovia fue construido en varias etapas, y empezó a construirse en el siglo XI.

Cataluña

La importancia de Cataluña se destaca tanto en el arte como en la política. Es la región de grandes artistas como Salvador Dalí, Pablo Picasso y Antonio Gaudí. El catalán, idioma oficial de la comunidad, tiene una rica tradición literaria. La bella avenida de Las Ramblas en Barcelona atrae a muchos turistas.

LAS COMUNIDADES AUTÓNOMAS

Andalucía	Castilla-La Mancha	La Rioja
Aragón	Cataluña	Madrid
Las islas Baleares	Ceuta y Melilla	Murcia
Las islas Canarias	La Comunidad Valenciana	Navarra
Las islas Cantabria	Extremadura	El País Vasco
Castilla y León	Galicia	El Principado de Asturias

EUROPA

ÁFRICA

ASIA

OCÉANO PACÍFICO

OCÉANO ÍNDICO

AUSTRALIA

ANTÁRTIDA

Andalucía

Cuando los moros conquistaron España en el siglo VIII, establecieron una cultura rica en arte, música, arquitectura, matemáticas, filosofía y letras. La conquista influyó especialmente en el idioma, en palabras que empiezan en al- como álgebra, alcohol y el nombre del famoso palacio árabe de La Alhambra, que significa "castillo rojo" y se encuentra en Granada. La herencia musulmana perdura hoy en día en mucho de lo que se considera hoy español.

13-57 ¿Has comprendido? Contesta brevemente las preguntas siguientes en español.

1. ¿Cuántas comunidades autónomas hay?
2. ¿Qué otros idiomas se hablan en España además del castellano?
3. ¿En qué comunidades están Barcelona, Granada y Santiago de Compostela?
4. ¿Cuáles son algunos artistas importantes catalanes?
5. ¿Cuál es el origen del euskera?
6. ¿Por qué dicen que Galicia es la Escocia de España?
7. ¿En qué región vas a encontrar mucha arquitectura árabe?

WWW **13-58 Investigación.** Conéctate con la página electrónica de *¡Arriba!* (**www. prenhall.com/arriba**) y busca información sobre una de estas comunidades autónomas: Extremadura, Comunidad Valenciana, la Rioja, las islas Canarias, Madrid. Después, prepara un informe para presentarle a la clase. Puedes usar las siguientes ideas como guía.

- Además del castellano, ¿tiene otro idioma oficial?
- ¿Cuáles son sus ciudades principales?
- ¿Cómo son su clima y su topografía?
- ¿Qué contribuciones culturales (artísticas, literarias) ha hecho?
- ¿Cuáles son sus especialidades culinarias?

G **13-59 Comparaciones.** Conversen entre ustedes para comparar algunas de las comunidades autónomas a los estados o provincias que ustedes conozcan.

MODELO: *Galicia me recuerda a Nueva Escocia por el clima y la herencia cultural.*

WWW

13-60 La gastronomía española. La gastronomía española varia mucho de región a región. A continuación, tienes tres ejemplos. Conéctate con la página electrónica de *¡Arriba!* (**www.prenhall.com/ arriba**) y busca información sobre uno de ellos y contesta las preguntas que siguen.

1. ¿Cuáles son los ingredientes principales?
2. ¿Se sirve como primer plato, plato principal o postre?
3. ¿Lo prepararías si estuvieras a dieta? ¿si tuvieras visitas en casa? ¿si tuvieras poco tiempo para cocinar?
4. ¿A quiénes invitarías si prepararas este plato?

Paella valenciana

Gazpacho andaluz

Tarta de Santiago

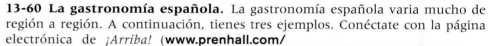

Ritmos

"Se vende" (ADN, España)

ADN es un grupo español de música rock y "Se vende" es una de sus canciones más famosas. La canción que vas a escuchar en este capítulo trata del amor fracasado entre dos personas.

Antes de escuchar

13-61 Se vende. Mira la lista de algunos de los verbos que aparecen en la canción y escribe el imperfecto de subjuntivo.

MODELO: vender → vendiera, vendieras, vendiera, vendiéramos, vendierais, vendieran

cerrar   usar   enviar   estrenar   sufrir   compartir   ser

A escuchar

13-62 La canción. Completa los espacios en blanco de la letra de "Se vende" con la palabra de la lista que escuchas en la canción.

dolor / sufrir / corazón / besos / caricias (*caresses*) / rosas

infidelidad / pasión / amor / clandestinidad / miradas (*looks*)

Se vende
Se vende,
por cierre por derribo, (1) ____corazón____.
Se vende,
un juego de (2) ____caricias____ y un colchón.

Millones de (3) ____miradas____ casi sin usar,
un ramo de (4) ____rosas____ aún por enviar.

Se vende,
equipo de alta (5) ____infidelidad____.
Se vende,
El fuego de la (6) ____clandestinidad____.

Mi colección de (7) ____besos____ aún por estrenar,
billete de ida y vuelta a ningún lugar.

Se vende el duende del (8) ____amor____.
Se vende el puente hacia el (9) ____dolor____.
Se vende al mejor postor.

Se vende de saldo y ocasión.
Se vende por liquidación.
Se vende por falta de (10) ____pasión____.

Se vende,
el tacto de tu piel para no (11) ____sufrir____.
Se vende,
luna de miel por compartir.

Y un millón de fotos donde tú y yo
nunca más seremos esos tú y yo.

Mi colección de besos aún por estrenar,
billete de ida y vuelta a ningún lugar.

Después de escuchar

13-63 Una entrevista imaginaria. Lee la entrevista de un reportero de la televisión española y los miembros del grupo ADN, y complétala con el verbo apropiado. Conjúgalo con la forma correcta del imperfecto de subjuntivo.

Reportero: ¿Por qué decidieron Uds. cantar sobre el tema del amor en su canción "Se vende"?

ADN: Bueno, era muy importante que nosotros ____cantáramos____ (1. escuchar, mirar, cantar) sobre el amor, ya que es un tema universal. También queríamos un tema que ____fuera____ (2. leer, ser, oír) fácil de entender. Creo que el amor lo entienden todos, de una manera u otra, ¿no?

Reportero: ¿Qué cosas eran necesarias para completar su álbum?

ADN: Era necesario que nosotros ____tuviéramos____ (3. presentar, comprender, tener) tiempo suficiente y que los empleados del estudio donde lo grabamos nos ____ayudaran____ (4. dar, ayudar, filmar).

Reportero: ¿Pueden explicarme cómo fue la grabación de este álbum?

ADN: Pues, sí. Para nosotros fue una experiencia muy buena aunque muchos insistían en que ____trabajáramos____ (5. comentar, trabajar, ver) de día y noche. También era necesario que nosotros ____estuviéramos____ (6. estar, revisar, buscar) en el estudio muchas horas. Todos querían que nosotros ____hiciéramos____ (7. filmar, transmitir, hacer) un álbum de buena calidad así que no nos molestó que ____tuviéramos____ (8. tener, perder, empezar) que trabajar tanto.

Reportero: ¿Cómo se sintieron cuando supieron que su álbum fue tan bien recibido por el público?

ADN: Pues, dudábamos que este álbum ____recibiera____ (9. ser, ganarse, recibir) tanto éxito porque no creíamos que ____fuera____ (10. tener, estar, ser) el mejor que habíamos hecho.

Reportero: Pues se nos acabó el tiempo. Muchas gracias.

Vínculos
- Instructor's Music CD: *Capítulo 13: Ritmos de nuestro mundo*
- Companion Website: Chapter 13, Web Resources, *Ritmos: ADN (España)*

Páginas

Solos esta noche Fragmento (Paloma Pedrero, España)

Además de ser dramaturga, Paloma Pedrero ha sido actriz de teatro y guionista para la televisión y el cine españoles. Sus dramas cortos siempre llevan una tensión entre el hombre y la mujer, tensión que a veces no se resuelve de una manera agradable. A continuación, se presenta un fragmento de un drama que se estrenó en Madrid en 1990. Es parte de una trilogía que se llama *Noches de amor efímero*.

Antes de leer

13-64 Estrategias para leer obras dramáticas. En una obra dramática, lo visual y no verbal es tan importante como el diálogo. Mientras lees este drama, anota todo lo que indique diferencias sociales entre los dos personajes. ¿Cómo contribuyen a la tensión dramática del drama?

13-65 ¿Quiénes son los personajes? Escanea el drama para buscar esta información antes de leerlo por completo.

1. Número de personajes: _____dos_____
2. Nombres: Se llaman Carmen y José.
3. Escena: Están en una estación de metro.
4. Problema: Un hombre se acerca a una mujer.

A leer

13-66 *Solos esta noche*. Lee ahora el texto de Paloma Pedrero y verifica tus respuestas de la actividad anterior.

Solos esta noche (Fragmento)

Estación de metro. No hay nadie en el andén. Entra Carmen. Es una mujer de treinta y bastantes años. Va vestida de forma elegante, pero muy convencional. Pelo de peluquería y uñas largas muy pintadas. Carmen, con cierta inquietud, se sienta en un banco (*bench*) y espera. Al poco, aparece José. Es un joven moreno de piel y musculoso. Carmen, al verlo, disimula un sobresalto (*sorpresa*). El joven se sienta en otro banco y enciende un cigarro. Mira a Carmen. Carmen pasea nerviosa por el andén. Después de un momento, el joven comienza a acercarse (*approach*) a la mujer. Carmen, asustada, se agarra (*grabs*) el bolso y se dirige hacia la salida. El joven llama con un "Eh, oye". Carmen se para en seco (*stops cold*). José llega hasta ella.

Carmen: (*Muy asustada, hablando muy de prisa*) (*hurriedly*) No tengo nada. Me he metido en el metro porque me he quedado sin dinero. Ni un duro (*centavo*), te lo juro... Toma. (*Le da el bolso.*) Puedes quedarte con él. El reloj es caro. Toma, puedes venderlo... Los anillos... ¡No puedo sacármelos! Por favor, los dedos no. No me cortes los dedos...

José: (*Interrumpiéndola perplejo*) Pero, ¿qué dices? ¿Qué te pasa? ¿Te he pedido yo algo?

Carmen: ¿Qué quieres? ¿Qué quieres de mí?

José: Dios, que miedo llevas encima, ¿no? ¿Tengo tan mala pinta? (*Do I look so bad?*)

Carmen: No, no, es que... es muy tarde. No estoy acostumbrada a estar sola a estas horas... No cojo nunca el metro y...

José: Ya. A estas horas estás en tu casa viendo la televisión. Toma tus cosas y relájate. (*Carmen asiente.*) Tranqui, ¿eh? Tranqui...

Vuelve al banco y se sienta.

Carmen: ¿Qué querías?

José: Te iba a preguntar que si llevas mucho tiempo esperando.

Carmen: Sí, bastante. Me dijeron que tenía que pasar el último metro.

José: El último suele tardar (*tends to be late*). (*Mira el reloj.*) Aunque ya tenía que haber llegado.

Carmen: (*Mirando hacia el túnel*) Creo que ya viene.

José: (*Después de un momento*) Yo no lo oigo.

Carmen: No, yo tampoco.

José: Bueno, habrá que esperar. (*Saca un bocadillo.*) ¿Quieres?

Carmen: (*Sin mirarle*) No fumo, gracias.

Carmen pasea nerviosa por el andén.

José: Estáte quieta, chica, es que me estás mareando (*making me dizzy*). ¿Tienes hambre?

Carmen: No, gracias.

José: Es de jamón. (*Carmen sigue paseando sin hacerle caso*) (*without paying attention to him*). Oye, que es de jamón.

Carmen: ¿Y qué?

José: Que es de jamón. ¿No quieres un cacho (*un poquito*)?

Carmen: No, de verdad, gracias. He cenado hace un rato (*a little while ago*).

Sigue paseando cada vez más nerviosa.

José: ¿En un restaurán?

Carmen: ¿Cómo?

José: ¿Que si has cenado en un restaurán?

Carmen: Sí.

José: ¿Sola?

Carmen: Se está retrasando demasiado. (*It's really late.*)

José: ¿Eh?

Carmen: El metro. No es normal que un metro tarde tanto.

José: El último sí. A veces tarda mucho. ¿Por qué no te sientas?

Carmen: No, gracias, prefiero estar de pie.

José: Tú misma. (*Your choice.*)

Carmen: Gracias.

José: ¿Por qué?

Carmen: ¿Por qué, qué?

José: ¿Que por qué me das tanto las gracias? No lo entiendo.

Carmen: Ah, no sé... (*Alejándose*) ¡Dios mío lo que tarda...!

José: (*Levantando la voz*) ¿Y has cenado sola en el restaurán?

Carmen: No.

José: ¿Con tu novio?

Carmen: ¡Dios mío, este metro no llega nunca!

José: Pues por aquí no se ve un alma. Lo mismo se ha averiado (*broken down*) y está colgado (*hung up*) en el túnel.

Carmen: Espero que no.

José: ¿Tienes que madrugar mañana?

Carmen: (*Enfrentándole asustada*) ¿Por qué dices eso?

José: ¿Digo qué?

Carmen: ¿Por qué me preguntas que si tengo que madrugar mañana?

José: Dios mío, ni que te hubiera preguntado la talla del sostén (*you'd think I'd asked you your bra size*).

Carmen: ¡Ah! Me voy.

José: No seas estrecha, mujer, que era una broma. Te lo preguntaba por si trabajabas. ¿Trabajas o no?

Carmen: Sí. ¿Por qué?

José: Yo cuando trabajo me acuesto pronto para rendir. Ahora estoy en paro (sin trabajo). Mira. (*Se quita la cazadora* (chaqueta) *y se abre la camisa. Carmen grita.*) ¿Qué te pasa?

Carmen: ¿Qué haces?

José: Que te voy a enseñar la cicatriz (*scar*). Mira, una viga (*metal beam*) que se desprendió y me cayó encima. Casi me destroza el tatuaje (*almost ruined my tattoo*). (*Carmen no sabe dónde meterse. José, tranquilamente, sigue hablando.*) Con el tórax tan estupendo que tenía, ahora estoy marcado. Ya ves, ni guapos nos dejan ser a los cabrones (*they even take our good looks*). Es una cosa que siempre he pensado, lo guapa que es la gente de pelas (rica). Y no es la ropa cara, ni el pelo tan brillante, ni las alhajas (joyas). No, es la piel (*skin*). Es la maldita piel que se hace distinta. Oye, por cierto, tú tienes una piel tela de fina (*fine-looking complexion*). ¿Qué haces tú en una alcantarilla (*sewer*) a estas horas?

Carmen: Este metro no viene. Intentaré coger un taxi.

José: ¿Pero no decías que no tenías pelas (dinero)?

Carmen: No tengo aquí. Lo pagaré en casa. Eso es lo que tenía que haber hecho desde el principio. Sí, me voy. Adiós.

José: Bueno, mujer, adiós.

Carmen sale a toda prisa. José termina su bocadillo. Saca una botellita de alcohol y se da un trago. Mira hacia dentro del túnel. Enciende otro cigarro. Aparece Carmen histérica.

Carmen: ¡Está cerrado! ¡Están cerradas las puertas de la calle!

José: ¿En serio?

Carmen: ¡Y no hay nadie! ¡Nadie! ¡Ni una taquillera, ni un guardia, ni un solo empleado! ¡No hay nadie!...

Después de leer

13-67 ¿Quién será? Lee las siguientes descripciones y decide quién será: José (**J**) o Carmen (**C**).

1. __C__ No acostumbra a usar el metro.
2. __J__ No se preocupa de nada.
3. __C__ Tiene miedo de estar solo/a.
4. __C__ No habla con gente que no conoce.
5. __J__ Es muy informal y amistoso/a.
6. __C__ Quiere salir del metro lo más pronto posible.
7. __J__ Hace trabajo manual pero ahora está en paro.
8. __C__ Es de la clase media.
9. __C__ Ha cenado con un amigo en un restaurán.
10. __C__ Se pone histérico/a cuando se entera que están encerrados en el metro.

13-68 Los personajes. Describe a los dos personajes, no sólo su aspecto físico sino también su carácter. ¿Con cuál te identificas más? ¿Por qué?

2 **13-69 La resolución.** El último momento de este fragmento está muy cargado de tensión entre José y Carmen. Sin embargo, esta tensión se extiende por varias páginas más en el drama. Hagan una lista de posibles salidas de su lío y conversen sobre sus posibilidades para tener éxito.

> **MODELO:** E1: *Creo que José entrará en el túnel y buscará el tren.*
> E2: *Pero si viene el tren, ¿qué le pasará?*

G **13-70 La dramatización.** Actúen esta escena entre José y Carmen. Una tercera persona será el/la narrador/a.

② **13-71 ¿Qué harían en tal situación?** Conversen entre ustedes para comparar lo que harían si se encontraran atrapados en el metro muy tarde por la noche.

MODELO: E1: *Si estuviera atrapado/a en el metro tarde por la noche, gritaría...*
E2: *Pues, no gritaría, porque no habría nadie...*

Taller

13-72 Reseña de una película. En este taller vas a escribir una reseña de una película que hayas visto. Incluye información para que los lectores sepan si quieren verla o no.

Antes de escribir

- **Ideas.** Piensa en una película que has visto que te gustaría reseñar.

A escribir

- **Presentación.** Escribe una o dos oraciones para presentar el tema y el tipo de persona a quien le pueda interesar.
- **Resumen.** Haz un pequeño resumen de la trama, pero no incluyas todos los detalles, ni el desenlace (*outcome*).
- **Evaluación.** Haz tu propia evaluación y las razones.
- **Conclusión.** Termina la reseña con una oración que la resuma.

Después de escribir

- **Revisar.** Revisa tu reseña para verificar los siguientes puntos:
  - ☐ el uso del imperfecto del subjuntivo, el condicional y las cláusulas con **si**
  - ☐ el uso de los adjetivos y pronombres posesivos
  - ☐ el uso del futuro perfecto y el condicional perfecto
  - ☐ la concordancia y la ortografía

- **Intercambiar**
  Intercambia tu reseña con la de un/a compañero/a. Mientras leen las reseñas, hagan comentarios y sugerencias sobre el contenido, la estructura y la gramática. Reaccionen también a las reseñas.

- **Entregar**
  Pasa tu reseña a limpio, incorporando las sugerencias de tu compañero/a. Después, entrégaselo a tu profesor/a.

  MODELO: *La mala educación es la última película del director español Pedro Almodóvar. El cineasta de otras películas existosas (Hable con ella; Mujeres al borde de un ataque de nervios, entre muchas) continúa su tradición de comedia negra en la que los protagonistas sufren, pero al final (especialmente las mujeres) superan sus dificultades. En ésta, vemos también toques autobiográficos del director, quien recuerda sus experiencias juveniles en una escuela religiosa...*

Teaching tips
In small groups, have students brainstorm ideas for movies that they could review. They can read or present their completed reviews to the class as if they were a movie critic for a radio or television program.

Suggestion for *Taller*. Have students watch an Almodóvar film in or outside of class, then do individual reviews of the film. Be aware that many of his movies contain explicit scenes that may offend some students. *Mujeres al borde de un ataque de nervios*, *Todo sobre mi madre*, and *Hable con ella* are some of his more mainstream films.

Vínculos
• Assessment: TestGen or paper test in the IRM

14 ¡Seamos cultos!

OBJETIVOS COMUNICATIVOS

- **Expressing how long something has been going on or how long ago it was completed**
- **Talking about what had happened**

- **Conjecturing about what would have been if something different had happened**

El arte moderno hispano

Pablo Picasso (1881–1973) fue uno de los artistas más prolíficos del siglo XX. Su obra maestra, *Guernica*, relata los horrores de la Guerra Civil española cuando los fascistas bombardearon y destruyeron el pueblo del mismo nombre en el País Vasco.

«De músico, poeta y loco todos tenemos un poco.»

Las pinturas de Frida Kahlo (1907–1954), a veces violentas, pero también expresivas y coloridas, son siempre muy personales y representan el dolor físico y psicológico que sufrió durante su corta vida.

Refrán: Musician, poet, and madman, we all have some.

PRIMERA PARTE

¡Así es la vida!

Los Romero: La "familia real" de la guitarra española

El legendario maestro de la guitarra española, Celedonio Romero, además de disfrutar de una larga y prestigiosa carrera musical, está considerado el patriarca del "la familia real de la guitarra española". Sus tres hijos, Celín, Ángel y Pepe han tenido mucho éxito en el mundo de la música clásica, y ahora su nieto Celino también se destaca como un gran músico.

Después de que la familia Romero se mudó de Málaga, España, a California, Celedonio formó junto con sus tres hijos el Cuarteto Romero. Después de muchos conciertos en los EE.UU. y en el resto del mundo, este cuarteto ha sido reconocido por la crítica internacional y honrado por el Rey Juan Carlos de España. El legado de Celedonio Romero no ha parado con sus hijos ni con su nieto. Dice Celino que sus hijos pequeños, de uno y tres años (los bisnietos de Celedonio), también muestran afición a la música.

Según Celino, él empezó a tocar la guitarra cuando tenía tres años. Ahora cree que el talento musical depende no sólo de los genes sino también de la instrucción. Aprendió la técnica del flamenco de su tío y la "magia" de la música de su abuelo. Cuando era joven, Celino tenía la tendencia de tocar apurado (*hurriedly*), pero su abuelo lo convenció de que era mejor tocar una pieza una sola vez al paso correcto que cien veces rápidamente. En su juventud a Celino le encantaba la música de Pink Floyd y Led Zeppelin.

Sin embargo, no todos los Romeros son guitarristas. El hijo de Pepe tiene fama de fabricar excelentes guitarras. La gente que desea comprar una, tiene que pedirla con cuatro años de anticipación y pagar más de $7.000 por ella. Hace muchos años que el Cuarteto Romero da conciertos por Norte América y Europa. Aunque Celedonio Romero murió en 1996, su herencia musical continúa con sus hijos y nietos.

La ópera y la música clásica

Vínculos

Use the following instructional resources to practice *la ópera y la música clásica*.
- Companion Website: Chapter 14, Review, Activity: Rev 14-1
- IRCD: p. 473

Teaching tips
Some of your students may participate in musical and/or theatrical groups at your college or university. Now is a perfect time for them to contribute their expertise to class discussions about music and art. Encourage these students to be the discussion leaders in more open-ended activities.

- la ópera
- aplaudir
- el/la director/a
- la pieza
- el músico
- la diva
- el escenario

La ópera y la música clásica

componer	*to compose*
ensayar	*to rehearse*
improvisar	*to improvise*
representarse	*to perform*
la audición	*audition*
la comedia musical	*musical comedy*
el/la compositor/a	*composer*
la gira	*tour*
el repertorio	*repertoire*
la sinfonía	*symphony*
el/la solista	*soloist*
talentoso/a	*talented*

Grupos musicales

la banda	**la orquesta**
el cuarteto	**sinfónica**
	el sexteto

Voces en el canto de hombres

el bajo (la más grave)	**el tenor (la**
el barítono	**más alta)**

Voces en el canto de mujeres

la contralto	**la soprano**
la mezzosoprano	

Instrumentos musicales

el trombón
las maracas
la trompeta
el acordeón
el clarinete
la corneta
el piano
la flauta
el arpa
el saxofón
la viola
el violín
el bajo
la batería
el tambor
la guitarra

Warm-up for ¡Así lo decimos! Use the following questions to check comprehension. *¿Tocas un instrumento musical? ¿Conoces a alguien que toque uno? ¿Te gusta ver comedias musicales? ¿Conoces alguna ópera? ¿... alguna opereta o zarzuela? ¿Te gusta la orquesta sinfónica? ¿Aplaudes mucho al final de una sinfonía?*

Aplicación

14-1 Los Romero. Contesta las siguientes preguntas basadas en **¡Así es la vida!**

1. ¿Por qué se considera a los Romero "la familia real" de la guitarra?
2. ¿De dónde son los Romero originalmente?
3. ¿Quiénes los han reconocido?
4. ¿Cómo explica Celino su talento musical?
5. ¿Son guitarristas todos los Romero? Explica.
6. ¿Por qué dicen que perdurará (*will endure*) la herencia musical de Celedonio Romero?

14-2 En el escenario. Empareja la expresiones con su significado.

1. __b__ el/la solista
2. __h__ la audición
3. __e__ el/la director/a
4. __j__ la diva
5. __g__ la sinfonía
6. __a__ la gira
7. __d__ el repertorio
8. __f__ la casa de ópera, la ópera
9. __c__ el/la compositor/a
10. __i__ el escenario

a. un viaje por muchas ciudades para dar conciertos
b. la persona que canta sola
c. una persona que compone música
d. el conjunto de piezas que sabe un músico
e. la persona que dirige la orquesta
f. el lugar donde se presenta una ópera
g. una pieza musical con movimientos
h. un tipo de entrevista en que el músico toca o canta
i. el lugar en el teatro donde se presenta un drama
j. una mujer que goza de fama como cantante de ópera

14-3 ¿Cómo se clasifican los instrumentos? Clasifica los instrumentos bajo las categorías de instrumentos de cuerda (*strings*), de viento (madera (*woodwinds*) o bronce) y percusión. ¿Cuál de los instrumentos te gusta escuchar? ¿Cuál tocas o tocarías?

14-4 Un concierto de música clásica. Escribe un párrafo sobre un concierto al que hayas asistido. Las siguientes preguntas pueden servirte de guía.

1. ¿Cuándo fue el concierto?
2. ¿Quiénes tocaron y/o cantaron?
3. ¿Qué instrumentos musicales tocaba la orquesta?
4. ¿Quién fue el/la director/a?
5. ¿Quiénes eran los/las compositores/as?
6. ¿Cuál de las piezas te impresionó más?
7. ¿Cuál fue la reacción de los críticos?

AUDIO **14-5 Una entrevista con Pepe Romero.** Escucha la entrevista con Pepe Romero y completa las siguientes frases.

1. Esta noche Pepe Romero toca con...
   a. la Filarmónica de San Francisco.
   b. el Cuarteto Romero.
   c. su padre, Celedonio Romero.

2. El concierto es en honor de...
   a. sus hermanos.
   b. el rey de España.
   c. su padre.

3. Manuel de Falla es...
   a. violinista.
   b. amigo de Pepe.
   (c.) compositor.
4. Su CD es una compilación de piezas...
   (a.) clásicas y populares.
   b. modernas.
   c. de Pink Floyd y Led Zeppelin.
5. La gira de Pepe es por...
   a. el Este.
   (b.) los EE.UU.
   c. California.

WWW **14-6 La música de Los Romero.** Conéctate con la página electrónica de *¡Arriba!* (**www.prenhall.com/arriba**) para escuchar algunos fragmentos de la música de los Romero. Identifica una pieza que te guste y explica por qué.

14-7 La vida de los músicos. Conversen entre ustedes para hacer una lista de cualidades y talentos que deberían tener las personas dedicadas a la música.

MODELO: *Deberían tener mucha perseverencia porque hay muy pocas estrellas.*

14-8 El valor de la música clásica. Háganse y contéstense las siguientes preguntas.

1. ¿Es importante la música clásica para los jóvenes? ¿Por qué?
2. ¿Qué compositores asocian con la música clásica?
3. Algunos estudios han encontrado una relación entre el nivel de inteligencia y la experiencia con la música clásica. ¿Qué opinan ustedes sobre esta teoría?
4. ¿Tuvieron una experiencia agradable o desagradable al aprender a tocar un instrumento musical?
5. Si tuvieran la oportunidad de volver a sus años de escuela secundaria, ¿dedicarían más tiempo al estudio de la música clásica? ¿Por qué?
6. ¿Cuáles son algunas de las ventajas y desventajas de ser músico?

G **14-9 El presupuesto del NEA.** Ustedes son miembros de un comité del NEA[1] y tienen que decidir cómo van a compartir los fondos entre las exposiciones de arte y los conciertos de música clásica. Conversen entre ustedes para justificar sus recomendaciones.

PRESUPUESTO
$10.000.000

PROYECTOS
- una exposición de murales de pintores del barrio del este de Los Ángeles.
- un programa educativo para llevar la música clásica a las escuelas de Appalachia
- un concierto abierto al público de música de compositores jóvenes no muy conocidos
- un programa para reparar y donar instrumentos musicales a las escuelas
- una gira de una orquesta sinfónica por Europa
- una gira de esculturas de artistas jóvenes por los EE.UU.

---

[1]National Endowment for the Arts

¡Así lo hacemos! Estructuras

1. *Hacer* in time expressions

In Spanish, special constructions with the verb **hacer** are used to express the idea that an action began in the past and is still going on in the present.

- To ask *how long* a certain action has been continuing, use the following construction.

  ¿Cuánto (tiempo) hace que + a verb phrase in the present?

¿Cuánto tiempo hace que Pepe Romero toca la guitarra?	*How long has Pepe Romero been playing the guitar?*
¿Cuántos minutos hace que esperas la audición?	*How many minutes have you been waiting for the audition?*

- To answer these questions, use these constructions with **hacer.** Note that when the verb phrase and **hace** + *time phrase* are reversed, you do not use **que.**

  hace + a time expression + **que** + a verb phrase in the present

  a verb phrase in the present + **hace** + a time expression

Hace más de 30 años que Pepe Romero toca la guitarra.	*Pepe Romero has been playing the guitar for over 30 years.*
Espero la audición **hace unos treinta minutos.**	*I have been waiting for the audition for about thirty minutes.*

- Note that in Spanish, the verb **hacer** and the main verb are in the present; the English equivalent, however, uses *has* or *have been.*

Hacer to express *ago*

To tell how long ago an action or event occurred in Spanish, you will use a similar construction. **Hace** will be used in the present, but the verb phrase will be in the preterit. Again, when the verb phrase introduces the sentence, omit the **que.**

hace + time expression + **que** + verb phrase in the preterit

verb phrase in the preterit + **hace** + a time expression

¿Cuánto tiempo hace que salió para el concierto?	*How long ago did she leave for the concert?*
Hace veinte minutos que salió.	*She left twenty minutes ago.*
Conocí a Celín Romero en España **hace** dos años.	*I met Celín Romero in Spain two years ago.*

Aplicación

14-10 Plácido Domingo. Lee el párrafo sobre el tenor Plácido Domingo y contesta las preguntas que siguen.

Plácido Domingo hizo su primera audición a la edad de siete años. Sus padres lo llevaron a la casa de ópera para cantar enfrente de un jurado que iba a elegir a los cantantes más talentosos para un concierto. Plácido impresionó mucho al jurado cuando cantó una pequeña aria de la ópera *Rigoletto*. Aunque empezó su carrera como barítono, siguió la recomendación del jurado y se hizo tenor. Hace más de 55 años que este gran tenor canta para un público que lo adora. Plácid es un personaje muy popular que tiene buenas relaciones con los otros cantantes y se lleva muy bien con los directores de orquesta sinfónica. Se le atribuye un gran corazón y hace muchas obras benéficas en México, su país adoptivo. Por ejemplo, después del terremoto de 1986, Plácido fue a México y ayudó a mucha gente.

1. ¿Cuánto tiempo hace que Plácido Domingo canta ópera?
2. ¿A qué edad tuvo su primera audición?
3. ¿Qué tipo de voz musical tiene Plácido?
4. ¿Cómo es su personalidad?
5. ¿Cuánto tiempo hace que hubo un temblor en la Ciudad de México?
6. ¿Cómo respondió Plácido Domingo a la crisis?

Answers to 14-10. 1. Hace más de 55 años. 2. La tuvo a la edad de siete años. 3. Es un tenor. 4. Muy amable, se lleva bien con otros. 5. Hace current year–1986 = ? años. 6. Fue a México y ayudó a muchas personas.

14-11 En la Ópera. Completa el párrafo con el presente del verbo **hacer** y el presente o el pretérito de los verbos de la lista.

devolver   hacer   llegar   querer

Son las ocho y media de la noche y (1) ___hace___ más de una hora que nosotros (2) ___hacemos___ cola para ver si hay boletos para la función. (3. nosotros) ___Llegamos___ al teatro (4) ___hace___ dos horas, pero tuvimos que esperar en la calle hasta que se abrió. (5) ___Hace___ más de dos meses que (6. yo) ___quiero___ asistir a esta función. Pero es difícil conseguir boletos para una ópera en la que canta Plácido Domingo. El tenor (7) ___llegó___ al teatro en su limosina (8) ___hace___ media hora. ¡Qué suerte! Acaban de decirnos que una señora (9) ___devolvió___ sus boletos (10) ___hace___ unos minutos.

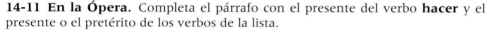

WWW **14-12 ¿Conoces la voz de Plácido Domingo?** Conéctate con la página electrónica de *¡Arriba!* (**www.prenhall.com/arriba**) para escuchar algunos fragmentos de la música de Plácido Domingo. ¿Cómo caracterizas su voz? ¿su energía musical?

14-13 Antes de la función. Forma oraciones completas para explicar cuánto tiempo hace que las siguientes personas han hecho las acciones indicadas, y luego explica cómo se sienten o de qué se quejan.

MODELO: la violinista: practicar / cinco horas
Hace cinco horas que practica y ahora está cansada.

1. la soprano: buscar su vestido / treinta minutos
2. el maquillador (*make-up artist*): maquillar a los cantantes / tres horas
3. los bailarines: bailar sin música / diez minutos
4. los miembros de la orquesta: esperar a la soprano / mucho tiempo
5. la patrocinadora de la función: hablar con el director / quince minutos
6. el director: trabajar con la orquesta / una semana
7. la flautista: practicar su música / tres meses
8. el público: esperar entrar / una hora

14-14 ¡Ya son las ocho! Imagínate que ya son las ocho y es la hora de la función. ¿Cuánto tiempo hace que las siguientes cosas ocurrieron?

MODELO: la soprano: llegar a las siete
Hace una hora que llegó la soprano.

1. el director: tomar una siesta a las tres
2. los asistentes: ordenar el escenario a las cinco
3. los músicos: empezar a llegar a las seis y media
4. ellos: abrir las puertas al público a las siete y media
5. nosotros: sentarnos a las ocho menos cuarto
6. alguien: bajar las luces del auditorio a las ocho menos cinco

14-15A ¿Cuánto tiempo hace que...? Hagan y contesten preguntas sobre cuánto tiempo hace que participan en algunas actividades o que hicieron algunas de ellas. Trata de usar actividades relacionadas con la música.

MODELO: asistir a...
E1: *¿Cuánto tiempo hace que asististe a un concierto de música clásica?*
E2: *Hace un año que asistí a uno en la sala de ópera de mi ciudad. Tocaron...*

1. gustar...
2. querer oír...
3. pensar estudiar...
4. practicar...
5. escuchar...

14-16 Datos sobre los artistas. Hagan una lista de artistas y músicos que conozcan y algunos datos de cada uno. Luego, túrnense para preguntarse cuánto tiempo hace que las personas de su lista hacen o hicieron varias cosas.

MODELO: E1: *¿Cuánto tiempo hace que canta profesionalmente Plácido Domingo?*
E2: *Hace muchos años que canta. ¿Cuánto tiempo hace que murió Picasso?*
E1: *Hace más de treinta años que murió.*

2. The pluperfect indicative

El año pasado, nadie había oído de los Romero. ¡Ahora es casi imposible conseguir entradas!

Vínculos

Use the following instructional resources to practice the pluperfect indicative.
- WB/LM–OneKey: Activities: 14-9, 14-10, 14-31, and 14-32
- *Gramática viva:* Grammar Point 29, Pluperfect
- Companion Website: Chapter 14 Review, Activity: Rev 14-3
- IRCD: p. 479

Warm-up for ¡Así lo hacemos! You may prepare an activity on the board or on a transparency as a contextualized intro-duction. Begin by asking what time Spanish class starts.

    ¿Qué habías hecho hoy antes de llegar a clase?
sí / no   draw timeline here; start with class time and put in time of earlier acts.
———   *había tomado un café cuando llegué a las nueve.*
———   *había leído el correo electrónico*

■ Like the present perfect tense, the pluperfect (or past perfect) is a compound tense. It is formed with the imperfect tense of **haber** + *past participle*.

	imperfect of *haber*	past participle	past of *to have*	past participle
yo	**había**		*I had*	
tú	**habías**	**tomado**	*you had*	*taken*
él, ella, Ud.	**había**	**comido**	*you, he, she had*	*eaten*
nosotros/as	**habíamos**	**vivido**	*we had*	*lived*
vosotros/as	**habíais**		*you (pl. fam.) had*	
ellos/as, Uds.	**habían**		*you (pl.), they had*	

■ The pluperfect is used to refer to an action or event that had occurred before another past action or event. Compare the following sentence with the time line.

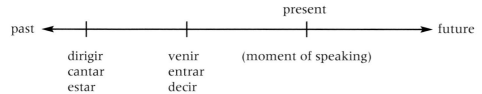

present
past ←———+————————+————————+———————→ future
        dirigir   venir   (moment of speaking)
        cantar   entrar
        estar   decir

El director **había dirigido** otras dos orquestas antes de venir a Boston.
The director had directed two other orchestras before coming to Boston.

Cuando entramos, la diva ya **había cantado** el aria.
When we entered, the diva had already sung the aria.

Nos dijo que el compositor **había estado** enfermo.
He told us that the composer had been sick.

■ Remember that in compound tenses nothing may be inserted between the auxiliary **haber** and the past participle; **haber** must agree in number with the subject, and the past participle has only one form.

El público lo **había visto** antes.
The public had seen him before.

Los músicos **habían tocado** maravillosamente.
The musicians had played marvelously.

Aplicación

14-17 El primer puesto de Julio Bocca. Lee la conversación entre la coreógrafa y Julio Bocca. Luego, escribe una lista de cosas que ya había hecho Bocca antes de esa noche y cosas que no había hecho.

Coreógrafa:	Sr. Bocca, ¿había trabajado usted en una compañía profesional de danza moderna antes de venir aquí?
Julio:	No, señorita. Es verdad que había bailado mucho de estudiante en la Escuela de Artes, pero nunca había tenido la oportunidad de bailar profesionalmente antes de trabajar con usted.
Coreógrafa:	Bueno, yo nunca había observado una técnica exactamente como la suya, pero sabía que usted tenía futuro en esta compañía cuando lo conocí. ¿Había ensayado con una orquesta antes de venir aquí?
Julio:	No, mi colegio no tenía fondos para una orquesta. Antes de este año sólo había practicado con discos.
Coreógrafa:	Y ¿nunca había llevado un disfraz (*costume*) antes de la función que presentamos anoche?
Julio:	No, antes de anoche nunca me había puesto un disfraz. Y tampoco había visto un público tan grande en el auditorio. Estaba un poco nervioso.
Coreógrafa:	Pues, yo estoy muy contenta de que esté usted aquí con nosotros. Gracias.

Cosas que ya había hecho antes	Cosas que nunca había hecho
había bailado	no había tenido la oportunidad de bailar
había practicado con discos	profesionalmente, había trabajado, nunca había
	tenido, no había ensayado, no se había puesto un
	disfraz, tampoco había visto un público tan grande

www **14-18 Más sobre Julio Bocca.** Conéctate con la página electrónica de *¡Arriba!* (**www.prenhall.com/arriba**) para ver más imágenes de Julio Bocca. ¿Cuáles son algunas de las piezas que ha bailado? ¿En qué ciudades ha bailado recientemente?

2 **14-19 Antes de cumplir dieciséis años.** Conversen entre ustedes para comparar las experiencias artísticas que no habían tenido antes de cumplir dieciséis años.

MODELO: E1: *Antes de cumplir dieciséis años, nunca había asistido a una ópera, pero vi una el año pasado.*

2 **14-20 Una entrevista con Plácido Domingo.** Preparen algunas preguntas que le harían a un artista como Plácido Domingo, Julio Bocca o Pepe Romero. Luego túrnense para hacerle la entrevista.

MODELO: E1: *Sr. Domingo, ¿había usted visitado Nueva York antes de su debut en la Metropolitan Opera?*
E2: *Sí, había visitado Nueva York varias veces con mis padres.*

G **14-21 Antes de...** Expliquen lo que no había ocurrido antes de ciertas fechas. A continuación hay algunas posiblidades.

MODELO: *Antes de 1960 no habíamos ido a la luna.*

cantar	ganar	necesitar	perder	tener	trabajar
elegir	ir	pagar	presentar	tocar	ver

1. 1999
2. 1939
3. este año
4. 1900
5. 1800
6. 1980
7. 1450
8. 2004

¿Cuánto sabes tú? *Can you...*

□ talk about classical music and name some of the instruments such as **el violín** and **la flauta**?

□ say how long something has been going on? (**Hace diez años que estudio piano.**)

□ say how long ago something happened? (**Hace un mes que asistí a un concierto.**)

□ say what had happened before a time in the past? (**El año pasado ya había visto un ballet.**)

Julio Bocca, bailarín

14-22 En tu experiencia. ¿Has visto una representación de danza moderna? ¿Cómo se compara con el baile clásico en cuanto a la música, los movimientos, el tema y el vestuario? ¿Qué te impresiona más de la danza moderna? ¿de la danza clásica?

Una labor de amor por la Argentina

Para el bailarín clásico Julio Bocca no era suficiente ser una estrella. Su Argentina también debía ser una estrella.

En 1986, cuando sólo tenía diecinueve años, el argentino fue contratado por el American Ballet Theater, como primer bailarín. Su técnica espectacular y su capacidad física lo hicieron rápidamente una de las estrellas más en demanda del mundo del ballet. Para 1990, Julio Bocca tenía todo lo que un bailarín clásico puede desear.

"Quería demostrarle al mundo que en la Argentina tenemos buenos bailarines además de un buen equipo de fútbol", dice Bocca desde Nueva York, donde vive parte del tiempo. "Pensé, ¿por qué no comenzar una compañía de ballet, con nuevos bailes y además darles trabajo a los bailarines argentinos?"

En sus doce años de historia, Bocca y el Ballet Argentino han hecho giras por todo el mundo y han ganado una excelente reputación. En la Argentina, han representado espectáculos gratis para 100.000 personas.

En la Argentina, Bocca se ha convertido en una estrella al mismo nivel de jugadores de fútbol o cantantes famosos. Ha bailado en la televisión para la Noche Vieja del milenio, en estadios antes de juegos de fútbol y hasta ha posado para *Playboy*. Su compañía cada día adquiere más prestigio.

14-23 En tu opinión. En la educación, siempre hay una tensión entre las necesidades y los recursos que existen. Conversen entre ustedes sobre los beneficios de incluir el estudio y la práctica de las artes en el currículo de las escuelas. Incluyan, por ejemplo, las artes plásticas, la danza y la música.

Vínculos

- Companion Website: Chapter 14, Web Resources, *Comparaciones: Julio Bocca, bailarín*

¡Así es la vida!

Carolina Herrera: Elegancia total

SUS IDEAS DE LA MODA

"La moda es un cambio, pero ciertos elementos permanecen constantes, como la sofisticación, la elegancia y por supuesto, el lujo... yo no disfrazo (*disguise*) a las mujeres".

Carolina Herrera no sólo es una figura prominente de la *jet-set* internacional, sino que también es la primera diseñadora latinoamericana considerada una de las grandes de la moda junto a nombres tan famosos como el de Donna Karan o Donatella Versace. Proveniente de una antigua y prestigiosa familia venezolana, Carolina Herrera ha logrado descubrir la esencia de la elegancia.

"No creo que se pueda diseñar para un lugar específico. Cuando pienso en algo, espero que se lo pueda poner una mujer en Nueva York, en la India o en México," afirma esta diseñadora quien es también conocida por su innato sentido del estilo.

"Considero que no existe ya un estilo latino recargado (*overelaborate*). Cada día veo a más y más mujeres jóvenes que están muy bien vestidas... yo creo que las latinas siempre se han preocupado por verse bien," afirmó en una reciente visita a nuestro país para promover su perfume 212 (el código de teléfono de Nueva York).

Carolina fundó su emporio hace más de 20 años, el cual ha crecido de manera sorprendente. Hoy por hoy cuenta con una colección *ready to wear,* que satisface las necesidades de la mujer actual, desde trajes y vestidos para el día hasta elegantes trajes de noche y hermosos trajes de novia. Y es precisamente con este cóctel de ingredientes que Carolina ha logrado realizar hermosos trajes que son apreciados en todo el mundo.

No hay duda, Carolina Herrera es la gran diseñadora de la mujer sofisticada a nivel mundial.

Teaching tips
Before beginning the reading, review the vocabulary for fabrics and articles of clothing. As an introduction to the designer Carolina Herrera, have students scan the reading until they discover the type of clientele her designs attract.
Warm-up for ¡Así es la vida! Use the following questions to prepare for this selection. *¿Sabes el nombre de algún/alguna diseñador/a de ropa? ¿Cuál es su nacionalidad? ¿Cómo es la ropa que diseña? ¿Diseña algo más? Cuando piensas en personas elegantes, ¿en quiénes piensas? ¿Por qué son elegantes?*

¡Así lo decimos! Vocabulario

La moda

el desfile de modas

el diseñador

la modelo

el esmoquin

el conjunto

La moda

la alta costura	*high fashion*
el disfraz	*disguise*
el estilo	*style*
el modo (de vestir)	*way, manner (of dressing)*
la prenda	*garment*
la sencillez	*simplicity*

Telas y materiales

el elástico	*elastic*
la gabardina	*gabardine (lightweight wool)*
las lentejuelas	*sequins*
el nilón	*nylon*
la paja	*straw*
la pana	*corduroy*
la piel	*leather; fur*
el poliéster	*polyester*
el rayón	*rayon*
el terciopelo	*velvet*
el tul	*tulle (silk or nylon net)*

Otras palabras y expresiones

bien hecho[1]	*well made*
encantador	*enchanting, delightful*

Repaso

el algodón

el cuero/la piel

la lana

la seda

estar de moda

Vínculos

Use the following instructional resources to practice *la moda*.
- Companion Website: Chapter 14, Review, Activity: Rev 14-4
- IRCD: p. 484

Teaching tips
Encourage students interested in fashion or other design to take charge of the more open-ended activities.

Suggestion for ¡Así lo decimos! Have students discuss their favorite fabrics for these articles of clothing: *una blusa, una camisa, pantalones, ropa informal, un vestido formal, una falda larga, una corbata, una chaqueta, un saco, un suéter.*

---

[1]Many cognates can help you describe clothing, e.g., **elegante, formal, informal, simple**, and **el poliéster**.

Aplicación

14-24 Carolina Herrera. Contesta las preguntas según el artículo que has leído.

1. ¿Cuál es la nacionalidad de Carolina Herrera?   Es venezolana.
2. ¿Cuál es su profesión?   Es diseñadora.
3. ¿Cuál es su filosofía sobre la moda?   Una mujer de EE.UU., India o México puede llevar su ropa.
4. ¿Para quiénes diseña?   Diseña para mujeres.
5. ¿Hace cuántos años que fundó su casa de diseño?   Hace más de viente años que la fundó.
6. ¿Cómo es ella misma?   Es una figura prominente de la *jet set* internacional.
7. ¿Cómo se describe su estilo?   Es sofisticado, elegante y lujoso.

14-25 Las telas. Categoriza las siguientes telas según su origen y su uso. Incluye un artículo que las use.   *Answers may vary.*

tela	origen			uso		artículo
	animal	vegetal	sintético	formal	informal	
el tul		X	X	X		*un tutú*
la paja		X			X	un sombrero
la gabardina	X			X		un traje
la piel	X			X	X	un abrigo
las lentejuelas			X	X		un traje de noche, un vestido
el poliéster			X		X	unos pantalones
el terciopelo		X	X	X		un vestido
el cuero	X			X	X	unas botas
el algodón		X			X	una camiseta

14-26 El desfile de modas. Completa los comentarios del reportero de un desfile de modas con expresiones lógicas de la lista.   *Answers may vary.*

alta costura	conjunto	diseñadora	diseños
encantadora	gabardina	lentejuelas	modelos
paja	piel	rayón	tela
terciopelo	desfile de modas	estilos	sencillez

Buenas tardes, señoras y señores. Estamos aquí esta tarde para presenciar el (1) ___desfile de modas___ de la famosa (2) ___diseñadora___ Carolina Herrera. Dentro de unos pocos minutos van a salir las primeras (3) ___modelos___ que mostrarán su colección para el año nuevo. En el mundo de la (4) ___alta costura___, no hay nadie que mejor ilustre la femineidad como la señora de Herrera. Sus (5) ___diseños___ siempre complementan la bella figura de sus modelos. Bueno, aquí sale la primera: Lleva un hermoso traje de (6) ___gabardina___ adornado con un collar de (7) ___piel___ de chinchilla. El color de la lana es un durazno que contrasta con el collar café, una combinación realmente (8) ___encantadora___. Ahora sale la segunda modelo llevando un vestido largo de (9) ___terciopelo___ negro. Este es un vestido para asistir a un concierto o a una cena elegante. Lleva también un pequeño bolso cubierto de (10) ___lentejuelas___ ¡Qué bonito (11) ___conjunto___! La tercera modelo sale llevando un vestido corto de (12) ___rayón___, una tela ideal para un clima templado como Miami en el invierno. La (13) ___tela___ estampada con flores multicolores se complementa con un sombrero ancho de (14) ___paja___.

Bueno, señoras y señores, hemos visto los nuevos (15) ___estilos___ de la Casa de Herrera, los mejores ejemplos de la alta costura: la (16) ___sencillez___ y la elegancia.

AUDIO **14-27 La Pasarela (*runway*) Cibeles.** Escucha la narración sobre este famoso desfile de modas en España y completa las frases que siguen.

1. La Pasarela Cibeles tiene lugar en...
   a. Madrid.
   b. Barcelona.
   c. Málaga.

2. No se menciona a ningún diseñador de...
   a. Italia.
   b. los EE.UU.
   c. Venezuela.

3. El primer diseñador presenta una colección de...
   a. vestidos de rayón.
   b. abrigos de piel.
   c. trajes de terciopelo.

4. La línea de Versace es ropa...
   a. para la oficina.
   b. para la playa.
   c. de noche.

5. La última diseñadora se especializa en ropa...
   a. cómoda de diario.
   b. elegante para las fiestas.
   c. para hombres.

Audioscript for 14-27

Buenas tardes, damas y caballeros. Les damos la bienvenida esta tarde a la gran Pasarela Cibeles en Madrid, la capital de España. Esta tarde verán las nuevas modas españolas y también las de otros importantes diseñadores internacionales. El diseñador español Elio Berhanyer presentará su colección de abrigos de piel para el otoño. La diseñadora italiana Donatella Versace presentará su ropa de noche y la diseñadora venezolana Carolina Herrera presentará su ropa de diario.

Aquí tienen las primeras modelos llevando los abrigos de Elio Berhanyer. Observen la fina y delicada piel de varios colores. Es un verdadero encanto, y muy práctico, también para las tardes frescas del otoño.

Ahora vemos a dos modelos con ropa de noche de Donatella Versace. Son vestidos muy cortos cubiertos de lentejuelas. Uno de color plateado y el otro de color negro. Sin duda con este estilo la mujer se va a ver preciosa bajo la luz de la luna.

Finalmente, tenemos el cómodo estilo de Carolina Herrera. Un traje de gabardina fina azul oscuro, con pantalones y chaqueta, blusa de seda, color crema y, claro, un maletín de cuero. Todo lo que necesita la mujer profesional de hoy bien vestida.

Y ahora...

14-28 ¿Cómo se describen? Identifica personas, estilos o conjuntos que se podrían describir de estas maneras y explica dónde se encuentran.

MODELO: un conjunto formal
Un esmoquin es un conjunto formal que se lleva en una boda.

1. un conjunto elegante
2. un conjunto informal
3. una prenda indispensable
4. una persona encantadora
5. una prenda bien hecha
6. una prenda extravagante

14-29 ¿Tienes prendas de estas telas? Describe qué prendas tienes de estas telas y qué telas no usarías nunca.

MODELO: seda
Tengo una camisa de seda con flores que llevo con un par de pantalones de terciopelo negro.

1. algodón
2. lentejuelas
3. paja
4. poliéster
5. terciopelo
6. gabardina
7. nilón
8. piel
9. rayón
10. tul

2 **14-30 Diseño o disfraz.** Háganse y contesten las siguientes preguntas sobre la alta costura.

1. ¿Cuál es la diferencia para ustedes entre un diseño y un disfraz?
2. ¿Qué telas son las más apropiadas para la ropa formal? ¿para la ropa informal?
3. ¿Cómo se justifican los altos precios de la ropa de los/las diseñadores/as?
4. ¿Siguen ustedes la moda o prefieren ser individuales?
5. ¿Dónde compran su ropa?
6. Si fueran de la alta sociedad, ¿dónde comprarían la ropa?
7. ¿Qué opinan sobre el uso de la piel de animal en las prendas de vestir?
8. ¿Prefieren usar telas naturales o telas sintéticas? ¿Por qué?

② **14-31 En orden de importancia.** Comparen la importancia de estos aspectos de la moda y de prendas específicas que compraron o que comprarían.

MODELO: *Para mí, la durabilidad es muy importante. Pagaría mucho dinero por prendas bien hechas.*

_____ el costo

_____ si le queda bien o mal

_____ los gustos de los amigos

_____ la durabilidad

_____ la etiqueta (*label*)

_____ la tela

_____ el color

_____ la comodidad

Warm-up for *¡Así lo hacemos!* You may present the following context on the board or on a transparency. *Unos estudiantes hablan con sus padres después de un semestre desastroso. ¿Qué dicen los estudiantes? Conecten ustedes las cláusulas.*

Two columns that students connect:

Si no hubiera ido al bar todas las noches	*habría tomado los exámenes*
Si hubiera leído el libro de texto	*no habríamos sacado una F*
Si hubiera asistido a mis clases	*habría podido levantarme por la mañana*
Si mis amigos y yo no hubiéramos entregado la misma composición	*nunca habría hecho la tarea*
Si mis profesores no hubieran hablado conmigo	*habría entendido mejor*

¡Así lo hacemos! Estructuras

3. The pluperfect subjunctive and the conditional perfect

El pluscuamperfecto del subjuntivo

■ The pluperfect subjunctive is formed with the imperfect subjunctive of the auxiliary verb **haber** + *the past participle*.

	imperfect subjunctive	past participle
yo	**hubiera**	
tú	**hubieras**	**tomado**
él, ella, Ud.	**hubiera**	**comido**
nosotros/as	**hubiéramos**	**vivido**
vosotros/as	**hubierais**	
ellos/as, Uds.	**hubieran**	

Ojalá hubiera tenido una polaroid.

■ The pluperfect subjunctive is used in dependent clauses under the same conditions as the present perfect subjunctive. However, the pluperfect subjunctive is used to refer to an event prior to another past event. Compare the following sentences with the time line.

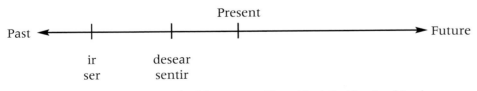

Deseaba que su novio se **hubiera vestido** mejor para la fiesta.
Sentíamos que el desfile de moda **hubiera sido** tan malo.

She wished that her boyfriend had dressed better for the party.
We were sorry that the fashion show had been so bad.

Vínculos

Use the following instructional resources to practice the pluperfect subjunctive and the conditional perfect.

• WB/LM–OneKey: Activities: 14-15, 14-16, 14-17, 14-18, 14-35, 14-36, 14-37, 14-38, 14-39, and 14-40
• Companion Website: Chapter 14, Review, Activity: Rev 14-5
• IRCD: pp. 487 and 488

Teaching tips

Your students are likely to become more adept at the receptive than the productive activities with the imperfect subjunctive and the conditional perfect.

El condicional perfecto y el pluscuamperfecto de subjuntivo

The conditional perfect and pluperfect subjunctive are used in **si** clauses that express contrary-to-fact information that occurred before another point in the past. In the following example, the point in the past is probably the day of the concert or ticketed event. Before then, the problem was not explained and the speaker did not look for other tickets.

Si me **hubieras explicado** el problema con las entradas, **habría buscado** otras.	*If you had explained to me the problem with the tickets, I would have looked for others.*

■ The pluperfect subjunctive can also be used with **ojalá** to express a contrary-to-fact situation that has already happened.

Ojalá hubieras conocido al cantante después del concierto.	*I wish you had met the singer after the concert.*
Ojalá no **hubieran cancelado** el baile.	*I wish they hadn't cancelled the dance.*

Aplicación

14-32 Si hubiera sabido... Lee la conversación entre la directora y los miembros de la orquesta e identifica el pluscuamperfecto del subjuntivo y el condicional perfecto.

Directora:	Vamos a empezar la pieza de Manuel de Falla, uno... dos... y...
Violinista:	Disculpe, maestra. <u>Si hubiera sabido</u> que íbamos a ensayar esa pieza, <u>habría traído</u> la partitura (*music sheet*).
Chelista:	Sí, maestra. Yo también <u>habría practicado</u> más, si usted nos <u>hubiera informado</u> que íbamos a ensayar esa pieza hoy.
Persusionista:	Disculpe, maestra. Se me rompió un palillo (*stick*). Si <u>no se me hubiera roto</u>, <u>habría estado</u> mejor preparado para el ensayo.
Clarinetista:	Maestra, si <u>no hubiera perdido</u> mi clarinete, <u>habría llegado</u> a tiempo para el ensayo.
Directora:	Entonces, no vamos a ensayar. Si los organizadores <u>me hubieran dicho</u> que ustedes estaban tan mal preparados, <u>nunca habría aceptado</u> este puesto.
Trompetista:	Maestra, no importa. ¡Toquemos la pieza, por favor!

14-33 ¿Por qué le fue mal a la directora? Vuelve a leer la conversación de la Actividad 14-32 y explica por qué todo le fue mal a la directora. *Answers may vary.*

MODELO: *La violinista no sabía que debía traer la partitura.*

El chelista...   no había practicado.

La clarinetista...   perdió su clarinete.

La percusionista...   se le rompió un palillo.

La directora...   lamentó de haber aceptado el puesto.

14-34 El desfile de modas en Caracas, Venezuela. Explica qué habría sido diferente durante un desfile de modas que tuvo lugar en Caracas, según la información siguiente.

MODELO: Las modelos no llegaron a tiempo porque hubo un atasco (*traffic jam*) en la carretera.
Las modelos habrían llegado a tiempo si no hubiera habido un atasco.

1. No tuvimos asientos porque no planearon las cosas bien.
2. Muchas personas se enojaron porque no pudieron entrar en la casa de diseños.
3. El conjunto musical estaba tenso porque no había ensayado en ese lugar.
4. El público se quejó porque no había champán durante el desfile.
5. No había suficientes programas para todos porque muchos se mojaron por la lluvia.
6. La casa de diseños perdió mucho dinero porque no pudieron vender todos los diseños.

14-35 Si todo hubiera sido diferente. Conversen entre ustedes para decidir cómo habrían sido diferentes sus vidas si hubieran hecho algunas de las siguientes cosas.

MODELO: estudiar diseño
> E1: *Si hubiera estudiado diseño, no habría asistido a esta universidad.*
> E2: *Si no hubieras asistido a esta universidad, nunca nos habríamos conocido.*

1. estudiar danza
2. conocer a Óscar de la Renta o a Carolina Herrera
3. tener la oportunidad de...
4. aprender a tocar...
5. poder cantar como...
6. ver un desfile de modas
7. escuchar una orquesta sinfónica
8. ser rico/a

Suggestion for 14-36. Have students make a list of embarrassing moments for homework or before working with their partners. You may need to brainstorm as a group when beginning this type of open-ended activity. Providing the start of a list of infinitives or of nouns may facilitate student creativity. *Momentos incómodos: caerse, olvidarse de...,*

 14-36 ¡Ojalá! Túrnense para explicar momentos incómodos o vergonzosos (*embarrassing*) de su pasado. Su compañero/a debe hacer un comentario usando **¡Ojalá!** para expresar compasión por algo que ocurrió en el pasado.

MODELO: E1: *Me puse el mismo vestido que otra estudiante para el baile formal de la universidad.*
> E2: *¡Ojalá no te hubieras puesto ese vestido!*

¿Cuánto sabes tú? *Can you...*

☐ talk about different fashion, design, and fabrics?

☐ talk about your taste in fashion?

☐ say what might have been if the situation had been different? (**Te habría gustado el concierto si hubieras asistido.**)

☐ wish that something had been different? (**Ojalá Carolina Herrera hubiera diseñado algo para mí.**)

Observaciones

14-37 Marisol. En este episodio conocemos a Marisol. Lee su autodescripción y contesta las preguntas que siguen.

Hola, soy Marisol, la esposa de Manolo, el cocinero del restaurante de Malinalco. Soy muy aficionada a las artes, especialmente a la ópera y a la zarzuela. La zarzuela es una opereta que se originó en España y que ahora es popular en todo el mundo de habla hispana. Hace poco, mi esposo y yo vimos una en la que cantaba Plácido Domingo, uno de los tenores más importantes del mundo. La representación tuvo lugar en la Ciudad de México en el Palacio de Bellas Artes, un teatro realmente extraordinario. Volveremos allí en diciembre para oír a la Orquesta Sinfónica de México, la más prestigiosa del país. Nombraron a Enrique Arturo Diemecke, el actual director, en 1990 y desde entonces la orquesta ha recibido mucha atención internacional. En el concierto van a tocar piezas mexicanas y también españolas.

1. ¿Quién es Marisol?
2. ¿Cuál es su afición?
3. ¿Qué es una zarzuela?
4. ¿Dónde la vio?
5. ¿Qué va a hacer en diciembre?
6. ¿Quién es Enrique Arturo Diemecke?

Vínculos

- Student Video CD-ROM/VHS cassette, *Episodio 14: Toño Villamil y otras mentiras*

Teaching tips
Photographs of the *Palacio de Bellas Artes* are available on the Internet. Ask students to compare its architectural design with that of other concert halls they know.

Answers to 14-37. 1. Es la esposa de Manolo. 2. las artes 3. Es una opereta. 4. La vio en el Palacio de Bellas Artes de la Ciudad de México. 5. Va a oír la Orquesta Sinfónica de México. 6. Es el director de la orquesta.

14-38 El castigo (*punishment*) de Toño. Mira el episodio 14 de *Toño Villamil y otras mentiras* donde vas a ver otra complicación para Toño. Ten en mente estas preguntas mientras ves el episodio.

1. Al abrir este episodio, vemos que Toño está...
   a. frotando (*rubbing*) cebolla en sus manos.
   b. recitándole versos a Isabel.
   c. comprando flores en el mercado.

2. Lucía e Isabel se encuentran en...
   a. la cocina de Manolo.
   b. un desfile de modas.
   c. diferentes restaurantes.

3. Marisol le habla a Lucía sobre...
   a. haber conocido a Plácido Domingo.
   b. haber asistido a un concierto en la capital.
   c. una opereta que vio hace poco.

4. Lucía es además aficionada a...
   a. las bandas de rock.
   b. la última moda.
   c. las artes plásticas.

5. Lucía sugiere que Manolo...
   a. le prepare un postre especial.
   b. vaya con su esposa a su bazar.
   c. estudie la cocina española.

6. Al final de este episodio, es evidente que Toño...
   a. ha comido demasiado.
   b. ha engañado (*deceived*) a Isabel y a Lucía.
   c. ha aprendido a preparar tortilla española.

14-39 Si todo hubiera sido diferente. Completa las frases diciendo qué habría pasado si la situación hubiera sido diferente.

MODELO: Lucía se habría enamorado de Toño...
si él le hubiera dicho la verdad.

1. Isabel habría dejado Malinalco...
2. Toño habría comido menos...
3. Manolo habría aprendido a preparar una tortilla española...
4. Lucía habría terminado su investigación...
5. Marisol habría conocido a Plácido Domingo...

WWW **14-40 La Orquesta Sinfónica de México.** Conéctate con la página electrónica de *¡Arriba!* (**www.prenhall.com/arriba**) para ver más información sobre la Orquesta Sinfónica de México. Anota esta información:

- la fecha de su inicio
- uno de sus directores
- por dónde ha hecho una gira
- su repertorio

Panoramas

Vínculos

- Student Video CD-ROM/VHS cassette, *Capítulo 14: Entrevistas de nuestro mundo*
- Companion Website: Chapter 14, Web Resources, *Panoramas, El arte moderno hispano*

Teaching tips

Refer students back to the work of the two artists presented in the chapter opener. Compare and discuss how the work of each is the same or different in style, theme, etc.

Teaching tips

The images in this section give a brief glimpse of the variety of fine art created by Hispanic artists. Have students select a work that they like and explain why it appeals to their artistic sensibility.

El arte moderno hispano

14-41 ¿Ya sabes... ? Trata de identificar o explicar lo siguiente.

1. unos medios y géneros de arte visual
2. el cubismo
3. el pintor cubista más famoso
4. la ciudad y el arquitecto de la Sagrada Familia
5. un pintor ecuatoriano famoso por su dedicación a los derechos humanos
6. una pintora puertorriqueña

El arte moderno hispano abarca una diversidad de medios, estilos y temas. Los artistas han recibido renombre en sus propios países y también en el foro internacional. Aquí tienes una muestra de algunos que han influido, van influyendo o seguramente influirán el mundo del arte del siglo XXI.

Entre los españoles más influyentes están Joan Miró, Pablo Picasso y Salvador Dalí.

Joan Miró, *El buitre*

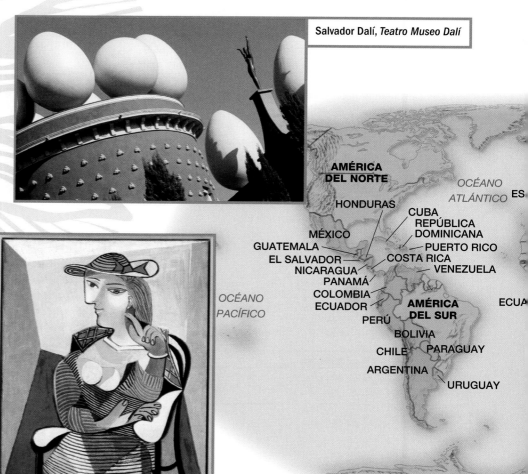

Salvador Dalí, *Teatro Museo Dalí*

Pablo Picasso, *Retrato de Marie Thérèse*

Answers to 14-41. 1. *Answers may vary.* Géneros: pintura, escultura, arquitectura, películas 2. Es una técnica artística en la que se descomponen las figuras en triángulos, rectángulos o cubos. 3. Picasso 4. Son Barcelona y Salvador Dalí. 5. Oswaldo Guayasamín 6. María de Mater O'Neill

Al ecuatoriano Oswaldo Guayasamín se le conoce por su dedicación a los derechos humanos. Esta pintura se llama *Madre y niño* y es de la serie llamada "Ternura" (*Tenderness*).

Las esculturas, tanto como las figuras de las pinturas del artista colombiano Fernando Botero se destacan por su tamaño y su voluptuosidad. Ha tenido exposiciones de sus esculturas en las calles de Chicago, París, Nueva York, Madrid, Washington y Los Ángeles, entre muchas otras ciudades.

Los cuadros de la puertorriqueña María de Mater O'Neill tienen los colores vívidos de las islas del Caribe.

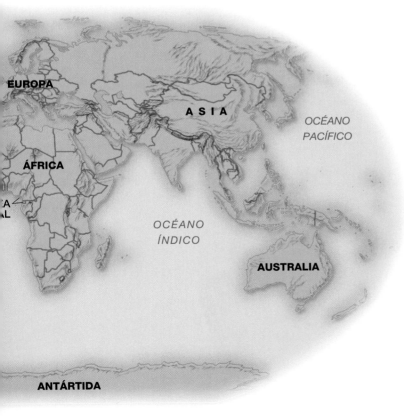

EUROPA

ASIA

OCÉANO PACÍFICO

ÁFRICA

OCÉANO ÍNDICO

AUSTRALIA

ANTÁRTIDA

El arquitecto español Santiago Calatrava es uno de los más innovadores de este siglo. Ha sido seleccionado para diseñar edificios públicos y puentes (*bridges*) en Europa, Sudamérica y los EE.UU., donde es uno de los arquitectos elegidos para el nuevo *World Trade Center*. Ésta es la Casa de la Ópera de Valencia, parte de un complejo que él diseñó.

14-42 ¿Cómo los clasificas? Clasifica a cada artista.

artista	escultor/a	pintor/a	arquitecto/a
Fernando Botero	X	X	
Santiago Calatrava			X
Salvador Dalí		X	X
Oswaldo Guayasamín		X	
Joan Miró	X	X	
Pablo Picasso	X	X	

14-43 Sus preferencias. Hablen de sus reacciones e impresiones de las obras presentadas aquí. Comenten el estilo, el tema, los colores y su interpretación del mensaje, si lo hay.

14-44 Investigación. Conéctate con la página electrónica de *¡Arriba!* (**www.prenhall.com/arriba**) e investiga sobre uno de estos artistas (Fernando Botero, Santiago Calatrava, Salvador Dalí, Oswaldo Guayasamín, María de Mater O'Neill, Joan Miró o Pablo Picasso), o escoge otro/a que conozcas del siglo xx. Prepara un informe para la clase en que incluyas algunas muestras (*samples*) de sus obras.

14-45 Astor Piazzola. Astor Piazzola es un compositor cuyas piezas se consideran clásicas-populares. Entre los famosos que las han tocado está el gran pianista Arthur Rubenstein. Además, su música se ha incluido en la banda sonora de películas como *Twelve Monkeys*. Conéctate con la página electrónica de *¡Arriba!* (**www.prenhall.com/arriba**) para ver imágenes de Astor Piazzola y escuchar su música. ¿Cuál es su nacionalidad? ¿Qué instrumentos predominan? ¿Cómo se llama el estilo de su música? (¿salsa? ¿flamenco? ¿merengue? ¿tango?)

 # Ritmos

"Esta tarde vi llover" (Tito Rodríguez, Puerto Rico)

El puertorriqueño Tito Rodríguez fue, junto con Tito Puente, uno de los reyes del mambo originales que en los años 40 ayudó a popularizar la música tropical latina en los Estados Unidos. Además del mambo, Tito se hizo muy popular cantando boleros. El bolera es una canción romántica que se baila despacio.

Vínculos
- Instructor's Music CD: *Capítulo 14: Ritmos de nuestro mundo*
- Companion Website: Chapter 14, Web Resources, *Rimos: Tito Rodríguez (Puerto Rico)*

Antes de escuchar

14-46 Un club latino. Imagínate que anoche fuiste a un club nocturno (nightclub) con tus amigos a escuchar la música de Tito Rodríguez. ¿Qué habías hecho, o no , antes de tener esta experiencia? Escribe tres oraciones usando el pluscuamperfecto.

MODELO: E1: *Nunca había escuchado la música de Tito Rodríguez.*

14-47 Si no hubiera ido al club... Ahora, imagínate lo que habría pasado si no hubieras ido al club nocturno esa noche. Escribe tres oraciones usando el pluscuamperfecto del subjuntivo y el condicional perfecto.

MODELO: E1: *Si no hubiera ido al club nocturno, no habría sabido que la música de Tito Rodríguez es tan bonita.*

A escuchar

14-48 ¿Qué crees tú? Mientras escuchas la canción, indica con una cruz (X) qué terminos de la lista siguiente describen, en tu opinión, *Esta tarde vi llover*. Aquí tienes las primeras líneas de la canción pero debes escucharla entera para completar la actividad.

Esta tarde vi llover

Esta tarde vi llover
Vi gente correr
Y no estabas tú
La otra noche vi brillar
Un lucero azul
Y no estabas tú
[...]

Es una canción...

de ópera ___	de mambo ___	de amor ___
instrumental ___	de música clásica ___	de salsa ___
romántica ___	de un dúo ___	de comedia musical ___
bailable ___	improvisada ___	de un/a solista ___

Teaching tips

Tito Rodríguez, the internationally renowned vocalist, percussionist, bandleader, composer, and record producer, was equally talented as a sonero (a son is a song with lively Latin rhythm) and a romantic singer. Although he was born in Puerto Rico, he spent much of his professional career in New York. Thus, when he returned to his native island, he found it difficult to be accepted as a "neuyorquino." Eventually, however, his successful television program attracted performers such as Tony Bennett and Sammy Davis Jr.

Después de escuchar

14-49 Eventos culturales. Escribe sobre algún evento musical o cultural (conciertos, obras teatrales, óperas, ballets, etc.) que has asistido en tu vida. Incluye los nombres de los artistas, los lugares y cuánto tiempo hace que asististe. Luego, con un/a compañero/a háganse preguntas sobre sus experiencias.

MODELO: Fui a una ópera hace tres años en Nueva York y vi a Plácido Domingo, el gran tenor español.
E1: *¿Te gustó?*
E2: *Sí, me gustó, pero la ópera fue muy larga.*

Páginas

"El crimen perfecto" (Enrique Anderson Imbert, Argentina)

El escritor argentino Enrique Anderson Imbert (1910–2000) enseñó literatura latinoamericana en su propio país y también en los EE.UU., en la Universidad de Harvard. Es famoso por ser maestro del "microcuento", la mayoría de los cuales tiene un fin irónico o sorprendente. En sus cuentos se nota también cierta confusión entre la realidad y el mundo de la fantasía.

"El crimen perfecto" se incluye en una colección de cuentos que se llama *El gato de Cheshire*. El narrador es un tipo criminal que acaba de cometer "el crimen perfecto". Como en muchas de las narrativas de Anderson Imbert, se nota una mezcla de lo humorístico y lo horrible, lo que resulta en una moraleja (*moral*) impresionante.

Antes de leer

14-50 Lo fantástico en tu vida. En este cuento el lector es tan importante como el autor. Verás que tienes que participar en la acción del cuento y creer lo improbable y lo fantástico. Da ejemplos de literatura, de cine y de arte que utilicen temas fantásticos.

MODELO: una tira cómica con un tema fantástico
Superman

1. un/a escritor/a de novelas de detective o de ciencia ficción
2. una novela que cuente algo horrible
3. una novela o un cuento que combine lo humorístico y lo horrible
4. un programa de televisión con un tema fantástico
5. una película con un tema fantástico
6. una película cuyo tema es "un crimen perfecto"

A leer

14-51 El contexto. Observa los dibujos y repasa rápidamente el comienzo del cuento para completar las frases siguientes.
1. La acción tiene lugar en...
   a. una casa.   b. un parque.   (c.) un cementerio.   d. una iglesia.
2. Este es un cuento de...
   a. romance.   b. acción   (c.) misterio.   d. humor.
3. En el dibujo se ve un lugar...
   a. diabólico.   b. musulmán.   c. judío.   (d.) cristiano.

"El crimen perfecto"

Creí haber cometido el crimen perfecto. Perfecto el plan, perfecta su ejecución. Y para que nunca se encontrara el cadáver lo escondí (*I hid*) donde a nadie se le ocurriera buscarlo: en un cementerio. Yo sabía que el convento de Santa Eulalia estaba desierto desde hacía años y que ya no había monjitas que enterraran (*buried*) a monjitas en su cementerio. Cementerio blanco, bonito, hasta alegre con sus cipreses (*cypress trees*) y paraísos a orillas (*gardens on the banks*) del río. Las lápidas, todas iguales y ordenadas como canteros de jardín (*flower beds*) alrededor de una hermosa imagen de Jesucristo, lucían (*shone*) como si las mismas muertas se encargaran (*were responsible*) de mantenerlas limpias. Mi error: olvidé que mi víctima había sido furibundo ateo (*a raging atheist*).

Horrorizadas por el compañero de sepulcro que les acosté al lado, esa noche las muertas decidieron mudarse (*to move*) y cruzaron a nado (nadando) el río llevándose consigo (con ellas) las lápidas y arreglaron el cementerio en la otra orilla, con Jesucristo y todo. Al día siguiente los viajeros que iban por lancha (barco) al pueblo vieron a su derecha el cementerio que siempre habían visto a su izquierda. Por un instante, se les confundieron las manos y creyeron que estaban navegando en dirección contraria, como si volvieran de Fray Bizco, pero en seguida advirtieron que se trataba de una mudanza (*move*) y dieron parte [notificaron] a las autoridades. Unos policías fueron a inspeccionar el sitio que antes ocupaba el cementerio y, cavando (*digging*) donde la tierra parecía recién removida, sacaron el cadáver (por eso, a la noche, las almas en pena (*souls in torment*) de las monjitas volvieron muy aliviadas, con el cementerio a cuestas (por las espaldas) y de investigación en investigación...; ¡bueno! el resto ya lo sabe usted, señor Juez.

Después de leer

14-52 Las etapas de la narración. Identifica las etapas del cuento.

1. la descripción de fondo
2. la introducción del tema
3. la complicación
4. el horror
5. el descubrimiento
6. la desilusión

14-53 ¿En qué orden? Pon estas acciones en orden cronológico según el cuento.

___3___ Las monjas se enojan.

___1___ El criminal mata a alguien.

___5___ El juez ahora lo sabe todo.

___4___ Las monjas llevan el cementerio a la otra orilla del río.

___2___ El criminal esconde el cadáver en un lugar santo.

14-54 ¿Has comprendido? Contesta brevemente las preguntas siguientes en español.

1. ¿Quién es el narrador y dónde se encuentra?
2. ¿Cuál es su crimen?
3. ¿A quién le confiesa su crimen?
4. ¿Por qué es ideal el cementerio de Santa Eulalia?
5. ¿Cuál fue su gran error?
6. ¿Quiénes se mudaron de una orilla del río a la otra?

2 **14-55 Un informe periodístico.** Uno/a de ustedes es periodista y el/la otro/a es el/la asesino/a. Túrnense para hacer y responder a las preguntas para un informe periodístico.

> **MODELO:** PERIODISTA: *¿Por qué mató al hombre?*
> ASESINO/A: *Lo maté en defensa propia (self-defense).*

Taller

14-56 Una escena dramática. En este taller vas a escribir una escena dramática en la que hay un conflicto entre los dos personajes. Una escena incluye no sólo el diálogo, sino también los gestos, las pausas y la entonación de los personajes. Sigue los pasos siguientes para incluir toda la información necesaria en tu escena.

Antes de escribir

■ **Contexto.** Piensa en el contexto y la situación en que haya dos o tres personajes, por ejemplo, un restasurante, una oficina, un parque, etcétera.

A escribir

- **Descripción.** Describe la escena, la hora del día y los personajes, incluso la manera en que están vestidos.
- **Diálogo.** Escribe de ocho a diez líneas de diálogo entre los protagonistas. Incluye información sobre los gestos y la entonación.
- **Conflicto.** Da una indicación del conflicto. No es necesario resolverlo.
- **Conclusión.** Escribe algunas líneas para terminar la escena e indicar qué hacen los personajes.

Después de escribir

- **Revisar.** Revisa tu escena para verificar los siguientes puntos:
  - ☐ el uso del pluscuamperfecto del indicativo (**Había creído que...**)
  - ☐ el uso del condicional perfecto y del pluscuamperfecto del subjuntivo (**Si hubiera visto un fantasma, habría corrido mucho...**)
  - ☐ el uso de **hace que... (Ahora, hace cinco minutos que no se mueve.)**
  - ☐ la concordancia y la ortografía

- **Intercambiar**
  Intercambia tu escena con un/a compañero/a para hacer correcciones y sugerencias y responder a su escena.

- **Entregar**
  Pasa tu escena a limpio, incorporando las sugerencias de tu compañero/a. Después, entrégasela a tu profesor/a.

MODELO:

Escena: La oficina editorial del periódico ABC, Madrid

Personajes: Marisa Sainz, Editora; Ramón García, Reportero

Hay dos escritorios, dos computadoras, máquinas de fax, teléfonos. Hay muchos papeles y periódicos sobre los escritorios. Es de noche. La mujer con su traje azul marino parece muy profesional; el hombre con sus vaqueros, camisa blanca sin corbata y dos días sin afeitarse parece muy tenso. Ella está tranquila; él está agitado.

Marisa: (*Hablando por teléfono*) Sí (*pausa*), sí (*pausa*). De acuerdo. No se preocupe. Lo voy a arreglar yo personalmente. (*Cuelga.*)

Ramón: ¿Qué dijo? ¿Tenemos permiso para publicar el artículo sobre el escándalo?

Marisa: (*Sin mirarlo*) No.

Ramón: (*Agitado*) Pero, ¿por qué no?

(*Ella deja su escritorio sin decir nada. Va para la ventana y mira a la calle.*)

Marisa: ¿Has visto esta calle de noche?...

15 ¿Te gusta la política?

El centro cívico y religioso maya de Tikal, en el norte de Guatemala, se extiende sobre 200 hectáreas (*500 acres*). La fundación data del siglo III a.C.

La herencia indígena

Mireya Moscoso, la viuda del legendario caudillo panameño Arnulfo Arias, salió electa presidenta de Panamá el 12 de mayo de 1999.

Refrán: In order to get elected, a politician will promise grand summer homes and the Spanish province of Castilla. (*In order to get elected, a politician will promise anything.*)

¡Así es la vida!

La gran preocupación de Óscar Arias

El costarricense Óscar Arias recibió el Premio Nóbel de la Paz en diciembre de 1987 por sus esfuerzos para acabar con (*put an end to*) la guerra en América Central. Su labor humanitaria continúa con la Fundación Arias para la Paz y el Progreso Humano. En una entrevista reciente, el Dr. Arias nos habló de una de sus grandes preocupaciones.

Entrevistador: Dr. Arias, ¿cuál es el proyecto que considera más importante en estos momentos?

Dr. Arias: Para mí, lo más importante que pudiéramos hacer por la paz mundial es controlar el tráfico de armas a países en desarrollo. En 1997 hice un llamamiento a otros premios Nóbel de la Paz para que se unieran a mí y apoyaran un acuerdo internacional con el fin de controlar el comercio de armas, de acuerdo con los principios de los derechos humanos, del derecho internacional y de las relaciones internacionales pacíficas. Juntos elaboramos un tratado, la Convención Marco, que establece principios y mecanismos básicos relativos a las transferencias internacionales de armas. Específicamente, la Convención prohíbe el tráfico de armas que podrán ser utilizadas para cometer violaciones graves de las normas internacionales sobre los derechos humanos, el derecho internacional y la no-agresión. Es una labor gigantesca pero necesaria para erradicar los conflictos violentos que dificultan el desarrollo de los pueblos.

Entrevistador: ¿Cómo pueden las personas interesadas obtener más información sobre la campaña a favor de una Convención Marco?

Dr. Arias: Si desean más información, se pueden poner en contacto con nosotros escribiéndonos a **info@armslaw.org**.

Entrevistador: Muchas gracias por la entrevista, Dr. Arias, y le deseo mucho éxito en su campaña para evitar las ventas de armas irresponsables.

Las crisis políticas y económicas

Activistas

Hechos y personajes

el arma (f.)	*weapon*
el/la ciudadano/a	*citizen*
la compra	*purchase*
el conflicto	*conflict*
el desarme	*disarmament*
la desmilitarización	*demilitarization*
el desperdicio	*waste*
el ejército	*army*
el esfuerzo	*effort*
el/la pacifista	*pacifist*
el país en desarrollo	*developing country*
la pobreza	*poverty*

Acciones

abolir	*to abolish*
firmar	*to sign (a treaty, etc.)*
fortalecer (zc)	*to strengthen; to fortify*
lograr	*to achieve*
procurar	*to procure; to secure*
promover (ue)	*to promote*
violar	*to violate; to rape*

Vínculos

Use the following instructional resources to practice *las crisis políticas y económicas.*

- Companion Website: Chapter 15, Review, Activity: Rev 15-1
- IRCD: p. 503

Warm-up for *¡Así lo decimos!* Have students brainstorm the problems that face third-world and developing countries and some of the solutions and responsibilities of the industrialized countries.

Teaching tips

Students whose majors are political science, government, international relations, and/or women's studies will have much to discuss in terms of international politics. After working with the activities to practice vocabulary, have these students be discussion leaders for the more open-ended activities.

Aplicación

15-1 La Fundación Arias para la Paz y el Progreso Humano. Contesta las siguientes preguntas sobre el artículo de **¡Así es la vida!**

1. ¿Quién es Óscar Arias?
2. ¿Cuál es el proyecto que considera más importante?
3. ¿A quiénes les hizo un llamamiento en 1997?
4. ¿Qué prohíbe la Convención Marco?
5. ¿Para qué es necesaria la labor de la convención?
6. ¿Cómo se pueden poner en contacto las personas interesadas?
7. Al final de la entrevista, ¿qué le desea el entrevistador a Arias?

15-2 La política mundial. Empareja las expresiones con su significado o ejemplo.

1. __h__ el ciudadano/a
2. __d__ el desarme
3. __a__ el ejército
4. __g__ el desarrollo
5. __f__ la pobreza
6. __b__ el/la activista
7. __c__ el/la pacifista
8. __e__ el conflicto

a. una fuerza armada
b. uno/a que trabaja para cambiar la situación política
c. uno/a que trabaja por la paz
d. la acción de quitarle las armas a una nación
e. puede resultar en una guerra si no se resuelve
f. no tener lo suficiente para vivir
g. acción de un país para progresar, crecer económica, social, cultural o políticamente
h. es miembro del país en que nació

15-3 Los esfuerzos para los derechos humanos. Completa el párrafo con palabras o expresiones lógicas de la lista.

abolir	desmilitarización	fortalecer
armas	desperdicio	labor
conflictos	ejército	opresión
derechos humanos labor	esfuerzo	paz

La Fundación Arias ha tenido mucho éxito en el área de la (1) _desmilitarización_ de los países con gobiernos militares, como Panamá y Haití. También ha podido resolver algunos (2) _conflictos_ civiles en otras partes del mundo. Con frecuencia, los países con problemas dependen de su (3) _ejército_ para mantener la estabilidad política. Estos regímenes en muchos casos son instrumentos de (4) _opresión_. La Fundación Arias trata de controlar también la compra de (5) _armas_. Para los países pobres, la militarización es un (6) _desperdicio_ de recursos. La Fundación Arias es un (7) _esfuerzo_ internacional para (8) _abolir_ los gobiernos opresivos y (9) _fortalecer_ los democráticos. Es una (10) _labor_ gigantesca, pero necesaria para garantizar la (11) _paz_ mundial y la protección de los (12) _derechos humanos_.

AUDIO **15-4 Las mujeres hispanas.** Escucha la siguiente selección sobre el papel de la mujer hispana en la sociedad y completa las frases siguientes.

1. El machismo en los países hispanos...
   a. es peor ahora que antes.
   b. influye en el rol de las mujeres casadas.
   c. ya no existe.

2. Hasta hace unos cincuenta años, el rol de las mujeres casadas era...
   a. ir a trabajar.
   b. quedarse en la casa.
   c. divertirse mucho.

3. El esposo hispano es...
   a. el jefe de la familia.
   b. muy bueno con su esposa.
   c. un don Juan.

4. Ahora hay más mujeres que...
   a. trabajan fuera de la casa.
   b. no cocinan.
   c. son madres solteras.

5. En la casa, la mujer hispana...
   a. no supervisa a los hijos.
   b. tiene por lo menos una empleada doméstica.
   c. hace la mayoría de las decisiones.

6. La madre hispana tradicional...
   a. es muy simpática.
   b. es la reina de la casa.
   c. está muy unida a su esposo.

7. La madre hispana tradicional...
   a. pasa poco tiempo en la casa.
   b. está muy unida a los hijos.
   c. es una gran cocinera.

❷ 15-5 Las mujeres norteamericanas. Conversen entre ustedes sobre el papel de la mujer norteamericana. Pueden usar como guía los temas siguientes.

1. el porcentaje de las mujeres norteamericanas que trabajan fuera de casa
2. los motivos para quedarse en casa o para trabajar
3. las madres solteras comparadas con los padres solteros
4. la asistencia social (*welfare*) para las madres solteras que se quedan en casa con sus niños

❷ 15-6 ¿Por ejemplo? Los países y regiones siguientes han experimentado períodos de conflicto o progreso durante los últimos cincuenta años. Identifiquen un conflicto o progreso de la columna a la derecha con los países mencionados en la columna de la izquierda y explíquenlo. (Puede haber varias respuestas.)

MODELO: la violación de los derechos humanos
En Iraq, miembros del gobierno de Saddam Hussein violaron los derechos humanos de sus rivales políticos.

1. _e, f, g_ Nicaragua
2. _e, g_ La Costa de Marfil (*Ivory Coast*)
3. _d_ Israel
4. _c_ Chile
5. _a_ México
6. _d, h_ Alemania
7. _c, h_ Japón
8. _b, d_ Rusia

a. un país en desarrollo
b. la democratización
c. la desmilitarización
d. la opresión de un grupo minoritario
e. un conflicto sangriento
f. el tráfico de armas ilegales
g. una guerra civil
h. una paz duradera

15-7 ¿Qué harían ustedes? Decidan qué harían para aliviar un conflicto mundial actual o reciente. Pueden incluir la intervención militar, económica, diplomática, etcétera.

MODELO: E1: *Le diría al Secretario de Estado que fuera a hablar con las dos partes.*
E2: *Mandaría fuerzas militares...*

Audioscript for 15-4
Debido a la tradición machista del mundo hispano, hasta hace unos cincuenta años el papel de las mujeres casadas era quedarse en casa y tener varios hijos mientras el esposo trabajaba. Esta situación las hacía depender totalmente del esposo que, además de traer a la casa el pan de cada día, era considerado por todos el jefe de la familia. Ahora aunque más mujeres trabajan fuera de casa, muchas mujeres hispanas aún son amas de casa. Éstas hacen la mayoría de las decisiones domésticas, mientras supervisan el crecimiento de sus hijos. Por eso, la madre hispana se considera la reina de la casa y ocupa un lugar muy especial en el corazón de sus hijos.

Expansion for 15-6. Un conflicto mundial. Piensen en un conflicto y conversen sobre sus causas y consecuencias. Pueden incluir causas y consecuencias económicas, políticas, étnicas y raciales.
Modelo: *El conflicto entre el gobierno colombiano, las guerrillas y los narcotraficantes es uno de poder y de dinero...*

Expansion for 15-7. Students can access the Web pages for Amnistía Internacional.com or CNNenEspañol.com for reports in Spanish.

¡Así lo hacemos! Estructuras

Vínculos

Use the following instructional resources to practice the subjunctive with indefinite and nonexistent antecedents.

- WB/LM–OneKey: Activities: 15-5, 15-6, 15-7, 15-8, 15-34, 15-35, and 15-36
- Companion Website: Chapter 15, Review, Activity: Rev 15-2
- IRCD: p. 506

Teaching tips
The choice of subjunctive or indicative in adjective clauses parallels the choice in noun clauses. When the antecedent is in doubt or its existence denied, the subjunctive is used.

Warm-up for ¡Así lo hacemos! Present this context on the board or on a transparency and have students tell you why the indicative or subjunctive is used. *En el gobierno de hoy, hay muchos políticos que hablan de reformas, pero no hay nadie que tome acción. Hay muchos que dicen que tenemos que conservar los recursos naturales, pero no hay nadie que quiera cambiar su coche por una bicicleta. Hay algunos que desean implementar programas para los que no tienen seguro médico, pero necesitamos a alguien que lo sepa hacer sin que nos cueste un dineral.*

1. The subjunctive with indefinite and nonexistent antecedents

An adjective describes, limits, or modifies a noun. A clause that modifies a noun is an adjective clause.

ADJECTIVE
Admiramos a un político **honrado.** — *We admire an honest politician.*

ADJECTIVE CLAUSE
Óscar Arias es un político **que es honrado.** — *Óscar Arias is a politician who is honest.*

- The subjunctive is used in an adjective clause when it refers to a person or object that is indefinite or does not exist.

INDEFINITE ANTECEDENT
Buscamos una paz que **sea** duradera. — *We are looking for a peace that is lasting.*
Necesitan un ejército que **respete** los derechos de los ciudadanos. — *They need an army that respects the rights of the citizens.*

NON-EXISTENT ANTECEDENT
No hay ningún candidato que me **guste.** — *There is no candidate that I like.*
No hay nadie que yo **conozca** en esta reunión. — *There is no one that I know at this meeting.*

- When the dependent clause refers to a person or thing that is certain or definite, the indicative is used.

Hay alguien aquí **que conozco.** — *There is someone here that I know.*
Ése es el político **que me gusta.** — *That's the politician that I like.*
Necesitamos al activista **que se expresa** bien. — *We need the activist who expresses himself well. (We know him.)*
Buscan la Fundación **que está en esta calle.** — *They are looking for the Foundation that is on this street.*

- In questions where it is precisely the existence of the person or object that is being asked about, the subjunctive is used.

¿Conoce usted a alguien que **sea** soldado? — *Do you know anyone who is a soldier?*
¿Hay algún joven que no **quiera** más libertad? — *Is there any young person who doesn't want more freedom?*

Aplicación

15-8 La civilización olmeca. Lee el párrafo sobre los olmecas y subraya las cláusulas adjetivas. Identifica cuáles usan subjuntivo y cuáles indicativo, y luego explica por qué.

Los olmecas, quienes tuvieron su apogeo entre 800 y 400 a.C., habitaban en la región de México que ahora se llama Veracruz y Tabasco. Se admira esta civilización por su elaboración de figuras de piedra, desde pequeñas figuras de jade hasta enormes cabezas de basalto. Se han encontrado muchas piezas que combinan características humanas y del jaguar, un animal reverenciado entre los olmecas. No se ha encontrado ninguna pieza que combine características de más de dos animales. Se dice que no hay ninguna otra cultura que se compare con la Olmeca por su artesanía. Además, los olmecas inventaron un sistema de escritura y mantenían un calendario. Según algunos, es muy probable que les hayan pasado sus conocimientos a los mayas.

15-9 Los olmecas. Vuelve a leer el párafo de la Actividad 15-9 y contesta las preguntas siguientes.

1. ¿Dónde vivieron los olmecas?
2. ¿Por cuántos años tuvo su apogeo esa civilización?
3. ¿Por qué se admira esa civilización?
4. ¿Qué materiales usaban para sus figuras?
5. ¿Quiénes se beneficiaron de sus conocimientos?

 15-10 Más sobre los olmecas. Conéctate con la página electrónica de *¡Arriba!* (**www.prenhall.com/arriba**) para ver más imágenes de los olmecas. Elige una imagen y escribe un párrafo describiéndola.

15-11 En una reunión de activistas para la paz. Completa los minidiálogos con la forma correcta del indicativo o del subjuntivo de cada verbo entre paréntesis.

MODELO: Busco una organización que (servir) *sirva* la causa de la paz.
La Fundación Arias es una que (trabajar) *trabaja* por esa causa.

1. ¿—Conoces a una persona que (encargarse) ___se encargue___ de cuestiones feministas?
No, pero hay una mujer en mi oficina que (saber) ___sabe___ dónde encontrar esa información.
2. —Necesitamos encontrar más personas que (desear) ___deseen___ ser activistas.
Es verdad. Pero hay muy pocas que (tener) ___tienen___ el tiempo o la motivación para ayudarnos.
3. —Necesito un periodista que (ser) ___sea___ objetivo.
Creo que hay uno muy bueno que (escribir) ___escribe___ para ABC.
4. No hay ninguna organización que (dedicar) ___dedique___ todos sus ingresos a la paz mundial.
No es verdad. La ONU, por ejemplo, es una organización que (tratar) ___trata___ de mediar en las crisis políticas.
5. ¿Conoces una organización que (haber ganado) ___haya ganado___ el premio Nóbel de la Paz?
Sí, en 1999 se premió a Médicos sin Fronteras, una organización que (servir) ___sirve___ en cualquier lugar donde haya necesidad de atención médica.
6. —Busco el documento que (tener) ___tiene___ los primeros pasos de la abolición de esclavitud en los EE.UU.
El documento que (querer) ___quieres___ está en el Museo Smithsonian.
7. No tengo ninguna información que (explicar) ___explique___ la violación de las mujeres en Guatemala.
No. Es porque el gobierno ha escondido los informes que (poder) ___pueden___ informarnos sobre el caso.
8. Necesitamos una resolución que (fortalecer) ___fortalezca___ los derechos humanos.
No hay ninguna que (ir) ___vaya___ a ser aprobada por la mayoría del congreso.

Answers to 15-8. quienes tuvieron (Ind), que ahora se llama (Ind), que combinan (Ind), que combine (Subj), que se compare (Subj)

Answers to 15-9. 1. Vivieron en Veracruz y Tabasco. 2. Tuvieron su apogeo entre 800–400 a.C. 3. Se admira por sus figuras de piedra. 4. Usaban jade y basalto. 5. los mayas

15-12 Óscar Arias. Imagínate que eres el/la ayudante de Óscar Arias y que tienes que contratar a gente calificada para su organización. Forma oraciones completas en español usando **buscar** y **necesitar**. Incluye la información de las dos columnas.

MODELO: *Busco una secretaria que... / Necesito un asistente que...*

1. intérprete
2. secretaria
3. supervisora
4. traductor
5. ayudante
6. chofer

entender la causa
traducir de/a varios idiomas
poder organizar la oficina
ser honrado/a y capaz
hablar tres idiomas
contestar todas las cartas
escribir 100 palabras por minuto
trabajar en otro país
tener experiencia diplomática
¿...?

(AB) **15-13A Lo ideal.** Háganse y contesten preguntas sobre qué tipo de cosa, persona o lugar buscan.

MODELO: coche
E1: *¿Qué tipo de coche buscas?*
E2: *Busco un coche que tenga cuatro puertas y que sea rojo.*

TUS PREGUNTAS
1. trabajo
2. casa
3. restaurante
4. lugar para pasar las vacaciones
5. programa de televisión
6. novela

TUS RESPUESTAS
tener dos alcobas y un baño
tener noticias internacionales
estar llena de acción y misterio
servir paella
estar cerca del mar
permitirme viajar

(G) **15-14 Las profesiones y los oficios.** Entrevístense para saber sus planes después de graduarse. Luego, hagan un resumen de lo que han aprendido de su grupo. Usen las frases siguientes para hacer las preguntas.

MODELO: querer ser ingeniero/a
E1: *¿Hay alguien que quiera ser ingeniero o ingeniera?*
E2: *Sí, quiero ser ingeniera porque...*

1. querer ser periodista
2. pensar abrir una peluquería
3. desear ser contador/a
4. soñar con tener un restaurante
5. preferir ser dentista
6. creer que ciertos oficios son mejores que ciertas profesiones
7. planear estudiar para veterinario/a
8. desear ser bombero/a

(2) **15-15 No existe.** Túrnense para indicar cosas, personas y lugares que en su opinión no existen.

MODELO: *No hay profesor que quiera dar clases los sábados.*

2. The relative pronouns *que, quien,* and *lo que*

¡Éste es, papá! ¡Éste es el coche que quiero!

Relative pronouns are used to join two sentences that have a noun or a pronoun in common.

La Fundación escribió el código. El código prohíbe la venta de armas a ciertos países.	*The Foundation wrote the code. The code prohibits the sale of arms to certain countries.*
La Fundación escribió el código **que** prohíbe la venta de armas a ciertos países.	*The Foundation wrote the code that prohibits the sale of arms to certain countries.*

■ The relative pronoun **que,** meaning *that, which, who,* and *whom,* is used for both persons and objects.

El folleto **que** te di está en la mesa.	*The brochure (that) I gave you is on the table.*
Esa chica **que** ves allí es activista de los derechos humanos.	*That girl (who) you see there is a human rights activist.*

■ The relative pronoun **quien(es),** meaning *who* and *whom,* refers only to persons and is most commonly used as an indirect object or after a preposition. Use **que** to express *who* or *whom* unless the phrase is set off by commas or introduced by a preposition. (Note that you will never end a sentence with a preposition in Spanish.)

José María Aznar, **quien** es del Partido Popular de España, fue elegido presidente por segunda vez en 2000.	*José María Aznar, who is from the Popular Party of Spain, was elected president again in 2000.*
Ésa es la pacifista **con quien** te vi.	*That's the pacifist with whom I saw you (who I saw you with).*
Ése es el profesor **a quien** buscabas.	*That's the professor for whom you were looking (who you were looking for).*

■ The relative pronoun **lo que,** meaning *what* or *that which,* is a neuter form, and refers to a previous idea, event, or situation.

Lo que quiero es la paz y la libertad en mi país.	*What I want is peace and liberty in my country.*
No me gustó **lo que** hiciste.	*I didn't like what you did.*
¿Entiendes **lo que** dice el presidente?	*Do you understand what the president is saying?*

■ In Spanish, the use of the relative pronoun **que** is never optional.

Estoy buscando el arma **que** compraste.	*I'm looking for the weapon (that) you bought.*
La Comisión **que** formó el presidente terminó el trabajo.	*The Commission (that) the president formed finished its work.*

Aplicación

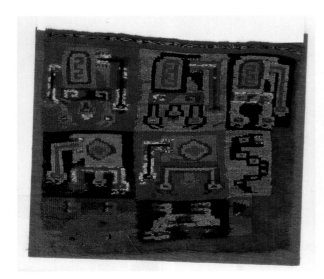

15-16 La civilización inca. Lee sobre los tejidos (*weavings*) de los incas y subraya los pronombres relativos. Luego di a quien o a que se refiere cada uno de ellos.

MODELO: El tejido <u>que</u> se encontró era del cacique (*chief*).
"Que" se refiere al "tejido".

Los incas, <u>quienes</u> habitaban la región <u>que</u> ahora conocemos como el Perú, Bolivia y el Ecuador, eran muy diestros en el arte de tejer (*weaving*). Los pocos tejidos <u>que</u> todavía se conservan, muestran que usaban la lana de alpaca para elaborar bellos y útiles textiles. Los usaban en su ropa, <u>que</u> los protegía del frío del altiplano, en sus decoraciones y también en sus ceremonias religiosas. Las figuras <u>que</u> tejían representaban dioses, animales y otros elementos naturales. Las personas <u>que</u> tejían eran maestros <u>que</u> luego pasaban su conocimiento a las generaciones siguientes y de esa manera preservaban la costumbre. Las personas para <u>quienes</u> tejían eran, por lo general, gente de la nobleza. Se sabe esto porque se han encontrado piezas muy finas en las tumbas de los incas nobles.

15-17 Los tejidos incaicos. Vuelve a leer el párrafo de la Actividad 15-17 y contesta las preguntas siguientes.

1. ¿Dónde vivían los incas?   Vivían en el Perú, Bolivia y el Ecuador.
2. ¿Cuál era una de sus destrezas artísticas?   tejer
3. ¿Qué materia usaban?   Usaban la lana de alpaca.
4. ¿Qué figuras se ven?   Se ven dioses, animales y elementos naturales.
5. ¿Quiénes usaban estas piezas?   los nobles
6. ¿Dónde las han encontrado?   Las han encontrado en sus tumbas.

[www] **15-18 Otros tejidos.** Conéctate con la página electrónica de *¡Arriba!* (**www.prenhall.com/arriba**) para ver más imágenes de tejidos incaicos. Elige una imagen y escribe un párrafo describiéndola.

15-19 En un Comité del Premio Nóbel de la Paz. Completa la conversación con los pronombres relativos apropiados: **que**, **quien/es** o **lo que**.

Miembro 1: ¿Dónde están las cartas (1) ____que____ recibimos del comité del año pasado? Las personas (2) ____que____ fueron nominadas también serán consideradas este año.

Miembro 2: El secretario con (3) ____quien____ hablé ayer me dijo (4) ____que____ había dejado copias en su escritorio.

Miembro 3: ¿Son éstas las cartas (5) ____que____ usted busca? (6) ____Lo que____ más me preocupa es la seguridad de este proceso. Temo (7) ____que____ la prensa se entere de nuestras deliberaciones.

Miembro 1: No se preocupe. El oficial de seguridad con (8) ____quien____ hablé ayer me aseguró (9) ____que____ tiene todo bajo control. No es posible (10) ____que____ la prensa sepa (11) ____lo que____ está pasando en este salón.

Miembro 2: Pero, ¿por qué hay un micrófono en la lámpara (12) ____que____ usted tiene en la mesa?

Miembro 3: (13) ____Lo que____ tenemos que hacer es buscar otro sitio.

15-20 Editor/a. Combina los siguientes pares de oraciones para formar una, usando el pronombre relativo a propiado (**que, quien** (**es**), et cétera)

MODELO: Ayer se anunció un acuerdo de paz. El acuerdo será entre las dos Coreas.
Ayer se anunció un acuerdo de paz que será entre las dos Coreas.

1. Los países en desarrollo necesitan recursos económicos. Los recursos económicos son escasos.
2. Firmaron un acuerdo entre los dos países. El acuerdo no fue duradero.
3. El presidente se reunió ayer con el jefe de estado mexicano. El jefe de estado mexicano daba un discurso ante las Naciones Unidas en Nueva York.
4. Ayer hubo una resolución en el senado. La resolución pedía armas para el gobierno colombiano.
5. Los militares no asistieron a la reunión. La reunión tuvo lugar en la Casa Blanca.
6. La presidenta no quiso reunirse con los activistas. Los activistas hicieron una manifestación enfrente de la Casa Blanca.
7. Néstor Kirchner, el presidente de la Argentina, va a visitar Washington en enero. Kirchner fue elegido en 2003.
8. Los países del Tercer Mundo necesitan ayuda. Los países industrializados pueden darles ayuda para su desarrollo.

15-21 Lo que se necesita. Usa el pronombre relativo **lo que** para expresar lo que se necesita.

MODELO: No hay paz mundial.
Lo que se necesita es la paz mundial.

1. Buscan un acuerdo entre los enemigos.
2. Queremos lograr una paz duradera.
3. Esperan ayudar los países en vías de desarrollo.
4. Deben fortalecer los gobiernos democráticos.
5. Hace falta promover los derechos humanos.
6. Podrían compartir los escasos recursos.
7. Es urgente el desarme de los gobiernos militares.

❷ **15-22 Sus deseos.** Túrnense para expresar sus deseos, usando **lo que** con el verbo sugerido. Pídanse más información sobre la situación.

MODELO: necesitar
E1: *Lo que necesito es una "A" en esta clase.*
E2: *¿Por qué?*
E1: *Porque es importante para mis padres.*

LO QUE...

buscar en la vida	faltarme	necesitar
deber hacer el Congreso	gustarme	querer hacer
desear para el futuro	impresionarme	tener que hacer el presidente

Answers to 15-20. 1. Los países en desarrollo necesitan recursos económicos que son escasos. 2. Firmaron un acuerdo entre los dos países que no fue duradero. 3. El presidente se reunió ayer con el jefe de estado mexicano, quien daba un discurso ante las Naciones Unidas en Nueva York. 4. Ayer hubo una resolución en el senado que pedía armas para el gobierno colombiano. 5. Los militares no asistieron a la reunión que tuvo lugar en la Casa Blanca. 6. La presidenta no quiso reunirse con los activistas que hicieron una manifestación enfrente de la Casa Blanca. 7. *Answers may vary.* Néstor Kirchner, el presidente de la Argentina que fue elegido en 2003, va a visitar Washington en enero. 8. Los países del Tercer Mundo necesitan la ayuda que los países industrializados pueden darles para su desarrollo.

Answers to 15-21. 1. Lo que se busca es un acuerdo entre los enemigos. 2. Lo que queremos lograr es una paz duradera. 3. Lo que esperan es ayudar a los países en vías de desarrollo. 4. Lo que deben fortalecer son los gobiernos democráticos. 5. Lo que hace falta es promover los derechos humanos. 6. Lo que podrían compartir son los escasos recursos. 7. Lo que es urgente es el desarme de los gobiernos militares.

Expansion for 15-21. Have students brainstorm other necessities.

15-23 El Banco Mundial. El Banco Mundial promueve proyectos para el desarrollo económico de países en vías de desarrollo. Túrnense para darse consejos sobre algunos de sus proyectos.

Un proyecto agrícola del Banco Mundial en Guatemala

MODELO: E1: *Guatemala ha experimentado una crisis económica por los daños del terremoto.*

E2: *Lo que debemos hacer es darle un préstamo para reconstruir los caminos.*

1. Un grupo de mujeres chilenas crea artesanías que se podrían vender por todo el mundo.
2. Los agricultores peruanos quieren cambiar el cultivo de coca en sus terrenos por el cultivo de otro producto.
3. El gobierno panameño quiere agrandar (*enlarge*) el canal para permitir el paso de barcos más grandes.
4. Un grupo de activistas quiere abolir la práctica de la dote (*dowry*) en la India.
5. El gobierno salvadoreño quiere mejorar los medios de comunicación en las zonas rurales.
6. Un grupo de mujeres espera información del gobierno argentino sobre sus hijos desaparecidos.

POSIBLES CONSEJOS

Lo que tiene que hacer es...   Lo que debemos hacer es...
Lo que necesita es...   Lo que hay que hacer es...

¿Cuánto sabes tú? *Can you...*

☐ talk about world problems and solutions such as ? **la pobreza** and **la desmilitarización**?

☐ describe people and things using adjective clauses that distinguish between existent, nonexistent, and indefinite antecedents such as **busco un candidato que me guste** or **éste es el candidato que me gusta**?

☐ use relative pronouns **que** and **quien** to refer to people and things such as **el candidato que va a ganar...** or **la persona a quien admiro...**?

☐ use the expression **lo que** as an indefinite pronoun such as in **lo que me gusta...** or **no entiendo lo que quieres**?

Comparaciones

Vínculos

• Companion Website: Chapter 15, Web Resources, *Comparaciones: La política y los hispanos*

La política y los hispanos

15-24 En tu experiencia. ¿Qué diferencias hay entre la historia política estadounidense o canadiense y la hispanoamericana? ¿Cuál es la actitud del gobierno de los EE.UU. y del Canadá hacia Cuba y Fidel Castro? ¿Por qué? ¿Qué diferencias hay entre una dictadura y una democracia?

Los hispanos, al igual que otros grupos, no siempre han tenido mucha suerte con sus gobernantes. Tradicionalmente, la mayoría de los políticos han sido demagogos que después de salir electos sólo han querido enriquecerse (hacerse ricos) en el poder. Tanto en España como en Hispanoamérica han abundado los famosos caudillos (jefes) políticos que casi siempre se convierten en dictadores cuyo (*whose*) único deseo es perpetuarse en el poder. Con la muerte del general Francisco Franco en 1975, España pudo unirse al resto de las democracias europeas, y hoy España es un ejemplo de libertad y tolerancia. Desde 1982 hasta 1996, el socialista Felipe González fue el presidente del gobierno español. El 3 de marzo de 1996, el Partido Popular, presidido por José María Aznar, ganó las elecciones y en el año 2000 ganó por segunda vez.

En Latinoanoamérica, Cuba es el único país que aún se encuentra gobernado por un dictador. Fidel Castro, jefe del gobierno cubano, tiene más de cuatro décadas en el poder. Debido a los cambios profundos que han ocurrido en la antigua Unión Soviética, muchos predicen que pronto también habrá cambios en Cuba, pero el dictador sigue en el poder.

En todas las repúblicas hispanoamericanas, con la excepción de Cuba, se están celebrando elecciones honradas y cada vez más se respetan los derechos humanos y las libertades básicas. Si a estos cambios democráticos añadimos el aparente mejoramiento de las economías de estas naciones, todo parece indicar que el pueblo hispano ahora puede mirar el futuro con más esperanza.

José María Aznar, presidente de España

Néstor Kirchner, presidente de la Argentina

15-25 En tu opinión. Aunque vivimos bajo un gobierno democrático, no siempre ejercemos nuestros derechos ni cumplimos con nuestras obligaciones. ¿Cuáles son nuestros derechos y obligaciones como ciudadanos?

Teaching tips
Latin America, in particular, has suffered from the world economic recession of the early part of this century. Argentina, Bolivia, Venezuela, Brazil, and other countries have often been in the news due to economic and political instability. For an update on what is happening in this part of the world, two good Internet sources are *www.cnnenespanol.com* and *www.nytimes.com.*

Fidel Castro, líder de Cuba

SEGUNDA PARTE

¡Así es la vida!

La política

Teaching tips

As a transition to the *Segunda parte*, have students do 15-26 which is about the rights and responsibilities of an American citizen. Then introduce *Segunda parte* by saying, *Aquí tenemos un candidato para la presidencia de una pequeña república ficticia. Lean su plataforma y decidan si les parece un candidato viable para la presidencia. ¿Votarían por él? ¿Por qué sí o no?* Other questions to guide the reading appear in 15-27. After completing the *comprensión* activity, have one or two students read the passage aloud as if they were Ernesto Vidal.

¡Voten por mí!

Ernesto Vidal es candidato a la presidencia de la República de Villamayor. Inesperadamente se le perdieron los papeles del discurso que ahora está pronunciando.

Compañeros y amigos,

¿Buscan un candidato que represente verdaderamente al pueblo? Ese candidato soy yo. Como ustedes saben, nuestro país afronta problemas muy serios. Dudo que el gobierno de mi contrincante, Ricardo Murillo, pueda resolverlos. Es importante que todos nos unamos y que ustedes voten por mí. Si gano las elecciones, yo les aseguro que cumpliré con las siguientes promesas:

- Los programas de ayuda social serán aumentados por el Ministerio de Salubridad.
- Los impuestos serán eliminados por el congreso.
- La tasa de desempleo será reducida por mí.
- El crimen será combatido fuertemente por la policía nacional.

Recuerden mi lema: Si quiere un país genial, vote por Ernesto Vidal. Muchas gracias.

Cargos políticos y tipos de gobierno

Cargos (*Posts*) políticos

el/la dictador/a	*dictator*
el/la representante	*representative*
el/la senador/a	*senator*

Tipos de gobierno

la democracia	*democracy*
la dictadura	*dictatorship*
la monarquía	*monarchy*

Verbos

afrontar	*to face*
apoyar	*to support*
aspirar (a)	*to run for (congress, etc.)*
aumentar	*to increase*
combatir	*to fight, to combat*
controlar	*to control*
cumplir (con)	*to make good; to fulfill (a promise)*
elegir (i, i)	*to elect*
eliminar	*to end*
mantener (ie)	*to support (a family, etc.)*
mejorar	*to improve*
prevenir	*to prevent; to warn*
votar (por)	*to vote (for)*

Vínculos

Use the following instructional resources to practice *cargos políticos; tipos de gobierno; temas corrientes en la política.*
- Companion Website: Chapter 15, Review, Activity: Rev 15-4
- IRCD: p. 515

Temas corrientes y la política

el/la asesor/a	*consultant, advisor*
la campaña	*campaign*
el/la candidato/a	*candidate*
el/la contrincante	*opponent*
la corrupción	*corruption*
el deber	*duty*
la defensa	*defense*
el derecho	*right*
el desempleo	*unemployment*
el discurso	*speech*
la drogadicción	*drug addiction*
la honradez, la honestidad	*honesty*
los impuestos	*taxes*
la inflación	*inflation*
el lema	*motto*
la ley	*law*
los programas sociales	*social welfare programs*
el pueblo	*the people, the masses*
la tasa (de desempleo)	*rate (of unemployment)*

Teaching tips
Successful politicians are adept at the language function of persuasion. When students prepare 15-35, have them assume a demeanor and tone of voice that would reflect this function.

Warm-up for *¡Así lo decimos!* Use the following questions to introduce expressions and topics. *¿Cuál es la diferencia entre una democracia, una dictadura, una monarquía y una monarquía parlamentaria? ¿Quién es el jefe del gobierno local? ¿del estado? ¿del país? ¿Cuándo hay elecciones para el senado? ¿para presidente? ¿Cuántos miembros hay en la Corte Suprema?*

Aplicación

15-26 ¿Quién es Vidal? Contesta las preguntas basadas en **¡Así es la vida!**

1. ¿Crees que Vidal es conservador o liberal? ¿Por qué?
2. En tu opinión, ¿va a ganar las elecciones? ¿Por qué?
3. ¿Tendrá éxito si gana las elecciones?
4. ¿Es posible hacer todo lo que promete?
5. ¿Votarías por él? ¿Por qué?

15-27 En otras palabras. Empareja las expresiones con su definición o ejemplo.

MODELO: los impuestos
d. en los EE.UU. los pagamos antes del 15 de abril

1. __d__ los impuestos
2. __a__ la alcaldesa
3. __f__ el juez
4. __g__ la inflación
5. __b__ los contrincantes
6. __i__ el deber
7. __c__ los programas sociales
8. __e__ la dictadura
9. __j__ la drogadicción
10. __h__ la monarquía

a. encabeza (*heads*) el gobierno municipal
b. personas que compiten en las elecciones
c. programas para las personas necesitadas
d. en los EE.UU. los pagamos antes del 15 de abril
e. el control del gobierno por una persona sin aceptar oposición
f. preside en una corte
g. se produce cuando los precios siempre están subiendo
h. el jefe del gobierno es miembro de una familia real
i. lo que hay que hacer
j. el no poder dejar de usar sust   ancias nocivas (*harmful*)

15-28 Una carta al/a la editor/a. Completa la carta en la que le explicas al/a la editor/a de un periódico por qué vas a votar por Mario García. Usa palabras y expresiones de **¡Así lo decimos!**

candidato   discursos   elecciones   lema
partido   presidente   república   país

Señor/a Editor/a,
Este año voy a votar por Mario García para (1) ___presidente___ de la (2) ___república___ de Utopía. Mario es miembro de Acción en Acción, un (3) ___partido___ que hasta ahora ha tenido poca influencia en el (4) ___país___. Sin embargo, Mario es un (5) ___candidato___ muy fuerte. Me gustan mucho sus (6) ___discursos___ porque son muy emocionantes. Su (7) ___lema___ es "García para la mayoría". Espero que gane las (8) ___elecciones___.

Cordialmente,
Un fiel ciudadano

15-29 Una campaña política. Completa la plataforma de Vidal con los verbos apropiados. *Answers will vary.*

| apoyar | combatir | cumplir | mejorar |
| ayudar | controlar | eliminar | resolver |

LES ASEGURO QUE VOY A...
1. _____resolver_____ el problema del desempleo
2. _____controlar_____ la inflación
3. _____combatir_____ los problemas del medio ambiente
4. _____apoyar_____ a la familia
5. _____eliminar_____ la drogadicción
6. _____mejorar_____ el sistema de educación
7. _____ayudar_____ a las minorías
8. _____cumplir_____ todas mis promesas

AUDIO **15-30 ¡Voten por mí!** Escucha el discurso del otro candidato de **¡Así es la vida!** a la presidencia. Mientras escuchas el discurso, indica sus cualificaciones y su plataforma política.

	SÍ	NO	
1.	X		casado
2.	X		con hijos
3.		X	rico
4.	X		trabajador
5.	X		Va a darles una casa.
6.		X	Va a reducir la inflación.
7.	X		Va a aumentar la tasa de empleo.
8.	X		Va a apoyar la educación.
9.		X	Va a proteger el medio ambiente.
10.	X		Va a resolver el problema de los políticos deshonestos.

15-31 Para ser candidato/a. Hablen de las cualidades importantes de un/a presidente/a o de un/a primer/a ministro/a. Hagan una lista de las cualidades en orden de importancia y compárenla con las de otros estudiantes de la clase.

15-32 Un lema. Imagínense que uno/a de ustedes es candidato/a para el congreso. Preparen un lema y una plataforma para su campaña y, después, preséntenselos a la clase.

MODELO: **El poder es el pueblo.**

15-33A Entrevista. Imagínense que ustedes son reporteros/as de una revista hispanoamericana. Túrnense para entrevistarse sobre estas cuestiones políticas.

1. ¿Crees que votar es un deber? Explica.
2. ¿Votaste en las últimas elecciones? ¿Por quién?
3. ¿Eres miembro de algún partido político? ¿De cuál? ¿Por qué?
4. ¿Quién te cae bien de la política mundial? ¿Por qué?

15-34 Cara a cara. Imagínense que uno/a de ustedes es anfitrión/ona de "Cara a Cara", un programa de entrevistas en la televisión y el/la otro/a es candidato/a para el senado. Preparen preguntas y respuestas para la entrevista. Luego, represéntenle la entrevista a la clase.

Audioscript for 15-30
Compañeros y amigos:
Vidal no es genial. Dice que es el candidato del pueblo, pero no es verdad. Nunca ha trabajado con las manos. Nunca ha tenido un empleo fijo. Nunca ha tenido que mantener a una familia. Yo sí soy un hombre del pueblo. Trabajo catorce horas al día para mantener a mi esposa y a mis cinco hijos. ¡Vidal ni está casado! Si gano las elecciones, yo les aseguro que cumpliré con las siguientes promesas:

Todos los ciudadanos podrán tener una casa adecuada.
Eliminaré el desempleo.
Aumentaré el presupuesto para la educación.
Meteré a todos los políticos deshonestos en la cárcel.

Recuerden mi lema: Si quieren un presidente sencillo, voten por Murillo. Gracias.

Suggestion for 15-32. Have students post their slogans on the class Listserv or bulletin board and vote on the most convincing or clever slogan.

¡Así lo hacemos! Estructuras

3. *Se* for unplanned occurrences

■ In order to describe an involuntary or unplanned event, Spanish frequently uses **se** in conjunction with the third-person singular or plural of the verb. The action is not viewed as being carried out by someone but rather as happening to someone. Hence, that someone is an indirect object, and an indirect object pronoun is used.

Se me perdió el discurso.	*My speech got lost.*
Se les quedaron las estadísticas en casa.	*Their statistics were left behind at home.*

■ Where English uses the possessive adjective, Spanish uses the definite article since possession is indicated by the indirect object pronoun. The preposition **a** + *noun or pronoun* may be added for clarity or emphasis.

¿**A ustedes** se les olvidó la tarea otra vez?	*You forgot your homework again?*
Al senador se le perdieron los papeles.	*The senator lost his papers.*

Aplicación

15-35 Todo le fue mal a Alejandro. En las elecciones para gobernador de California, hubo más de cien candidatos. Alejandro Vega fue uno a quien todo le fue mal. Lee lo que le pasó y contesta las preguntas siguientes.

REPUBLICA de CALIFORNIA

En 2003, los votantes del estado de California tuvieron elecciones para decidir si iban a retirar al gobernador. De los más de cien candidatos, Alejandro Vega tuvo muy mala suerte en todo lo que hizo. Por ejemplo, el día de la reunión política, se le quedó su discurso en casa y su presentación fue muy desorganizada. Se preparó muy bien para el debate con su contrincante, pero se le perdieron las direcciones del lugar donde lo iban a tener. Además, aunque su esposa le iba a acompañar al debate, a Alejandro se le olvidó recogerla en su oficina y ella se puso furiosa. Una vez en el debate, se le cayeron sus apuntes y cuando fue a recojerlos, se le cayeron las gafas y se le rompieron. Por eso, no pudo leer lo que tenía escrito. Después del debate, cuando iba para su casa, lo detuvo la policía. Cuando le pidió el carnet de conducir, se dio cuenta que se le había quedado en casa. El policía lo llevó a la cárcel y tuvo que pasar allí toda la noche. Por eso, allí mismo Alejandro decidió que ésa sería su última campaña política.

1. ¿Por qué no tenía su discurso en la reunión política?
2. ¿Por qué llegó tarde al debate?
3. ¿Por qué se enojó en el debate?
4. ¿Por qué no pudo leer sus apuntes?
5. ¿Por qué se molestó su esposa?
6. ¿Qué le pasó camino a su casa?
7. En tu opinión, ¿por qué no ganó las elecciones?

15-36 ¡Pobre Alejandro! Ahora identifica todas las acciones imprevistas que le ocurrieron a Alejandro y cuenta su historia desde su punto de vista.

MODELO: *A Alejandro se le quedó el discurso en casa.*
Alejandro dice: *Ay, ¡se me quedó el discurso en casa!*

Answers to 15-36. ¡Se me perdieron las direcciones! ¡Se me olvidó recoger a mi esposa! ¡Se me cayeron los apuntes! ¡Se me rompieron las gafas! ¡Se me quedó el carnet en casa!

15-37 Sucesos imprevistos. Combina elementos de cada columna para describir seis acciones que ocurrieron. Explica lo que pasó, usando el **se** no planeado.

MODELO: caerse
Al candidato se le cayeron los papeles.

al presidente	perderse	la fecha de la reunión
a la congresista	caerse	el informe en casa
a mí / a ti	quedarse	los disquetes para la reunión
a nosotros	olvidarse	el disco duro de la computadora
a la juez	romperse	los carteles políticos
a los senadores	ocurrirse	el trabajo para la reunión

15-38 Me levanté con el pie izquierdo.[1] Completa el párrafo lógicamente con las formas correctas de los verbos siguientes.

olvidar	quedar	ocurrir
romper	caer	perder

¡Qué desastre! Hoy me levanté con el pie izquierdo. (1) __Se me olvidó__ poner el despertador y me quedé dormida hasta las ocho. Después cuando me preparaba el café, (2) __se me cayó__ la botella de leche y (3) __se me rompió__. A las diez, salí a buscar el periódico y (4) __se me quedaron__ las llaves adentro. Tuve que llamar al dueño del apartamento y él se enojó conmigo. Nunca (5) __se me ocurrió__ buscar la llave extra que tiene el vecino. Llegué tarde a la oficina. Durante el día (6) __se me perdieron__ las cartas que tenía que contestar. Cuando por fin llegué a casa, vi que no tenía nada que comer. Me dormí, y decidí empezar de nuevo mañana.

15-39 Fue sin querer. Túrnense para preguntarse sobre lo que les ha ocurrido sin querer en el pasado.

1. ¿Se te olvidó algo hoy?
2. ¿Se te ha roto algún objeto últimamente?
3. ¿Se te han perdido algunas cosas en estos días?
4. ¿Se te ocurrieron algunas ideas fabulosas el semestre pasado?
5. ¿Se te rompió el auto en los últimos meses?
6. ¿Se te caían objetos de las manos cuando eras pequeño/a?

---

[1]Cuando todo te va mal, dices "Me levanté con el pie izquierdo". ¿Conoces expresiones semejantes en inglés?

Suggestion for ¡Así lo hacemos!
Prepare four to five messages on paper for students. In the messages give students a time and instructions for things to do in class, e.g., get up and shut the door, get up and close the instructor's book, get up and open a window, etc. Space each action a few minutes apart. After the last student has completed his or her task, prepare the following on a board or transparency and ask students to explain. *La puerta fue cerrada por... La ventana fue abierta por... Mi libro fue cerrado por...*

2 **15-40 Excusas.** ¿Qué dicen ustedes para disculparse en estas situaciones? Representen algunas de las situaciones a continuación.

MODELO: E1 (PROFESOR): *¿Dónde está la tarea?*
E2 (ESTUDIANTE): *¡Ay! ¡Se me quedó en casa esta mañana!*

se me quedó/quedaron   se me olvidó/olvidaron   se me rompió/rompieron
se me perdió/perdieron   se me cayó/cayeron

1. PROFESORA: ¿Por qué no tiene el libro abierto en la Capítulo 15?
2. BIBLIOTECARIO: No encontramos los libros que usted sacó hace tres meses.
3. DUEÑO DEL APARTAMENTO: No recibí su alquiler este mes.
4. POLICÍA: Se prohíbe estacionar (*park*) el coche aquí.
5. CAMARERO: Aquí tiene la cuenta.
6. JUEZ: ¿Por qué estaba usted en la calle a las tres de la mañana?
7. JEFE: Busco el artículo que usted escribió.
8. AMIGO: ¿Dónde está el suéter que te llevaste ayer?
9. PROFESOR: Usted recibió una nota muy baja en el último examen.
10. DEPENDIENTE: No entiendo por qué esta lámpara no funciona.

4. The passive voice

Vínculos

Use the following instructional resources to practice the passive voice.
• WB/LM–OneKey: Activities: 15-17, 15-18, 15-19, 15-41, and 15-42
• Companion Website: Chapter 15, Review, Activity: Rev 15-6
• IRCD: p. 520

Spanish and English both have active and passive voices. In an active voice construction, the subject of the sentence is the doer of the action.

| Óscar Arias fundó el Centro para la Paz. | *Óscar Arias founded the Center for Peace.* |
| Los dos bandos hicieron la guerra. | *The two sides waged war.* |

■ In the passive voice, the agent of the action can be expressed in a prepositional phrase most often introduced by **por.**

| El Centro para la Paz fue fundado **por** Óscar Arias. | *The Center for Peace was founded by Óscar Arias.* |
| La guerra fue hecha **por** los dos bandos. | *The war was waged by the two sides.* |

■ The passive voice construction in Spanish is very similar to English. The direct object of the active sentence becomes the subject of the verb **ser. Ser** is followed by the *past participle* of the active verb. The past participle agrees in gender and number with the subject because it is used as an adjective.

ACTIVE VOICE

El congreso **aprobó la abolición** del ejército panameño en 1994.

The congress approved the abolition of the Panamanian army in 1994.

PASSIVE VOICE

La abolición del ejército panameño **fue aprobada** por el Congreso en 1994.

The abolition of the Panamanian army army was approved by their congress in 1994.

ACTIVE VOICE

La sociedad civil **ha tratado** muy mal a **las mujeres** centroamericanas.

Civil society has treated Central American women poorly.

PASSIVE VOICE

Las mujeres centroamericanas **han sido tratadas** muy mal por la sociedad civil.

Central American women have been treated poorly by civil society.

■ Generally the passive voice is used less frequently in spoken language in Spanish than in written narratives and documents.

EXPANSIÓN More on structure and usage

Passive *se*

Remember that in *Capítulo* 7 you learned that if the subject of the passive voice statement is an object and the agent is not expressed, the pronoun **se** is more commonly used than the passive voice.

Se cerró la fundación. *The foundation was closed.*
Se abrieron los centros. *The centers were opened.*

Aplicación

15-41 La lucha contra los narcotraficantes. Lee el artículo siguiente sobre un acontecimiento importante. Después subraya las oraciones en voz pasiva y explica en cada caso quien hizo (**H**) la acción y quién(es) la recibieron (**R**).

MODELO:

Los <u>narcotraficantes fueron capturados</u> por <u>la policía</u>.
　　　　R　　　　*voz pasiva*　　　　H

Answers to 15-41.

R	voz pasiva	H
Una red	fue desarticulada	por el DAS.
Las operaciones	fueron ejecutadas	por el DAS.
7 colombianos, 3 dominicanos, 1 puertorriqueño	fueron capturados	por la DEA.
Jorge Iván Giraldo Garcés	fue detendio	por la policía colombiana.
La investigación	fue adelantada	por el DAS, la DEA y la policía colombiana.

---

20 de diciembre de 2002, 05:23 PM

Desarticulada red de narcotraficantes internacional en Colombia

BOGOTA — Una red internacional de narcotráfico que había logrado llevar a los Estados Unidos más de 60 toneladas de cocaína, fue desarticulada (*taken apart*) con el arresto de 18 de sus miembros, informó este viernes el Departamento Administrativo de Seguridad (DAS)

Las operaciones contra los narcotraficantes fueron ejecutadas en Colombia, España y los Estados Unidos en donde cayeron 12 colombianos, 3 dominicanos, un chileno, un español y un puertorriqueño, dijo el DAS en un comunicado.

El mayor golpe se dio en Nueva York en donde fueron capturados siete colombianos, tres dominicanos y un puertorriqueño, mientras en Madrid cayeron el chileno, el español y dos colombianos.

El jefe de la banda era Jorge Iván Giraldo Garcés, colombiano quien fue detenido en el aeropuerto de Bogotá en las últimas horas después de llegar del Ecuador, según el DAS.

La investigación fue adelantada (*moved forward*) conjuntamente por el DAS, la policía secreta colombiana y la DEA, la agencia antinarcóticos de los Estados Unidos.

15-42 ¿Quiénes fueron capturados? Vuelve a leer el artículo de la Actividad 15-42 y contesta las preguntas siguientes.

1. ¿Quiénes fueron capturados?
2. ¿Qué crimen habían cometido?
3. ¿Dónde fueron detenidos?
4. ¿Cuáles fueron las agencias que participaron en esta operación?
5. ¿Por qué es importante el suceso (*event*)?

15-43 Guía. Completa las siguientes oraciones de la guía de la Casa Blanca con la construcción pasiva. Usa el pretérito del verbo ser.

MODELO: Las Casa Blanca (visitar) *fue visitada por* miles de turistas el año pasado.

1. Estos retratos (pintar) ——————— grandes pintores.
2. Estos muebles (hacer) ——————— un famoso diseñador del siglo XIX.
3. Estos libros (escribir) ——————— escritores españoles.
4. Esta carta (firmar) ——————— Thomas Jefferson.
5. Estos platos (comprar) ——————— la Sra. Kennedy.
6. Estos rosales (regalar) ——————— el Rey de España.
7. Esta pintura (descubrir) ——————— un amigo mío en el ático de una mansión vieja.
8. Este bolígrafo (usar) ——————— Roosevelt para firmar la ley de Seguro Social.

15-44 En tu ciudad. Escribe una guía de tu ciudad o de otra ciudad interesante en que incluyas cinco lugares de interés. Usa la voz pasiva para contestar estas preguntas. Preséntale tu guía a la clase.

1. ¿Por quién fue diseñado/a (construido/a)?
2. ¿Para quién(es) fue construido/a?
3. ¿Por cuántas personas es visitado/a cada año?
4. ¿Es conocido/a en otras partes?

5. *Pero* or *sino*

■ The conjunction *but* is usually expressed in Spanish by **pero.**

Quiero ser representante, **pero** un buen representante.	*I want to be a representative, but a good representative.*
Los impuestos son necesarios, **pero** no me gustan.	*Taxes are necessary, but I don't like them.*

■ When *but* means *on the contrary* or *but rather*, use **sino. Sino** always follows a negative statement and introduces the correction (an affirmative statement) or contradiction. If the correction is a word or phrase, simply use **sino.** If the correction includes a subject and verb, use **sino que.**

No quiero hablar con el juez, **sino** con el senador.	*I don't want to speak with the judge but (rather) with the senator.*
El candidato no va a dar un discurso, **sino que** prefiere tener una mesa redonda con varios ciudadanos.	*The candidate is not going to give a speech, but rather he prefers to have a round table with several citizens.*

Aplicación

15-45 El *pero* y el *sino* de los incas. Lee el párrafo sobre la civilización incaica y subraya las conjunciones **pero** y **sino.** Después, explica por qué se usa cada una.

De todas las importantes civilizaciones de la edad de Bronce, la incaica es la única que aparentemente no tenía un sistema de escritura, lo que les extraña mucho a los antropólogos. Es verdad que dejaron muestras de una civilización bien avanzada en su arquitectura, su tecnología, sus ciudades y en sus instituciones políticas, <u>pero</u> no en su escritura. <u>Pero</u> aún si no escribían, tenían un sistema complejo para comunicarse. No usaban palabras escritas, <u>sino</u> cuerdas anudadas (*knotted strings*) que se llamaban **quipu.** Los nudos representaban números para mantener cuentas y el censo. Ahora, algunos antropólogos creen que no representaban sólo números, <u>sino</u> que también algunos comunicaban historias y narrativas. Es posible que estos **quipu** nos revelen más secretos del Imperio Inca. <u>Pero</u>, desafortunadamente, muchos de los **quipu** fueron destruidos por los españoles en los años después de la conquista en 1532.

15-46 La comunicación entre el incas. Vuelve a leer el texto de la Actividad 15-46 y contesta las preguntas siguientes.

1. ¿Por qué se considera avanzada la civilización incaica?
2. ¿Qué elemento de una civilización avanzada no practicaban?
3. ¿Para qué servía el **quipu**?
4. ¿Qué hipótesis ha surgido recientemente?
5. ¿Por qué es difícil comprobar esta hipótesis?
6. ¿Qué opinas tú sobre esta posibilidad?

 15-47 Más sobre los quipu. Conéctate con la página electrónica de *¡Arriba!* (**www.prenhall.com/arriba**) para leer más sobre el **quipu** y explica tu respuesta al número 6 de la Actividad 15-47.

15-48 ¡Lo que queremos hacer! Imagínate que tus compañeros/as y tú son congresistas con diferentes metas y propósitos. Completa las oraciones usando **pero, sino** o **sino que,** según el contexto.

1. Yo no quiero combatir el juego en los casinos, <u>sino</u> el crimen violento.
2. Marta desea eliminar la burocracia, <u>pero</u> no en su estado.
3. A Julio no le interesa ser asesor del presidente, <u>sino que</u> quiere ser candidato para la presidencia.
4. El senador Ramírez no va a aprobar leyes que beneficien a pocos <u>sino</u> a muchos.
5. Queremos reducir la tasa de desempleo, <u>pero</u> sólo si esto no produce una inflación grande.
6. El presidente no va a aumentar los programas de ayuda social, <u>sino que</u> va a disminuir el dinero de varios programas.
7. El gobierno desea darles más ayuda financiera a los estudiantes, <u>pero</u> no sabe cómo hacerlo.
8. No queremos que haya más conflicto en Israel <u>sino</u> una paz permanente.

Answers to 15-45. pero no en su escritura (*but*), Pero aún (*but*), sino cuerdas (*but instead*), sino que también (*but rather*), Pero (*but*)

Answers to 15-46. 1. Se considera avanzada por su arquitectura, su tecnología, sus ciudades y sus instituciones políticas. 2. No practicaban la escritura. 3. Servía para mantener las cuentas y el censo. 4. Que además de números, comunicaban historias y narrativas. 5. Porque muchos de los quipu fueron destruidos por los españoles. 6. *Answers will vary.*

15-49 Asesores políticos. Imagínense que ustedes van a planear las estrategias de su candidato/a. Completen cada oración lógicamente usando **pero, sino** o **sino que,** según el contexto.

MODELO: Nuestra candidata, Lourdes Abascal, quiere ganar las elecciones...
... pero no sabe si tiene el apoyo del pueblo.

1. Quiere reducir la inflación...
2. No quiere que las mujeres trabajen fuera de la casa...
3. Espera nombrar otra mujer para la Corte Suprema...
4. Dice que es feminista...
5. No quiere apoyar los programas del presidente...
6. No le gusta la plataforma conservadora...
7. Espera establecer más programas sociales...
8. No quiere reducir los impuestos...

15-50 Un debate político. Formen dos equipos (uno a favor y el otro en contra) para debatir estos asuntos. Traten de incluir **pero** y **sino** en sus discusiones.

1. Debemos invertir recursos para disminuir la tasa de desempleo en los centros urbanos.
2. Debemos tener seguro médico para todos.
3. No debemos meternos en las guerras de otros países.

15-51 Su plataforma. Imagínense que ustedes son candidatos/as para la presidencia y vicepresidencia del país. Construyan su plataforma para presentársela a la clase.

MODELO: *Queremos tener buenas relaciones diplomáticas con nuestros vecinos, pero...*

¿Cuánto sabes tú? *Can you...*

☐ identify types of government and their members and explain the difference between them such as **la democracia, la dictadura,** and **la monarquía**?

☐ use **se** to show that something happened accidentally such as **se me perdieron las llaves** or **se nos olvidó la tarea**?

☐ recognize and use the passive voice in written speech such as **el ladrón fue capturado en el banco** or **los politicos fueron identificados por la prensa**?

☐ distinguish between **pero** and **sino (que),** as in **el candidato no es rico** *sino* **pobre** or **el presidente quiere promover la paz,** *pero* **necesita el apoyo del congreso**?

Observaciones

Toño Villamil y otras mentiras Episodio 15

15-52 El gobierno del Presidente Fox. México, el país de donde es Toño, siempre ha tenido una situación política muy interesante. Lee el artículo sobre el presidente mexicano Vicente Fox y contesta las preguntas siguientes.

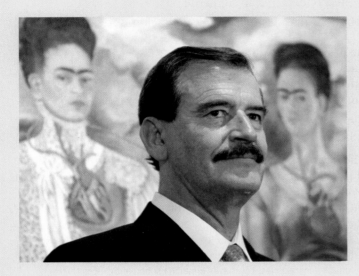

Vicente Fox fue elegido presidente de México en 2000, rompiendo así el reinado político del PRI (el Partido Revolucionario Institucional) que había gobernado México por más de setenta años. Fox, cuyo partido político es el PAN (Partido Acción Nacional), fue un candidato carismático. El segundo de nueve hijos, pasó mucho de su vida en un rancho en el estado de Guanajuato. Según sus compatriotas, es una persona amable, respetuosa, sencilla y honesta que, por su vida en el rancho, ha sabido apreciar el gran potencial que tiene México para triunfar en el primer mundo.

Afirma Fox: "Sé del valor de las oportunidades. Crecí en el campo con los hijos de los campesinos y la única diferencia con mis amigos de la infancia son las oportunidades que yo sí tuve".

El 2 de julio Vicente Fox ganó las elecciones y, ese mismo día, se comprometió a "... integrar un gobierno plural, honesto y capaz. Un gobierno que incorpore a los mejores ciudadanos de este país".

1. ¿Quién es Vicente Fox?
2. ¿Cómo es?
3. ¿Por qué fue importante su elección?
4. ¿Qué promesa hizo el día de su elección?

15-53 La conclusión. Mira el último episodio de *Toño Villamil y otras mentiras* donde vas a ver el talento de actor que tiene Toño. Ten en mente estas preguntas mientras ves el episodio.

1. Por razones políticas, Isabel tiene que...
   a. salir del país.
   b. volver a su casa.
   c. buscar otro trabajo.

2. El padre de Isabel es candidato para...
   a. alcalde (*mayor*).
   b. gobernador.
   c. ministro de cultura.

3. La campaña política se concentra en cuestiones de...
   a. seguridad del país.
   b. corrupción entre oficiales.
   c. economía.

4. Según Lucía, la experiencia con Toño ha sido...
   a. una locura.
   b. divertida.
   c. ridícula.

5. Al final, las dos mujeres deciden...
   a. burlarse de Toño.
   b. viajar juntas a la casa de Isabel.
   c. perdonar a Toño.

15-54 Y, ahora tú. Imagínense que están en Malinalco con Lucía, Isabel y Toño. Hagan planes para lo que van a hacer ahora.

MODELO: E1: *¿Por qué no viajamos juntos a Puerto Vallarta?*
   E2: *No me gusta la playa. Vamos a...*

Teaching tips
When George W. Bush and Vicente Fox met for the first time in 2000, they shared an affinity for informality and straight talk. At first, it seemed that their initial mutual admiration would aid the U.S. and Mexico in coming to terms with the status of undocumented Mexican workers in the U.S. However, progress on that problem and other trade issues have slowed after the terrorist attacks of September 11, 2001.

Answers to 15-52. 1. Es el presidente de México. 2. Es amable, respetuoso, sencillo y honesto. 3. porque rompió el reinado político del PRI 4. Se comprometió a "integrar un gobierno plural, honesto y capaz".

NUESTRO MUNDO

Panoramas

Vínculos

- Student Video CD-ROM/VHS cassette, *Capítulo 15: Entrevistas de nuestro mundo*
- Companion Website: Chapter 15, Web resources, *Panoramas, La herencia indígena*

La herencia indígena

15-55 ¿Ya sabes...? Explica o identifica lo siguiente.

1. una fecha que se celebra dos días después de la celebración norteamericana de *Halloween*
2. lenguas indígenas que aún se hablan
3. culturas indígenas que vivían en México
4. la cultura indígena que asociamos con los Andes
5. culturas indígenas que mantenían calendarios

Los pueblos indígenas han contribuido mucho a la cultura que ahora llamamos hispanoamericana. Representan una variedad de culturas que todavía conservan aspectos de su herencia lingüística, artística, agrícola y arqueológica.

Muchos idiomas que se hablaban en las Américas cuando llegaron los españoles todavía existen. Algunos de los más importantes son el quechua (de los incas), el aymará (del pueblo del sur del Paraguay, Bolivia y parte de Chile), el guaraní (del Paraguay), el náhuatl (de México) y el maya (de Guatemala y México). Las siguientes imágenes e información son una pequeña muestra de la gran herencia de algunas de las civilizaciones indígenas.

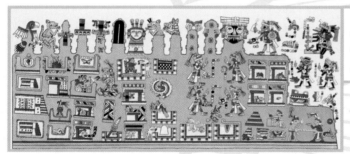

Muchas antiguas civilizaciones han usado la tradición oral para transmitir sus leyendas y conocimientos (*knowledge*) sobre la creación a las futuras generaciones. Los mayas también usaban jeroglíficos (*hieroglyphics*) para grabar las historias y leyendas de su pueblo.

Los mayas dominaban el sur de México y partes de Centroamérica, especialmente Guatemala. Se distinguieron por su avanzado sistema de irrigación, por su arquitectura, por su conocimiento de los astros y por su sistema de escritura. Los guerreros mayas practicaban un juego semejante a nuestro baloncesto. El factor que distingue el juego maya es que el ganador del partido recibía el honor de ser sacrificado.

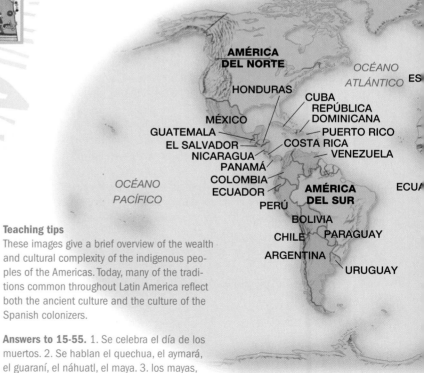

Teaching tips

These images give a brief overview of the wealth and cultural complexity of the indigenous peoples of the Americas. Today, many of the traditions common throughout Latin America reflect both the ancient culture and the culture of the Spanish colonizers.

Answers to 15-55. 1. Se celebra el día de los muertos. 2. Se hablan el quechua, el aymará, el guaraní, el náhuatl, el maya. 3. los mayas, los olmecas y los aztecas 4. la de los incas 5. las de los olmecas y los aztecas

El Imperio Inca cubría partes del Ecuador, el Perú, Bolivia y Chile. De su idioma, el quechua, el léxico español ha incorporado las palabras *pampa, papa y coca.* Los incas, como muchas de las antiguas sociedades, elaboraron piezas de cerámica que eran bellas y prácticas. También confeccionaron exquisitas joyas de oro.

Los guaraníes dominaban la región que hoy llamamos el Paraguay y parte de la Argentina. Todavía hoy, el Paraguay tiene dos idiomas oficiales: el español y el guaraní.

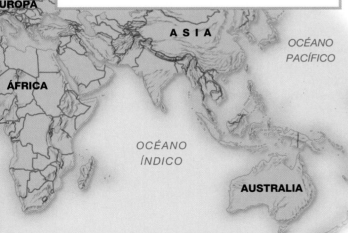

Las culturas indígenas son especialmente evidentes en las celebraciones. Por ejemplo, en Oaxaca, a finales de julio, se celebra *Guelaguetza,* un festival que honra a los dioses de la fertilidad y la lluvia. Por dos semanas, se puede disfrutar de bailes y música indígenas, fuegos artificiales y platos especiales típicos de la región.

El día de los muertos se celebra el 2 de noviembre. Esa noche la gente acude al cementerio para rezar por el alma de sus familiares difuntos. Aunque la celebración coincide con el calendario cristiano, la manera de celebrarla es típicamente indígena, con sus calaveras (*skeletons*), pan de muerto, música y flores moradas, blancas y anaranjadas.

EUROPA

ASIA

OCÉANO PACÍFICO

ÁFRICA

OCÉANO ÍNDICO

AUSTRALIA

ANTÁRTIDA

Los aztecas le daban gran importancia al tiempo y mantenían dos calendarios. El de 365 días, *xihuitl*, era el calendario solar y agrícola. Se componía de dieciocho meses de veinte días cada uno, más cinco días inútiles al final del año. El otro calendario se usaba para predecir el futuro. El idioma náhuatl contribuyó con muchas palabras al léxico español; por ejemplo, **cacao, chocolate, tomate, cacahuete, chicle** y **tiza**. Este glifo representa el mes de enero.

15-56 La herencia indígena. Empareja las costumbres y términos con una cultura indígena.

1. __c__ la papa, la pampa y la coca
2. __a, d__ jeroglíficos
3. __d__ el baloncesto
4. __a__ el día de los muertos
5. __a__ un calendario agrícola
6. __d__ un sistema de irrigación
7. __a__ festivales para honrar al dios de la lluvia
8. __d__ el estudio de los astros
9. __a__ el chocolate y el tomate
10. __b__ un idioma que se enseña en las escuelas

a. los aztecas
b. los guaraníes
c. los incas
d. los mayas

 15-57 Las contribuciones a nuestra sociedad. Conversen entre ustedes sobre las contribuciones indígenas que consideren de mayor importancia y/o utilidad. Pueden incluir contribuciones científicas, culinarias, lingüísticas, culturales, etcétera. ¿Sobre cuáles de estas contribuciones querrían investigar más?

 15-58 Investigación. Conéctate con la página electrónia de *¡Arriba!* (**www.prenhall.com/arriba**) para investigar más sobre uno de estos grupos: guaraní, azteca, inca o maya. Escribe un párrafo sobre un punto de interés que encuentres.

 # Ritmos

Vínculos

- Instructor's Music CD: *Capítulo 15: Ritmos de nuestro mundo*
- Companion Website: Chapter 15, Web Resources, *Ritmos: Gilberto Santa Rosa (Puerto Rico)*

Teaching tips
The Puerto Rican performer, Gilberto Santa Rosa is widely regarded as "el Caballero de la Salsa" for his long musical career and influence in this genre. Born in 1977, he began his professional career when he was 14. Beginning in the 1990's, Santa Rosa and his group have given concerts all over the world, including Carnegie Hall.

Answers to 15-59. *Possible answers are:* son, cantares, acordes, bomba, guaracha, bolerito

"Tu música popular" (Gilberto Santa Rosa, Puerto Rico)

Esta es una canción de salsa, un estilo musical muy popular que ya has escuchado en el *Capítulo 7.*

Antes de escuchar

15-59 Tu música popular. Lee las siguientes estrofas de la letra de "Tu música popular" y escribe por lo menos cinco términos que se relacionan con la música.

Tu música popular
Cuando canta el corazón la música popular
Se puede apreciar su son siendo puro y natural
Y escuchar con emoción lo tradicional
La cadencia de los montes donde nacieron cantares
Pero hay en otros lugares
A los acordes de un tres
Nació el son y desde entonces
A mí se me van los pies
Porque tiene distinción
Sí se canta como es
Cantar con el corazón y tú vas a ver

Canta con el corazón tu música popular (se repite)
Canta pero canta, canta pueblo que me encanta
Cuando tú escuchas mi música y te pones a gozar
Canta una bomba, una guaracha, un bolerito pa' las muchachas enamorar
Música con la que mi gente vibra
La que me toca la fibra para bailar
…

15-60 ¿Qué significa? Con un/a compañero/a busca en un diccionario o en la red informática el significado de las siguientes palabras que tienen que ver con la música hispana: el son, la bomba, la guaracha, el bolero, la salsa. ¿Cuáles son algunos estilos musicales o algunos bailes de tu país o de la región donde vives que son populares hoy en día? ¿De cuándo tus padres eran jóvenes? ¿De tus abuelos?

A escuchar

15-61   Describir una canción. Mientras escuchas "Tu música popular" escribe por lo menos cinco palabras y/o expresiones que se te ocurren para describir la canción y su ritmo.

Después de escuchar

15-62 Resumen. En grupos de tres comparen las listas que hicieron en **A escuchar.** Usen su información para escribir un breve párrafo que resuma la canción. Pueden usar las siguientes preguntas como guía.

- ¿Quién es el narrador?
- ¿A quién canta?
- ¿Cuál es el tema?
- ¿Qué cosas menciona y por qué?

15-63 Gilberto Santa Rosa. Completa las oraciones del cantante de "Tu música popular" con **quien, quienes** o **lo que** según el caso.

1. ____Lo que____ me encanta de ser músico es cantar en público y conocer a mis aficionados.
2. Creo que a mis aficionados les gusta ____lo que____ hago con mi música.
3. Mis aficionados, ____quienes____ siguen asistiendo a mis conciertos año tras año, son muy importantes para mí.
4. A la gente hispana, con ____quien____ comparto mi amor por la música, les encanta la salsa.
5. El bongó y la conga ____que____ tocamos en mis canciones añaden un toque muy particular de las islas caribeñas.

Páginas

"Bajo la alambrada" (Francisco Jiménez, México)

Francisco Jiménez (1943–) nació en Tlaquepaque, un pueblito cerca de la ciudad de Guadalajara, México. Cuando tenía cinco años de edad, su familia decidió dejar su pueblo e ir en busca de una vida mejor en California, donde según las películas, "la gente barre el dinero de las calles". La colección *Cajas de cartón* relata episodios de la vida de Panchito, un hijo de trabajadores migratorios que siguen la cosecha de fruta, legumbres y algodón. Aunque era una vida increíblemente dura para la familia, la bondad de algunas de las personas que conocieron en su búsqueda, les animaba a seguir trabajando para realizar su sueño. Ahora, el señor Jiménez es profesor de español en la Universidad de Santa Clara, California, donde sigue dando voz a las experiencias de muchas familias que buscan el sueño americano. En 2002, lo seleccionó "profesor del año" la Carnegie Foundation for the Advancement of Teaching. "Bajo la alambrada" es el primer cuento de la colección.

Teaching tips
According to the author, Francisco Jiménez, this story is representative of many of the stories of migrant workers who cross the border in search of the American dream. Despite U.S. government efforts to tighten the border and the inherent danger involved in the journey, the number of undocumented imigrants has not fallen in recent years. The dangers also remain; there have been over 300 deaths each year from 2000–2003 along the U.S.-Mexican border.

Antes de leer

15-64 La autobiografía. La autobiografía se narra en primera persona (**yo**) y depende de lo que sabe el narrador. Este cuento se ve a través de los ojos del niño. Busca información en los primeros párrafos sobre la vida del narrador en México. ¿Cómo esperaba la familia que cambiara su vida cuando fueran a California? ¿Alguna vez, especialmente de niño/a, querías algo imposible de obtener?

A leer

15-65 La generosidad. Cuando leas este cuento, piensa en el concepto de la generosidad. ¿Qué actos de generosidad ven el niño y su hermano Roberto?

"Bajo la alambrada"

La frontera es una palabra que yo a menudo escuchaba cuando, siendo un niño, vivía allá en México, en un ranchito llamado El Rancho Blanco, enclavado entre lomas secas y pelonas (*dry and barren hills*), muchas millas al norte de Guadalajara. La escuché por primera vez a fines de los años cuarenta, cuando Papá y Mamá nos dijeron a mí y a Roberto, mi hermano mayor, que algún día íbamos a hacer un viaje muy largo hacia el norte, cruzar la frontera, entrar en California y dejar atrás para siempre nuestra pobreza. Yo ni siquiera sabía exactamente qué cosa era California, pero veía que a Papá le brillaban los ojos siempre que hablaba de eso con Mamá y sus amigos.
—Cruzando la frontera y llegando a California, nuestra vida va a mejorar—, decía siempre. Roberto, que era cuatro años mayor que yo, se emocionaba mucho cada vez que Papá hablaba del mentado (*much anticipated*) viaje a California. A él no le gustaba vivir en El Rancho Blanco, aún menos le gustó después de visitar en Guadalajara a nuestro primo Fito, que era mayor que nosotros. Fito se había ido de El Rancho Blanco. Estaba trabajando en una fábrica de tequila y vivía en una casa con dos recámaras, que tenía luz eléctrica y un pozo (*well*). Le dijo a

Roberto que él, Fito, ya no tenía que madrugar levantándose, como Roberto, a las cuatro de la mañana para ordeñar (*milk*) las cinco vacas. Ni tenía que ir a buscar agua al río, ni dormir en piso de tierra, ni usar velas para alumbrarse (*give light*). Desde entonces, a Roberto solamente le gustaban dos cosas de El Rancho Blanco: buscar huevos de gallina y asistir a misa (*mass*) los domingos. A mí también me gustaba buscar huevos e ir a misa. Pero lo que más me gustaba era oír contar cuentos. Mi tío Mauricio, el hermano de Papá, solía llegar con su familia a visitarnos por la noche, después de la cena. Entonces nos sentábamos todos alrededor de la fogata (*fire*) y nos poníamos a contar cuentos mientras desgranábamos las mazorcas de maíz (*we shelled the ears of corn*).

En una de esas noches, Papá hizo el gran anuncio: íbamos por fin a hacer el tan ansiado (*much desired*) viaje a California, cruzando la frontera. Pocos días después, empacamos nuestras cosas en una maleta y fuimos en camión hacia Guadalajara para tomar allí el tren. Papá compró boletos para un tren de segunda clase. Yo nunca había visto antes un tren. Lo veía como un montón de chocitas (*little huts*) metálicas, ensartadas en una cuerda (*strung together*). Subimos al tren y buscamos nuestros asientos. Yo me quedé parado mirando por la ventana. Cuando el tren empezó a andar, se sacudió (*it shook*) e hizo un fuerte ruido (*noise*), como miles de botes (*cans*) chocando unos contra otros. Yo me asusté y estuve a punto de caerme. Papá me agarró en el aire y me ordenó que me estuviera sentado. Me puse a mover las piernas, siguiendo el movimiento del tren. Roberto iba sentado frente a mí, al lado de Mamá, y en su cara se pintaba una sonrisa grande.

Viajamos por dos días y dos noches. En las noches, casi no podíamos dormir. Los asientos de madera eran muy duros y el tren hacía ruidos muy fuertes, soplando su silbato (*whistle*) y haciendo rechinar (*squeak*) los frenos. En la primera parada a la que llegamos, yo le pregunté a Papá: —¿Aquí es California?

—No mi'jo, todavía no llegamos —me contestó con paciencia—. Todavía nos faltan muchas horas más.

Me fijé que Papá había cerrado los ojos. Entonces me dirigí a Roberto y le pregunté: —¿Cómo es California? —No sé —me contestó—; pero Fito me dijo que ahí la gente barre el dinero de las calles.

—¿De dónde sacó Fito esa locura? —preguntó Papá— abriendo los ojos y riéndose.

—De Cantinflas (*actor cómico mexicano*) —aseguró Roberto—. Dijo que Cantinflas lo había dicho en una película.

—Ése fue un chiste de Cantinflas —respondió Papá siempre riéndose—. Pero es cierto que allá se vive mejor.

—Espero que así sea —dijo Mamá. Y abrazando a Roberto agregó— Dios lo quiera.

Cuando el tren se detuvo en Mexicali, Papá nos dijo que nos bajáramos. —Ya casi llegamos —dijo mirándome. Lo seguimos hasta que llegamos a un cerco de alambre (*wire fence*). Según nos dijo Papá, ésa era la frontera. Él nos señaló la alambrada gris y nos aclaró que del otro lado estaba California, ese lugar famoso, del que yo había oído hablar tanto. A ambos lados de la cerca había guardias armados que llevaban uniformes verdes. Papá les llamaba "la migra" y nos explicó que teníamos que cruzar la cerca sin que ellos nos vieran.

Ese mismo día, cuando anocheció (se hizo de noche), salimos del pueblo y nos alejamos varias millas caminando. Papá, que iba adelante, se detuvo, miró todo alrededor para asegurarse de que nadie nos viera y se arrimó (se acercó) a la cerca. Nos fuimos caminando a la orilla de la alambrada hasta que Papá encontró un hoyo (*hole*) pequeño en la parte de abajo. Se arrodilló y con las manos se puso a cavar (*dig out*) el hoyo para agrandarlo. Entonces nosotros pasamos a través de él, arrastrándonos (*slithering*) como culebras. Un ratito después, nos recogió una señora que Papá había conocido en Mexicali. Ella había prometido que, si le pagábamos, iba a recogernos en su carro y llevarnos a un lugar donde podríamos encontrar trabajo. Viajamos toda la noche en el carro que la señora iba manejando. Al amanecer llegamos a un campamento de trabajo cerca de Guadalupe, un pueblito en la costa. Ella se detuvo en la carretera, al lado del campamento. —Éste es el lugar del que les hablé —dijo cansada—. Aquí encontrarán trabajo pizcando (pizcar: *to pick* (Mex.)) fresa.

Papá descargó la maleta de la cajuela (*trunk*), sacó su cartera y le pagó a la señora. —Nos quedan nomás siete dólares —dijo, mordiéndose el labio. Después de que la señora se fue, nos dirigimos al campamento por un camino de tierra, flanqueado con árboles de eucalipto.

Esa noche dormimos bajo los árboles de eucalipto. Juntamos unas hojas que tenían un olor a chicle, y las apilamos para acostarnos encima de ellas. Roberto y yo dormimos entre Papá y Mamá.

A la mañana siguiente, me despertó el silbato de un tren. Por una fracción de segundo, me pareció que todavía íbamos en el tren rumbo a California. Echando un espeso chorro (*thick stream*) de humo negro, el tren pasó detrás del campamento. Viajaba a una velocidad mucho mayor que el tren de Guadalajara. Mientras lo seguía con la mirada, oí detrás de mí la voz de una persona desconocida. Era una señora que se había detenido para ver en qué nos podía ayudar. Su nombre era Lupe Gordillo, y era del campamento vecino al nuestro. Nos llevó algunas provisiones y nos presentó al capataz (*foreman*) que afortunadamente hablaba español. Él nos prestó una carpa (*tent*) militar para vivir en ella, y también nos ayudó a armarla. —Ustedes tienen suerte —nos dijo—. Ésta es la última que nos queda.

—¿Cuándo podemos comenzar a trabajar? —preguntó Papá, frotándose (*rubbing*) las manos.

—En dos semanas —respondió el capataz.

—¡No puede ser! —exclamó Papá, sacudiendo la cabeza—. ¡Nos dijeron que íbamos a trabajar de inmediato!

—Lo siento mucho, pero resulta que la fresa no estará lista para pizcar hasta entonces —contestó el capataz, encogiéndose (*shrugging*) de hombros y luego retirándose.

Después de un largo silencio, Mamá dijo— Le haremos la lucha, viejo. Una vez que empiece el trabajo, todo se va a arreglar.

Las dos semanas siguientes, Mamá cocinó afuera, en una estufita improvisada, hecha con algunas piedras grandes, y usando un comal (*hotplate for cooking tortillas*) que le había dado doña Lupe.

Para distraernos (*amuse ourselves*), Roberto y yo nos poníamos a ver los trenes que pasaban detrás del campamento. Nos arrastrábamos debajo de una alambrada de púas (*barbed wire*) para llegar a un punto desde donde los podíamos ver mejor. Nuestro tren favorito pasaba siempre a mediodía. Tenía un silbido (*whistle*) diferente al de los otros trenes. Nosotros lo reconocíamos desde que venía de lejos. Roberto y yo le llamábamos "El Tren de Mediodía". A menudo, llegábamos temprano y nos poníamos a jugar en los rieles (*rails*), mientras esperábamos que pasara. Corríamos sobre los rieles, o caminábamos sobre ellos, procurando llegar lo más lejos que pudiéramos sin caernos. También nos sentábamos en los rieles para sentirlos vibrar cuando se acercaba el tren. Conforme pasaron los días, aprendimos a reconocer desde lejos al conductor del tren. Él disminuía la velocidad cada vez que pasaba junto a nosotros, y nos saludaba con su cachucha (*cap*). Nosotros también le devolvíamos el saludo.

Un domingo, Roberto y yo cruzamos la alambrada más temprano que de costumbre para ver el tren de mediodía. —Me gustaría saber de dónde viene ese tren —le dije a Roberto—. ¿Tú no lo sabes?

—Yo también he estado pensando en eso —contestó, levantando muy despacio la cabeza—. Creo que viene de California.

—¡California! —exclamé yo—. ¡Pero si aquí estamos en California!

—No estoy tan seguro —dijo— Recuerda lo que...

Entonces lo interrumpió el silbido del tren que conocíamos tan bien. Nos apartamos de los rieles, haciéndonos a un lado. El conductor disminuyó la velocidad hasta casi detenerse, nos saludó y dejó caer una bolsa de papel, justamente cuando estaba frente a nosotros. La recogimos y examinamos lo que había adentro. Estaba llena de naranjas, manzanas y dulces.

—¡Ya ves, te dije que venía de California! —exclamó Roberto. Corrimos al lado del tren saludando con la mano al conductor. El tren aceleró y pronto nos dejó atrás. Seguimos el tren con la mirada y lo vimos hacerse más y más chiquito, hasta que desapareció completamente.

Source: Francisco Jiménez (1999). "Bajo la alambrada."
Cajas de cartón. Boston: Houghton Mifflin, pp. 1–9.

Después de leer

15-66 ¿ En qué orden? Completa las oraciones con las palabras de la columna a la derecha. Luego, pon los acontecimientos en orden (1–12).

<u>11</u> Un día, el conductor les tiró una bolsa llena de __c__   a. California

<u>3</u> Su padre les hablaba de cruzar la __d__ e ir a California.   b. días

<u>8</u> En el campamento, tuvieron que esperar dos __h__   c. dulces
antes de empezar a trabajar.   d. frontera

<u>9</u> Los niños jugaban en los rieles del __l__.   e. hoyo

<u>2</u> Los niños también trabajaban en el rancho,   f. huevos
buscando __f__ y agua.   g. mediodía

<u>10</u> Esperaban el tren del __g__, porque el conductor   h. semanas
los saludaba con la cachucha.   i. migra

<u>1</u> La familia de Pancho vivía en un __j__ cerca de   j. rancho
la ciudad de Guadalajara.   k. trabajo

<u>4</u> Allí encontrarían __k__ y vivirían mejor.   l. tren

<u>12</u> Desde aquel momento, sabían que el tren era de __a__.

<u>5</u> El viaje en tren hasta la frontera fue de varios __b__.

<u>7</u> Caminaron por la cerca de alambre hasta que
encontraron un __e__ por donde podían cruzar la frontera.

<u>6</u> Había oficiales de la __i__ por toda la frontera.

15-67 Los trabajadores migratorios. Hay mucha controversia sobre la política de los inmigrantes que vienen a los EE.UU. en busca de trabajo. Sin embargo, es importante saber que según las estadísticas, ellos contribuyen más a la economía de lo que reciben. Conversen entre ustedes sobre las causas y las consecuencias de algunas de estas propuestas.

MODELO: El gobierno federal debe abrir la frontera a los trabajadores migratorios.

E1: *Es verdad que aquí la tasa de desempleo es baja y necesitan más trabajadores.*

E2: *Si el gobierno les diera permiso para trabajar, se podría controlar mejor la inmigración.*

1. Los agricultores deben mejorar las condiciones de vivienda y sanidad de los trabajadores migratorios.
2. Se les debe dar servicios sociales a todos los inmigrantes.
3. Todos los trabajadores merecen un sueldo mínimo.
4. Se debe vigilar para que los menores de edad no sean explotados obligándolos a trabajar.
5. Hay que asegurarse que los hijos de trabajadores migratorios asistan a la escuela.

WWW **15-68 César Chávez.** César Chávez fue importante en la organización del sindicato de trabajadores agrícolas (UFW). Conéctate con la página electrónica de *¡Arriba!* (**www.prenhall.com/arriba**) para buscar esta información.

- si todavía vive
- unas experiencias que lo influyeron
- una causa importante que encabezó

 # Taller

15-69 Un editorial periodístico. En este taller vas a escribir un editorial en que expreses y apoyes tus opiniones.

Antes de escribir

■ **Ideas.** Piensa en una cuestión política o social que se ve mucho hoy en día en la prensa, por ejemplo, el movimiento *English Only*.

A escribir

■ **Presentación.** Escribe una o dos oraciones para presentar el tema y su importancia en la sociedad.

■ **Tu punto de vista.** Presenta tu punto de vista y da por lo menos tres razones que lo apoyen.

■ **Las consecuencias.** Explica las consecuencias de no aceptar tu posición.

■ **Conclusión.** Termina el editorial resumiendo el argumento.

Después de escribir

■ **Revisar.** Revisa tu editorial para verificar los siguientes puntos:
  □ el uso del indicativo y subjuntivo, por ejemplo, **no hay nadie que crea...**
  □ la voz pasiva, por ejemplo, **las escuelas bilingües fueron establecidas por...**
  □ el uso del **"se" no intencional,** por ejemplo, **a los líderes se les ha olvidado la importancia de saber otro idioma**
  □ la concordancia y la ortografía

■ **Intercambiar**
Intercambia tu editorial con un/a compañero/a para hacer correcciones y sugerencias y responder a su editorial.

■ **Entregar**
Pasa tu editorial a limpio, incorporando las sugerencias de tu compañero/a. Después, entrégaselo a tu profesor/a.

MODELO: *El movimiento* English Only *fue propuesto por John Tandon, quien espera que todo negocio, instrucción y transacción financiera en los EE.UU. se haga en inglés. Esta posición es equivocada...*

Teaching tips
In this *Taller*, students practice the function of persuasion. Encourage students to adopt a style that will convince their audience of the merit of their argument. You can publish the strongest essays on your departmental Web site or class newspaper.

APPENDIX 1

B Activities

Capítulo 1

1-6B ¿Cómo está usted? (*When you see the A/B icon, one of you will assume the **A** role given in the text; the other, the **B** role in Appendix 1 for **B Activities.***) Your partner will assume the role of instructor; you are his/her student. Greet each other and ask how things are. Use the following information about yourself and the day.

- It's morning.
- You know the professor is named Pérez.
- You're not feeling well.

1-11B Otra vez, por favor (*please*). Take turns spelling out your words to each other. Be sure to say what category they are in. If you need to hear the spelling again, ask your partner to repeat by saying, **Otra vez, por favor.**

Modelo: cosa (*thing*) (enchilada)
e- ene - ce - hache - i - ele - a - de - a

YOU SPELL . . .
1. persona famosa (Selena)
2. ciudad (Tampa)
3. cosa (café)
4. persona famosa (Jennifer López)

YOU WRITE . . .
1. persona famosa: _____
2. ciudad (*city*): _____
3. cosa: _____
4. persona famosa: _____

1-20B Trivia. Take turns asking each other questions. One of you will use this page; the other will use the corresponding activity **1-20A.**

Modelo: E1: *un mes con veintiocho días*
E2: *febrero*

1. el número de meses en un año
2. el mes de tu cumpleaños
3. un mes con treinta días
4. los meses del semestre de la primavera
5. tu mes favorito
6. un día bueno

1-31B Necesito... Below is a list of items you have. Your classmate will tell you what he/she needs. Tell if you have each item or not. Circle the items you have that your classmate needs.

Modelo: E1: *Necesito un bolígrafo. ¿Tienes?*
E2: *Sí, tengo.*
E1: *Necesito treinta y tres libros. ¿Tienes?*
E2: *Sólo (only) veintidós.*

Tengo...

1 bolígrafo	30 lápices	14 cuadernos	22 libros
17 mochilas	96 mapas	15 diccionarios	90 papeles
25 pizarras	11 sillas	7 puerta	1 mesa

1-39B ¿Qué hay en la clase? Answer your classmate's questions about your classroom. Then ask him/her the following questions.

MODELO: E1: *¿Cuántos estudiantes hay en la clase?*
E2: *Hay veinticuatro.*

1. ¿Cuántos/as profesores/as hay en la clase?
2. ¿Cómo se llama el/la profesor/a?
3. ¿Qué hay en la mesa?
4. ¿Hay una mesa?
5. ¿Cuántas estudiantes hay? (**¡Ojo!** *female students*)
6. ¿Hay dos puertas?

1-48B En la celebración de los Grammy. Identify the following people sighted at the Grammy Award celebration. Use adjectives from this lesson and those below. Be sure to make adjectives agree with the noun they modify.

MODELO: E1: *¿Cómo es Jimmy Smits?*
E2: *Es un hombre muy activo y alto. Es de Puerto Rico.*

alto/bajo	*tall/short*
delgado/gordo	*thin/fat*
rubio/moreno	*blond/dark*
bonito/feo	*pretty/ugly*
joven/viejo	*young/old*
gracioso	*funny*
misterioso/exótico	
extrovertido/introvertido	
romántico	
idealista/realista/pesimista	
paciente/impaciente	

2. Jennifer López

4. Sammy Sosa

1. Rosie Pérez

3. Cameron Díaz

Capítulo 2

inglés   9:00 A.M.

química   11:00 A.M.

matemáticas   _____

español   _____

_____   4:45 P.M.

historia   7:15 P.M.

2-16B El horario (*schedule*) de Gracia Roldán. Complete Gracia's schedule by asking each other for the missing information. Once you've completed her schedule, ask each other the questions that follow.

MODELO: E1: *¿Qué clase tiene Gracia a las nueve?*
E2: *Tiene inglés a las nueve. ¿A qué hora es la clase de...?*
E2: *Es a la(s)...*

1. ¿Qué clases tiene Gracia por la tarde?
2. ¿A qué hora es la clase de...?

2-17B ¿A qué hora? Complete your calendar by asking your partner when the events with times missing take place.

MODELO: la fiesta (20:30)
E1: *¿A qué hora es la fiesta?*
E2: *Es a las ocho y media de la noche.*

Hora	Actividad
10:15	la clase
	la conferencia (lecture)
12:05	la reunión
	el examen
16:30	el partido de fútbol
	el programa "Amigos" en la televisión
20:30	la fiesta

2-19B ¿Es verdad? Take turns asking and answering yes/no questions. Comment on the truthfulness of each other's responses.

MODELO: E1: *¿Eres norteamericano/a?*
E2: *No, no soy norteamericano/a.*
E1: *¿De verdad?*
E2: *Sí, es verdad. Soy de Francia.*

1. ¿Eres venezolano/a?
2. ¿Tus padres son jóvenes?
3. Somos amigos/as, ¿no?
4. Eres de aquí, ¿cierto?
5. ¿Son interesantes tus clases?
6. ¿...?

2-43B Entrevistas. Ask each other questions to obtain information. Be prepared to report back to the class.

MODELO: E1: *¿Qué estudias en la universidad?*
E2: *Estudio español,...*

1. ¿Dónde estudias?
2. ¿Aprendes mucho en clase?
3. ¿Qué música (popular, clásica, de rock) escuchas?
4. ¿Bailas en una fiesta?
5. ¿Qué programa ves en la televisión?
6. ¿Cuándo escribes cartas?

2-49B ¿Tienes? Take turns asking each other if you have the items on your list. If your partner has the item you want, you make a pair. The first person who has five pairs of items wins.

MODELO: E1: *¿Tienes un libro de historia?*
         E2: *Sí, tengo. (No, no tengo.)*

_____ cuaderno verde

_____ una mochila negra

_____ un libro de arte

_____ una pintura de Dalí

_____ una novela de Hemingway

_____ un reloj grande

_____ un lápiz rojo

_____ un buen amigo

_____ un examen difícil

_____ una profesora inteligente

Capítulo 3

3-11B Inventario. Take turns dictating to each other your inventory numbers in Spanish. Which items do you have in common? **¡Ojo!** Watch for agreement.

MODELO: 747 mesas
         setecientas cuarenta y siete mesas

1. 202 diccionarios
2. 5.002 escritorios
3. 816 pizarras
4. 52 mapas
5. 1.326 libros
6. 2.700.000 calculadoras
7. 110.000 sillas

3-12B ¿Cuánto cuesta...? You are a tourist renting a car in Mexico City. Ask the clerk for the rental prices of cars and choose a suitable car.

MODELO: E1: *¿Cuánto cuesta un coche de lujo de cuatro puertas por semana?*
         E2: *Dos mil setecientos cincuenta pesos.*
         E1: *¡Uf! ¡Es mucho!*

¿CUÁNTO CUESTA...
1. un carro compacto, manual, de dos puertas por siete días?
2. un carro de lujo (*luxury*), automático, de cuatro puertas por día adicional?
3. un carro de turismo (*full sized*), automático, de cuatro puertas por siete días?
4. un carro compacto, automático, de dos puertas por un día? ¿Por siete días?
5. un carro de turismo utilitario o especial (*SUV*) automático por un día?

3-18B En el aeropuerto. Complete the following immigration document. Ask each other questions to get the missing information. **¡Ojo!** To indicate possession, use **de** in the questions. Use a possessive adjective in your answers.

MODELO: E1: *¿Cuál es el lugar de nacimiento de Pedro?*
E2: *Su lugar de nacimiento es España.*

Profesión	Nombre	Apellido paterno	Edad	Lugar de nacimiento
		Pérez		España
		Parra	27	
	Paco		55	Francia
director		Saura	61	
estudiante	Claudia			Cuba

3-24B ¿Tienes...? Following the model, create questions with **tener** to ask each other. Try to find out additional information as well.

MODELO: sed en clase
E1: *¿Tienes sed en clase?*
E2: *Sí, tengo sed en clase.*
E1: *¿Por qué?*
E2: *Porque tengo que hablar mucho.*

1. hambre en clase
2. frío
3. cuidado en un examen
4. que trabajar mucho
5. miedo
6. dieciocho años

3-32B Las materias, la hora, el lugar. Take turns asking and answering questions in order to complete the missing information on your class schedules. Each of you has part of the information.

MODELOS: E1: *¿A qué hora es la clase de...?*
E2: *¿Qué clase es a...?*
E1: *¿Dónde es la clase de...?*
E2: *¿Quién es el/la profesor/a de...?*

Hora	Clase	Lugar	Profesor/a
8:30		Facultad de Informática	
9:00		Facultad de Arte	
		Facultad de Medicina	
	lingüística	Facultad de Filosofía y Letras	
1:55		Facultad de Ingeniería	

3-37B El fin de semana. Explain your schedules to each other. What activities will you do together?

MODELO: E1: *A las 8 de la mañana, voy a la clase de informática. ¿Qué vas a hacer tú?*
E2: *Voy a la clase de biología.*

LA HORA	YO	MI COMPAÑERO/A
8:00	clase de biología	_____
9:30	laboratorio	_____
11:00	librería	_____
11:30	biblioteca	_____
1:15	clase de inglés	_____
3:00	oficina del/de la profesor/a de...	_____
5:00	...	_____

3-49B ¿Qué estoy haciendo? Take turns acting out your situations while your partner tries to guess what you are doing.

MODELO: ver la televisión
E1: (act out watching TV) *¿Qué estoy haciendo?*
E2: *Estás viendo la televisión.*

1. estudiar para un examen difícil
2. comer un sándwich grande
3. escribir en la computadora
4. hablar por teléfono
5. ¿...?

3-55B Dibujos (*Drawings*). Take turns describing a person using the following information while the other tries to draw the person described. Then compare the drawings with the descriptions.

MODELO: chica: 18 años, alta, bonita, triste, oficina
E1: *Es una chica. Tiene dieciocho años. Es alta y bonita. Está triste y está en la oficina.*
E2:

1. chico, veinte años, delgado, bajo, enamorado, cafetería
2. mujer, cuarenta años, alta, gorda, cansada, gimnasio
3. mujer, noventa años, delgada, pequeña, ocupada, biblioteca

Capítulo 4

4-8B ¿Cómo es tu familia? With a classmate, take turns asking and answering questions about your families.

MODELO: E1: *¿Viven tus abuelos con tu familia?*
E2: *Sí, viven con nosotros. ¿Y tus abuelos?*
E1: *No, mis abuelos no viven con nosotros.*

1. ¿Viven cerca tus primos?
2. ¿Trabajan o estudian tus hermanos?
3. ¿Cuántos hermanos o hermanas tienes?
4. ¿Dónde vive tu familia?
5. ¿Cuántos primos tienes?
6. ¿...?

4-16B El/La curioso/a. Take turns asking each other about your family. Use the following questions to get started.

1. ¿Sirven las comidas en tu casa temprano o tarde?
2. ¿Quiénes duermen la siesta en tu familia?
3. ¿A qué hora vuelven tus padres (hijos) a casa durante la semana?
4. ¿Qué piensas hacer con tu familia este fin de semana?
5. ¿Puedes ver la televisión todas las noches en casa?

4-24B Una entrevista para *Prensa Libre*. *Prensa Libre* is an independent newspaper from Guatemala. Role play a member of a famous family as your partner—a reporter—asks you questions. After the interview, ask the reporter questions based on the following information. Write down his/her answers.

MODELO: E1: *¿Practica usted fútbol?*
E2: *No, no lo practico. Y usted, ¿escribe artículos en inglés también?*
E1: *Sí, los escribo. (No, no los escribo.)*

ACTIVIDADES

escribir muchos artículos

hablar inglés en su trabajo

visitar El Salvador

preferir los periódicos norteamericanos

siempre escribir la verdad

ver a muchas personas famosas

necesitar mi fotografía

¿...?

4-38B ¡Estoy aburrido/a! Your partner is bored. Invite him/her to do something that he/she might enjoy.

MODELO: E1: *Estoy aburrido/a.*
E2: *¿Quieres ir a bailar?*
E1: *Me encantaría. ¡Vamos! / Gracias, pero no puedo. No tengo dinero.*

ALGUNAS ACTIVIDADES

conversar con...

correr por el parque

hacer ejercicio

hacer una fiesta

ir al cine /a la playa

pasear por el centro

tomar un café

visitar a amigos / la familia

4-49B Entrevista. Ask your partner the questions below, and write down his/her answers. Then read the following sentences and answer your partner's questions using that information.

MODELO: E1: *¿Conoces a alguna* (any) *persona famosa?*
E2: *Sí, conozco a Ricky Martin. Soy amigo/a de él.*

Soy amigo/a de Rigoberta Menchú.[1]

Toco el piano muy bien.

No practico mucho los deportes.

Vivo y trabajo en la Ciudad de Guatemala.

Hablo español y una lengua maya.

Soy arqueólogo/a y estudio las pirámides mayas.

[1]Rigoberta Menchú (1959–) of Guatemala won the 1992 Nobel Peace Prize for her advocacy of social justice for indigenous peoples and other victims of governmental repression.

1. ¿Conoces a un político importante?
2. ¿A qué actores famosos conoces?
3. ¿Qué idiomas sabes hablar?
4. ¿Qué países conoces muy bien?
5. ¿Sabes cuál es y dónde está la capital de Francia?
6. ¿Juegas bien al fútbol?

Capítulo 5

5-8B ¡Esta es su casa! Imagínate que quieres comprar una casa y quieres saber la siguiente información. Tu compañero/a es agente inmobiliario/a (*realtor*). Puedes usar estas preguntas para pedir información.

1. ¿Cuántos dormitorios tiene?
2. ¿Está cerca de una escuela?
3. ¿Hay un supermercado cerca?
4. ¿Qué accesorios tiene la cocina?
5. ¿Cuál es su costo inicial?
6. ¿Cuál es el pago mensual?
7. ¿...?

5-15B Tus responsabilidades domésticas. Túrnense para hacer y contestar las siguientes preguntas sobre los quehaceres de la casa.

MODELO: E1: *¿Les sacas la basura a tus padres/abuelos?*
E2: *Sí, les saco la basura. (No, no les saco la basura porque no vivo con ellos.)*

1. ¿Le sacas la basura a tu abuela?
2. ¿Les pasas la aspiradora a tus padres/hijos?
3. ¿Le barres el piso a tu padre?
4. ¿Le ordenas el garaje a tu madre?

5-23B Su opinión. Conversen sobre sus opiniones sobre las casas.

MODELO: las casas grandes
E1: *¿Te gustan las casas grandes?*
E2: *¡Sí, me encantan! Pero no me gusta limpiarlas.*

1. los apartamentos
2. las terrazas
3. las piscinas
4. las cocinas modernas

5-39B ¿Qué estoy haciendo? Túrnense para representar cada actividad de la lista mientras el/la compañero/a adivina qué hace.

MODELO: E1: *(combing hair)*
E2: *Estás peinándote.*

brushing teeth   drying hair   falling in love   getting dressed   sitting down

5-48B En la agencia de bienes raíces. Buscas una casa en una agencia de bienes raíces (*real estate*). Quieres comprar una casa pequeña, pero por un precio razonable. En la agencia hay dos casas. Escucha las descripciones del agente y después hazle preguntas. Decide cuál de las dos casas quieres comprar.

Capítulo 6

COCINA CONCHA

Pescados y mariscos
Calidad garantizada
(56) (65) (266795)
Angelmó - Puerto Montt - Chile

almejas (clams)	2500 pesos
almeja a la parmesana	3000 pesos
camarones	2500 pesos
cangrejo (crab)	6000 pesos
corvina (sea bass)	4000 pesos
ostras (oysters)	5000 pesos
salmón frío	5000 pesos
salmón ahumado (smoked)	6000 pesos
salmón a la mantequilla	5500 pesos
salmón a la plancha (grilled)	5500 pesos
sopa marinera	3000 pesos
langosta	6000 pesos
vino tinto chileno (botella)	4000 pesos
vino blanco chileno (botella)	3500 pesos
cerveza	1000 pesos
agua mineral	1000 pesos
té	500 pesos
café	750 pesos

¿Cómo se llega?
De la estación de autobuses en Puerto Montt, tome un taxi o un colectivo a Angelmó. Allí va a ver un edificio de dos plantas. Suba al segundo piso y busque la Cocina Concha.

6-11B Cocina Concha. Esta "cocina" (restaurante informal) es una de las muchas que se encuentran por la costa chilena donde las especialidades son pescados y mariscos. Imagínate que eres un/a camarero/a que atiende a dos turistas. Trata de convencerles que pidan los platos más caros, para luego recibir una propina más grande. Puedes utilizar expresiones como **exquisito, fenomenal, delicioso, rico,** etcétera.

6-15B ¿Cómo eres? Túrnense para preguntarse sobre su familia y sus amigos.

MODELO: más trabajador/a
E1: *¿Quién es el más trabajador de tu familia?*
E2: *Mi hermano es el más trabajador de mi familia.*

1. menos impaciente
2. más imaginativo/a
3. peor cocinero/a
4. más atractivo/a
5. más activo/a
6. mayor

6-22B ¿Tienes? Imagínate que tu compañero/a está muy enfermo/a y quiere saber si le puedes traer algunas cosas. Contesta las preguntas para decidir qué puedes traerle de casa y qué necesitas comprar.

MODELO: E1: *¿Tienes naranjas?*
E2: *Sí, tengo naranjas. / No, no tengo naranjas.*
E1: *¿Me las traes? / ¿Me compras unas naranjas?*
E2: *Sí, te las traigo. / Sí, te las compro.*

EN TU COCINA, TIENES...

azúcar	jugo de limón	manzanas	sopa de tomate	sal
café	jugo de naranja	pan	pimienta	tomates
chuletas	leche	papas	pollo	zanahorias

6-33B El arroz con leche. El arroz con leche es un postre muy conocido por todo el mundo hispano. Imagínate que tu compañero/a tiene la receta y tú tienes algunos de los ingredientes. Decidan qué ingredientes necesitan comprar.

MODELO: E1: *Necesitamos una taza de arroz.*
E2: *No tenemos arroz. Tenemos que comprarlo.*

EN TU COCINA, TIENES...
1 litro leche
½ taza azúcar
docena huevos
1 limón viejo
canela molida (*ground cinnamon*)
sal

6-40B Charadas. Túrnense para representar éstas y otras acciones en el pasado para ver si tu compañero/a puede adivinar la acción.

MODELO: E1: (Act out: *Corté el pan.*)
E2: *Cortaste el pan.*

El/La profesor/a peló las zanahorias.

Comí un huevo crudo.

Volteé la tortilla en el plato.

Cortamos el bistec.

Tomaste café con leche.

¿...?

6-47B ¿Qué pasó? Tu compañero/a te va a preguntar qué pasó en algunas situaciones. Contesta usando actividades lógicas de la lista.

MODELO: en la fiesta familiar
E1: *¿Qué pasó en la fiesta familiar?*
E2: *Mi mamá sirvió nuestra comida favorita.*

ALGUNAS ACTIVIDADES

dormirse...

oír...

pedir postre

preferir comprar...

repetir la lección

servir...

Capítulo 7

7-9B Una invitación. Responde a la invitación de tu compañero/a. Pídele (*Ask him/her for*) detalles. Puedes usar preguntas de la lista.

MODELO: E1: *Oyé ¿que te parece si vamos al concierto de Ricky Martin?*
E2: *¿Qué día?*

¿Qué día?

¿Dónde?

¿A qué hora?

¿Quiénes van?

¿Cuánto cuesta?

¿Cómo se llama?

¿A qué hora volvemos?

7-10B ¿Qué te gusta hacer cuando...? Túrnense para preguntarse qué les gusta hacer en diferentes climas. Anoten y resuman las respuestas.

MODELO: E1: *¿Qué te gusta hacer cuando está nevando?*
E2: *Me gusta esquiar.*

ALGUNAS ACTIVIDADES

dar un paseo / una fiesta
dormir una siesta
esquiar en la nieve / en el agua
hacer un pícnic / una fiesta
invitar a los amigos

ir a un partido / al cine / a la playa
leer una novela / el periódico
nadar en la piscina / en la playa
tomar el sol / un refresco
ver una película / un concierto / la
    televisión

¿QUÉ TE GUSTA HACER CUANDO...

1. hace mal tiempo?
2. hace mucho viento?
3. hace calor, pero no tienes aire acondicionado?
4. hace sol?
5. hace mucho frío?
6. quieres esquiar pero no hay nieve?

7-14B Chismes (*Gossip*). Hagan y contesten preguntas sobre la clase de ayer.

1. ¿Qué vieron en la pizarra?
2. ¿Tuvieron que escribir algo?
3. ¿Qué les dio el/la profesor/a de tarea para hoy?
4. ¿Cómo fue la clase?

7-23B ¡Contéstame! Conversen sobre sus planes. Túrnense para contestar estas preguntas. Háganse una pregunta original también.

MODELO: E1: *¿Siempre acompañas a tus padres cuando van al cine?*
                E2: *Sí, siempre los acompaño. (No, no los acompaño nunca.)*

1. ¿Vas a visitar algún museo este fin de semana?
2. ¿No tienes ningún plan para esta tarde?
3. ¿Siempre vas al cine cuando hace mal tiempo?
4. ¿Alguien va a hacer un pícnic el sábado?
5. ¿Tienes algo importante que hacer el fin de semana?

7-33B Consejos. Explíquense cómo se sienten y pidan consejos sobre lo que deben hacer. Pueden aceptar o rechazar los consejos, pero es necesario dar excusas si no los aceptan.

MODELO: E1: *Estoy aburrido/a. ¿Qué hago?*
                E2: *¿Por qué no das un paseo?*
                E1: *No quiero. No me gusta salir de noche.*
                E2: *Bueno, yo voy contigo. ¿Está bien?*

Sugerencias	Reacciones
hacer un pícnic	¡Fabuloso!
jugar al tenis	No me gusta(an)...
escuchar música	¡Ideal!
trabajar en la biblioteca	¡Qué buena idea!
ver la televisión	Me da igual.
visitar una librería	¡Qué mala idea!
ir a un concierto	No quiero porque...
¿...?	Tienes razón.
	No puedo porque...
	¡Vamos!

7-41B El año pasado. Túrnense para contestar estas preguntas y hacer una pregunta original. Luego, comparen sus preguntas y respuestas, y resuman la información para el resto de la clase.

MODELO: E1: *¿Conociste a una persona interesante el año pasado?*
                E2: *Sí, conocí a...*

1. ¿Conociste a una persona importante?
2. ¿Tuviste que estudiar toda la noche para algún examen?
3. ¿Viniste a la universidad los sábados?
4. ¿Hiciste planes especiales para un fin de semana?
5. ¿Les dijiste siempre "adiós" a tus padres al salir para clase?

7-45B ¿Se permite...? Hablen sobre las siguientes actividades y si se hacen o se permiten en su universidad, ciudad o país. Pídanse detalles.

MODELO: permitir fumar en esta universidad
¿Se permite fumar en esta universidad? ¿Dónde? ¿Por qué? ¿Cuándo?

- permitir hablar inglés en clase
- poder comprar comida cubana en el supermercado
- permitir entrar tarde en clase
- poder terminar los estudios universitarios en cuatro años
- creer que es importante ganar mucho dinero en este país

Capítulo 8

8-7B ¿Tienes...? Túrnense para preguntarse si tienen los artículos de la lista, cómo son, cuánto pagaron, etcétera.

abrigo / cuero   chaqueta / seda   suéter / lana
blusa / algodón   falda / algodón   zapatos / cuero

MODELO: blusa / seda
E1: *¿Tienes una blusa de seda?*
E2: *Sí, tengo una.*
E1: *¿Cómo es?*
E2: *...*
E1: *¿Cuánto pagaste por ella?*
E2: *...*

8-18B ¿Qué pasaba? Tu compañero/a te va a preguntar qué pasaba en algunas situaciones. Contesta usando actividades lógicas de la lista.

MODELO: a la medianoche en la última fiesta que fuiste
E1: *¿Qué pasaba a la medianoche en la fiesta?*
E2: *Todos bailaban.*

ALGUNAS ACTIVIDADES
todos *divertirse* mucho
los turistas *preferir* comprar...
dormir por varias horas
el profesor *repetir* la lección
los estudiantes *pedir* refrescos
todos *ver* la película

8-40B Artículo perdido. Imagínate que perdiste un artículo que compraste y que lo vas a buscar en la oficina de artículos perdidos (*Lost and Found*) de un almacén. Di lo que perdiste y contesta las preguntas que te hace mientras tu compañero/a completa el formulario necesario. Después, hazle las siguientes preguntas al agente.

MODELO: *Buenos días. (Buenas tardes.) Perdí...*

1. ¿Cuándo me puede decir si encontraron el artículo?
2. En este almacén, ¿tienen seguro para cuando se pierde un artículo dentro del almacén?

Capítulo 9

9-15B Un viaje a un lugar interesante. Ustedes piensan visitar un lugar interesante este verano. Háganse preguntas para planear el viaje y después hagan un resumen de sus planes.

1. ¿Qué regalos vamos a comprar para nuestros/as amigos/as?
2. ¿Es importante para ti hablar español todo el tiempo? ¿Por qué?
3. ¿Por qué vamos a ese lugar y no a...?
4. ¿Cuánto tenemos que pagar por los billetes?
5. ¿Para cuándo tenemos que pagar?
6. ¿Qué vas a llevar?

9-20B ¿Cómo lo haces? Túrnense para hacerse preguntas. Contesten cada una con un adverbio terminado en **-mente,** basado en un adjetivo de la lista.

MODELO: E1: *¿Qué tal lees en español?*
         E2: *Leo lentamente.*

alegre	animado	difícil	fácil	profundo	tranquilo
amable	cuidadoso	elegante	lento	rápido	triste

1. ¿Qué tal cantas en español?
2. ¿Qué tal duermes cuando hace frío?
3. ¿Cómo te vistes cuando estás de vacaciones?
4. ¿Cómo trabajas cuando tienes sueño?

9-38B Desafío (*Challenge*). Cada uno/a de ustedes tiene una lista de verbos diferentes en el indicativo y el subjuntivo. Túrnense para ver si su compañero/a sabe el presente de subjuntivo.

MODELO: E1: *Indicativo: tomamos*
         E2: *Subjuntivo: tomemos*
         E1: *Correcto.*

Mi lista	Indicativo	Subjuntivo	Correcto	Incorrecto
	tomamos	tomemos	✔	
	vemos	veamos		
	voy	vaya		
	lees	leas		
	dormimos	durmamos		
	ponen	pongan		
	quiere	quiera		

9-43B Unos pedidos (*requests*). Imagínense que van de vacaciones a distintos lugares. Túrnense para pedir favores o recomendar actividades al/a la otro/a.

MODELO: sacarme muchas fotos
         E1: *Espero que saques muchas fotos.*
         E2: *¡Claro que sí! (No puedo. No tengo cámara.)*

1. traerme un mapa del lugar
2. comprarme una tarjeta postal
3. llamarme todos los días
4. tomar mucho sol

9-44B ¿Qué hacer? Imagínate que tu compañero/a te pide consejos. Después de escuchar cada problema, ofrécele un consejo. Usa verbos de la lista para tus recomendaciones. Escucha su reacción.

MODELO: E1: *Tengo un examen de química mañana.*
E2: *Te recomiendo que estudies mucho.*
E1: *Buena idea. / No tengo tiempo.*

te aconsejo	te digo	mando	te pido	te recomiendo
deseo	insisto en	permito	te prohíbo	te sugiero

Capítulo 10

10-9B ¡Qué mal me siento! Túrnense para decir sus síntomas y dar consejos.

MODELO: E1: *Me duelen los pulmones.*
E2: *Debes dejar de fumar.*

1. Tengo gripe.
2. Tengo náuseas.
3. Tengo un dolor de cabeza terrible.
4. Toso mucho.
5. No tengo energía.
6. Soy alérgico/a a los camarones.

10-16B En la sala de urgencias. Imagínense que ustedes tienen que decidir qué acciones tomar en situaciones urgentes. Túrnense para presentar situaciones. El/La otro/a responde con instrucciones lógicas de su lista, usando un mandato de **nosotros.**

MODELO: E1: *El niño tiene gripe.*
E2: *Démosle vitamina C.*

buscar el tanque de oxígeno — darle un antiácido

ponerle una inyección de penicilina — tomarle la temperatura

darle un jarabe — ¿...?

1. La paciente en la silla se rompió la pierna.
2. El señor viejo está muy ansioso.
3. La niña está resfriada.
4. La señora tiene dolor de cabeza.
5. Al joven le duele una muela.
6. ¿...?

10-28B Te recomiendo que... Túrnense para presentar los siguientes problemas mientras el/la otro/a ofrece recomendaciones. Pueden usar el verbo **recomiendo** con una cláusula nominativa en el subjuntivo.

MODELO: E1: *Soy muy delgado/a.*
E2: *Te recomiendo que hagas tres comidas completas todos los días.*

1. Mi jefe/a padece de úlceras.
2. A mi abuelo/a le preocupa su alto nivel de colesterol.
3. A mi amigo/a le falta energía.
4. No quiero engordar cuando voy de vacaciones.
5. Me duele el estómago.

10-45B ¿Hay una dieta perfecta? Túrnense para expresar su opinión usando expresiones de certeza o duda de la siguiente lista.

(no) creo	(no) dudo
(no) estoy seguro/a	(no) niego
quizás	tal vez

MODELO: E1: *¿Hay una dieta para adelgazar?*
E2: *Sí, creo que hay una muy buena. Es una dieta baja en carbohidratos.*

1. ¿La comida orgánica es mejor que la no orgánica?
2. ¿Las vitaminas naturales son más caras que las sintéticas?
3. ¿Es bueno tener un entrenador personal?
4. ¿Vas a visitar un spa este año?

Capítulo 11

11-16B Consejo. Túrnense para contar sus problemas y darse consejos usando expresiones impersonales.

MODELO: un/a amigo/a enojado/a
E1: *Mi amigo/a está enojado/a conmigo.*
E2: *Es indispensable que lo/la llames y que ustedes hablen del problema.*

POSIBLES PROBLEMAS

un desacuerdo con un/a amigo/a	un examen difícil
un virus en tu computadora	un trabajo aburrido
un/a jefe/a imposible	¿...?

11-28B La despedida. Eres un/a empleado/a de veinte años en la sección de finanzas de tu empresa. Siempre fuiste muy honrado/a, pero ahora hay una discrepancia en las cuentas. Explícale a tu director/a por qué mereces (*deserve*) quedarte en tu trabajo. Si hay un error, fue accidental, trabajas mucho y largas horas, etcétera.

11-40B Preguntas indiscretas. Túrnense para hacer y contestar preguntas indiscretas. Usen el subjuntivo o el indicativo cuando sea necesario.

MODELO: E1: *¿Cuándo vas a encontrar trabajo?*
E2: *Voy a encontrar trabajo después de terminar mis estudios.*

1. ¿Para qué estudias?	cuando
2. ¿Cuándo vas a tener una entrevista?	para (que)
3. ¿Dónde encuentras el trabajo perfecto?	hasta (que)
4. ¿Cuándo vas a buscar trabajo?	tan pronto como
	después de (que)
	donde

Capítulo 12

12-9B ¡Hagamos más fácil la vida! Túrnense para decir lo que necesita la otra persona para hacerse más fácil la vida.

MODELO: E1: *No puedo ver bien mi documento en la computadora.*
E2: *Necesitas una pantalla más grande.*

1. Mi primo vive en España y es muy caro hablarle por teléfono.
2. Pierdo todas las llamadas telefónicas cuando no estoy en casa.
3. Me gusta hacer llamadas desde mi carro.
4. Tengo que pasar en limpio un trabajo para mañana.

12-11B Una encuesta de Harris. Túrnense para hacer esta encuesta de Harris. Empiecen con esta presentación.

MODELO: E1: *Buenos días. Con su permiso, me gustaría hacerle algunas preguntas sobre su forma de utilizar la tecnología...*
E2: *Bueno, no tengo mucho tiempo pero...*

1. ¿Tiene un contestador automático en casa? ¿Qué mensaje tiene?
2. ¿Tiene usted un teléfono móvil?
3. ¿Cuántos minutos lo usa cada mes?
4. ¿Con quiénes habla con frecuencia?
5. ¿Cuál es su opinión de las personas que lo usan en su coche?
6. ¿Puede usted vivir sin un teléfono móvil?

12-31B ¿Qué harás? Túrnense para preguntase qué harán en estas circunstancias.

MODELO: Ni el fax y ni la conexión de la Red informática funcionan.
Llamaré a un técnico o compraré un módem nuevo.

1. Necesitas información para un trabajo sobre un país hispano.
2. Recibes cien mensajes en tu correo electrónico.
3. No funciona tu contestador automático.
4. Hay un disco compacto nuevo que te interesa oír.

12-39B ¿Cuál es tu opinión? Túrnense para hacer y responder a preguntas sobre el medio ambiente.

1. ¿Cuál es el problema del medio ambiente más serio en tu región?
2. ¿Qué debe hacer el gobierno para proteger el medio ambiente?
3. ¿Cuál es tu opinión sobre la energía solar?
4. ¿Cómo llegas a la universidad? ¿a pie, en carro, en transporte público? ¿Por qué?

12-48B Geraldo. Imagínate que eres un/a jefe/a de una planta nuclear y tu compañero/a es un/a entrevistador/a para un programa de investigación en la televisión. Contesta sus preguntas y hazle algunas preguntas también.

MODELO: limpiar los desechos
E1: *Usted dijo que limpiaría los desechos de su planta, pero...*
E2: *Es verdad. Pero eso toma tiempo. Usted dijo que no me haría preguntas indiscretas.*
E1: *Es verdad, pero...*

PREGUNTAS DEL/DE LA JEFE/A
Usted dijo que...

1. no seguirme por todas partes
2. no sacarle fotos a mi familia
3. ayudarme a mejorar mi imagen en su artículo
4. ser un artículo favorable
5. no hacerme preguntas difíciles
6. escuchar mi punto de vista

Capítulo 13

13-6B Te toca a ti. Túrnense para entrevistarse. Contesten cada pregunta con una oración completa en español.

1. ¿Qué programas de radio prefieres?
2. ¿En qué estación prefieres ver las noticias?
3. ¿Qué programas deportivos te gusta ver en la televisión?
4. ¿Qué programas de televisión no te gusta ver?
5. ¿Qué estación de radio prefieres?
6. ¿Crees que el gobierno debe financiar la radio y la televisión públicas? Explica.
7. ¿Qué concursos te gusta ver? ¿Por qué?

13-19B Cuando eras joven. Túrnense para hacer y contestar las preguntas sobre lo que sus padres les permitían o les prohibían cuando eran jóvenes. Usen el imperfecto de subjuntivo en sus respuestas.

MODELO: E1: *¿Qué querían tus padres que hicieras los fines de semana?*
E2: *Querían que yo limpiara mi habitación.*

1. ¿Qué te prohibían tus padres que hicieras?
2. ¿Qué te pedían que hicieras por las tardes?
3. ¿Qué libros querían tus padres que leyeras?
4. ¿Qué programas esperaban que vieras en la televisión?

13-28B Pues... ¿de quién? Túrnense para representar a un/a secretario/a difícil en una emisora de radio o en una oficina de periódico y a un/a cliente/a que pide información. A cada pregunta del/de la cliente/a, el/la secretario/a responde negativamente sin ofrecer más información.

MODELO: este artículo del Sr. Vázquez / de la Dra. Morales / de usted
E1: *¿Este artículo es del Sr. Vázquez?*
E2: *No, no es suyo.*
E1: *¿Es de la Dra. Morales?*
E2: *No, no es suyo.*
E1: *¿Es de usted?*
E2: *No, no es mío.*

1. el programa de música clásica de la comentarista / de ustedes / de la otra emisora
2. las noticias locales de nosotros / de los reporteros / de usted
3. los concursos de la mañana de esta estación / de estas anfitrionas / del Sr. Villegas

13-47B ¿Qué harías si...? Túrnense para especular (*speculate*) sobre lo que harían en estas situaciones hipotéticas.

MODELO: suben los precios de las entradas al cine
E1: *¿Qué harías si subieran los precios de las entradas al cine?*
E2: *Pues, iría menos...*

1. no tener dinero para ir a un concierto
2. tener dos entradas para el teatro
3. tener la oportunidad de participar como extra en una película
4. llamarte una estrella de cine
5. ofrecerte un millón de dólares por una novela que escribiste

Capítulo 14

14-15B ¿Cuánto tiempo hace que...? Hagan y contesten preguntas sobre cuánto tiempo hace que participan en algunas actividades o que hicieron algunas de ellas. Trata de usar actividades relacionadas con la música.

MODELO: asistir a...
E1: *¿Cuánto tiempo hace que asististe a un concierto de música clásica?*
E2: *Hace un año que asistí a uno en la sala de ópera de mi ciudad. Tocaron...*

1. asistir a...
2. ver...
3. estudiar...
4. comprar...
5. oír...

Capítulo 15

15-13B Lo ideal. Háganse y contesten preguntas sobre qué tipo de cosa, persona o lugar buscan.

MODELO: coche
E1: *¿Qué tipo de coche buscas?*
E2: *Busco un coche que tenga cuatro puertas y que sea rojo.*

TUS PREGUNTAS	TUS RESPUESTAS
1. puesto	ser interesante pero no muy largo/a
2. película	subir montañas fácilmente
3. sueldo	tener buenos actores y poca violencia
4. apartamento	no cerrar hasta la medianoche
5. equipo de baloncesto	tener una bella vista de las montañas
6. periódico	no empezar a las ocho de la mañana

15-33B Entrevista. Imagínense que ustedes son reporteros/as de una revista hispanoamericana. Túrnense para entrevistarse sobre estas cuestiones políticas.

1. ¿Qué consejos puedes darle al presidente del gobierno?
2. En tu opinión, ¿es mejor controlar la inflación o subir los sueldos? ¿Por qué?
3. ¿Quiénes son los senadores de tu estado? ¿Cuál prefieres? ¿Por qué?
4. ¿Quieres ser presidente de los EE.UU.? ¿Por qué?

Appendix 2

Verb Charts

Regular Verbs: Simple Tenses

Infinitive / Present Participle / Past Participle	Indicative Present	Imperfect	Preterit	Future	Conditional	Subjunctive Present	Imperfect	Imperative
hablar hablando hablado	hablo hablas habla hablamos habláis hablan	hablaba hablabas hablaba hablábamos hablabais hablaban	hablé hablaste habló hablamos hablasteis hablaron	hablaré hablarás hablará hablaremos hablaréis hablarán	hablaría hablarías hablaría hablaríamos hablaríais hablarían	hable hables hable hablemos habléis hablen	hablara hablaras hablara habláramos hablarais hablaran	habla tú, no hables hable usted hablemos hablen Uds.
comer comiendo comido	como comes come comemos coméis comen	comía comías comía comíamos comíais comían	comí comiste comió comimos comisteis comieron	comeré comerás comerá comeremos comeréis comerán	comería comerías comería comeríamos comeríais comerían	coma comas coma comamos comáis coman	comiera comieras comiera comiéramos comierais comieran	come tú, no comas coma usted comamos coman Uds.
vivir viviendo vivido	vivo vives vive vivimos vivís viven	vivía vivías vivía vivíamos vivíais vivían	viví viviste vivió vivimos vivisteis vivieron	viviré vivirás vivirá viviremos viviréis vivirán	viviría vivirías viviría viviríamos viviríais vivirían	viva vivas viva vivamos viváis vivan	viviera vivieras viviera viviéramos vivierais vivieran	vive tú, no vivas viva usted vivamos vivan Uds.

Vosotros Commands

hablar	comer	vivir
hablad, no habléis	comed, no comáis	vivid, no viváis

Regular Verbs: Perfect Tenses

	Indicative					Subjunctive	
	Present Perfect	Past Perfect	Preterit Perfect	Future Perfect	Conditional Perfect	Present Perfect	Past Perfect
	he	había	hube	habré	habría	haya	hubiera
	has	habías	hubiste	habrás	habrías	hayas	hubieras
	ha hablado	había hablado	hubo hablado	habrá hablado	habría hablado	haya hablado	hubiera hablado
	hemos comido	habíamos comido	hubimos comido	habremos comido	habríamos comido	hayamos comido	hubiéramos comido
	habéis vivido	habíais vivido	hubisteis vivido	habréis vivido	habríais vivido	hayáis vivido	hubierais vivido
	han	habían	hubieron	habrán	habrían	hayan	hubieran

Irregular Verbs

Infinitive / Present Participle / Past Participle	Indicative					Subjunctive		Imperative
	Present	Imperfect	Preterit	Future	Conditional	Present	Imperfect	
andar andando andado	ando andas anda andamos andáis andan	andaba andabas andaba andábamos andabais andaban	anduve anduviste anduvo anduvimos anduvisteis anduvieron	andaré andarás andará andaremos andaréis andarán	andaría andarías andaría andaríamos andaríais andarían	ande andes ande andemos andéis anden	anduviera anduvieras anduviera anduviéramos anduvierais anduvieran	anda tú, no andes ande usted andemos anden Uds.
caer cayendo caído	caigo caes cae caemos caéis caen	caía caías caía caíamos caíais caían	caí caíste cayó caímos caísteis cayeron	caeré caerás caerá caeremos caeréis caerán	caería caerías caería caeríamos caeríais caerían	caiga caigas caiga caigamos caigáis caigan	cayera cayeras cayera cayéramos cayerais cayeran	cae tú, no caigas caiga usted caigamos caigan Uds.
dar dando dado	doy das da damos dais dan	daba dabas daba dábamos dabais daban	di diste dio dimos disteis dieron	daré darás dará daremos daréis darán	daría darías daría daríamos daríais darían	dé des dé demos deis den	diera dieras diera diéramos dierais dieran	da tú, no des dé usted demos den Uds.

Irregular Verbs (continued)

Infinitive Present Participle Past Participle	Indicative					Subjunctive		Imperative
	Present	Imperfect	Preterit	Future	Conditional	Present	Imperfect	
decir diciendo dicho	digo dices dice decimos decís dicen	decía decías decía decíamos decíais decían	dije dijiste dijo dijimos dijisteis dijeron	diré dirás dirá diremos diréis dirán	diría dirías diría diríamos diríais dirían	diga digas diga digamos digáis digan	dijera dijeras dijera dijéramos dijerais dijeran	di tú, no digas diga usted digamos decid vosotros, no digáis digan Uds.
estar estando estado	estoy estás está estamos estáis están	estaba estabas estaba estábamos estabais estaban	estuve estuviste estuvo estuvimos estuvisteis estuvieron	estaré estarás estará estaremos estaréis estarán	estaría estarías estaría estaríamos estaríais estarían	esté estés esté estemos estéis estén	estuviera estuvieras estuviera estuviéramos estuvierais estuvieran	está tú, no estés esté usted estemos estad vosotros, no estéis estén Uds.
haber habiendo habido	he has ha hemos habéis han	había habías había habíamos habíais habían	hube hubiste hubo hubimos hubisteis hubieron	habré habrás habrá habremos habréis habrán	habría habrías habría habríamos habríais habrían	haya hayas haya hayamos hayáis hayan	hubiera hubieras hubiera hubiéramos hubierais hubieran	
hacer haciendo hecho	hago haces hace hacemos hacéis hacen	hacía hacías hacía hacíamos hacíais hacían	hice hiciste hizo hicimos hicisteis hicieron	haré harás hará haremos haréis harán	haría harías haría haríamos haríais harían	haga hagas haga hagamos hagáis hagan	hiciera hicieras hiciera hiciéramos hicierais hicieran	haz tú, no hagas haga usted hagamos haced vosotros, no hagáis hagan Uds.
ir yendo ido	voy vas va vamos vais van	iba ibas iba íbamos ibais iban	fui fuiste fue fuimos fuisteis fueron	iré irás irá iremos iréis irán	iría irías iría iríamos iríais irían	vaya vayas vaya vayamos vayáis vayan	fuera fueras fuera fuéramos fuerais fueran	ve tú, no vayas vaya usted vamos, no vayamos id vosotros, no vayáis vayan Uds.

Irregular Verbs (continued)

Infinitive Present Participle Past Participle	Indicative					Subjunctive		Imperative
	Present	Imperfect	Preterit	Future	Conditional	Present	Imperfect	
oír oyendo oído	oigo oyes oye oímos oís oyen	oía oías oía oíamos oíais oían	oí oíste oyó oímos oísteis oyeron	oiré oirás oirá oiremos oiréis oirán	oiría oirías oiría oiríamos oiríais oirían	oiga oigas oiga oigamos oigáis oigan	oyera oyeras oyera oyéramos oyerais oyeran	oye tú, no oigas oiga usted oigamos oigan Uds.
poder pudiendo podido	puedo puedes puede podemos podéis pueden	podía podías podía podíamos podíais podían	pude pudiste pudo pudimos pudisteis pudieron	podré podrás podrá podremos podréis podrán	podría podrías podría podríamos podríais podrían	pueda puedas pueda podamos podáis puedan	pudiera pudieras pudiera pudiéramos pudierais pudieran	
poner poniendo puesto	pongo pones pone ponemos ponéis ponen	ponía ponías ponía poníamos poníais ponían	puse pusiste puso pusimos pusisteis pusieron	pondré pondrás pondrá pondremos pondréis pondrán	pondría pondrías pondría pondríamos pondríais pondrían	ponga pongas ponga pongamos pongáis pongan	pusiera pusieras pusiera pusiéramos pusierais pusieran	pon tú, no pongas ponga usted pongamos pongan Uds.
querer queriendo querido	quiero quieres quiere queremos queréis quieren	quería querías quería queríamos queríais querían	quise quisiste quiso quisimos quisisteis quisieron	querré querrás querrá querremos querréis querrán	querría querrías querría querríamos querríais querrían	quiera quieras quiera queramos queráis quieran	quisiera quisieras quisiera quisiéramos quisierais quisieran	quiere tú, no quieras quiera usted queramos quieran Uds.
saber sabiendo sabido	sé sabes sabe sabemos sabéis saben	sabía sabías sabía sabíamos sabíais sabían	supe supiste supo supimos supisteis supieron	sabré sabrás sabrá sabremos sabréis sabrán	sabría sabrías sabría sabríamos sabríais sabrían	sepa sepas sepa sepamos sepáis sepan	supiera supieras supiera supiéramos supierais supieran	sabe tú, no sepas sepa usted sepamos sepan Uds.
salir saliendo salido	salgo sales sale salimos salís salen	salía salías salía salíamos salíais salían	salí saliste salió salimos salisteis salieron	saldré saldrás saldrá saldremos saldréis saldrán	saldría saldrías saldría saldríamos saldríais saldrían	salga salgas salga salgamos salgáis salgan	saliera salieras saliera saliéramos salierais salieran	sal tú, no salgas salga usted salgamos salgan Uds.

Irregular Verbs (continued)

Infinitive Present Participle Past Participle	Indicative					Subjunctive		Imperative
	Present	Imperfect	Preterit	Future	Conditional	Present	Imperfect	
ser siendo sido	soy eres es somos sois son	era eras era éramos erais eran	fui fuiste fue fuimos fuisteis fueron	seré serás será seremos seréis serán	sería serías sería seríamos seríais serían	sea seas sea seamos seáis sean	fuera fueras fuera fuéramos fuerais fueran	sé tú, no seas sea usted seamos sed vosotros, no seáis sean Uds.
tener teniendo tenido	tengo tienes tiene tenemos tenéis tienen	tenía tenías tenía teníamos teníais tenían	tuve tuviste tuvo tuvimos tuvisteis tuvieron	tendré tendrás tendrá tendremos tendréis tendrán	tendría tendrías tendría tendríamos tendríais tendrían	tenga tengas tenga tengamos tengáis tengan	tuviera tuvieras tuviera tuviéramos tuvierais tuvieran	ten tú, no tengas tenga usted tengamos tened vosotros, no tengáis tengan Uds.
traer trayendo traído	traigo traes trae traemos traéis traen	traía traías traía traíamos traíais traían	traje trajiste trajo trajimos trajisteis trajeron	traeré traerás traerá traeremos traeréis traerán	traería traerías traería traeríamos traeríais traerían	traiga traigas traiga traigamos traigáis traigan	trajera trajeras trajera trajéramos trajerais trajeran	trae tú, no traigas traiga usted traigamos traed vosotros, no traigáis traigan Uds.
venir viniendo venido	vengo vienes viene venimos venís vienen	venía venías venía veníamos veníais venían	vine viniste vino vinimos vinisteis vinieron	vendré vendrás vendrá vendremos vendréis vendrán	vendría vendrías vendría vendríamos vendríais vendrían	venga vengas venga vengamos vengáis vengan	viniera vinieras viniera viniéramos vinierais vinieran	ven tú, no vengas venga usted vengamos venid vosotros, no vengáis vengan Uds.
ver viendo visto	veo ves ve vemos véis ven	veía veías veía veíamos veíais veían	vi viste vio vimos visteis vieron	veré verás verá veremos veréis verán	vería verías vería veríamos veríais verían	vea veas vea veamos veáis vean	viera vieras viera viéramos vierais vieran	ve tú, no veas vea usted veamos ved vosotros, no veáis vean Uds.

Stem-Changing and Orthographic-Changing Verbs

Infinitive Present Participle Past Participle	Indicative					Subjunctive		Imperative
	Present	Imperfect	Preterit	Future	Conditional	Present	Imperfect	
dormir (ue, u) durmiendo dormido	duermo duermes duerme dormimos dormís duermen	dormía dormías dormía dormíamos dormíais dormían	dormí dormiste durmió dormimos dormisteis durmieron	dormiré dormirás dormirá dormiremos dormiréis dormirán	dormiría dormirías dormiría dormiríamos dormiríais dormirían	duerma duermas duerma durmamos durmáis duerman	durmiera durmieras durmiera durmiéramos durmierais durmieran	duerme tú, no duermas duerma usted durmamos dormid vosotros, no durmáis duerman Uds.
incluir (y) incluyendo incluido	incluyo incluyes incluye incluimos incluís incluyen	incluía incluías incluía incluíamos incluíais incluían	incluí incluiste incluyó incluimos incluisteis incluyeron	incluiré incluirás incluirá incluiremos incluiréis incluirán	incluiría incluirías incluiría incluiríamos incluiríais incluirían	incluya incluyas incluya incluyamos incluyáis incluyan	incluyera incluyeras incluyera incluyéramos incluyerais incluyeran	incluye tú, no incluyas incluya usted incluyamos incluid vosotros, no incluyáis incluyan Uds.
pedir (i, i) pidiendo pedido	pido pides pide pedimos pedís piden	pedía pedías pedía pedíamos pedíais pedían	pedí pediste pidió pedimos pedisteis pidieron	pediré pedirás pedirá pediremos pediréis pedirán	pediría pedirías pediría pediríamos pediríais pedirían	pida pidas pida pidamos pidáis pidan	pidiera pidieras pidiera pidiéramos pidierais pidieran	pide tú, no pidas pida usted pidamos pedid vosotros, no pidáis pidan Uds.
pensar (ie) pensando pensado	pienso piensas piensa pensamos pensáis piensan	pensaba pensabas pensaba pensábamos pensabais pensaban	pensé pensaste pensó pensamos pensasteis pensaron	pensaré pensarás pensará pensaremos pensaréis pensarán	pensaría pensarías pensaría pensaríamos pensaríais pensarían	piense pienses piense pensemos penséis piensen	pensara pensaras pensara pensáramos pensarais pensaran	piensa tú, no pienses piense usted pensemos pensad vosotros, no penséis piensen Uds.

Stem-Changing and Orthographic-Changing Verbs (continued)

Infinitive Present Participle Past Participle	Indicative					Subjunctive		Imperative
	Present	Imperfect	Preterit	Future	Conditional	Present	Imperfect	
producir (zc) produciendo producido	produzco produces produce producimos producís producen	producía producías producía producíamos producíais producían	produje produjiste produjo produjimos produjisteis produjeron	produciré producirás producirá produciremos produciréis producirán	produciría producirías produciría produciríamos produciríais producirían	produzca produzcas produzca produzcamos produzcáis produzcan	produjera produjeras produjera produjéramos produjerais produjeran	produce tú, no produzcas produzca usted produzcamos pruducid vosotros, no produzcáis produzcan Uds.
reír (i, i) riendo reído	río ríes ríe reímos reís ríen	reía reías reía reíamos reíais reían	reí reíste rio reímos reísteis rieron	reiré reirás reirá reiremos reiréis reirán	reiría reirías reiría reiríamos reiríais reirían	ría rías ría riamos riáis rían	riera rieras riera riéramos rierais rieran	ríe tú, no rías ría usted riamos reíd vosotros, no riáis rían Uds.
seguir (i, i) (ga) siguiendo seguido	sigo sigues sigue seguimos seguís siguen	seguía seguías seguía seguíamos seguíais seguían	seguí seguiste siguió seguimos seguisteis siguieron	seguiré seguirás seguirá seguiremos seguiréis seguirán	seguiría seguirías seguiría seguiríamos seguiríais seguirían	siga sigas siga sigamos sigáis sigan	siguiera siguieras siguiera siguiéramos siguierais siguieran	sigue tú, no sigas siga usted sigamos seguid vosotros, no sigáis sigan Uds.
sentir (ie, i) sintiendo sentido	siento sientes siente sentimos sentís sienten	sentía sentías sentía sentíamos sentíais sentían	sentí sentiste sintió sentimos sentisteis sintieron	sentiré sentirás sentirá sentiremos sentiréis sentirán	sentiría sentirías sentiría sentiríamos sentiríais sentirían	sienta sientas sienta sintamos sintáis sientan	sintiera sintieras sintiera sintiéramos sintierais sintieran	siente tú, no sientas sienta usted sintamos sentid vosotros, no sintáis sientan Uds.
volver (ue) volviendo vuelto	vuelvo vuelves vuelve volvemos volvéis vuelven	volvía volvías volvía volvíamos volvíais volvían	volví volviste volvió volvimos volvisteis volvieron	volveré volverás volverá volveremos volveréis volverán	volvería volverías volvería volveríamos volveríais volverían	vuelva vuelvas vuelva volvamos volváis vuelvan	volviera volvieras volviera volviéramos volvierais volvieran	vuelve tú, no vuelvas vuelva usted volvamos volved vosotros, no volváis vuelvan Uds.

Spanish-English Vocabulary

A

a fin de que in order that (11)
a menos (de) que unless (11)
abierto/a open (12)
abolir to abolish (15)
abordar to board (9)
abrazar to embrace (6)
abrigo, el coat (8)
abril April (1)
abrir to open (2)
abuelo/a, el/la grandfather/grandmother (4)
abuelos, los grandparents (4)
aburrido/a boring; bored (1)
acabar (de + inf.) to have just (done something) (11)
accesorio, el accessory (5)
aceituna, la olive
aconsejar to advise (9)
acordarse (de) (ue) to remember (5)
acordeón, el accordion (14)
acostarse (ue) to go to bed (5)
activista, el/la activist (15)
actuar (actúo, actúas, ...) to act (13)
acuario, el aquarium
adelgazar to lose weight; slim down (10)
adivinar to guess
adjetivo adjective (1)
administración de empresas, la business administration (2)
¿adónde...? (to) where...? (2)
aduana, la customs (9)
adverbio adverb (1)
aeróbico/a aerobic (10)
aeromozo/a, el/la flight attendant (9)
aeropuerto, el airport (9)
afeitarse to shave (5)
aficionado/a, el/la fan (7)
afrontar to face (15)
agencia de viajes, la travel agency (9)
agente inmobiliario/a el/la real estate agent
agosto August (1)
agradable pleasant
agua mineral, el (f.) mineral water (3)
ahora (mismo) (right) now (2)
ahora que/ya que now that (11)
ají verde, el green pepper (6)
ajo, el garlic (6)
alcalde/alcaldesa, el/la mayor (15)

alegrarse (de) to become happy, be glad (5)
alergias, las allergies (10)
álgebra, el algebra (3)
algo something; anything (7)
algodón, el cotton (8)
alguien someone; anyone (7)
algún, alguno/a(s) any; some (7)
aliado/a, el/la ally
alimentos, los foods (10)
allí there *(adv.)* (1)
almacén, el department store (8)
almorzar (ue) to have lunch (4)
almuerzo, el lunch (3)
aló hello (answering the phone) (4)
alquilar to rent
alto/a tall (2)
altura, la altitude (9)
alucinógeno/a hallucinogenic
amarillo/a yellow (1)
ambiente, el atmosphere
amigo/a, el/la friend (2)
amplio/a ample; wide; detailed
analista de sistemas, el/la system analyst with computer (11)
anaranjado/a orange (1)
anfitrión/anfitriona, el/la show host/hostess (13)
anillo de oro, el gold ring (8)
animar to encourage; cheer (7)
anoche last night (6)
anteayer day before yesterday (6)
antena parabólica, la satellite dish (12)
antes (de) que before (11)
antiácido, el antacid (10)
antibiótico, el antibiotic (10)
antropología, la anthropology (3)
anuncios clasificados, los classified ads (13)
añadir to add (6)
año, el year (6)
años (tener...) years (to be...years old) (3)
apagar to turn off (12)
apagar (gu) (fuegos) to put out; to extinguish (fires) (11)
aparato, el appliance (6)
aplaudir to applaud (14)
apogeo, el peak
apoyar to support (15)
apoyo, el support
aprender a to learn to (2)

apuntes, los notes
apurado/a in a hurry (3)
aquí here (1)
araña, la spider
árbitro, el referee (7)
árbol, el tree
archivar to file; to save (12)
aretes de diamantes, los diamond earrings (8)
argentino/a Argentine (1)
arma (f.), el weapon (15)
armario, el closet (5)
arpa, el harp (14)
arquitecto/a, el/la architect (11)
arquitectónico/a architectural (9)
arrancar to yank out
arreglo, el arrangement
arriba de above (5)
arrojar to throw out (12)
arroz, el rice (6)
arte, el (f.) art (2)
artículo, el article (13)
ascendencia, la ancestry
ascender (ie) to promote; to move up (11)
asegurarse to be sure
asesor/a, el/la consultant; advisor (15)
asiento, el seat (9)
asistir a to attend (2)
aspiradora, la vacuum (5)
aspirante, el/la job candidate
aspirar (a) to run for (congress, etc.) (15)
aspirina, la aspirin (10)
atentamente sincerely; truly (11)
aterrizar to land (9)
atletismo, el track and field (7)
atmósfera, la atmosphere (12)
atracción, la attraction (9)
atraer to attract
atravesar to cross over
atún, el tuna (6)
audición, la audition (14)
aumentar to increase (15)
aumento, el raise (11)
aun even
aunque although (11)
aurora, la dawn
avión, el airplane (9)
avisos clasificados, los classified ads (13)
ayer yesterday (6)
ayudar to help (2)
azafrán, el saffron (6)
azul blue (1)

B

bailar to dance (2)
bajar de peso to lose weight (10)
bajo, el bass (music) (14)
bajo/a short (2)
balneario, el beach resort
baloncesto, el basketball (2)
banana, la banana (6)
banda, la band (14)
banqueta, la bench
bañarse to bathe (5)
baño, el bathroom (5)
barato/a cheap (1)
barítono, el baritone (14)
barrer to sweep (5)
base de datos, la database (12)
bastante rather (1)
basurero, el waste basket (5)
batalla, la battle
batear to bat (7)
batería, la drums (14)
beber to drink (2)
bebida alcohólica, la alcoholic beverage (10)
bebida, la drink (6)
béisbol, el baseball (2)
¡bendito, Ay! oh, no! (7)
beneficios, los benefits (11)
biblioteca, la library (3)
bicicleta (en...) bicycle (riding) (9)
bien well *(adv.)* (1)
bienestar, el well-being (10)
billetera, la wallet (8)
biología, la biology (2)
bistec, el steak (6)
blanco/a white (1)
blusa, la blouse (8)
boca, la mouth (10)
bocadillo, el sandwich (6)
boleto, el ticket
bolígrafo, el pen (1)
bolsa, la big bag (7)
bolso, el purse (8)
bombero/a, el/la firefighter (11)
bonificación anual, la yearly bonus (11)
bonito/a pretty (2)
borrar to erase (12)
bosque, el forest (9)
botas, las boots (8)
boxeo, el boxing (7)
brazo, el arm (10)
bucear to scuba dive (9)
¡buen provecho! enjoy your meal (6)

buenas noches good night (1)
buenas tardes good afternoon (1)
bueno *(Mex.)* hello (answering the phone) (4)
bueno, es it's good (11)
bueno/a good (1)
buenos días good day (1)

C

caballo (a...) horse(back)
cabeza, la head (10)
cacahuete, el peanut
cadena de plata, la silver chain (8)
cadena, la chain
caerse (a alguien) to be dropped (by someone) (15)
café al aire libre, el outdoors' café (4)
café con leche, el coffee with milk (6)
café solo, el black coffee (6)
cafetera, la coffeepot (6)
cafetería, la cafeteria (3)
caja, la cash register (8)
cajero automático, el automatic teller (12)
calabaza, la gourd
calcetín, el sock (8)
calculadora, la calculator (3)
cálculo, el calculus (3)
calentar (ie) to heat (6)
calidad, la quality (8)
caliente hot (6)
callarse to stop talking; to quiet oneself
calmante, el pain killer; sedative (10)
calor (hace...) hot (it is...) (7)
calor (tener...) hot (to be...) (3)
caluroso/a warm
calzar to wear (shoes) (8)
cama, la bed (5)
cámara de video, la video camera; camcorder (9)
cámara fotográfica, la camera (9)
camarero/a el/la waiter/waitress (6)
camarones, los shrimp (6)
camerino, el dressing room
caminar to walk (2)
camisa, la shirt (8)
camiseta, la t-shirt (8)
campaña, la campaign (15)
campeón/ona, el/la champion
campos de estudio, los fields of study
canadiense Canadian (2)
canal, el channel (13)
cancha de tenis, la tennis court
candidato/a, el/la candidate (15)
cansado/a tired (3)
cantar to sing
canto, el song (14)
capaz capable (11)
capital, la capital city (2)

cara, la face (5)
carbohidratos, los carbohydrates (10)
cardo, el thistle
carecer de to lack
cargo político, el political post (15)
cargo, el job responsibility (11)
caridad, la charity
carne de cerdo, la pork meat
carne de res, la beef
carne, la meat (6)
caro/a expensive (1)
carpintero/a, el/la carpenter (11)
carrera, la career
carta comercial, la business letter
cartelera, la entertainment section (13)
cartera, la wallet (8)
cartero/a, el/la mailman; mailwoman (11)
casa de ópera, la concert hall (14)
casa, la house (5)
casado/a con married (3)
castigo, el punishment
castillo, el castle (9)
catarata, la waterfall
catedral, la cathedral (9)
cazuela, la stewpot; casserole dish; saucepan (6)
CD-ROM, el CD-ROM drive (12)
cebolla, la onion (6)
celos, los jealousy
cena, la dinner (6)
cenar to eat dinner (6)
censo, el census
centro comercial, el shopping center; mall (8)
centro estudiantil, el student center (3)
centro, el downtown (4)
cepillarse to brush (5)
cepillo (de dientes), el (tooth)brush (5)
cerca (de) nearby (close to) (3)
cerca, la fence
certamen, el contest; pageant (13)
cerveza, la beer (6)
champú, el shampoo (8)
chaqueta, la jacket (8)
chicle, el chewing gum
chico/a, el/la kid; boy/girl; man/woman *(coll.)* (3)
chileno/a Chilean (2)
chismoso/a gossipy
chocar to collide
chuleta (de cerdo), la (pork) chop (6)
ciclismo, el cycling (7)
ciego/a blind
cielo, el sky
ciencias (físicas), las (physical) sciences (2)
ciencias políticas, las political sciences (2)

ciencias sociales, las social sciences (2)
cierra (cierren) close (fam./form.) (1)
cierto certain (2)
cierto, es it's true (11)
cigarra, la locust
cigarrillo, el cigarette (10)
cine, el movies (theater) (4)
cinematografía cinematography (13)
cinta, la film (13)
ciruela, la plum
cita, la appointment (10)
ciudad, la city (2)
ciudadano/a, el/la citizen (15)
clarinete, el clarinet (14)
claro of course (4)
clase turista, la coach class (9)
cliente/a, el/la customer; client (6)
clima, el climate
cocina, la kitchen (5)
cocinar to cook
cocinero/a, el/la cook (11)
cocinita, la kitchenette (9)
colesterol, el cholesterol (10)
colibrí, el humming bird
collar de perlas, el pearl necklace (8)
colombiano/a Colombian (1)
colonia, la neighborhood
color, el color (1)
combatir to fight; to combat (15)
comedia musical, la musical comedy (14)
comedia, la comedy (13)
comedor, el dining room (5)
comentarista deportivo/a, el/la sportscaster (13)
comentarista, el/la newscaster; commentator (13)
comer to eat (2)
comida, la meal; dinner; lunch (Sp.) (3)
¿cómo es? what is it/he/she like? (1)
¿cómo está usted? how are you? (form.) (1)
¿cómo estás? how are you? (fam.) (1)
¿cómo se llama usted? what is your name? (form.) (1)
¿cómo te llamas? what is your name? (fam.) (1)
¿cómo...? how...? What...? (2)
cómoda, la dresser (5)
complicado/a complicated (3)
componer to compose (14)
compositor/a, el/la composer (14)
compra, la purchase (15)
comprender to understand (2)
computadora, la computer (3)
común common (10)
común, es it's common (11)
comunicaciones, las communications (2)
con with (1)

con tal (de) que provided (that) (11)
concierto, el concert (4)
concurso, el game show; pageant (13)
condimento, el condiment (6)
conferencia, la lecture
conflicto, el conflict (15)
congelador, el freezer (6)
conjetura, la conjecture
conjunto, el outfit (14)
conmemorar to commemorate
conocer (zc) to know (someone); to be familiar with (something) (4)
conservar to conserve; to preserve (12)
consternar to dismay
consultorio sentimental, el advice column (13)
consultorio, el doctor's office (10)
consumir to consume (12)
contador/a, el/la accountant with calculator (11)
contaminación (hay...) smog; pollution (it is smoggy) (7)
contaminar to contaminate (12)
contento/a happy (3)
contesta (contesten) answer (fam./form.) (1)
contestador automático, el answering machine (12)
contra against (5)
contralto, el contralto (14)
contratar to hire (11)
contrato, el contract (11)
contrincante, el/la opponent (15)
controlar to control (15)
convento, el convent (9)
coordinador/a, el/la coordinator (11)
corazón, el heart (10)
corbata, la tie (8)
cordialmente cordially (11)
cordillera, la mountain range
corneta, la cornet (14)
corona, la crown
correo, el mail
correr to run (7)
corriente current (15)
corrupción, la corruption (15)
cosecha, la harvest
cosechar to harvest (12)
costar (ue) to cost (4)
costura, la; alta high fashion (14)
creer to believe (2)
crema (de afeitar), la (shaving) cream (5)
crítica, la criticism (13)
crítico, el/la critic (13)
crónica social, la social page (13)
crónica, la news story (13)
crudo/a rare; raw (6)
cuaderno, el notebook (1)
cuadro, el painting (5)
cuadros, de plaid (8)

¿cuál(es)...? which one(ones)...? (2)

cuando when (11)

¿cuándo...? when...? (2)

¿cuánto cuesta(n)? how much does it/do they cost? (1)

¿cuánto/a(s)? how much(many)...? (1)

cuarteto, el quartet (14)

cuarto/a quarter; fourth (2)

cuarto doble, el double room (9)

cuarto/dormitorio, el bedroom (5)

cubano/a Cuban (2)

cubierto/a covered (12)

cucharada, la tablespoon (6)

cucharadita, la teaspoon (6)

cuchilla (la navaja) de afeitar, el razor blade (5)

cuenta, la the bill (6)

cuero, el leather (8)

cuerpo humano, el body (10)

cuesta(n)... it/they cost/s (1)

cuidado (tener...) care (to be careful) (3)

cuidar (se) to take care of oneself (10)

culebra, la snake

cumplir (con) to make good; to fulfill (a promise) (15)

cuñado/a, el/la brother-in-law/sister-in-law (4)

curar to cure (11)

D

dar to give (5)

de acuerdo. fine with me; okay (4)

¿de dónde...? from where...? (2)

de nada you are welcome (1)

¿de qué color es? what color is it? (1)

¿de quién(es)...? whose...? (2)

¿de verdad? really? (1)

debajo de under (5)

deber should; ought to; must (2)

deber, el duty (15)

decidir to decide (2)

décimo/a tenth (8)

decir to say; to tell (5)

dedo de la mano, el finger (10)

defensa, la defense (15)

deforestación, la deforestation (12)

dejar to quit (11)

dejar de (+ inf.) to stop (doing something) (10)

delante in front of

delante (de) in front of (3)

delgado/a thin (2)

democracia, la democracy (15)

democratización, la democratization (15)

demora, la delay (9)

denominado/a so-called

dentista, el/la dentist (11)

dentro de within; inside of (5)

denunciar to report; to denounce

dependiente/a, el/la clerk (8)

deporte, el sport (2)

derecha, a la to (on) the right (3)

derecho, el law (2)

derecho, el right (15)

derechos humanos, los human rights (15)

desarme, el disarmament (15)

desarrollar to develop; to take place

desayunar to eat breakfast (6)

desayuno, el breakfast (5)

descubierto/a discovered (12)

descubrir to discover

desde que since (11)

desear to wish (9)

desechos, los waste (12)

desempeñar to serve

desempleo, el unemployment (11)

desfile de modas, el fashion show (14)

desfile, el parade

desmilitarización, la demilitarization (15)

desodorante, el deodorant (5)

despacho, el office (11)

despedida, la farewell (1)

despedida, la closing (of a letter) (11)

despedir (i, i) to fire (11)

despegar (gu) to take off (9)

desperdicio, el waste (15)

despertador, el alarm clock (5)

despertarse (ie) to wake up (5)

despoblación forestal, la deforestation (Sp.) (12)

después (de) que after (11)

después de after (3)

destacar to emphasize

detallar to depict

detrás (de) behind (3)

devolver (ue) to return (something) (8)

diabetes, la diabetes (10)

diagnóstico, el diagnosis (10)

diario/a daily (5)

dibujo, el drawing

diccionario, el dictionary (1)

dicho/a said (12)

diciembre December (1)

dictador/a, el/la dictator (15)

dictadura, la dictatorship (15)

dientes, los teeth (5)

diestro/a skillful

dieta (estar a...) (to be on a) diet (10)

difícil difficult (2)

difícil, es it's difficult (11)

diga hello (answering the phone) (Sp.) (4)

directo, en live (on television) (13)

director/a, el/la director (11)

director/a, el/la conductor (14)

disco duro, el hard disk (12)

discoteca, la club (7)

discurso, el speech (15)

diseñador/a, el/la designer (14)

diseñar to design (11)

diseño, el design (12)

disfraz, el disguise (14)

disfrutar to enjoy

disimular to hide

dispuesto/a ready; disposed (12)

disquete, el diskette (12)

distraerse to amuse oneself

diva, la diva (14)

divertirse (ie, i) to have fun (5)

divorciado/a divorced (3)

doler (ue) to hurt (10)

dolor de cabeza headache (10)

dolor, el pain (10)

domingo, el Sunday (1)

dominicano/a Dominican (2)

dominio/a (de) proficient in; control of

donde where (11)

¿dónde...? where...? (2)

dormir to sleep (4)

dormirse (ue, u) to fall asleep (5)

drama, el drama (13)

drogadicción, la drug addiction (15)

droguería, la drugstore (8)

ducha, la shower (5)

ducharse to shower (5)

dudar to doubt (11)

dudoso, es it's doubtful (11)

dueño/a el/la owner

DVD, el DVD disk (12)

E

echar to add; to throw in (6)

edificio, el building (3)

editorial, el editorial page (13)

editorial, la publishing house (13)

educación física, la physical education (2)

ejercicio, el exercise (10)

ejército, el army (15)

elástico, el elastic (14)

electricista, el/la electrician (11)

electrónico/a electronic (12)

elegir (i, i) to elect (15)

eliminar to end (15)

emisora, la radio station (business entity) (13)

empatar to tie (the score) (7)

empezar (ie) to begin (4)

empleado/a, el/la employee (11)

empresa, la company (11)

empujar to push

en caso de que in case (11)

en cuanto as soon as (11)

en punto on the dot (2)

enamorado/a de in love with (3)

enamorarse (de) to fall in love (with) (5)

encantado/a delighted (1)

encantador/a enchanting; delightful (14)

encantar to delight (5)

encender (ie) to turn on (12)

encima de on top of (5)

encontrar (ue) to find (4)

energía, la energy (12)

enero January (1)

enfadado/a angry (Sp.) (3)

enfermarse to become sick (5)

enfermedad, la illness (10)

enfermo/a sick (3)

enfrente (de) in front of; across from (3)

enojado/a angry (3)

enojar to get angry (10)

enojarse (con) to get angry (with) (5)

ensalada, la salad (3)

ensamblar to assemble

ensayar rehearse (14)

enseguida right away (6)

enseñar to teach (4)

entender to understand (4)

entrada, la admission ticket (4)

entre between (3)

entrenador/a, el/la coach; trainer (7)

entrenamiento, el training (11)

entrevista, la interview

entusiasta enthusiastic (11)

envase (de aluminio), el (aluminum) container (12)

equipo, el team; equipment (7)

es it is/she is/he is (1)

escalar to climb (9)

escalones, los stair steps

escáner, el scanner (12)

escasez, la shortage (12)

escenario, el stage (14)

escoba, la broom (5)

escribe (escriban) write (fam./form.) (1)

escribir to write (2)

escribir a máquina to type (11)

escrito/a written (12)

escucha (escuchen) listen (fam./form.) (1)

esencia, la essence

esfuerzo, el effort (15)

esmeralda, la emerald

esmoquin, el tuxedo (14)

espalda, la back (10)

español/a Spanish (1)

especialidad de casa, la the specialty of the house (6)

espectador/a, el/la spectator (13)

espejo, el mirror (5)

esperar to hope (10)

espolvorar to sprinkle

esposo/a, el/la husband/wife (4)

esquela, la obituary (13)

esquí (acuático), el (water) skiing (7)

esquiar (esquío) to ski (7)

establo, el stable

estación de radio, la radio station (on the dial) (13)

estadía, la stay (9)

estadounidense person from U.S. (2)

estar to be (3)

estar contento/a (de) to be happy (10)

estilo, el style (14)

estimado/a dear (11)

estofado, el stew

estómago, el stomach (10)

estrecho/a tight (8)

estrés, el stress (10)

estudia (estudien) study (fam./form.) (1)

estudiante, el/la student (1)

estudiar to study (2)

estufa, la stove (6)

¡estupendo! terrific! (7)

ética, la ethics

evidente, es it's evident (11)

evitar to avoid

examen físico, el checkup (10)

examen, el exam (2)

excursión, la excursion; tour (9)

exigente challenging, demanding (3)

expediente, el dossier (11)

explicar to explain (6)

extraño, es it's strange (11)

extraño/a lonely

extrovertido/a extroverted (1)

F

fábrica, la factory (12)

¡fabuloso! great! (7)

fácil easy (2)

fácil, es it's easy (11)

facturar equipaje to check in the luggage (9)

facultad de arte, la School of Art (3)

facultad de ciencias, la School of Science (3)

facultad de derecho, la School of Law (3)

facultad de filosofía y letras, la School of Humanities (3)

facultad de ingeniería, la School of Engineering (3)

facultad de medicina, la School of Medicine (3)

falda, la skirt (8)

fallecimiento, el death; demise

faltar to be lacking; needed (5)

familia política, la in-laws (4)

familia real, la royal family

¡fantástico! fantastic! (7)

fascinante fascinating (1)

fascinar to fascinate (5)

fastuoso/a ostentatious (14)

febrero February (1)

feo/a ugly (2)

fiebre, la fever (10)

fiel faithful

filete de pescado, el fish fillet (6)

filmar to film (13)

filme, el movie; film (13)

filosofía y letras, las humanities/liberal arts (2)

final, el end (13)

finca, la farm; ranch (12)

firmar to sign (a treaty, etc.) (15)

flaco/a skinny (2)

flan, el caramel custard (6)

flauta, la flute (14)

flor, la flower (9)

folleto, el brochure (9)

formulario, el form (11)

foro, el forum

fortalecer (zc) to strengthen; fortify (15)

fotocopiadora, la photocopy machine (12)

fotocopiar to photocopy (12)

francés French (1)

frasco de colonia/perfume, el bottle of cologne/perfume (8)

freír (i, i) to fry (6)

fresco (hace...) cool (it is...) (7)

fresco/a fresh (6)

frijoles, los (kidney, pinto, red) beans (6)

frío (hace...) cold (it is...) (6)

frío (tener...) cold (to be...) (3)

frito/a fried (6)

frontera, la border

fruta, la fruit (6)

fuego al/ mediano /bajo, a high/ medium/ low heat (6)

fuente, la fountain (9)

fuerte, el fort (9)

fumar to smoke (10)

función, la show (4)

funcionar to function; to work (12)

furioso/a, angry (5)

fútbol, el soccer (2)

G

gabardina, la gabardine (light-weight wool) (14)

gafas de sol, las sun glasses (9)

gafas, las glasses

galán, el leading man (13)

galleta, la cookie (6)

ganar to win (7)

ganga, la bargain; good deal (8)

garaje, el garage (5)

garganta, la throat (10)

garza, la heron

gastar to spend (8)

gastos, los expenses

gastronomía, la gastronomy; local food culture

gato, el cat

gaucho, el cowboy; rancher

gazpacho a cold pureed tomato soup

geografía, la geography (2)

geología, la geology (3)

gerente, el/la manager (11)

gimnasia, la gymnastics (7)

gimnasio, el gymnasium (3)

gira, la tour (14)

gobernador/a, el/la governor (15)

golf, el golf (7)

golpear to pound

gordito/a plump (2)

gordo/a fat (2)

gozo, el pleasure

grabación, la recording

grabar to record (12)

gracias thank you (1)

gracioso/a funny; witty (4)

grande big (2)

grasa, la fat (10)

gripe, la flu (10)

gris grey (1)

gritar to shout (7)

grito, el cry

guapo/a handsome (2)

guardar cama to stay in bed (10)

guardar la línea to stay trim; to watch one's figure (10)

guía, el/la tour guide (9)

guía, la guide book (9)

guión, el script (13)

guitarra, la guitar (14)

gusta es mío, el the pleasure is mine

gustar to like (be pleasing) (5)

H

haber to have (aux.) (12)

hablar to talk (2)

hacer to do; to make (3)

hacer cola to stand in line (9)

hacer el papel (de) to take the part of

hacer juego (con) to match; to go well with (8)

hacer la cama to make the bed (5)

hacer las compras to do the shopping (5)

hambre (tener...) hunger (to be hungry) (3)

hamburguesa, la hamburger (3)

hasta luego see you later (1)

hasta mañana see you tomorrow (1)

hasta pronto see you soon (1)

hasta que until (11)

hay there is/are (1)

haz (hagan) do/make (fam./form.) (1)

hecho, el deed (15)

hecho/a done; made (12)

heladera, la cooler (7)

helado, el ice cream (6)

hermanastro/a, el/la stepbrother/stepsister (4)

hermano/a, el/la brother/sister (4)

hervir (ie, i) to boil (6)

hielo, el ice (7)

higo, el fig

hijo/a, el/la son/daughter (4)

hinchar to swell

hipervínculo, el hyperlink (12)

historia, la history (2)

hockey, el hockey (7)

hogar, el home

hoja electrónica, la spreadsheet (12)

honradez, honestidad, la honesty (15)

honrado/a, honesto/a honest (11)

horario de clases, el class schedule (3)

horario de trabajo, el work schedule (11)

hornear to bake (6)

horno, el oven (6)

horóscopo, el horoscope (13)

hospedaje, el lodging (9)

hotel, el hotel (9)

huevo, el egg (6)

humo, el smoke (12)

I

ida y vuelta (de...) roundtrip

idiomas (extranjeros), los (foreign) languages (2)

ido/a gone (12)

igual, me da... it's the same to me (7)

igualmente likewise (1)

imaginería, la statuary

impaciente impatient (5)

importante, es it's important (11)

imposible, es it's impossible (11)

impresionar to impress

impresora, la printer (12)

imprimir (pp: impreso) to print (printed) (12)

improvisar to improvise (14)

impuestos, los taxes (15)

increíble, es it's incredible (11)

indispensable, es it's indispensable (11)

infección, la infection (10)

inflación, la inflation (15)

influir to influence

influyente influential

informar to report (13)

informática, la computer science (2)

ingeniería, la engineering (2)

ingeniero/a, el/la engineer (11)

ingerir (ie-i) to ingest (10)

ingrediente, el ingredient (6)

insistir (en) to insist (9)

instalar to install (12)

instrumento musical, el musical instrument (14)

inteligente intelligent (1)

interesante interesting (1)

interesar to interest (5)

intérprete, el/la interpreter (11)

invierno, el winter (1)

inyección, la shot (10)

ir to go (3)

ir de excursión to go on a tour; to tour

isla, la island (9)

izquierda, a la to (on) the left (3)

J

jabón, el soap (5)

jamás never (7)

jamón, el ham (6)

jarabe, el cough syrup (10)

jardín, el garden; yard (5)
jefe/a, el/la boss (11)
jogging (hacer...) (to) jog (10)
joven/a young (2)
joyería, la jewelry store (8)
jubilarse to retire (11)
judías, las green beans (6)
juego electrónico, el computer (electronic) game (12)
jueves, el Thursday (1)
juez, el/la judge (15)
jugar (ue) a to play (4)
julio July (1)
junio June (1)
junto a next to (3)
justo/a just (11)

K

kilo, el kilogram (equivalent 2,2 pounds) (6)

L

laboratorio de lenguas, el language laboratory (3)
lácteo/a milk products (10)
lado (de), al next to (3)
lago, el lake (9)
lágrima, la tear
lamentar to regret (10)
lámpara, la lamp (5)
lana, la wool (8)
langosta, la lobster (6)
lápida, la tombstone
lápiz, el pencil (1)
lápiz labial, el lipstick (5)
lástima, es it's a pity (11)
lavadora, la washing machine (5)
lavaplatos, el dishwasher (5)
lavar(se) to wash (oneself) (5)
leche, la milk (6)
lechuga, la lettuce (6)
lector/a, el/la reader (13)
leer to read (2)
lejos (de) far (from) (3)
lema, el motto (15)
lengua, la tongue (10)
lentejuelas, las sequin (14)
levantarse to get up (5)
ley, la law (15)
librería, la bookstore (2)
librero, el bookcase (5)
libro, el book (1)
limonada, la lemonade (6)
limpiar to clean (5)
línea, la figure (10)
literatura, la literature (3)
litro, el liter (6)
llavero, el key chain (8)
llegada, la arrival (9)
llegar to arrive (2)
llegar a tiempo to arrive on time
llenar to fill (out) (11)
lleno/a full
llevar to wear (8)
llevar adelante to carry out
llover (ue) to rain (7)

lluvia ácida, la acid rain (12)
lluvia, la rain
lo siento I am sorry (1)
loción (de afeitar), la (shaving) lotion (5)
locutor/a, el/la announcer (13)
lograr to achieve (15)
luchar to fight
luego que as soon as (11)
lugar, el place (2)
lujo, de luxury (9)
luna, la moon
lunes, el Monday (1)

M

madera, la wood
madrastra, la stepmother (4)
madre, la mother (2)
madrugar to get up early
¡magnífico! great!; wonderful! (7)
maíz, el corn (6)
mal bad(ly) (1)
maleta, la suitcase (9)
malo, es it's bad (11)
malo/a bad (1)
mandar to order (9)
manejar to manage (12)
manga corta/larga, de short-/long-sleeved (8)
manga, sin sleeveless (8)
mano, la hand (5)
mansión, la mansion (9)
mantener (ie) to support (a family, etc.) (15)
mantenerse en forma to stay in shape (10)
manzana, la apple (6)
mapa, el map (1)
maquillaje, el makeup (5)
maquillarse to put on makeup (5)
máquina de afeitar, la electric razor (5)
mar, el ocean (7)
maraca, la maraca (14)
marca, la brand (12)
marido, el husband
mariposa, la butterfly
mariscos, los seafood (6)
marrón brown (1)
martes, el Tuesday (1)
marzo March (1)
más o menos more or less (1)
máscara, la mask
mascota, la pet
matemáticas, las mathematics (2)
materia, la (academic) subject (3)
mayo May (1)
mayor older (4)
me encantaría I would love to (4)
me llamo... my name is...(1)
mecánico, el (la mujer...) mechanic (11)
medianoche, la midnight (2)

medias, las stockings (8)
medicina, la medicine (2)
médico/a medicinal (10)
medida, la measurement; measure (6)
medio ambiente, el environment (12)
medio/a half (2)
mediodía, el noon (2)
medios, los media (13)
mejor better (5)
mejor, es it's better (11)
mejorar to improve (15)
mejorarse to get better, to get well (10)
menor younger (4)
menos less (2)
mentira, la lie; falsehood
merendar (ie) to snack (6)
merienda (hacer una...) to have a picnic (7)
merienda, la snack (6)
mesa de noche, la nightstand (5)
mesa, la table (1)
mesero/a el/la waiter/waitress
meta, la goal (11)
meteorólogo/a, el/la weatherman; weatherwoman (13)
mexicano/a Mexican (1)
mezclar to mix (6)
mezzosoprano, la mezzo soprano (14)
mi nombre es... my name is... (1)
mi/mis my (1)
microondas, el microwave (6)
miedo (tener... de que) fear (to be afraid that) (10)
miedo (tener...) fear (to be afraid) (3)
mientras que as long as (11)
miércoles, el Wednesday (1)
ministro/a, el/la minister (15)
mirar to look at (2)
mitad, la half
mochila, la book bag (1)
moda, de (in) style (8)
modelo, el/la model (14)
modo (de vestir), el way, manner (of dressing) (14)
molestar to bother (5)
monarquía, la monarchy (15)
mono aullador, el howler monkey
mono, el monkey
montaña, la mountain (9)
montar to ride
monumento, el monument (9)
morado/a purple (1)
moreno/a dark (2)
muchacho/a, el/la the boy/girl (2)
mucho much (1)
mucho gusto much pleasure (1)
muebles, los furniture (5)
muela, la tooth; molar (10)
muerto/a dead (12)
multa, la fine (12)

mundano/a worldly (14)
museo, el museum (9)
música, la music (3)
músico/a, el/la musician (14)
musulmano/a Muslim
muy very (2)

N

nada nothing; not anything (7)
nadar to swim (2)
nadie nobody; no one (7)
naranja, la orange (6)
nariz, la nose (5)
natación, la swimming (2)
naturaleza muerta, la still life
naturaleza, la nature (12)
necesario, es it's necessary (11)
necesitar to need (9)
necesitas you need (fam.) (1)
necesito I need (1)
negar (ie) to deny (10)
negro/a black (1)
nervioso/a, nervous (5)
neuyoricano/a New Yorker
nevar (ie) to snow (7)
ni...ni neither...nor (7)
nieto/a, el/la grandson/granddaughter (4)
nilón, el nylon (14)
ningún, ninguno/a(s) none, not any (7)
norteamericano/a North American (2)
nota, la grade
noticiero, el newscast (13)
noveno/a ninth (8)
noviembre November (1)
novio/a, el/la boyfriend/girlfriend; fiancé (2)
nublado/a cloudy (7)
nuera, la daughter-in-law (4)
nuevo/a new (2)
número, el number (size) (8)
nunca never (7)

O

o or (1)
o... o either...or (7)
obligatorio/a mandatory (12)
obra, la play (theater) (13)
obvio, es it's obvious (11)
octavo/a eighth (8)
octubre October (1)
ocupado/a busy (3)
oído, el ear (10)
oír (-go) to hear (6)
ojo, el eye (5)
ola, la wave
olvidarse (a alguien) to be forgotten (by someone) (15)
olvidarse (de) to forget (5)
operar to operate (10)
ordenar to pick up; to clean (5)
oreja, la ear (10)
orilla, la bank (of a river)
orquesta sinfónica, la symphony orchestra (14)

orquesta, la orchestra (4)
orquídea, la orchid
ortiga, la nettle; prickly plant
otoño, el autumn (1)
oveja, la sheep
¡oye! hey! (2)

P

paciente, el/la patient (10)
pacifista, el/la pacifist (15)
padecer (zc) (de) to suffer (from) (10)
padrastro, el stepfather (4)
padre, el father (2)
padres, los parents (2)
pagar to pay (6)
pagar al contado to pay cash (8)
país en desarrollo, el developing country (15)
país, el country (2)
paja, la straw (14)
palacio, el palace (9)
pampa, la prairie
pan tostado, el toasted bread (6)
pana, la corduroy (14)
panadería, la bakery
panameño/a Panamanian (2)
pantalla, la screen (12)
pantalones (cortos), los pants; slacks (shorts) (8)
pantimedias, las stockings; pantyhose (8)
papa (patata _Sp._), la potato (6)
papas fritas, las fries (6)
papel, el paper; role (1)
para que in order that; so that (11)
parecer to seem (5)
pareja, la pair
paro, en out of work (11)
parque, el park (4)
partido, el game (4)
pasaje, el fare; ticket (9)
pasar to spend (time) (4)
pasar la aspiradora to vacuum (5)
pasar por to stop by (4)
pasar una película to show a movie (4)
pasarlo bien to have a good/wonderful time (9)
pasear to take a walk (4)
paseo (dar un...) to walk (to go for a walk) (7)
pasillo (de...) (by the) aisle (9)
pasillo, el hall (5)
pasta de dientes, la toothpaste (8)
pastilla, la pill; lozenge (10)
patear to kick (7)
patinaje, el ice skating
patinar to skate (7)
patio, el patio (5)
patrio/a, el/la native home
patrocinador/a, el/la sponsor (13)
patrocinar to sponsor (13)
paz, la peace (15)

pecho, el chest (10)
pedagogía, la education (2)
pedazo, el piece (6)
pedir (i-i) to ask for (4)
peinarse to comb (5)
peine, el comb (5)
película, la movie (4)
peligroso/a dangerous
pelo, el hair (5)
peluquero/a, el/la hair stylist (11)
pena, la sorrow; pain
pensar (+ inf.) to think; to plan (to do something) (4)
peor worse (5)
pequeño/a small (1)
perder (ie) to lose (4)
perderse (a alguien) to be lost (by someone) (15)
perdido/a lost (3)
perezoso, el sloth
periódico, el newspaper (13)
periodista, el/la journalist with newspaper man/woman (11)
permitir to permit (9)
pero but (2)
personaje, el character (15)
pesas, las weights (10)
pesca, la fishing
pescado, el fish (6)
pescar to fish (9)
peso, el weight (10)
pesticidas, los pesticides (12)
petróleo, el petroleum (12)
piano, el piano (14)
picado/a chopped (6)
picante hot (spicy) (6)
pícnic (hacer un...) (to have a) picnic (7)
pie, el foot (10)
piedra, la stone
piel, la leather; fur (14)
pierna, la leg (10)
pieza, la piece (14)
piloto, el/la pilot (9)
pimiento, el green pepper (6)
pinta, la appearance
pintar to paint
pintoresco/a picturesque
piratear to pirate
piscina, la swimming pool (9)
piso, el floor (5)
pizarra, la chalkboard (1)
pizca, la pinch (of salt, pepper, etc.) (6)
plan de retiro, el retirement plan (11)
plancha, la iron (5)
planchar to iron (5)
planta nuclear, la nuclear plant (12)
plátano, el banana (6)
platería silversmithing
platos, los dishes (5)
playa, la beach (7)
plomero, el/la plumber (11)
poblado/a populated
pobre poor (2)
pobreza, la poverty (15)

poco little _(adv.)_ (1)
poder (ue) to be able; may; can (4)
poliéster, el polyester (14)
política, la politics (15)
pollo (asado/a parrilla), el (broiled/grilled) chicken (6)
pomada, la cream
poner (pongo) to put (4)
poner la mesa to set the table (5)
ponerse (+ adj) to become (+ adj.) (5)
ponerse en forma to get in shape (10)
por by; for (9)
por ahora for now (9)
por aquí around here (9)
por Dios for God's sake (9)
por ejemplo for example (9)
por eso that's why (9)
por favor please (9)
por fin finally (9)
por lo general in general (9)
¿por qué...? why...? (2)
por supuesto of course (9)
por último finally (9)
porque because (2)
posible, es it's possible (11)
postre, el dessert (6)
practicar to practice; to play (a sport) (2)
precio, el price (8)
preciso, es it's essential (11)
predecir to predict
preferir (ie) to prefer (4)
pregunta, la question (1)
premio, el prize
prenda, la garment (14)
preocupado/a worried (3)
preocupes (no te...) don't worry (7)
presentación, la presentation (1)
presentador/a, el/la moderator (13)
presidente/a, el/la president (15)
presupuesto, el budget
prevenir to prevent; to warn (15)
primavera, la spring (1)
primera actriz, la leading lady (13)
primera plana, la front page (13)
primero/a first (8)
primo/a, el/la cousin (4)
principiante, el beginner
principio, el beginning (13)
prisa (tener...) haste (to be in a hurry) (3)
probable, es it's probable (11)
probador, el fitting room (8)
probarse (ue) to try on (8)
procesador de textos, el word processor (12)
procurar to procure; secure (15)
productor/a, el/la producer (13)
productos lácteos, los milk products (10)
profesor/a el/la professor (1)

programar to program (12)
programas sociales, los social welfare programs (15)
prohibir to prohibit (9)
prometer to promise
promover (ue) to promote (15)
propina, la tip (6)
protagonista, el/la protagonist; star (13)
proteger (j) to protect (12)
proteína, la protein (10)
prueba, la test (10)
psicología, la psychology (3)
psicólogo/a, el/la psychologist (11)
público, el audience (13)
pueblo, el the people; the masses (15)
puerta de salida, la gate (9)
puerta, la a door (1)
puertorriqueño/a Puerto Rican (2)
pues _(conj.)_ well (3)
puesto, el position (job) (11)
puesto/a put; placed (12)
pulmón, el lung (10)
pulsera, la bracelet (8)

Q

¿qué es esto? what is this? (1)
¿qué hay en...? what is there...? (1)
quehaceres domésticos, los household chores (5)
¿qué pasa? what's happening? (1)
¿qué tal? how are you? (fam.) (1)
¿qué...? what...? (2)
quedar to be left; remain (5)
quedar muy bien, le to fit very well (8)
quedarse to stay (somewhere) (9)
quedarse (a alguien) to remain (by someone) (15)
querer (ie) to want; to love (4)
queso, el cheese (6)
¿quién(es)...? who...? (2)
¿quieres ir a...? do you want to go to...? (4)
química, la chemistry (3)
quinto/a fifth (8)
quitar la mesa to clear the table (5)
quitarse to take off (5)
quizás perhaps

R

radicado en based in
radio, el radio (set) (13)
radioactividad, la radioactivity (12)
radiografía, la x-ray (10)
radioyente, el/la listener (13)
rana, la frog
rato, el a short while

ratón, el mouse (12)
rayas, de striped (8)
rayón, el rayon (14)
razón ([no] tener...) reason (to be right [wrong]) (3)
rebajas, en on sale (8)
receta, la recipe (6)
recetar to prescribe (10)
recibir to receive (2)
reciclaje, el recycling (12)
reciclar to recycle (12)
recinto, el area; campus
recipiente, el container (6)
recoger to pick up; harvest (12)
recomendación, la recommendation (11)
recomendar (ie) to recommend (9)
recordar to remember (4)
recorrer to go round; to travel through/across (9)
rectoría, la administration building (3)
recuerdo, el souvenir (9)
recurso natural, el natural resource (12)
Red informática, la Internet (12)
reforestación, la reforestation (12)
refresco, el soft drink, soda (3)
refrigerador, el refrigerator (6)
regatear to haggle over
regresar to return (2)
regular ok (1)
reina, la queen (15)
reírse (i-i) to laugh (5)
reliquia, la relic
rellenar to fill completely; to fill out (11)
reloj de pulsera, el wristwatch (8)
reloj, el clock (1)
remedio, el remedy (10)
rendir to produce
renombre, el renown
reparar to repair (11)
repartir to deliver; to distribute (11)
repertorio, el repertoire (14)
repetir (i) to repeat; to have a second helping (4)
repite (repitan) repeat (fam./form.) (1)
repoblación forestal, la reforestation (Sp.)(12)
reportero/a, el/la (television) reporter (13)
representante, el/la representative (15)
representar(se) to perform (13)
rescate, el rescue
reserva, la reservation (9)
resfriado, el a cold (10)
respirar to breathe (10)
responsabilidades, las responsibilities (11)
respuesta, la answer (1)
restaurante, el restaurant (6)

retirarse to retire (11)
revisar to check (13)
revista, la magazine
revuelto/a scrambled (6)
rey, el king (15)
rico/a rich; delicious (2)
riel, el rail
río, el river (9)
riqueza, la richness
ritmo, el rhythm
rodilla, la knee (10)
rojo/a red (1)
rollo de película, el roll of film (for camera) (9)
romperse (un hueso) to break (a bone) (10)
ropa, la clothing (5)
rosado/a pink (1)
roto/a broken (12)
rubio/a blonde (2)
ruido, el noise

S

sábado, el Saturday (1)
sábana, la sheet
saber (se) to know (how to do) something (4)
saborear to savor
sacar to stick out (10)
sacar fotos to take pictures (9)
sacar la basura to take out the trash (5)
saco, el coat (8)
sacudir el polvo de los muebles to dust (5)
sala de espera, la waiting room (9)
sala de reclamación de equipaje, la baggage claim room (9)
sala, la living room (5)
salario, el salary (11)
salida de emergencia, la emergency exit (9)
salir (salgo) to leave; go out (4)
salsa de tomate, la tomato sauce (6)
salsa picante, la hot sauce (6)
salto, el waterfall (9)
salud, la health (10)
saludo, el greeting (1)
saludos, los salutations; greetings (11)
sandalias, las sandals (8)
sangre, la blood (10)
sapo, el toad
sartén, la skillet; frying pan (6)
saxofón, el saxophone (14)
secadora, la hair dryer (5)
secar(se) to dry (oneself) (5)
sección de no fumar, la no smoking section (9)
sección deportiva, la sports section (13)
sección financiera, la business section (13)
seco/a dry
secretario/a, el/la secretary (11)

sed (tener...), la thirst (to be thirsty) (3)
seda, la silk (8)
seguir (i-i) to follow; to continue (4)
segundo/a second (8)
seguro médico, el health insurance (11)
seguro, es it's certain (11)
selva, la jungle (12)
semana, la week (6)
sembrar (ie) to plant (12)
semestre, el semester (3)
senador/a, el/la senator (15)
sencillez, la simplicity (14)
sentarse (ie) to sit down (5)
sentir (ie, i) to feel; to be sorry for; to regret (6)
sentirse (ie, i) to feel (5)
señalar to point
señor (Sr.), el Mr. (1)
señora (Sra.), la Mrs. (1)
señorita (Srta.), la Miss (1)
septiembre September (1)
séptimo/a seventh (8)
ser to be (1)
ser humano, el human being
serpiente, la snake
servir (i-i) to serve; help (4)
sexteto, el sextet (14)
sexto/a sixth (8)
siempre always (3)
sierra, la mountain range (12)
siglo, el century
silla, la chair (1)
sillón, el armchair; overstuffed chair (5)
simpático/a nice (1)
sin without (5)
sin que without (11)
sinfonía, la symphony (14)
síntoma, el symptom (10)
sobre on (5)
sobrepeso, el excess weight; obesity (10)
sobrino/a, el/la nephew/niece (4)
sociología, la sociology (3)
sofá, el sofa (5)
sol, el (hace...) sun (it is sunny) (7)
solamente only (3)
soler to tend to
solicitud de empleo, la job application (11)
solista, el/la soloist (14)
sólo only (3)
soltero/a single; unmarried (4)
sombrero, el hat (8)
sombrilla, la beach umbrella (7)
son you (pl.) they are (1)
soñar (con) to dream (about) (4)
sopa, la soup (6)
soprano, la soprano (14)
sorprender(se) to surprise (10)
sospechar to suspect
sótano, el basement
soy I am (1)
subir de peso to gain weight (10)

subrayar to underline
suegro/a, el/la father-in-law/mother-in-law (4)
sueldo, el wages (11)
soltar to turn loose
sueño (tener...) sleep (to be sleepy) (3)
suerte, (¡qué mala...!) (what bad) luck! (7)
suéter, el sweater (8)
sufijo, el suffix
sugerencia, la suggestion (10)
sugerir (ie, i) to suggest (9)
sumamente extremely
superar to overcome
supervisor/a, el/la supervisor (11)
sur, el south

T

tal (¿qué... si...?) how about if...? (7)
talco, el powder (8)
talentoso/a talented (14)
tamaño full-size; life-size
también also, too (2)
tambor, el drum (14)
tampoco neither; not either (7)
tan pronto como as soon as (11)
tapar to cover (6)
taquilla, la ticket office
tarde, la late; afternoon (2)
tarjeta de embarque, la boarding pass (9)
tarta de limón, la lemon pie (6)
tasa (de desempleo), la rate (of unemployment) (15)
¿te gustaría (+ inf.)...? would you like (+ inf.)...? (4)
té, el tea (6)
techo, el ceiling
teclado, el keyboard (12)
tecnológico/a technological (12)
tejer to weave
tejidos, los woven goods
tela, la fabric (8)
teléfono inalámbrico, el cordless telephone (12)
teléfono móvil, el cellular telephone (12)
telenovela, la soap opera (13)
televidente, el/la television viewer (13)
televisión por cable, la cable TV (13)
televisión, la television program (13)
televisor, el television set (13)
temer to fear (10)
temperatura, la temperature (10)
temporada, la season (7)
temprano early (2)
tenebroso/a gloomy
tener (ie) (que + inf.) to have (to) (2)
tener en cuenta to keep in mind

tener éxito to succeed

tener hambre to be hungry (lit. to have hunger) (3)

tengo I have (1)

tenis (los zapatos de...) tennis (shoes) (8)

tenis, el tennis (2)

tenor, el tenor (14)

tentación, la temptation

terapia, la therapy

tercero/a third (8)

terciopelo, el velvet (14)

tiempo (hace buen...) weather (it is nice out) (7)

tienda, la store (8)

tienes you have (fam.) (1)

tímido/a timid (1)

tío/a, el/la uncle/aunt (4)

tiras cómicas, las comics (13)

titular, el headline (13)

título, el title (1)

tiza, la chalk

toalla, la towel (7)

tocador de CD/DVD, el CD/DVD player (12)

tocar to touch; to play a musical instrument (6)

todas las noches every night (3)

todo *(pron.)* everything; all (3)

todo el día all day (3)

todo/a *(adj.)* all (of) (3)

todos los días everyday (3)

todos/as; todo el mundo everyone; everybody (3)

tomar to take; to drink (2)

tomarse la presión to take one's blood pressure (10)

tomate, el tomato (6)

tonelada, la ton

tórax, el thorax

torero/a, el/la bullfighter

toronja, la grapefruit (6)

torta de chocolate, la chocolate cake (6)

tortilla, la omelet (6)

tos, la cough (10)

toser to cough (10)

tostada, la toast (6)

tostadora, la toaster (6)

tostar (ue) to toast (6)

trabajador/a hardworking (1)

trabajar to work (2)

trabajar a comisión to work on commission (11)

traer (traigo) to bring (4)

traje de baño, el bathing suit (7)

traje, el suit (8)

transmitir to transmit (13)

trimestre, el trimester (3)

triste sad (3)

trombón, el trombone (14)

trompeta, la trumpet (14)

tú you (fam.) (1)

tu/tus your (fam.) (1)

tubo, el pipe

tul, el tulle (silk or nylon net) (14)

tumba, la tomb

turnarse to take turns

U

ubicación, la location

último/a, el/la last

uña, la nail; fingernail

únicamente only

unido/a close; close-knit (4)

urgente, es it's urgent (11)

usted you (form.) (1)

utensilio, el utensil (6)

útil useful

uva, la grape (6)

V

vacante, la job vacancy (11)

valer to be worth; cost (8)

validez, la validity

vamos we're going; let's go (3)

¿vamos a...? should we go...? (4)

¡vamos! let's go! (4)

vaqueros, los jeans (8)

ve (vayan) go (fam./form.) (1)

veces (a la semana) times (per week) (5)

veces, a sometimes; at times (5)

vela, la candle

vender to sell (2)

venezolano/a Venezuelan (2)

venir (ie) to come (4)

venta, la sale

venta-liquidación, la clearance sale (8)

ventanilla (de) (by) the window

ver to see; to watch (television) (2)

ver to see (7)

verano, el summer (1)

¿verdad (de)? true (really?) (2)

verdad, es it's true (11)

verde green (1)

verduras, las vegetables (6)

vergonzoso/a embarrassing

vespertino/a evening *(adj.)*

vestido, el dress (8)

vestirse (i, i) get dressed (5)

veterinario/a, el/la veterinarian (11)

vez en cuando, de from time to time (5)

vez, otra again (5)

vez, una one time; once (5)

viajante, el/la traveling salesperson (11)

viajero, el traveler (9)

vida estudiantil, la student life (3)

vida, la life

videograbadora, la video cassette recorder (VCR) (12)

viejo/a old (2)

viento (hace...) wind (it is windy) (7)

viernes, el Friday (1)

vino (tinto/blanco), el (red/white) wine (6)

viola, la viola (14)

violar to violate; to rape (15)

violín, el violin (14)

virtuoso/a virtuoso (14)

visitar to visit (4)

vista, la view (9)

visto/a seen (12)

viudo/a widow

vivienda, la housing

vivir to live (2)

vivo, en live (on television) (13)

volcán, el volcano (9)

vólibol, el volleyball (7)

volver to return (4)

votar (por) to vote (for) (15)

vuelto/a returned (12)

Y

y and (1)

yerno, el son-in-law (4)

yogur, el yogurt (6)

Z

zanahoria, la carrot (6)

zapatillas de tenis, las tennis shoes (8)

zapato, el shoe (8)

zona franca, la duty-free zone

English-Spanish Vocabulary

A

abolish, to abolir (15)
above arriba de (5)
accessory accesorio, el (5)
accountant contador/a, el/la (11)
achieve, to lograr (15)
acid rain lluvia ácida, la (12)
accordion acordeón, el (14)
act, to actuar (actúo, actúas, ...) (13)
activist activista, el/la (15)
add, to añadir, echar (6)
adjective adjetivo (1)
administration building rectoría, la (3)
admission ticket entrada, la (4)
adverb adverbio (1)
advice column consultorio sentimental, el (13)
advise, to aconsejar (9)
aerobic aeróbico/a (10)
after después de (3)
after después (de) que (11)
again otra vez (5)
against contra (5)
airplane avión, el (9)
airport aeropuerto, el (9)
aisle (by the...) pasillo (de...) (9)
alarm clock despertador, el (5)
alcoholic beverage bebida alcohólica, la (10)
algebra álgebra, el (3)
all (of) todo/a *(adj.)* (3)
all day todo el día (3)
allergies alergias, las (10)
ally aliado/a, el/la
also, too también (2)
although aunque (11)
altitude altura, la (9)
always siempre (3)
ample, wide, detailed amplio/a
amuse oneself, to distraerse
ancestry ascendencia, la
and y (1)
angry enfadado/a *(Esp.)*; furioso/a (3)
announcer locutor/a, el/la (13)
answer respuesta, la (1)
answer (fam./form.) contesta (contesten) (1)
answering machine contestador automático, el (12)
antacid antiácido, el (10)
anthropology antropología, la (3)
antibiotic antibiótico, el (10)
any, some algún, alguno/a(s) (7)

appearance pinta, la
applaud, to aplaudir (14)
apple manzana, la (6)
appliance aparato, el (6)
April abril (1)
aquarium acuario, el
architect arquitecto/a, el/la (11)
architectural arquitectónico/a (9)
area; campus recinto, el
Argentine argentino/a (1)
arm brazo, el (10)
armchair, overstuffed chair sillón, el (5)
army ejército, el (15)
around here por aquí (9)
arrangement arreglo, el
arrival llegada, la (9)
arrive on time, to llegar a tiempo
arrive, to llegar (2)
art arte, el (f.) (2)
article artículo, el (13)
as long as mientras que (11)
as soon as en cuanto; luego que; tan pronto como (11)
ask for, to pedir (i-i) (4)
aspirin aspirina, la (10)
assemble, to ensamblar
atmosphere atmósfera, la (12); ambiente, el
attend, to asistir a (2)
attract, to atraer
attraction atracción, la (9)
audience público, el (13)
audition audición, la (14)
August agosto (1)
automatic teller cajero automático, el (12)
autumn otoño, el (1)
avoid, to evitar

B

back espalda, la (10)
bad malo/a (1)
bad(ly) mal (1)
baggage claim room sala de reclamación de equipaje, la (9)
bake, to hornear (6)
bakery panadería
ballet billetera, la (8)
ballet cartera, la (8)
banana banana, la; plátano, el (6)
band banda, la (14)
bank (of a river) orilla, la
bargain, good deal ganga, la (8)

baritone barítono, el (14)
baseball béisbol, el (2)
based in radicado en
basement sótano, el
basketball baloncesto, el (2)
bass (music) bajo, el (14)
bat, to batear (7)
bathe, to bañarse (5)
bathing suit traje de baño, el (7)
bathroom baño, el (5)
battle batalla, la
be able, to; may; can poder (ue) (4)
be, to estar (3); ser (1)
beach playa, la (7)
beach resort balneario, el
beach umbrella sombrilla, la (7)
beans (kidney, pinto, red) frijoles, los (6)
because porque (2)
become, to (+ adj.) ponerse (+ adj) (5)
bed cama, la (5)
bedroom cuarto/dormitorio, el (5)
beef carne de res, la
beer cerveza, la (6)
before antes (de) que (11)
begin, to empezar (ie) (4)
beginner principiante, el
beginning principio, el (13)
behind detrás (de) (3)
believe, to creer (2)
bench banqueta, la
benefits beneficios, los (11)
better mejor (5)
between entre (3)
bicycle (riding) bicicleta (en...) (9)
big grande (1)
big bag bolsa, la (7)
bill cuenta, la (6)
biology biología, la (2)
black negro/a (1)
black coffee café solo, el (6)
blind ciego/a
blonde rubio/a (2)
blood sangre, la (10)
blouse blusa, la (8)
blue azul (1)
board, to abordar (9)
boarding pass tarjeta de embarque, la (9)
body cuerpo humano, el (10)
boil, to hervir (ie, i) (6)
book libro, el (1)
book bag mochila, la (1)

bookcase librero, el (5)
bookstore librería, la (2)
boots botas, las (8)
border frontera, la
bored aburrido/a (3)
boring aburrido/a (1)
boss jefe/a, el/la (11)
bother, to molestar (5)
bottle of cologne/perfume frasco de colonia/perfume, el (8)
boxing boxeo, el (7)
boy/girl muchacho/a, el/la (2)
boyfriend/girlfriend novio/a, el/la (2)
bracelet pulsera, la (8)
brand marca, la (12)
bread pan, el
break (a bone), to romperse (un hueso) (10)
breakfast desayuno, el (5)
breathe, to respirar (10)
bring, to traer (traigo) (4)
brochure folleto, el (9)
broken roto/a (12)
broom escoba, la (5)
brother/sister hermano/a, el/la (4)
brother-in-law/sister-in-law cuñado/a, el/la (4)
brown marrón (1)
brush (tooth...) cepillo (de dientes), el (5)
brush, to cepillarse (5)
budget presupuesto, el
building edificio, el (3)
bullfighter torero/a, el/la
business administration administración de empresas, la (2)
business letter carta comercial, la (11)
business section sección financiera, la (13)
busy ocupado/a (3)
but pero (2)
butterfly mariposa, la
buy souvenirs, to recuerdo, el (9)
by, for por (9)

C

cable TV televisión por cable, la (13)
cafeteria cafetería, la (3)
calculator calculadora, la (3)
calculus cálculo, el (3)

camera cámara fotográfica, la (9)
campaign campaña, la (15)
Canadian canadiense (2)
candidate candidato/a, el/la (15)
candle vela, la
capable capaz (11)
capital city capital, la (2)
caramel custard flan, el (6)
carbohydrates carbohidratos, los (10)
care (to be careful) cuidado (tener...) (3)
career carrera, la
carpenter carpintero/a, el/la (11)
carrot zanahoria, la (6)
carry out, to llevar adelante
cash register caja, la (8)
castle castillo, el (9)
cat gato, el
cathedral catedral, la (9)
CD/DVD player tocador de CD/DVD, el (12)
CD-ROM drive CD-ROM, el (12)
ceiling techo, el
cellular telephone teléfono móvil, el (12)
census censo, el
century siglo, el
certain cierto (2)
chain cadena, la
chair silla, la (1)
chalk tiza, la
chalkboard pizarra, la (1)
challenging, demanding exigente (3)
champion campeón/ona, el/la
channel canal, el (13)
character personaje, el (15)
charity caridad, la
cheap barato/a (1)
check in the luggage, to facturar equipaje (9)
check, to revisar (13)
checkup examen físico, el (10)
cheese queso, el (6)
chemistry química, la (3)
chest pecho, el (10)
chewing gum chicle, el
chicken (broiled/grilled) pollo (asado/a parrilla), el (6)
Chilean chileno/a (2)
chocolate cake torta de chocolate, la (6)
cholesterol colesterol, el (10)
chop (pork) chuleta (de cerdo), la (6)
chopped picado/a (6)
cigarette cigarrillo, el (10)
cinematography cinematografía (13)
citizen ciudadano/a, el/la (15)
city ciudad, la (2)
clarinet clarinete, el (14)
class schedule horario de clases, el (3)
classified ads anuncios (avisos) clasificados, los (13)
clean, to limpiar (5)

clear the table, to quitar la mesa (5)
clearance sale venta-liquidación, la (8)
clerk dependiente/a, el/la (8)
climate clima, el
climb, to escalar (9)
clock reloj, el (1)
close, close-knit unido/a (4)
close (fam./form.) cierra (cierren) (1)
closet armario, el (5)
closing (of a letter) despedida, la (11)
clothing ropa, la (5)
cloudy nublado/a (7)
club discoteca, la (7)
coach class clase turista, la (9)
coach, trainer entrenador/a, el/la (7)
coat abrigo, el; saco, el (8)
coffee with milk café con leche, el (6)
coffeepot cafetera, la (6)
cold resfriado, el (10)
cold frío/a (6)
cold (it is...) frío (hace...) (7)
cold (to be...) frío (tener...) (3)
collide, to chocar
Colombian colombiano/a (1)
color color, el (1)
comb peine, el (5)
comb, to peinarse (5)
come, to venir (ie) (4)
comedy comedia, la (13)
comics tiras cómicas, las (13)
commemorate, to conmemorar
common común (10)
communications comunicaciones, las (2)
company empresa, la (11)
complicated complicado/a (3)
compose, to componer (14)
composer compositor/a, el/la (14)
computer computadora, la (3)
computer (electronic) game juego electrónico, el (12)
computer science informática, la (2)
concert concierto, el (4)
concert hall casa de ópera, la (14)
condiment condimento, el (6)
conductor director/a, el/la (14)
conflict conflicto, el (15)
conjecture conjetura, la
conserve, to; to preserve conservar (12)
consultant; advisor asesor/a, el/la (15)
consume, to consumir (12)
container (aluminum) envase (de aluminio), el (12)
contaminate, to contaminar (12)
contest; pageant certamen, el (13)
contract contrato, el (11)

contralto contralto, el (14)
control, to controlar (15)
convent convento, el (9)
cook cocinero/a, el/la (11)
cook, to cocinar
cookie galleta, la (6)
cool fresco/a
cool (it is...) fresco (hace...) (7)
cooler heladera, la (7)
coordinator coordinador/a, el/la (11)
cordially cordialmente (11)
cordless telephone teléfono inalámbrico, el (12)
corduroy pana, la (14)
corn maíz, el (6)
cornet corneta, la (14)
corruption corrupción, la (15)
cost, to costar (ue) (4)
cotton algodón, el (8)
cough tos, la (10)
cough syrup jarabe, el (10)
cough, to toser (10)
country país, el (2)
cousin primo/a, el/la (4)
cover, to tapar (6)
covered cubierto/a (12)
cowboy; rancher gaucho, el
cream pomada, la
cream (shaving) crema (de afeitar), la (5)
critic crítico, el/la (13)
criticism crítica, la (13)
cross over, to atravesar
crown corona, la
cry grito, el
Cuban cubano/a (2)
cure, to curar (11)
current corriente (15)
customer, client cliente/a, el/la (6)
customs aduana, la (9)
cycling ciclismo, el (7)

D

daily diario/a (5)
dance, to bailar (2)
dangerous peligroso/a
dark moreno/a (2)
database base de datos, la (12)
daughter-in-law nuera, la (4)
dawn aurora, la
day before yesterday anteayer (6)
dead muerto/a (12)
dear estimado/a (11)
death, demise fallecimiento, el
December diciembre (1)
decide, to decidir (2)
deed hecho, el (15)
defense defensa, la (15)
deforestation deforestación, la; despoblación forestal *(Esp.)*, la (12)
delay demora, la (9)
delicious rico/a (6)
delight, to encantar (5)
delighted encantado/a (1)

deliver, to; to distribute repartir (11)
demilitarization desmilitarización, la (15)
democracy democracia, la (15)
democratization democratización, la (15)
dentist dentista, el/la (11)
deny, to negar (ie) (10)
deodorant desodorante, el (5)
department store almacén, el (8)
depict, to detallar
design diseño, el (12)
design, to diseñar (11)
designer diseñador/a, el/la (14)
dessert postre, el (6)
develop, to; take place, to desarrollar
developing country país en desarrollo, el (15)
development desarrollo, el
diabetes diabetes, la (10)
diagnosis diagnóstico, el (10)
diamond earrings aretes de diamantes, los (8)
dictator dictador/a, el/la (15)
dictatorship dictadura, la (15)
dictionary diccionario, el (1)
diet (to be on a) dieta (estar a...) (10)
difficult difícil (2)
dining room comedor, el (5)
dinner cena, la (6)
director director/a, el/la (11)
disarmament desarme, el (15)
discover, to descubrir
discovered descubierto/a (12)
disguise disfraz, el (14)
dishes platos, los (5)
dishwasher lavaplatos, el (5)
diskette disquete, el (12)
dismay, to consternar
diva diva, la (14)
divorced divorciado/a (3)
do the shopping, to hacer las compras (5)
do you want to go to...? ¿quieres ir a...? (4)
do/make (fam./form.) haz/hagan (1)
do; to; make, to hacer (3)
doctor's office consultorio, el (10)
Dominican dominicano/a (2)
don't worry preocupes, no te... (7)
done; made hecho/a (12)
door puerta, la (1)
dossier expediente, el (11)
double room cuarto doble, el (9)
doubt, to dudar (10)
downtown centro, el (4)
drama drama, el (13)
drawing dibujo, el
dream (about), to soñar (con) (4)
dress vestido, el (8)
dresser cómoda, la (5)

dressing room camerino, el
drink bebida, la (6)
drink, to beber (2)
dropped, to be (by someone) caerse (a alguien) (15)
drug addiction drogadicción, la (15)
drugstore droguería, la (8)
drum tambor, el (14)
drums batería, la (14)
dry seco/a
dry (oneself), to secar(se) (5)
dust, to sacudir el polvo de los muebles (5)
duty deber, el (15)
duty-free zone zona franca, la
DVD disk DVD, el (12)

E

ear oído, el (10)
ear oreja, la (10)
early temprano (2)
easy fácil (2)
eat breakfast, to desayunar (6)
eat dinner, to cenar (6)
eat, to comer (2)
editorial page editorial, el (13)
education pedagogía, la (2)
effort esfuerzo, el (15)
egg huevo, el (6)
eighth octavo/a (8)
either...or o... o (7)
elastic elástico, el (14)
elect, to elegir (i, i) (15)
electric razor máquina de afeitar, la (5)
electrician electricista, el/la (11)
electronic electrónico/a (12)
embarrassing vergonzoso/a
embrace, to abrazar (6)
emerald esmeralda, la
emergency exit salida de emergencia, la (9)
emphasize, to destacar
employee empleado/a, el/la (11)
enchanting, delightful encantador/a (14)
encourage; cheer, to animar (7)
end final, el (13)
end, to eliminar (15)
energy energía, la (12)
engineer ingeniero/a, el/la (11)
engineering ingeniería, la (2)
enjoy your meal ¡buen provecho! (6)
enjoy, to disfrutar
entertainment section cartelera, la (13)
enthusiastic entusiasta (11)
environment medio ambiente, el (12)
erase, to borrar (12)
essence esencia, la
ethics ética, la
even aun
evening (adj.) vespertino/a
every night todas las noches (3)
everyday todos los días (3)

everyone; everybody todos/as; todo el mundo (3)
everything; all todo (pron) (3)
exam examen, el (2)
excess weight; obesity sobrepeso, el (10)
exercise ejercicio, el (10)
expenses gastos, los
expensive caro/a (1)
explain, to explicar (6)
extremely sumamente
extroverted extrovertido/a (1)
eye ojo, el (5)

F

fabric tela , la (8)
face cara, la (5)
face, to afrontar (15)
factory fábrica, la (12)
faithful fiel
fall asleep, to dormirse (ue, u) (5)
fall in love (with), to enamorarse (de) (5)
fan aficionado/a, el/la (7)
fantastic! ¡fantástico! (7)
far (from) lejos (de) (3)
fare, ticket pasaje, el (9)
farewell despedida, la (1)
farm, ranch finca, la (12)
fascinate, to fascinar (5)
fascinating fascinante (1)
fashion show desfile de modas, el (14)
fat gordo/a (2)
fat grasa, la (10)
father padre, el (2)
father-in-law/mother-in-law suegro/a, el/la (4)
fear (to be afraid) miedo (tener... de que) (10)
fear (to be afraid) miedo (tener...) (3)
fear, to temer (10)
February febrero (1)
feel, to sentirse (ie, i) (5)
feel; to be sorry for, to sentir (ie, i) (6)
fence cerca, la
fever fiebre, la (10)
fiancé novio/a, el/la (2)
fields of study campos de estudio, los
fifth quinto/a (8)
fig higo, el
fight, to luchar
fight, to combat, to combatir (15)
figure línea, la (10)
file; to save, to archivar (12)
fill (out), to llenar (11)
fill completely; to fill out, to rellenar (11)
film cinta, la (13)
film, to filmar (13)
finally por fin (9)
finally por último (9)
find, to encontrar (ue) (4)

fine multa, la (12)
fine with me; okay de acuerdo (4)
finger dedo de la mano, el (10)
fingernail uña, la
fire, to despedir (i, i) (11)
firefighter bombero/a, el/la (11)
first primero/a (8)
fish pescado, el (6)
fish fillet filete de pescado, el (6)
fish, to pescar (9)
fishing pesca, la
fit very well, to quedar muy bien, le (8)
fitting room probador, el (8)
flight attendant aeromozo/a, el/la (9)
floor piso, el (5)
flower flor, la (9)
flu gripe, la (10)
flute flauta, la (14)
follow; to continue, to seguir (i-i) (4)
foods alimentos, los (10)
foot pie, el (10)
for example por ejemplo (9)
for God's sake por Dios (9)
for now por ahora (9)
forest bosque, el (9)
forget, to olvidarse (de) (5)
forgotten, to be (by someone) olvidarse (a alguien) (15)
form formulario, el (11)
fort fuerte, el (9)
forum foro, el
fountain fuente, la (9)
freezer congelador, el (6)
French francés (1)
fresh fresco/a (6)
Friday viernes, el (1)
fried frito/a (6)
friend amigo/a, el/la (2)
fries papas fritas, las (6)
frog rana, la
from time to time vez en cuando, de (5)
from where...? ¿de dónde...? (2)
front page primera plana, la (13)
fruit fruta, la (6)
fry, to freír (i, i) (6)
full lleno/a
full-size; life-size tamaño
function, to work, to funcionar (12)
funny, witty gracioso/a (4)
furniture muebles, los (5)

G

gabardine (light-weight wool) gabardina, la (14)
gain weight, to subir de peso (10)
game partido, el (4)
game show; pageant concurso, el (13)
garage garaje, el (5)
garden, yard jardín, el (5)
garlic ajo, el (6)

garment prenda, la (14)
gastronomy; local food culture gastronomía, la
gate puerta de salida, la (9)
generic pot, bowl, dish, etc, recipiente, el
geography geografía, la (2)
geology geología, la (3)
get angry, to enojar (10)
get angry, to enojarse (con) (5)
get better, to get well, to mejorarse (10)
get dressed vestirse (i, i) (5)
get in shape, to ponerse en forma (10)
get up early, to madrugar
get up, to levantarse (5)
give, to dar (5)
glasses gafas, las
gloomy tenebroso/a
go on an outing; to tour, to excursión, la (9)
go round, to; to travel through / across recorrer (9)
go to bed, to acostarse (ue) (5)
go, to ir (3)
go (fam./form.) ve (vayan) (1)
goal meta, la (11)
gold ring anillo de oro, el (8)
golf golf, el (7)
gone ido/a (12)
good bueno/a (1)
good afternoon buenas tardes (1)
good day buenos días (1)
good night buenas noches (1)
gossipy chismoso/a
gourd calabaza, la
governor gobernador/a, el/la (15)
grade nota, la
grandfather / grandmother abuelo/a, el/la (4)
grandparents abuelos, los (4)
grandson / granddaughter nieto/a, el/la (4)
grape uva, la (6)
grapefruit toronja, la (6)
great! ¡fabuloso! (7)
great! wonderful! ¡magnífico! (7)
green verde (1)
green beans judías, las (6)
green pepper ají verde, el (6); pimiento, el (6)
greeting saludo, el (1)
grey gris (1)
guess, to adivinar
guide book guía, la (9)
guitar guitarra, la (14)
gymnasium gimnasio, el (3)
gymnastics gimnasia, la (7)

H

haggle over, to regatear
hair pelo, el (5)
hair dryer secadora, la (5)
hair stylist peluquero/a, el/la (11)
half medio/a (2)

half mitad, la
hall pasillo, el (5)
hallucinogenic alucinógeno/a
ham jamón, el (6)
hamburger hamburguesa, la (3)
hand mano, la (5)
handsome guapo/a (2)
happy contento/a (3)
happy, to be estar contento/a (de) (10)
happy, to become...; be glad alegrarse (de) (5)
hard disk disco duro, el (12)
hardworking trabajador/a (1)
harp arpa, el (14)
harvest cosecha, la
harvest, to cosechar (12)
haste (to be in a hurry) prisa (tener...) (3)
hat sombrero, el (8)
have (to), to tener (ie) (...que + inf.) (2)
have a good / bad / wonderful time, to pasarlo bien (9)
have a picnic, to merienda (hacer una...) (7)
have fun, to divertirse (ie, i) (5)
have just (done something), to acabar de (+ inf.) (11)
have lunch, to almorzar (ue) (4)
have, to (aux.) haber (12)
head cabeza, la (10)
headache dolor de cabeza, (10)
headline titular, el (13)
health salud, la (10)
health insurance seguro médico, el (11)
hear, to oír (-go) (6)
heart corazón, el (10)
heat, to calentar (ie) (6)
hello (answering the phone) aló; bueno (Mex.); diga (Sp.) (4)
help, to ayudar (2)
here aquí (1)
heron garza, la
hey! ¡oye! (2)
hide, to disimular
high/ medium /low heat fuego al/ mediano /bajo, a (6)
high fashion costura, alta, la (14)
hire, to contratar (11)
history historia, la (2)
hockey hockey, el (7)
home hogar, el
honest honrado/a, honesto/a (11)
honesty honradez, honestidad, la (15)
hope, to esperar (10)
horoscope horóscopo, el (13)
horse(back) caballo (a...)
hot caliente (6)
hot (it is...) calor (hace...) (7)
hot (spicy) picante (6)
hot (to be...) calor (tener...) (3)
hot sauce salsa picante, la (6)
hotel hotel, el (9)
house casa, la (5)

household chores quehaceres domésticos. los (5)
housing vivienda, la
how about if...? tal (¿qué... si...?) (7)
how are you? (fam.) ¿cómo estás? (1)
how are you? (fam.) ¿qué tal? (1)
how are you? (form.) ¿cómo está usted? (1)
how much (many)...? ¿cuánto/a(s)? (1)
how much does it/do they cost? ¿cuánto cuesta(n)? (1)
how...? what...? ¿cómo...? (2)
howler monkey mono aullador, el
human being ser humano, el
human rights derechos humanos, los (15)
humanities/liberal arts filosofía y letras, las (2)
humming bird colibrí, el
hunger (to be hungry) hambre (tener...) (3)
hungry, to be (lit. to have hunger) tener hambre (3)
hurt, to doler (ue) (10)
husband marido, el
husband / wife esposo/a, el/la (4)
hyperlink hipervínculo, el (12)

I

I am soy (1)
I am sorry lo siento (1)
I have tengo (1)
I need necesito (1)
I would love to me encantaría (4)
ice hielo, el (7)
ice cream helado, el (6)
ice skating patinaje, el
illness enfermedad, la (10)
impatient impaciente (5)
impress, to impresionar
improve, to mejorar (15)
improvise improvisar (14)
in a hurry apurado/a (3)
in case en caso de que (11)
in front of delante (de) (3)
in front of, across from enfrente (de) (3)
in general por lo general (9)
in love with enamorado/a de (3)
in order that a fin de que; para que (11)
increase, to aumentar (15)
infection infección, la (10)
inflation inflación, la (15)
influence, to influir
influential influyente
ingest, to ingerir (ie-i) (10)
ingredient ingrediente, el (6)
in-laws familia política, la (4)
insist, to insistir (en) (9)
install, to instalar (12)

intelligent inteligente (1)
interest, to interesar (5)
interesting interesante (1)
Internet Red informática, la (12)
interpreter intérprete, el/la (11)
interview entrevista, la
iron plancha, la (5)
iron, to planchar (5)
island isla, la (9)
it is/ she is/ he is es (1)
it/they cost/s cuesta(n)... (1)
it's a pity lástima, es (11)
it's bad malo, es (11)
it's better mejor, es (11)
it's certain seguro, es (11)
it's common común, es (11)
it's difficult difícil, es (11)
it's doubtful dudoso, es (11)
it's easy fácil, es (11)
it's essential preciso, es (11)
it's evident evidente, es (11)
it's good bueno, es (11)
it's important importante, es (11)
it's impossible imposible, es (11)
it's incredible increíble, es (11)
it's indispensable indispensable, es (11)
it's necessary necesario, es (11)
it's obvious obvio, es (11)
it's possible posible, es (11)
it's probable probable, es (11)
it's strange extraño, es (11)
it's the same to me me da igual (7)
it's true es cierto; es verdad (11)
it's urgent urgente, es (11)

J

jacket chaqueta, la (8)
January enero (1)
jealousy celos, los
jeans vaqueros, los (8)
jewelry store joyería, la (8)
job application solicitud de empleo, la (11)
job candidate aspirante, el/la
job responsibility cargo, el (11)
job vacancy vacante, la (11)
jog, to jogging, hacer (10)
journalist periodista, el/la (11)
judge juez, el/la (15)
July julio (1)
June junio (1)
jungle selva, la (12)
just justo/a (11)

K

keep in mind, to tener en cuenta
key chain llavero, el (8)
keyboard teclado, el (12)
kick, to patear (7)
kid, boy/girl; man/woman (coll.) el/la chico/a (3)
kilogram (equivalent 2,2 pounds) kilo, el (6)

king rey, el (15)
kitchen cocina, la (5)
kitchenette cocinita, la (9)
knee rodilla, la (10)
know (how to do) something, to saber (sé) (4)
know (someone); to be familiar with conocer (zc) (4)

L

lack, to carecer de
lacking, to be; needed faltar (5)
lake lago, el (9)
lamp lámpara, la (5)
land, to aterrizar (9)
language laboratory laboratorio de lenguas, el (3)
languages (foreign) idiomas (extranjeros), los (2)
last último/a, el/la
last night anoche (6)
late; afternoon tarde, la (2)
laugh, to reírse (i-i) (5)
law el derecho (2); la ley (15)
leading lady primera actriz, la (13)
leading man galán, el (13)
learn to, to aprender a (2)
leather cuero, el (8)
leather, fur piel, la (14)
leave, go out, to salir (salgo) (4)
lecture conferencia, la
left (to the...; on the...) izquierda (a la...) (3)
left, to be; to remain quedar (5)
leg pierna, la (10)
lemon pie tarta de limón, la (6)
lemonade limonada, la (6)
less menos (2)
let's go! ¡vamos! (4)
lettuce lechuga, la (6)
library biblioteca, la (3)
lie; falsehood mentira, la
life vida, la
like (be pleasing), to gustar (5)
likewise igualmente (1)
lipstick lápiz labial, el (5)
listen (fam./form.) escucha (escuchen) (1)
listener radioyente, el/la (13)
liter litro, el (6)
literature literatura, la (3)
little (adv.) poco (1)
live (on television) en directo; en vivo(13)
live, to vivir (2)
living room sala, la (5)
lobster langosta, la (6)
locust cigarra, la
location ubicación, la
lodging hospedaje, el (9)
lonely extraño/a
look at, to mirar (2)
lose weight; slim down, to adelgazar (10)
lose weight, to bajar de peso (10)
lose, to perder (ie) (4)

lost perdido/a (3)
lost, to be (by someone) perderse (a alguien) (15)
lotion (shaving) loción (de afeitar), la (5)
lung pulmón, el (10)
lunch almuerzo, el (3)
luxury de luja (9)

M

magazine revista, la
mail correo, el
mailman, mailwoman cartero/a, el/la (11)
make an appointment, to cita, la (10)
make good; to fulfill (a promise), to cumplir (con) (15)
make the bed, to hacer las cama (5)
makeup maquillaje, el (5)
manage, to manejar (12)
manager gerente, el/la (11)
mandatory obligatorio/a (12)
mansion mansión, la (9)
map mapa, el (1)
maraca maraca, la (14)
March marzo (1)
married casado/a con (3)
mask máscara, la
match, go well with, to hacer juego (con) (8)
mathematics matemáticas, las (2)
May mayo (1)
mayor alcalde/alcaldesa, el/la (15)
meal; dinner; lunch *(Sp.)* comida, la (3)
measure medida, la (12)
measurement medida, la (6)
meat carne, la (6)
mechanic mecánico, el (la mujer...) (11)
media medios, los (13)
medicinal médico/a (10)
medicine medicina, la (2)
Mexican mexicano/a (1)
mezzo soprano mezzosoprano, la (14)
microwave microondas, el (6)
midnight medianoche, la (2)
milk leche, la (6)
milk products lácteo/a (10)
mineral water agua mineral, el (f.) (3)
minister ministro/a, el/la (15)
mirror espejo, el (5)
Miss señorita (Srta.), la (1)
mix mezclar (6)
model modelo, el/la (14)
moderator presentador/a, el/la (13)
monarchy monarquía, la (15)
Monday lunes, el (1)
monkey mono, el
monument monumento, el (9)

moon luna, la
more or less más o menos (1)
mother madre, la (2)
motto lema, el (15)
mountain montaña, la (9)
mountain range sierra, la (12); cordillera, la
mouse ratón, el (12)
mouth boca, la (10)
movie película, la (4); filme, el (13)
movies (theater) cine, el (4)
Mr. señor (Sr.), el (1)
Mrs. señora (Sra.), la (1)
much mucho (1)
much pleasure mucho gusto (1)
museum museo, el (9)
music música, la (3)
musical comedy comedia musical, la (14)
musical instrument instrumento musical, el (14)
musician músico/a, el/la (14)
Muslim musulmán/ana
my mi/mis (1)
my name is... me llamo...; mi nombre es... (1)

N

native home patrio/a, el/la
natural resource recurso natural, el (12)
nature naturaleza, la (12)
nearby (close to) cerca (de) (3)
need, to necesitar (9)
neighborhood colonia, la
neither, not either tampoco (7)
neither...nor ni...ni (7)
nephew / niece sobrino/a, el/la (4)
nervous nervioso/a, (5)
nettle; prickly plant ortiga, la
never jamás; nunca (7)
new nuevo/a (2)
news story crónica, la (13)
newscast noticiero, el (13)
newscaster, commentator comentarista, el/la (13)
newspaper periódico, el (13)
New Yorker neuyoricano/a
next to junto a; al lado (de)
nice simpático/a (1)
nightstand mesa de noche, la (5)
ninth noveno/a (8)
nobody; no one nadie (7)
noise ruido, el
none, not any ningún, ninguno/a(s) (7)
noon mediodía, el (2)
North American norteamericano/a (2)
nose nariz, la (5)
no-smoking section sección de no fumar, la (9)
notebook cuaderno, el (1)
notes apuntes, los
nothing, not anything nada (7)
November noviembre (1)

now (right...) ahora (mismo) (2)
now that ahora que / ya que (11)
nuclear plant planta nuclear, la (12)
nylon nilón, el (14)

O

obituary esquela, la (13)
ocean mar, el (7)
October octubre (1)
of course claro (4); por supuesto (9)
office despacho, el (11)
oh, no! ¡Ay bendito! (7)
ok regular (1)
old viejo/a (2)
older mayor (4)
olive aceituna, la
omelet tortilla, la (6)
on sobre (5)
on sale rebajas, en (8)
on the dot en punto (2)
on top of encima de (5)
one time; once una vez (5)
onion cebolla, la (6)
only solamente (3); sólo (3); únicamente
open, to abrir (2)
open abierto/a (12)
operate, to operar (10)
opponent contrincante, el/la (15)
or o (1)
orange anaranjado/a (1)
orange naranja, la (6)
orchestra orquesta, la (4)
orchid orquídea, la
order, to mandar (9)
ostentatious fastuoso/a (14)
out of work paro, en (11)
outdoors' cafe café al aire libre, el (4)
outfit conjunto, el (14)
oven horno, el (6)
overcome, to superar
owner dueño/a el/la

P

pacifist pacifista, el/la (15)
pain dolor, el (10)
pain killer, sedative calmante, el (10)
paint, to pintar
painting cuadro, el (5)
pair pareja, la
palace palacio, el (9)
Panamanian panameño/a (2)
pants, slacks (shorts) pantalones (cortos), los (8)
paper papel, el (1)
parade desfile, el
parents padres, los (2)
park parque, el (4)
patient paciente, el/la (10)
patio patio, el (5)
pay cash , to pagar al contado (8)

pay, to pagar (6)
peace paz, la (15)
peak apogeo, el
peanut cacahuete, el
pearl necklace collar de perlas, el (8)
pen (ballpoint) bolígrafo, el (1)
pencil lápiz, el (1)
people, the masses pueblo, el (15)
perform, to representar(se) (13)
perhaps quizás
permit, to permitir (9)
pesticides pesticidas, los (12)
pet mascota, la
petroleum petróleo, el (12)
photocopy machine fotocopiadora, la (12)
photocopy, to fotocopiar (12)
physical education educación física, la (2)
piano piano, el (14)
pick up, clean, to ordenar (5)
pick up; harvest, to recoger (12)
picnic (to have a...) pícnic (hacer un...) (7)
picturesque pintoresco/a
piece pedazo, el (6)
piece (music) pieza, la (14)
pill; lozenge pastilla, la (10)
pilot piloto, el/la (9)
pinch (of salt, pepper, etc,) pizca, la (6)
pink rosado/a (1)
pipe tubo, el
pirate, to piratear
place lugar, el (2)
plaid cuadros, de (8)
plant, to sembrar (ie) (12)
play (theater) obra, la (13)
play, to jugar (ue) a (4)
pleasant agradable
please por favor (9)
pleasure gozo, el
pleasure is mine (the...) el gusto es mío (1)
plum ciruela, la
plumber el/la plomero, (11)
plump gordito/a (2)
point, to señalar
political post cargo político, el (15)
political sciences ciencias políticas, las (2)
politics política, la (15)
polyester poliéster, el (14)
poor pobre (2)
populated poblado/a
pork carne de cerdo, la
position (job) puesto, el (11)
potato papa (patata *Sp.*), la (6)
pound, to golpear
poverty pobreza, la (15)
powder talco, el (8)
practice; to play (a sport), to practicar (2)
prairie pampa, la
predict, to predecir (i)
prefer, to preferir (ie) (4)

prescribe, to recetar (10)
presentation presentación, la (1)
president presidente/a, el/la (15)
pretty bonito/a (2)
prevent; to warn, to prevenir (15)
price precio, el (8)
print (printed), to imprimir (pp: impreso) (12)
printer impresora, la (12)
prize premio, el
procure; secure, to procurar (15)
produce, to rendir
producer productor/a, el/la (13)
professor profesor/a el/la (1)
proficient in; control of dominio/a (de)
program, to programar (12)
prohibit, to prohibir (9)
promise, to prometer
promote, to promover (ue) (15)
promote, to; move up, to ascender (ie) (11)
protagonist; star protagonista, el/la (13)
protect, to proteger (j) (12)
protein proteína, la (10)
provided (that) con tal (de) que (11)
psychologist psicólogo/a, el/la (11)
psychology psicología, la (3)
publishing house editorial, la (13)
Puerto Rican puertorriqueño/a (2)
punishment castigo, el
purchase compra, la (15)
purple morado/a (1)
purse bolso, el (8)
push, to empujar
put on makeup, to maquillarse (5)
put out, extinguish (fires), to apagar (gu) (fuegos) (11)
put; placed puesto/a (12)
put, to poner (pongo) (4)

Q

quality calidad, la (8)
quarter, fourth cuarto/a (2)
quartet cuarteto, el (14)
queen reina, la (15)
question pregunta, la (1)
quit, to dejar (11)

R

radio (set) radio, el (13)
radio station (business entity) emisora, la (13)
radio station (on the dial) estación de radio, la (13)
radioactivity radioactividad, la (12)
rail riel, el
rain lluvia, la
rain, to llover (ue) (7)

raise aumento, el (11)
rare; raw crudo/a (6)
rate (of unemployment) tasa (de desempleo), la (15)
rather bastante (1)
rayon rayón, el (14)
razor blade cuchilla (la navaja) de afeitar, el (5)
read, to leer (2)
reader lector/a, el/la (13)
ready; disposed dispuesto/a (12)
real estate agent agente inmobiliario/a el/la
really? ¿de verdad? (1)
reason (to be right [wrong]) razón ([no] tener...) (3)
receive, to recibir (2)
recipe receta, la (6)
recommend, to recomendar (ie) (9)
recommendation recomendación, la (11)
record, to grabar (12)
recording grabación, la
recycle, to reciclar (12)
recycling reciclaje, el (12)
red rojo/a (1)
referee árbitro, el (7)
reforestation reforestación, la; repoblación forestal (Esp.), la (12)
refrigerator refrigerador, el (6)
regret, to lamentar (10)
regret, to sentir (ie, i) (10)
rehearse ensayar (14)
relic reliquia, la
remain (by someone), to quedarse (a alguien) (15)
remedy remedio, el (10)
remember, to recordar (4); acordarse (de) (ue) (5)
renown renombre, el
rent, to alquilar
repair, to reparar (11)
repeat, to; to have a second helping repetir (i) (4)
repeat (fam./form.) repite (repitan) (1)
repertoire repertorio, el (14)
report, to informar (13)
report, to; denounce denunciar
reporter (television...) reportero/a, el/la (13)
representative representante, el/la (15)
rescue rescate, el
reservation reserva, la (9)
responsibilities responsabilidades, las (11)
restaurant restaurante, el (6)
retire, to jubilarse (11)
retire, to retirarse (11)
retirement plan plan de retiro, el (11)
return (something), to devolver (ue) (8)
return, to regresar (2)
return, to volver (4)
returned vuelto/a (12)

rhythm ritmo, el
rice arroz, el (6)
rich rico/a (2)
richness riqueza, la
ride, to montar
right derecho, el (15)
right (to the...; on the...) derecha, a la (3)
right away enseguida (6)
river río, el (9)
role papel, el
roll of film (for camera) rollo de película, el (9)
roundtrip ida y vuelta (de...)
royal family familia real, la
run for (congress, etc.), to aspirar (a) (15)
run, to correr (7)

S

sad triste (3)
saffron azafrán, el (6)
said dicho/a (12)
salad ensalada, la (3)
salary salario, el (11)
sale venta, la
salutations; greetings saludos, los (11)
sandals sandalias, las (8)
sandwich bocadillo, el (6)
satellite dish antena parabólica, la (12)
Saturday sábado, el (1)
savor, to saborear
saxophone saxofón, el (14)
say, tell, to decir (5)
scanner escáner, el (12)
School of Art facultad de arte, la (3)
School of Engineering facultad de ingeniería, la (3)
School of Humanities facultad de filosofía y letras, la (3)
School of Law facultad de derecho, la (3)
School of Medicine facultad de medicina, la (3)
School of Science facultad de ciencias, la (3)
sciences (physical...) ciencias (físicas), las (2)
scrambled revuelto/a (6)
screen pantalla, la (12)
script guión, el (13)
scuba dive, to bucear (9)
seafood mariscos, los (6)
season temporada, la (7)
seat (window / aisle) asiento, el (9)
second segundo/a (8)
secretary secretario/a, el/la (11)
see you later hasta luego (1)
see you soon hasta pronto (1)
see you tomorrow hasta mañana (1)
see, to ver (2)
see, to; to watch (television) ver (3)

seem, to parecer (5)
seen visto/a (12)
sell, to vender (2)
semester semestre, el (3)
senator senador/a, el/la (15)
September septiembre (1)
sequin lentejuelas, las (14)
serve desempeñar
serve, help, to servir (i-i) (4)
set the table, to poner la mesa (5)
seventh séptimo/a (8)
sextet sexteto, el (14)
shampoo champú, el (8)
shave, to afeitarse (5)
sheep oveja, la
sheet sábana, la
shirt camisa, la (8)
shoe zapato, el (8)
shoe size número, el (8)
shopping center; mall centro comercial, el (8)
short bajo/a (2)
short- / long-sleeved manga corta / larga, de (8)
short while (a...) rato, el
shortage escasez, la (12)
shot inyección, la (10)
should we go...? ¿vamos a...? (4)
should; ought to; must deber (2)
shout, to gritar (7)
show función, la (4)
show a movie, to pasar una película (4)
show host/hostess anfitrión/anfitriona, el/la (13)
shower ducha, la (5)
shower, to ducharse (5)
shrimp camarones, los (6)
sick enfermo/a (3)
sick, to become... enfermarse (5)
sign (a treaty, etc.), to firmar (15)
silk seda, la (8)
silver chain cadena de plata, la (8)
silversmithing platería
simplicity sencillez, la (14)
since desde que (11)
sincerely (truly) atentamente (11)
sing, to cantar
single, unmarried soltero/a (4)
sit down, to sentarse (ie) (5)
sixth sexto/a (8)
skate, to patinar (7)
ski, to esquiar (esquío) (7)
skiing (water...) esquí (acuático), el (7)
skillet, frying pan sartén, la (6)
skillful diestro/a
skinny flaco/a (2)
skirt falda, la (8)
sky cielo, el
sleep (to be sleepy) sueño (tener...) (3)
sleep, to dormir (4)
sleeveless manga, sin (8)

sloth perezoso, el
small pequeño/a (1)
smog; pollution (it is smoggy.) contaminación (hay...) (7)
smoke humo, el (12)
smoke, to fumar (10)
snack merienda, la (6)
snack, to merendar (ie) (6)
snake culebra, la
snake serpiente, la
snow, to nevar (ie) (7)
soap jabón, el (5)
soap opera telenovela, la (13)
so-called denominado/a
soccer fútbol, el (2)
social page crónica social, la (13)
social sciences ciencias sociales, las (2)
social welfare programs programas sociales, los (15)
sociology sociología, la (3)
sock calcetín, el (8)
sofa sofá, el (5)
soft drink, soda refresco, el (3)
soloist solista, el/la (14)
someone, anyone alguien (7)
something, anything algo (7)
sometimes; at times a veces (5)
son/daughter hijo/a, el/la (4)
song canto, el (14)
son-in-law yerno, el (4)
soprano soprano, la (14)
sorrow, pain pena, la
soup sopa, la (6)
south sur, el
Spanish español/a (1)
specialty of the house especialidad de casa, la (6)
spectator espectador/a, el/la (13)
speech discurso, el (15)
spend (time), to pasar (4)
spend, to gastar (8)
spider araña, la
sponsor patrocinador/a, el/la (13)
sponsor, to patrocinar (13)
sport deporte, el (2)
sports section sección deportiva, la (13)
sportscaster comentarista deportivo/a, el/la (13)
spreadsheet hoja electrónica, la (12)
spring primavera, la (1)
sprinkle, to espolvorear
stable establo, el
stage escenario, el (14)
stair steps escalones, los
stand in line, to hacer cola (9)
statuary imaginería, la
stay estadía, la (9)
stay (somewhere), to quedarse (9)
stay in bed, to guardar cama (10)
stay in shape, to mantenerse en forma (10)
stay trim, to watch one's figure, to guardar la línea (10)

steak bistec, el (6)
stepbrother / stepsister hermanastro/a, el/la (4)
stepfather padrastro, el (4)
stepmother madrastra, la (4)
stew estofado, el
stewpot, casserole dish, saucepan cazuela, la (6)
stick out, to sacar (10)
still life naturaleza muerta, la
stockings medias, las (8)
stockings; pantyhose pantimedias, las (8)
stomach estómago, el (10)
stone piedra, la
stop (doing something), to dejar de (+ inf.) (10)
stop by, to pasar por (4)
stop talking, to; quiet oneself, to callarse
store tienda, la (8)
stove estufa, la (6)
straw paja, la (14)
strengthen; fortify, to fortalecer (zc) (15)
stress estrés, el (10)
striped rayas, de (8)
student estudiante, el/la (1)
student center centro estudiantil, el (3)
student life vida estudiantil, la (3)
study (fam./form.) estudia (estudien) (1)
study, to estudiar (2)
style estilo, el (14)
style (in) moda, de (8)
subject (academic) materia, la (3)
succeed, to tener éxito
suffer (from), to padecer (zc) (de) (10)
suffix sufijo, el
suggest, to sugerir (ie, i) (9)
suggestion sugerencia, la (10)
suit traje, el (8)
suitcase maleta, la (9)
summer verano, el (1)
sun (it is sunny) sol, el (hace...) (7)
sun glasses gafas de sol, las (9)
Sunday domingo, el (1)
supervisor supervisor/a, el/la (11)
support apoyo, el
support (a family, etc.), to mantener (ie) (15)
support, to apoyar (15)
sure, to be asegurarse
surprise, to sorprender(se) (10)
suspect, to sospechar
sweater suéter, el (8)
sweep, to barrer (5)
swell, to hinchar
swim , to nadar (2)
swimming natación, la (2)
swimming pool piscina, la (9)
symphony sinfonía, la (14)
symphony orchestra orquesta sinfónica, el (14)

symptom síntoma, el (10)
system analyst analista de sistemas, el/la (11)

T

table mesa, la (1)
tablespoon cucharada, la (6)
take a walk, to pasear (4)
take care of oneself, to cuidar (se) (10)
take off, to despegar (gu) (9)
take off, to quitarse (5)
take one's blood pressure, to tomarse la presión (10)
take out the trash, to sacar la basura (5)
take pictures, to sacar fotos (9)
take the part of, to hacer el papel (de)
take to; to drink tomar (2)
take turns, to turnarse
talented talentoso/a (14)
talk, to hablar (2)
tall alto/a (2)
taxes impuestos, los (15)
tea té, el (6)
teach, to enseñar (2)
team; equipment equipo, el (7)
tear lágrima, la
teaspoon cucharadita, la (6)
technological tecnológico/a (12)
teeth dientes, los (5)
television program televisión, la (13)
television set televisor, el (13)
television viewer televidente, el/la (13)
temperature temperatura, la (10)
temptation tentación, la
tend to, to soler
tennis tenis, el (2)
tennis court cancha de tenis, la
tennis shoes tenis (los zapatos de...); zapatillas de tenis, las (8)
tenor tenor, el (14)
tenth décimo/a (8)
terrific! ¡estupendo! (7)
test prueba, la (10)
thank you gracias (1)
that's why por eso (9)
therapy terapia, la
there (adv.) allí (1)
there is/are hay (1)
thin delgado/a (2)
think; to plan (to do something), to pensar (+ inf.) (4)
third tercero/a (8)
thirst (to be thirsty) sed, la (tener...) (3)
thistle cardo, el
thorax tórax, el
throat garganta, la (10)
throw out, to arrojar (12)
Thursday jueves, el (1)
ticket boleto, el
ticket office taquilla, la

tie corbata, la (8)
tie (the score), to empatar (7)
tight estrecho/a (8)
times (per week) veces (a la semana) (5)
timid tímido/a (1)
tip propina, la (6)
tired cansado/a (3)
title título, el (1)
toad sapo, el
toast tostada, la (6)
toasted bread pan tostado, el (6)
toast, to tostar (ue) (6)
toaster tostadora, la (6)
tomato tomate, el (6)
tomato sauce salsa de tomate, la (6)
tomato soup (cold, pureed) gazpacho
tomb tumba, la
tombstone lápida, la
ton tonelada, la
tongue lengua, la (10)
tooth, molar muela, la (10)
toothbrush cepillo de dientes, el (8)
toothpaste pasta de dientes, la (8)
touch; to play a musical instrument, to tocar (6)
tour gira, la (14)
tour guide guía, el/la (9)
towel toalla, la (7)
track and field atletismo, el (7)
training entrenamiento, el (11)
transmit, to transmitir (13)
travel agency agencia de viajes, la (9)
traveler viajero, el (9)
traveling salesperson viajante, el/la (11)
tree árbol, el
trimester trimestre, el (3)
trombone trombón, el (14)
trompeta trompeta, la (14)
true (really?) ¿(de) verdad? (2)
try on, to probarse (ue) (8)
t-shirt camiseta, la (8)
Tuesday martes, el (1)
tulle (silk or nylon net) tul, el (14)
tuna atún, el (6)
turn loose, to soltar
turn off, to apagar (12)
turn on, to encender (ie) (12)
tuxedo esmoquin, el (14)
type, to escribir a máquina (11)

U

U.S. citizen estadounidense (2)
ugly feo/a (2)
uncle/aunt tío/a, el/la (4)
under debajo de (5)
underline, to subrayar
understand, to comprender (2); entender (4)
unemployment desempleo, el (11)

unless a menos (de) que (11)
until hasta que (11)
useful útil
utensil utensilio, el (6)

V

vacuum aspiradora, la (5)
vacuum, to pasar la aspiradora (5)
validity validez, la
vegetables verduras, las (6)
velvet terciopelo, el (14)
Venezuelan venezolano/a (2)
very muy (2)
veterinarian veterinario/a, el/la (11)
veterinarian veterinario/a, el/la (11)
video camera, camcorder cámara de video, la (9)
video cassette recorder (VCR) videograbadora, la (12)
view vista, la (9)
viola viola, la (14)
violate, to; to rape violar (15)
violin violín, el (14)
virtuoso virtuoso/a (14)
visit, to visitar (4)
volcano volcán, el (9)
volleyball vólibol, el (7)
vote (for), to votar (por) (15)

W

wages sueldo, el (11)
waiter/waitress camarero/a el/la (6)
waiter/waitress mesero/a el/la
waiting room sala de espera, la (9)

wake up, to despertarse (ie) (5)
walk (to go out take a walk), to paseo (dar un...) (7)
walk, to caminar (2)
want, to; love querer (ie) (4)
warm caluroso/a
wash (oneself), to lavar(se) (5)
washing machine lavadora, la (5)
waste desechos, los (12)
waste desperdicio, el (15)
waste basket basurero, el (5)
waterfall catarata, la
waterfall salto, el (9)
wave ola, la
way, manner (of dressing) modo (de vestir), el (14)
we're going; let's go vamos (3)
weapon arma (f.), el (15)
wear (shoes), to calzar (8)
wear, to llevar (8)
weather (it is nice out.) tiempo (hace buen...) (7)
weatherman, weatherwoman meteorólogo/a, el/la (13)
weave, to tejer
Wednesday miércoles, el (1)
week semana, la (6)
weight peso, el (10)
weights pesas, las (10)
well pues *(conj.)* (3)
well *(adv.)* bien (1)
well-being bienestar, el (10)
what bad luck! ¡qué mala suerte! (7)
what color is it? ¿de qué color es? (1)
what is it/he/she like? ¿cómo es? (1)
what is there..? ¿qué hay en...? (1)

what is this? ¿qué es esto? (1)
what is your name? (fam.) ¿cómo te llamas? (1)
what is your name? (form.) ¿cómo se llama usted? (1)
what...? ¿qué...? (2)
what's happening? ¿qué pasa? (1)
when cuando (11)
when...? ¿cuándo...? (2)
where donde (11)
where (to)...? ¿adónde...? (2)
where...? ¿dónde...? (2)
which (one/ones)...? ¿cuál(es)...? (2)
white blanco/a (1)
who...? ¿quién(es)...? (2)
whose...? ¿de quién(es)...? (2)
why...? ¿por qué...? (2)
widow viudo/a
win ganar (7)
wind (it is windy) viento (hace...) (7)
window (by the...) ventanilla (de)
wine (red / white) vino (tinto/ blanco), el (6)
winter invierno, el (1)
wish, to desear (9)
with con (1)
within; inside of dentro de (5)
without sin (5)
without sin que (11)
wood madera, la
wool lana, la (8)
word processor procesador de textos, el (12)
work on commission, to trabajar a comisión (11)
work schedule horario de trabajo, el (11)

work, to trabajar (2)
worldly mundado/a (14)
worried preocupado/a (3)
worse peor (5)
worth, to be; to cost valer (8)
would you like (+ inf.)...? te gustaría (+ inf.)...? (4)
woven goods tejidos, los
wristwatch reloj de pulsera, el (8)
write, to escribir (2)
write (fam./form.) escribe (escriban) (1)
written escrito/a (12)

X

x-ray radiografía, la (10)

Y

yank out, to arrancar
year año, el (6)
yearly bonus bonificación anual, la (11)
years (to be ... years old) años (tener...) (3)
yellow amarillo/a (1)
yesterday ayer (6)
yoghurt yogur, el (6)
you (fam.) tú (1)
you have (fam.) tienes (1)
you (form.) usted (1)
you [(pl.) they are] son (1)
you are welcome de nada (1)
you need (fam.) necesitas (1)
young joven/a (2)
younger menor (4)
your (fam.) tu/tus (1)

CREDITS

People for the University, the University for the People" (1952–6) is a relief mosaic at Mexico City's main university. © Estate of David alfaro Siqueiros/SOMAAP, México/VAGA, New York. Reproduction authorized; **p. 101** Omni-Photo Communications, Inc.; **p. 105** The Vestic Collection, Inc.; **p. 108 (top)** © Robert Frerck/Odyssey/Chicago; **(bottom)** D. Donne Bryant Stock Photography; **p. 109 (top left)** Getty Images, Inc./Image Bank; **(top right)** Getty Images, Inc./Stone Allstock; **(bottom left)** CORBIS/Bettmann; **(bottom right)** Getty Images, Inc./Image Bank; **p. 112 (right)** CORBIS/Bettmann; **(left)** Dorling Kindersley Media Library; **p. 115 (top)** CORBIS/Sygma; **(bottom)** Dorling Kindersley Media Library; **p. 118 (1)** Everett Collection, Inc.; **(2)** AP/Wide World Photos; **(3)** Getty Images, Inc./Hulton Archive Photos; **(4)** CORBIS/Bettmann; **p. 119** Pearson Education/PH College; **p. 123** AP/Wide World Photos; **p. 127 (top)** Art Resource, N.Y.; **(bottom)** Rob Crandall, Photographer; **p. 128** *El diario de hoy*; **p. 132** Odyssey Productions, Inc.; **p. 136** CORBIS/Sygma; **p. 141** © 2000 Honduras This Week; **p. 144 (top)** Odyssey Productions, Inc.; **(bottom)** Index Stock Imagery, Inc.; **p. 145 (top left)** Dorling Kindersley Media Library; **(top right)** D. Donne Bryant Stock Photography; **(middle)** The Viesti Collection, Inc.; **(bottom)** University of Cincinnati; **p. 148** Latina Media Ventures; **p. 153 (top)** Getty Images, Inc./Photodisc; **(bottom)** AP/Wide World Photos; **p. 161** Getty Images; **p. 163** Animals Animals/Earth Scenes; **p. 164** Wolfgang Kaehler Photography; **p. 166 (both)** Susan Bacon; **p. 178 (left)** Getty Images, Inc./Liaison; **(right)** CORBIS/Bettmann; **p. 179** Getty Images, Inc./Image Bank; **p. 180 (top)** Susan Bacon; **(bottom)** Getty Images, Inc./Liaison; **p. 181 (top left)** Cindy Karp/Time Life Pictures/Getty Images; **(top right)** Kevin Schafer Photography; **(left middle)** Susan Bacon; **(right middle)** D. Donne Bryant Stock Photography; **(bottom)** Getty Images, Inc./Taxi; **p. 185 (upper left)** CORBIS/Bettmann; **(upper right)** Animals Animals/Earth Scenes; **(lower left)** Susan Bacon; **(lower right)** Getty Images/PhotoDisc; **p. 189 (top)** Marlborough Gallery, Inc.; **(bottom)** Miriam Berkley; **p. 190** Odyssey Productions, Inc.; **p. 195** Chilean National Tourist Board; **p. 196** Woodfin Camp & Associates; **p. 201** Susan Bacon; **p. 205** Getty Images, Inc./Liaison; **p. 209** Latin Focus Photo Agency; **p. 211** PhotoEdit; **p. 213 (right)** PhotoEdit; **p. 214 (top)** Omni-Photo Communications, Inc.; **(bottom)** D. Donne Bryant Stock Photography; **p. 215 (top)** Panos Pictures; **(bottom)** Getty Images, Inc./Stone Allstock; **p. 218** Magnum Photos, Inc.; **p. 219** Rob van Nostrand Photography; **p. 220** Omni-Photo Communications, Inc.; **p. 223 (top)** Museo Bellapart; **(bottom)** RMM Records & Video Corporation; **p. 224 (top)** Getty Images, Inc./Stone Allstock; **(bottom)** Getty Images, Inc./Image Bank; **p. 230** Agencia Cover; **p. 232** Retna Ltd. USA; **p. 235** Oscar Guarin Martínez; **p. 236 (top)** Getty Images, Inc./Allsport Photography; **(middle)** Skjold Photographs; **(bottom)** Getty Images, Inc./Stone Allstock; **p. 238** AP/Wide World Photos; **p. 244** Getty Images; **p. 250 (top)** Dan Heller; **(bottom)** CORBIS/Bettmann; **p. 251 (upper left)** Getty Images, Inc./Stone Allstock; **(upper right)** Woodfin Camp & Associates; **(middle)** Dan Heller; **(lower left)** American Museum of Natural History; **(lower right)** eStock Photography LLC; **p. 255** Europa Press Reportajes, S.A.; **p. 257** Getty Images, Inc./PhotoDisc; **p. 259 (top)** Getty Images, Inc./Stone Allstock; **(bottom)** Nicolás Osorio Ruiz; **p. 260 (top)** Odyssey Productions, Inc.; **(bottom)** CORBIS/Stock Market; **p. 265** CORBIS/Bettmann; **p. 267** Stock Boston; **p. 268** Odyssey Productions, Inc.; **p. 271** Eduardo Zayas-Bazán; **p. 274** PhotoEdit; **p. 275** Latin Focus Photo Agency; **p. 277** CORBIS/Bettmann; **p. 282 (left)** Creative Eye/MIRA.com; **(right)** Dorling Kindersley Media Library; **p. 283 (upper left)** Affordable Stock; **(upper right)** The Image Works; **(middle)** Getty Images, Inc./Stone Allstock; **(bottom)** Art Museum of the Americas; **p. 285** Photograph courtesy of Jaime S. Reyes **p. 289 (left)** Getty Images, Inc./PhotoDisc; **(right)** Dorling Kindersley Media Library; **p. 291 (top)** The Bridgeman Art Library International Ltd.; **(bottom)** AP/Wide World Photos; **p. 292** Odyssey Productions, Inc.; **p. 299** CORBIS/Sygma; **p. 300** PhotoEdit; **p. 301** Getty Images, Inc./Hulton Archive Photos; **p. 302** Museo del Oro, Banco de la República; **p. 304** Getty Images, Inc./Stone Allstock; **p. 305 (top)** Getty Images, Inc./Stone Allstock; **(bottom)** Art Museum of the Americas; **p. 307** Getty Images, Inc./Stone Allstock; **p. 310** Getty Images, Inc./Stone Allstock; **p. 313** Marlborough Gallery Inc.; **p. 316** AP/Wide World Photos; **p. 317** Getty Images, Inc./The Image Bank; **p. 319** Photo Researchers, Inc.; **p. 320 (top)** Comstock Images; **(middle)** PhotoEdit; **(bottom)** Jeffrey A. Scovil; **p. 321 (upper left)** CORBIS/Bettmann; **(upper right)** Latin Focus Photo Agency; **(lower left)** Getty Images, Inc./Image Bank; **(lower right)** CORBIS/Bettmann; **p. 327** Aurora & Quanta Productions Inc; **p. 329 (top)** Odyssey Productions, Inc.; **(bottom)** Englebert Photography, Inc.; **p. 334 (top)** Getty Images, Inc./Taxi; **(bottom)** Wolfgang Kaehler Photography; **p. 336 (top)** Photofest; **(bottom)** **PhotoEdit; p. 337** Dorling Kindersley Media Library; **p. 338** CORBIS/Bettmann; **p. 340** The Image Works; **p. 341 (right)** Getty Images, Inc./Photodisc; **(left)** CORBIS/Bettmann; **p. 346** CORBIS Digital Stock; **p. 349** Picture Desk, Inc./Kobal Collection; **p. 352 (top)** Andrew W. Miracle; **(bottom)** Woodfin Camp & Associates; **p. 353 (upper left)** PhotoEdit; **(upper right)** D. Donne Bryant Stock Photography; **(middle)** Ken Laffal; **(bottom)** Itaipu Binacional; **p. 354** Celestial Harmonies; **p. 355** Visuals Unlimited; **p. 357** Nancy Humbach; **p. 359** Getty Images, Inc./Artville LLC; **p. 361 (top)** Susan Bacon; **(bottom)** CORBIS/Sygma; **p. 362 (upper left)** Corbis/Stock Market; **(upper right)** Getty Images, Inc./Photodisc; **(lower left)** PhotoEdit; **(lower right)** Getty Images, Inc./Taxi; **p. 367** AP/Wide World Photos; **p. 370** PhotoEdit; **p. 371** PhotoEdit; **p. 374** PhotoEdit; **p. 376** AP/Wide World Photos; **p. 377 (both)**

Susan Bacon; **p. 378** Susan Bacon; **p. 382** Aurora & Quanta Productions Inc; **p. 383** PhotoEdit; **p. 386 (top)** Corbis/Bettmann; **(bottom)** SuperStock, Inc.; **p. 387 (upper left)** Getty Images, Inc./Liaison; **(upper right)** CORBIS/Bettmann; **(middle)** D. Donne Bryant Stock Photography; **(bottom)** D. Donne Bryant Stock Photography; **p. 390** Editorial Atlántida S.A.; **p. 395** Photo Researchers, Inc.; **p. 397 (top)** Mel Casas; **(bottom)** Getty Images, Inc./Hulton Archive Photos; **p. 398 (top)** Getty Images Inc./PhotoDisc; **(middle)** Digital Vision Ltd.; **(bottom)** Getty Images, Inc./Stone Allstock; **p. 400** Courtesy of Hewlett-Packard; **p. 405** Tillman Paul McQuien; **p. 407 (top)** NASA/Johnson Space Center; **(bottom)** PhotoEdit; **p. 410** Molly Roberts; **p. 412** Digital Vision Ltd.; **p. 414 (top)** Courtesy of Nokia; **(bottom)** Courtesy of Hewlett-Packard; **p. 415 (top)** Odyssey Productions, Inc.; **(middle)** Stock Boston; **(bottom)** AP/Wide World Photos; **p. 420 (both)** AP/Wide World Photos; **p. 424** AP/Wide World Photos; **p. 426 (top)** Univision/Network; **(bottom)** Cantomedia; **p. 427 (upper left)** California Ethnic and Multicultural Archives; **(upper right)** Michael Grecco; **(upper middle)** Getty Images; **(lower middle)** Getty Images; **(bottom)** Stock Boston; **p. 430** AP/Wide World Photos; **p. 433** Getty Images, Inc./Artville LLC; **p. 435 (top)** Getty Images, Inc./Image Bank; **(bottom)** © Dallas & John Heaton/CORBIS; **p. 441** Photodisc/Getty Images; **p. 443** Getty Images; **p. 444** AP/Wide World Photos; **p. 450** D. Donne Bryant/D. Donne Bryant Stock Photography; **p. 451** Getty Images, Inc.; **p. 456** Univision/Network; **p. 459** Photodisc/Getty Images; **p. 461** Culver Pictures, Inc.; **p. 462 (left)** Odyssey Productions, Inc.; **(right)** Robert Frerck/Odyssey Productions/Chicago; **p. 463 (upper left)** Aurora & Quanta Productions, Inc.; **(upper right)** Getty Images, Inc./Stone Allstock; **(middle)** Odyssey Productions, Inc.; **(bottom)** Dorling Kindersley Media Library; **p. 464 (top and middle)** Dorling Kindersley Media Library; **(bottom)** © Quike H. Novoa/MercuryPress.com; **p. 469** Pearson Education/PH College; **p. 471 (top)** Art Resource, New York; **(bottom)** Albright-Knox Art Gallery; **p. 472** Columbia Artists Management, L.L.C.; **p. 477** AP/Wide World Photos; **p. 480** Reuters America Inc.; **p. 482** AP/Wide World Photos; **p. 483** CORBIS/Bettmann; **p. 486** AP/Wide World Photos; **p. 487** Courtesy of Polaroid; **p. 493 (upper left)** Oswaldo Guayasamín, "La madre y el niño." 1989. Photo Nicolás Osorio Ruiz. Museo Fundación Guayasamín, Quito–Ecuador; **(upper right)** Getty Images, Inc./Stone Allstock; **(middle left)** Esto Photographics, Inc.; **(middle right)** Self Portrait #8 (Desnudo frente al espejo), 1988, 420 cm x 165 cm, mixed media and oils on canvas. Co. Museo de Arte Contemporáneo de Puerto Rico. Painter: María de Mater O'Neill; **p. 494** © Goldberg Diego/CORBIS SYGMA; **p. 496** © Goldberg Diego/CORBIS SYGMA; **p. 499** Getty Images, Inc./PhotoDisc; **p. 501 (top)** The Viesti Collection, Inc.; **(bottom)** AP/Wide World Photos; **p. 502** Time Life Pictures/Getty Images; **p. 505** Getty Images, Inc./PhotoDisc; **p. 507** © CONACULTA-INAH-MEX. Authorized reproduction by the Instituto Nacional de Antropología e Historia; **p. 510** Dorling Kindersley/National Museum of Scotland; **p. 512** World Bank Photo Library; **p. 513 (top)** © AFP/CORBIS; **(middle)** © Reuters NewMedia Inc./CORBIS; **(bottom)** AP/Wide World Photos; **p. 519** Getty Images, Inc./PhotoDisc; **p. 521** AP/Wide World Photos; **p. 523** Felipe Guaman Poma de Ayala: Neuva crónica y buen gobierno (1615), page 337 of the autograph manuscript GKS 2232 4to. Courtesy of The Royal Library, Copenhagen. Complete digital facsimile: www.kb.dk/elib/mss/poma/; **p. 525** AFP/Corbis; **p. 526 (top)** CORBIS/Bettmann; **(bottom)** D. Donne Bryant Stock Photography; **p. 527 (upper left)** Dorling Kindersley Media Library; **(upper right)** D. Donne Bryant Stock Photography; **(middle left)** Photo Researchers, Inc.; **(middle right)** D. Donne Bryant Stock Photography; **p. 530** Charles Barry, Santa Clara University; **p. 535 (top)** Bob Fitch/Take Stock; **(bottom)** Stephen Oliver, Dorling Kindersley Media Library; **p. A2 (left and upper middle)** © Reuters NewMedia Inc./CORBIS; **(lower middle and right)** ©AFP/CORBIS.

INDEX

Mar Caribe

OCÉANO
ATLÁNTICO

Barranquilla • Maracaibo • Caracas
Cartagena •
Barquisimeto •
Río Orinoco
Georgetown • Paramaribo
Medellín • VENEZUELA GUYANA • Cayenne
Salto– GUAYANA
Manizales • *Ángel* SURINAM FRANCESA
Bogotá (Francia)
Cali • COLOMBIA

Ecuador

Quito • Belém •
ECUADOR *Río Amazonas*
Guayaquil • Manaus • Fortaleza
Cuenca •
Islas Iquitos • Río Madeira
Galápagos
(Ec.)
Cajamarca •
B R A S I L
Trujillo • Río Branco • Recife

PERÚ
Machu
Lima • Picchu Salvador •
Ayacucho • Cuzco
BOLIVIA Brasília
Arequipa • La Paz
Lago Cochabamba Santa Cruz Belo
Titicaca Horizonte
Arica • Sucre
Iquique • Potosí
PARAGUAY Río de Janeiro
Antofagasta • São Paulo
Salta • Asunción *Trópico de Capricornio*
Salto Santos
Iguazú
CHILE San Miguel
de Tucumán
ARGENTINA Pôrto Alegre
Coquimbo • Córdoba *Río Paraná*
Rosario • Rivera
Valparaíso • Mendoza URUGUAY
Santiago Buenos Aires •
La Plata • Montevideo OCÉANO
Concepción • *Río de la Plata* ATLÁNTICO
Bahía Blanca

OCÉANO
Puerto Montt •
PACÍFICO

Estrecho de
Magallanes Islas
Malvinas
Punta Arenas • *(Br.)*

TIERRA DEL FUEGO
Cabo de Hornos

Inset box 1:
OCÉANO
PACÍFICO

I. Pinta
I. Fernandina *I. Marchena*
I. San Salvador
Santa Cruz I. Santa Cruz
I. Isabela
Puerto I. San
Villamil Ayora Cristóbal
Puerto
Baquerizo
Moreno
ISLAS GALÁPAGOS
(ECUADOR)

Inset box 2:
OCÉANO
PACÍFICO

Cabo Norte
Volcán
Katiki
Hanga Roa Cabo
Cumming
Mataveri
ISLA DE PASCUA
(CHILE)

América del Sur